Ihre digitalen Extras zum Download:

- Checkliste: Besichtigung mit dem Vormieter
- Checkliste: Gestaltung Exposé
- Checkliste: Vertretungsübergabe
- Checklisten: Social Media Management
- Handlungsleitfaden: Wohnungsmängel
- Interviewleitfaden: Kandidatengespräch
- Muster: Produktreport
- Muster: Vermietungsreport und viele mehr....

Den Link sowie Ihren Zugangscode finden Sie am Buchende.

Praxishandbuch Vermietungsvertrieb

Marco Boksteen

Praxishandbuch Vermietungsvertrieb

Wohnungsvermietung in der Immobilienwirtschaft

1. Auflage

Haufe Group
Freiburg · München · Stuttgart

Bibliografische Information der Deutschen Nationalbibliothek

Die Deutsche Nationalbibliothek verzeichnet diese Publikation in der Deutschen Nationalbibliografie; detaillierte bibliografische Daten sind im Internet über http://dnb.dnb.de/ abrufbar.

Print: ISBN 978-3-648-14899-0   Bestell-Nr. 10632-0001
ePub: ISBN 978-3-648-14900-3   Bestell-Nr. 10632-0100
ePDF: ISBN 978-3-648-14901-0   Bestell-Nr. 10632-0150

Marco Boksteen
Praxishandbuch Vermietungsvertrieb
1. Auflage, April 2021

© 2021 Haufe-Lexware GmbH & Co. KG, Freiburg
www.haufe.de
info@haufe.de

Bildnachweis (Cover): © peterschreiber.media, adobe

Produktmanagement: Jasmin Jallad
Lektorat: Ursula Thum, Text+Design Jutta Cram, Augsburg

Dieses Werk einschließlich aller seiner Teile ist urheberrechtlich geschützt. Alle Rechte, insbesondere die der Vervielfältigung, des auszugsweisen Nachdrucks, der Übersetzung und der Einspeicherung und Verarbeitung in elektronischen Systemen, vorbehalten. Alle Angaben/Daten nach bestem Wissen, jedoch ohne Gewähr für Vollständigkeit und Richtigkeit.

Inhaltsverzeichnis

Geleitwort von Axel Gedaschko und Alexander Richter 11
Geleitwort von Arnd Fittkau 13
Vorwort 15
Einleitung 17

1	**Die Situation am Wohnungsmarkt**	**19**
1.1	Wohnungsmarkt und Wohnungspolitik in Deutschland seit 1990 *(Torsten Bölting, Björn Eisele)*	23
1.2	Wohnen wird teurer – jedenfalls in Metropol- und Schwarmstädten *(Torsten Bölting, Björn Eisele)*	28
1.3	Wohnungspolitische Lösungen in der Praxis *(Torsten Bölting, Björn Eisele)*	31

2	**Angebot und Nachfrage – praxisorientierte Produkt- und Kundenanalyse**			**33**
2.1	Produktanalyse			33
	2.1.1	Empirische Grundlagen		33
	2.1.2	Lagequalität		34
		2.1.2.1	Makrolage	34
		2.1.2.2	Mikrolage	38
		2.1.2.3	Gebäude- und Wohnungsposition	43
	2.1.3	Wohnungsqualität		45
		2.1.3.1	Wohnformen	45
		2.1.3.2	Wohnungsausstattung	64
		2.1.3.3	Wohnungszustand	73
		2.1.3.4	Additional Services and Benefits	74
2.2	Kundenanalyse *(Torsten Bölting und Björn Eisele)*			81
	2.2.1	Wohnungsnachfrage		81
	2.2.2	Lebensstile und Milieus		84
	2.2.3	»Wohnkonzepte«: Milieuforschung im Wohnungswesen		87
		2.2.3.1	Kommunikative	91
		2.2.3.2	Anspruchsvolle	92
		2.2.3.3	Häusliche	93
		2.2.3.4	Konventionelle	94
		2.2.3.5	Bescheidene	95
		2.2.3.6	Funktionale	96
	2.2.4	Mietertypen, Wohnkonzepte und Zielgruppen in der Praxis		97
		2.2.4.1	Die WohnMatrix® – ein Nachfrageportfolio für die Wohnungswirtschaft	98
		2.2.4.2	Wohnkonzepte im Vermietungsprozess: das Beispiel VBW ...	103

3	Systematischer Wohnungsvertrieb	107
3.1	Personal – ideale Vermieter für Wohnraum	107
	3.1.1 Vermieterprofil (*Thomas Körzel*)	107
	3.1.1.1 Aufgaben des Vermieters in der Wohnungswirtschaft	109
	3.1.1.2 Fachliche Voraussetzungen	111
	3.1.1.3 Persönliche Eigenschaften	114
	3.1.2 Rekrutierung von Mitarbeitenden in der Wohnungsvermietung (*Thomas Körzel*)	115
	3.1.2.1 Wege der internen Personalakquisition	115
	3.1.2.2 Wege der externen Personalakquisition	116
	3.1.2.3 Auswahlprozess bei Vermietungsmitarbeitern	117
	3.1.3 Gehälter und Incentivierungen (*Thomas Körzel*)	120
	3.1.4 Fort- und Weiterbildung (*Thomas Körzel*)	122
	3.1.5 Vertriebscoaching	123
	3.1.6 Führung von Vermietern	125
	3.1.6.1 Visionen finden und geben	125
	3.1.6.2 Erreichbare Ziele definieren	126
	3.1.6.3 Strategien erarbeiten	127
	3.1.6.4 Entscheidungen treffen	127
	3.1.6.5 Kontrollieren	129
	3.1.6.6 360-Grad-Kommunikation und Feedback	129
3.2	Vertriebsoptimierte Wohnungsvermarktung	130
	3.2.1 Marktsituation – Produktkonzeption	131
	3.2.1.1 Wettbewerbsanalyse	131
	3.2.1.2 Instandhaltungsplanung und Capex	132
	3.2.1.3 Miethöhe und Pricing	136
	3.2.2 Marketing	144
	3.2.2.1 Imagewerbung als Wohnungsanbieter	144
	3.2.2.2 Klassische Wohnungsvermarktung	150
	3.2.2.3 Digitale Vermarktung (*Andreas Kohne*)	161
	3.2.2.4 Guerilla-Marketing	181
3.3	Praxisorientierte Vertriebsprozesse	188
	3.3.1 Moderner Vermietungsvertrieb	188
	3.3.1.1 IT und Software	188
	3.3.1.2 Endgeräte	192
	3.3.2 Vertriebskomponenten des Vermietungserfolgs	192
	3.3.2.1 Erstkontakt/Terminanbahnung	192
	3.3.2.2 Die erfolgreiche Wohnungsbesichtigung	216
	3.3.2.3 Mieterselektion	244
	3.3.2.4 Mietvertragsabschluss – Signing	255
	3.3.2.5 Absage und Vormerkung	262
	3.3.2.6 After-Rent-Service	265

4	**Vermietungssteuerung in Unternehmen**			269
4.1	Interne Vermietungssteuerung			269
	4.1.1	Wohnungsgesellschaften		272
		4.1.1.1	Kommunale Wohnungsgesellschaften	275
		4.1.1.2	Wohnungsgenossenschaften	278
		4.1.1.3	Privatwirtschaftliche Wohnungskonzerne	281
		4.1.1.4	Family Offices	284
	4.1.2	Asset-Manager		286
	4.1.3	Property-Manager		289
	4.1.4	Miet- und WEG-Verwalter		293
	4.1.5	Immobilienmakler		294
4.2	Externe Vermietungssteuerung			295
	4.2.1	Wohnungsunternehmen, Asset- und Property-Manager		297
		4.2.1.1	Bestimmung von Vermietungsclustern	297
		4.2.1.2	Vergleich der internen und externen Vermietungseffizienz	298
		4.2.1.3	Auswahl eines externen Vermietungsvertriebs	299
	4.2.2	Miet- und WEG-Verwalter		300
	4.2.3	Immobilienmakler		300
4.3	Hybride Vermietungssteuerung			301
4.4	Vertriebliche Vermietungsstrategien in Wohnungsportfolios			304
	4.4.1	Fluktuation und friktionelle Leerstände		304
	4.4.2	Strukturelle Leerstände		305
	4.4.3	Up-Renting		306
	4.4.4	Repositionierung von Problembeständen		306
	4.4.5	Vermietung von privatisiertem Wohnraum		313
	4.4.6	Vermietung von Neubauvorhaben		315
		4.4.6.1	Projektierte Wohnungen	315
		4.4.6.2	Spezielle Anforderungen an den Vermietungsvertrieb	316
		4.4.6.3	Generierung von Vermietungsabschlüssen	320
		4.4.6.4	Besonderheiten während der Bauphase	321
5	**Controlling und Reporting**			323
5.1	Controlling/Soll- und Ist-Planung			323
5.2	Reporting			326
	5.2.1	Produktreport		326
	5.2.2	Vermietungsreport		329
	5.2.3	Performance-Report		330
		5.2.3.1	Phase der initialen Objektaufnahme	331
		5.2.3.2	Vermarktungsphase	333
		5.2.3.3	Vertriebsbasierte Conversion Rates	337
	5.2.4	Führen mit Benchmarks		339

6	**Die zehn Komponenten des Vermietungserfolgs**	343

7	**Ausblick**	347

Literaturverzeichnis 349
Stichwortverzeichnis 355
Die Autoren 363

Geleitwort

Wohnungsunternehmen und -genossenschaften errichten und bewirtschaften Wohnungen für Dritte und geben damit einer Vielzahl von Menschen ein Zuhause. Die spürbare Verantwortung für diesen zentralen Lebensmittelpunkt stellt die Vermietung und den Vertrieb von Wohnungen vor ganz besondere Herausforderungen, denn Produkt und Kunde müssen sowohl zueinanderfinden als auch zueinanderpassen. Die Beziehung von Mietern auf der einen sowie Wohnungsunternehmen und Vermietern auf der anderen Seite prägt oft ganze Lebensabschnitte, manchmal sogar ein ganzes Leben.

Diese besondere gesellschaftliche Verantwortung der Wohnungswirtschaft wird in diesem Buch zu jedem Zeitpunkt der Lektüre deutlich. Dr. Marco Boksteen stellt klar, dass kurzfristige Erfolge im Vermietungsvertrieb niemals zulasten des Mietinteressenten oder des künftigen Mieterhaushalts verfolgt werden dürfen, sondern das Verhältnis zwischen beiden Akteuren besonderen Erfolg und Zufriedenheit auf beiden Seiten vor allem dann verspricht, wenn es nachhaltig und auf Dauer angelegt ist.

Mit dem vorliegenden Praxishandbuch gelingt es Dr. Marco Boksteen, die bislang eher isoliert betrachteten Themen Vermietung und Vertrieb in einem wohnungswirtschaftlichen Kontext miteinander zu vereinen. Insbesondere zeigt er einen Weg auf, wie der Vermietungsvertrieb im Einklang mit betriebswirtschaftlichen, sozialen und ökologischen Zusammenhängen in der Praxis funktionieren kann.

Das Fachbuch ist gleichermaßen für Führungskräfte, Berater, Dienstleister und operativ tätige Mitarbeiter geeignet, da es zum einen für jede Gruppe individualisierte Hinweise und Empfehlungen enthält und es zum anderen anschaulich die Welt des jeweils anderen erläutert und erklärt. Auf diese Weise profitiert der Leser von einem gelegentlichen Perspektivwechsel, der neue Blickwinkel offenbart und alternative Zugänge zum Thema ermöglicht.

Wir hoffen, dass die Akteure in der bundesweiten Wohnungswirtschaft die wertvollen Gedanken aufnehmen, umsetzen und stetig weiterentwickeln. Denn nur durch den fachlichen Dialog – auch und gerade mit Branchenfremden – lassen sich innovative Konzepte entwickeln.

Vor allem die Wohnungsvermarktung muss in jeglicher Hinsicht am Puls der Zeit erfolgen. Neue Marketinginstrumente wie Chatbots, Virtual- und Augmented-Reality-Besichtigungen oder der Einsatz von künstlicher Intelligenz in der Ausgestaltung und Pflege von Kundenbeziehung sind längst keine Zukunftsmusik mehr, sondern finden in der täglichen wohnungswirtschaftlichen Praxis bereits heute statt. Der technologische Fortschritt und die Digitalisierung werden diese Entwicklungen weiter beschleunigen. Für eine erfolgreiche Zukunft gilt es, Bewährtes zu hinterfragen und kontinuierlich weiterzuentwickeln, aber auch Neues mutig auf den Weg zu bringen.

Wir wünschen allen Leserinnen und Lesern eine spannende, informative und anschauliche Erkundungsreise durch die komplexe Materie des Vermietungsvertriebs.

Berlin/Düsseldorf im Januar 2021

Axel Gedaschko, Senator a. D.
Präsident GdW
Bundesverband deutscher Wohnungs- und Immobilienunternehmen e. V.

Alexander Rychter
Verbandsdirektor VdW
Verband der Wohnungs- und Immobilienwirtschaft Rheinland Westfalen e. V.

Geleitwort

Menschen brauchen ein Zuhause. In Quartieren haben bereits viele Menschen ihr Zuhause gefunden. Jeden Tag erleben sie dort ein weiteres Kapitel ihrer persönlichen Geschichte und tragen damit zur Geschichte des Quartiers bei. Die Geschichten sind vielfältig und handeln von Veränderung, denn das urbane Leben verändert sich. Unser Zuhause der Zukunft sieht anders aus als heute und muss andere Anforderungen erfüllen. Echter Bestandserhalt kann daher nur durch kontinuierliche Entwicklung gewährleistet werden. Die Zukunftsfähigkeit von Quartiersentwicklung beginnt bei der Verantwortung für die Menschen in den Quartieren und verwirklicht sich in Innovationskraft – wirtschaftlich, technologisch, nachhaltig, klimafreundlich und sozial. Gleichzeitig muss man neue Interessenten für die Wohnungen in den neu entwickelten Quartieren begeistern. Die Neuvermietung von frei werdenden Wohnungen (Mietfluktuation) erfordert transparente und standardisierte Neuvermietungsprozesse.

Die Wohnungswirtschaft entwickelt sich zu einer gesamtwirtschaftlichen Innovationskraft. Die Vonovia ist mit einem Bestand von derzeit über 400.000 Wohnungen ein großer Akteur in Deutschland und Europa. Ein nachhaltiges, wirtschaftliches Agieren ist nicht allein mit der schieren Größe absoluter Zahlen möglich, sondern vielmehr mit einer durchgehenden Professionalisierung in allen Bereichen der Wertschöpfungskette. Eine Spezialdisziplin im Rahmen der Bewirtschaftung von Wohnraum stellt sicherlich dessen Vermietung dar. Bereits die isolierte Vermietung einer einzigen Wohnung ist unter wirtschaftlichen, technischen und mietrechtlichen Gesichtspunkten kein trivialer Akt. Das Erfordernis der tagtäglichen Vermietung von Tausenden Wohnungen in unterschiedlichen Quartieren skaliert die Komplexität dieser Aufgabe um ein erhebliches Maß. Erfolg kann unter diesen Bedingungen nur mit einer optimalen Vermietungsstruktur in Verbindung mit reibungslosen Geschäftsprozessen erzielt werden.

Dieses Buch gibt in dieser Form zum ersten Mal einen strukturierten, systematischen Überblick zum Vermietungsvertrieb in Deutschland. Die Besonderheiten des hiesigen Wohnungsmarkts und die Herausforderungen der anspruchsvollen Vermietung werden ausschließlich von ausgewiesenen Experten und Praktikern veranschaulicht. Sie nehmen den geneigten Leser mit einer spürbaren »Hands-on«-Mentalität mit auf eine fachliche Reise. Sie beschreiben dabei anschaulich zutreffende Lösungswege für die berufliche Praxis.

Marco Boksteen hat mit diesem Werk einen Standard für die Aus-, Fort- und Weiterbildung von Fach- und Führungskräften in der Wohnungswirtschaft kreiert. Die intuitive Gliederung und die Kunst, komplexe Vorgänge in eine einfache Sprache zu verwandeln, macht das Buch zu einem Nachschlagewerk für Praktiker, die sich zu Teilbereichen schnell und effektiv einen Überblick verschaffen wollen. Insbesondere das Kapitel zum Controlling und Reporting gibt neuartige, wertvolle Instrumente für die gezielte Steuerung des Vermietungsvertriebs an die Hand.

Bochum, im Januar 2021

Arnd Fittkau
Mitglied des Vorstands der Vonovia SE

Vorwort

Von der Wohnungswirtschaft geht für mich persönlich eine große Faszination aus – vor allem wegen ihrer Vielfältigkeit. Nahezu alle gesellschaftlichen und politischen Themen, die ich in beruflicher Verantwortung bislang »live« miterleben durfte, hatten wohnungswirtschaftliche Auswirkungen: Die Finanzkrise 2009, die Flüchtlingskrise 2015, der überhitzte Wohnungsmarkt in den Metropolen, die Corona-Krise 2020 und auch das Ziel der Klimaneutralität für 2050 berührten und berühren die Akteure am Wohnungsmarkt. Als verantwortlich Handelnder ist man nicht nur seinen direkten Kunden und Mietern verpflichtet, sondern eben auch der Gesellschaft. Die Vermietung von Wohnungen ist damit mehr als eine isolierte Aufgabe im Spektrum der Bewirtschaftung.

Genauso verhält es sich mit der Tätigkeit im Vermietungsvertrieb. Außenstehende sehen Vertrieb oftmals despektierlich als »Klinkenputzen«. Dabei ist guter, nachhaltiger Vertrieb eine komplexe Disziplin, die von mehreren Erfolgsfaktoren abhängt. Das Spannende daran ist, dass diese Faktoren teilweise nur schwer theoretisch erlernt werden können. Viel hängt von persönlicher Leistungsbereitschaft und -fähigkeit, Sympathie, positiver Ausstrahlung und der Gabe ab, Menschen mit dem eigenen Wesen und nicht zuletzt mit dem Produkt zu begeistern. All diese Eigenschaften nützen wenig, wenn das zu vertreibende Produkt objektiv ungeeignet oder die Nachfrage am Markt nicht gegeben ist. Hier verbinden sich also die weichen mit den harten Voraussetzungen und bilden die Spielwiese für den Vermietungsvertrieb.

Ich persönlich halte ein fundiertes Wertegerüst, Authentizität, Freundlichkeit und ehrliches Interesse an den Mitmenschen für die Grundvoraussetzungen, um im Vertrieb durchstarten zu können. Fachwissen und detailliertes Produktwissen sind neben einer gehörigen Portion Fleiß und Durchhaltevermögen das Rezept für den zukünftigen Vermietungserfolg. Das vorliegende Buch soll seinen Beitrag dafür leisten, Ihre Vertriebsorganisation und selbstverständlich auch Ihre eigenen vertrieblichen Aktivitäten für die Herausforderungen des Wohnungsmarkts zu präparieren.

An dieser Stelle möchte ich meiner Lebenspartnerin Lara Prevolnik sowie meiner gesamten Familie für die engagierte Unterstützung von ganzem Herzen danken. Weiter danke ich meinen freundschaftlich und beruflich verbundenen Weggefährten Sven Haferkamp und Thorsten Laskowski für ihr wertvolles Hintergrundwissen. Jan-Gerrit Zajdel danke ich für den Support bei der grafischen Erstellung der Abbildungen in diesem Buch.

Jasmin Jallad als Produktmanagerin und Ursula Thum als Lektorin danke ich für ihre Einsatzbereitschaft, ihr Engagement sowie ihr konstruktives Feedback bei der Realisierung dieses Buchprojekts.

Vorwort

Dieses Buch wäre nicht entstanden, wenn sich nicht zahlreiche, hoch geschätzte Praktiker, Experten und Branchenkenner die Zeit genommen hätten, ihre wertvollen Erkenntnisse mit mir zu teilen. Sie alle werden im Laufe der Lektüre namentlich erwähnt. Ihnen danke ich ganz besonders und freue mich auf die Weiterentwicklung der Gedanken in der Zukunft.

Ich wünsche Ihnen, liebe Leserinnen und Leser, viele neue Ideen, Anregungen und Hinweise für Ihre passionierte, tägliche Arbeit. Über Anregungen und neue Gedanken genauso wie über konstruktive Kritik freue ich mich sehr. Sie können mich gerne zu jeder Zeit über boksteen@ruhrwert.com per Mail erreichen.

Oberhausen, im Februar 2021

Dr. Marco Boksteen

Einleitung

Dieses Praxishandbuch widmet sich dem Vermietungsvertrieb. Der Begriff »Vermietungsvertrieb« ist in der Immobilien- und insbesondere in der Wohnungswirtschaft noch nicht fest etabliert. Im Sinne dieses Buches ist damit die systematische Vermietung von Wohnraum gemeint. »Vermietung« ist dabei mit dem Begriff »Vertrieb« in einen denklogischen Zusammenhang zu bringen. Ratgeber und Hinweise konzentrieren sich beim Thema Vertrieb zumeist auf den Verkauf von Immobilien. Gleichzeitig wird das Thema Vermietung überwiegend mit Publikationen, die den Schwerpunkt im Bereich Mietrecht haben, behandelt.

Diese Gemengelage hat zu der Idee geführt, ein Praxishandbuch zu entwickeln, um die in den letzten Jahren stark gestiegenen vertrieblichen Anforderungen in der Wohnungsvermietung erfüllen zu können. Vermietung ist heute mehr als nur »ein Inserat schalten« und die Wohnungstür für die sich meldenden Interessenten aufzuschließen. Der gesamte Vermietungsprozess ist äußerst komplex und weist verschiedene interdisziplinäre Schnittstellen zu anderen Fachbereichen auf. Derjenige, der Vermietungsvertrieb in seiner besten Form abliefern möchte, braucht unterschiedliche Expertisen.

Ziel dieses Praxishandbuches ist es, dem Praktiker in der Führung, aber auch im operativen Vermietungsgeschäft einen Wegweiser an die Hand zu geben, der alle Facetten der Vermietung nicht nur schemenhaft vermittelt. Einzig und allein mietrechtliche Zusammenhänge werden in dem vorliegenden Praxishandbuch nicht vermittelt, da es dazu genügend anderweitige und sicherlich auch spezialisiertere Werke gibt.[1] Wer den Vermietungsprozess professionell meistern möchte, benötigt zunächst ein tieferes Verständnis von dem zugrunde liegenden Geschehen am Wohnungsmarkt.

---

1 Vgl. Stürzer/Koch/Noack/Westner, Das Vermieter-Praxishandbuch, Vermieter-Lexikon; Stürzer/Koch, Mietrecht für Vermieter etc.

1 Die Situation am Wohnungsmarkt

Der Wohnungsmarkt in Deutschland befindet sich in den letzten zehn Jahren in einem starken Wandel. Waren nach der Finanzkrise noch weitestgehend entspannte Teilmärkte auch in den Metropolen anzutreffen, hat sich dieses Bild spätestens seit 2015 deutlich umgekehrt. Die angespannte Situation am Wohnungsmarkt ist nach wie vor eines der innenpolitischen Topthemen in den bekannten Leitmedien. Mittlerweile sind wohnungspolitische Themen sowohl auf Bundes- als auch auf Landesebene an der Tagesordnung. Die Mietpreisbremse, ein in weiten Teilen der Fachwelt höchst umstrittenes Instrument, ist nur ein Anzeichen für den um sich greifenden Aktionismus. Populistische Stimmen werden laut, die als ultima ratio bereits die Verstaatlichung von Wohnungsgesellschaften fordern.[2]

Die Brisanz und Relevanz des Mietwohnungsmarkts ergeben sich auch aus den absoluten Zahlen im internationalen Vergleich. Die Wohneigentumsquote beträgt in Deutschland derzeit nur 45 Prozent. Das ist im Vergleich zum europäischen Umland eine äußerst geringe Quote: In Italien liegt der Wert bei 77 Prozent in Norwegen sogar bei 82 Prozent. Das Wohnen zur Miete dominiert in Deutschland den Markt.

---

2 Vgl. öffentliche Diskussion zur Initiative »Deutsche Wohnen & Co. enteignen«, beispielhaft in Frankfurter Allgemeine unter https://www.faz.net/aktuell/wirtschaft/wohnen/haus/berliner-wohnungsmarkt-verstaatlichung-von-wohnungen-16033151.html, abgerufen am 22.11.2020.

1 Die Situation am Wohnungsmarkt

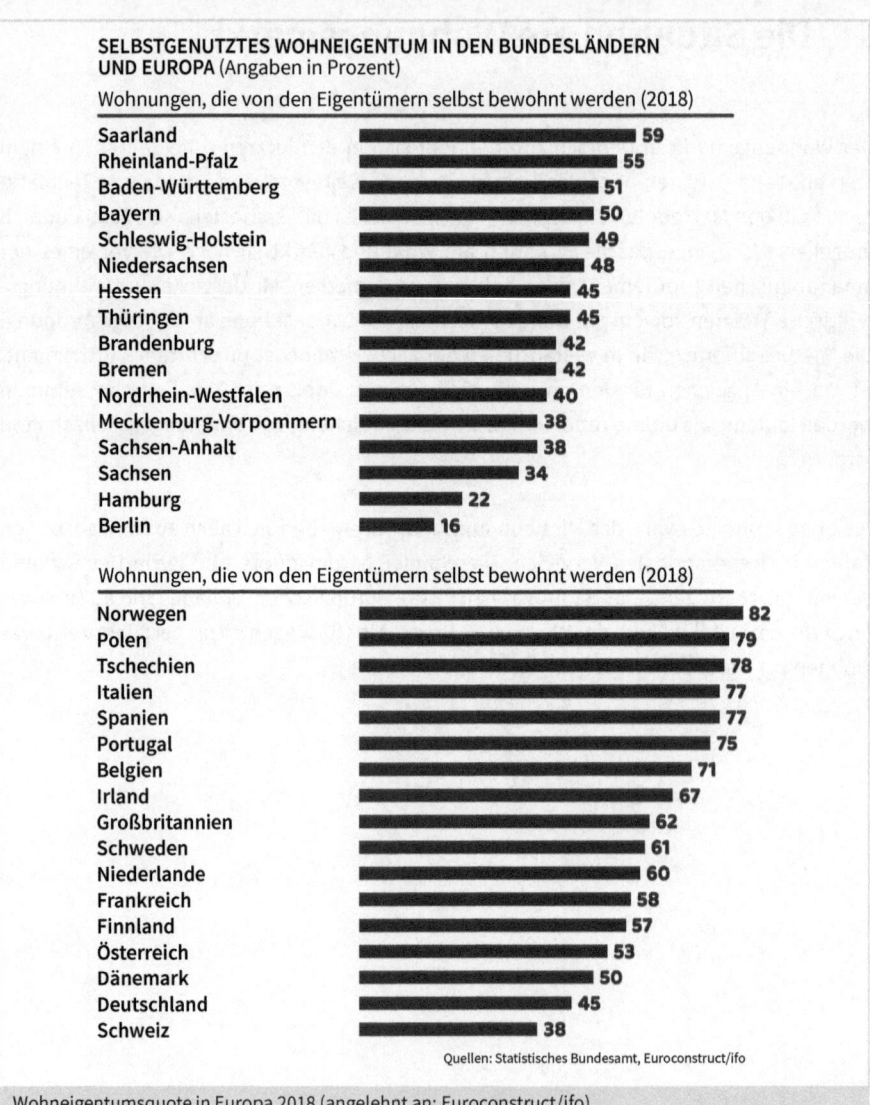

Wohneigentumsquote in Europa 2018 (angelehnt an: Euroconstruct/ifo)

Die geringe Eigentumsquote in Deutschland hat vor allem historische Gründe. Im Zuge der Industrialisierung Anfang des 20. Jahrhunderts erfolgten Zuwanderungsströme zu den bedeutenden Abbau- und Produktionsstandorten. Die große Zahl an neuen Bewohnern konnte nicht in einzelnen Häusern untergebracht werden, sodass der Geschosswohnungsbau um 1920 eine Boomphase erlebte. In dieser Zeit wurden zahlreiche kommunale und konzerneigene Wohnungsgesellschaften gegründet. Ebenso etablierte sich das Genossenschaftswesen zunehmend. Die Genossenschaften, also die Mischform zwischen Miete und gleichzeitiger Partizipation am Gesamteigentum, gehen auf das Jahr 1889 zurück.[3] Heute haben die Genossenschaften einen Anteil von neun Prozent am Wohnungsmarkt. Professionelle Eigentümer machen in Deutschland insgesamt 34 Prozent des Mietwohnungsmarktes aus, Privatpersonen sogar 43 Prozent.

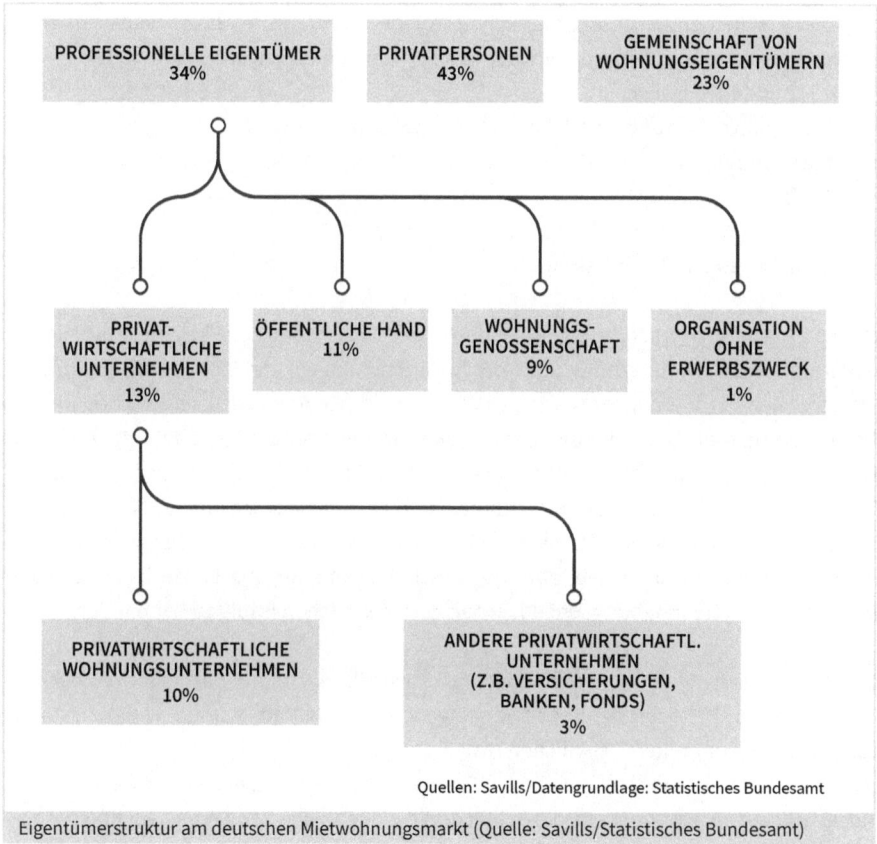

Eigentümerstruktur am deutschen Mietwohnungsmarkt (Quelle: Savills/Statistisches Bundesamt)

Auf analytischer Ebene gilt es zunächst, eine Differenzierung zwischen den verschiedenen Wohnungsmärkten vorzunehmen. Die Situation in den Metropolstandorten und Schwarmstädten ist eine gänzlich andere als in den ländlichen Regionen bestimmter Bundesländer. Die Wohnstudie 2030 des INWIS geht davon aus, dass vor dem Hintergrund einer wachsenden Zahl von Regionen mit Angebotsüberhängen von einem deutlichen Bedeutungsgewinn der Nachfrage auszugehen ist. Die Forscher und Forscherinnen formulieren insoweit: »Die nachfragegerechte Gestaltung des Wohnungsangebotes einschließlich der Serviceleistungen wird insbesondere in diesen Regionen ausschlaggebend für den Unternehmenserfolg sein. Zwar wird es auch in Zukunft Regionen mit deutlichem Nachfrageüberhang geben, doch insgesamt

---

3   Genossenschaftsgesetz vom 01. Mai 1889.

1 Die Situation am Wohnungsmarkt

gesehen wird der Wettbewerb um den Kunden, als Mieter oder Eigentümer, weiter zunehmen. Die Wünsche der Nachfrage werden damit für die Branche immer wichtiger werden.«[4]

Bei der Ausrichtung und Organisation sinnvoller, zukunftsfähiger Vermietungsprozesse sind die entscheidenden gesellschaftlichen Lebens- und Wohntrends von wachsender Bedeutung. Nachstehende Trends sind demnach in die Überlegungen einzubeziehen:
- »25-Stunden-Gesellschaft«
- demografischer Wandel und die Silver Generation
- Megatrend Digitalisierung
- Sharing Economy
- sozioökonomische Verunsicherungen (Armutsquote)
- Zuwanderung und Integration

Die nachstehenden Ausführungen sollen es den Leserinnen und Lesern ermöglichen, einen umfassenden Überblick über die Voraussetzungen und Notwendigkeiten einer erfolgreichen Vermietungspraxis zu erhalten. Theoretische Ansätze sind wichtig und als Grundlage unabdingbar, allerdings nur, soweit in der Praxis auch eine entsprechende Lösungs- und Ergebnisfolge eintritt. Insofern besteht vorliegend der Anspruch, sowohl Theorie als auch praxiserprobte Handlungs- und Lösungsansätze an die Hand zu geben. Selbstverständlich sind die hier vermittelten Wissensstränge vor allem bei größeren Wohnungsportfolios von Interesse, aber auch kleine Vermietungsbestände bedürfen einer professionellen Handhabung, um dauerhaft wirtschaftlichen Erfolg zu haben.

Der Wohnungsmarkt in Deutschland ist stark diversifiziert und bedarf einer räumlich individualisierten Betrachtung. In den vergangenen zehn Jahren ist »der« Wohnungsmarkt zum Thema einer breiten öffentlichen Diskussion geworden. Zahlreiche Artikel und Veröffentlichungen insbesondere auch in der Tagespresse spiegeln dies genauso wider wie die Tatsache, dass sich mittlerweile die Politik und die öffentliche Verwaltung auf praktisch allen Ebenen (Bund, Land, Kommune) in verschiedener Weise mit dem Thema befasst (hat). Kaum ein Wahlprogramm der vergangenen Jahre kam ohne Forderungen zur Lösung der Wohnungsfrage aus und sowohl auf Bundes- als auch auf Landesebene setzen sich neben den Fachministerien auch diverse Kommissionen und weitere Gremien mit entsprechenden Fragestellungen auseinander. Das gilt auch für viele Kommunen – insbesondere dann, wenn es dort zu Knappheiten kommt.[5] Die gestiegene Bedeutung des Themas für die Allgemeinheit ist vor allem darin begründet, dass es offenkundig zu deutlichen Knappheiten und damit erheblichen Preissteigerungen kommt. Das wiederum betrifft eine wachsende Zahl von Menschen (namentlich Wohnungssuchende), die feststellen müssen, dass sie ihre Wünsche oder Anforderungen häufig nicht in zufriedenstellender Weise am Markt realisieren können.

---

4 Dazu ausführlich INWIS, GdW Branchenbericht – Wohntrends 2030, S. 14.
5 Vgl. z. B. BBSR, Lokale Bündnisse für bezahlbares Wohnen und Bauen; Borchard, Kommunale Wohnungspolitik als Urban Governance.

Allerdings ist aufgrund der Spezifika des Produktes »Immobilie« selbst eine nähere Betrachtung dieser Ausgangslage notwendig. Keineswegs kann eine entsprechende Knappheit oder gar Unterversorgung für ganz Deutschland oder für alle zu unterscheidenden Wohnungsmarktsegmente (unterschiedliche Wohnungstypen) in gleicher Weise festgestellt werden. Der Wohnungsmarkt in Deutschland ist sowohl segmentiell (unterschiedliche Lebensstile) wie auch räumlich stark differenziert. Zudem muss aus diesen Gründen festgehalten werden, dass der Immobilienmarkt, speziell der für Wohnimmobilien, ein hochgradig unvollkommener Markt ist. Dies bedeutet, es kommt erkennbar nicht allein durch das freie Spiel der Marktkräfte (Angebot und Nachfrage) zu einem ausgeglichenen Markt.[6] Dadurch und mit der Tatsache, dass die Wohnung nicht nur als Wirtschaftsgut, sondern auch als Sozialgut gilt, das die Bürgerinnen und Bürger zur Befriedigung grundlegender Bedürfnisse (»Wohnen«) dringend benötigen, wird der erkennbare interventionistische Impetus staatlichen Handelns an den Wohnungsmärkten begründet.[7]

Während in der DDR mit ihrem sozialistisch-planwirtschaftlichen System (nicht nur) der Wohnungsmarkt ohnehin hochgradig staatlich reguliert war bzw. aufgrund der Tatsache, dass Wohnungen zugeteilt und Mietpreise z. B. festgeschrieben waren, letztlich gar kein Markt bestand, hat auch die marktwirtschaftlich organisierte Bundesrepublik Deutschland von jeher in hohem Maße Einfluss auf die Märkte genommen. Dies geschah und geschieht über ordnungspolitische Regelungen (z. B. die mietrechtlichen Regelungen im Bürgerlichen Gesetzbuch), baupolizeiliche Regularien (namentlich die Instrumente der Bauleitplanung mit ihren Möglichkeiten zur Nutzungsbestimmung und zur Festsetzung der konkreten Ausgestaltung von Bebauung sowie z. B. die Bau-Nutzungsverordnung mit Regelungen zur (Wohn-)Nutzung) und durch förderrechtliche »Ermöglichung«, wie v. a. die Wohnungsbauförderprogrammatik. Zudem spielten jedoch Staat, Länder und Kommunen lange Zeit und teilweise bis heute auch als Anbieter an den Wohnungsmärkten selbst eine Rolle im aktiven Marktgeschehen.

Torsten Bölting, Björn Eisele

1.1 Wohnungsmarkt und Wohnungspolitik in Deutschland seit 1990

Die derzeit zu beobachtenden Engpässe in manchen Regionen und Marktsegmenten ist ohne Berücksichtigung der Entwicklungen der vergangenen Jahrzehnte nicht zu erklären. Einen wesentlichen Einschnitt in dieser Thematik stellen die »friedliche Revolution« in der DDR 1989/1990 und die folgende Wiedervereinigung dar. Die DDR-Wohnungspolitik galt zu

---

6   Vgl. Kühne-Büning, Wohnungsmarkt im System der Marktwirtschaft, S. 25 f. sowie zu den Grundlagen der mikroökonomischen Theorie und zur unvollständigen Konkurrenz z. B. Schumann, S. 281 ff.
7   Vgl. Hafner, S. 115 ff.

1 Die Situation am Wohnungsmarkt

dem Zeitpunkt als weitgehend gescheitert – der sozialistische Anspruch einer hochwertigen und »gleichen« Wohnungsqualität für alle Bürgerinnen und Bürger war über die gesamte Zeit des Bestehens der DDR nicht annähernd erfüllt worden – auch, weil angesichts einer unzureichenden Ressourcenverfügbarkeit der Wohnungsbau nie in dem Maße in Gang gekommen war, um die durch Kriegszerstörungen oder die Alterung des Wohnungsbestands erforderlichen Neubaubedarfe zu decken. In der Folge waren viele Wohnungen – zumal die in den strukturell vernachlässigten Altbauquartieren – in der DDR kleiner, schlechter ausgestattet und in einem deutlich schlechteren Zustand als in Westdeutschland.[8]

Zugleich kam es infolge des Zusammenbruchs der DDR-Planwirtschaft zu einer erheblichen Abwanderung der Bevölkerung in westdeutsche Bundesländer. Gemeinsam mit weiteren Zuwanderungen aus nun zugänglichen osteuropäischen Ländern sowie im Zuge der dortigen Konflikte aus dem Balkan kam es in (West-)Deutschland zu einem erheblichen Bevölkerungswachstum in den 1990er-Jahren.[9] Die Debatte um den städtebaulichen Umgang mit Stagnation oder Schrumpfung wurde dadurch zunächst verschoben. Sie setzte gegen Ende der 1990er-Jahre v. a. in Ostdeutschland, später auch in Teilen Westdeutschlands (erneut) ein – nicht zuletzt infolge der Frage nach dem Umgang mit den unbeliebt gewordenen Plattenbauten in Ost und West[10] sowie in Bezug auf die Planung in schrumpfenden, von einem wirtschaftlichen Strukturwandel betroffenen Städten und Regionen wie etwa dem Ruhrgebiet. Verschiedene Institutionen reagierten darauf einerseits mit umfangreichen (Förder-)Angeboten zum Rückbau nicht mehr zukunftsfähiger Wohnobjekte[11] sowie andererseits mit einer kulturpolitisch motivierten Auseinandersetzung um die Schrumpfung als neues Paradigma in einer ansonsten eher von Wachstum und Neuentwicklung geprägten gesellschaftlichen Logik.[12]

Parallel war es Anfang der 1990er-Jahre zur Abschaffung der Gemeinnützigkeit für Wohnungsbaugesellschaften gekommen. Die entsprechende Diskussion ergab sich einerseits aus der in den 1980er-Jahren überwunden geglaubten Wohnungsnot, die es nach dem Zweiten Weltkrieg gegeben hatte. Andererseits resultierte diese Entscheidung nicht zuletzt auch in der Aufarbeitung des Skandals um die »Neue Heimat« in den 1980er-Jahren, den das Nachrichtenmagazin DER SPIEGEL aufgedeckt hatte.[13] Die vermeintlich von Misswirtschaft geprägte und nicht mehr notwendige gemeinnützige Wohnungswirtschaft wurde dadurch ihrer

---

8   Vgl. hierzu ausführlich Buck, Mit hohem Anspruch gescheitert – Die Wohnungspolitik der DDR.
9   Vgl. Bucher, S. 109 f.
10 Einen umfangreichen Überblick zur Stigmatisierung der Plattenbauten liefert u. a. Richter, S. 62 ff.
11 So etwa mit den Städtebauförderprogrammen »Stadtumbau Ost« und später »Stadtumbau West«, die stärker als die bestehenden »Soziale-Stadt«-Programme auf den Umgang mit gebauten Strukturen abzielten.
12 Hier sei insbesondere auf das Initiativprojekt »shrinking cities« der Kulturstiftung des Bundes hingewiesen, das von 2002 an über mehrere Jahre u. a. durch viel beachtete Ausstellungen und Veranstaltungen auf diese neue Sichtweise auf die Stadtentwicklung hinwies.
13 Eine umfangreiche Aufarbeitung der Geschichte des Unternehmens, das den Wiederaufbau in vielen westdeutschen Städten maßgeblich beeinflusst hat, sowie des Untergangs der gewerkschaftseigenen »Neuen Heimat« zeichnet Kramper (2008).

steuerlichen Privilegien beraubt, erhielt gleichzeitig jedoch auch die Möglichkeit, sich zunehmend freier an den Wohnungsmärkten zu engagieren und z. B. das reine Kostendeckungsprinzip in der Mietenkalkulation sowie die Beschränkung auf den Kleinwohnungsbau (bis 120 m²) und die Begrenzung der Dividende für Kapitalgeber auf 4,0 Prozent fallen zu lassen.[14]

Eine vergleichbare Diskussion entstand in den späten 1990er-Jahren und in den 2000er-Jahren, als es erneut um den Sinn bzw. die Notwendigkeit einer (jedenfalls in gewisser Weise) am »Gemeinwohl« orientierten Wohnungswirtschaft ging. Auch infolge knapper öffentlicher Kassen (insbesondere bei vielen Kommunen) und steuerrechtlicher bzw. gesellschaftlicher Liberalisierungen, die ein Engagement am deutschen Wohnungsmarkt auch für internationale Kapitalanlagegesellschaften attraktiver machten, kam es zu einer regelrechten »Privatisierungswelle« in der Wohnungswirtschaft.[15] Wohnungsbestände und -unternehmen aus öffentlicher Hand (namentlich der größte Teil der bundes- wie auch landeseigenen Wohnungsbestände sowie viele kommunale Wohnungsunternehmen), aber auch viele (ehemals) industrieverbundene Wohnungsunternehmen wurden infolgedessen zu neuen Unternehmen und Konzernen formiert, die heute große Mietwohnungsbestände kontrollieren. Bekannt sind die Vonovia SE, die Deutsche Wohnen SE oder auch die LEG Immobilien AG, die heute gemeinsam mit fast 700.000 Wohnungen etwa drei Prozent aller deutschen Mietwohnungen kontrollieren. Insbesondere die Diskussion um den Erhalt von kommunalen Wohnungsunternehmen wurde vielerorts erbittert geführt – die Argumente einer (vermeintlich) effizienteren Unternehmensführung in der Privatwirtschaft und der Entschuldung kommunaler Haushalte standen hier gegen die Befürchtung des »Verkaufs des Tafelsilbers« und die Angst, dass dadurch Möglichkeiten, auf ein kommunales Marktungleichgewicht zu reagieren, eingeschränkt würden.[16]

Tatsächlich begann schon wenige Jahre später ein Umdenken in vielen Kommunen. Infolge verschiedener demografischer Faktoren (zu nennen ist hier neben der fortschreitenden Alterung der Bevölkerung und der anhaltenden Zuwanderung eine nicht mehr weiter sinkende Fertilitätskennziffer) kam es nicht zu dem prognostizierten (und mancherorts beobachteten) Rückgang der Bevölkerungs- und Haushaltszahlen, sondern zunächst einmal (erneut) in vielen Regionen zu einem Bevölkerungswachstum. Diese Dynamik erfasste allerdings nicht gleichermaßen alle Wohnungsmarktregionen, wie die Abbildung »Bevölkerungsdynamik in Deutschland 2016–2018« zeigt. Hier wird deutlich, dass insbesondere in Süddeutschland (Bayern, Baden-Württemberg) sowie im Rhein-Main-Gebiet, in Teilen Niedersachsens und im Berliner Umland sowie in der Metropolregion Hamburg nach wie

---

14 Vgl. z. B. Kofner, S. 28 f.; Rottke, Bd. 1, S. 101 f.
15 Vgl. Rottke, Bd. 1, S. 113 f.
16 Vgl. Lorenz-Henning/Held, S. 681; Freitag, Unverzichtbar – Kommunale und öffentliche Wohnungsunternehmen sichern vitale Städte, in: Steinert, S. 30 f.

1 Die Situation am Wohnungsmarkt

vor eine erhebliche Wachstumsdynamik erkennbar ist. In großen Teilen Thüringens, Sachsens sowie im Norden Brandenburgs hingegen sind noch immer deutliche Bevölkerungsrückgänge zu verzeichnen; in Nordrhein-Westfalen sind besonders Teile des Ruhrgebiets sowie des Sauerlands und Ostwestfalens von Stagnation und Schrumpfung betroffen.

Bevölkerungsdynamik in Deutschland 2016–2018 (eigene Grafik nach Statistischem Bundesamt 2020)

1.1 Wohnungsmarkt und Wohnungspolitik in Deutschland seit 1990

Gleichzeitig war infolge der tendenziell rückläufigen Nachfrage die Bautätigkeit seit den 1990er-Jahren drastisch gesunken. Ende der 2000er-Jahe wurden weniger als 200.000 Einheiten pro Jahr in Deutschland fertiggestellt. Zwar zogen in den folgenden Jahren die Fertigstellungszahlen und v. a. die Baugenehmigungszahlen deutlich an, doch reicht dies nach wie vor nicht, um den errechneten Bedarf von bis zu 400.000 Neubauwohnungen pro Jahr zu erreichen.[17]

Baugenehmigungen und Baufertigstellungen von Wohnungen in Deutschland (eigene Grafik nach Statistischem Bundesamt 2020)

In der Folge kam es insbesondere in den wachsenden (Groß-)Städten und Regionen zu einer steigenden Nachfrage nach (Wohn-)Immobilien. Diese wurde noch verstärkt durch das Interesse vieler institutioneller Anleger an dem Produkt Immobilie, da diese auch zu Zeiten der Finanzkrise eine stabile Rendite versprach (und vielfach dieses Versprechen auch halten konnte).[18] Dieses hohe Interesse wiederum führte zwangsläufig zu erheblichen Preissteigerungen.

---

17 Die Berechnungen verschiedener Institute zum Neubaubedarf in Deutschland reichen bis zu einem jährlichen Zielbedarf von 400.000 Wohnungen (Günther, Pestel-Institut 2015), den auch Koch et al. (2017, Prognos) übernehmen; Braun (2018, empirica-Institut) sieht eine Neubaunachfrage von je nach Zuzugsvarianten zwischen 350.000 und 400.000 Wohnungen p. a. bis 2018 sowie dann (bis 2022) eine jährliche Neubaunachfrage von immer noch um 300.000 Einheiten; Henger/Voigtländer (2019, IW Köln) gehen von 340.000 benötigten Einheiten p. a. zwischen 2016 und 2020 aus und rechnen dann mit sinkenden Neubaubedarfen von 260.000 Einheiten (2021–2025) bzw. (danach) 245.000 Einheiten pro Jahr. Sie weisen auch darauf hin, dass es bislang nicht gelungen ist, die erheblichen Bedarfe zu befriedigen, weshalb weiter ein Nachholbedarf bestehen bleibt bzw. sich immer wieder neu aufbaut. Die Bundesregierung schließlich übernimmt im Prinzip den durch das BBSR ermittelten Neubaubedarf von 272.000 Wohnungen p. a. bis 2020, erkennt aber an, dass wegen der Zuwanderung in den vergangenen Jahren »für die nächsten Jahre« mit 350.000 Wohnungen pro Jahr zu rechnen sei (BMUB 2015a).
18 Vgl. dazu ausführlich: Bach/Popien/Thiemann, Renditen von Immobilieninvestitionen privater Anleger, 2014.

Torsten Bölting, Björn Eisele

1.2 Wohnen wird teurer – jedenfalls in Metropol- und Schwarmstädten

Mit der Überwindung der Finanz- und Wirtschaftskrise Anfang der 2010er-Jahre stiegen die Kauf- und Mietpreise für Wohnimmobilien deutlich an. Besonders waren davon die großen Metropolen betroffen (oft als »Big 7« tituliert: Berlin, Hamburg, München, Köln, Frankfurt a. M., Düsseldorf, Stuttgart). Dort – mit Ausnahme von Berlin – war das Phänomen steigender Wohnungspreise nicht grundsätzlich neu. Schon in den 1980er-Jahren etwa hatte man in München versucht, durch verschiedene Maßnahmen preisdämpfend auf den Wohnungsmarkt einzuwirken – allerdings ohne, dass es zu einer Trendumkehr gekommen wäre.[19]

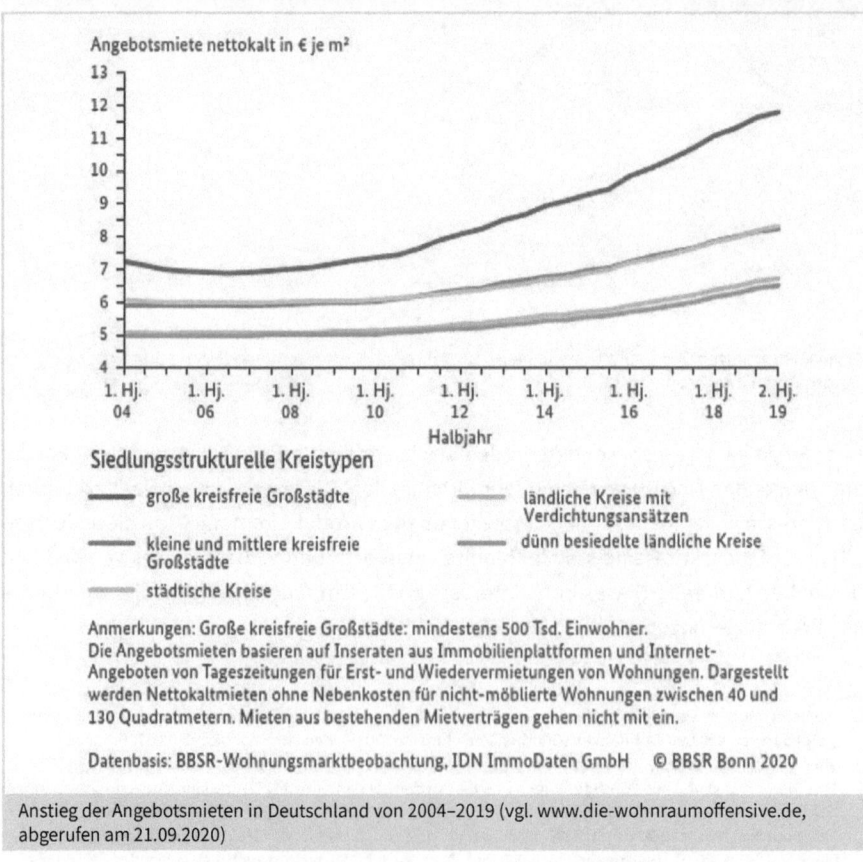

Anstieg der Angebotsmieten in Deutschland von 2004–2019 (vgl. www.die-wohnraumoffensive.de, abgerufen am 21.09.2020)

---

19 Seit den 1980er-Jahren legt die Stadt München regelmäßig eigene Wohnungsbauprogramme auf (»Wohnen in München I–VI«) und hat mit der »Sozialgerechten Bodennutzung« (SoBoN) einen Mechanismus eingeführt, der bei der Neubebauung für eine ausgewogene »Münchner Mischung« sorgen soll. Gleichwohl kam es auch dort weiter zu Knappheiten. Vgl. hierzu u. a. Wirtz et al. 2010.

1.2 Wohnen wird teurer – jedenfalls in Metropol- und Schwarmstädten

Diese fortschreitende Preissteigerung besonders in diesen »A-Städten« ist auch dadurch begründet, dass es dort zu besonders hohen Neubaubedarfen kam und es zugleich in diesen Städten relativ betrachtet nicht so gut gelungen ist, die Bedarfe durch entsprechende Neubautätigkeit zu bedienen. Das IW Köln hat beispielsweise dargelegt[20], dass in den A-Städten wie auch in kreisfreien Großstädten insgesamt lediglich ein Anteil von knapp über 70 Prozent an den ermittelten Bedarfen pro Jahr durch Neubau getilgt werden konnten, wogegen es in Landkreisen 90 Prozent, in Deutschland insgesamt 83 Prozent waren. Besonders in Stuttgart (56 Prozent) und in Köln (46 Prozent) gelang es demnach kaum, ausreichend Neubauwohnungen zu erstellen, um dem Bedarf zu entsprechen.

Problematisch ist dabei, dass – rein rechnerisch – durchaus eine ausreichende Anzahl von Wohnungen zur Verfügung stehen könnte, um den Bedarf in Deutschland zu decken. Aufgrund der räumlich sehr unterschiedlich ausgeprägten Wachstumsdynamik aber (s. o.) sind viele der Immobilien schlicht am falschen Ort, um den Bedarf befriedigen zu können. Dies führt beinahe zwangsläufig zu weiter steigenden Preisen in vielen (wachsenden) Stadtregionen.

In vielen der Regionen, die noch eine starke Preisdynamik zeigen (Hamburg, Berlin, Metropolregionen in Süddeutschland), sind die Preise ohnehin hoch – und steigen weiter. Damit wiederum entsteht ein weiteres Problem: Die (zu wenigen) Neubauten, die in wachsenden Metropolen entstehen, sind häufig viel zu teuer, um den Bedarf vieler dort lebender Menschen decken zu können.

---

20 Vgl. Henger/Voigtländer, S. 17 f.

1   Die Situation am Wohnungsmarkt

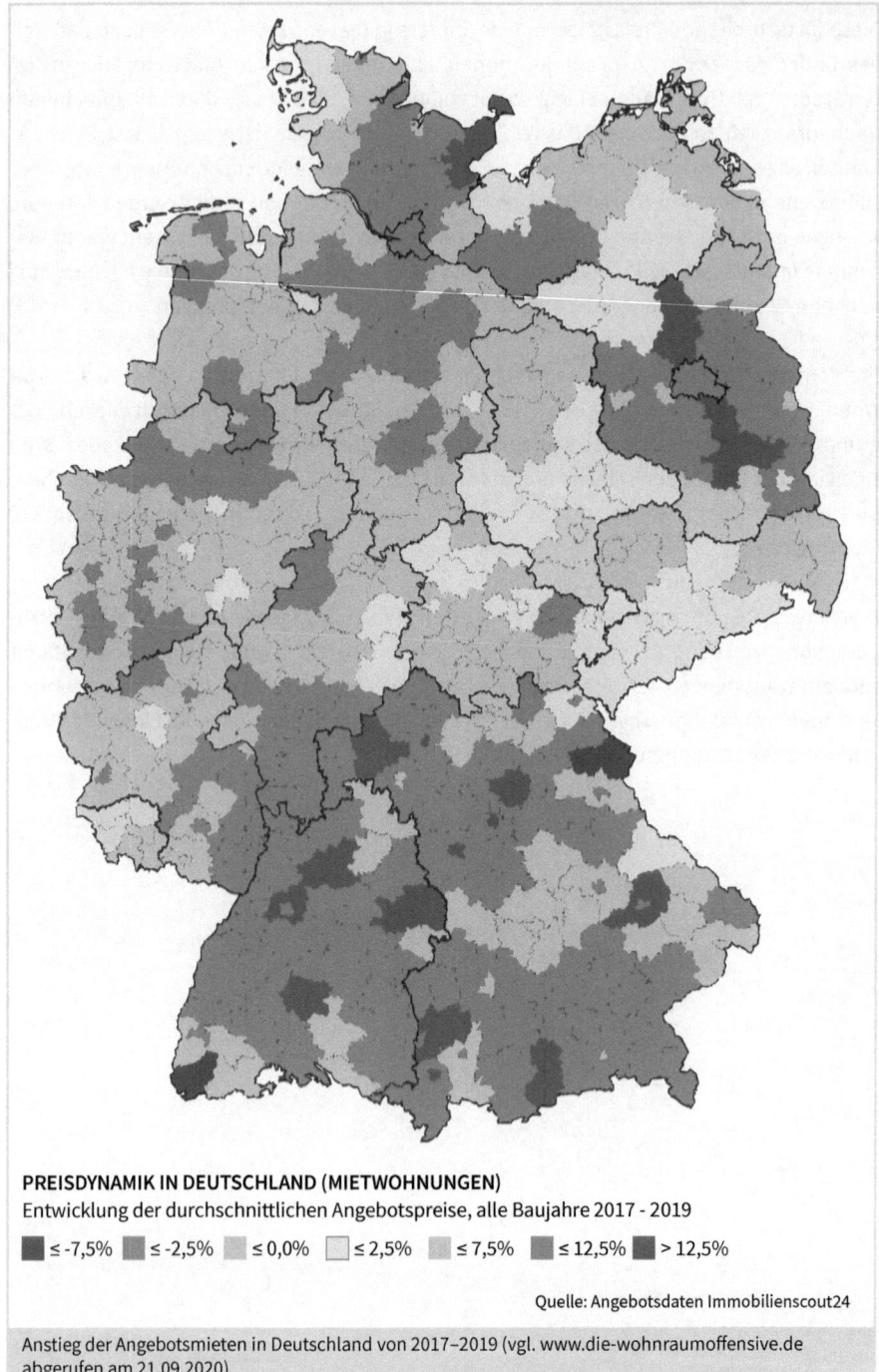

PREISDYNAMIK IN DEUTSCHLAND (MIETWOHNUNGEN)
Entwicklung der durchschnittlichen Angebotspreise, alle Baujahre 2017 - 2019

■ ≤ -7,5% ■ ≤ -2,5% ■ ≤ 0,0% □ ≤ 2,5% ■ ≤ 7,5% ■ ≤ 12,5% ■ > 12,5%

Quelle: Angebotsdaten Immobilienscout24

Anstieg der Angebotsmieten in Deutschland von 2017–2019 (vgl. www.die-wohnraumoffensive.de abgerufen am 21.09.2020)

Torsten Bölting, Björn Eisele

1.3 Wohnungspolitische Lösungen in der Praxis

Zahlreiche Mieterverbände, Sozialverbände und im Prinzip auch die Wohnungswirtschaft selbst haben aus dieser Tatsache vielfach Handlungsbedarf abgeleitet. Schließlich kam es – initiiert durch die Bundesregierung gemeinsam mit den Ländern, Kommunen und zahlreichen Verbänden der Anbieter- und Nachfragerseite am Wohnungsmarkt – 2014 zur Gründung des »Bündnisses für bezahlbares Wohnen und Bauen«. Im Kern zielten die Anstrengungen der Partner auf zwei wesentliche Aspekte: Zum einen sollte durch die gemeinsame Arbeit an Zielvorgaben und an der Vermeidung bürokratischer und technischer Hürden der Wohnungsneubau insbesondere in den nachgefragten Regionen verstärkt werden. Zum anderen sollten Maßnahmen ergriffen werden, um Wohnen insgesamt (in Bestand und Neubau) »bezahlbar« zu erhalten.[21] Die Überlegungen mündeten in zahlreichen Empfehlungen, die von der Senkung von Baukosten über die Mobilisierung von weiterem Bauland und die Ausweitung der Förderung des Wohnungsbaus bis zur Anpassung steuerlicher Rahmenbedingungen und weiterer Maßnahmen reichten.[22] Schließlich kam es unter dem Titel »Wohnraumoffensive« zur Verabredung zum Bau von 1,5 Millionen Wohnungen innerhalb einer Legislaturperiode, um einer Deckung des o. g. Bedarfs näherzukommen.[23] Ein wesentliches Problem, das allerdings hierbei zutage tritt, ist, dass die Bundesregierung und auch die weiteren Akteure auf Bundesebene schon aufgrund der Kompetenzen und Zuständigkeiten der Kommunen bei der Flächennutzungs- und Bauleitplanung sowie der insgesamt kleinteiligen und stark regionalisierten Wohnungsanbieter kaum wirklich in der Lage sind, lokal konkret den Bau von Wohnungen anzuschieben. Hinzu kommt, dass auch im Bereich der Wohnraumförderung die Bundesländer zuständig sind. Insofern kam es – teils auch schon vor der Gründung des bundesweiten Bündnisses – auch zu lokalen Bündnissen und Initiativen, die ähnliche Ziele verfolgten und z. T. deutlich konkreter z. B. an der Entwicklung einzelner Flächen arbeiten.[24]

Darüber hinaus haben die zuständigen Bundesregierungen jedoch auch mithilfe ordnungspolitischer Maßnahmen versucht bzw. tun dies weiterhin, die Preissteigerung im Wohnungsbestand zu bekämpfen. Neben der (mittlerweile umgesetzten) Begrenzung der Umlagefähigkeit von Modernisierungskosten auf die Miete wurde in diesem Kontext insbesondere die 2015 eingeführte »Mietpreisbremse« diskutiert.[25] Seit der Einführung wird über Nutzen und Wirkung der Instrumente diskutiert. Im Wesentlichen zielt die Kritik dabei meist auf die Tatsache, dass alle diese Instrumente nicht direkt dazu beitragen, das

---

21 Vgl. BMUB (2015b).
22 Vgl. BMUB (2015a), S. 17 ff.
23 Vgl. www.die-wohnraumoffensive.de, abgerufen am 21.09.2020.
24 Vgl. BBSR (2016).
25 Vgl. Neitzel, S. 7 ff.

Angebot an Wohnungen (namentlich in stark gefragten Ballungsgebieten) zu vergrößern. In der Tat ist jedenfalls für die Mietpreisbremse eine preisdämpfende Wirkung in moderatem Umfang erkennbar. Offenbar verlangsamt das Instrument den Mietanstieg moderat, führt allerdings gleichzeitig auch zu einem stärkeren Preisanstieg bei (von der Regelung ausgenommenen) Neubaumieten. Michelsen et al. vom DIW Berlin gehen infolgedessen sogar davon aus, dass die Mietpreisbremse somit aufgrund der steigenden Neubaurenditen den Neubau von Wohnungen befördert haben könnte.[26]

Die Anstrengungen auf Bundesebene sowie auch in den Ländern und Kommunen, die durch eine breite Vielfalt von Akteuren getragen werden, verfehlen offenbar eine grundlegende Wirkung nicht. Allerdings ist zu konstatieren, dass die grundlegende Problematik des weiterhin hohen Neubaubedarfs und der steigenden Wohnkosten bislang nicht vollständig gelöst werden konnten. Dies war aufgrund der langen Entwicklungsdauer von Immobilen und weiterer Besonderheiten des Produkts sowie des infolgedessen unelastischen Immobilienmarktes sicher nicht zu erwarten. Insofern bleibt das Thema für Politik und weitere Akteure von großer Bedeutung. Die heterogene Situation am bundesdeutschen Wohnungsmarkt führt zu neuen Herausforderungen für Mietwohnungsanbieter und zu Veränderungen in den Vermietungsprozessen, die im vorliegenden Werk detailliert dargestellt werden.

---

26 Vgl. Michelsen/Mense, S. 39 f.

2 Angebot und Nachfrage – praxisorientierte Produkt- und Kundenanalyse

Die Hintergründe, Wirkungsweisen und Mechanismen auf dem deutschen Mietwohnungsmarkt konnten in Kapitel 1 ausführlich behandelt werden. In diesem Abschnitt wird darauf aufbauend die Wohnung als Sozial- und Wirtschaftsgut in den marktwirtschaftlichen Kontext gestellt. Trotz vieler hoheitlicher Lenkungseingriffe bestimmen zwei wesentliche Haupteinflussfaktoren den Mietwohnungsmarkt: Angebot und Nachfrage. Das Angebot spiegelt die Produktseite wider und die Nachfrage entsprechend die Kundenseite. Produkt und Kunde am Mietwohnungsmarkt sind zwei komplexe Marktkomponenten, die einer ganzheitlichen Betrachtung bedürfen.

2.1 Produktanalyse

Der Volksmund sagt nicht ohne Grund: »Ohne Moos nix los.« In Bezug auf die Vermietungspraxis heißt das: Eine perfekt organisierte Vermietungsstruktur und der beste Vermieter helfen rein gar nichts, wenn das zur Verfügung stehende Produkt am Wohnungsmarkt nicht auf eine zahlungsbereite Nachfrage trifft. Bevor also Vermietungsaktionismus um sich greift und wahllos Offerten in Onlineportale hochgeladen werden, sind zunächst auf konzeptioneller und analytischer Ebene die Hausaufgaben zu machen. Bei der Produktanalyse sind verschiedene Schritte zu vollziehen, um ein möglichst vollständiges und zutreffendes Bild von der jeweiligen Vermietungsrealität zu erhalten. »Vermietungsrealität« in diesem Kontext bedeutet: die zum aktuellen Zeitpunkt tatsächlich vorhandene Marktsituation in Bezug auf Angebot und Nachfrage. Am Beginn steht eine konkrete Frage: Welches Wohnprodukt kann in welcher Lage zu welchem Preis innerhalb eines zu bestimmenden Zeitrahmens erfolgreich platziert werden? Diese Frage muss vor Beginn jeder Aktivität für jede einzelne zu vermietende Wohnung konkret und eindeutig beantwortet werden können. Die Beantwortung dieser Frage setzt allerdings maßgebliche Vorarbeiten und eine umfassende Marktkenntnis voraus.

2.1.1 Empirische Grundlagen

In einem ersten Schritt sind die empirischen Grundlagen für eine adäquate Marktbeurteilung zu ermitteln. Dazu werden verschiedene Informationsquellen zurate gezogen. Dies sind vor allem standortbezogene Wohnungsmarktberichte, die oftmals unmittelbar von der Kommune selbst eingeholt werden können. Dazu zählen zudem der gültige Mietspiegel und Marktreports seriöser Makler- und Beratungsgesellschaften. Eine weitere Möglichkeit besteht darin, die Angebote auf den gängigen Immobilienportalen (Immoscout,

Immowelt etc.) auszuwerten. Mittlerweile werden »Marktnavigatoren« angeboten, die auf einzelne Adressen heruntergebrochen detailliert das Marktumfeld darstellen. Das Studium echter Vergleichsangebote liefert wertvolle Hinweise zur Beurteilung der eigenen Marktposition. Die Positionierung einer Wohnung am Immobilienmarkt wird in der Praxis durch verschiedene mietwertbildende Faktoren beeinflusst, die nachstehend erläutert werden.

2.1.2 Lagequalität

Die Lage ist das maßgebliche Kriterium für sämtliche Überlegungen zur weiteren Produktkonzeption und Vermietungsaktivität. Die Lage einer jeden Wohnung ist in Bezug auf Makro-, Mirko-, Gebäude- und Geschosslage einzigartig. Dies ist eine Besonderheit der »Wohnungsindustrie«. Gleich große oder gleich geschnittene Wohnungen unterscheiden sich immer – wenn auch nur in einer Nuance – von einer anderen, die vielleicht ein Geschoss höher oder tiefer oder nebenan liegt. Insofern sind bei der Lageanalyse verschiedene Kriterien einzubeziehen. Die Lagequalität hat direkten Einfluss auf das Preis-Leistungs-Verhältnis einer Wohnung und ist maßgebliches Preisbildungskriterium zur Definition der korrekten Miethöhe.

2.1.2.1 Makrolage

Nähern wir uns zunächst aus der Vogelperspektive oder besser aus der Google-Earth-Perspektive der Makrolage. Wir beleuchten dazu genauer den Mietwohnungsmarkt in Deutschland unter Gesichtspunkten des lagebedingten Produktmerkmals. Das Bundesgebiet weist eine sehr heterogene Struktur auf. Es lässt sich aus Vermietungssicht für die Übersicht sehr gut in drei Kategorien unterteilen: Top-Metropolen, B-Standorte und »shrinking regions«, also schrumpfende Regionen.

2.1.2.1.1 Top-7-Standorte

Die Top-7-Standorte in Deutschland sind in alphabetischer Reihenfolge: Berlin, Düsseldorf, Frankfurt, Köln, Hamburg, München und Stuttgart. Diese Städte haben zum einen die höchste Einwohnerzahl, zum anderen zeichnen sie sich durch maßgeblich positive Standortfaktoren aus. Die Lebensqualität in Bezug auf die Teilbereiche Wohnen, Arbeiten und Lifestyle ist in diesen Metropolen am größten. Die Metropolen haben eine starke Magnetwirkung innerhalb des Bundesgebiets und ziehen aufgrund ihrer Attraktivität Bewohnerinnen und Bewohner aus anderen, weniger gut entwickelten Regionen an.

Diese Städte haben vor allem »vererbte«, institutionalisierte Vorteile. Sie sind z. B. Landeshauptstädte und damit automatisch Sitz für Parlamente, Behörden, Parteien und

Verbände. Die vorgenannten Institutionen bieten anspruchsvolle Arbeitsplätze, die für qualifizierte Arbeitnehmer und Arbeitnehmerinnen attraktiv sind. Darüber hinaus üben diese Institutionen eine eigene Anziehungskraft auf assoziierte Unternehmen und ganze Branchen aus. Die meist gut bezahlten Arbeitsplätze sorgen zudem dafür, dass entsprechender Wohnraum in der Nähe der Arbeit auch zu höheren Mieten einen Abnehmer findet.

Ein weiterer institutionalisierter Standortvorteil sind Universitäten und Fachhochschulen in den Metropolen. Die Hochschulen sorgen dafür, dass der – ansonsten in Deutschland zu beobachtende – demografische Wandel in den Metropolstandorten nicht oder nicht in der ausgeprägten Form zum Tragen kommt. Junge, motivierte Abiturientinnen und Abiturienten werden aus weniger attraktiven Standorten in die Metropolen gezogen. Sie finden dort nicht nur einen attraktiven Studienplatz, sondern auch perspektivisch interessante Arbeitgeber. In der heutigen Zeit ist es unter Studierenden längst Usus, dass bereits in der Frühphase des Studiums diverse (Auslands-)Praktika bei namhaften Gesellschaften absolviert werden. Auch hier befeuert sich die positive Sogwirkung der Metropolen selbst. Sowohl ausländische Studierende als auch High Potentials überlegen unter normalen Umständen nicht lange, ob sie nach Berlin oder Braunschweig ziehen sollen. Infrastrukturelle Vorteile in Form von Flughafenanbindung sowie modern ausgebaute S- und U-Bahnnetze sorgen darüber hinaus für Mobilität. Innovative Entwicklungen wie Carsharing oder Mobilitäts-Apps (Free Now/Mytaxi, Uber etc.) setzen sich zunächst in den Metropolen durch, bis sie sich den Weg in das Umland bahnen.

Neben schicken Wohnungen und einem gesicherten Arbeitsplatz gibt es aber noch einen weiteren maßgeblichen Standortfaktor, mit dem die Metropolen punkten können: der urbane Lifestyle! Die Top 7 bieten allen Bevölkerungs- und Altersgruppen ideale Bedingungen für einen modernen Lebensstil. Insbesondere die vielfältigen gastronomischen und kulturellen Angebote bieten für jeden Geschmack eine adäquate Auswahl. Durch die historisch geprägte Zentralität der Angebote sind diese auch in den meisten Fällen ohne eigenen Pkw bequem zu erreichen.

Das Ruhrgebiet wäre beispielsweise gern eine »echte« Metropole. Unter gewissen statistischen Gesichtspunkten stellt es auch eine metropolartige Struktur dar. Allein die Gesamteinwohnerzahl von über fünf Millionen Menschen spricht dafür. Welche Zutat fehlt noch, um in den erlesenen Kreis der Top 7 aufgenommen zu werden und diesen in Top 8 umzubenennen? Die polyzentrische Struktur mit vielen kleinen Stadtkernen ist der Hauptgrund, warum das Ruhrgebiet nicht zur Spitzengruppe aufschließen kann. Diese Schwäche der ansonsten starken Ruhrregion wurde historisch durch bewusste Entscheidungen der Wirtschafts- und Standortpolitik schon Anfang der 1920er-Jahre herbeigeführt. Die künstliche Zergliederung in verschiedene Regierungsbezirke diente historisch dazu, das Ruhrgebiet aufgrund seiner wirtschaftlichen Stärke während der Industrialisierung nicht zu mächtig werden zu lassen. Die polyzentrische Schwäche, das verordnete »Klein-Klein«, lässt sich heute nur schwer egalisieren.

Den Mietwohnungsmarkt in den Top 7 zeichnet eine hohe Nachfrage aus. Diese führt nach den Gesetzen der freien Marktwirtschaft zu einer dynamischen Mietpreisentwicklung. Die Mietpreise in den Metropolen sind in den letzten zehn Jahren erheblich gestiegen (siehe die Abbildungen zum »Anstieg der Angebotsmiete«).

Die erhöhten Mietpreise breiten sich in einer Wellenbewegung vom Zentrum der Metropolen in die Randlagen und Speckgürtel aus. Die Folge für Vermieter: Leerstand ist quasi nicht mehr oder nur noch maßnahmenbedingt existent. Gleichzeitig führen die hohen Mietpreise dazu, dass die Bestandsmieter in ihren Wohnungen verharren und keinen Wohnungswechsel mehr anstreben. Die Fluktuationsrate sinkt deutlich ab. Beispielsweise berichten Hausverwalter aus Berlin, die teilweise einen Wohnungsbestand von mehreren Tausend Wohnungen betreuen, dass mieterseitige Kündigungen pro Monat nur noch im einstelligen Bereich eingehen. Die Mieter versuchen demnach, die niedrigen Mietpreise aus den Altverträgen durch das Verharren in ihren Wohnungen beizubehalten. Dies geht nur, wenn sie die Wohnung nicht mehr wechseln, weil sie ansonsten mehrere Kilometer außerhalb der Stadt eine neue Wohnung finden müssten. Eine derartige Konstellation führt zu einer allmählichen Gentrifizierung besonders betroffener Stadtteile und Quartiere.

2.1.2.1.2 B-Standorte

Die B-Standorte sind solide Wohnstandorte, die leicht steigende oder stagnierende Bevölkerungszahlen aufweisen. Im Prinzip gibt es bei diesen Standorten im direkten Vergleich zu den Top 7 wenig bis keine Superlative. Allerdings ist ein gesundes Mittelmaß in allen wesentlichen Belangen vorhanden. Städte wie Essen, Dortmund, Hannover, Münster, Leipzig, Kaiserslautern oder Nürnberg sind für viele Menschen hoch attraktive Wohnstandorte, weil sie den Dreiklang von Wohnen, Arbeiten und Lifestyle ermöglichen. Die Liste der genannten Städte lässt sich noch beliebig erweitern.

B-Standorte beheimaten in der Regel wenige Konzerne, dafür aber umso mehr mittelständische Betriebe. Oftmals finden sich Hidden Champions und Weltmarktführer von Nischenprodukten in den weniger beachteten B-Städten. Der weltweit agierende Fahrzeugveredler BRABUS hat seine Firmenzentrale in Bottrop, der Wärmedienstleister ISTA in Essen und Playmobil sitzt in Fürth. Zahlreiche kleine und mittelständische Betriebe bieten auch in B-Standorten attraktive und gut bezahlte Arbeitsplätze, die entsprechend hoch qualifiziertes Personal erfordern. Viele anspruchsvolle Stellen sind allerdings unbesetzt oder können nur mit großer zeitlicher Verzögerung und mit immensem Aufwand wiederbesetzt werden. Der »War of Talents« ist in den B-Standorten oftmals schwieriger zu führen. Dies liegt am schwachen Lifestyle-Profil, das diese Standorte im Vergleich zu den Top 7 zu bieten haben. Wer sich nach seinem Masterabschluss mit Mitte zwanzig nicht bereits unwiderruflich auf Heirat, Kinder sowie ein gemütliches Leben in einer Doppelhaushälfte eingestellt hat, wird nur schwer eine Stadt wie Hagen oder Saarbrücken als sein Wunschziel wählen. Etwas anderes gilt selbstverständlich für diejenigen, die in solch einer B-Stadt aufgewachsen sind oder dort besondere familiäre Beziehungen haben, die bei der Wohnortwahl priorisiert werden.

Eine besondere Gruppe innerhalb der B-Städte bilden die sog. Schwarmstädte unter ihnen, zu denen nicht nur die Top-Metropolen zählen. Schwarmstädte sind beispielsweise Heidelberg, Münster, Leipzig oder Regensburg. Diese Städte besitzen eine metropolenähnliche Infrastruktur und sind Hochschulstandorte, die sie für Studierende anziehend machen. Auch das Lifestyle-Angebot kann sich im Hinblick auf kulturelle, gastronomische und sonstige Freizeitangebote durchaus sehen lassen. Schwarmstädte sind umgeben von ländlichen Regionen mit kleineren Gemeinden. Sie ziehen gerade aus diesen Regionen junge Menschen an, die ihre Lebensumstände nachhaltig verbessern möchten. Die Attraktivität der Schwarmstädte resultiert daher aus den Entwicklungsperspektiven, die sie den Menschen im Umland offerieren.

2.1.2.1.3 Shrinking Regions

Die Shrinking Cities und Regions haben es schwer. Sie schrumpfen und werden zunehmend unattraktiver. Der Bevölkerungsschwund führt gleichzeitig zu einem schleichenden Abbau von Infrastruktur im öffentlichen Bereich sowie bei Lifestyle-Angeboten. Schulen und Kindergärten erreichen nicht mehr die erforderlichen Belegungszahlen und werden infolgedessen in einem schleichenden Prozess allmählich geschlossen. Dies gilt auch für Behörden und Filialstandorte aller Art, die sich nur bei frequentierter Nutzung weiter rechnen. Ebenso rückläufig ist die medizinische Versorgung. Bars und Restaurants lassen sich nicht mehr wirtschaftlich betreiben. Die Folge dessen ist, dass die Schwachen bzw. Armen und Alten zurückbleiben. Wer sich allein »retten« kann, sucht Zuflucht in anderen Gebieten, zum Beispiel in der nächstgelegenen Schwarmstadt.

Der Mietwohnungsmarkt ist in schrumpfenden Regionen durch einen Angebotsüberhang gekennzeichnet. Dieser führt zu einer geringeren Nachfrage bei stetig sinkenden Mietpreisen. Die Leerstandsquote steigt. Die Fluktuationsrate steigt oft ebenso, was einen doppelt negativen Effekt zur Folge hat. Die verbleibenden Mieter und Mieterinnen wissen, dass sie aus einem breiten Wohnungsangebot auswählen können. Die Wohnungsanbieter haben in der Folge nur zwei Möglichkeiten: Entweder müssen sie sich bei vergleichbarem Produkt gegenseitig bei den Mietpreisen unterbieten, um einen Mieter zu finden, oder sie statten das Produkt hochwertig aus, ohne eine zeitnahe Amortisation der Investition erwarten zu können.

Ein weiterer Trend erschwert die Situation der Wohnungsanbieter in schrumpfenden Regionen: Wohnungswechsel erfolgen heute generell deutlich häufiger als noch in den 1990er-Jahren. Die Lebenssituationen der Menschen ändern sich öfter: Ein Singleleben, Partnerschaften, das Leben mit Kindern und Patchwork-Familiensituationen können sich innerhalb weniger Jahre abwechseln. Jede Lebenssituation bewirkt differenzierte Anforderungen an ein passendes Wohnprodukt. Möchte der Single in seinem Einraum-

Appartement günstig und zentral wohnen, ändert sich bei einer Partnerschaft der Wohnungsbedarf quasi von heute auf morgen.

In den angespannten Wohnungsmärkten der Top 7 sind die Verharrungstendenzen aufgrund steigender Mietausgaben bei jedem Wohnungswechsel deutlich. In entspannten Wohnungsmärkten kann der Mieter hingegen beliebig oft die Wohnung wechseln. Er verbessert sich dabei sogar noch: entweder beim Mietpreis oder – und das ist die Regel – bei der Ausstattung der Wohnung. Neu zu vermietende Wohnungen werden in entspannten Wohnungsmärkten oftmals vollständig renoviert angeboten, um möglichst attraktiv auf Interessenten zu wirken. Darüber hinaus soll dem Wohnungssuchenden die Umzugsentscheidung so bequem wie möglich gemacht werden. Dies geht am besten mit fix und fertigen Angeboten. War es noch bis zur Jahrtausendwende üblich, dass Mieter selbst Renovierungsarbeiten beim Einzug in eine Mietwohnung vorgenommen haben, sind solche Tätigkeiten in B-Standorten und Shrinking Cities der Ausnahmefall geworden. Mieter, die die ganze Badausstattung eigenmächtig und auf eigene Kosten erneuert haben, sind heute die absolute Seltenheit.

Zwischen 2012 und 2015 konnte in Hagen festgestellt werden, dass die Mieter teilweise im eigenen Wohnungsportfolio mehrmals innerhalb kurzer Zeiträume die Wohnung wechselten. Die aufeinanderfolgenden Lebenssituationen (Single, Partnerschaft, Kind und Trennung) wurden nicht selten innerhalb von drei Jahren mit entsprechenden Wohnungswechseln begleitet. Als Wohnungsanbieter mit einem großen Bestand sollte es das Bestreben sein, diesen Trend einzudämmen. Allerdings befindet man sich im Kampf mit dem Wettbewerb um jeden Mieter. Daher fällt es schwer, einen zahlenden Mieter gehen zu lassen, und die Versuchung ist groß, dem Mieter im eigenen Bestand Alternativen anzubieten. Auch mit der Gewissheit, dass zukünftig ein weiterer Wohnungswechsel wahrscheinlich sein wird, ist ein zahlender Kunde im eigenen Wohnungsbestand immer noch besser, als diesen an den Wettbewerb zu verlieren und Leerstand aufzubauen.

2.1.2.2 Mikrolage

Die sog. Mikrolage einer Wohnung ist ein wichtiges Kriterium bei der Beurteilung der Produktqualität. Unter dem Begriff »Mikrolage« wird das direkte bzw. kleinräumige Umfeld der Immobilie verstanden.[27] Bei einem städtischen Grundstück stehen im Rahmen der Makrolage die Stadt und der Stadtteil im Mittelpunkt der Beurteilung, bei einer Mikrolage spielt die Straße und ihre nähere Umgebung (Nachbarschaft) eine Rolle.[28] Auf verschiedene Lagemerkmale nimmt u. a. § 6 ImmoWertV Bezug.

---

27 Vgl. ausführlich dazu Kleiber, S. 815 ff., 1546 f.
28 Wikipedia-Eintrag zu »Lage (Immobilien)«, abgerufen am 22.11.2020.

2.1 Produktanalyse

Für unsere Betrachtung ist maßgeblich, welche Faktoren bei der Beurteilung der Mikrolage aus Mietersicht eine Rolle spielen. Ferner ist zu untersuchen, inwiefern derartige Faktoren Einfluss auf die Mietpreisbildung haben. Einleitend sollte beachtet werden, dass zur Beurteilung einer Mikrolage zwar objektive Kriterien herangezogen werden können, diese aber immer im Spiegel einer subjektiven Wertung durch den Mietkunden ihre individuelle Ausprägung zeigen. Die Individualisierung der Lebensstile und damit der einzelnen Mietkunden ist ein fortlaufender gesellschaftlicher Prozess. Gerade der Aspekt »Lifestyle« kann von Mensch zu Mensch unterschiedlicher nicht sein. Wer welches spezielle Lifestyle-Spektrum in seinem Wohnumfeld attraktiv findet und welches nicht, hängt ausschließlich von individuellen Vorlieben ab. Oftmals wird diese Vorliebe bestimmt durch gesellschaftliche Trends, die genauso schnell verschwinden, wie sie aufgetaucht sind. Das Lifestyle-Kriterium fließt bei der nachstehenden immobilienwirtschaftlichen Betrachtung in die objektiven Lagekriterien ein.

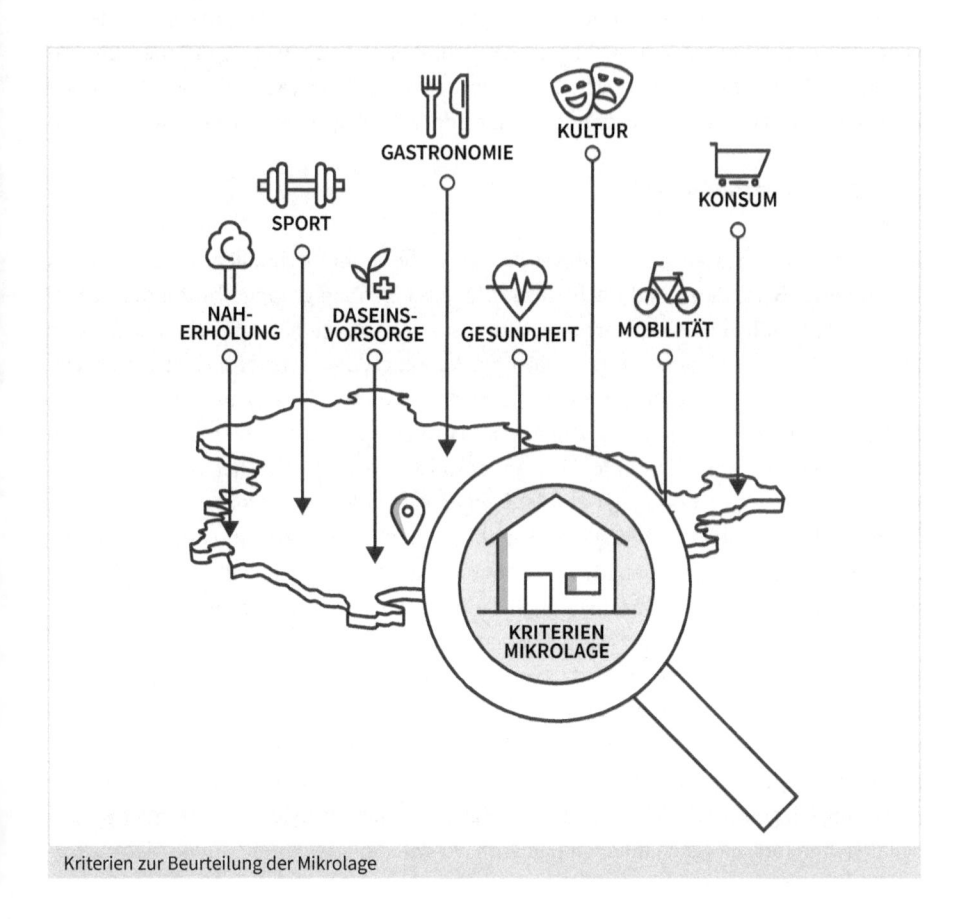

Kriterien zur Beurteilung der Mikrolage

2.1.2.2.1 Daseinsvorsorge

Die »kommunale Daseinsvorsorge« ist ein verwaltungsrechtlicher Begriff, die aus dem Sozialstaatsprinzip aus Art. 20 GG folgert, dass die Gemeinde wirtschaftliche, soziale und kulturelle Dienstleistungen für alle Bürger bereitstellt. Diese Definition ist insofern auch für die Beurteilung einer Mikrolage hilfreich. Die kommunale Daseinsvorsorge meint konkret die Abfallwirtschaft und Abwasserentsorgung, die Wasser- und Energieversorgung, den öffentlichen Personennahverkehr, Sparkassen und Krankenhäuser. Weiterhin können Schulen, Büchereien, Museen, Kinder- und Schullandheime, Altenheime u. Ä. sowie der Rettungsdienst zur kommunalen Daseinsvorsorge gezählt werden.[29] Diese Kriterien liefern bereits wesentliche Anhaltspunkte zu den Erwartungen eines potenziellen Mieters an sein Wohnumfeld.

Für Familien und Alleinerziehende als Mietinteressenten sind Kindergärten, Grund- und weiterführende Schulen in erreichbarer Nähe zur Wohnung ein wichtiges Kriterium. Insbesondere für Kinder gilt der politische Grundsatz »kurze Beine, kurze (Schul-)Wege«, sodass sich lange Fahrtzeiten bei der Beurteilung der Mikrolage negativ auswirken.

2.1.2.2.2 Gastronomie

Das gastronomische Angebot umfasst das im Wohnumfeld befindliche Spektrum von Restaurants, Bars, Cafés und Nachtclubs. Die jeweiligen Zielgruppen bestimmen dabei ihre eigenen individuellen Erwartungshaltungen, die naturgemäß unterschiedlich stark ausgeprägt sind. Je urbaner und zentraler die Wohnlage, desto vielfältiger ist das Gastronomieangebot. Gastronomie hat in der heutigen modernen Gesellschaft einen anderen Stellenwert als noch in den 1980er-Jahren. Als westliches Vorbild dienen Lifestyle-Metropolen wie New York City. In Manhattan ist weltweit eine der höchsten Konzentrationen von gastronomischen Angeboten auf wenigen Quadratkilometern zu finden. Diese Angebote decken die ganze mögliche Bandbreite ab: Von Street- und Fastfood bis zum Sternerestaurant sind alle denkbaren Varianten innerhalb von wenigen Minuten für den Verbraucher ansteuerbar. Unzählige internationale kulinarische Angebote, Ernährungskonzepte und Preiskategorien werden in einer imponierenden Bandbreite präsentiert. Dieses Modell gehört auch in Deutschland immer mehr zum Alltag: Die Menschen verbringen ihre kostbare Freizeit mit Familie und Freunden mit dem Besuch gastronomischer Betriebe. War Selbst-Kochen früher ein reines Mittel zum Zweck, so ist es heute eher eine Freizeitbeschäftigung. Der Besuch eines Restaurants ist auch für Durchschnittsverdiener erschwinglich geworden und regelmäßig möglich. Dieser Lifestyle setzt sich auch im Geschäftsleben fort. Zu geschäftlichen Anlässen werden mehr und mehr auswärtige gastronomische Angebote genutzt.

---

29 Vgl. Ronellenfitsch in: Hoppe/Uechtritz, S. 2 ff.

2.1.2.2.3 Gesundheit

In Vermietungsexposés findet sich häufiger der Satz: »In unmittelbarer Nähe der Wohnung befinden sich Ärzte und Apotheken.« Nicht ohne Grund wird die Präsenz von Gesundheitsangeboten im Wohnumfeld von den Anbietern angepriesen. Kurze Wege zu Haus- und Fachärzten sowie Apotheken sorgen nicht nur bei Familien für ein beruhigendes Wohngefühl. Im Krankheitsfall kann auf diese Weise schnell ein Arzt konsultiert werden. Lange Fahrtzeiten oder ein dünnes medizinisches Versorgungsangebot wirken sich negativ auf die Beurteilung der Mikrolage aus. Nicht nur Ärzte zählen zu den gefragten »Nachbarn« von Mietern. Ebenso wichtig ist die Erreichbarkeit von Krankenhäusern oder medizinischen Anbietern, wie z. B. Physiotherapeuten, Logopäden oder Zahntechnikern. In urbanen Strukturen sind diese Anbieter eine Selbstverständlichkeit. In ländlichen Regionen hingegen wirkt sich deren Fehlen negativ auf die empfundene Wohnqualität aus.

2.1.2.2.4 Konsum

Befinden sich Läden des täglichen Bedarfs im Umfeld der Wohnung, ist dies ein positives Merkmal. Dazu zählen Bäcker, Metzger, eine Drogerie oder ein Lebensmittelmarkt und auch ergänzende Serviceorte, wie z. B. Reinigung oder Poststation. In Städten sind urbane Versorgungsstrukturen im Sinne von Stadtteilzentren vorzufinden, die insbesondere fußläufig zu erreichen bzw. zu durchqueren sind. Diese werden seit Mitte der 1980er-Jahre durch Fachmarktzentren ergänzt, die den Trend der exzessiven Autonutzung aufgreifen. Die dahinterstehende Kernidee besteht in mit dem Auto gut erreichbaren Anlaufstellen mit ausreichenden Parkplätzen und einem konzentrierten Ladenangebot. Dieser Trend kommt ebenfalls aus den USA und wird insbesondere in B-Standorten mittlerweile auch auf gastronomische Angebote ausgeweitet. In Deutschland erfreuen sich neue Gastronomiekonzepte als »Stand-alones« großer Beliebtheit. Die Standorte liegen in mit dem Auto bequem erreichbaren Gewerbegebieten und an hoch frequentierten Zufahrtsstraßen. Systemgastronomische Ketten wie beispielsweise Café del Sol, L'Osteria, ASH etc. bieten an diesen Standorten feste Konzepte an.

2.1.2.2.5 Kultur

Ein breites Spektrum kultureller Angebote im direkten Wohnumfeld ist ebenfalls vorteilhaft für die Vermietung. Das kulturelle Angebot umfasst dabei Museen, Galerien und Theater. In Veranstaltungszentren werden daneben Konzerte, Kabarett, Lesungen und andere Darbietungen einem breiten Publikum zugänglich gemacht. Eine freie Kunst- und Kulturszene sorgt zudem für eine besondere Vielfalt vor Ort. Die unterschiedlichen wohnungswirtschaftlichen Zielgruppen haben differenzierte Vorstellungen von einem interessanten kulturellen Angebot. Die jüngere Generation wird z. B. eine Clubkultur bevorzugen, die es ihnen ermöglicht, auf ungezwungene Weise auf Gleichaltrige zu treffen.

Zum kulturellen Leben sind allerdings auch die zahlreichen Vereine und Interessengemeinschaften zu zählen, die den gesellschaftlichen Zusammenhalt durch ehrenamtliche Strukturen vor Ort stärken. Brauchtumsvereine, wie etwa die Karnevals- und Schützengesellschaft, tragen dazu bei, die Identifikation der Menschen mit ihrer Heimat und ihrem Quartier zu stärken.

2.1.2.2.6 Mobilität

Im Ergebnis geht es bei der subjektiven Beurteilung und Wertung der Mikrolage darum, wie lange und mit welchem Aufwand ein Bewohner einen Zielort des täglichen Lebens erreichen kann. Dauer und Aufwand bestimmen insofern den Komfort. Der Aufwand wiederum kann körperlicher Natur oder finanzieller Art sein. Man kann zehn Minuten seiner Zeit und Körperkraft investieren, um mit dem Fahrrad zum Hausarzt zu fahren, oder man investiert fünf Minuten und ein paar Euro Taxigeld. Die Entscheidung des Mieters hängt von dessen persönlichen Ressourcen ab und seinem Willen, diese Ressourcen auch einzusetzen. Die subjektive Wertung des einzelnen Mietkunden wird weitestgehend durch seinen tatsächlich vorhandenen, individuellen Mobilitätsgrad bestimmt. Der objektive Mobilitätsgrad wird auf der subjektiven Seite durch den konkreten Mobilitätswillen ergänzt. Beide Komponenten zusammen ergeben den Nutzen für den potenziellen Mietkunden. Eine verbindliche Analyse kann nur durch eine Einzelfallbeurteilung angestellt werden.

Der Mobilitätsgrad wird vor allem durch das gewählte Fortbewegungsmittel bestimmt. Im Wesentlichen bewegen sich die Menschen in unseren Breitengraden per Auto, Fahrrad, zu Fuß oder in öffentlichen Verkehrsmitteln fort. Eine Person, die über ein Auto, Fahrrad und zwei gesunde Beine verfügt, hat demnach objektiv den höchsten Mobilitätsgrad. Die Mikrolage wird von zwei verschiedenen Nutzern mit unterschiedlichen Mobilitätsgraden und -willen allerdings gänzlich anders beurteilt. Für eine alleinstehende Seniorin, die über keinen Führerschein verfügt und aus körperlichen Gründen nicht mit dem Fahrrad fahren kann, sind fußläufig zu erreichende Nahversorgungsziele attraktiv. Eine gute ÖPNV-Anbindung mit einer kurzen Fahrtzeit in die Innenstadt kann ebenso vorteilhaft sein. Gänzlich andere Anforderungen an die Erreichbarkeit würde in derselben Wohnung ein alleinstehender 30-jähriger Single mit Auto stellen. Insofern ist der Faktor Mobilität bei der Beurteilung der Lagekriterien einer Wohnung intensiv in die Betrachtungen einzubeziehen.

2.1.2.2.7 Naherholung

Wohnlagen, in deren Nähe sich Parks, Wälder, Seen und Flüsse befinden, können für Outdoor-Aktivitäten genutzt werden und steigern die Lebensqualität. Das Bewusstsein für die Umwelt wird nicht zuletzt durch neue klimafreundliche Initiativen geschärft. Ein Wohnumfeld, welches Natur und Umwelt integriert, steht in der Mietergunst an vorderer Stelle.

2.1.2.2.8 Sport

Die Möglichkeit der aktiven und passiven Teilnahme an Sportaktivitäten ist ein weiteres wichtiges Standortkriterium. Aktiv Sport treiben und passiv Sport anschauen sind beliebte Freizeitaktivitäten. Wohnlagen in der Nähe von Naherholungsgebieten erfreuen sich großer Beliebtheit bei Freizeitsportlern. Der Besuch von Sportevents ist zudem populär. Nicht nur das Sportevent selbst profitiert davon, sondern auch das gesamte Umfeld. Hotelübernachtungen, Besuche in Restaurants, Bars und Kneipen steigern die Umsatzzahlen. Gerade viele Fußballvereine und ihre Inszenierung in der Anhängerschaft sorgen für eine kulturelle Identifikation mit der Region.

Das Ruhrgebiet wird z. B. von der über 100-jährigen Fußballkultur in den Städten des Reviers geprägt. Nicht nur Städte und Gemeinden mit prominenten Vereinen wie Dortmund und Gelsenkirchen profitieren davon, auch die Nachbarn wie Bochum, Duisburg, Essen oder Oberhausen haben eine ausgeprägte Fußballkultur. Diese »Nischenbegabungen« einer Stadt oder einer Region werden im Laufe der Zeit zu einem echten Standortkriterium.

2.1.2.3 Gebäude- und Wohnungsposition

Die Gebäudeposition spielt bei größeren Wohnanlagen oder in reinen Wohnquartieren eine Rolle bei der Lagebeurteilung. Dies betrifft zum einen die Ausrichtung des Gebäudes im Hinblick auf die Himmelsrichtung. Eine Südlage entscheidet demnach darüber, wer auf einem etwaig vorhandenen Balkon die Sonne über welchen Zeitraum am Tag genießen kann. Diese Feststellung ist für bestimmte Zielgruppen durchaus von Relevanz und wird bei der Auswahlentscheidung berücksichtigt. Während früher noch aufwendig Lagepläne und Grundrisse zurate gezogen wurden, um die Ausrichtung einer Wohnung zu bestimmen, gibt es heute auf jedem Smartphone Apps, die in Sekundenschnelle Klarheit darüber verschaffen, wer buchstäblich auf der Sonnenseite steht.

Bei einer Vergleichbarkeit der Wohnungen in einem zusammengehörigen Gebäudekomplex kann die Position des jeweiligen Gebäudes auch weitere Entscheidungskriterien beinhalten. Gerade bei stark frequentierten Straßen sind die rückwärtigen Gebäude aufgrund geringerer Schall- und Schmutzemissionen gefragter. In Metropolen bzw. in der Historie war die Beurteilung genau umgekehrt. In Berlin wurden die Vorderhäuser von den wohlhabenderen Bewohnern genutzt, während in den Hinterhäusern günstigerer Wohnraum für Bürgerinnen und Bürger mit geringeren finanziellen Mitteln zur Verfügung gestellt wurde. Die rückwärtigen Häuser haben den Nachteil, dass die Laufwege länger sind, was insbesondere beim Transport von Einkäufen für die Mieter lästig werden kann.

Die individuelle Bewertung der Gebäudeposition kann auch andere Aspekte umfassen. Bei Familien mit Kindern etwa ist die Einsehbarkeit von gemeinschaftlichen Spielflächen vorteilhaft. Absolut wesentlich ist die Frage, ob und welche Stellflächen für Pkw vorhanden sind. Einzel- und Tiefgaragen werden von Autobesitzern bevorzugt, da diese vollumfänglichen Schutz vor Umwelteinwirkungen und Diebstahl bzw. Vandalismus bieten. Stellplätze im Freien sind eine günstige Alternative und entfalten bei angespannten Parkplatzssituationen in Wohngebieten ebenfalls eine gewisse Attraktivität.

Auch die Lage der spezifischen Wohnung im Gebäude hat Einfluss auf die Mietpreiskalkulation und letztendlich auf den Vermietungserfolg. Gerade in entspannten Wohnungsmärkten konnte in der Vergangenheit beobachtet werden, dass Wohnungen in oberen Geschosslagen bei Fehlen einer Aufzugsanlage tendenziell schwieriger zu vermieten sind. Die Schwierigkeiten beginnen bereits ab dem zweiten Obergeschoss und steigern sich mit jeder weiteren Etage. Nicht nur ältere Personen möchten lange Wege durch das Treppenhaus vermeiden – zunehmend betrifft diese Laufmüdigkeit auch die jüngere Generation. Wohnungsgesellschaften haben für Wohnungen in oberen Geschosslagen verschiedene Vermarktungs- und Vertriebslösungen gesucht. So vermieten bestimmte Anbieter derartige Wohnungen als Studenten- oder Azubiwohnungen zu einem reduzierten Mietpreis. Die jüngere Generation ist tendenziell für eine günstige Miete eher bereit, auch längere Laufwege in die höheren Geschosse in Kauf zu nehmen.

Der Faktor »Geschoss« spielt auch in Bezug auf das Wohnklima eine entscheidende Rolle. Jeder, der bereits eine Dachgeschosswohnung bewohnt hat, weiß aus eigener Erfahrung, welche Temperaturen dort an heißen Sommertagen herrschen. Für viele ist dies bereits ein Ausschlussgrund, keine Dachgeschosswohnung zu beziehen. Bei weniger temperaturempfindlichen Personen hingegen kann der herausragende Ausblick aus den oberen Geschossen ein großer Vorteil sein. Mehrgeschossige Wohnhochhäuser haben bei schlechtem Property-Management und nachteiliger Mieterbelegung oft ein negatives Image. Auch hier kann die Aussicht in den oberen Geschossen ein Vermarktungsvorteil sein.

Diese Beispiele zeigen, dass jede Wohnung verschiedene Lageattribute haben kann, die je nach Zielgruppe positiv oder negativ gewertet werden. Professionelle Vermarktungs- und Vertriebsleistungen sind erforderlich, um im Einzelfall die positiven Faktoren sichtbar zu machen und die dafür infrage kommende Zielgruppe zu akquirieren. Nur auf diese Art und Weise können auch schwierigere Bestände in überschaubaren Zeiträumen und zu auskömmlichen Mietpreisen vermarktet werden.

DIGITALE EXTRAS

Checkliste: Lagequalität

Makrolage:
- Kategorie
- Top 7
- B-Städte
- Shrinking Regions

Mikrolage:
- Parkmöglichkeiten
- ÖPNV-Anbindung, Bus und Bahn etc.
- Nähe zu Geschäften des täglichen Bedarfs (Lebensmittel, Drogerie, Bäckerei etc.)
- nahegelegene Ärzte, Apotheken, Krankenhäuser
- nächste Kindertagesstätten
- Entfernung zu den verschiedenen Schulformen (Grundschule, weiterführende Schulen etc.)
- Grünanlagen sowie Freizeiteinrichtungen
- Besonderheiten des Quartiers

Gebäude- und Wohnungsposition: Besonderheiten

2.1.3 Wohnungsqualität

Neben der Lagequalität ist die Wohnungsqualität das zweite entscheidende Kriterium bei der Produktanalyse. Während die Lagequalität durch einzelne Marktteilnehmer nur schwer beeinflussbar ist, kann die Wohnungsqualität durch den Einsatz von Finanzmitteln erheblich verändert und verbessert werden. Die Wohnungsqualität wird durch verschiedene Faktoren bestimmt: Das erste Differenzierungsmerkmal ist die Art der Wohnform. Die Wohnungsausstattung und der Zustand sind weitere Kriterien, welche für die Mieterzielgruppen wesentlich sind. Letztendlich können auch besondere Serviceangebote, sog. Additional Services, den Ausschlag für eine positive Anmietungsentscheidung geben. Im weiteren Verlauf stehen zunächst die unterschiedlichen Wohnformen im Fokus der Betrachtung.

2.1.3.1 Wohnformen

Gerade in der jüngsten Zeit haben sich die verschiedenen Wohnformen vielfältig ausdifferenziert. Die sich wandelnden gesellschaftlichen Entwicklungen haben zu unterschiedlichen Bedürfnissen im Bereich des Wohnens geführt. Insbesondere die moderne, globalisierte Arbeitswelt hat dazu geführt, dass viele Berufstätige für eine gewisse Zeitperiode an verschiedenen oder mehreren Orten leben bzw. arbeiten. Insbesondere die Metropolen sind zu Hotspots der modernen Performer geworden. Vorschub hat dem die gesteigerte weltweite Mobilität geleistet. Heute sind in manchen Branchen mehrere Flüge in einer Woche zu verschiedenen Destinationen keine Seltenheit mehr.

Gleichzeitig hat die fortschreitende Digitalisierung dazu geführt, dass auch Freelancer als sog. Digital Nomads weltweit unterwegs sind und einen Work-&-Travel-Lifestyle pflegen, der keinen festen Lebensmittelpunkt mehr vorsieht. Beschleunigt wird diese Entwicklung der multiplen Wohn- und Aufenthaltsorte durch die individuelle Selbstvermarktung über soziale Netzwerke. Instagram, Facebook, LinkedIn und Co. befeuern die Nachfrage nach Anerkennung und gesellschaftlichem Status. Immer neue Bilder und Statusmeldungen von verschiedenen Orten dienen dazu, der Außenwelt klarzumachen, dass man wer ist. Durch die

Corona-Pandemie und ökologische Erwägungen bleibt abzuwarten, ob das individuelle, vielfältige Reisen und häufige Wechseln des Wohnorts auch in Zukunft weiter gefragt sein wird.

Die Bedürfnisse der Menschen spiegeln sich etwas zeitversetzt auch in den Angeboten der Immobilienwirtschaft wider. Die Immobilienwirtschaft bildet im Lauf der Zeit auch auf Produktseite die verschiedenen Wohnformen ab, um den geänderten Anforderungen auf Nutzerseite gerecht zu werden. Der moderne Vermietungsvertrieb umfasst dementsprechend ebenso differenzierte Wohnformen. Nachstehend soll eine strukturierte Übersicht zu den derzeit in Deutschland vorhandenen Wohnformen gegeben werden.

2.1.3.1.1 Die klassische Mietwohnung

Die klassische Mietwohnung in einem Mehrfamilienhaus oder einer Wohnanlage ist das Grundprodukt am Wohnungsmarkt. Im Bauplanungsrecht ist die Wohnnutzung nach ständiger Rechtsprechung des Bundesverwaltungsgerichts[30] gekennzeichnet durch folgende Kriterien:
- eine auf Dauer angelegte Häuslichkeit
- die Eigengestaltung der Haushaltsführung und des häuslichen Wirkungskreises
- die Freiwilligkeit des Aufenthalts

Über 55 Prozent der Bevölkerung leben in Deutschland in einer Mietwohnung (siehe Abbildung »Wohneigentumsquote in Europa 2018« in Kapitel 1). Die klassische Mietwohnung wird durch verschiedene zielgruppenabhängige Wohnformen ergänzt.

2.1.3.1.2 Wohnformen für Senioren

Senioren haben besondere Wohnbedürfnisse.[31] Die Gruppe der Senioren wird aufgrund der demografischen Entwicklung in Deutschland in den kommenden Jahren weiter stark steigen. Die Zahl der über 60-Jährigen lag 2011 noch bei insgesamt 21,7 Millionen Menschen in Deutschland. Im Jahr 2020 ist bereits eine Steigerung auf 24,5 Millionen zu verzeichnen. Der Trend hält die nächsten Jahre an, sodass 2030 dann insgesamt 28,1 Millionen Menschen die Altersschwelle von 60 Jahren überschritten haben werden.[32]

Die sog. Silver Generation stellt spezielle Anforderungen an ihren Wohnraum. Die Bedürfnisse sind äußerst heterogen und variieren im Einzelfall. Die heutige Seniorengeneration ist deutlich fitter als ihre Gleichaltrige vor 50 Jahren. Dies liegt nicht zuletzt an unserem modernen Gesundheitssystem, guter Ernährung und der Erkenntnis, dass Sport und Bewegung auch im Alter förderlich sind. Zwischen topfit und vollkommen pflegebedürftig

---

30 BVerwG IBR 2018, 1020; NVwZ 2017, 723.
31 Prägnant dazu Brauer, S. 203.
32 Vgl. Held in: Gregorius/Niemeyer, S. 284.

gibt es mannigfaltige Abstufungen. Innerhalb dieser Zwischenstufen können spezielle Nachfragegruppen gebildet werden, die besondere Wünsche an eine Wohnunterkunft haben. Die Nachfrageseite hat somit ein klares, wenn auch über die Jahre immer stärker individualisiertes Anforderungsprofil. Die Herausforderung besteht darin, die wohnungswirtschaftlichen Themenkomplexe auf der Angebotsseite mit Fragestellungen aus dem Bereich Pflege und Krankenbetreuung sinnvoll miteinander zu verzahnen. Nur auf diese Weise können optimale Lösungen gefunden werden.

Die Bertelsmann Stiftung[33] hat folgende wohnungspolitische Grundbedürfnisse älterer Menschen herausgearbeitet:
- die Sicherstellung von Hilfe- und Betreuungsmöglichkeiten
- die Funktionsgerechtigkeit, die Sicherheit und der Schutz innerhalb der Wohnung und im häuslichen/städtischen Wohnumfeld
- der Erhalt von Eigenständigkeit
- der Erhalt von Selbstbestimmung
- der Erhalt von Kontinuität im täglichen Ablauf
- der Erhalt vorhandener Kommunikations- und Kontaktmöglichkeiten
- die Bezahlbarkeit des altersgerechten Wohnraums

Daraus ergeben sich spezifische Anforderungen der Zielgruppe in Bezug auf a) Lage und Ausstattung der Wohnungen, b) die Dienstleistungsbedürfnisse dieser Gruppe und c) deren Mietpreissensitivität:

a) Wohnbedürfnisse – Lage und Ausstattung
Die Älteren haben bestimmte Lageanforderungen, die sich von anderen Zielgruppen unterscheiden. Eines der wichtigsten Lagemerkmale ist eine funktionierende Infrastruktur im direkten Quartiersumfeld. Dazu zählen fußläufig entfernte Läden zur Deckung des alltäglichen Bedarfs. Ferner sind Ärzte, Physiotherapiepraxen, Apotheken und andere Gesundheitsangebote wünschenswert. Bis zu einem gewissen Grad kann ein Fehlen im direkten Umfeld durch eine ideale ÖPNV-Verbindung kompensiert werden. Innerhalb von maximal 15 Minuten Fahrtzeit sollten die älteren Bewohner dann ohne Umsteigen zu einem Nahversorgungszentrum mit allen denkbaren Angeboten gelangen können.

Ein weiteres wichtiges Merkmal sind fußläufig erreichbare Erholungsräume, wie etwa Park- und Waldflächen. Für die Lage ist weiterhin ein ausschlaggebendes Kriterium, dass ein hohes Maß an gefühlter Sicherheit vorhanden ist. Dunkle Ecken, Angsträume (dunkle Wege, nicht beleuchteter Tunnel) und Orte mit hoher (Jugend-)Kriminalität sind daher wenig geeignet. In der Praxis konnte zudem festgestellt werden, dass ältere Menschen weiter

---
33 Bertelsmann Stiftung, Wohnen und Lebensführung, www.bertelsmann-stiftung.de/de/unsere-projekte/sozialplanung-fuer-senioren/handbuch/wohnen-und-lebensfuehrung, abgerufen am 23.11.2020.

am »normalen« Leben teilhaben wollen und nicht nur unter »ihresgleichen« leben möchten. Dies bedeutet, dass ein kommunikativer, persönlicher Austausch auch mit der jüngeren Generation wünschenswert ist. Oftmals werden beispielsweise Kitas und Schulen in der Nachbarschaft als Bereicherung empfunden, obwohl diese für gewisse Lärmpegel sorgen können. Nicht zuletzt durch intelligente Sozialprojekte werden ein bewusst koordiniertes Kennenlernen und eine gewollte Interaktion zwischen Kindern, Jugendlichen, jungen Eltern und den Älteren zu einem echten Anmietungskriterium.

Die Ausstattung des Wohnraums hat insbesondere das Ziel, dass ein selbstbestimmtes Wohnen so lange wie möglich gewährleistet werden kann. Dies geht nur über barrierearme oder barrierefreie Gebäude und Wohnungen, die über Aufzüge verfügen. Daneben sind bequeme Abstellmöglichkeiten für Hilfsmittel wie Rollatoren erforderlich. Der Eingangsbereich sollte zur An- und Abfahrt mit einem PKW direkt zugänglich sein. Zur Erhöhung des subjektiven Sicherheitsgefühls sind auch besondere Maßnahmen zum Schutz, wie etwa besondere Schließ- und Alarmvorrichtungen, sinnvoll.

b) Dienstleistungsbedürfnisse

Die Besonderheit beim Wohnraum-Anforderungsprofil von Senioren besteht darin, dass sowohl Wohnbedürfnisse als auch ergänzende Dienstleistungsbedürfnisse abzudecken sind. Hierbei geht es um medizinische Pflege, aber auch um niederschwelligere Hilfen: etwa Hilfe bei der Reinigung der Wohnung oder von Wäsche, Geschirr und Kleidung, ebenso einfache Tätigkeiten wie Reparaturen, Begleitung bei und Übernahme von Einkäufen sowie Unterstützung bei Arztbesuchen. Ferner die Organisation von kleinen Evens und Veranstaltungen zum sozialen Austausch. Bedarfe der älteren Generation können in allen Lebensbereichen bestehen:

Betreuung in der Wohnung	Betreuung bei der Haushaltsführung
• Unterstützung beim Aufstehen und Zubettgehen • Hilfe beim Ankleiden und der Kleiderauswahl • Hilfe bei der Haustierhaltung • Blumen- und Pflanzenpflege • gemeinsame Aktivitäten wie Unterhaltungen anregen • Gespräche, Vorlesen, Sich-Erinnern • Hobbys pflegen • Betreuung nach Krankenhausaufenthalt	• Menü- und Essensplanung • Vor- und Zubereitung von Mahlzeiten • gemeinsames Essen • Catering-Service bei privaten Einladungen und Veranstaltungen • Textilien und Wäsche waschen und bügeln • Betten machen • Bettwäsche wechseln • Reinigen und Putzen der Wohnung • Müll entsorgen • Schränke reinigen und aufräumen • Erinnerung an die Einnahme von Medikamenten • Einkaufshilfe

2.1 Produktanalyse

Betreuung außerhalb der Wohnung	Pflegekomponenten
• Begleitung zu kulturellen Veranstaltungen und privaten Einladungen • Reisebegleitung für Senioren und gemeinsame Ausflüge • Begleitung zu Arztbesuchen und Friseurterminen • Begleitung in die Kirche oder zum Friedhof • Besuche im Seniorentreff • regelmäßige Bewegung, um im Alter mobil zu bleiben	• Hilfe beim Waschen, Duschen, Baden, bei der Zahnpflege, beim Kämmen, Rasieren • Inkontinenzversorgung, Hilfe beim Toilettengang • Hilfe bei der Nahrungszubereitung und beim Kochen • Hilfe beim Aufstehen und Zubettgehen, Umlagern, An- und Auskleiden, Treppensteigen

Tab. 1: Dienstleistungsspektrum für Senioren nach Homeinstead.de

c) Mietpreissensitivität

Held[34] hat dargestellt, dass rund 85 Prozent der 14,5 Millionen älteren Haushalte in Deutschland eine Monatsmiete von 300 Euro aufwenden können. Eine Miete von 600 Euro können sich demnach noch 57 Prozent der älteren Haushalte leisten und bei 900 Euro sind es noch 38 Prozent. Die Zahlungsfähigkeit des Klientels wird in der Zukunft höchstwahrscheinlich aufgrund der niedrigen Rentenentwicklung und der sich ergebenden Versorgungslücke weiter sinken. Umso wichtiger ist es, die Wohnraumangebote entsprechend an die preislichen Gegebenheiten anzupassen. Held stellt darüber hinaus zutreffend dar, dass eine Wohnung im mittleren Preissegment im betreuten Wohnen ca. 750 Euro warm pro Monat kostet. Knapp die Hälfte aller Seniorenhaushalte der 30 größten deutschen Städte kann sich eine derartige Wohnung leisten.[35]

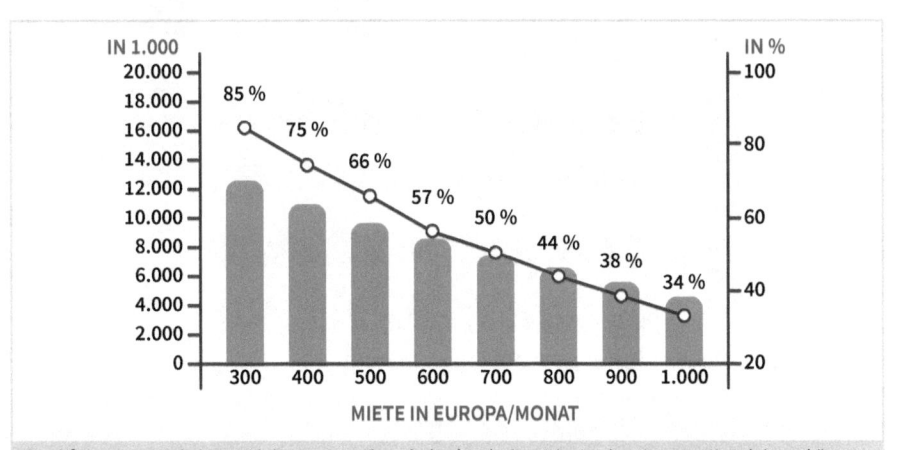

Nachfragepotenzial als Anteil der Seniorenhaushalte (60+), die sich eine bestimmte Miete leisten können; in Anlehnung an: Gregorius/Niemeyer, Terragon, empirica-Tool zur Abschätzung des Nachfragepotenzials

---

34 Vgl. Held in: Gregorius/Niemeyer, S. 305.
35 Vgl. Held in: Gregorius/Niemeyer, S. 305.

Über die Jahre hat sich eine Vielzahl von Wohnformen für die Silver Generation herausgebildet. Die wesentliche Unterscheidung liegt zunächst darin, ob eine ambulante oder stationäre Unterbringung erfolgt.

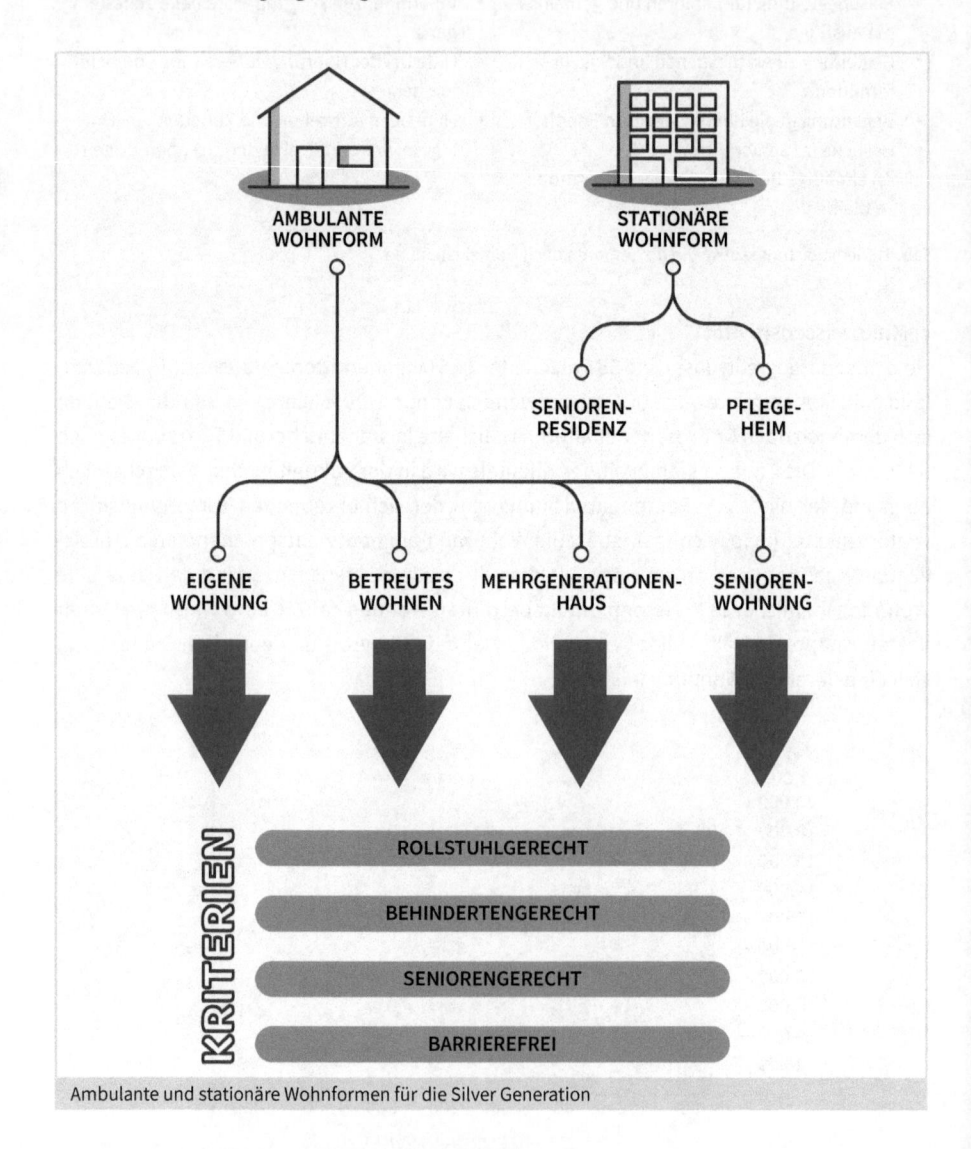

Ambulante und stationäre Wohnformen für die Silver Generation

2.1.3.1.2.1 Ambulante Wohnformen

Für die meisten Menschen ist es ein großer Herzenswunsch, im Alter ein selbstbestimmtes Leben in den eigenen vier Wänden zu führen. Dies kann so lange funktionieren, wie Hilfe, Unterstützung und Pflege der Senioren von Dritten erfolgen kann.

2.1 Produktanalyse

Leben in der eigenen Wohnung

Die eigene Wohnung ist der ideale Ort, um in Zufriedenheit alt zu werden. Gerade im Alter scheuen die Menschen Veränderungen und damit Umzüge. Dies hat auch auf den Vermietungsvertrieb Auswirkungen. Die Anforderungen an Wohnraum unterscheiden sich bei Senioren von anderen Zielgruppen. Unter der Prämisse, dass die Beweglichkeit der älteren Menschen mit der Zeit abnimmt, muss die Wohnung proportional einfacher begehbar und erschließbar sein. Hindernisse, unüberwindbare Barrieren und Hürden müssen aus dem Weg geräumt werden. Dies kann in aller Regel nur konstruktiv durch die entsprechend gesteuerte Modernisierung des Altbestandes erfolgen. In vielen Fällen wird es aus bautechnischer Sicht allerdings einfacher sein, von der Pike auf neu zu bauen. Der neue Wohnraum kann dann in allen Belangen an die Zielgruppe angepasst werden. Am Wohnungsmarkt haben sich zur besseren Einordnung des Angebots verschiedene Begriffe im Zusammenhang mit den Wohnbedürfnissen von Senioren herausgebildet. Einige sind eindeutig zu definieren, andere sind eher Ausdruck einer geschickten Marketingstrategie. Für den Vermietungsvertrieb ist es außerordentlich wichtig, einen Überblick über die verschiedenen Wohnformen und Marktangebote zu haben, um optimal beraten zu können.

- **Seniorengerecht:** In der Praxis sicherlich am häufigsten in Wohnungsanzeigen zu finden ist die Beschreibung einer Wohnung als »seniorengerecht« oder »altersgerecht«. Diese Begriffe sind nicht normiert oder gesetzlich definiert, sodass jeder Anbieter für sich selbst entscheiden kann, was genau er darunter zu verstehen gedenkt. Dies hat das OLG Koblenz[36] in seinem Urteil vom 25.02.2011 sehr praxisnah konstatiert:

  > »Als Beschaffenheitsvereinbarung können dabei jedoch nur solche Angaben angesehen werden, aus welchen sich eine bestimmte Eigenschaft oder Ausstattung des Objekts eindeutig entnehmen lässt. Dies ist bei dem Begriff ›seniorengerecht‹ nicht der Fall. Aus diesem Begriff lassen sich keine konkreten Ausstattungsmerkmale herleiten. Auch gibt es kein allgemeines Verständnis dazu, was an Wohnungsausstattung erforderlich ist, damit eine Wohnung als ›seniorengerecht‹ bezeichnet werden kann. Die Auffassung der Beklagten, dass mit ›seniorengerecht‹ gemeint sei, dass eine entsprechende Wohnung völlig barrierefrei und mit einem Rollstuhl oder Rollator begehbar sein müsse sowie dass sich in Bädern und Toiletten Haltegriffe befinden müssten, vermag der Senat nicht zu teilen. Barrierefreiheit gemäß § 554a BGB ist erforderlich für behindertengerechtes Wohnen. Der Begriff ›seniorengerecht‹ ist kein Rechtsbegriff und kann nicht als gleichbedeutend mit dem Begriff ›behindertengerecht‹ angesehen werden. Nicht jeder Mensch fortgeschrittenen Alters ist – bei aller Erschwernis, welche das Alter mit sich bringt – als körperlich behindert anzusehen und auf Rollstuhl oder Rollator angewiesen. Es ist nicht gerechtfertigt, die Anforderungen, die nach § 554a BGB oder DIN 18025-2 an ein barrierefreies behindertengerechtes Wohnen zu stellen sind, auch zur Konkreti-

---

36 OLG Koblenz, IBR 2011, 584.

sierung des Begriffs ›seniorengerecht‹ heranzuziehen. Zutreffend hat das Landgericht in der Bezeichnung ›seniorengerecht‹ eine werbemäßige Anpreisung des Objekts gesehen, nicht aber die Ankündigung, dass diese eine bestimmte Ausstattung haben werde.«

Diese Auffassung hat sich bislang in der Rechtsprechung durchgesetzt, wobei selbstverständlich auf die Umstände des Einzelfalls zu achten ist.[37] Der Vermietungsvertrieb sollte vor diesem Hintergrund bei Anfertigung von Marketingunterlagen und im Gespräch mit dem Mietinteressenten dem Produkt nur Eigenschaften zuschreiben, die auch tatsächlich vorhanden sind. Insbesondere besteht die eigentliche Vermietungsaufgabe darin, ein wirklich passendes Wohnprodukt für den Einzelkunden zu finden. Dieses Produkt muss genau seine Anforderungen erfüllen und darf nach Mietvertragsabschluss nicht zu einer Enttäuschung führen. Es ist in der Vermietungspraxis erkennbar, dass Senioren, die auf einen Rollator angewiesen sind, bereits im Allgemeinen als niedrig angesehene Schwellen von ein bis zwei Zentimetern nicht oder nur mit erheblichen Erschwernissen überwinden können. Diese Überwindung wäre beispielsweise mit einem Rollstuhl einfacher zu bewerkstelligen. Insofern hat der Vermieter bereits im Vorfeld genau abzustimmen, welche Anforderungen der Zielgruppe erfüllt werden. Bei einem Bestandsprodukt ist die Untersuchung selbstverständlich einfacher als bei einem Neubauprojekt. Bei Letzterem sollte daher vor Vertriebsstart eine belastbare Aussage dazu getroffen werden, welchen Ausstattungsstandard die zukünftigen Bewohnerinnen und Bewohner erwarten dürfen.

- **Barrierearm:** Ähnlich wie der Begriff »seniorengerecht« ist auch der Begriff »barrierearm« rechtlich unbestimmt. Dies bedeutet, dass der Anbieter von Wohnraum, der eine Wohnung als »barrierearm« bewirbt, deren tatsächliche Eigenschaften individuell definiert. Es gibt keine Norm, die vorschreibt, welche Anforderungen die Wohnung in diesem Fall erfüllen muss. Insofern ist es für den Vermietungsvertrieb von immenser Wichtigkeit, das genaue Anforderungsprofil des Mietinteressenten zu verstehen. Der Mietinteressent muss im Vorfeld ein genaues Bild davon vermittelt bekommen, was er tatsächlich von der Wohnung in der Realität und im alltäglichen Gebrauch erwarten darf. Dies gilt auch für die in der Regel synonyme Verwendung der Begriffe »barrierereduziert« oder »schwellenarm«. Es ist bei aller Unklarheit, dennoch zu begrüßen, dass es hybride Wohnformen gibt, die für Senioren infrage kommen. Gerade bei Bestandswohnungen kann oftmals keine durchgehend »perfekte« Lösung aus bautechnischen Gründen gefunden werden. Häufig ist bereits das Gebäude an sich aufgrund der topografischen Gegebenheiten nicht barrierefrei zu erreichen. Der alleinige Einbau einer bodentiefen Dusche ist dann vielleicht nur ein einzelner Mosaikstein. Dennoch wird es eine ganz bestimmte Zielgruppe am Wohnungsmarkt geben, für die genau dieser Mo-

---

37 Vgl. OLG Karlsruhe, IBR 2015, 363; OLG Stuttgart, IBR 2012, 395.

2.1 Produktanalyse

saikstein bereits eine Verbesserung zu ihrem bisherigen Leben bzw. Wohnen darstellt. Insofern sollten derartige partielle Bemühungen unterstützt und befürwortet werden. Einzig und allein im Rahmen der Vermarktung kommt es dann darauf an, keine falschen Erwartungen zu wecken und genau das anzubieten und zu beschreiben, was der Kunde am Ende auch erhält. Auf diese Weise können sicherlich – pragmatisch und verhältnismäßig kostengünstig – für viele Senioren und Seniorinnen bessere Wohnverhältnisse geschaffen werden.

- **Barrierefrei:** Das Gesetz nimmt den Begriff der Barrierefreiheit in § 554a BGB auf. Dort heißt es in Satz 1: »Der Mieter kann vom Vermieter die Zustimmung zu baulichen Veränderungen oder sonstigen Einrichtungen verlangen, die für eine behindertengerechte Nutzung der Mietsache oder den Zugang zu ihr erforderlich sind, wenn er ein berechtigtes Interesse daran hat.«

Eine aussagekräftige Definition des Begriffs »barrierefrei« findet sich in einigen Bauordnungen der Bundesländer, z. B. in § 2 Abs. 9 der LBO Niedersachsen. Dort wird definiert: »Barrierefrei sind bauliche Anlagen, soweit sie ihrem Zweck entsprechend für Menschen mit Behinderungen, ältere Menschen, und Personen mit Kleinkindern in der allgemein üblichen Weise, ohne besondere Erschwernis und grundsätzlich ohne fremde Hilfe auffindbar, zugänglich und nutzbar sind.«

Dies würde streng genommen den Schluss zulassen, dass eine barrierefreie und behindertengerechte Wohnung die gleiche Ausstattung hat. Es handelt sich also um zwei Begriffe für ein und dieselbe Sache. Die genauen technischen Voraussetzungen gehen aus DIN 18040 hervor. Im öffentlichen Raum setzt die »Barrierefreiheit« immer voraus, dass auch eine Nutzung mit einem Rollstuhl erfolgen kann. Diese Begriffskongruenz ist im Wohnungsbau allerdings nicht gegeben.[38] Die DIN 18040-2 hat früher bei Wohnungen zwischen barrierefrei nutzbaren und barrierefrei, uneingeschränkt mit dem Rollstuhl nutzbaren Wohnungen differenziert. Heute werden beide Typen zusammengefasst. Es gibt die sog. Mindestanforderungen an barrierefreien Wohnraum und die »R-Anforderungen« für Rollstuhlfahrer. Die »R-Anforderungen« sollten dem höheren Raumbedarf eines Rollstuhlfahrers Genüge tun. Dies wird insbesondere durch größere Bewegungsflächen z. B. in den sanitären Anlagen erreicht. Darüber hinaus werden die Türdurchgangsbreiten entsprechend angepasst, sodass problemlos ein Rollstuhl hindurchfahren kann. Daneben werden in der Norm die sog. Schutzziele beschrieben. Diese geben ähnlich wie bei einer funktionalen Leistungsbeschreibung das gewünschte Ergebnis vor, lassen aber dem Anwender freie Hand darin, wie er den Weg zum Ziel beschreitet. Insofern hat die Norm auch empfehlenden Charakter und sorgt für flexible, praktikable Lösungen vor Ort. Die R-Anforderungen sind allerdings nicht als barrierefreier »Standard« zu verstehen. Die baulichen Anforderungen an rollstuhlgerechte Wohnungen steigern die Baukosten erheblich, weil zum Beispiel vergrößerte Grund-

---

[38] Ausführlich zur Barrierefreiheit Stroisch/Garthe, S. 57 ff.

risse aufgrund ausgedehnter Bewegungsflächen erforderlich sind. Sollten derartige Anforderungen generell im Wohnungsbau gelten, so würde dies zu einer weiteren Baukostensteigerung führen und bezahlbaren Wohnraum verhindern. Sinnvoller ist in diesem Zusammenhang, die bedarfsgerechte Errichtung von rollstuhlgerechten Wohnungen durch spezielle Förderprogramme zu gestalten.

- **Behindertengerecht:** Eine behindertengerechte Wohnung entspricht der Beschreibung einer barrierefreien Wohnung nach DIN 18040-2. Die o. g. Ausführungen gelten entsprechend.

- **Rollstuhlgerecht:** Eine rollstuhlgerechte Wohnung entspricht der Beschreibung einer barrierefreien Wohnung nach DIN 18040-2 mit den ergänzenden »R-Anforderungen« für Rollstuhlfahrer.

> **Tipp**
>
> Der Vermietungsvertrieb klärt vor Vertriebsstart, welche Terminologie in der Vermarktung und im Kundengespräch gewählt wird. Ähnlich wie bereits beim Verkauf von Eigentumswohnungen entschieden, hat eine Wohnung, die als »Seniorenresidenz« angepriesen und als behinderten- und rollstuhlgerecht beschrieben wird, genau diese Anforderungen nach DIN 18040-2 zu erfüllen[39] – und zwar sowohl bei den originären Wohnflächen als auch bei den zugänglichen Gemeinschaftsflächen, z. B. im Treppenhaus. Insofern ist es die Aufgabe des Vermietungsvertriebs, für eine Übereinstimmung zwischen Angebot und Erwartungshorizont der Mietinteressen zu sorgen.
>
> Auch eine völlig normale Bestandswohnung kann in der Form umgebaut werden, dass für ältere Bewohner und Bewohnerinnen mehr Annehmlichkeiten bestehen. Besonderes Augenmerk fällt dabei insbesondere auf das Badezimmer und die Küche. Bei Wohnungen, die über mehrere Ebenen verlaufen, kann auch der Einbaue eines Treppenlifts sinnvoll sein. Der innovative Einsatz von Smart-Home-Lösungen führt ebenfalls dazu, dass Senioren und Seniorinnen länger in den eigenen vier Wänden wohnen können.
>
> Im Falle einer Pflegebedürftigkeit ist durch die Hilfe von Familienangehörigen oder Dritten ein Aufenthalt in der normalen Wohnung möglich. Ambulante Pflegedienste, private Pflegekräfte, Haushaltshilfen und Betreuungsdienste sowie Lieferservices für Essen tragen ebenfalls dazu bei, dass Seniorinnen und Senioren nicht gezwungen werden umzuziehen.

Senioren-WG

In den letzten Jahren werden die sog. Senioren-WGs in Deutschland immer beliebter. Das Konzept ist analog zu einer Studenten-WG. Mehrere Bewohnerinnen und Bewohner teilen sich eine in sich abgeschlossene Wohneinheit. Einzelne Räume dienen dabei als privater Rückzugsort. Die Gemeinschaftsflächen z. B. in der Küche oder im Wohnzimmer werden genutzt, um dort gemeinsam Zeit mit den anderen Bewohnern zu verbringen. Die Seniorinnen und Senioren können sich aufgrund der räumlichen Nähe vielfach gegenseitig

---

39 OLG Düsseldorf, IBR 2010, 274.

unterstützen. Darüber hinaus beugt das Zusammenleben einer Vereinsamung und Degeneration der sozialen Kontakte vor. Ein weiterer Vorteil liegt in der zentralen Betreuung durch einen Pflegedienst, der sich einfach und konzentriert um die Belange der Bewohner kümmern kann.

Mehrgenerationenwohnen
Mehrgenerationenwohnen zeichnet sich dadurch aus, dass in einem Mehrfamilienhaus oder in einer Wohnanlage – bewusst gesteuert – verschiedene Generationen, also junge und ältere Menschen, in eigenen, separaten Wohnungen zusammenleben. Sofern kein Aufzug im Haus vorhanden ist, beziehen dabei im Normalfall die Seniorinnen und Senioren eine Erdgeschosswohnung, die leicht zugänglich ist. Der soziale Austausch und Kontakt untereinander werden darüber hinaus durch die Teilung von alltäglichen Aufgaben organisiert. Die Älteren können beispielsweise in bestimmten Zeiträumen auf die kleinen Kinder im Haus aufpassen, während sich die Jüngeren im Gegenzug um Besorgungen oder die Gartenarbeit kümmern. Auf diese Weise haben alle Beteiligten Vorteile. Diese Projekte entstehen in der Praxis häufig durch private Initiativen. Sie sind in der Planung und Konzeption sehr anspruchsvoll, da verschiedene Anforderungen und Wünsche gebündelt, kanalisiert und dann am lokalen Immobilienmarkt in die Tat umgesetzt werden müssen.

Betreutes Wohnen
Unter dem Begriff »betreutes Wohnen« ist die Kombination aus einer seniorengerechten Wohnung in Verbindung mit einem niedrigschwelligen Betreuungsservice zu verstehen. Diese Wohnform eignet sich in erster Linie für Senioren, die noch verhältnismäßig selbstständig leben können und gleichzeitig sicher sein möchten, bei Bedarf schnell und zuverlässig Hilfe zu erhalten. Sie leben in der eigenen Wohnung, können jedoch Unterstützung, z. B. bei Hygiene, Reinigung oder Einkauf in Anspruch nehmen.[40] Daneben steht im Bedarfsfall geschultes Personal für die medizinische (Notfall-)Versorgung zur Verfügung. Die Förderung des sozialen Miteinanders zwischen den älteren Bewohnern und Bewohnerinnen ist ein weiterer Faktor für die Attraktivität betreuter Wohnformen.

2.1.3.1.2.2 Stationäre Wohnformen

Neben den beschriebenen ambulanten Wohnformen gibt es am Markt eine Vielzahl stationärer Wohnformen. Teilweise sind die Übergänge fließend.

Seniorenresidenz
Seniorenresidenzen sind betreute Wohnanlagen. Diese weisen oftmals eine sehr gute Lagequalität auf und bieten eine gehobene Ausstattung. Zusätzlich sind verschiedene Gemeinschaftsflächen nutzbar. Dazu zählen beispielsweise eine Bibliothek und ein Fit-

---
40 Vgl. Held in: Gregorius/Niemeyer, S. 287, 292.

nessraum sowie häufig auch ein Pool- und Wellnessbereich. Das Betreuungsangebot ist ebenfalls vielfältiger und umfangreicher im Vergleich zu den anderen stationären Wohnformen. Das Mehr an Leistung wird durch eine höhere Vergütung abgegolten.

Pflegeheim und sonstige Einrichtungen
Der Vollständigkeit halber sollen an dieser Stelle zur besseren Veranschaulichung die weiteren am Markt existierenden Wohnformen für Seniorinnen und Senioren beschrieben werden. Zu nennen ist hierbei in erster Linie das **Pflegeheim**. Der Vermietungsvertrieb hat zwar in diesem Zusammenhang erfahrungsgemäß keine Tätigkeiten zu erbringen, dennoch hilft die Kenntnis der am Markt üblichen Wohnformen, um optimal beraten zu können. Pflegeheime bieten eine vollstationäre, 24/7-Betreuung von Pflegebedürftigen. Der Pflegebedürftige erhält als Leistung Wohnraum, Verpflegung, medizinische Versorgung und sonstige pflegerische Betreuung im Alltag.

Weiterhin sind die die **Kurzzeit- und Verhinderungspflege** zu nennen. Die Kurzzeitpflege kommt in Betracht, wenn eine Person nur für einen kurzen, bestimmbaren Zeitraum pflegebedürftig ist, etwa infolge eines Unfalls. Die Verhinderungspflege wiederum ist in der Praxis vonnöten, wenn beispielsweise die private Pflegekraft durch Krankheit oder Urlaub für maximal vier Wochen verhindert ist – allerdings ist die Inanspruchnahme nur unter weiteren Voraussetzungen möglich. Auch die Tages- und Nachtpflege ist eine Möglichkeit, pflegebedürftige Personen zu betreuen.

Die **Tages- und Nachtpflege** dient der Ergänzung der häuslichen Pflege. Die Tagespflege dient beispielsweise dazu, pflegende Angehörige zu entlasten, die tagsüber einem Beruf nachgehen. Die Nachtpflege richtet sich umgekehrt an Personen, die nachts eine intensivere Betreuung durch Dritte benötigen.

Ein weiterer Spezialfall ist die **außerklinische Intensivpflege**. Diese Pflegeart wird von Personen in Anspruch genommen, die schwerst pflegebedürftig sind. Häufigster Fall sind Patientinnen und Patienten, die dauerhaft durch externe Geräte beatmet werden müssen. Eine Betreuung kann bei geeigneten Wohnräumen in der eigenen Wohnung stattfinden. Zu beachten ist dabei allerdings, dass rund um die Uhr Pflegepersonal in der Wohnung verweilt. Sofern eine häusliche Intensivpflege nicht möglich ist, gibt es auch Intensivpflegeangebote in Wohngemeinschaften für mehrere Patienten. Die Pflegekassen decken im Pflegefall häufig nur einen Teil der entstehenden Kosten ab. Die sich ergebende Differenz haben die bedürftige Person selbst und ihre Angehörigen zu tragen. Erst im letzten Schritt federt der Staat durch Sozialleistungen die Finanzierung ab.

Im Ergebnis bleibt festzuhalten, dass Selbstbestimmung und Selbstständigkeit beim Wohnen im Alter im Mittelpunkt stehen. Aus den verschiedenen Wohnformen ist im individuellen Einzelfall die beste Lösung auszuwählen.

2.1.3.1.3 Studentisches Wohnen

Die Wohnform des studentischen Wohnens bedient die Studierenden als spezielle Zielgruppe mit ihren individuellen Wohnbedürfnissen. Die Studierendenzahlen in Deutschland sind in den letzten 30 Jahren exorbitant gestiegen. Im Wintersemester 2019/2020 waren nahezu 2,9 Millionen Studierende an deutschen Universitäten und Fachhochschulen eingeschrieben.[41] Nach einer Marktstudie von Bulwiengesa sind bezogen auf das Frühjahr 2019 in den betrachteten 61 deutschen Städten rund 262.000 Wohnplätze für Studierende vorhanden, knapp 184.000 davon werden durch öffentliche Träger, ca. 78.000 durch privatwirtschaftliche Träger bereitgehalten.[42] Die Forscher gehen zudem von einem Marktpotenzial für privatwirtschaftliche Studentenappartements in Höhe von 67.500 Einheiten aus.

Studentenwohnungen sind in Universitätsstädten bzw. in einem Umkreis von 30 Anfahrtsminuten zum Campus gefragt. Der besondere Lifestyle dieser Zielgruppe definiert immanent die Lageanforderungen. Neben dem eigentlichen »Studieren« möchten die jungen Menschen vor allem eine unterhaltsame, gesellige Zeit miteinander verbringen. Daher sind insbesondere vielfältige gastronomische Angebote in der Nähe gefragt. Egal ob Restaurants, Cafés, Bars oder Clubs: Die Begegnung und gemeinsame Interaktion stehen im Fokus des Interesses. Heute können vor allem urbane Quartiere diese Anforderungen mit ihren gewachsenen Strukturen erfüllen. Die Lage sollte eine gute fußläufige Erreichbarkeit zur Nahversorgung, Gastronomie bzw. Erholung und zum ÖPNV gewährleisten. Brauckmann[43] empfiehlt, dass vom Wohnstandort des Studierenden aus das Stadtzentrum, ein Fernbahnhof sowie die relevanten Hochschulstandorte und Bibliotheken in einer Zeit von unter 30 Minuten von Tür zu Tür erreichbar sein sollten. Studierende haben ein besonderes Anforderungsprofil. Sie können am Immobilienmarkt aus unterschiedlichen Wohnkonzepten die für sie passende Wahl treffen:
- Wohnheime
- kleine Bestandswohnungen
- WG-Zimmer
- Studentenappartements

CBRE[44] hat bei einer Umfrage ermittelt, dass Wohnen zur Miete bei 70 Prozent der befragten Studierenden der Fall ist, während lediglich rund 18 Prozent in einem Wohnheim oder Studentenappartement leben. Elf Prozent der Befragten leben bei ihren Eltern. Diese statistisch gemittelten Zahlen variieren natürlich von Standort zu Standort. Gerade in Met-

---
41 Statistisches Bundesamt, Pressemitteilung Nr. 453 vom 27. November 2019.
42 Vgl. BulwienGesa/Union Investment, Marktstudie Studentisches Wohnen 2019, S. 6.
43 Brauckmann in: Gregorius/Niemeyer, S. 79.
44 CBRE, Marktreport Studentisches Wohnen 2018, S. 25.

ropolen mit hohen Mietpreisen und Lebenshaltungskosten werden mehr Studierende bei ihren Eltern leben oder WGs bevorzugen.

Nach CBRE[45] erwarten Studierende modern vollmöblierte Appartements, Wohneinheiten mit funktionalem Raumkonzept, eigener Nasszelle und Pantryküche sowie zeitgemäße Kommunikationstechnik. Neben Lage und Konzeption ist das Pricing ein weiteres wesentliches Element für den Vermietungserfolg. Die genaue Kenntnis über das der Zielgruppe zur Verfügung stehende Mietbudget erleichtert dabei die Tätigkeit. Das monatliche Mietbudget inklusive aller Nebenkosten muss zwangsläufig in einem gesunden Verhältnis zu den tatsächlichen Einkommensverhältnissen stehen. Studierende verfügen in der Regel über wenig finanzielle Mittel, die sie aus BAföG, Unterhalt von Eltern und Verwandten sowie eigener Beschäftigung generieren. Die 21. Sozialerhebung des Deutschen Studentenwerks hat ergeben, dass Studierende in Deutschland im Schnitt über 918 Euro im Monat verfügen.[46] Davon werden sie zwischen 35 Prozent und maximal 50 Prozent für die Gesamtmiete aufbringen können. Hieran lassen sich die externen Determinanten in der Preisbildung für studentische Wohnangebote aus vertrieblicher Sicht ideal ablesen.

> **Tipp zur Vermietung von studentischen Wohnformen**
>
> Der Vermietungsvertrieb hat bei studentischen Wohnformen die speziellen Marktbedingungen zu beachten. Neben Lage und Ausstattung kommt dem Pricing ein besonderer Stellenwert zu. Die o. g. Wohnkonzepte haben zum Teil unterschiedliche Kostenstrukturen. Insbesondere in Bezug auf Nebenkosten oder zusätzliche Kosten sind die Angebote teilweise nur schwer miteinander vergleichbar, da nicht auf den ersten Blick zu erkennen ist, welche Leistungen inkludiert sind. Insofern hat der Vermietungsvertrieb ein besonderes Augenmerk auf eine detaillierte Marktanalyse zu legen. Diese Analyse dient zum einen dazu, den Eigentümer bei der Festlegung des Angebotspreises bestmöglich zu beraten. Gleichzeitig können aus der detaillierten Marktkenntnis wertvolle Argumente für die eigene Marketingstrategie gezogen werden. Die genaue Kenntnis der Vor- und Nachteile des eigenen Angebots im Vergleich zum Wettbewerb erlaubt fundierte Vertriebsgespräche mit den Interessenten. Eine weitere Besonderheit bei der Vermietung an die studentische Zielgruppe sind die relativ kurzen Vertragslaufzeiten. Aufgrund der weltweiten Vernetzung der Hochschulen gehören Auslandsaufenthalte oder häufige Wechsel des Studienortes zur Normalität des heutigen Studentenlebens. Die Folge für den Anbieter von Wohnraum sind kurze Aufenthaltszeiten und eine hohe Mieterfluktuation. Für den Vertriebsprozess übersetzt bedeutet dies im Umkehrschluss: Die Anmietung erfolgt ebenfalls kurzentschlossener, also in der Regel mit weniger Planungs- und Vorlaufzeit seitens des Mietinteressenten. Aufgrund der eher temporären Nutzung während eines oder mehrerer Semester verändert sich der Entscheidungsfindungsprozess im Vergleich zu einem normalen Wohnungsmieter.
> Für den Vertrieb bedeutet dies: In einem ersten Schritt kommt den »Hard Facts« wie Lage, Ausstattung und Preisstruktur besondere Bedeutung zu. Die Kundenansprache und damit das Marketing müssen erstklassig sein, damit die Zielgruppe überhaupt zur richtigen Zeit vom jeweiligen Angebot erfährt. Die Fokussierung auf Onlinemedien ist ebenso evident wie die Kommunikation

---

45 CBRE, Marktreport Studentisches Wohnen 2018, S. 11.
46 BMBF, S. 35.

über soziale Medien, Messenger-Dienste und sonstige moderne Kommunikationswege. Andere Anforderungen ergeben sich auch in Bezug auf die Art und Weise der Kommunikation und Interaktion zwischen Vertrieb und Mietinteressent. Aufgrund der kurzen Entscheidungsprozesse ist die punktuelle Übertragung der Begeisterung für das Produkt immens wichtig. Die Studierenden sind vom Vertrieb »an die Hand zu nehmen«. Sie müssen spüren, dass sich jemand um sie kümmert, sie einen Ansprechpartner haben und sie wirklich gewollt sind – im Prinzip das Gegenteil von den Erfahrungen, die diese Zielgruppe normalerweise am Mietwohnungsmarkt sammelt. Wer die Begeisterung für die studentische Wohnform authentisch und glaubhaft auf den Interessenten überträgt, kann mit überdurchschnittlichen Vermietungserfolgen rechnen.

2.1.3.1.4 Mikroappartement

Die moderne Gesellschaft hat das temporäre Wohnen salonfähig gemacht. Insbesondere in urbanen Lagen hat sich eine eigene Zielgruppe »mobiler Arbeiter« geformt (z.B. Berater, Experts, Digital Nomads, Manager, Monteure, Projektarbeiter, Freelancer etc.). Diese Zielgruppe ist für eine klar definierte kurze Dauer an einem bestimmten Standort und möchte dort ein Wohngefühl entwickeln, das dem klassischen, eigenbestimmten Wohnen am nächsten kommt. Diese Gemengelage hat auf Angebotsseite die Entwicklung von Mikroappartements begründet. Unter »Mikroappartements« sind kleine, vollmöblierte Wohneinheiten in signifikanter Anzahl mit zusätzlichen Gemeinschaftsflächen im jeweiligen Objekt zu verstehen.[47] Die bevorzugten Lagen für Mikroappartements liegen zentrumsnah und haben eine urbane Qualität. Dies bedeutet, dass Freizeit- und Gastronomieangebote im direkten Umfeld liegen. Die Zielgruppe ist deutlich flexibler und beweglicher in der Stadtgesellschaft. Sie möchte ihren mobilen Lifestyle pflegen. Das Leben findet dabei häufig außerhalb der eigenen vier Wände statt. Die gesellschaftliche und soziale Interaktion mit anderen Gleichgesinnten genießt eine hohe Priorität. Eine optimale ÖPNV-Anbindung ist daher von Vorteil.

Engelhardt/Kaljic[48] führen anschaulich aus, dass sich in der Praxis eine Größe von 20 bis 25 m^2, eigenes WC, Dusche und Küche, ein zeitloses Design, Möbel in massiver Bauweise mit abwaschbaren Flächen, verputzte Wände im Wohnbereich und Vollverfliesung im Bad bewährt haben. Kellerflächen sind obsolet, da die Bewohner oftmals nur mit Gepäck anreisen. Die Größe der meisten Appartements liegt am realen Markt zwischen 15 und 50 m^2.

Im Bereich der Gemeinschaftsanlagen kommen ebenfalls diverse Add-ons in Betracht: Flächen für Sport und Fitness, Kino- und Eventräume, Pools, Terrassen oder andere Gemeinschaftsräume werden heute bereits am Markt angeboten. Selbstverständlich haben diese zusätzlichen Flächen nicht unerheblichen Einfluss auf die Mietpreisgestaltung der einzelnen Appartements. Unter Kosten- und Nutzengesichtspunkten ist hier allerdings

---

47 Engelhardt/Kaljic in: Greogrius/Niemeyer, S. 87.
48 Engelhardt/Kaljic in: Greogrius/Niemeyer, S. 90, 92.

oftmals fraglich, ob das zur Verfügung gestellte Angebot mit z. B. benachbarten, professionell betriebenen Fitnessstudios mithalten kann.

Die Mindestmietdauer beträgt in der Regel sechs Monate. Die Miete wird oftmals als Gesamtmiete fixiert. Die Nebenkosten sind als Pauschale enthalten. Neben den klassischen Nebenkosten nach der 2. Berechnungsverordnung werden oft auch zusätzliche Leistungen vom Anbieter zur Verfügung gestellt. Dazu zählt integriertes WLAN, das sofort vom Mieter genutzt werden kann.

> **Tipp: Vermietung von Mikroappartements**
>
> Die Mietpreissensitivität der Zielgruppe ist bei Mikroappartements ein wesentliches Vermietungskriterium. Die Zielgruppe hat ein bestimmtes monatliches Budget für die Gesamtmiete zur Verfügung. Das Budget steht im direkten Verhältnis zum monatlichen Nettoeinkommen. Der Vermietungsvertrieb sollte daher sein Augenmerk auf die Gesamtmiete (sog. All-in-Miete) richten. Der Vermietungsprozess hat besondere Anforderungen, die sich im Erfordernis differenzierter Vertriebs- und Marketingaktivitäten äußern. Der Hauptunterschied zu anderen Wohnungen ist die Art und Weise der Kommunikation mit dem Mietinteressenten. Je kurzfristiger die Anmietungszeiträume, desto schneller und unkomplizierter muss für den Endkunden der Vermietungsprozess designt werden. Insofern ist die Online-Vermarktung über Internetportale das wichtigste Instrument des Vermietungsvertriebs. Der Mietinteressent benötigt konzentriert alle erforderlichen Informationen und das dargestellte Angebot muss ihn zudem emotional ansprechen und begeistern, damit er eine positive Anmietungsentscheidung von seinem Desktop oder Smartphone aus trifft. Der daran anschließende Anmietungsprozess läuft idealerweise vollkommen digital und automatisiert ab. Eine benutzerfreundliche Bonitätsprüfung und ein digitaler Mietvertragsabschluss sind notwendig, um aus einem Mietinteressenten einen zufriedenen Mieter zu machen.

Im Laufe der Zeit haben sich am Immobilienmarkt im Hinblick auf Mikroappartements verschiedene Mischformen herausgebildet. Diese hybriden Wohnmodelle weisen zum einen Eigenschaften von klassischem Wohnraum auf, zum anderen haben sie mehr oder weniger stark ausgeprägten Hotelcharakter. Am Markt sind diese Wohnformen unter verschiedenen Begriffen anzutreffen. Zum Beispiel: Serviced Appartements, klassische Appartementhäuser, Aparthotels, Appartementhotels.

2.1.3.1.5 Ferienwohnungen und Flatsharing

Die Globalisierung und die gesteigerte Mobilität der Menschen haben dazu geführt, dass touristische und geschäftliche Kurzzeitaufenthalte in attraktiven urbanen Lagen drastisch gestiegen sind. Der Vermietungsvertrieb kann nach eingehender Analyse des Wohnungsmarkts zu dem Schluss kommen, dass eine Wohnung – statt klassisch als dauerhafte Mietwohnung – besser und lukrativer als Ferienwohnung vermietet werden kann. Neue Online-Anbieter haben sich etabliert, die die weltweite Nachfrage mit örtlichen Wohnungsangeboten verknüpfen und damit eine echte Vermietungsplattform darstellen. Das sog. Flatsharing wird zunehmend beliebter. Die Portale eröffnen den Wohnungsanbietern die Möglichkeit, ihre Wohnung für einen klar definierbaren Zeitraum an Dritte zu vermieten. Dieser Zeitraum kann wenige Tage im Jahr oder sogar mehrere Monate umfassen. Die am Markt gängigsten Portale sind derzeit:

- 9flat.com
- Airbnb.com
- Fewo-direkt.de
- Booking.com
- Homeaway.com
- Wimdu.de

Die Nutzung einer normalen Mietwohnung als Ferienwohnung ist damit eine weitere Option, die dem Vermietungsvertrieb Handlungsspielräume bei der Vermarktung eröffnet. Hier gibt es allerdings verschiedene rechtliche Besonderheiten zu beachten, die nicht zuletzt seit der Zunahme der Beliebtheit der Vermittlungsportale in der Praxis erheblich an Bedeutung gewonnen haben. Der Vermietungsvertrieb bewegt sich in einer komplexen Zone, die von verschiedenen Rechtsgebieten überlagert wird. Es gibt keine pauschalisierte Lösung, die allgemeingültig ist. Vielmehr hat der Vermietungsvertrieb die Umstände des Einzelfalls zu prüfen. Nachfolgend sollen kurz die wesentlichen rechtlichen Leitplanken dargestellt werden, um die Sensibilität für die Materie zu wecken. Die Vermietung einer Wohnung als Ferienwohnung oder im Sinne des Flatsharing tangiert folgende Bereiche:

- **Bauplanungs- und Nutzungsrecht:** In diesem Zusammenhang ist die Entscheidung des Bundesverwaltungsgerichts vom 18.10.2017 sehr klärend. Das BVerwG stellt klar, dass ein Ferienaufenthalt kein »Wohnen« im Sinne der Baunutzungsverordnung darstellt. Dazu führt es aus:

  »Reine Wohngebiete dienen nach § 3 Abs. 1 BauNVO dem Wohnen. […] Diese Nutzung [Anm.: durch Feriengäste] ist kein Wohnen im Sinne der Baunutzungsverordnung. Der Begriff des Wohnens im Sinne von § 3 Abs. 1 BauNVO ist durch eine auf Dauer angelegte Häuslichkeit, Eigengestaltung der Haushaltsführung und des häuslichen Wirkungskreises sowie Freiwilligkeit des Aufenthalts gekennzeichnet. Diese Kriterien müssen diejenigen erfüllen, denen die Unterkunft als Heimstätte dient (BVerwG, Beschlüsse vom 25. März 1996 – 4 B 302.95 – Buchholz 406.12 § 3 BauNVO Nr. 12 S. 3 und vom 20. Dezember 2016 – 4 B 49.16 – NVwZ 2017, 723 Rn. 7). Maßgeblich für die Erfüllung des Wohnbegriffs sind das Nutzungskonzept und seine grundsätzliche Verwirklichung (BVerwG, Beschluss vom 25. März 1996 a. a. O.). Bei Wohnungen oder Räumen für Feriengäste fehlt es an einer Häuslichkeit, die auf Dauer angelegt ist. Denn die Gäste halten sich nach dem Nutzungskonzept und seiner typischen Verwirklichung jeweils allenfalls wenige Wochen in diesen Räumlichkeiten auf […]«

In den Metropolen haben private Vermieter die Wohnungsknappheit und damit steigende Mietpreise weiter angeheizt, indem sie viele Wohnungen nur noch kurzfristig an Feriengäste zu einem vergleichbar höheren Mietpreis vermietet haben. Unter anderem in Berlin, Dortmund, Köln, Hamburg, München, Münster und Stuttgart hat die öffentliche Verwaltung sich gegen diesen Trend mit Zweckentfremdungsverboten gestellt. Befindet sich eine Wohnung im Geltungsbereich des Zweckentfremdungsverbots, hat der Vermieter von der zuständigen Behörde eine Erlaubnis zur Vermietung an Touristen einholen. Die Stadt Köln hat dazu eine Wohnraumschutzsatzung erlassen. Die wesentlichen Punkte sind in den §§ 4 und 5 der Satzung wie folgt geregelt:

§ 4 Zweckentfremdung

(1) Wohnraum wird zweckentfremdet, wenn er durch Verfügungs- oder Nutzungsberechtigte anderen als Wohnzwecken zugeführt wird. Eine Zweckentfremdung liegt insbesondere vor, wenn der Wohnraum

1. mit mehr als der Hälfte der zur Verfügung stehenden Wohnfläche für gewerbliche oder berufliche Zwecke verwendet oder überlassen wird

2. [...]

§ 5 Genehmigung

(1) Wohnraum im Sinne des § 3 Abs. 1 dieser Satzung darf nur mit Genehmigung der Stadt Köln anderen als Wohnzwecken zugeführt werden.

(2) Eine Genehmigung kann erteilt werden, wenn vorrangige öffentliche Interessen oder besonders schutzwürdige Antragstellerinteressen das hohe öffentliche Interesse am Erhalt des betroffenen Wohnraums überwiegen.

(3) Eine Genehmigung kann insbesondere erteilt werden, wenn ein beachtliches und verlässliches Angebot an Ersatzwohnraum im Stadtgebiet angeboten wird.

(4) Eine Genehmigung kann erst erteilt werden, sobald der Wohnraum nicht mehr bewohnt ist. Auf Wunsch kann eine entsprechende Zusicherung ausgestellt werden.

[...]

Die Stadt Köln stellt in diesem Fall bei der kurzzeitigen Vermietung zu touristischen oder beruflichen Zwecken grundsätzlich auf eine »gewerbliche Nutzung« von mehr als der Hälfte der Wohnung ab. Bei einer Vierraumwohnung könnten insofern zwei Räume relativ problemlos weitervermietet werden. In anderen Städten wird die touristische Vermietung z. B. auf maximal 120 bis 180 Tage begrenzt.

- **Steuerrecht:** Die Einnahmen aus der kurzzeitigen Vermietung sind steuerlich zu erfassen. Eventuell sind Umsatzsteuer und je nach Konstellation auch Gewerbesteuern zu zahlen. Insbesondere bei Wohnungsgesellschaften, die eine erweiterte Gewerbesteuerkürzung in Anspruch nehmen, sollte vor einer derartigen Vermietung detailliert geprüft werden, ob ggf. das Steuerprivileg durch die Aktivitäten entfällt.

- **WEG-Recht:** Wohnungen, die in Wohnungseigentümergemeinschaften (WEG) liegen, unterliegen ebenso besonderen Anforderungen. Die Vermietung an Feriengäste innerhalb einer WEG kann auch in diesem Zusammenhang Fragen aufwerfen. Einzelne Eigentümer können sich durch die häufig wechselnden Gäste gestört fühlen und sich gegen eine derartige Nutzung der Wohnung wenden. Der BGH hat diesbezüglich entschieden, dass die Vermietung einer Eigentumswohnung an täglich oder wöchentlich wechselnde Feriengäste Teil der zulässigen Wohnnutzung ist, wenn die Teilungserklärung nichts anderes bestimmt und die Wohnungseigentümer nichts anderes vereinbart haben.[49]

> **Tipp: Touristische Vermietung**
>
> Die kurzzeitige Vermietung zu touristischen oder beruflichen Zwecken kann eine ernst zu nehmende Option bei der Vermietung von Wohnungsbeständen sein. Der Vermietungsvertrieb hat dabei die geltenden rechtlichen Voraussetzungen in der Stadt bzw. Gemeinde zu beachten, in der sich die infrage kommende Wohnung befindet. Neben öffentlich-rechtlichen Belangen sind vorab ebenso die steuerrechtlichen Auswirkungen für den Eigentümer zu klären, um finanziell nachteilige Überraschungen zu vermeiden. Der Vermietungsvertrieb sollte sich dazu selbst extern fachlichen Expertenrat einholen oder dies dem Eigentümer dringend empfehlen.

2.1.3.1.6 Voll- und teilmöbliertes Wohnen

Vertrieblicher Vermietungserfolg stellt sich ein, wenn aus mehreren sinnvollen Handlungsoptionen die ideale Lösung ausgewählt wird. Gerade bei der Betreuung von größeren Wohnportfolios kann eine Diversifizierung des eigenen Angebots sinnvoll sein. Eine Variante zur Erweiterung der eigenen Wohnungsproduktpalette besteht darin, Wohnraum voll- oder teilmöbliert anzubieten. Der Markt für voll- und teilmöbliertes Wohnen unterscheidet sich deutlich vom klassischen Wohnungsmarkt. Insbesondere die Zielgruppe, an die sich das Wohnungsangebot richtet, variiert deutlich. Voll- und teilmöblierte Wohnungen haben eine ähnliche Zielgruppe wie die Wohnform der Mikroappartements (siehe Kapitel 2.1.3.1.4). Dies sind zusammengefasst Personengruppen, die flexibel und zeitlich befristet in einer bestimmten Lage wohnen möchten. Zumeist sind berufliche Gründe der Beweggrund, aber auch plötzlich veränderte Lebensumstände, wie z. B. Trennungen. Die Zielgruppe hat auf der einen Seite wenig Zeit und Interesse, sich um die individuelle Ein-

---

[49] BGH, IMR 2010, 103.

richtung einer Wohnung zu kümmern. Auf der anderen Seite sind die Mieter bereit, einen höheren Mietpreis für die voll- oder teilausgestattete Wohnung zu zahlen.

In der Praxis bietet es sich an, standardisierte Produktformen zu schaffen. Eine Teilmöblierung kann zum Beispiel lediglich das Aufstellen einer Küche oder die Integration von Einbauschränken umfassen. Die restliche Möblierung ist in diesem Fall verhältnismäßig schnell durch den Mieter zu bewerkstelligen. Dabei kann er insbesondere die sehr sensiblen Elemente wie Couch und Bett selbst beisteuern. Die Bandbreite und Ausprägungsform ist beliebig veränderbar und wird an die aktuellen Marktbedingungen flexibel angepasst.

2.1.3.2 Wohnungsausstattung

Die Ausstattung einer Wohnung ist neben der Lage und dem generellen Wohntypus ein weiteres wesentliches Vermietungsmerkmal. Wohnungen können sich in der besten Lage einer Stadt befinden. Sind sie heruntergekommen und entspricht ihre Ausstattung nicht dem Zeitgeist, wird man sich bei der Vermietung schwertun. Umgekehrt wird eine topmoderne Wohnung in einem schlechten Stadtteil durchaus einen Mieter finden. Es fragt sich dann nur, zu welchem Mietpreis. Bevor die Kriterienkataloge der einzelnen Wohnräume untersucht werden, ist zunächst ein Blick auf die technische Grundausstattung der Wohnung zu werfen.

2.1.3.2.1 Technische Grundausstattung

- **Elektroinstallation:** Die mietergerechte Elektroinstallation umfasst vor allem eine ausreichende Anzahl von Schaltern und Steckdosen. Dabei nimmt die intelligente Anordnung und Platzierung auf die intuitiven Anschlusswünsche der Bewohner Bezug. Gehobene Wohnstandorte können weitere Ausstattungen aufweisen, wie z. B. eine Videogegensprechanlage, oder zu Steigerung des Sicherheitsgefühls eine Alarmanlage. Bei der Vermietung von Bestandswohnungen ist aus Gründen der Sicherheit bei jedem Mieterwechsel ein sog. E-Check zu erledigen, damit ggf. unentdeckte Fehleinbauten des Vormieters behoben werden können. Für die Vermietung nachteilig wirken sich vergilbte, in die Jahre gekommene Schaltergarnituren und Steckdosen aus. Deren Austausch kann den optischen Eindruck einer Wohnung positiv verändern.

- **Fenster und Türen:** Im Rahmen der Vermietung von Wohnraum sind die Art und der Zustand von Fenstern und Türen wichtig. Gerade bei der Weitervermietung von Wohnungen ist auf Fensterrahmen, Türblätter, Beschläge und Zargen zu achten. Beschädigungen, die die Funktionalität beeinträchtigen, sind zwingend zu beheben. Über die Beseitigung optischer Mängel hingegen sollte anhand der Umstände des Einzelfalls entschieden werden. Gerade Rollladengurte sind bei einer Anschlussvermietung häufig vergilbt und unansehnlich. Die Erneuerung der Rollladengurte ist mit geringen Kosten verbunden, hinterlässt aber eine große positive Wirkung. Im gehobenen Mietwohnungsbau kann die Installation von elektrischen Rollläden darüber hinaus einen Zusatznutzen bieten.

- **Internetgeschwindigkeit:** In den letzten Jahren hat die Bedeutung der in der Wohnung maximal möglichen Internetgeschwindigkeit rasant zugenommen. Das Streamen von hochauflösenden Inhalten, professionelle Homeoffice-Bedingungen und die Vernetzung von immer mehr Geräten untereinander (Internet der Dinge) werden diesen Trend weiter beschleunigen. Die Geschwindigkeit eines Anschlusses wird damit immer mehr zum Auswahlkriterium. Jeder kennt die nachteilige Wirkung von Orten mit schlechter Internetverbindung. Umso wichtiger wird es für den Mieter sein, dass in seiner Wohnung eine optimale Nutzung des Internets möglich ist. Eine Glasfaserverkabelung bis in die Wohnung (FTTH, fibre to the home) wird schon bald auf der Wunschliste der potenziellen Mieter stehen.

- **Heizungs- und Sanitärinstallation:** Die Details zur Heizungs- und Sanitärinstallation sind regelmäßig Gegenstand von Vermietungsgesprächen mit Interessenten. Dabei gibt es drei wesentliche Themenkreise, die der Vermietungsvertrieb bereits vorab klären sollte, um auf Fragen entsprechend vorbereitet zu sein.
    a) Die **Heizungsart** ist für viele Mietinteressenten von Bedeutung, weil sie Auswirkungen finanzieller Art und in Bezug auf das alltägliche Handling hat. Der Vermietungsvertrieb benötigt einen groben Marktüberblick zu den gängigen Heizungsarten. Das Grundlagenwissen bezieht sich u. a. auf die Heiz- und Brennwerttechnik mit Gas und Öl als Brennstoff. Gas-Etagenheizungen sind beispielsweise in älteren Gebäuden vorzufinden. Die Vor- und Nachteile gegenüber einer Zentralheizung können Gegenstand von Fragen der Mietinteressenten sein. Dies trifft auch auf die Vor- und Nachteile von Heizen mit Strom mittels einer Nachtspeicherheizung oder Infrarottechnik zu. Die Nutzung von Fernwärme, Erdwärme oder alternativen Heizformen wie Holzpelletöfen ist in der Praxis ebenfalls relevant. Der Vermietungsvertrieb benötigt in der Regel nur bei exotischen oder bei der breiten Masse nachteilig eingestuften Heizungsarten, wie beispielsweise der Nachtspeicherheizung, eine fundiertere argumentative Vorbereitung für den Kundenkontakt.

Heizsystem	Mieter	Vermieter
Heiz- und Brennwerttechnik	(+) einfache Handhabung (+) relativ geringe Energiekosten (−) teilweise erhebliche Preisschwankungen möglich	(+) platzsparende Lösungen (+) kein Lager erforderlich (−) fossiler Brennstoff mit Preisschwankungen
Ölheizung	(+) relativ günstiger Energieeinkauf (−) teilweise erhebliche Schwankungen bei Nebenkosten	(+) günstig in der Anschaffung und Wartung (−) direkte Abhängigkeit vom Ölpreis, daher starke Nebenkostenschwankungen möglich

2 Angebot und Nachfrage – praxisorientierte Produkt- und Kundenanalyse

Heizsystem	Mieter	Vermieter
Fernwärme	(+) geringe Betriebs- und Wartungskosten (–) bei Versorgung nur mit Heizwärme werden ggf. Durchlauferhitzer erforderlich, was zu steigenden Betriebskosten führt	(+) geringe Anschaffungskosten (+) geringer Platzbedarf (+) mit anderen Heizungsarten kombinierbar
Nachtspeicher	(+) relativ ausfallsicher (+) keine Wartung erforderlich (–) hohe Betriebskosten; Stromanbieter haben fast keine Tag- und Nachttarife mehr (–) wenig dynamisch bei schnellen Außentemperaturveränderungen	(+) einfache, flexible Montage (+) keine Verrohrung bzw. kein Rohrleitungssystem im Haus erforderlich
Alternativen: Holzpellet etc.	(+) sorgt für ein behagliches Wohngefühl (–) hohe Wartungskosten (–) hohe Anschaffungskosten können sich ggf. in der Kaltmiete bemerkbar machen	(+) umweltfreundlicher Betrieb mit nachwachsenden Rohstoffen (–) hoher Platzbedarf bei Zentralheizung für Lagerung der Pellets (–) wartungsintensiv, Heraustragen der Asche erforderlich
Erdwärmepumpe	(+) geringe Heizkosten durch Nutzung kostenneutraler Umweltenergie und günstiger Stromtarife für Wärmepumpenstrom (+) keine Emissionen im Haus, da weder Gas noch Öl oder sonstige Brennstoffe gelagert oder befördert werden müssen (–) etwaig höhere Kaltmiete, da Vermieter den finanziellen Aufwand für den Einbau kompensieren muss	(+) umweltfreundliches Heizen (Reduzierung der CO_2-Emissionen) mit Geothermie durch die Vermeidung fossiler Brennstoffe (–) hoher technischer und damit finanzieller Aufwand zur Erschließung der Wärmequellen abhängig von der Bodenbeschaffenheit

Tab. 2: Vor- und Nachteile verschiedener Heizsysteme aus Mieter- und Vermietersicht

- b) Die **Warmwasseraufbereitung** ist ebenfalls von Interesse. Diese erfolgt häufig zentral über das Heizsystem eines Hauses oder mithilfe dezentral installierter Durchlauferhitzer oder Boiler. Die dezentrale Variante hat einen zusätzlichen Stromverbrauch für die Geräte zur Folge.
- c) Die Installation gewöhnlicher **Heizkörper** oder einer **Fußbodenheizung** ist weiterhin ein wichtiges Auswahlkriterium für die Mieter. Nicht nur aus optischen Gründen wird die Fußbodenvariante bevorzugt, sondern auch aufgrund der gesteigerten Behaglichkeit in der Wohnung.

- **Malerarbeiten:** Der Renovierungszustand einer Wohnung wird von Mietinteressenten in der Praxis oft am Gewerk der Malerarbeiten festgemacht. Zwar sind Mietinteressen-

2.1 Produktanalyse

ten am ehesten in der Lage, Malerarbeiten selbst auszuführen, dennoch verstärkt sich zunehmend der Wunsch nach fix und fertigen Lösungen bei Einzug. Eine frisch gestrichene Wohnung mit Malervlies oder Tapete ist dabei ein echter Pluspunkt in der Vermietung. In modernen Wohngebäuden nimmt der früher obligatorische Einsatz von Raufasertapeten zunehmend zugunsten von glatten Innenputzlösungen ab.

- **Oberböden/Bodenbelag:** Ein nicht zu unterschätzendes Anmietungskriterium ist der in der Wohnung befindliche oder nicht vorhandene Bodenbelag. War es bis in die 2000er-Jahre noch üblich, dass der Mieter sich um die Verlegung eines für ihn passenden Bodenbelags gekümmert hat, folgte danach eine Kehrtwende. Die Interessenten bevorzugen einen komfortablen Einzug ohne aufwendige eigene Arbeiten. Ein bereits vorhandener Bodenbelag stellt einen klaren Vermietungsvorteil dar. Im Folgenden werden die verschiedenen Oberböden-Varianten mit ihren aus Vertriebssicht mieter- und vermieterseitigen Vorzügen und Nachteilen dargestellt:

Oberböden/Bodenbelag	Mieter	Vermieter
Fliesen	(+) einfache Reinigung und Pflege (–) anfällig für Beschädigungen (–) erzeugen oft kühles Wohngefühl	(–) aufwendige, schwierige Instandsetzung bei Beschädigung
Laminat	(+) kann selbst einfach und günstig verlegt werden (–) Standardprodukt	(+) günstig in der Anschaffung und Verlegung (–) nicht lange haltbar, muss bei Mieterwechsel häufig erneuert werden
Parkett	(+) exklusive Ausstattung (–) pflegeintensiv und anfällig für Flecken sowie Beschädigungen	(+) hochwertige Ausstattung (–) Behebung von Schäden bei Auszug des Mieters oftmals kostspielig
Linoleum, PVC, Vinyl	(+) verschiedene Optiken und Dekore möglich, dadurch individuelles und hochwertiges Erscheinungsbild (+) einfache Reinigung und Pflege (+) resistent gegen Beschädigungen	(+) resistent gegen Beschädigungen, dadurch für mehrere Mieterwechsel geeignet
Teppich	(+) sorgt für ein behagliches Wohngefühl (–) unhygienisch (–) pflegeintensiv und anfällig für Flecken sowie Beschädigungen	(–) nicht lange haltbar, muss bei Mieterwechsel häufig erneuert werden

Tab. 3: Vor- und Nachteile verschiedener Bodenbeläge aus Mieter- und Vermietersicht

> **Tipp: Mieterkomfort**
>
> Der Einzug in ein neues Heim soll so unkompliziert und flexibel wie möglich sein. Eigene handwerkliche Tätigkeiten möchte ein Großteil der Mieter nach Möglichkeit vermeiden. Dies hat verschiedene Hintergründe. Ein Grund ist sicherlich die zunehmende Professionalisierung und Flexibilisierung der Gesellschaft. Angestellte haben beispielsweise in der modernen Arbeitswelt einen anstrengenden, fordernden Beruf. In ihrer raren Freizeit möchten sie sog. Quality Time erleben und sich nicht um eine anstrengende Renovierung in Eigenregie kümmern.
>
> Hinzu kommen häufigere Wohnortwechsel infolge geänderter privater Lebensumstände und Jobwechsel. Das wiederkehrende Erfordernis eines Umzugs soll daher so komfortabel und zeitsparend wie möglich vonstattengehen. Der Vermietungsvertrieb macht sich den Trend zunutze und berücksichtigt die Anforderungen der Mietinteressenten in puncto Komfort und Praktikabilität bei der Produktkonzeption. Vor diesem Hintergrund ist ein stetiger und kontinuierlicher Austausch zwischen dem Vermietungsvertrieb und den sonstigen Verantwortlichen aus den Bereichen Portfoliomanagement und Technik zwingend erforderlich. Mieterpräferenzen sind dynamisch und können sich innerhalb kurzer Zeit verändern. Der Vermietungsvertrieb muss diese graduellen Veränderungen am Markt erkennen und in die Vermietungsorganisation transformieren.

2.1.3.2.2 Räumliche Aufteilung

Eine Wohnung ist mehr als die Summe ihrer Räume. Dennoch hat jeder einzelne funktionale Raum eine wesentliche Bedeutung für den Mieter. Für den Vermietungsvertrieb ist es wichtig, die Vorzüge, aber genauso auch die Schwachstellen einer anzubietenden Wohnung zu erkennen und Lösungs- und Verbesserungsmöglichkeiten zu erarbeiten. Diese Kenntnisse und Erfahrungen sind bereits bei der Produktkonzeption im Rahmen der Instandhaltungs- und Investitionsplanung wertvoll. In der originären Phase der Vermietung und während der Interaktion mit Mietinteressenten ist derjenige Vermieter im Vorteil, der dem Interessenten die Vorzüge einer Wohnung bildlich vor Augen führt und für die Schwachstellen Lösungen skizzieren kann.

Im Folgenden werden die einzelnen Räume und Bereiche einer Wohnung hinsichtlich ihrer Relevanz bei der Vermietung betrachtet. Gute Vermieter haben immer ein Ohr am Puls der Zeit und entwickeln sich auch im technischen sowie Wohnungsstilbereich weiter. Eine hervorragende Möglichkeit, up to date zu bleiben, bieten die verschiedenen Online-Portale zum Thema Interior Design, Bautechnik oder Möblierung.

> **Tipp: Digitale Impulsgeber**
> - www.archiproducts.com
> - www.architonic.com
> - www.houzz.de
> - www.pinterest.com

2.1.3.2.2.1 Eingangssituation

Das Entrée einer Wohnung sorgt beim Betreten für den ersten Eindruck. Der Wohnungseingang ist zwar kein Raum, in dem man sich für gewöhnlich länger aufhält, dennoch sollte er vor allem funktionalen Gesichtspunkten genügen. Die Fläche für eine ausreichend groß dimensionierte Garderobe sollte vorhanden sein, genauso wie der Platz für einen Spiegel. Eingang und Flur bilden die innere Erschließung einer Wohnung.

Vorteilhaft ist eine direkte Abzweigung der wesentlichen Räume vom Flur, demnach eine zentrale Erschließung. Lange oder zu breite Korridore sind eher von Nachteil, da sie in der Regel wenig Möglichkeiten der Gestaltung bieten, dafür hingegen Wohnfläche absorbieren, die an anderer Stelle in der Wohnung fehlt, aber trotzdem in den Mietpreis einfließt. Eine Abstellkammer oder ein Einbauschrank für Gebrauchsgegenstände ist ein weiteres positives Argument, selbst wenn die Wohnung über einen zusätzlichen Kellerraum verfügt. Bequemlichkeit und Komfort in Form von kurzen Laufwegen präferieren die meisten Mietinteressenten.

2.1.3.2.2.2 Bad und WC

Die Ausstattung des Bades und WCs in einer Wohnung ist ein wesentliches Anmietungskriterium. In der Vermietungspraxis zeigt sich, dass neue und moderne Bäder Mietinteressenten ansprechen und einen positiven Ausschlag bei der Anmietungsentscheidung liefern. Natürlich ändern sich die Geschmäcker im Laufe der Zeit. Bäder aus den 1980er-Jahren, die sich in einem sehr guten Erhaltungszustand befinden, werden den heutigen Anforderungen aus optischen Gründen nicht mehr gerecht. Insofern spielt bei den Sanitärflächen nicht nur die Funktionalität eine Rolle, sondern im hohen Maße auch der visuelle Eindruck.

Für Mietinteressenten sind Fußbodenheizung oder Handtuchheizkörper ein Vorzug. Die Boden- und Wandfliesen sollten modern und farblich aufeinander abgestimmt sein. Einen besonderen Touch können auch PVC-Böden in Holzoptik im Bad haben. Das Badezimmer wirkt dadurch wohnlicher und wärmer. Mittlerweile haben sich Start-ups gegründet, die zu günstigen Preisen stilistisch außerordentlich hochwertige Badmöbel und Armaturen zu einem günstigen Preis-Leistungs-Verhältnis anbieten, wie z. B. freistehende Badewannen, die bei ausreichendem Platzangebot ein echtes Highlight sind. Marcel Sekula, der Gründer der Bad-Design-Boutique Vallone aus Essen vertritt die Auffassung, dass das Bad in der heutigen Zeit als reiner Funktionsbereich ausgedient hat. Er meint, dass zukunftsweisende Wohnkonzepte das Bad als privaten »Backstage-Bereich« integrieren – mit einem zunehmenden Anspruch an Ästhetik, Ambiente und Design.[50]

---

50 Expertengespräch mit Marcel Sekula, Vallone GmbH, vom 18.11.2020.

Für den Vermietungserfolg ist es außerdem förderlich, wenn das Badezimmer über ein Fenster verfügt, das auch geöffnet werden kann. Das Fenster sorgt zum einen für einen natürlichen Lichteinfall und zum anderen für eine ausreichende Belüftung. Innen liegende Bäder mit Lüftungssystem sind hingegen bei der Vermietung häufig ein Nachteil. Duschen sollten, soweit es technisch möglich ist, immer bodentief sein. Das stufenlose Betreten der Dusche ist nicht nur ein Wunsch der älteren Generation, sondern auch viele Jüngere möchten diesen Komfort nicht missen. Der Vermietungsvertrieb behält auch bei der Konzeption von zu modernisierenden Wohnungen immer im Auge, auf welche Art und Weise für den zukünftigen Mietinteressenten ein Mehrwert geschaffen werden kann. Dies beinhaltet auch die Frage, wie sich das anzubietende Wohnprodukt von den anderen Angeboten der Mitbewerber am Wohnungsmarkt unterscheidet. Eine bei ausreichender Badfläche relativ kostengünstige Möglichkeit ist z. B. die Installation eines Doppel-Waschtischs. Ein zweites Waschbecken ist nicht nur für Familien mit mehreren Personen im Haushalt angenehm, sondern bereits bei zwei Bewohnern erleichtert er die täglichen Abläufe. Derartige Upgrades zum gewöhnlichen Wohnungsangebot sorgen für Alleinstellungsmerkmale und eine gewisse Uniqueness am Wohnungsmarkt, die Mietinteressenten begeistern.

Im Bad bietet sich in einem gepflegten Wohnungsbestand zudem die eigentümerseitige Installation einer Glas-Duschtrennwand an. Diese Installation sorgt zum einen für einen sehr guten optischen Gesamteindruck des Badezimmers, zum anderen verringert es die mieterseitigen Zeitaufwände beim Einzug, da er sich darum nicht mehr kümmern muss.

Ein populärer Wunsch aus der Vermietungspraxis ist das Vorhandensein eines Waschmaschinenanschlusses mit Aufstellfläche für eine Waschmaschine und ggf. einen Trockner im Badezimmer. Auch hier sorgt eine Verkürzung bzw. Vermeidung der Laufwege zur Gemeinschaftswaschküche für einen funktionalen Pluspunkt bei der Bewertung. Ein separates Gäste-WC ist für viele Mietinteressenten ein vorteilhaftes Merkmal. Der Schutz der Privatsphäre ist dadurch beim Empfang von Besuchern gewährleistet.

Abschließend bietet es sich an, Handtuchhalter, Toilettenrollenhalter etc. zu installieren. Dies hat zwei Vorteile: Der Eigentümer vermeidet mieterseitige Bohrlöcher und dadurch Renovierungsaufwand bei zukünftigen Mieterwechseln, der Mehrkosten verursacht. Außerdem wird dem Mieter auch in diesem Punkt Zeit und Mühe erspart, was zu Vorteilen gegenüber Wettbewerbsangeboten führen kann.

2.1.3.2.2.3 Wohnzimmer

Das Wohnzimmer ist der wesentliche Aufenthaltsort für die Bewohner. Die Möblierung ist zwar sicherlich ein wesentliches Kriterium zur Beurteilung der Wohnlichkeit und Aufenthaltsqualität. Ebenso wichtig ist allerdings die Grundausstattung des Wohnzimmers. Für Mietinteressenten spielen dabei vor allem die flächenmäßige Größe des Wohnzimmers und der Zuschnitt des Grundrisses eine entscheidende Rolle. Eine Funktion muss dabei als Mindestanforderung gewährleistet sein: die ausreichende Aufstellfläche für Sitzmöbel und TV-Bildschirm. Daneben ist es von Vorteil, wenn über das Wohnzimmer eine Terrasse oder ein Balkon zu erreichen ist. Das Wohnzimmer sollte zudem über große Fensterflächen verfügen, die es durch Tageslichteinfall natürlich erhellen. Ein positives Unterscheidungskriterium zum Wettbewerb können in diesem Zusammenhang bodentiefe Fenster sein, die dem Raum eine besondere Wirkung verleihen. Immer beliebter werden zudem Grundrissgestaltungen mit offenen Wohnküchen. Diese bieten einen fließenden Übergang zwischen Küche, Ess- und Wohnzimmer. Eine integrierte Wohnküche sorgt zum einen für ein imposanteres Raumgefühl, zum anderen aber auch für mehr soziale Interaktion der Bewohner eines Haushalts.

2.1.3.2.2.4 Küche

Die Küche sollte idealerweise über einen Dunstabzug verfügen. Ein Waschmaschinenanschluss in der Küche ist bei sonst fehlenden Möglichkeiten zumindest für einige Interessenten eine ernst zu nehmende Option. Allerdings entspricht ein solcher Anschluss nicht der Auffassung einer Vielzahl von Menschen von Wohnen.

2.1.3.2.2.5 Schlafzimmer

Das Schlafzimmer ist als Raum eher unspektakulär. Dementsprechend gering sind die besonderen Anforderungen an die Raumgestaltung. Eine Ausrichtung des Raumes in den rückwärtigen, von der Straße abgewandten Bereich des Gebäudes ist wünschenswert. Dies sorgt für weniger Geräuschbelästigung in der Nacht und in den frühen Morgenstunden. Das Schlafzimmer sollte zudem über eine ausreichende Anzahl von Fenstern verfügen, die geöffnet werden können und sowohl natürliches Licht als auch Frischluft hereinlassen. Grundrisse mit möglichst geraden Wandflächen ohne Schrägen sind zu bevorzugen, da hier die übliche Schlafzimmermöblierung einfach angeordnet werden kann. Zu viele Ecken, Rundungen, Abkastungen oder kurze Wandstrecken können dazu führen, dass Bett und Kleiderschrank nicht vernünftig aufgestellt werden können. Dies gilt im Übrigen auch für nachteilige Dachschrägen.

2.1.3.2.2.6 Kinder- und Arbeitszimmer

Wohnungen mit Kinder- und Arbeitszimmer sind am Markt häufig nachgefragt. Die Zeiten, in denen mehrere Kinder sich ein Zimmer teilten, gehören größtenteils der Vergangenheit an. An diese Räume werden eher weniger besondere Anforderungen gestellt. Gerade Kinder und Jugendliche agieren in der digitalen Welt und nutzen die diversen Unterhaltungsmedien. Ein TV- bzw. Kabelanschluss oder ein Telefon- bzw. Internetanschluss sollte daher vorhanden sein.

Die Corona-Krise hat zudem den Wandel in der Arbeitswelt beschleunigt. Die Vermeidung persönlicher Kontakte hat dazu geführt, dass viele klassische Büroarbeitsplätze ins Homeoffice verlagert wurden. Einige Unternehmen haben bereits angekündigt, diesen Trend auch nach dem Ende der Pandemie beibehalten zu wollen. Die Einsparung von Büroflächen wird dazu führen, dass immer mehr Menschen ihrer täglichen Arbeit aus den eigenen vier Wänden heraus nachgehen werden. Die Nachfrage nach zusätzlichen Arbeitszimmern wird daher perspektivisch steigen.

2.1.3.2.2.7 Außenbereich (Terrasse und Balkon)

Terrasse, Balkon und Gartennutzung vereinfachen die Vermarktung einer Mietwohnung erheblich. Für viele Menschen dienen die Freiflächen als Ort der Entspannung und Erholung. Ein eigenes Stückchen Natur im Umfeld und die Möglichkeit, an die frische Luft zu gehen, ohne das Grundstück bzw. die Wohnanlage verlassen zu müssen, sind verlockende Aspekte. Im Rahmen der Vermietung ist darauf zu achten, dass die Außenbereiche penibel gepflegt sind. Müll, Laubreste oder Pflanzenwucherungen sind vor Initiierung des Vermietungsprozesses zu beseitigen.

Empfehlenswert ist es für den Vermietungsvertrieb, bestimmte Nutzungsbedingungen etwa in Bezug auf das in den Sonnenmonaten überaus beliebte Grillen frühzeitig gegenüber den Mietinteressenten zu kommunizieren. Die Benutzung von Gemeinschaftsgärten durch die Bewohner eines Hauses sollte ebenfalls eigentümerseitig geregelt werden. Je klarer und einfacher die Regeln formuliert sind, desto höher ist die Wahrscheinlichkeit, dass sich alle Beteiligten konform verhalten. Andernfalls können schnell Mieterstreitigkeiten entstehen.

Beispielsweise ist das Aufstellen von Planschbecken für Kinder in den Sommermonaten ein fast selbstverständliches Nutzungsverhalten. Mittlerweile sind allerdings aus Planschbecken schon eher Pools geworden, die sogar bei Discountern zu relativ günstigen Preisen gehandelt werden. Größere Pools bedeuten zwar für die Kinder einen höheren Spaßfaktor, andererseits werfen sie auch mehr Unstimmigkeiten auf. Die Nutzung wird in der Regel extensiver, mit mehr Kindern und einem höheren Lärmpegel. Gleichzeitig steigt der Wasserverbrauch bei der Befüllung der großvolumigen Pools. Hier sind Nachjustierungen und faire Lösungen gefragt, damit alle Bewohner während der Sommermonate zufrieden sein können.

2.1.3.2.2.8 Sonstige Flächen

Für die Anmietung weiterhin förderlich sind zusätzliche Nutzflächen, wie z. B. Kellerraum, Stellplatz, Garage oder Gartenlauben bzw. Geräteschuppen. Üblicherweise ist ein separater Kellerraum bereits im Mietangebot enthalten und von der monatlichen Kaltmiete umfasst. Stellplatz und Garage werden zusätzlich abgerechnet und bieten damit eine weitere Einnahmequelle für den Eigentümer.

2.1.3.3 Wohnungszustand

Ein weiterer Aspekt bei der Vermietung von Wohnraum ist sein baulicher Zustand. Hier gibt es in der Praxis verschiedene Abstufungen, die zu unterschiedlichen Vorgehensweisen führen.

2.1.3.3.1 Renovierungsbedürftig

Eine renovierungs- oder sanierungsbedürftige Wohnung wird in der Regel schwieriger zu vermarkten sein als ein Pendant, das sich in einem einwandfreien Zustand befindet. Der Trend führt zu Instant- bzw. Convenient-Lösungen bei der Vermietung. Je weniger Aufwand der Mieter in eine Wohnung investieren muss – sei es monetär oder durch Zeiteinsatz –, desto leichter fällt die Anmietungsentscheidung. Renovierungen bedeuten immer zusätzlichen Planungs- und Kalkulationsaufwand und damit weitergehende Zweifel und Risiken auf Mieterseite. Die Anmietungsentscheidung enthält dann einige Variablen mehr, die es zu klären gilt. Aus diesem Grund sind fix und fertige Lösungen bei Kunden beliebter.

In der Praxis kann beobachtet werden, dass in den angespannten Wohnungsmärkten der Metropolen noch am ehesten Mietinteressenten zu finden sind, die selbst eine Renovierung in Erwägung ziehen. Dies ist damit zu erklären, dass die Mietinteressenten einen höheren Preisdruck haben und zudem auf wenig verfügbares Produktangebot zugreifen können. Diese Marktsituation führt dazu, dass auch weniger bequeme Wohnungssituationen akzeptiert werden. Je entspannter der Wohnungsmarkt, desto unwahrscheinlicher wird es wiederum, einen Mieter zur Renovierung animieren zu können. Selbst bei verhältnismäßig geringen monatlichen Nettomietkosten wird die eigene Arbeit und Mühe am Objekt gescheut. Nicht zuletzt zeigt die Ausbreitung von Service-Appartements, die vollmöbliert und ausgestattet zur Anmietung angeboten werden, dass heutige Nutzer vermehrt komfortable, flexible Wohnlösungen suchen, die häufige Wohnortwechsel reibungslos ermöglichen.

2.1.3.3.2 Teilrenoviert

Eine teilrenovierte Wohnung hat auch in einem entspannten Wohnungsmarkt gute Aussichten, einen geeigneten Mieter zu finden. Die Notwendigkeit, mieterseitig Maler- und Tapezierarbeiten durchzuführen oder die Bodenbeläge zu verlegen, ist bei vielen Wohnungsangeboten gegeben. Der Mieter hat bei derartigen Wohnungen die Möglichkeit, eigene Wünsche umzusetzen. Gleichzeitig ist der Mietpreis derartiger Angebote etwas günstiger als in der vollmodernisierten Variante. In jedem Fall bietet sich bei der Instandhaltungs- und Modernisierungsplanung eine renditeorientierte Vorgehensweise an. In den jeweiligen Szenarien sind die entsprechenden Miethöhen zu berücksichtigen, um eine möglichst realistische Aussage über die zu erwartende Rendite treffen zu können.

2.1.3.3.3 Vollmodernisiert

Vollmodernisierte Wohnbauten, die ein vollständiges »Makeover« der Wohn- und Nutzflächen erhalten haben, sind bei Mietinteressenten beliebt. Insbesondere neue Bäder sorgen für eine erhöhte Attraktivität. Dies liegt in erster Linie daran, dass es auf dem Markt zahlenmäßig nur sehr begrenzte Wohnungsangebote gibt, die einen solchen nahezu neuwertigen Zustand aufweisen.

2.1.3.3.4 Neubau

Den optimalen technischen Zustand haben Neubauwohnungen. Eine ordnungsgemäße Errichtung vorausgesetzt, entsprechen die Wohneinheiten den allgemein anerkannten Regeln der Technik. Sie erfüllen damit nicht nur die einschlägigen technischen Normen und Richtlinien, sondern sie haben auch die modernste am Markt verfügbare Ausstattung. Der Bezug einer Neubauwohnung hat für viele Mietinteressenten einen besonderen Reiz. Eine Neubauwohnung ist unbenutzt und daher gewöhnlich frei von Gebrauchsspuren. Der Mieter identifiziert sich daher bei Bezug noch intensiver und individueller mit »seiner« Wohnung. Neubauwohnungen belegen das obere Preissegment eines jeden frei finanzierten Mietwohnungsmarktes. Die Zielgruppe und das spätere Mieterklientel setzt sich insofern aus zahlungskräftigen Personen zusammen, die willens und in der Lage sind, die relativ hohe Kaltmiete zu zahlen.

2.1.3.4 Additional Services and Benefits

Wohnungen als marktwirtschaftliches Produkt können in ihrer Qualität und zielgruppenspezifischen Ausgestaltung durch zusätzliche Dienstleistungen und Ausstattungen aufgewertet werden.

OBJEKTSPEZIFISCHE SERVICES & BENEFITS	SUBJEKTSPEZIFISCHE SERVICES & BENEFITS
• Concierge • Smart-Home • Smart-Assistant • Gemeinschaftszimmer • Paketannahme • WLAN • Hauswirtschaft • Fitnessraum	• Reinigung / Wäsche • Streaming-Dienste • Einkaufsservice • Rabatt- / Vorteilspreis • Kooperationen

Additional Services and Benefits bei der Wohnraumvermietung

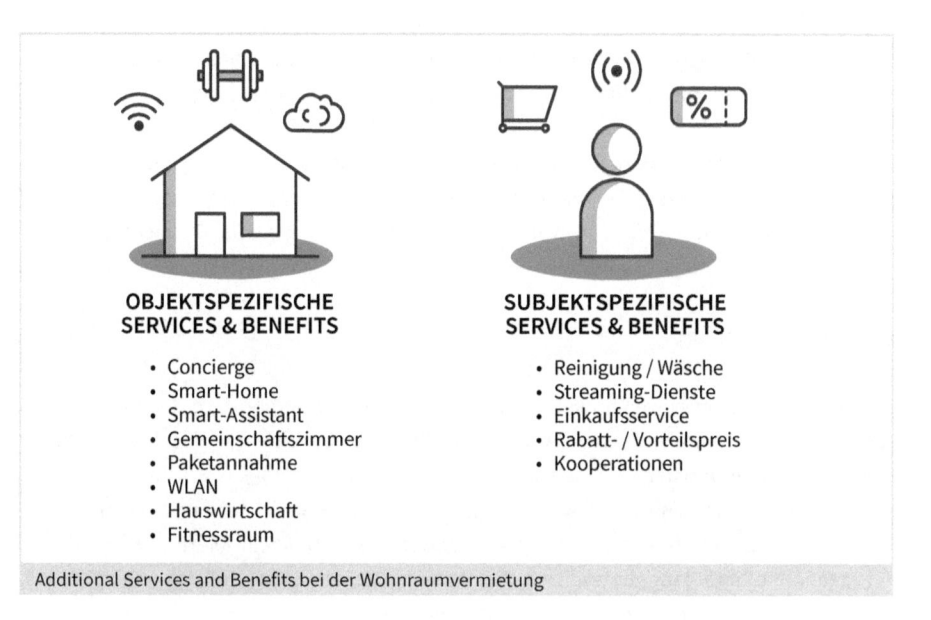

2.1.3.4.1 Digitale Community, Streamingdienste, WLAN

Im Zeitalter der Digitalisierung sind insbesondere innovative Zusatzangebote für Mietinteressenten attraktiv. Jüngere und mobile Zielgruppen, die häufig den Wohnort wechseln, können beispielsweise durch das integrierte Angebot von DSL-, Kabel- und Internetanschlüssen überzeugt werden. In diesem Fall wird der Eigentümer die Wohnungen von sich aus mit den gesamten Anschlüssen versorgen und eine permanent funktionierende technische Infrastruktur anbieten. Der Mieter spart auf diese Art und Weise Zeit für die Anmeldung und technische Abstimmung. Vielfach können die monatlichen Kosten durch die Höhe der Kaltmiete kompensiert werden. Das Angebot kann beliebig erweitert werden. Auch das Angebot von Streamingdiensten wie DAZN, Netflix, Amazon Prime etc. kann für den Mietinteressenten einen Mehrwert bei der Suche darstellen. In jedem Fall dienen diese Add-ons dazu, zusätzliche Vermietungsargumente auf Produktebene bei ansonsten vergleichbarer Wohnungsausstattung zu schaffen.

Eine weitere Möglichkeit, Zusatznutzen für Interessenten und Mieter zu stiften, stellt die Bereitstellung von Community-Apps dar. Es gibt am Markt bereits verschiedene Unternehmen und Start-ups, wie z. B. Allthings, ANIMUS etc., die intelligente Lösungen entworfen haben. Die Apps können den Mietern einen einfachen Zugang zum Wohnungsanbieter verschaffen und damit Mitarbeiter im Hinblick auf rein administrative Aufgabe entlasten. Zu den Funktionen der Community-Apps zählen Leistungen wie:
- Mieterinformation durch News, digitale Haushängungen etc.
- digitale Schadensmeldung auf Knopfdruck mit integrierter Fotodokumentation

- Service-Add-ons und Rabatte im lokalen Partnernetzwerk (Restaurants, Einzelhandel etc.)
- soziales Nachbarschaftsnetzwerk zur Kommunikation der Bewohner

Die Community-Apps fördern die Identifikation mit der eigenen Wohnung und sollen darüber hinaus dazu beitragen, die Kundenzufriedenheit zu erhöhen. Eine direkte Folge ist eine bessere Kundenbindung, die sich in einer längeren Mietdauer zeigt. Die Dienste sind besonders geeignet für Azubis, Studierende, Young Performer, Geschäftsreisende, Senioren.

2.1.3.4.2 Mobilität

Einen ebenso interessanten und attraktiven Mehrwert für Mietinteressenten bietet die Integration von Mobilitätsdiensten. Auch diese können zielgruppenspezifisch ausgestaltet sein. Hierbei bieten sich zwei Wege an:
- die Aushandlung von Sonderkonditionen mit Mobilitätsanbietern und die Weiterreichung dieser Sonderkonditionen als besonderen Benefit an die Mieter
- eigene Mobilitätsangebote durch den Ankauf und die Bereitstellung von z. B. Pkw, Elektrofahrzeugen, E-Scootern, E-Fahrrädern etc.

Die vertragliche Abwicklung und das Bezahlsystem können durch Apps über das Smartphone des Mieters realisiert werden. Derartige Angebote sind insbesondere dann von Interesse, wenn die Mieter in einer bestimmten Lage, z. B. aufgrund des Mangels an Stellplätzen, keine eigenen Fahrzeuge besitzen können oder eine Anschaffung für den Einzelnen zu kostspielig wäre. Weiterhin sind Angebote in Lagen geeignet, die zum Beispiel per ÖPNV schlecht erschlossen sind. Mietinteressenten, denen in diesem Fall eine Nutzung des ÖPNV für Einkäufe oder alltägliche Erledigungen zu aufwendig und zeitintensiv ist, können bequem auf das Mobilitätsangebot des Eigentümers zurückgreifen.

Unabhängig von eigenen Mobilitätslösungen kann als Benefit für die Anmietung einer Wohnung beispielsweise auch eine Dauerfahrkarte für den ÖPNV über einen bestimmten Zeitraum angeboten werden. Als Zielgruppe kommen vor allem Azubis, Studierende, Young Performer und Geschäftsreisende in Betracht.

2.1.3.4.3 Smart Home

Unter »Smart-Home-Lösungen« werden elektronische und digitale Installationen verstanden, die dem Mieter zusätzlichen Wohnkomfort verschaffen. Diese Lösungen zeichnen sich durch eine umfassende Sensorik sowie intuitive Bedienung aus. Hinzu kommt eine intelligente automatische Steuerungstechnologie, die dem Nutzer persönliche Eingriffe abnimmt. Smart-Home-Lösungen haben den Zweck, Fehlfunktionen bzw. Fehlverwendungen automatisch zu verhindern und den Verbrauch von Wasser und Energie so weit wie möglich zu reduzieren. In der Praxis sind folgende Anwendungsbereiche verbreitet:

- Beleuchtungssteuerung
- Heizungsregulierung
- Notfallmelder für Rauchentwicklung, Gas- oder Wasseraustritt
- digitale Steuerung von Markisen und Jalousien
- Videotürsprechanlage

2.1.3.4.4 Smart Assistance/Ambient Assistant Living

Die ältere Generation ist nicht zuletzt aufgrund des demografischen Wandels eine immer bedeutendere Zielgruppe am deutschen Wohnungsmarkt. Für diese Zielgruppe haben sich besondere Wohnungs- und Betreuungsangebote etabliert, die bereits zuvor detailliert behandelt wurden (siehe Kapitel 2.1.3.1.2). In normalen Wohnungen kann durch die Installation von Smart-Assistance-Lösungen in Teilbereichen ein Leistungs- und Komfortspektrum für die ältere Zielgruppe sichergestellt werden, das sonst nur in speziellen Wohnformen angeboten werden kann. Für den Vermietungsvertrieb stellen die Smart-Assistance-Lösungen daher eine gute Möglichkeit dar, ältere Menschen als Mieter zu gewinnen.

Im Vordergrund steht dabei der Schutz der Gesundheit der Bewohner durch nicht störende, verborgene Sensorik, die über Not- und Sondersituationen informiert. Bei etwaigen Notfällen werden automatisch Familienangehörige oder Dritte informiert, die alle weiteren Schritte einleiten können. Eine Sensorik kann beispielsweise erkennen, ob Menschen gestürzt sind und in diesem Fall automatisch einen Notruf absetzen. Daneben können intelligente Prozessketten verknüpft werden, die tägliche Routinen abbilden. Wird etwa jeden Morgen der Kühlschrank zum Frühstück geöffnet, kann dies digital bestätigt werden. Ein Ausbleiben von dieser täglichen Routine des Gangs zum Kühlschrank würde ein Signal aussenden, sodass Dritte schauen können, ob es der Person gutgeht.

Folgende Smart-Assistance-Funktionen sind für ältere Menschen denkbar:
- intuitives und/oder automatisches Notrufsystem mit Eskalationseinstellungen
- Sturzerkennung mit automatischer Benachrichtigungsfunktion von Dritten
- Orientierungshilfe bei Sehschwäche
- Erinnerungsfunktion zum Ein- und Ausschalten bestimmter Geräte
- Alarmanlagenfunktion

Innovative Technologieunternehmen und zahlreiche Start-ups beschäftigen sich damit, auf einfache und preisgünstige Art und Weise weiteren Zusatznutzen zu generieren. Gerade für Senioren bieten die digitalen Daten- und Kommunikationstransfers vielfältige Möglichkeiten. Bei eingeschränkter Beweglichkeit können aufwendige Besuche von Ärzten oder die Beschaffung von Arzneimitteln durch Remote-Lösungen ersetzt werden. Zu denken ist dabei beispielsweise an:
- Videosprechstunde
- elektronisches Rezept

- Bestellung von Hilfsmitteln von zu Hause aus
- Telemonitoring

Es sei in diesem Zusammenhang die ethische Frage erlaubt, ob es der physischen und mentalen Gesundheit der älteren Generation förderlich ist, wenn Termine außer Haus weitestgehend entfallen. Körperliche und geistige Degeneration kann in diesem Fall möglicherweise durch die alternative Wahrnehmung und Pflege von sozialen Kontakten zu Familie, Freunden und Nachbarn kompensiert werden. Auch hierfür sollte der vorausschauende Vermietungsvertrieb in Zusammenarbeit mit dem Eigentümer praktikable Lösungen anbieten.

2.1.3.4.5 Einkäufe

Einkäufe im stationären Handel sind auch im digitalen Zeitalter immer noch Bestandteil des Mieterlebens. Sie sind mit Aufwand für die Wegstrecke und in Form von Zeit verbunden. Ältere Bewohnerinnen und Bewohner reduzieren ihre Einkaufsgänge, weil ihnen der Weg aufgrund ihrer körperlichen Konstitution zu beschwerlich ist. Dieser Zielgruppe kann der Wohnungsanbieter weiterhelfen, indem beispielsweise ein Einkaufsservice mithilfe nahe gelegener Einzelhändler organisiert wird. Gemeinsam mit weiteren zielgruppengerechten Zusatzangeboten entsteht eine echte Abgrenzung vom Wettbewerb. Ein Einkaufsservice ist zudem für Quartiere geeignet, die infrastrukturell schlecht angebunden sind und nur ein mangelhaftes Nahversorgungsangebot aufweisen.

2.1.3.4.6 Paketannahme

Die Paketannahme bei Verhinderung oder Abwesenheit der Mieter ist eine weitere Möglichkeit, deren Alltagsleben zu erleichtern. Die Annahme kann entweder durch eine dafür verantwortliche Person (Concierge/Hausmeister) erfolgen oder durch automatisierte, stationäre Paketannahmestellen, die in den zugänglichen Gemeinschaftsflächen installiert werden.

2.1.3.4.7 Reinigung, Wäsche- und Handtuchservice

Gehobene Wohnungsbestände mit einer zahlungskräftigen Klientel eignen sich für sog. Cleaning-Angebote. Die Reinigung der Wohnung und der dazugehörigen Fensterflächen kann von einem externen Dienstleister wahrgenommen werden. Ein weitergehender, zeitsparender Service kann durch die schrankfertige Reinigung und Wäsche von Kleidung und anderer Textilien geschaffen werden. Gerade bei der Neuvermietung sprechen praxiserprobte Cleaning-Angebote anspruchsvolle Interessenten an.

2.1.3.4.8 Concierge-Service

In hochpreisigen Wohnanlagen kann ein Concierge-Service ein sinnvolles Zusatzangebot für den Mietinteressenten darstellen. Gerade in nordamerikanischen Großstädten ist der »Doorman« in vielen wohnwirtschaftlich genutzten Gebäuden Usus. Der Concierge vermittelt den Bewohnern und Bewohnerinnen des Hauses zunächst ein besonderes Sicherheitsgefühl. Personen, die das Haus betreten, müssen sich zunächst anmelden und können sich nicht anonym im Gebäude bewegen. Darüber hinaus kann er zusätzliche Aufgaben wie z. B. die Paketannahme oder Erledigung von einfachen technischen Aufgaben übernehmen. Auch die Hilfestellung bei Auskünften, Terminvereinbarung oder sonstigen Koordinierungsaufgaben ist denkbar. Ein weiterer Einsatzbereich liegt zudem in der Betreuung der Wohnung bei Abwesenheit infolge von Urlaub oder Geschäftsreisen.

2.1.3.4.9 Gemeinschaftsräume: Fitness, Bibliothek etc.

Qualitativ hochwertige Gemeinschaftsräume für die Bewohner können ebenfalls einen Anmietungsgrund darstellen. In betreuten Wohnanlagen für die Silver Generation oder in den modernen Mikroappartement-Standorten sind derartige Gemeinschaftsflächen bereits üblich. Je nach Bewohnerstruktur sind unterschiedliche Raumnutzungen möglich:
- Bibliothek
- Fitnessraum
- Gruppen-/Kinoraum mit Bar und Leinwand
- Keller- oder Rooftop-Bar
- Swimming-Pool
- Sauna

Es liegt in der Natur der Sache, dass derartige Zusatzangebote am Ende über die Kaltmiete der jeweiligen Wohnung refinanziert werden. Insofern sind Wirtschaftlichkeitsberechnungen bereits in der Konzeptionsphase erforderlich. Der Vermietungsvertrieb hat in diesem Fall seine Expertise insbesondere bei der Realisierbarkeit der Miethöhe am jeweiligen Wohnungsmarkt einzubringen.

2.1.3.4.10 Rabatt- und Vorteilskäufe

Der Vermietungsvertrieb ist in der Lage, durch Kooperationen mit lokalen Händlern, Gastronomiebetrieben und Freizeiteinrichtungen (Museen, Schwimmbäder etc.) attraktive Kooperationsangebote für Mieterinnen und Mieter zu schaffen. Für Mietinteressenten können diese Zusatzangebote im Fall einer Anmietung ein echtes Entscheidungskriterium in Abgrenzung zum sonstigen Wettbewerb am Wohnungsmarkt sein. Die Kooperationen sehen vor, dass die Mieter eines bestimmten Hauses oder eines bestimmten Quartiers Vergünstigungen bei Einkäufen oder sonstigen Geschäftsbeziehungen mit den Partnern des Eigentümers bzw. des Vermietungsvertriebs erhalten. Diese Vergünstigungen in Form von Rabatten oder Gratisprodukten stellen eine »Triple-win-Situation« dar. Der Kooperationspartner hat einen neuen Marketingkanal, um Kunden zu gewinnen und Umsätze zu generieren. Der Eigentümer bzw. Vermietungsvertrieb hat ein zusätzliches, positives Produktmerkmal. Letztendlich profitiert der Mieter, weil er einen Bonus erhält, den er ohne die Anmietung der Wohnung nicht hätte.

2.1.3.4.11 Haustierhaltung

Die Änderung der persönlichen Einstellung des Eigentümers und des Vermietungsvertriebs zur Haustierhaltung ist unter Umständen ein weiterer Weg, um zusätzlichen Kundennutzen zu stiften. Generell ist die Haustierhaltung bei Vermietern nicht gern gesehen, da insbesondere größere Tiere oftmals Beschädigungen an der Bausubstanz verursachen und andere Bewohner durch Lärm belästigen, im schlimmsten Fall sogar durch aggressives Verhalten bedrohen. In Mietverträgen wird aus diesem Grund häufig eine Klausel verwendet, um die Haustierhaltung unter einen Genehmigungsvorbehalt zu stellen. Kleintiere, wie z. B. Ziervögel, sind davon regelmäßig ausgeschlossen.

Der Bundesgerichtshof stellt in seiner Rechtsprechung vernünftigerweise auf die Umstände des Einzelfalls ab und fordert – sofern es keine eindeutige Regelung gibt – das Vorliegen einer konkreten Beeinträchtigung durch die Haustierhaltung. Zu berücksichtigen sind im Rahmen der Abwägung insbesondere
- Art, Größe, Verhalten und Anzahl der Tiere,
- Art, Größe, Zustand und Lage der Wohnung sowie des Hauses, in dem sich die Wohnung befindet,
- Anzahl, persönliche Verhältnisse, namentlich Alter, und berechtigte Interessen der Mitbewohner und Nachbarn,
- Anzahl und Art anderer Tiere im Haus,
- bisherige Handhabung durch den Vermieter sowie
- besondere Bedürfnisse des Mieters.[51]

Eine intelligente, zielgruppenspezifische Produktkonzeption kann zu dem Ergebnis kommen, dass bestimmte Wohnhäuser oder zumindest einzelne Wohnungen sich explizit für eine Haustierhaltung eignen – etwa weil sie im Erdgeschoss liegen und über die Terrasse bzw. den Garten Zugang zu weitläufigen Freiflächen ermöglichen. Hat eine solche Wohnung andere Nachteile, wird ein explizit angesprochener Tierliebhaber diese vielleicht akzeptieren, weil er auf der anderen Seite einen außergewöhnlichen Vorteil – nämlich die sorgenfreie Haustierhaltung – genießt. Möglicherweise können Tierliebhaber auch in einem bestimmten Gebäude gemeinschaftlich untergebracht werden, sodass gegenseitige Beeinträchtigungen ausgeschlossen werden.

---

51 Vgl. BGH IMR 2013, 89; BGH IMR 2008, 38.

Torsten Bölting und Björn Eisele

2.2 Kundenanalyse

2.2.1 Wohnungsnachfrage

Der »Wandel« bestimmt unsere Zeit – das spiegelt sich nicht zuletzt an vielen Begriffen und Megatrends. Wir sprechen vom »Klimawandel«, wenn wir die grundlegende Veränderung klimatischer Bedingungen auf der Erde meinen und uns Gedanken über die Folgen für die Ökosysteme und nicht zuletzt für die Menschheit und die Menschen selbst machen. Der »demografische Wandel« ist ebenso ein geflügeltes Wort, wenngleich der Begriff manchen – ähnlich wie beim Klimawandel auch – gar nicht weit genug geht bzw. fast zu harmlos klingt für die dramatischen Veränderungen, die durch diese Entwicklung auf die Menschheit zukommen.[52] Ähnliches gilt für den (wirtschaftlichen) Strukturwandel, der insbesondere in der wirtschaftspolitischen Diskussion um die Entwicklung vormals industriell geprägter Regionen etabliert ist und dessen Verlauf und »Erfolg« auch kritisch hinterfragt werden kann und wird.[53] Im Zusammenhang von demografischem Wandel und einem wirtschaftlichen Strukturwandel wird häufig auch von einem »Wandel der Arbeitswelt« gesprochen, der beschreibt, inwieweit die Art zu arbeiten, Arbeitszeitmodelle usw. sich verändern.[54] Insbesondere in den vergangenen Jahren ist auch in den soziologischen Gesellschaftsdiagnosen ein Wandel erkennbar – von der lang anhaltenden Prosperitätsperiode nach dem Zweiten Weltkrieg zum Diskurs um die »Abstiegsgesellschaft« in der heutigen Zeit – unabhängig davon, dass der Wohlstand insgesamt weiter gestiegen ist und es sich in der Tat eher um eine zunehmende Polarisierung teils gegenläufiger Entwicklungen handelt.[55]

Die Konzepte, die hinter diesen »Wandlungen« stehen, sind sehr tiefgreifend. Es handelt sich um Veränderungen, welche die Grundlage des eigenen Handelns oder auch des Handelns anderer Akteure vollkommen verändern oder gar austauschen. Sie beschreiben Prozesse, die von solcher Macht und Komplexität sind, dass sie jedenfalls durch Einzelne kaum zu beeinflussen oder gar aufzuhalten wären.

Im engeren immobilen- bzw. wohnungswirtschaftlichen Kontext spielen diese Begriffe durchaus auch eine Rolle. Insbesondere ist hier der Wandel der Nachfrage (nach Immobilien) von Bedeutung. Auch diese Veränderung ist – so sie denn stattfindet – grundlegend und für Einzelne (Anbieter) nicht zu verhindern. Zudem verursachen oder beeinflussen verschiedene andere Megatrends, wie etwa der Klimawandel oder der Wandel der Arbeits-

---

52 Vgl. etwa Birg, S. 98, der lieber von einer »demografischen Zeitenwende« spricht.
53 Vgl. hierzu beispielsweise Bogumil/Heinze/Lehner/Strohmeier, die durchaus kritisch auf die Ergebnisse des Strukturwandels im Ruhrgebiet schauen und analysieren, inwieweit die Region daraus resultierende Chancen (nicht) genutzt hat.
54 Vgl. Dostal, S. 23 ff.
55 Vgl. Heinze, S. 53 ff.

welt, diesen Nachfragewandel. In den vergangenen Jahren hat sich jedoch im Verständnis dieses Wandels vieles verändert. Dies gilt insbesondere für das Wohnungswesen und die Wohnungswirtschaft. Neben einer rein quantitativen Betrachtung der Veränderung der Zahl benötigter Wohnungen[56] gewinnen qualitative Komponenten der Veränderung der Nachfrage an Bedeutung. Wie in anderen Branchen auch kamen somit in Bezug auf die Untersuchung der Nachfrage nach Wohnungen komplexere soziologische Modelle zum Einsatz, die auf Lebensstilbetrachtungen basieren.[57]

In engem Zusammenhang mit den noch zu behandelnden Veränderungen im Wertesystem innerhalb der Gesellschaft sind für das Verständnis des Wandels der Wohnungsnachfrage zunächst einige grundlegende demografische Veränderungen von Bedeutung. Im Wesentlichen geht es darum, die Bedarfsträger am Wohnungsmarkt hinsichtlich ihrer Zahl und ihrer (quantitativen) Wohnraumnachfrage zu beschreiben.

Maßgeblich hierfür ist die Zahl und die Größe der Haushalte, die eine Wohnung benötigen, in einer zu betrachtenden Region sowie die Veränderung dieser Kennzahlen über die Zeit.[58] Die Zahl der Haushalte, die derzeit in einer Nachfrageregion leben bzw. leben möchten, zuzüglich gewisser Reservegrößen[59] umreißt die Zahl der benötigten Wohnungen, um den Wohnungsbedarf zu decken. Verändert sich die Zahl der Haushalte in Zukunft (oder auch der benötigte Ersatzbedarf), so wird der Wohnungsbedarf wachsen oder sinken. Der Wohnungsbedarf allgemein gilt als eine normative Größe, weil er auf der Festlegung beruht, dass jeder Haushalt (mindestens) eine Wohnung benötigt. Der Wohnungsbedarf entspricht somit dem Wohnungsangebot, das vor dem Hintergrund der bereits benannten Einflussgrößen benötigt wird, um eine ausreichende Wohnungsversorgung sicherzustellen.[60]

Die Zahl der Haushalte wird zwar auch durch die natürliche Bevölkerungsveränderung – also den Saldo von Geburten und Sterbefällen – sowie das Migrationsgeschehen – also den Saldo von Fort- und Zuzügen – grundlegend beeinflusst. Doch reichen die Informationen über den Bevölkerungsstand und die Bevölkerungsveränderung nicht aus, um valide Aussagen zur Zahl (und Größe) der Haushalte in einer bestimmten Region treffen zu können. Maßgeblich hierfür sind die durchschnittliche Haushaltsgröße sowie deren Veränderung.[61]

---

56 Vgl. hierzu etwa Heuer, Wohnungsmarkt und Wohnungsbedarf oder darauf aufbauend Höbel in: Kühne-Büning, S. 212 f.
57 Vgl. Keupp, S. 265 f. und Spellerberg, S. 276 ff.
58 Vgl. Höbel in: Kühne-Büning, S. 214 f.
59 Im Wesentlichen werden hier der »Ersatzbedarf« sowie die »Fluktuationsreserve« (oder auch »Funktionsreserve«) beschrieben, d. h. also einerseits (neue) Wohnungen, die benötigt werden, um nicht mehr zeitgemäße oder marktgängige Wohnungen zu ersetzen, andererseits Wohnungen, die erforderlich sind, um die durch Umzüge, Modernisierungstätigkeit usw. erforderlicher Menge an (temporärem) Leerstand vorzuhalten. Die erste Größe hängt von der Qualität des im jeweiligen Betrachtungsraum vorhandenen Wohnungsbestandes ab und richtet sich z. B. häufig nach den üblichen Baujahren etc., die letztgenannte Fluktuationsreserve wird i. d. R. mit zwei bis drei Prozent des Wohnungsbestandes beziffert (vgl. Rink/Wolff, S. 6).
60 Vgl. zu wohnungspolitischen Zusammenhängen Jenkis, Grundlagen der Wohnungswirtschaftspolitik.
61 Vgl. Höbel in: Kühne-Büning, S. 213 f.

Ohne im Detail weiter auf die Methodik der Wohnungsbedarfsberechnung und -prognose einzugehen, lässt sich an dieser Stelle ein erster wesentlicher soziologischer Trend greifen, der im Weiteren eine wichtige Rolle spielt. Seit einigen Jahrzehnten kommt es in Deutschland wie auch in anderen entwickelten Ländern zu einem anhaltenden Rückgang der durchschnittlichen Haushaltsgröße. Die Gründe dafür sind vielfältig und oft beschrieben.[62] Natürlich hat diese Entwicklung auch Einfluss auf den (qualitativen) Wohnungsbedarf – beispielsweise werden womöglich kleinere bzw. Wohnungen mit weniger Schlafplätzen benötigt.

Eine besondere Rolle nimmt in diesem Zusammenhang der als »Singularisierung« oder »Vereinzelung« bekannte Trend hin zu einer immer größeren Zahl von Ein-Personen-Haushalten ein. Auch diese Entwicklung hat verschiedene Ursachen. Dazu zählt die Tatsache, dass mehr jüngere Personen länger als früher üblich allein leben oder sogar dauerhaft allein bleiben, also keine Familie gründen (»Singles«), und gleichzeitig eine wachsende Zahl von Menschen im Alter (wieder) allein lebt – durch vorzeitigen Tod der Lebenspartnerin oder des Lebenspartners oder auch durch Auflösung der Paarbeziehung und möglicher familiärer Haushaltsstrukturen.[63]

Für die Zukunft rechnen Bevölkerungsgeografen seit Langem mit einem Rückgang der Bevölkerungs- und (später) auch der Haushaltszahlen in Deutschland. Allerdings hat sich der Zeitpunkt, zu dem auch für Deutschland eine absolute Schrumpfung der Haushaltszahlen erwartet wird, zuletzt immer weiter in die Zukunft verschoben. Neben der Verringerung der Haushaltszahlen ist dies auch in weiteren demografischen Faktoren, wie z. B. der Zuwanderung und der Alterung begründet, aufgrund derer es bislang (noch) nicht zu einem so deutlichen Bevölkerungsrückgang in Deutschland gekommen ist, wie zunächst erwartet. Derzeit (2020) geht das Statistische Bundesamt davon aus, dass die Zahl der Haushalte noch bis 2040 weiter zunehmen wird (von 2018 noch 41,4 Millionen auf 42,6 Millionen Haushalte im Jahr 2040).[64] In Kombination mit der beschriebenen Singularisierung bleibt allerdings festzuhalten, dass zunächst die Zahl der Mehrpersonenhaushalte zurückgeht, während die der Einpersonenhaushalte noch lange ansteigt. Auch diese Entwicklung wird bereits länger in dieser Form erwartet.[65] Die aktuellen Prognosen bestätigen den Trend und auch die Ursachen (z. B. die zunehmende Lebenserwartung, die spätere Familiengründung) und weisen darauf hin, dass diese Entwicklungen regional eine sehr unterschiedliche Dynamik entfalten.[66]

---

62   Vgl. etwa Schäfers/Hradil, S. 119 ff.
63   Vgl. Glatzer, S. 217.
64   Vgl. Statistisches Bundesamt (2020), S. 13.
65   Vgl. Birg, S. 144.
66   Vgl. Statistisches Bundesamt (2020), S. 5.

Neben der beschriebenen Singularisierung, also der Zunahme von Einpersonenhaushalten, kommt es insgesamt zu einer Pluralisierung von Lebens- und Haushaltsformen in der Gesellschaft.[67] Diese Veränderungen (wie z. T. auch die Singularisierung) sind maßgeblich auch durch den Wandel von Werten beeinflusst und führen dazu, dass ein sehr heterogenes Bild an Haushaltstypologien entsteht. Darauf wird im weiteren Verlauf noch konkreter eingegangen. Aber mit Blick auf den (regionalen) Wohnungsbedarf sowie dessen Wandel zeigt sich bereits an dieser Stelle eine deutliche Veränderung: Es werden tendenziell mehr und voraussichtlich auch »andere« Wohnungen benötigt als bislang, da ein anderes Spektrum an Haushaltstypen als Bedarfsträger auftritt. Erschwerend kommt hinzu, dass diese Entwicklungen regional höchst unterschiedlich verlaufen.[68]

2.2.2 Lebensstile und Milieus

Auch wenn die beschriebenen Zusammenhänge bereits komplex genug erscheinen mögen, reichen sie dennoch nicht aus, um die Nachfrage nach Wohnungen sowie deren Veränderung quantitativ und v. a. qualitativ zu beschreiben und zu erklären. Hierzu findet seit einiger Zeit ein Rückgriff auf soziologische Theorien und Modelle statt. Besondere Bedeutung hat hierbei – wie in anderen Branchen auch – die Lebensstil- und Milieuforschung erlangt.

Erste Überlegungen dazu, wie Individuen mit ihrer Umwelt verbunden sind und von ihr geprägt werden, fanden bereits Ende des 19. Jahrhunderts statt. Damals versuchten Ökonomen und Soziologen mithilfe entsprechender Theorien, das Verhalten von Menschen bzw. Gruppen in der Gesellschaft zu beschreiben und zu erklären.

Ein wichtiger Vertreter dieser Ansätze war Georg Simmel, der mit seiner Theorie der sozialen Kreise den Grundstein für die spätere soziologische Rollentheorie legte. Er unterscheidet zwischen organischen (sozusagen »angeborenen«) Kreisen, die einen Menschen ausmachen, wie etwa Familie, Nachbarschaft oder Schule etc., und rationalen, also selbst gewählten, Kreisen, wie z. B. gewählter Beruf, die Mitgliedschaft in Vereinen, Heirat etc. Insbesondere diese rationalen Kreise können auch solche sein, bei denen das Individuum (zunächst) nicht im Mittelpunkt steht, sondern die der Person neue »Sphären« eröffnen, wie z. B. den Zugang zu anderen gesellschaftlichen Schichten. Durch die Einzigartigkeit des Kreismusters, das sich so für einzelne Personen ergibt, wird schließlich die Individualität der Person selbst definiert.[69]

Diese Überlegungen mündeten später in die »soziologische Rollentheorie«, die auf der Grundlage von Normen, Erwartungen und sozialen Sanktionen beschreibt, wie sich

---
67 Vgl. Schäfers/Hradil, S. 123 f.
68 Vgl. Statistisches Bundesamt (2020), S. 5.
69 Vgl. Simmel, S. 112 f.

Menschen in bestimmten Rollen verhalten (müssten).[70] Heute werden vielfach empirische Ansätze aus diesem Spektrum verwendet, um das Verhalten von Menschen in ihren sozialen Rollen zu verstehen und vorherzusagen. Ähnlich hat auch die amerikanische Soziologie den Ansatz aufgegriffen und mit Talcott Parsons in die Handlungstheorie überführt[71], bevor (erneut) im deutschsprachigen Raum eine intensivere Auseinandersetzung mit den sozialen Bedingungen des Handelns von Akteuren erfolgte.[72]

Parallel dazu entstanden aber auch schon im 19. Jahrhunderts Überlegungen zur Herleitung »sozialer Milieus« innerhalb der Gesellschaft. Ein Wegbereiter war Émile Durkheim, der Begründer der modernen Soziologie als eigenständige Disziplin, der in seinem Grundlagenwerk zu den Regeln der soziologischen Methode ausführt, dass etwa die Einteilung der Gesellschaft in Berufsgruppen oder Einkommensklassen allein nicht ausreicht, um die soziale Struktur zu erklären, sondern die Gesellschaft als Ganzes – gekennzeichnet durch Allgemeinheit, Äußerlichkeit und Zwang – Einfluss auf die sozialen Strukturen nimmt.[73]

Der Ansatz wurde später von Pierre Bourdieu weiterentwickelt, der nicht zuletzt in seinem Hauptwerk »Die feinen Unterschiede« Ende der 1970er-Jahre herausarbeitet, dass der Geschmack eines Menschen nicht nur aufgrund zufälliger Vorlieben o. Ä. entsteht, sondern aufgrund der Zugehörigkeit zu einer bestimmten sozialen Gruppe, einem Milieu, vorgeprägt und damit auch in gewisser Weise vorhersehbar ist.[74] Spätestens in den 1990er-Jahren wurde dieser Ansatz durch die Arbeiten von Michael Vester und weiteren auf Deutschland übertragen.[75]

Sukzessive fanden in der Folge milieugestützte Konzepte vielfache Anwendung z. B. in der Konsumgüterindustrie. Sie dienten und dienen dazu, teure Fehler in der Produktentwicklung oder im Marketing zu vermeiden. Dabei setzt man darauf, möglichst frühzeitig durch milieugestützte Marktforschung herauszuarbeiten, wie genau das jeweilige Produkt beschaffen sein müsste und wie es vermarktet werden könnte, um auf möglichst große Akzeptanz zu stoßen.[76] Bekannt geworden ist im deutschsprachigen Raum der Ansatz der Sinus- bzw. SIGMA-Milieus®, die ausgehend von der für privatwirtschaftliche Unternehmen durchgeführten Forschung von Ueltzhöffer und Flaig entstanden sind und bis heute von den beiden namensgebenden Instituten weiterentwickelt und verwendet werden.[77]

---

70 Zur Übersicht soziologischer Ansätze zur sozialen Rolle v. a. in Deutschland vgl. z. B. Dahrendorf (1965/2006).
71 Vgl. Parsons (1939), Aktor, Situation und normative Muster: ein Essay zur Theorie sozialen Handelns.
72 Vgl. beispielsweise Schimank, Handeln und Strukturen.
73 Vgl. Durkheim (1984), im Original 1894.
74 Vgl. Bourdieu (1982), im Original 1979.
75 Vgl. Vester et al. (2001) sowie Vester/Hofmann/Zierke (1995).
76 Vgl. hierzu u. a. Meffert/Burmann/Kirchgeorg, S. 192 f. oder Vogelsang. S. 198 ff.
77 Vgl. Ueltzhöffer/Flaig (1980).

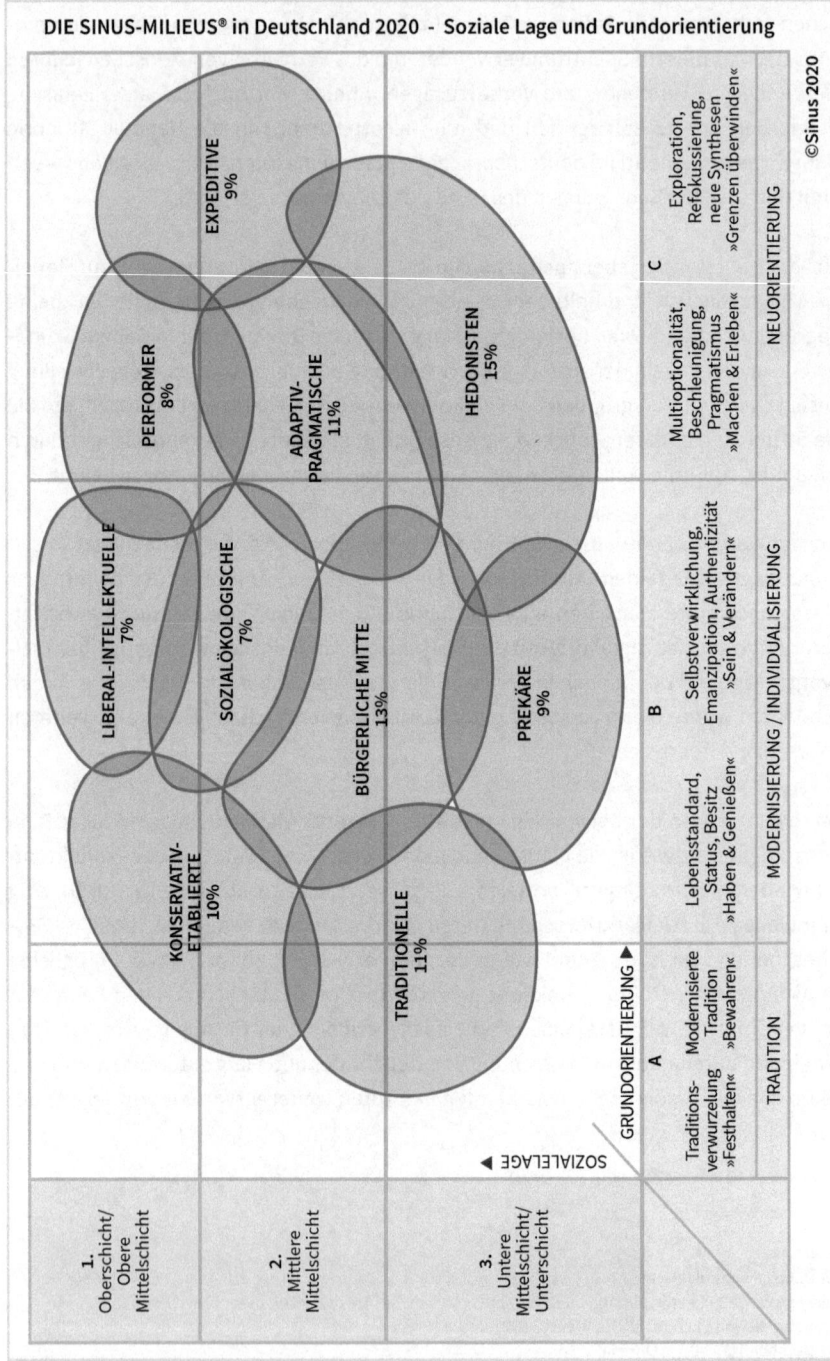

2 Angebot und Nachfrage – praxisorientierte Produkt- und Kundenanalyse

DIE SINUS-MILIEUS® in Deutschland 2020 - Soziale Lage und Grundorientierung

©Sinus 2020

Soziale Lage:
1. Oberschicht/Obere Mittelschicht
2. Mittlere Mittelschicht
3. Untere Mittelschicht/Unterschicht

Milieus:
- EXPEDITIVE 9%
- PERFORMER 8%
- ADAPTIV-PRAGMATISCHE 11%
- HEDONISTEN 15%
- LIBERAL-INTELLEKTUELLE 7%
- SOZIALÖKOLOGISCHE 7%
- BÜRGERLICHE MITTE 13%
- PREKÄRE 9%
- KONSERVATIV-ETABLIERTE 10%
- TRADITIONELLE 11%

Grundorientierung:
- A TRADITION: Traditionsverwurzelung »Festhalten« | Modernisierte Tradition »Bewahren«
- B MODERNISIERUNG/INDIVIDUALISIERUNG: Lebensstandard, Status, Besitz »Haben & Genießen« | Selbstverwirklichung, Emanzipation, Authentizität »Sein & Verändern« | Multioptionalität, Beschleunigung, Pragmatismus »Machen & Erleben«
- C NEUORIENTIERUNG: Exploration, Refokussierung, neue Synthesen »Grenzen überwinden«

Sinus-Milieus® in Deutschland 2020: soziale Lage und Grundorientierung (Sinus-Institut 2018, 2020, S. 14)

Ausgehend von diesen Forschungen entstand die mittlerweile weithin bekannte »Kartoffelgrafik«, die – im steten Wandel begriffen – darstellt, wie die vom Sinus-Institut auf der Grundlage regelmäßig aktualisierter quantitativer Erhebungen mittels einer Clusteranalyse identifizierten Milieus innerhalb einer Gesellschaft zu dimensionieren sind und wie sie sich – nach ihrer sozialen Lage und ihrer Werthaltung bzw. Grundorientierung differenziert – zueinander positionieren.

2.2.3 »Wohnkonzepte«: Milieuforschung im Wohnungswesen

Im Nachgang zu diesen Überlegungen hat sich – ausgehend von der Idee der »Vorhersehbarkeit« des Geschmacks bzw. eines Lebensstils und damit der qualitativen Ausgestaltung von Nachfrage nach bestimmten Produkten innerhalb der unterschiedlichen Milieus – auch in Bezug auf die Wohnungsnachfrage eine entsprechende Diskussion etabliert. Eine Pionierarbeit stellt hierbei die Forschung von Nicole Schneider und Annette Spellerberg dar, die mit ihrer Untersuchung zu Lebensstilen und Wohnbedürfnissen in Bezug auf die räumliche Mobilität und Umzugsbereitschaft Ende der 1990er-Jahre die Relevanz eines Milieuansatzes für die Bewertung der qualitativen Nachfragekomponenten im Wohnungswesen belegten.[78] Die grundlegende Idee besteht hierbei darin, dass sich die Wohnbedürfnisse sowohl regional als auch im zeitlichen Wandel vorhersagen lassen müsste, wenn sich die Zahl an Menschen (oder im Falle des Produkts »Wohnung«: an Haushalten) bestimmen ließe, die jetzt oder in Zukunft innerhalb einer Nachfrageregion voraussichtlich einem definierten Milieu angehören und damit eine bestimmte Ausprägung dieses Produkts nachfragen würde. Ergänzend zu der reinen Zahl sowie – in gewissem Umfang – der Größe der (derzeit und zukünftig) in dieser Region benötigten Wohnungen ließe sich so herausfinden, wie diese Wohnungen in Zukunft im besten Fall ausgestattet sein bzw. welche konkreten Bedürfnisse sie befriedigen müssten, um von den – jeweils am Standort erreichbaren bzw. vorhandenen – Milieus besonders gut oder schlecht akzeptiert und damit nachgefragt zu werden.

Innerhalb des vergangenen Jahrzehnts wurde insbesondere in der gewerblich organisierten, bestandshaltenden Wohnungswirtschaft der eigens entwickelte Milieuansatz der »Wohnkonzepte« diskutiert und eingesetzt und erlangte somit auch in Bezug zum in

---

78 Vgl. Schneider/Spellerberg (1999).

diesem Band behandelten Themenspektrum besondere Bedeutung. Die vorliegenden empirischen Studien[79] hatten jeweils zum Ziel, die aktuellen »Wohntrends« – also die Wohnungsnachfrage potenziell beeinflussende Entwicklungen und deren Veränderung – auf der Grundlage von Befragungen zu ermitteln und die zu erwartenden Implikationen für die Nachfrage herauszuarbeiten. Sie waren und sind als Instrument für die Wohnungs- und Immobilienwirtschaft gedacht, um sie auf ein sich wandelndes Nachfrageverhalten einzustimmen und den Unternehmen der Branche Möglichkeiten aufzuzeigen, wie und mit welchen Produkten sie der veränderten Nachfrage erfolgreich begegnen könnten.

Grundlegende Trends, wie etwa die zunehmende Bedeutung ökologischer Aspekte bei der Wohnungssuche, die steigende Nachfrage nach technischen Features in und um die Wohnung herum sowie die Orientierung der Wohnungssuchenden am Quartier waren durchaus über die gesamte Zeit erkennbar oder verstärkten sich noch. Andere Trends hingegen kamen hinzu, wie etwa die Vielfalt von Kauf-, Miet- oder Zwischennutzungsmodellen (Co-Housing, Co-Working etc.).[80] Vor dem Hintergrund der Diskussion um die Bedeutung von Werthaltungen für die Nachfrage nach Produkten, wie sie oben geschildert wurde, entstand durch die vorliegenden Untersuchungen praktisch zwangsläufig ein eigenes Milieumodell.

Damit war es möglich, die bereits erkannte Lücke im Verständnis der qualitativen Dimensionen der Wohnungsnachfrage zu schließen. In Kombination mit soziostrukturellen und sozioökonomischen Merkmalen, wie Alter, Haushaltsgröße und Einkommen gelang es mithilfe der Milieuzuschreibung, die Unterschiede in der Wohnungsnachfrage zu erklären, die durchaus auch bei gleich großen Haushalten mit vergleichbarer Altersstruktur und Einkommen auftreten.[81] Insgesamt konnten sechs Wohnmilieus (auch »Wohnkonzepte« genannt) voneinander unterschieden werden, die trotz gewisser Verschiebungen in der Gesellschaft bis heute nachzuweisen sind (s. u.). Dabei ist zu berücksichtigen, dass Zusammenhänge zwischen den drei beschriebenen Nachfragedimensionen Sozioökonomie, Soziodemografie und Wohnkonzept bestehen, auch wenn die Wohnkonzepte durchaus beispielsweise in allen Altersklassen vorkommen.

---

79 Die folgenden Ausführungen beziehen sich auf die bislang drei vorliegenden »Wohntrends-Studien«, die in den Jahren 2008, 2013 und 2018 auf der Grundlage repräsentativer Befragungen von Haushalten in Deutschland von den Forschungsinstituten Analyse&Konzepte (Hamburg) und InWIS (Bochum) im Auftrag des GdW – Bundesverband der Wohnungs- und Immobilienunternehmen erarbeitet wurden. Die Studien sind als Branchenberichte Nr. 3, 6 und 7 beim GdW erschienen und erhältlich.
80 Vgl. Analyse&Konzepte/InWIS, GdW Wohntrends 2035, S. 12 f.
81 Vgl. Analyse&Konzepte/InWIS, GdW Wohntrends 2020, S. 14.

2.2 Kundenanalyse

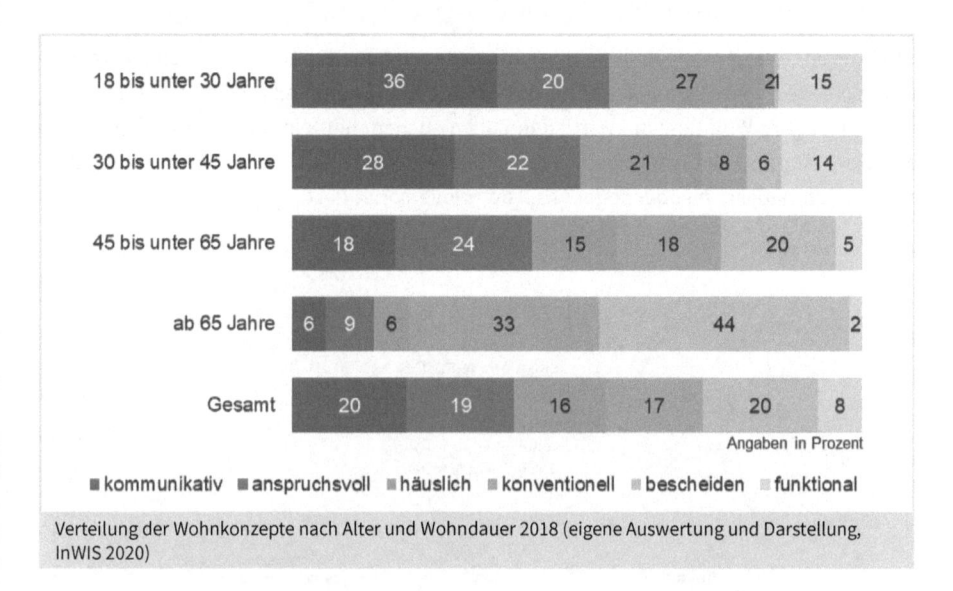

Altersgruppe	kommunikativ	anspruchsvoll	häuslich	konventionell	bescheiden	funktional
18 bis unter 30 Jahre	36	20	27	2	1	15
30 bis unter 45 Jahre	28	22	21	8	6	14
45 bis unter 65 Jahre	18	24	15	18	20	5
ab 65 Jahre	6	9	6	33	44	2
Gesamt	20	19	16	17	20	8

Angaben in Prozent

Verteilung der Wohnkonzepte nach Alter und Wohndauer 2018 (eigene Auswertung und Darstellung, InWIS 2020)

Die Auswertung in der Abbildung »Verteilung der Wohnkonzepte nach Alter und Wohndauer 2018« zeigt beispielsweise, dass das Wohnkonzept der Kommunikativen v. a. bei jüngeren Personen besonders stark vertreten war, die eher an traditionellen Werten orientierten Konventionellen und Bescheidenen hingegen besonders bei den Befragten ab 65 Jahren zu finden waren. Der neben den Kommunikativen ebenfalls bei den jungen Haushalten stark vertretene Anteil Häuslicher weist darauf hin, dass es auch innerhalb einzelner Altersgruppen zu einer Polarisierung bestimmter Wertmuster kommen kann. Darüber hinaus kommt es infolge dieser Verschiebungen zu einer Veränderung der Verteilung der Wohnkonzepte in der Bevölkerung. So ist z. B. die Gruppe der Kommunikativen gewachsen, ebenso die der Bescheidenen. Gleichzeitig kam es zu einem erkennbaren Rückgang der Anspruchsvollen, der Häuslichen und der Konventionellen.

In der Tat verändern sich aber auch die Wohnkonzepte selbst bzw. die darin gebündelten Werthaltungen in gewissem Umfang. Dies fiel insbesondere bei der Aktualisierung der Studie durch eine neue Befragung 2018 auf. Während die Milieus in ihren Grundhaltungen immer noch recht klar voneinander zu unterscheiden waren, ergaben sich insbesondere bei den sog. Kommunikativen, den Häuslichen und Anspruchsvollen auch qualitative Veränderungen. So zeigte sich beispielsweise, dass die Wohnvorstellungen der Häuslichen und der Anspruchsvollen sukzessive ähnlicher werden – jedenfalls bezogen auf die Wohnung selbst (Qualitätsansprüche, Ausstattungsqualität, energetische Qualität, Technikaffinität usw.). Unterschiede bestehen weiterhin bei den Präferenzen für die Wohnlage: Die Anspruchsvollen bevorzugen noch immer stärker die prestigeträchtigen innenstadtnahen Bereiche, während Häusliche eher das aufgelockerte Wohnen im Grünen vorziehen. Gleichzeitig ist innerhalb des Milieus der Kommunikativen eine sukzessive Ausdifferenzierung von zwei Sub-Milieus erkennbar. Beide werden noch durch die vergleichbaren Wertvorstellungen z. B. hinsichtlich der extrovertierten Grundhaltung und ihrer Lifestyle-

2 Angebot und Nachfrage – praxisorientierte Produkt- und Kundenanalyse

Orientierung zusammengehalten. Hinsichtlich der Wohnanforderungen entstehen jedoch Unterschiede zwischen einer (größeren) Gruppe der Kommunikativen, die tendenziell eher günstigere Wohnungen in urbanen Lagen suchen, und ein eher kaufkräftiges Segment der Kommunikativen, das deutlich höhere Ansprüche stellt und sich tendenziell eher an den Häuslichen oder sogar Anspruchsvollen orientiert.

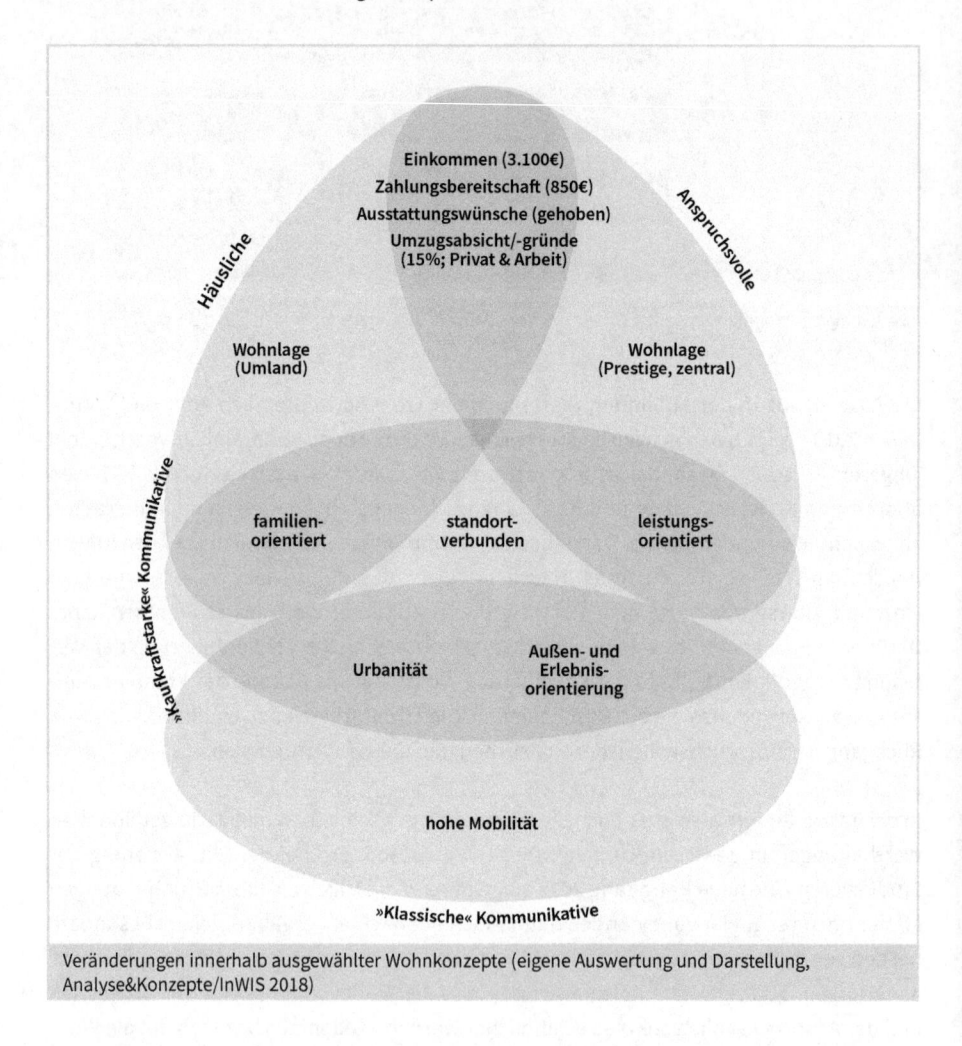

Diagramm: Überlappende Kreise mit folgenden Inhalten:

- **Häusliche**
- **Anspruchsvolle**: Einkommen (3.100€); Zahlungsbereitschaft (850€); Ausstattungswünsche (gehoben); Umzugsabsicht/-gründe (15%; Privat & Arbeit)
- Wohnlage (Umland) / Wohnlage (Prestige, zentral)
- **»Kaufkraftstarke« Kommunikative**: familienorientiert, standortverbunden, leistungsorientiert
- **»Klassische« Kommunikative**: Urbanität, Außen- und Erlebnisorientierung, hohe Mobilität

Veränderungen innerhalb ausgewählter Wohnkonzepte (eigene Auswertung und Darstellung, Analyse&Konzepte/InWIS 2018)

Hier zeichnet sich bereits ab, dass mit der Zeit auch neue Wohnkonzepte bzw. Wohnmilieus entstehen können und gleichzeitig bestimmte Wertvorstellungen und Wohnvorstellungen in den Mainstream diffundieren (jedenfalls sofern eine vergleichbare Wohnkaufkraft dies zulässt). Im Folgenden werden die einzelnen Wohnkonzepte hinsichtlich klassischer soziodemografischer Merkmale, des Lebensstils und der Wohnzufriedenheiten sowie Wohnanforderungen zusammenfassend beschrieben. Dabei sind die Ergebnisse der zuletzt 2018 durchgeführten repräsentativen Erhebung in Deutschland maßgeblich.

2.2.3.1 Kommunikative

Die Befragten aus diesem Spektrum sind mit 41 Jahren im Durchschnitt recht jung und verfügen (mittlerweile) über eine recht hohe Kaufkraft. Viele Personen aus diesem Milieu haben zudem ein hohes Bildungsniveau, auch wenn es sich hier beileibe nicht nur um akademische Haushalte handelt, die in diese Gruppe fallen.

Die Kommunikativen verfolgen ein extrovertiertes Lebensmodell – sie sind an Erlebnissen im (breiteren) Freundeskreis und im urbanen Umfeld interessiert. Events und Kultur spielen eine Rolle, hinzu kommt eine hohe Technikaffinität, die sich im Interesse für modernes Entertainment und auch in der Nutzungsintensität von Social-Media- und Online-Angeboten insgesamt spiegelt. Online-Handel bzw. der Bezug von Waren und Dienstleistungen über das Internet sind in diesem Milieu Standard. Auch die Kommunikation mit anderen wird über moderne Kanäle organisiert. In Teilen des Milieus ist eine zunehmende »Vermischung« von Realität und Virtualität erkennbar. Neue Technologien, wie »Augmented Reality« oder auch intelligente Haushaltsgeräte etc. sind für dieses Milieu eine willkommene Abwechslung.

Die Menschen, die diesem Wohnmilieu zugeordnet werden können, sind eher »mobil« – auch in Bezug auf ihre Wohnkarriere. Fast 20 Prozent der befragten Personen in dieser Gruppe beabsichtigen, innerhalb der nächsten zwei Jahre umzuziehen – dabei ist ihre Wohnzufriedenheit insgesamt nicht problematisch, sondern durchschnittlich. Stattdessen sind sie an der Optimierung ihrer Situation interessiert und gleichzeitig auch bzgl. Ausbildung/Studium oder Arbeitsleben sehr mobil.

Wenn sie eine neue Bleibe suchen, dann meist in zentralen und urbanen Wohnlagen. Die präferierten Wohnungen sind durchaus nicht zu klein, sondern – je nach Haushaltsgröße – auch 80 m^2 groß und mit drei Räumen ausgestattet. Hier nähern sich die Ansprüche der Kommunikativen denen der Anspruchsvollen und Häuslichen an. Mittlerweile ist auch bei den Kommunikativen insgesamt eine hohe Zahlungsbereitschaft von insgesamt 870 Euro (netto, kalt) pro Monat feststellbar. Die Haushalte bevorzugen eine moderne Wohnqualität und offene Grundrisse, haben großes Interesse an digitalen Assistenzsystemen und vielfältigen Mobilitätsangeboten, wozu auch und verstärkt umweltfreundliche Angebote (wie Fahrrad, Bike- und Carsharing gehören).

Bezogen auf den Vermietungsprozess sind die Kommunikativen durch moderne Marketing- und Vertriebskanäle, Social-Media-Campaigning und digitale oder digital unterstützte Kommunikationskanäle zu erreichen. Nicht zuletzt in der aktuellen Corona-Krise mit den Ausgangsbeschränkungen waren und sind die Haushalte dieses Milieus mittels virtueller Wohnungsbesichtigungen und digitaler Mietverträge etc. gut ansprechbar. Zudem sind neue Kommunikationskanäle, wie chatbotgestützte Kontaktmöglichkeiten oder auch digitale Smartphone-Apps für das Milieu selbstverständlich oder werden ohne Zögern angenommen. Eine gewisse Sensibilität besteht in diesem Zusammenhang gegenüber Datenschutzbelangen.

2.2.3.2 Anspruchsvolle

Das durchschnittliche Alter der Menschen im anspruchsvollen Milieu ist signifikant höher (46 Jahre), die Kaufkraft pro Person ist (im Durchschnitt) die höchste im gesamten Wohnkonzeptespektrum. Die dem Milieu zugeordneten Personen legen zudem viel Wert auf Karriere, sind meist überdurchschnittlich gebildet sowie besonders leistungsorientiert und zielstrebig in der Arbeitswelt.

Der Alltag des Anspruchsvollen wird in erster Linie durch den Beruf bestimmt. Dazu gehört ein breit gefächertes Umfeld an Freunden, Bekannten und Geschäftspartnern. »Networking«, das Einbeziehen von Personen aus dem Arbeitsleben in gemeinsame Aktivitäten, gehört in diesem Milieu dazu. Jegliche Unternehmungen im urbanen Umfeld wir Restaurantbesuche, Sport oder kulturelle Veranstaltungen sind für den Anspruchsvollen und seinen Lebensstil essenziell. Obgleich das Durchschnittsalter dieses Milieus höher liegt als bei den Kommunikativen, versteht diese Personengruppe mit der Zeit zu gehen – und das vor allem in Bezug auf den technischen Fortschritt. Der Anspruchsvolle wägt bei neuen Technologien gern ab, inwieweit sich das Alltagsleben oder auch das Berufsleben durch technische Neuheiten verbessern lässt. E-Mail, Smartphone und Laptop sowie die Nutzung von Online-Shops und -Plattformen gehören längst zur Tagesordnung und sind aus Beruf und Alltag nicht wegzudenken.

Was die Wohnzufriedenheit in diesem Milieu angeht, lässt sich hier kein besonderer Trend in Bezug auf die Umzugsneigung erkennen. Umgezogen wird vermutlich eher aus beruflichen Gründen. Aufgrund des höheren Durchschnittsalters ist die »Mobilität« in diesem Milieu nicht mit den jüngeren Kommunikativen vergleichbar. Wenn der Anspruchsvolle umziehen muss, dann legt er viel Wert darauf, möglichst keine Übergangslösung zu finden, sondern mehr eine langfristige Lösung, bei der alle entscheidenden Faktoren mit seinen Vorstellungen übereinstimmen.

Zu diesen Faktoren zählt zum einen selbstverständlich die Lage. Im Optimalfall hieße das: Stadtzentrum oder Zentrumsnähe, aber auch Randbezirke, sofern eine solide Anbindung gegeben ist. Wohnungsgrößen ab 80 m^2 kommen infrage – mit mindestens einem zusätzlichen Raum, der je nach Lebenslage als Kinderzimmer oder auch Office genutzt werden kann. In Bezug auf die Ausstattung der Wohnung wird viel Wert auf hochwertige Materialien innerhalb der Wohnung, aber auch im Gebäude an sich gelegt. Zudem spiegelt sich das Interesse an neuer Technik gern in Form von leistungsstarker Internetverbindung oder sogar Smart-Home-Applikationen innerhalb der Wohnung wider. Im Badezimmer werden meist Badewanne und Dusche kombiniert gewünscht. Zusätzlich zum hohen Anspruch an die Ausstattung wird das Augenmerk außerdem auf ökologische Faktoren gelegt, beispielsweise moderne Energieeinsparmaßnahmen.

Das Besondere bei diesem Milieu ist zudem die Neigung zu speziellen Wohnformen, insbesondere das gemeinschaftliche Wohnen im Kreis der Familie. Beispielsweise gibt es häufig ein extra Zimmer für ein Familienmitglied oder bei einem Einfamilienhaus gar eine ganze Etage für die Großeltern. Dabei stehen das gemeinsame Leben und das Beisammensein der Familie im Vordergrund.

Die Zahlungsbereitschaft der Personen des anspruchsvollen Milieus liegt durchschnittlich bei 870 Euro Gesamtmiete und damit auf einer Ebene mit dem der Kommunikativen.

In diesem Milieu nutzt man zu Vermietungszwecken vorzugsweise Internetportale, da hier die generelle Technik-Affinität und Begeisterung für digitale Plattformen besonders hoch ist. Zudem sollte eine 24/7-Erreichbarkeit per E-Mail, Internetseite sowie per Smartphone-Apps gegeben sein, um dem Kunden verschiedenste Kommunikationskanäle zu bieten.

2.2.3.3 Häusliche

Menschen des häuslichen Milieus bewegen sich mit einem Durchschnittsalter von 42 Jahren und überdurchschnittlichem Bildungsniveau sowie Kaufkraft etwa auf einer Ebene mit den Kommunikativen, sind allgemein aber deutlich familienorientierter.

Mit durchschnittlich 42 Jahren befinden sich diese Personen im Berufsleben, haben bereits eine Familie oder sind in der Phase der Familiengründung. Die Zeit außerhalb des Berufsalltags wird mehr im Kreis der Familie verbracht und weniger mit Bekannten aus dem Arbeitsumfeld. Die Häuslichen sind meist gut in ihrer Nachbarschaft integriert und haben einen Freundes- und Bekanntenkreis, der auch über Social-Media-Plattformen gepflegt wird. Andere Online-Angebote wie Streamingdienste, Smartphone-Apps und Online-Versandhandel werden ausgiebig genutzt und gehören somit zum Alltagsentertainment. Sicherheit für die Familie, auch im finanziellen Sinne, ist für die Häuslichen besonders bedeutend. Entscheidungen zur Wohnungsfindung werden zukunftsorientiert und nachhaltig getroffen.

In diesem Zusammenhang lässt sich zur Umzugsneigung der befragten Personen beobachten, dass rund 17 Prozent darüber nachdenken, in den nächsten zwei Jahren umzuziehen. Gründe für die überdurchschnittliche Umzugsneigung sind meist familiäre bzw. private Lebensumstellungen – bestes Beispiel ist die Familiengründung. Hierbei spielen natürlich zum einen die Größe der Wohnung und die Anzahl der Zimmer, zum anderen aber auch andere Faktoren wie Gartennutzung oder die Lage (z. B. im Zusammenhang mit der Anbindung an Schulen/Kindergärten) eine entscheidende Rolle.

Die optimale Wohnung für Personen des häuslichen Milieus hat mindestens 80 m^2 mit drei Zimmern oder mehr – es muss ausreichend Platz für Kinderzimmer vorhanden sein – in einem ruhigen Umfeld mit guter Anbindung außerhalb des Zentrums. Die Wohnung soll modern sein, in Hinsicht auf die Ausstattung sowie den Zuschnitt der Räumlichkeiten, gern mit Möglichkeit zur Gartennutzung und Freisitz. Sehr gefragt ist ebenfalls eine moderne technische Ausstattung, ergo eine schnelle Internetverbindung, Smart-Home-Applikationen und Multimedia-Angebote. Hier spiegelt sich das niedrige Durchschnittsalter in der Technikaffinität wider.

Den Kostenpunkt betreffend sind Menschen des häuslichen Milieus durchschnittlich bereit, etwa 860 Euro Gesamtmiete zu zahlen.

Um hier optimale Vermietungschancen zu erreichen, werden Objekte am besten über verschiedene Medienkanäle vermarktet. Dazu zählen Printmedien (klassische Annoncen) und Internetportale, die bei der Akquise helfen.

2.2.3.4 Konventionelle

Personen des konventionellen Milieus liegen mit einem Durchschnittsalter von 63 Jahren deutlich über den zuvor genannten Personenkreisen. Sie verfügen über eine durchschnittliche Kaufkraft und auch ihr Bildungsniveau ist mittelmäßig.

Allein aufgrund des Alters der hier beschriebenen Personen fällt deren Alltag deutlich unspektakulärer aus, besonders in Hinsicht auf Aktivitäten im Sinne von öffentlichen Events oder sportlichen Ereignissen. Ein Großteil der Konventionellen befindet sich bereits in Rente und hat somit keinen Tagesablauf, der durch die Arbeit bestimmt wird. Es wird besonders gern viel Zeit im Kreis der Familie verbracht, Ausflüge sind eher selten und falls welche unternommen werden, dann fährt man gern in ruhige Gegenden.

Bei den Konventionellen beobachtet man eine hohe Lebenszufriedenheit und damit verbunden auch eine hohe Wohnzufriedenheit. In diesem Alter hat man sich zur Ruhe gesetzt, ein Umzug kommt selten infrage – und wenn doch, dann spielen häufig gesundheitliche Faktoren eine entscheidende Rolle.

Die Anforderungen, die von Personen dieses Milieus an eine »Wunschwohnung« gestellt werden, sind dem Alter entsprechend. Es wird auf eine altersgerechte Wohnungsausstattung geachtet. Dazu zählen neben der möglichst barrierearmen bzw. barrierefreien Gestaltung auch besondere Sicherheitsvorkehrungen, wie Hausnotruf, Videosprechanlage oder ein Sicherheitsschloss an der Wohnungstür. Abstellmöglichkeiten für Rollatoren und/oder Rollstühle sind ebenfalls ein wichtiges Thema. Die Konventionellen sind oft gute Qualität aus früheren Tagen gewöhnt und achten deshalb besonders auf Hochwertigkeit von z. B. Bodenbelägen und Fensterverglasung – hier wird auch die Energieeffizienz geprüft. In Bezug auf die Größe der Wohnung werden 60 m^2 bis 80 m^2 in einer Zwei- bis Dreiraumwohnung gewünscht. Das Badezimmer soll im Idealfall mit Badewanne und Dusche ausgestattet sein. Allerdings würden 42 Prozent der Befragten auch nur mit einer Dusche auskommen sowie mit einer in sich abgeschlossenen Küche.

Bevorzugte Wohnlagen sind das direkte Stadtzentrum oder zentrumsnahe Stadtrandlagen, begründet durch die meist gute Anbindung an Einrichtungen des täglichen Bedarfs, wie Supermärkte oder Apotheken. Hinsichtlich der Mietvorstellungen lässt sich hier eine unterdurchschnittliche Zahlungsbereitschaft erkennen. Die Konventionellen geben durchschnittliche 710 Euro Gesamtmiete für ihre Wohnung aus.

Personen dieses Milieus sind für Vermietungszwecke am einfachsten über Printmedien zu erreichen. Onlinebasierte Vermarktungsplattformen sind ergänzend sinnvoll, weil auch diese Personengruppe immer vertrauter im Umgang mit neuen Technologien wird und zumeist von jüngeren Familienmitgliedern dabei unterstützt wird.

2.2.3.5 Bescheidene

Personen des bescheidenden Milieus sind mit einem Durchschnittsalter von 67 Jahren die älteste der verglichenen Personengruppen. Ihr Bildungsniveau ist vergleichsweise unterdurchschnittlich und sie verfügen nur über eine geringe Kaufkraft.

Der Lebensmittelpunkt der Bescheidenden ist die eigene Bleibe. Sie sind nicht besonders interessiert am öffentlichen Leben im urbanen Umfeld. Zudem schränkt die niedrige Kaufkraft die Teilnahme an Veranstaltungen und Aktivitäten stark ein. Ordnung und Sauberkeit innerhalb der eigenen vier Wände ist für sie wichtig, genauso wie die Sicherheit der Familie einen bedeutenden Faktor darstellt.

Die Bescheidenden sind überdurchschnittlich zufrieden mit ihrer Wohnsituation. Die Umzugsneigung fällt eher gering aus. Umzüge sind, wie bei den Konventionellen, oft gesundheitlich erforderlich oder hier auch finanziell bedingt.

Wohnungsgrößen von 40 m² bis 60 m² kommen infrage. Im Hinblick auf die Wohnlage gibt es keine eindeutigen Präferenzen. Jedoch wird die Zentrumsnähe oder Stadtrandlage leicht bevorzugt. Im Badezimmer reicht für 45 Prozent der befragten Personen eine Dusche aus, wobei eine Badewanne allerdings ebenfalls gern gesehen ist. Die Küche sollte in sich geschlossen sein – ein Wunsch, den sich die meisten Menschen dieser Altersklasse teilen. Außerdem wünschen sie sich einen barrierearmen bzw. -freien Wohnungszugang, eine ebenerdige Dusche und Abstellmöglichkeiten für Rollatoren. Darüber hinaus wird erwartet, dass die Wohnung beim Einzug wohnfertig ist, da eine renovierungsbedürftige Wohnung für viele Menschen im höheren Alter zu viel Aufwand und Stress verursacht. Dazu kommen die für viele nicht kalkulierbaren Kosten einer Renovierung.

Im Übrigen zahlen Personen des häuslichen Milieus durchschnittlich 660 Euro Gesamtmiete für ihre Wohnung, was im Verhältnis zu den anderen hier verglichenen Milieus unterdurchschnittlich ausfällt.

Zu Vermarktungszwecken werden bei diesem Milieu im Idealfall klassische Kanäle wie Printmedien, Objektaußenwerbung an freien Wohnungen oder Promotion in frequentierten Einkaufslagen genutzt, bei denen Personen persönlich und mündlich auf Objekte aufmerksam gemacht werden.

2.2.3.6 Funktionale

Die Funktionalen sind mit einem Durchschnittsalter von 39 Jahren die jüngste Vergleichsgruppe und zeichnen sich durch niedrige Kaufkraft und ein unterdurchschnittliches Bildungsniveau aus.

Der beschriebene Personenkreis ist im Allgemeinen eher unzufrieden mit der aktuellen Lebenssituation, oft bedingt durch ein schlechtes – oder nicht vorhandenes – Arbeitsverhältnis, sozialen Druck und möglicherweise familiäre Probleme. Bei den Personen wird von einer stark ausgeprägten Trivialorientierung gesprochen, der Alltag wird meist mit Aktivitäten wie z. B. Fernsehen ausgefüllt.

Menschen des funktionalen Milieus äußern die mit Abstand geringste Wohnzufriedenheit unter den befragten Personen. Oft spielt das soziale Umfeld bzw. die Nachbarschaft eine Rolle und ist mit dem häufig schlechten Zustand des Gebäudes/der Wohnung einer der Hauptgründe für einen Umzugswunsch bei Personen dieses Milieus. In diesem Zusammenhang lässt sich bei diesem Milieu die höchste Umzugsbereitschaft beobachten. Rund 26 Prozent der Befragten denken über einen Umzug in naher Zukunft nach.

Die Anforderungen an eine Wohnung sind bei diesem Milieu definitiv durch die fehlende finanzielle Freiheit begrenzt. Vorstellbar sind Zweiraumwohnungen zwischen 40 m^2 und 60 m^2 oder Dreiraumwohnungen zwischen 60 m^2 und 80 m^2 mit einer Gesamtmiete bis 680 Euro. Die Zahlungsbereitschaft für Wohnraum fällt in diesem Milieu entsprechend unterdurchschnittlich aus. Bezüglich der Ausstattung der Wohnung ist man meist mit Dusche oder Badewanne im Badezimmer zufrieden. Im Optimalfall ist beides vorhanden. Für technische Details innerhalb der Wohnung besteht keine Nachfrage, abgesehen von einer modernen Internetverbindung. Als bevorzugte Wohnlage gilt hier in Metropolen der Stadtrand, der meist niedrigere Mieten aufweist als eine zentrale Lage. In B- und C-Städten kann das Preisgefüge zwischen City und Stadtrand genau umgekehrt verlaufen.

Zu Vermietungszwecken greift man bei diesem Milieu ebenfalls auf internetbasierte Plattformen wie Immobilienscout, Immowelt oder eBay Kleinanzeigen zurück. Aufgrund des niedrigen Durchschnittsalters wird die Wohnungssuche zumeist über das Smartphone abgewickelt. Aus diesem Grund empfiehlt es sich für den Vermietungsvertrieb, sowohl telefonisch als auch über Smartphone-Apps wie WhatsApp oder Telegram sowie per E-Mail erreichbar zu sein, um mit den Mietinteressenten zu kommunizieren.

2.2.4 Mietertypen, Wohnkonzepte und Zielgruppen in der Praxis

Die Definition von Zielgruppen und die Ausrichtung der Wohnungsvermarktung auf diese ist eine der bedeutendsten Vorleistungen zur nachhaltig erfolgreichen Vermietung.[82] Die Zielgruppenanalyse hat dabei aus wirtschaftlichen Gesichtspunkten in zwei Stufen zu erfolgen. Die Zielgruppe ist für eine jeweilige Wohnungseinheit sowohl im Ist- als auch im Soll-Zustand zu bestimmen. Vor Modernisierung oder gewissen Modifikationen ist zu überlegen, ob überhaupt, an wen, zu welchem Preis und in welchem Zeitraum die Wohnung im aktuellen Zustand vermietet werden kann. Das »Ob« kann in der Regel bei stark heruntergekommenen Wohnungen, die nicht mehr den heutigen Anforderungen an Wohnraum gerecht werden, verneint werden. Dieses Phänomen ist in Siedlungsbeständen öfter anzutreffen, wenn ältere Mieter die Wohnung freiwillig oder unfreiwillig aufgeben und diese darin seit Erstbezug – also häufig 30 bis 40 Jahre – gewohnt haben. In äußerst angespannten Wohnungsmärkten wie z. B. in München könnte eventuell sogar für eine derartige Wohnung ein Mieter gefunden werden, wenn sie günstig vermietet wird. In entspannten Wohnungsmärkten in B- und C-Städten sowie im ländlichen Raum sind derartige Wohnungen bei fehlender Instandhaltung oder Modernisierung quasi unvermietbar. Eine simple Schwarz-weiß-Differenzierung zwischen unvermietbarer und vermieterbarer Wohnung existiert nicht. Vielmehr liegen zwischen diesen beiden Attributen zahlreiche Grau- und eventuell auch Farbstufen. Sobald also die Unvermietbarkeit einer Wohnung positiv ausgeschlossen werden kann, folgt als nächster Prüfungsschritt die Frage »An wen?«, was automatisch die Zielgruppendefinition und Zielgruppeneinteilung mit sich bringt.

Die Zielgruppensegmentierung kann anhand unterschiedlicher Systeme und Ordnungen erfolgen. Sinus-Milieus, Wohnkonzepte und »harte«, rein statistische Kriterien werden dabei zurate gezogen werden. Zielgruppenkriterien können beispielsweise sein:
- Alter
- Geschlecht
- Familienstand
- Anzahl der Kinder
- verfügbares Haushaltseinkommen
- Ort des Arbeitsplatzes
- höchster Bildungsabschluss
- Beruf

Der erfolgreiche Vermietungsvertrieb kombiniert verschiedene Systeme zur Zielgruppendefinition. Die WohnMatrix® stellt eine probate Lösung dar.

---

82 Vgl. zur wohnungswirtschaftlichen Marktsegmentierung ausführlich Feigl, S. 69 ff.; Markmann et. al. in: Arnold/Rottke/Winter, S. 643.

2.2.4.1 Die WohnMatrix® – ein Nachfrageportfolio für die Wohnungswirtschaft

Aufbauend auf repräsentativen Befragungen in Deutschland wurde ein Modell entwickelt, das drei grundlegende Dimensionen für die Wohnungsnachfrage kombiniert: Die soziodemografische Situation des Haushalts (also Altersstruktur, Haushaltsgröße), die ökonomische Situation, in der sich der Haushalt befindet (konkret die Wohnkaufkraft, also die Leistungsfähigkeit in Bezug auf das Wohnungsangebot) sowie die Werthaltung oder Lebensstilorientierung des Haushalts als dritte, »ideelle« Dimension. Dabei konnte mithilfe multivariater Methoden herausgearbeitet werden, dass die soziodemografischen und auch sozioökonomischen Determinanten zwar einen höheren Einfluss auf die tatsächlichen Wohnungsnachfragen haben, aber für die wohnungswirtschaftliche Praxis bedeutet dies auch, dass etwa bei einem insgesamt entspannten Wohnungsmarkt oder bei einem zunehmenden Wettbewerb die Merkmale dieser an den Wertorientierungen angelehnten Dimension den entscheidenden Ausschlag geben können.[83]

Vor diesem Hintergrund lassen sich Wohnungstypen identifizieren, die für bestimmte Haushaltsgrößen und Einkommensklassen innerhalb eines speziellen Milieus interessant sein werden.

		Konventionelle	Kommunikative	Häusliche	Anspruchsvolle	Bescheidene	Funktionale
Singles und Paare unter 30 Jahren	niedrig		21				61
	mittel		21	31	41		61
	hoch						
Singles und Paare 30 bis 44 Jahre	niedrig						
	mittel	11	21	32	41		61
	hoch		21	32	41		
Singles und Paare 45 bis 64 Jahre	niedrig	11				50	
	mittel	11	22	33	42	50	61
	hoch	11	22	33	42		
Singles und Paare 65 Jahre und älter	niedrig	11				50	
	mittel	11	22	33	42	50	
	hoch	11	22			50	
Familien	niedrig		23				62
	mittel	11	23	34	43	50	62
	hoch		23	34	43		
Mehrpersonenhaushalte	niedrig		24			50	62
	mittel	11		35	44	50	62
	hoch						

---

[83] Vgl. ebd., S. 41.

WOHNPROFIL 33

NACHFRAGERGRUPPEN
- Singles und Paare 45 bis 64 Jahre, mittlere bis hohe Wohnkaufkraft
- Singles ab 65 Jahre, mittlere Wohnkaufkraft

CHARAKTER DES UMFELDES
Ruhige Wohnlagen gerne auch Innenstadtnah, durchgrünt, mit guter Versorgung und Anbindung (ÖPNV/Pkw) und hohem Freizeitwert; gepflegt, sicher, beliebt und mit gutem Ruf.

GRUNDSTRUKTUR DER WOHNUNG
Große Wohnungen mit flexiblen Grundrissen werden gewünscht.
Eine moderne Wohnungsausstattung ist weniger wichtig.

BAD/SANITÄR (WELLNESS)
Ein Vollbad wird vorausgesetzt, eine bodengleiche Dusche ist dabei wünschenswert. Für eine gehobene Badausstattung besteht Zahlungsbereitschaft.

KÜCHE (HAUSWIRTSCHAFT, KOMMUNIKATION)
Eine geschlossene Küche wird gewünscht. Eine Einbauküche wird vorausgesetzt.

FREIRAUM (RÜCKZUG)
Ein Balkon oder eine Terrasse werden gewünscht. Die Möglichkeit der Gartennutzung ist weniger wichtig.

GEMEINSCHAFT (KOMMUNIKATION)
Es besteht nur geringes Interesse an Gemeinschaftseinrichtungen.

BARRIEREFREIHEIT
Barrierearmut ist vor allem den älteren Häuslichen sehr wichtig und wird als Standard vorausgesetzt.

MULTIMEDIA
- Eine schnelle Internetverbindung in der Wohnung ist gut, muss aber nicht sein.
- Smart Living Anwendungen werden von den Haushalten weniger nachgefragt.

MOBILITÄT
Die Haushalte wünschen sich Fahrrad- und Pkw-Stellplätze.

AUSSTATTUNG GEBÄUDE
Heizungssteuerung und intelligente Energiesteuerung sind den Haushalten wichtig und werden vorausgesetzt.

BESONDERHEITEN
Sicherheitsvorkehrungen wie z. B. auch eine Videoüberwachung sind den Haushalten wichtig.

PREISSEGMENT
mittelpreisig

Die Wohnmatrix® mit einem beispielhaft dargestellten Wohnprofil (vgl. www.wohnmatrix.de/ Analyse&Konzepte und InWIS 2020)

2 Angebot und Nachfrage – praxisorientierte Produkt- und Kundenanalyse

Dies kann einerseits dabei helfen, noch zu errichtende Wohnbebauung konkret an den Bedürfnissen einer Zielgruppe auszurichten, die am geplanten Wohnstandort zu erwarten ist und/oder die – ggf. im Sinne einer nachhaltigen Stadtentwicklung und gezielten Durchmischung der Bevölkerung – am Standort angesprochen werden soll. So können jenseits der »harten« Fakten, wie Grundstücksgröße, Bebaubarkeit und grundlegenden städtebaulichen Rahmenbedingungen weitere Faktoren hinzugezogen werden, um eine bezogen auf den Wohnstandort möglichst zu den Zielgruppen passende Wohnbebauung zu realisieren.

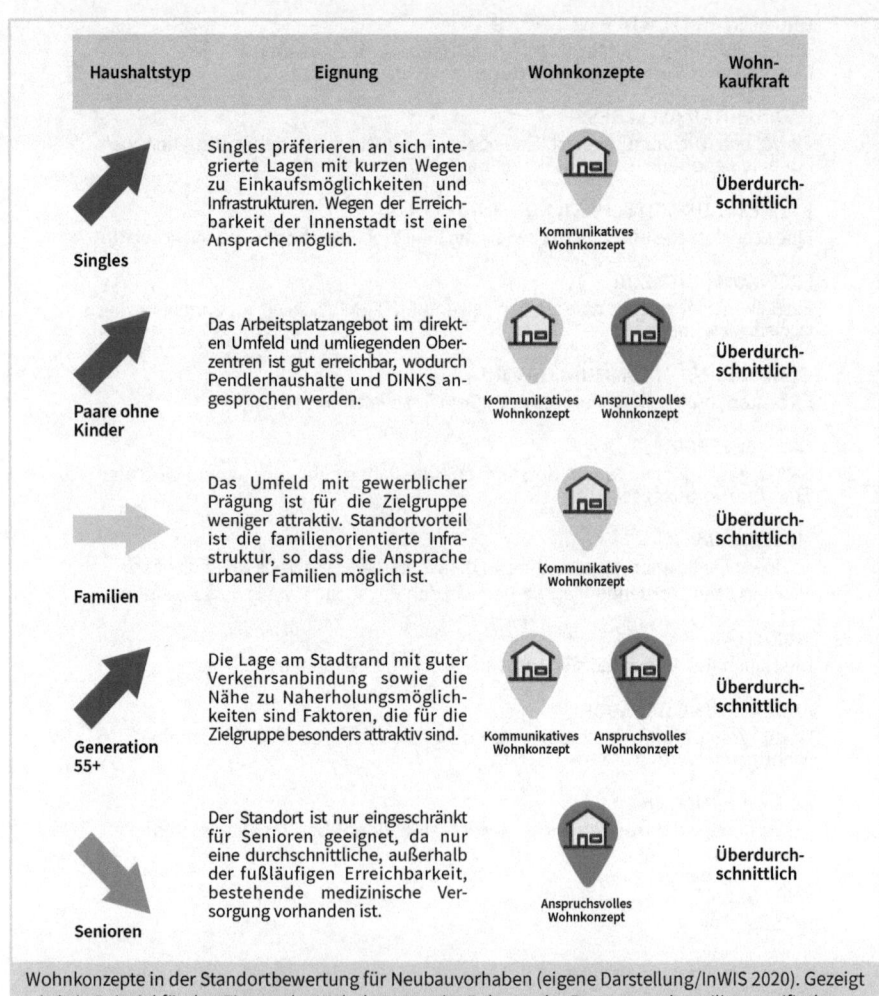

Haushaltstyp	Eignung	Wohnkonzepte	Wohn-kaufkraft
Singles (↗)	Singles präferieren an sich integrierte Lagen mit kurzen Wegen zu Einkaufsmöglichkeiten und Infrastrukturen. Wegen der Erreichbarkeit der Innenstadt ist eine Ansprache möglich.	Kommunikatives Wohnkonzept	Überdurchschnittlich
Paare ohne Kinder (↗)	Das Arbeitsplatzangebot im direkten Umfeld und umliegenden Oberzentren ist gut erreichbar, wodurch Pendlerhaushalte und DINKS angesprochen werden.	Kommunikatives Wohnkonzept / Anspruchsvolles Wohnkonzept	Überdurchschnittlich
Familien (→)	Das Umfeld mit gewerblicher Prägung ist für die Zielgruppe weniger attraktiv. Standortvorteil ist die familienorientierte Infrastruktur, so dass die Ansprache urbaner Familien möglich ist.	Kommunikatives Wohnkonzept	Überdurchschnittlich
Generation 55+ (↗)	Die Lage am Stadtrand mit guter Verkehrsanbindung sowie die Nähe zu Naherholungsmöglichkeiten sind Faktoren, die für die Zielgruppe besonders attraktiv sind.	Kommunikatives Wohnkonzept / Anspruchsvolles Wohnkonzept	Überdurchschnittlich
Senioren (↘)	Der Standort ist nur eingeschränkt für Senioren geeignet, da nur eine durchschnittliche, außerhalb der fußläufigen Erreichbarkeit, bestehende medizinische Versorgung vorhanden ist.	Anspruchsvolles Wohnkonzept	Überdurchschnittlich

Wohnkonzepte in der Standortbewertung für Neubauvorhaben (eigene Darstellung/InWIS 2020). Gezeigt wird ein Beispiel für den Einsatz der Wohnkonzepte im Rahmen der Bewertung der milieuspezifischen Standorteignung innerhalb einer Markt- und Standortanalyse für ein Neubauprojekt. Im Anhang der Analyse wird auf die Wohnpräferenzen der identifizierten Wohnkonzepte detailliert eingegangen.

In vergleichbarer Weise lassen sich die Erkenntnisse aus der Milieuforschung und namentlich die operationalisierten Wohnkonzepte auch für die Modernisierung von Bestandsobjekten einsetzen. So können einerseits – entweder auf der Grundlage von Einwohnerbefragungen oder mithilfe datengestützter kleinräumiger Sozialraumanalysen[84] – Vorhersagen dazu getroffen werden, welche Wohnkonzepte an bestimmten Wohnstandorten voraussichtlich besonders stark vorhanden sind bzw. welche Menschen diesen Standort (z. B. aufgrund seiner Freiraumqualitäten, der infrastrukturellen Ausstattung usw.) besonders schätzen werden. So lassen sich nicht nur Neubau-, sondern auch Modernisierungsvorhaben gezielt an der bereits vorhandenen Nachfrage ausrichten oder auch – durch eine entsprechende Ausgestaltung des Projekts – bestimmte Milieus gezielt für den Standort interessieren. Sofern die Wohnungskonzeption und die Standorteignung sich nicht bzgl. der Wohnmilieuausrichtung vollkommen widersprechen und die Marktsituation es erlaubt, kann auf diese Weise auch die Stadt- und Quartiersentwicklung durch gezielte Veränderung der ortsansässigen Milieustruktur unterstützt werden.

---

[84] Einen Überblick über entsprechende Grundlagen der Beschreibung von Sozialräumen mithilfe quantitativer Verfahren liefern z. B. Urban/Weiser.

2 Angebot und Nachfrage – praxisorientierte Produkt- und Kundenanalyse

Kleinräumige Prognose von Wohnkonzepten am Beispiel Herne (eigene Darstellung/InWIS 2020). Hier werden auf Ebene der Zensus100-Rasterkacheln und auf der Grundlage von mehr als 50 georeferenziert vorliegenden Datenmerkmalen die wahrscheinlich besonders stark am jeweiligen Standort vertretenen Wohnkonzepte prognostiziert.

2.2.4.2 Wohnkonzepte im Vermietungsprozess: das Beispiel VBW

Wenn die Möglichkeiten, die sich mit der Zuordnung von Wohnmilieus zu Objekten einerseits sowie zu Wohnstandorten andererseits ergeben, konsequent genutzt werden, bietet sich für einen Wohnungsanbieter eine strategische Komponente im Vermietungsgeschehen. Hierbei spielt insbesondere die Veränderung der (räumlichen) Zusammensetzung von Wohnmilieus eine Rolle. Entsprechende Prozesse sind an sich nicht neu und werden auch schon seit Langem in der Stadtsoziologie beobachtet. Insbesondere angesichts steigender Mieten in den größeren Städten werden hier auch Gentrifizierungs- und Verdrängungsprozesse identifiziert und kritisiert.[85] Allerdings gilt der (behutsame) Wandel in der Zusammensetzung der Wohnbevölkerung im Quartier auch als ein Instrument, um langfristig eine Stabilisierung des gesamten Quartiers zu erreichen. Das zeigt sich bereits daran, dass der Bund das besondere Städtebaurecht, das ursprünglich darauf zielte, eben städtebauliche (also gebaute) Missstände zu beheben, über die Jahrzehnte sukzessive weiterentwickelt hat. Mittlerweile kann es – insbesondere im Programm »Soziale Stadt« – auch genutzt werden, um mithilfe einer Kombination aus (städte-)baulichen Maßnahmen und Impulsen durch Quartiersmanagement und sozialer Arbeit die soziale Stabilität und Zusammensetzung der Bevölkerung eines Stadtteils zu verändern.[86]

Setzt man voraus, dass solche Maßnahmen eine entsprechende Wirkung entfalten können[87], ist nachvollziehbar, dass dieser Wirkungsmechanismus auch außerhalb förmlich festgesetzter Sanierungs- und Städtebauförderungsgebiete greift und genutzt werden kann. Auch wenn hier durch die mögliche Diskriminierung von Wohnungssuchenden ein sensibler Bereich berührt wird,[88] sind entsprechende stadtteil- bzw. stadtraumbezogene Ansätze unter Umständen durchaus legitim. Dies gilt insbesondere dann, wenn durch die Ungleichbehandlung die »Schaffung und Erhaltung sozial stabiler Bewohnerstrukturen und ausgewogener Siedlungsstrukturen sowie ausgeglichener wirtschaftlicher, sozialer und kultureller Verhältnisse«[89] angestrebt wird. Damit sind entsprechende Vorhaben in der Regel weit entfernt von den üblicherweise als »Gentrifizierung« bezeichneten und kritisierten Vorgängen. Gleichwohl eröffnet dies bestandserhaltenden Wohnungsunternehmen eben die Möglichkeit, durch eine solche »strategische Vermietung« ihre Quartiere auf Dauer (auch zum Wohl der dort lebenden Menschen) zu stabilisieren. Hierbei können sich Unternehmen auch die Kenntnisse zu den Wohnmilieus zunutze machen.

---

85 Eine umfangreiche Darstellung hierzu liefern u. a. Häußermann/Siebel in ihrem 1994 erschienenen Band zur Stadtsoziologie.
86 Vgl. hierzu u. a. BauGB § 171e sowie Battis/Krautzberger/Löhr, § 171e Rn. 16.
87 Vgl. hierzu die diversen Evaluationen der entsprechenden Programme, z. B. zuletzt BBSR (2017).
88 Die (strukturelle) Diskriminierung von bestimmten Bevölkerungsgruppen auf den Wohnungsmärkten ist hierbei zu Recht kritisiert worden, vgl. etwa Staubach (2012).
89 Vgl. AGG – Allgemeines Gleichbehandlungsgesetz § 19 Abs. 3.

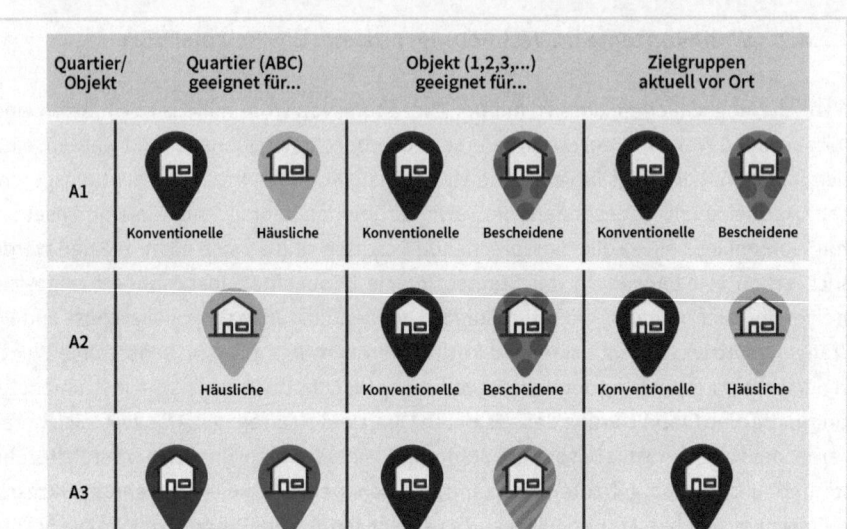

2   Angebot und Nachfrage – praxisorientierte Produkt- und Kundenanalyse

Quartier/Objekt	Quartier (ABC) geeignet für...		Objekt (1,2,3,...) geeignet für...		Zielgruppen aktuell vor Ort	
A1	Konventionelle	Häusliche	Konventionelle	Bescheidene	Konventionelle	Bescheidene
A2		Häusliche	Konventionelle	Bescheidene	Konventionelle	Häusliche
A3	Anspruchsvolle	Kommunikative	Konventionelle	Funktionale	Konventionelle	

Wenn **Konventionelle** eine Wohnung sucht, müsste er oder sie bestenfalls in das Objekt A-1 einziehen...
→ Quartier geeignet (Mieter für Wohnstandort zu gewinnen),
→ Objekt geeignet (wenig Investition nötig),
→ Strategische Wunschzielgruppe (Quartiersentwicklung)
→ Harmoniert mit vorhandenen Milieus

Quartiere stabilisieren und weiterentwickeln

Nachfragegerechtes Angebot bieten...

QUARTIERS-STRATEGIE

Wohnkonzepte als strategische Komponente im Vertrieb (eigene Darstellung/InWIS 2020)

Sofern also sowohl die aktuelle Zusammensetzung der lokalen Bevölkerung wie auch eine – ggf. darauf reagierende – strategische Festlegung für die Auswahl zukünftiger Mietergruppen getroffen wurde und die Qualität der eigenen Bestände hinsichtlich ihrer »Eignung« für bestimmte Wohnmilieus klassifiziert sind, können die Wohnkonzepte im Vermietungsprozess eingesetzt werden (vgl. Abbildung »Wohnungskonzepte als strategische Komponente im Vertrieb«). Das setzt allerdings voraus, dass bereits früh im Vermietungsprozess entweder durch das Gespräch mit den Mietinteressenten oder durch eine Selbsteinschätzung der Interessenten die Wohnkonzeptezugehörigkeit relativ passgenau ermittelt wird.

Das Wohnungsunternehmen »VBW Bauen und Wohnen GmbH«[90] aus Bochum öffnet sich diesen Zugängen nicht nur im Marketing, wo bereits seit geraumer Zeit viele Unternehmen mit »Personas« arbeiten, also beispielhaften Identitäten, die für ganz bestimmte Zielgruppen stehen und diese ansprechen sollen. Mittlerweile versuchen die Unternehmen auch im Vermietungsprozess gezielt auf die Bedürfnisse der Interessenten einzugehen, um diesen ohne »Umwege« möglichst direkt ein Angebot zu machen, das konkret zu ihren Wohnvorstellungen passt. Hierbei werden Möglichkeiten diskutiert, durch kurze Befragungen oder Selbsteinschätzungen z. B. im Internet teilautomatisiert eine Zuordnung zu Wohnkonzepten oder einzelnen Wohnprofilen der Wohnmatrix® (s. o.) vorzunehmen, um so Angebote zu finden, welche die Interessenten direkt ansprechen und zu ihren Bedürfnissen passen. Das wird sowohl in der Vermarktung von Bestandswohnungen als auch im Vertrieb von neuen Miet- oder Eigentumswohnungen erprobt bis hin zur Ansprache durch speziell geschulte Vermietungsteams, die auf die Bedürfnisse der jeweiligen Wohnmilieus gezielt eingehen können.

Norbert Riffel, der Geschäftsführer der VBW, merkt dazu an, dass die jeweiligen Vermietungsteams sich an die individuellen Bedürfnisse ihrer Zielgruppe anpassen.[91] So variieren auch innerhalb der Vermietungsabteilung die Arbeitszeiten, da beispielsweise die Gruppe der berufstätigen »Anspruchsvollen« Besichtigungen nach Feierabend bzw. am Wochenende erwartet. Auch wenn derzeit angesichts vielerorts angespannter Märkte die Problematik der »großen Auswahl« gar nicht besteht, sehen Unternehmen hier dennoch die Chance, auch in Zukunft bei ggf. sich entspannenden Märkten ein zeitgemäßes Angebot bieten zu können.

---

[90] Vgl. Website VBW Bauen und Wohnen: www.vbw-bochum.de/zuhause-finden/wohnprodukte, abgerufen am 10.11.2020.
[91] Expertengespräch mit Norbert Riffel, VBW Bauen und Wohnen GmbH vom 10.11.2020.

3 Systematischer Wohnungsvertrieb

3.1 Personal – ideale Vermieter für Wohnraum

Ein Schlüsselfaktor für die erfolgreiche Vermietung von Wohnungsbeständen liegt darin, das beste Personal für diese Aufgabe einzusetzen. Im Folgenden wird erläutert, was einen erfolgreichen Vermieter auszeichnet und welche Anreizsysteme zu empfehlen sind.

Thomas Körzel

3.1.1 Vermieterprofil

Vermieter müssen sowohl von ihrer Persönlichkeitsstruktur als auch von ihrem fachlichen Background geeignet sein, die komplexen Vermietungsaufgaben mit Erfolg zu lösen. Im Idealfall verfügen Vermieter über eine einschlägige Berufsausbildung, etwa als Immobilienkaufmann/-frau. Erfolgreiche Vermietung setzt ein gesundes Generalistenwissen voraus, das verschiedene Fachbereiche tangiert. Insbesondere sind rechtliche, kaufmännische und technische Kenntnisse erforderlich, um sowohl im Sinne des jeweiligen Eigentümers als auch im Sinne der potenziellen Mieter eine einwandfreie Beratung sicherstellen zu können.

Der Begriff »Vermieter« ist im allgemeinen Sprachgebrauch unterschiedlich besetzt. Aus Kundenperspektive gibt es dazu differenzierte Auffassungen. Viele Menschen, insbesondere solche, die in einer Mietwohnung wohnen, nutzen den Begriff als Bezeichnung für den Wohnungseigentümer. Der Wohnungseigentümer kann sowohl eine Person als auch ein Wohnungsunternehmen sein (»mein Vermieter ist die Schönwohn GmbH«). Synonym wird der Begriff dann ebenfalls verwandt, wenn Mieter von ihren jeweiligen Ansprechpartnern, z. B. in ihrem Wohnungsunternehmen sprechen. Dies gilt auch, wenn der jeweilige Ansprechpartner dann nicht der eigentliche Vermieter, sondern etwa ein Sachbearbeiter in der Wohnungsverwaltung ist.

Somit ist nicht immer sofort zwingend klar, wer gemeint ist, wenn ein Mieter von »seinem Vermieter« spricht. Auch nicht eindeutig sind die Bezeichnungen innerhalb von Immobilienunternehmen. Ein Mitarbeiter, der sich um die Neu- und/oder Nachvermietung von Wohnraum kümmert, wird je nach Unternehmen als Vermieter, Verwalter, Mietbetreuer, Kundenbetreuer oder auch gänzlich anders bezeichnet werden. Dies hängt unter anderen davon ab, welche Aufgabenbereiche dieser Mitarbeiter insgesamt verantwortet. Gewöhnlich gibt es ab einer bestimmten Größenordnung von Wohnungsbestand (ca. ab 1.000 WE) in den klassischen Wohnungsunternehmen Spezialisten, die sich vornehmlich um die Vermietung

(Neu- und Bestandsvermietung) kümmern. Die nachstehenden Ausführungen beziehen sich insofern auf den zuvor benannten Spezialisten für Vermietungsaufgaben.

Neben den klassischen kommunalen und privaten Wohnungsgesellschaften sowie den Genossenschaften gibt es die Funktion des Vermieters auch bei Wohnungsverwaltern, die rechtlich kein eigenes Immobilieneigentum haben, sondern Immobilienbestand von Dritten im Sinne der Miet- oder WEG-Verwaltung managen. Werden diese von ihren Auftraggebern, den Wohnungseigentümern, beauftragt, sich auch um die Vermietung zu kümmern, dann haben einige größere Wohnungsverwalter eigene Mitarbeiter, die sich um den Vermietungsprozess kümmern.

Daneben beauftragen viele Wohnungseigentümer, aber auch Wohnungsverwalter häufig spezialisierte Dienstleister, die sich um die Wohnungsvermietung kümmern. Die sog. Vermietungs- oder Wohnungsmakler sind in den letzten Jahren durch diverse populäre TV-Formate einem breiten Publikum bekannt geworden. In den meisten Fällen bedienen sie dabei das Segment der Luxusimmobilen. Dies hat unter anderem dazu geführt, dass der Beruf des Immobilienmaklers gerade bei jungen Leuten, an Attraktivität gewonnen hat. Gleichzeitig hat sich das häufig in der Vergangenheit zweifelhafte Image des Makler-Berufsbildes allmählich verbessert.

Vermietungsmakler werden häufig bei Wohnungsbeständen eingesetzt, die einen hohen Komplexitätsgrad aufweisen. Die Vermietungsschwierigkeiten können unterschiedliche Ursachen aufweisen. Die Ursachen können in der Lage oder dem Zustand des Objekts liegen. Häufig ist auch die große Entfernung des Wohnungsbestands zur Zentrale der Wohnungsgesellschaft ein Grund, die Vermietung an einen externen Dienstleister outzusourcen. Je nach Beauftragung haben die Vermietungsmakler die Aufgabe, Interessenten zu akquirieren, den Kontakt zum Eigentümer herzustellen, Wohnungsbesichtigungen durchzuführen und die Vorverhandlungen zu führen, oftmals bis hin zur bevollmächtigten Mietvertragsunterzeichnung.

Vermieter gibt es selbstverständlich auch im Segment der Gewerbeimmobilien, z. B. für Büro, Logistik, Einzelhandel etc. Hier findet sich eine noch größere Bandbreite an Positionen und Spezialisierungen, die wir an dieser Stelle nicht weiter behandeln wollen.

Die Kernaufgabe des Vermieters in der Wohnungswirtschaft besteht zusammenfassend in der Akquisition und Beratung von Mietinteressenten sowie der Vorbereitung und dem Abschluss von Mietverträgen.

Hauptaufgaben des Vermieters

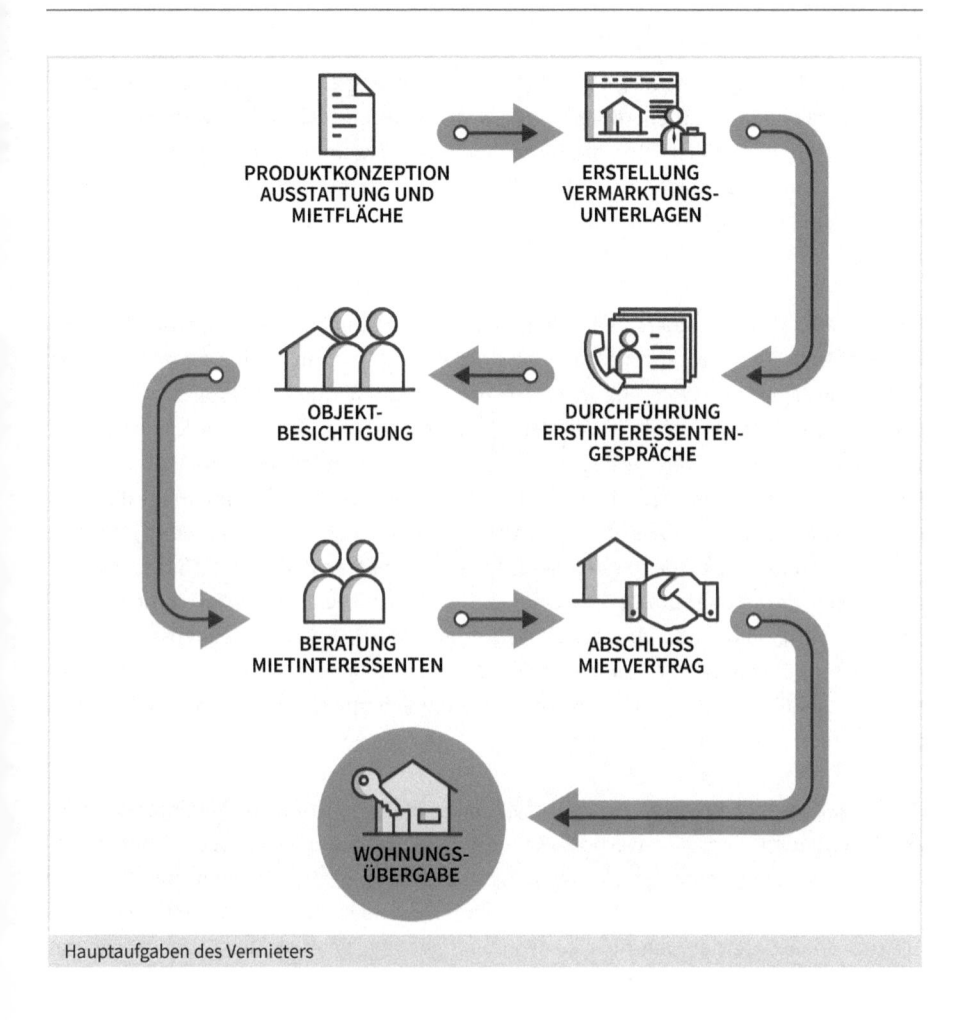

3.1.1.1 Aufgaben des Vermieters in der Wohnungswirtschaft

Die folgenden Ausführungen erläutern die fachlichen Kenntnisse und persönlichen Eigenschaften, die das Berufsbild eines klassischen Vermieters in Wohnungsgesellschaften beinhaltet. Dies hat den Hintergrund, dass ein Großteil der in Deutschland tätigen Wohnungsvermieter in Wohnungsgesellschaften beschäftigt ist und die Abweichungen z. B. zu einem Vermietungsmakler in der Praxis relativ gering sind. Abweichungen bestehen im Übrigen oftmals lediglich darin, dass einzelne Prozessschritte und Aufgabenbereiche beim Vermietungsmakler entfallen oder nur unterstützend begleitet werden. Dies betrifft z. B. die Formulierung und finale Verhandlung des Mietvertrags oder die offizielle Wohnungsübergabe.

3 Systematischer Wohnungsvertrieb

Die Gesellschaft für immobilienwirtschaftliche Forschung e.V. (gif) hat Berufsbilder für die Immobilienwirtschaft entwickelt und u. a. auch das Berufsbild des »Vermieters Wohnungswirtschaft« definiert. Die hier vorgenommene Zusammenstellung der Aufgaben, fachlichen Voraussetzungen und persönlichen Eigenschaften orientiert sich an diesem Berufsbild. Es ist im gif-Arbeitskreis »Human Resources« unter Leitung des Verfassers dieses Kapitels entwickelt worden.[92]

Die Aufgaben des Vermieters in der Wohnungswirtschaft beinhalten den gesamten Prozess der Neu- oder Bestandsvermietung einer Wohnung. Neuvermietung bedeutet die Erstvermietung einer Wohnung in einem neu gebauten Objekt. Bestandsvermietung bedeutet dementsprechend die Vermietung einer Wohnung, die zuvor schon vermietet wurde. Bei der Neubauvermietung sind u. a. die Marketingaufgaben vielfältiger und umfangreicher. Zur Wahrung der Übersichtlichkeit werden hier beide Vermietungsarten zusammengefasst. In der Praxis haben Vermieter oft beide Aufgaben inne, selbst wenn bei größeren Neubauprojekten der Vermieter für einen längeren Zeitraum im Tagesgeschäft mit der Neuvermietung komplett ausgelastet sein wird. Soweit hier von »Wohnungen« gesprochen wird, können durchaus auch Häuser (vornehmlich Einfamilienhäuser, Doppelhaushälften, Reihenhäuser) gemeint sein. Wohnungsanbieter haben derartige Objekte häufig ebenfalls im Portfolio, wobei diese gewöhnlich nur einen kleinen Anteil am Gesamtbestand ausmachen.

Das Aufgabenspektrum des Vermieters beinhaltet die Akquisition von Mietinteressenten durch Marketing- und/oder Werbemaßnahmen. Der Vermietungsmitarbeiter entwickelt dazu Vermarktungsunterlagen, wie z.B. Exposés, oder gestaltet Wohnungsanzeigen für digitale Portale wie Immoscout u. Ä. sowie für Printmedien. Er informiert Interessenten, die sich beim Unternehmen für eine Wohnung gemeldet haben. Bei Neubauprojekten werden oftmals in lokalen Medien Artikel gepostet, es werden Informationsveranstaltungen durchgeführt und Beschilderungen aufgestellt.

Je größer der Marketing- und Werbeaufwand ist (abhängig von der Größenordnung der zu vermietenden Wohnungen), desto eher arbeitet der Vermieter mit externen Dienstleistern wie Marketing- und Eventagenturen zusammen. Nach entsprechender Akquisition von Mietinteressenten werden diese zunächst auf grobe Passung geprüft (Wohnungsgröße, Personenanzahl, Bonität) und dann mit den am geeignetsten erscheinenden Interessenten Gesprächstermine und Wohnungsbesichtigungen terminiert. Danach findet meist eine zweite Bewertung der Geeignetheit statt und der Vermieter prüft Bonität etc. noch einmal eingehender. Darüber hinaus werden die Interessenten vom Vermieter beraten bzgl. der Wohnung (Ausstattung, Lage, Besonderheiten, wie z. B. Fahrstuhl, Treppen-

---

[92] Das Berufsbild »Vermieter Wohnungswirtschaft« und eine Vielzahl weiterer immobilienwirtschaftlicher Berufsbilder sind über die gif zu beziehen: www.gif-ev.de.

hausreinigung, Concierge-Service etc.), über die Rahmenbedingungen des Mietvertrages, finanzielle Bedingungen (Kaution, Wohnberechtigungsschein, aber auch Möglichkeit der Beantragung von Wohngeld). Nach Prüfung und Einigung mit einem Mietinteressenten erfolgt dann die Erstellung, Besprechung und Unterzeichnung des Mietvertrags und die Wohnungsübergabe. Danach übergibt der Vermieter die Betreuung des neuen Mieters an den jeweiligen Objektbetreuer im Bereich Bestandskunden, der sich von diesem Zeitpunkt an um alle Belange bis zum möglichen Auszug kümmert. Gerade in der Anfangszeit wird der Mieter jedoch unter Umständen bei Fragen weiter auf den ihm bekannten Vermieter zugehen.

3.1.1.2 Fachliche Voraussetzungen

In der wohnungswirtschaftlichen Praxis haben Vermieter trotz des offiziellen Ausbildungsberufs »Immobilienkaufmann« oder »Immobilienmakler« diverse Ausbildungshintergründe. Würde man sich die Mühe machen und bundesweit repräsentativ Vermieter nach ihrer originären Ausbildung befragen, käme sicherlich ein stark heterogenes Gesamtbild zustande. Als Vermieter arbeiten in der Praxis Personen mit technischen oder kaufmännischen Vorerfahrungen, mit unterschiedlichen Schul-, Berufs- und Hochschulausbildungen sowie sicherlich auch Quereinsteiger, die aus für die Immobilienwirtschaft »exotischen« Berufsrichtungen stammen. Gründe hierfür sind neben dem offenen, unregulierten Berufszugang sicherlich die faktische Anziehungskraft, die imposante Immobilien, Gebäude, Wohnungen und Grundstücke auf viele Menschen ausüben. Diese Anziehungskraft wird dadurch verstärkt, dass nahezu jedermann mit dem Thema Vermietung in seinem Alltag konfrontiert wird. Das Wohnen zur Miete gehört damit zum praktischen Erfahrungsschatz und zur Lebenswirklichkeit von Menschen. Jeder kennt sich vermeintlich in dem Thema aus und kann dazu etwas beitragen. Jeder ist aus seiner subjektiven Sicht gefühlter Experte, was – lauscht man privaten Konversationen – teilweise vergleichbar bei der Rolle des Fußballnationaltrainers zu beobachten ist. Es ist daher ratsam, ähnlich wie weiter oben bei der Fokussierung auf das Berufsbild des Vermieters in Wohnungsgesellschaften, auch hier eine Konkretisierung vorzunehmen. Dabei sind die gängigen fachlichen Anforderungsprofile von Vermietern in Wohnungsunternehmen zugrunde zu legen. Hierbei ergibt sich folgendes Bild:

In der Regel wird idealerweise eine erfolgreich abgeschlossene Ausbildung zum/zur Immobilienkaufmann/-frau (ältere Berufsbezeichnung ist der/die Kaufmann/-frau der Grundstücks- und Wohnungswirtschaft) vorausgesetzt. Die Ausbildung ist dabei nicht allein auf die Aufgaben eines Vermieters ausgerichtet, sondern beinhaltet sämtliche Aufgabenbereiche von Mitarbeiterinnen und Mitarbeitern in der Verwaltung, im Vertrieb sowie zum Teil in der Entwicklung von Grundstücken bzw. Wohn- und Gewerbehäusern. Der Fokus liegt dabei auf den kaufmännischen und juristischen Verwaltungsaufgaben, weniger im technischen Bereich der Instandhaltung, Modernisierung oder Neubautätigkeit. Diese technischen Themen werden nur in Grundzügen gestreift. Ein Schwerpunkt betrifft sicherlich rechtliche Fragestellungen, insbesondere bezogen auf Miet-, Immobiliarsachen- und Wohnungseigentumsrecht.

Die Ausbildungsordnung für Auszubildende zum/zur Immobilienkaufmann/-kauffrau sieht inhaltliche Schwerpunkte vor. Das im Jahre 2006 neu strukturierte Ausbildungsberufsbild gliedert sich in sieben Hauptbereiche, die wiederum untergliedert sind (§ 4 I ImmoKfmAusbV):

1 Ausbildungsbetrieb
1.1 Stellung, Rechtsform, Struktur
1.2 Berufsbildung, arbeits-, sozial- und tarifrechtliche Vorschriften
1.3 Sicherheit und Gesundheitsschutz bei der Arbeit
1.4 Umweltschutz
1.5 Personalwirtschaft

2 Organisation, Information, Kommunikation
2.1 Arbeitsorganisation
2.2 Informations- und Kommunikationssysteme
2.3 Teamarbeit und Kooperation
2.4 Anwenden einer Fremdsprache bei Fachaufgaben

3 Kaufmännische Steuerung und Kontrolle
3.1 Betriebliches Rechnungswesen
3.2 Controlling
3.3 Steuern und Versicherung

4 Marktorientierung
4.1 Kundenorientierte Kommunikation
4.2 Entwicklungsstrategien, Marketing

5 Immobilienbewirtschaftung
5.1 Vermietung
5.2 Pflege des Immobilienbestands
5.3 Grundlagen des Wohnungseigentums
5.4 Verwaltung gewerblicher Objekte

6 Erwerb, Veräußerung und Vermittlung von Immobilien

7 Begleitung von Bauvorhaben
7.1 Baumaßnahme
7.2 Finanzierung

Die Ausbildung dauert regulär drei Jahre und ist eine sogenannte duale Ausbildung. Das bedeutet, dass der Auszubildende neben den Praxisphasen in seinem Betrieb regelmäßige

Schulphasen (häufig als Blockunterricht über ein bis zwei Wochen) durchläuft. Nach etwa der Hälfte der Ausbildungszeit wird eine Zwischenprüfung absolviert. Am Ende der Ausbildungszeit erfolgt dann eine Abschlussprüfung vor der IHK, bestehend aus mehreren schriftlichen und einem mündlichen Teil in Form eines simulierten Beratungsgesprächs.

Neben dieser klassischen Ausbildung bestehen ebenfalls gute Möglichkeiten im Bereich der Vermietung für Interessenten, die eine andere kaufmännische Ausbildung absolviert haben, z. B. zum/zur Bürokaufmann/-kauffrau für Bürokommunikation. Hier werden dann die immobilienspezifischen Themen »on the job« vermittelt. Nach erfolgreicher Ausbildung und Berufserfahrung absolvieren Mitarbeiter und Mitarbeiterinnen in Wohnungsunternehmen häufig auch eine Weiterbildung zum geprüften Immobilienfachwirt (IHK). Die Weiterbildung zum Fachwirt dient der Vertiefung in unterschiedliche immobilienwirtschaftliche Themengebiete wie Bauprojekte, Unternehmenssteuerung und Immobilienbewirtschaftung und im hier behandelten Kontext besonders interessant auch zum Thema Vertrieb. Häufig streben Mitarbeiterinnen und Mitarbeiter durch die Qualifizierung zum Fachwirt die Entwicklung in eine Führungsposition an. Die Fortbildung kann sowohl als Präsenz- wie auch als Fernlehrgang in Voll- oder Teilzeit durchlaufen werden und dauert in der Regel zwischen zwei und vier Jahren.

Mindestens genauso wichtig wie die passende Aus- und evtl. Weiterbildung ist bei der Besetzung von freien Vermietungsstellen der Nachweis einschlägiger fachlicher Erfahrungen. Dies gilt insbesondere dann, wenn Stellen mit externen Interessenten besetzt werden sollen. Während es in einem Wohnungsunternehmen durchaus ein gängiger Weg ist, dass ein ehemaliger Azubi nach der Ausbildung in die Vermietungsabteilung wechselt, dort von einer erfahrenen Kollegin eingearbeitet wird und sich nach und nach das Wissen für die Vermietungsaufgaben aneignet, wird von externen Kandidaten regelmäßig Vermietungserfahrung verlangt.

Vermietungserfahrung beinhaltet hierbei die eigenständige Durchführung des Vermietungsprozesses beginnend bei der Akquisition von Mietinteressenten und endend bei der Unterzeichnung des Mietvertrags. Zusätzlich zu den klassischen kaufmännischen Kompetenzen werden auch einschlägige technische und juristische Kenntnisse verlangt. Im Einzelnen werden für das Berufsbild des wohnungswirtschaftlichen Vermieters der gif folgende Kenntnisse benannt:
- sehr gute Kenntnisse des Wohnungsmarktes und der Wettbewerbssituation
- sehr gute Kenntnisse des zu vermietenden Bestandes (Objektbeschaffenheit/technische Gebäudeausstattung, Mieterstruktur, Wohnumfeld)
- umfassende Kenntnisse des Mietrechts
- umfassende Kenntnisse in MS-Office, insbesondere Excel und wohnungswirtschaftlichen Programmen
- gute Kenntnisse kommunaler öffentlicher Förderbestimmungen bei der Wohnraumbelegung und sonstiger staatlicher Unterstützungsinstrumente (Wohngeld, ARGE-Bestimmungen)

Externe Bewerberinnen und Bewerber verfügen in der Regel nicht über spezielle Bestandskenntnisse des neuen potenziellen Arbeitgebers. Sie sollten aber nachweisen können, dass sie die Kompetenzen besitzen, sich diese Kenntnisse rasch anzueignen, sich also in kurzer Zeit einen qualifizierten Überblick über den Bestand zu verschaffen. Aufgrund der, vor allem in Städten, zunehmenden Internationalisierung der Bewohner sind Fremdsprachenkenntnisse sicherlich ebenfalls von Bedeutung.

3.1.1.3 Persönliche Eigenschaften

Vermietung ist ein »people business«. Aus diesem Grund sind zwar die fachlichen Kompetenzen eine solide Grundlage. Von mindestens gleichrangiger Bedeutung sind allerdings die persönlichen und sozialen Kompetenzen. Diese persönlichen und sozialen Kompetenzen sind sehr vielfältig. Auf der einen Seite, der Vertriebsseite, geht es darum, Menschen zu gewinnen, für das Produkt (die Wohnung) zu interessieren und Vertrauen aufzubauen. Kompetenzen wie Kontaktfähigkeit, Kunden- und Dienstleistungsorientierung, Zuverlässigkeit, ein überzeugendes Auftreten und überdurchschnittliche Kommunikationsfähigkeiten (mündlich und schriftlich) sind unabdingbar, um erfolgreich zu sein.

Ergänzend zu diesen »Bindungsfähigkeiten« ist es genauso von Bedeutung, professionell, unternehmerisch orientiert im Sinne des Arbeitgebers zu verhandeln und abschlussorientiert agieren zu können. Das zuletzt genannte Merkmal ist die Fähigkeit, potenzielle Kunden nicht nur zu gewinnen, sondern diese auch zu Kunden bzw. Mietern zu machen. Damit einher geht, gerade auch in entspannten Wohnungsmärkten mit Angebotsüberhang, die Eigenschaft der Frustrationstoleranz. Dies bedeutet konkret, sich durch Misserfolge, sprich Absagen von Kunden, nicht demoralisieren zu lassen. Die Praxisrelevanz dieser Eigenschaft hängt stark von der jeweiligen Situation am lokalen und regionalen Wohnungsmarkt ab. Eine gewisse interkulturelle Kompetenz nimmt aufgrund der oben beschriebenen zunehmenden Heterogenität der Kundinnen und Mieter an Relevanz zu.

In der Praxis hat der Vermieter auf der anderen Seite auch eine »Türsteherfunktion«. Er muss letztendlich den Matching-Prozess entscheiden und damit, welcher Mietinteressent zur Wohnung und zum Umfeld passt und welcher nicht. Er muss denjenigen auswählen, der wirtschaftlich und soziodemografisch für das Unternehmen die beste Wahl sein wird. Es geht also immer wieder auch um Auswahlentscheidungen vonseiten des Vermieters. Viele der zuvor beschriebenen Eigenschaften wie z. B. Kommunikationsfähigkeit oder überzeugendes Auftreten sind auch hier gefragt. Darüber hinaus werden eine gute Menschenkenntnis, eine feine Beobachtungsgabe und Intuition sowie eine sichere Entscheidungsfähigkeit den guten vom weniger guten Vermieter unterscheiden. Abzurunden ist das Idealbild des Vermieters noch durch die Bereitschaft, auch zu unüblichen Zeiten zur Verfügung zu stehen, flexibel zu agieren (Besichtigungstermine, unterschiedliche Cha-

3.1 Personal – ideale Vermieter für Wohnraum

raktere usw.) und Offenheit für Entwicklungen und Innovationen zu besitzen. Freude und Spaß an Immobilien sollten als absolute Grundvoraussetzung immer vorhanden sein.

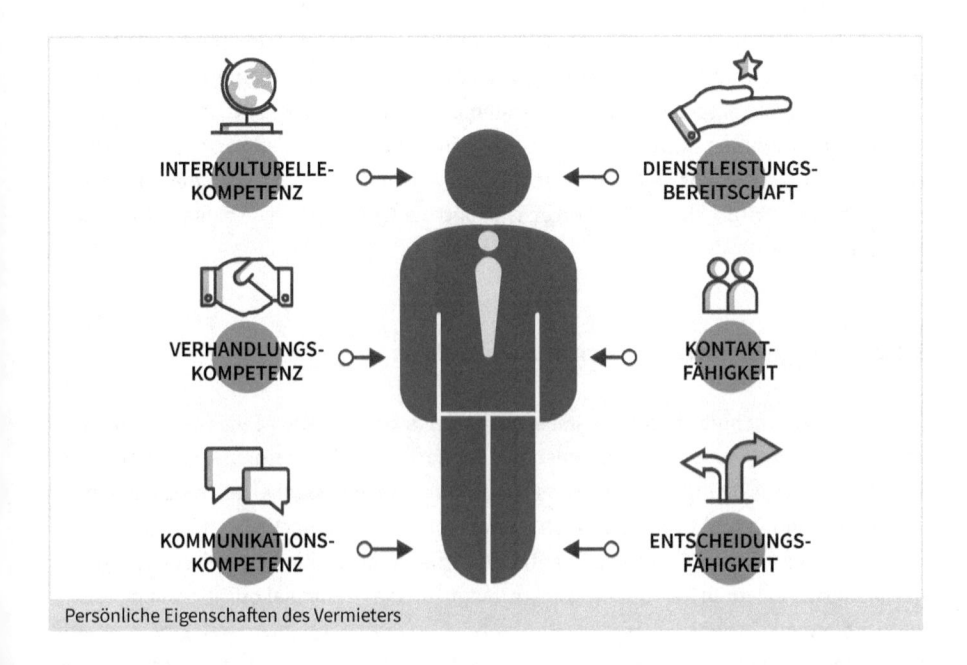

Persönliche Eigenschaften des Vermieters:
- INTERKULTURELLE-KOMPETENZ
- VERHANDLUNGS-KOMPETENZ
- KOMMUNIKATIONS-KOMPETENZ
- DIENSTLEISTUNGS-BEREITSCHAFT
- KONTAKT-FÄHIGKEIT
- ENTSCHEIDUNGS-FÄHIGKEIT

Thomas Körzel

3.1.2 Rekrutierung von Mitarbeitenden in der Wohnungsvermietung

3.1.2.1 Wege der internen Personalakquisition

Grundsätzlich werden zur Personalgewinnung zwei Wege unterschieden, die selbstverständlich in der Praxis parallel gegangen werden können. Zum einen suchen Unternehmen über den internen Rekrutierungsweg passende Persönlichkeiten für vakante Positionen in der Wohnungsvermietung. Oben beschrieben wurde schon der Weg, passenden und interessierten Auszubildenden nach erfolgreich abgeschlossener Ausbildung eine Position als Juniorvermieter anzubieten. Der Erwerb der speziellen Vermietungskompetenzen erfolgt dann über das »training on the job«. Das bedeutet, erfahrene Vermieter übernehmen die Betreuung der »Neuen«, die erst einmal »mitlaufen« und nach und nach Aufgaben selbstständig übernehmen, bis hin zu den ersten eigenen Vermietungsprojekten. Abgerundet werden kann die Qualifizierung durch passende Seminare und Trainings zu den fachlichen und sozialen Kompetenzen, die weiter oben benannt wurden.

Daneben werden häufig auch interne Stellenausschreibungen genutzt, um in den eigenen Reihen Interessenten zu gewinnen. Zusätzlich werden Führungskräfte nach geeigneten Kandidatinnen und Kandidaten aus ihren Teams gefragt. Schließlich ist es sicherlich vorteilhaft, Initiativbewerbungen zu sammeln und eine Bewerberdatenbank aufzubauen. Der Vorteil beim internen Rekrutierungsweg liegt in der gegenseitigen Bekanntheit von Unternehmen und Mitarbeiter. Das Unternehmen kennt sowohl den Kandidaten, der bereits im Unternehmen aktiv war und dessen Fähigkeiten und Erfahrungen daher sicher eingeschätzt werden können. Umgekehrt ist die Tatsache hilfreich, dass der Mitarbeiter bereits mit den Ansprechpartnern, Prozessen und der Organisation im eigenen Unternehmen vertraut ist.

3.1.2.2 Wege der externen Personalakquisition

Sollten am unternehmensinternen Stellenmarkt keine ausreichend geeigneten Kandidaten und Kandidatinnen zur Verfügung stehen, sind andere Wege der Personalakquisition zu beschreiten. Voraussetzung dabei ist, dass das Unternehmen sowohl externe als auch interne BewerberInnen und Bewerber in die Auswahl einbeziehen möchte und bewusst neues Know-how aus anderen Gesellschaften für die Vermietungsposition integriert werden soll. Die häufigsten externen Rekrutierungsinstrumente für die Personalakquisition sind Stellenausschreibungen in Jobbörsen sowie Printanzeigen. Für beide Medienarten gibt es sowohl allgemeine als auch branchenspezialisierte Anbieter. Für den Bereich der branchenübergreifenden Jobbörsen sollen stellvertretend die Portale Stepstone oder Monster genannt sein, branchenspezialisiert ist z. B. IZ-Jobs, die Jobbörse der Immobilien-Zeitung.

Im Bereich der Printmedien sind hier vor allem die großen regionalen (Rheinische Post, WAZ, Berliner Morgenpost, Hamburger Abendblatt etc.) und überregionalen (FAZ, Süddeutsche Zeitung, Welt etc.) Tageszeitungen zu nennen. Branchenspezialisierte Printmedien sind neben der Immobilien-Zeitung die »DW – Die Wohnungswirtschaft« oder das Magazin »Immobilien Manager«.

Für Vermietungspositionen ist die Schaltung von Anzeigen ein adäquates Mittel zur Personalakquise. Der Trend geht eindeutig zu den elektronischen Medien, die häufig preisgünstiger sind und weitere Vorteile bieten, wie z. B. eine längere Verfügbarkeit und einfache Auffindbarkeit. Mittlerweile haben die großen Zeitungen eigene Jobportale aufgebaut, sodass die Anzeigen sowohl als Print- als auch als Online-Ausgabe erscheinen. Als Faustregel gilt: Je jünger die angesprochene Zielgruppe ist und je eher es um Positionen geht, die keine Führungsverantwortung beinhalten, desto eher ist eine Jobbörse die bessere Wahl. In Kombination mit Printanzeigen kann dann eine noch größere Reichweite erzielt werden. Selbstverständlich sollten die offenen Stellen auch auf der unternehmenseigenen Website veröffentlicht werden.

Je jünger die umworbene Zielgruppe, desto mehr kommen auch weitere soziale Netzwerke ins Spiel. Xing, LinkedIn, Facebook etc. werden immer intensiver auch als Jobplattformen genutzt. Von daher ist es sicherlich ratsam, bei der Personalakquisition diese mit in Betracht zu ziehen.

Personalberater und Personalvermittler unterstützen ebenfalls dabei, offene Positionen zu besetzen. Insbesondere für hochspezialisierte Vermieterprofile, schwierige Markt- und Rahmenbedingungen oder auch Positionen mit konkreter bzw. potenzieller Führungsverantwortung kann es sehr nützlich sein, Personalmarktspezialisten mit entsprechender Branchenspezialisierung mit der Suche zu beauftragen. In der Regel ist diese Art der Personalgewinnung allerdings mit den höchsten Kosten in Form von Vermittlungshonoraren verbunden, die im Verhältnis zum Jahresgehalt des Kandidaten stehen.

Weitere, durchaus erfolgversprechende Ansätze für die externe Rekrutierung sind, eigene Netzwerke zu nutzen, Stellenprofile bei der Arbeitsagentur zu schalten und dortige Stellengesuche zu prüfen. Die Präsenz auf Karrieremessen ist ein weiterer sinnvoller Weg.

Die externe Personalrekrutierung kann durch die Einbeziehung eigener Mitarbeitenden in den Rekrutierungsprozess verbessert werden. Dazu wird den Mitarbeitern für deren Anwerbung von Kandidatinnen und Kandidaten aus dem persönlichen oder beruflichen Umfeld eine Erfolgsprämie versprochen, die bei Einstellung ausgezahlt wird. Auch lokale Werbemaßnahmen im öffentlichen Nahverkehr auf Bussen oder Straßenbahnen, Plakatierungen in der Nähe von Wettbewerbsunternehmen oder das Auslegen von Karten, z. B. in Bäckereien oder Cafés, können zur Verbreitung eines offenen Stellenprofils beitragen.

3.1.2.3 Auswahlprozess bei Vermietungsmitarbeitern

Das übliche Prozedere des Rekrutierungsprozesses wird natürlicherweise auch für die Position des Wohnungsvermieters verwendet. Nach Sichtung der Bewerbungsunterlagen und Abgleich mit dem Anforderungsprofil wird eine ABC-Liste erstellt. Die A-Kandidaten verfügen über eine hohe Passung zum Anforderungsprofil und werden zu einem Vorstellungsgespräch eingeladen. Die B-Kandidaten könnten durchaus ebenfalls noch für die Position infrage kommen, auch wenn einige Abweichungen vom Idealprofil festgestellt wurden. Die Bewerber erhalten einen Zwischenbescheid und würden dann zu einem Vorstellungsgespräch eingeladen, wenn die Runde mit den Idealkandidaten nicht erfolgreich verlaufen sollte. Den C-Kandidaten wird freundlich abgesagt.

Daran anschließend erfolgt ein persönliches Vorstellungsgespräch oder wahlweise eine Videokonferenz. Vorstellungsgespräche laufen in Unternehmen sehr unterschiedlich ab. Empfehlenswert ist in jedem Fall ein strukturierter Interviewleitfaden, um die Vergleichbarkeit der Kandidaten zu gewährleisten.

3 Systematischer Wohnungsvertrieb

> DIGITALE EXTRAS
>
> **Interviewleitfaden Kandidatengespräch**
>
> Folgender Leitfaden ist beim Kandidatengespräch zu empfehlen:
> - Warm-up: Begrüßung, Small Talk, Vorstellung der Teilnehmer, Dauer, Ablauf
> - Kurzvorstellung des Unternehmens
> - beruflicher Werdegang des Bewerbers
> - Fragen zu fachlichen Kompetenzen
> - Fragen zu persönlichen und sozialen Kompetenzen
> - Fragen zu beruflichen Zielen und Entwicklungen, Interessen etc.
> - Fragen des Bewerbers zur Stelle, zum Unternehmen, zu Rahmenbedingungen
> - Abschluss: weiteres Vorgehen, Verabschiedung

Bei der Vermietungsposition haben, wie oben beschrieben, nicht nur die fachlichen Anforderungen einen hohen Stellenwert, sondern auch sehr stark die persönlichen Eigenschaften. Zur besseren Beurteilung und Einschätzung der Kandidaten bietet es sich für das Vorstellungsgespräch durchaus an, diese Eigenschaften durch situative Übungen und/oder Testverfahren zu überprüfen.

Psychologische Fragebogenverfahren zu unterschiedlichen beruflichen Kompetenzen stehen als »Paper-and-pencil-Version« sowie internetbasiert zur Verfügung. Die oben beschriebenen Persönlichkeitsmerkmale, über die ein Vermieter verfügen sollte, namentlich Kontaktfähigkeit, Kunden- und Dienstleistungsorientierung, Zuverlässigkeit, ein überzeugendes Auftreten und überdurchschnittliche Kommunikationsfähigkeiten, Verhandlungskompetenz, Abschlussorientierung, Frustrationstoleranz, gute Menschenkenntnis, feine Beobachtungsgabe und Intuition sowie eine sichere Entscheidungsfähigkeit, Flexibilität und Offenheit können direkt oder indirekt über solche Tests erfasst werden. Es ist jedoch zu empfehlen, sich auf eine Auswahl dieser Merkmale zu beschränken, da sonst die Länge des Verfahrens negative Auswirkungen hat. Letztendlich wird dann im schlechtesten Fall eher die Ausdauer des Kandidaten erfasst.

Psychologische Fragebogenverfahren erfüllen durchaus die wissenschaftlichen Gütekriterien (Validität, Reliabilität), jedoch bleibt zu bedenken, dass bei Auswahlentscheidungen Bewerber und Bewerberinnen dazu tendieren, sozial erwünschte Antworten zu liefern, das heißt, sich vorteilhaft darzustellen. Dies kann allerdings durch »Kontrollitems« eingeschränkt und durch ein vorab abgestimmtes Idealprofil umgangen werden. Beispielsweise kann das Merkmal »Extrovertiertheit« im Idealprofil in der Weise eingewertet werden, dass bei 100 möglichen Punkten ein Wert zwischen 60 und 80 in das Idealprofil fällt. Kandidaten, die Items zum Thema Extraversion nicht grundsätzlich in voller Ausprägung beantworten, würden sonst aus dem Profil fallen.

Vorgeschaltete Fragebögen sind bei Auswahlentscheidungen als begleitendes Instrument empfehlenswert, weil sie Hinweise liefern, die im Vorstellungsgespräch dann überprüft, bestätigt oder verworfen werden können. Internetbasierte Verfahren werden von den

Bewerbern für gewöhnlich von zu Hause aus bearbeitet. Diese Verfahrensweise birgt allerdings das Risiko, dass der Kandidat den Fragebogen mithilfe einer anderen Person ausfüllt.

Darüber hinaus besteht die Möglichkeit, die interessierenden sozialen und persönlichen Kompetenzen durch situative Übungen zu analysieren. Dies kann im Rahmen eines Assessment-Centers geschehen und z. B. ein Rollenspiel sein, in dem der Kandidat die Vermieterrolle und der Rollenspielpartner (z. B. der Personaler oder der Vorgesetzte) den Part des Mietinteressenten übernimmt. Weitere situative Fallübungen, z. B. Bewertung eines Mietvertrags oder Erstellung eines Marketingkonzepts für ein Neubauprojekt, können in ein Assessment-Center integriert werden. Auf dieser Basis kann eine professionelle Auswahlentscheidung getroffen werden. Der Aufwand, den die Konzeption und Durchführung solcher Assessment-Center erfordert, ist allerdings sehr hoch und das professionelle Know-how für solche Verfahren nicht in jedem Unternehmen vorhanden. Demgegenüber sind die Kosten bei einer Fehlbesetzung und einem Ausscheiden innerhalb der Probezeit ebenfalls nicht außer Acht zu lassen. Hier muss durchaus mit einem mittleren bis hohen fünfstelligen Betrag gerechnet werden. Von daher kann es sinnvoll sein, ein solches Verfahren unter Begleitung eines spezialisierten Dienstleisters für die Positionsbesetzung durchzuführen.

Ein Kompromiss, der in vielen Fällen dabei helfen kann, das Fehlbesetzungsrisiko zu minimieren, ist ein strukturiertes Interview mit situativen Elementen. Konkret ist damit gemeint, dass die oben beschriebenen Rollenspiele in das Interview als praxisnahe Ergänzung eingestreut werden. Zum Beispiel könnte sich ein derartiges situatives Element an Interviewfragen zur Vorbereitung auf ein Interessentengespräch anschließen. Nachdem der Kandidat die Fragen beantwortet hat, wie er sich auf ein Gespräch vorbereiten würde, welche Dokumente er nutzen, welche Fragen er an den Interessenten stellen würde usw., käme dann die Bitte des Interviewers, eine Sequenz aus einem fiktiven Interessentengespräch durchzuspielen. Aufgrund der Unvorhersehbarkeit solch einer situativen Übung werden die Reaktion und das Verhalten des Bewerbers sehr authentisch sein. Es kommt allerdings sehr stark auf das Verhalten und die Kommunikation des Interviewers an. Der Wunsch, das in das Rollenspiel einzusteigen, sollte selbstsicher und gleichzeitig motivierend geäußert werden. Dies hat den Zweck, Widerstand beim Bewerber zu minimieren, aber auch den Stresspegel des Bewerbers nicht zu sehr zu erhöhen. Hilfreich ist es dabei, wenn der Interviewer selbst solche Rollensituationen authentisch bewältigen kann, was in der Regel einer vorhergehenden Schulung bedarf.

Es ist nicht zu empfehlen, mehr als zwei bis drei solcher Sequenzen in ein Interview einzubauen. Das Gespräch sollte die Dauer von zwei Stunden nicht überschreiten.

Um den Faden des Ablaufs von Auswahlprozessen an dieser Stelle wieder aufzunehmen, würde anschließend eine Entscheidung für ein oder zwei passende Kandidatinnen und Kandidaten getroffen. Mit diesen Auserwählten folgen bei gegenseitigem Interesse der Einstieg in Vertragsverhandlungen und der finale Abschluss eines Arbeitsvertrags.

Thomas Körzel

3.1.3 Gehälter und Incentivierungen

In vielen Wohnungsunternehmen, vor allem im kommunalen Bereich, greift für Mitarbeiterinnen und Mitarbeiter in der Wohnungsverwaltung der zwischen dem Arbeitgeberverband der deutschen Immobilienwirtschaft e.V. und den Gewerkschaften ver.di und IG Bauen-Agrar-Umwelt ausgehandelte Tarifvertrag der Wohnungswirtschaft. Häufig werden die Mitarbeiter und Mitarbeiterinnen in der Wohnungsvermietung nach Tarif bezahlt, teilweise auch übertariflich. Eine überdurchschnittliche ggf. sogar übertarifliche Vergütung ist die Regel bei Führungspositionen in der Vermietung, z.B. bei Bereichsleitern, Abteilungsleitern oder Teamleitern.

Je nach Berufserfahrung, Qualifizierung und unternehmensinternen Besonderheiten liegen die Gehälter für Vermietungsmitarbeiter zwischen jährlich ca. 30.000 und 60.000 Euro brutto. Hierin enthalten sind in den meisten Fällen ein 13. Gehalt (in der Regel Weihnachtsgeld) und Urlaubsgeld. Ungefähr zwei Drittel der Unternehmen haben im Bereich der Vermietung einen variablen Gehaltsbestandteil, der im Durchschnitt bei ca. fünf Prozent des Gesamtgehalts liegt und bei entsprechenden Erfolgen in der Vermietung ausgezahlt wird. In anderen Unternehmensstrukturen, z.B. in Immobilienmaklerbüros, kann je nach vertrieblicher Ausrichtung des Unternehmens der variable Vergütungsanteil bis zu 50 Prozent des Gesamtgehalts betragen. Häufig können die Vermieter Poolfahrzeuge für die Außentermine nutzen. Dienstwagen sind auf der Mitarbeiterebene weniger verbreitet aber ebenso optional. Ein Smartphone sowie Tablet oder Laptop gehört in den meisten Fällen zur Ausstattung des Mitarbeiters.

Führungskräfte auf der zweiten Ebene (unterhalb der Geschäftsführung oder des Vorstandes) verdienen im Durchschnitt zwischen 95.000 und 105.000 Euro, davon sind ca. zehn Prozent variabler Gehaltsbestandteil. Führungskräfte der dritten Ebene liegen im Durchschnitt bei ca. 70.000 bis 80.000 Euro bei einem ebenfalls bei ca. zehn Prozent liegenden variablen Anteil. Bei Führungskräften gehört neben Smartphone, Tablet oder Laptop ein Dienstfahrzeug häufig zur Ausstattung.

Die vorgenannten Vergütungsspannen variieren je nach Größe und Art des Unternehmens sowie seiner regionalen Lage.

Das Instrument der variablen Vergütung wird in erster Linie zur Motivation und Leistungssteigerung bei Mitarbeiterinnen und Mitarbeitern im (Vermietungs-)Vertrieb eingesetzt. Teilweise verfolgt der Arbeitgeber die bewusste Förderung des Wettbewerbs zwischen den Vertriebsmitarbeitern. Es existieren unterschiedliche Modelle, angefangen bei Ranglisten, bei denen die Mitarbeiter und Mitarbeiterinnen regelmäßig verglichen und zum Beispiel nach Umsatz eingestuft werden, bis hin zu einem gemeinsamen Topf an Prämien, die gleichmäßig auf das Team verteilt werden. Die gewöhnlichen Wohnungsunternehmen haben einen im Vergleich zu anderen Bereichen der Immobilienwirtschaft (z. B. Makler oder Projektentwickler), aber auch zu anderen Branchen (Versicherungen, Handel etc.) einen geringen erfolgsabhängigen Anteil an der Gesamtvergütung. Bei der Vermietung von Wohnraum geht es insbesondere bei verwurzelten Bestandshaltern weniger um den schnellen Vermietungsumsatz, sondern vielmehr um eine ausgewogene und nachhaltige Entscheidung für den passenden Mieter.

Die Leistungen und die Erfolge der Vermieter sind teilweise nur schwer in eine sinnvolle Relation zu setzen. Dies folgt aus der ausgesprochenen Heterogenität der zu bearbeitenden Wohnungen. Die Quartiere, die einzelne Vermieter betreuen, sind oft nicht oder nur schwer miteinander vergleichbar. Es gibt ferner soziale Gründe, die bei der Mieterauswahl zu berücksichtigen sind. Im Hinblick auf die absoluten Vermietungszahlen macht es beispielsweise einen großen Unterschied, ob der Vermieter ein Neubauprojekt betreut oder im Bestandsbereich agiert. Dennoch werden Vermietungserfolge auch in Wohnungsunternehmen durchaus über Prämien und variable Vergütungsbausteine incentiviert.

> **Hinweis: Variable Vergütung**
>
> Eine erfolgsbasierte Vergütung bzw. Honorierung ist im Vertrieb Usus. Dies liegt an der starken Ziel- und Leistungsorientierung der Tätigkeit. Auch im speziellen Fall des Vermietungsvertriebs zählen am Ende des Tages einzig und allein Ergebnisse, keine Bemühungen. Erfolgsbasiertes Arbeiten erfordert viel Durchhaltevermögen, Disziplin, Schnelligkeit und auch Flexibilität. Der Grundsatz »Der Kunde ist König« gilt nirgends so stark wie im Vertrieb. Für den erfolgreichen Vermieter stehen in einem Unternehmen verschiedene Arten der Incentivierung zur Verfügung. Die Zahlung einer Provisions- bzw. Zusatzvergütung für erfolgreich abgeschlossene Mietverträge ist ein probates Mittel. Daneben gibt es auch die Möglichkeit, eine Bonuszahlung an das Erreichen bestimmter KPIs zu koppeln (siehe Kapitel 5.2.4). Eine Motivation des gesamten Teams über für das Team definierte Ziele ist ebenfalls ratsam. Dies trifft auch auf einen Prämienpool zu, der an mehrere Mitarbeiterinnen und Mitarbeiter ausgezahlt wird.
> Neben rein monetären Anreizen gibt es auch eine Vielzahl von Sachleistungen, die als Belohnung und Motivation für den Vermieter dienen. Die nachfolgenden Incentives sind insbesondere für vertriebsaffine Unternehmen wie z. B. Immobilienmakler praktikabel: Dazu zählt die Auslobung einer Reise, die der Vermieter gemeinsam mit seiner Familie antreten kann. Die Einbeziehung und Belohnung des privaten Umfelds erfolgen dabei bewusst, da es häufig die Familie ist, die einem erfolgreichen Vertriebler den Rücken stärkt. Die Familie ermöglicht es ihm etwa, flexibel in Bezug auf seine Arbeitszeit und erfolgsbasiert aufgrund seiner schwankenden Einkommenssituation agieren zu können. Eine weitere Art der Incentivierung stellt das Upgrade bei IT-Produkten (Smartphone, Notebook etc.) oder bei der Auswahl des Dienstfahrzeugs dar. Ebenso beliebt ist die gelegentliche Zurverfügungstellung von VIP-Tickets für Sportveranstaltungen oder andere Events – im Einklang mit den gängigen Compliance-Regelungen. Diese kleinen Aufmerksamkeiten sorgen dafür, dass die Stimmung positiv bleibt und der Vermieter Lob sowie Anerkennung erhält.

Die TAG Immobilien AG, ein im MDAX gelisteter Wohnungskonzern, mit einem bundesweiten Bestand von rund 85.000 Einheiten verfolgt bei der Incentivierung der Mitarbeiterinnen und

Mitarbeiter eine langfristige Motivationsstrategie. Claudia Hoyer[93], COO des Unternehmens, berichtet von einem Mitarbeiteraktienprogramm. Die Mitarbeiter und Mitarbeiterinnen erhalten Aktien und werden damit gleichzeitig zu Shareholdern. Sie identifizieren sich durch diese Maßnahme langfristig mit dem Unternehmen und seinen Erfolgen. Das eigene Tun rückt damit jeden Tag von der individuellen Ebene in den Kontext des kollektiven Nutzens.

Thomas Körzel

3.1.4 Fort- und Weiterbildung

Die Weiterbildungslandschaft in Deutschland ist sehr weit. Es gibt eine große Anzahl von Akademien, Instituten, Schulen und weiteren Anbietern, die im Bereich der Wohnungswirtschaft Qualifizierungsangebote bereitstellen. Große Anbieter sind beispielsweise das Europäische Bildungszentrum der Wohnungs- und Immobilienwirtschaft (EBZ) in Bochum, eine gemeinnützige Stiftung mehrerer Wohnungsverbände. Das EBZ bietet neben der Ausbildung von Immobilienkaufleuten Fortbildungen z. B. zum Fachwirt der Immobilienwirtschaft sowie unterschiedliche Bachelor- und Masterstudiengänge an – somit ein breites Spektrum an fachlichen Qualifizierungen für unterschiedliche Immobilienberufe. Daneben werden auch vielfältige Seminare und Kurse im überfachlichen Bereich angeboten – zum Ausbau von persönlichen, sozialen und Methodenkompetenzen. Ähnliche Angebote bietet u. a. auch die BBA – Akademie der Immobilienwirtschaft in Berlin.

Weitere spezialisierte Anbieter von fachbezogenen und überfachlichen Veranstaltungen sind ohne Anspruch auf Vollständigkeit z. B.:
- Akademie der Immobilienwirtschaft (ADI), Stuttgart
- Deutsche Immobilien Akademie (DIA), Freiburg
- Europäische Immobilien Akademie e. V. (EIA), Saarbrücken
- Europäisches Institut für postgraduale Bildung (EIPOS), Dresden (vor allem für bautechnische Seminare)

Daneben bieten die IHKs und die regionalen und überregionalen Verbände in der Wohnungswirtschaft eine breite Palette von Weiterbildungsmöglichkeiten an. Auch private Anbieter sind im Markt aktiv, stellvertretend soll hier die Haufe Akademie mit Hauptsitz in Freiburg genannt werden.

Schauen wir auf die fachlichen Kompetenzen, sind für Mitarbeiterinnen und Mitarbeiter in der Vermietung folgende Themenbereiche sicherlich von Nutzen:
- allgemeine BWL-Kenntnisse
- Betriebskosten

---

93 Expertengespräch mit Claudia Hoyer, TAG Immobilien AG vom 11.09.2020.

- gebäudetechnisches Grundwissen
- Immobilienbewertung
- Marketing
- Mietrecht
- Vertrieb

Im überfachlichen Bereich steht der Themenkomplex Kommunikation in unterschiedlichen Facetten im Vordergrund. Unter anderen sind folgende Aspekte von Interesse:
- Eventmanagement
- Medieneinsatz (digital und analog)
- Rhetorik
- Verhandlungsführung

3.1.5 Vertriebscoaching

Die Fort- und Weiterbildung von Vermietern bezieht sich häufig auf die theoretischen Fachinhalte. Insbesondere juristische Fragestellungen des Mietrechts stehen im Fokus von Weiterbildungsangeboten. Das Mietrecht unterliegt von Natur aus einer hohen Aufmerksamkeit des Gesetzgebers, nicht zuletzt weil ein Großteil der Wählerschaft aus Mieterinnen und Mietern besteht. Darüber hinaus aktualisieren sich Interpretationen und Einzelheiten der Ausgestaltung durch die ständige Mietrechtsprechung. Wer seine Kunden und Kundinnen demnach optimal beraten möchte, tut gut daran, up to date zu bleiben. Vermieter sollten allerdings auch regelmäßig ein vertriebliches Coaching durchlaufen, um fokussiert zu bleiben. In der Praxis wird die vertriebliche Weiterbildung oft vernachlässigt, weil die diesbezüglich im Alltagsgeschäft benötigten Kompetenzen vielfach von Führungsseite fälschlicherweise als selbstverständlich vorausgesetzt werden.

Vertriebliche Kompetenzen bedürfen der regelmäßigen Schulung. Im Fokus des Coachings steht dabei der gesamte Vermietungsprozess. Bereits das richtige Telefonverhalten ist als erster kundenseitig spürbarer Berührungspunkt zwischen Mietinteressenten und Vermieter entscheidend. Weiterhin zählt das optimale Agieren während eines Besichtigungstermins dazu, genauso wie die Vorbereitung und letztendlich der Abschluss des Mietverhältnisses. Auch der After-Rent-Service hat verschiedene Aspekte, die durch Coaching in Erinnerung gerufen und erprobt werden. Das persönliche Auftreten und die subjektive Wirkung auf den Mietinteressenten sind ein wesentlicher Bestandteil regelmäßiger Coachings.

In der wohnungswirtschaftlichen Praxis empfiehlt es sich, spezialisierte Vertriebscoachings von Dritten in Anspruch zu nehmen. Führungskräfte haben für diese zeitintensive Tätigkeit in ihrem eng getakteten Terminkalender oft nicht die Freiräume. Ferner haben sie teilweise selbst nicht die idealen Voraussetzungen und sind in manchen Bereichen des Vermietungsprozesses »betriebsblind«. Dies führt dann dazu, dass an sich verbesserungswürdige Prozesse nicht erkannt werden oder bewusst nicht angegangen werden, weil man diese vielleicht vor Jahren selbst eingeführt hat. Internen Kräften fehlt darüber hinaus häufig der Blick über den Tellerrand des eigenen Unternehmens. Externe Coaches hingegen können die Erfahrung aus anderen Unternehmen, anderen Wohnungsmärkten und verschiedenen Zielgruppen einbringen. Ihre Beratung und Schulung wird dadurch vielfach objektiver und sachlicher.

Ein weiterer großer Vorteil externer Beratung liegt darin, dass hier offen und sachlich Probleme angesprochen sowie Verbesserungsvorschläge unterbreitet werden können. Der externe Coach steht nicht in Verdacht, Unternehmenspolitik zu machen oder eben persönliche Differenzen auf dem betrieblichen Spielfeld austragen zu wollen. Ein professionelles Vermietungscoaching sollte mindestens folgende Punkte umfassen:

- Auftreten und Wirkung beim Mietinteressenten
- Coaching im Außen-/Innendienst
- Telefontraining
- individuelle Vermietungsskills
- Kundenorientierung
- Mietinteressentenkommunikation
- Mieterrückgewinnung
- Umgang mit problematischen Mietinteressenten

Der in Deutschland immobilienwirtschaftlich führende Vertriebscoach Ulrich Krause vom Wirtschaftspädagogischem Institut (WPI) in Hannover empfiehlt praktische Coachingeinheiten »on the job«.[94] Dabei wird der Vermieter von einem Coach in seinem Tagesgeschäft begleitet. Der Coach beobachtet und analysiert in einem ersten Schritt die Verhaltensweisen und Muster des Vermieters. In einem zweiten Schritt werden ihm dann individuell abgestimmte Verbesserungsvorschläge gemacht. Das neu Gelernte wird gemeinsam in der Praxis in der Situation mit dem Mietinteressenten angewendet und erprobt. Eine Nachjustierung erfolgt so lange, bis Coach und Vermieter mit den praktischen Ergebnissen zufrieden sind.

Guter Vermietungsvertrieb ist ein Weg und kein Ziel. Nur wer sich täglich neu motivieren kann und sich nicht scheut, alteingesessene Gewohnheiten beizeiten über Bord zu werfen, kann mittel- bis langfristig erfolgreich in diesem Beruf bestehen.

---

94 Expertengespräch mit Ulrich Krause, Geschäftsführer Wirtschaftspädagogisches Institut Hannover GmbH vom 27.06.2020.

3.1.6 Führung von Vermietern

Die erfolgreiche Führung von Vermietern ist eine komplexe Aufgabe. Sie erfordert ein hohes Maß fachlicher und emotionaler Kompetenz, ebenso wie Durchsetzungsfähigkeit und Durchhaltevermögen. An erster Stelle steht zunächst das Bewusstsein dafür, was genau von einer Führungskraft im Vermietungsvertrieb erwartet wird. Die Führungsaufgaben gliedern sich nach Bielinski[95] wie folgt:

3.1.6.1 Visionen finden und geben

Eine zentrale Aufgabe einer Führungskraft im Vermietungsvertrieb ist das Finden und Vermitteln von Visionen. Dies mag auf den ersten Blick pathetisch klingen, hat aber in der Praxis eine sehr hohe Bewandtnis. Eine Vision ist zunächst ein inneres Bild, eine individuelle Vorstellung einer zukünftigen Realität. Diese Vision kann und darf alles sein – nur nicht negativ. Die Positivität ist Grundvoraussetzung, um in der Folge Erfolge feiern zu können. Eine Vision hat dabei im unternehmerischen Leben zwei Ebenen:
1. eine Sachebene bei der es um Größen, Zahlen und Fakten geht
2. eine emotionale Ebene, bei der es um Gefühle und Stimmungen geht

Bevor diese beiden Ebenen näher erläutert werden, sollte noch geklärt werden, warum das Visionäre kein Selbstzweck ist und welche Hintergründe es hat, eine Vision zu schaffen und diese seinem Team zu vermitteln. Das Ziel der Vision ist die langfristige Motivation aller Beteiligten. Der Vermietungsprozess findet tagtäglich, Woche für Woche, Monat für Monat statt. Erfolg hat nur, wer nicht nur an einem einzelnen Tag erfolgreich agiert, sondern wer es schafft, permanent persönliche Bestleistung zu erbringen. Eine gute, begeisterungsfähige und mitreißende Führungskraft kann durch eine morgendliche Ansprache der Vermieter sicherlich punktuell Begeisterung wecken und damit Motivation für den Tag schaffen. Diese punktuelle Begeisterung beim Vermieter wird allerdings oft schon am darauffolgenden Tag verflogen sein. Eine starke Vision dient dazu, den Mitarbeitenden bzw. Vermietern und Vermieterinnen einen langfristigen, übergeordneten Grund zur Begeisterung zu geben. Dieses Etwas sollte so groß und bedeutend sein, dass jeder Vermieter daraus tagtäglich selbst seine Motivation und Begeisterung ziehen kann.

Der erfolgreichen Führungskraft gelingt es, beide Ebenen miteinander zu verbinden. In der Vermietungspraxis kann für die Sachebene relativ leicht eine Vision gefunden werden. Gerade bei der Portfoliovermietung kann anhand von Kennzahlen eine konkrete Vision gefunden werden. Ein Portfolio mit hohen Leerstandsquoten kann daher mit der Vision bearbeitet werden, die Vollvermietung herzustellen. Die Vision kann auch darin bestehen,

---
95 Bielinski, S. 104.

den durchschnittlichen Vermietungszeitraum um vier Wochen zu verkürzen und damit auf Jahressicht höhere Mieteinnahmen für die Wohnungsgesellschaft zu bewirken. Diese Visionen sind für jedermann verständlich und klar nachvollziehbar.

Die Eigenmotivation der Mitarbeiterinnen und Mitarbeiter wird allein durch die Sachebene in der Regel aber nur sehr schwer erreicht. Viel wichtiger ist es, die emotionale Verbindung herzustellen. An dieser Stelle kommen die Werte, die der Vermietungsvertrieb und das gesamte Unternehmen leben wollen, ins Spiel. Werte motivieren Menschen. Eine Vielzahl von Werten kann in Betracht gezogen werden: Vertrauen, Freude an der Arbeit, Zuverlässigkeit, Geduld, Wille, Durchsetzungsvermögen, Toleranz, Ehrlichkeit, Respekt, Selbstkritik und vieles mehr.[96] Wer es schafft, aus diesen Bausteinen ein Wertefundament für den Vermietungsvertrieb zu errichten, wird die Basis für eine starke, motivierende Vision legen. Wichtig ist dabei, dass sich die Teammitglieder mit den Werten identifizieren und diese selbst leben wollen. Eine hohe interne Identifikation kann erreicht werden, wenn gemeinsam mit den Mitarbeitenden eine Leitlinie z. B. im Rahmen eines Workshops entworfen wird. Die Mitarbeiter und Mitarbeiterinnen sind dann bereits im Entstehungsprozess Teil der späteren Vision und sind in der Lage, persönliche, individuelle Beiträge, Wünsche und Vorstellungen einfließen zu lassen. Bei der gemeinsamen Kreation einer Vision ist es wichtig, dass diese nicht zu klein und unbedeutend ausfällt. Je größer die Vision, je größer das Gesamtbild, desto eher lassen sich Mitarbeitende dafür dauerhaft begeistern. Konkrete Visionen für den Vermietungsvertrieb sollten in der Praxis mit Superlativen zusammenhängen:

- die kompetenteste Vermietung in der Region
- der beste Kundenservice im Bundesland
- die höchsten Vermietungszahlen der Unternehmensgeschichte
- Marktführer in der Vermietung in einer Stadt

Diese Liste ließe sich beliebig fortsetzen.

3.1.6.2 Erreichbare Ziele definieren

Sobald eine großartige und motivierende Vision für die gemeinsame Teamarbeit etabliert wurde, gilt es, die Umsetzung zur Realisierung der Vision in der Gegenwart anzugehen. Dieser Schritt erfordert von der Führungskraft Planung und Weitsicht. Sportliche Analogien treffen in vertrieblichen Angelegenheiten häufig zu. Die Vision, die Tour de France zu gewinnen, kann nur dann in die Realität umgesetzt werden, wenn möglichst viele Etappensiege gelingen. Genauso verhält es sich mit unternehmerischen Visionen. Diese sind in einzelne Etappen oder Zwischenschritte zu unterteilen. Jede Etappe hat an ihrem Ende

---

96 Vgl. Bielinski, S. 94.

ein Ziel. Auf dieses Ziel können sich alle Teammitglieder fokussieren und gemeinsam darauf hinarbeiten. Insofern heißt Führung im Vermietungsvertrieb, die richtige Zielsetzung vorzunehmen. Die Etappenziele müssen

a) messbar und
b) einigermaßen realistisch zu erreichen

sein. Nur auf diese Art können sich in der täglichen Arbeit nach und nach kleine, messbare Erfolge einstellen. Erfolgserlebnisse sind das Lebenselixier eines jeden guten Vermieters. Langfristig wird nur derjenige dauerhaft engagiert bleiben, der auf seinem vertrieblichen Weg genügend Erfolgserlebnisse hat und die damit verbundene Anerkennung spürt.

3.1.6.3 Strategien erarbeiten

Eine weitere Führungsaufgabe besteht darin, für die gesetzten Ziele und Etappen Strategien zu entwickeln, um sie auch zu erreichen. Führungskräfte haben dazu einen umfangreichen Werkzeugkasten, der aus verschiedenen Tools besteht. Dazu gehören nach Bielinski[97] u. a.:

- Analysen
- Steuerungsmodelle zur Zielerreichung
- Kommunikation
- Führungsstil
- Personalorganisation

Strategien dienen dazu, die theoretischen Gedanken in konkretes Handeln zu transformieren. Ein wesentlicher Punkt ist bei der Erarbeitung einer passenden Strategie die Berücksichtigung der individuellen Stärken und Schwächen eines jeden Vermieters. Pinczolits[98] hat dabei zur besseren Einordnung die Leistungspräferenz, Leistungsintelligenz und Leistungsmotivation als analytischen Maßstab im Vertriebskontext entwickelt.

3.1.6.4 Entscheidungen treffen

Erfolgreiche Führung kann nur gelingen, wenn fortwährend und schnell möglichst richtige Entscheidungen getroffen werden. Aus hiesiger Sicht ist diese Anforderung an eine Führungskraft einer der entscheidenden Punkte bei der Unterscheidung zwischen guten und schlechten Führungskräften. Entscheidungen schnell und richtig zu treffen kann nur gelingen, wenn

---

97 Bielinski, S. 94.
98 Pinczolits, S. 34 ff.

a) die Führungskraft ihre Hausaufgaben gemacht hat und ihr Business versteht. Das bedeutet, dass erforderliches Fachwissen und genügend praktische Erfahrungen vorhanden sein müssen, um tagesaktuelle Situationen im Berufsalltag vollständig geistig erfassen zu können.
b) die Führungskraft dynamisch und schnell Informationslücken oder sonstige Fragestellungen klärt und Hindernisse aus dem Weg räumt.

In der Praxis kann häufig beobachtet werden, dass exzellente Vermieter und Mitarbeiter an Führungsaufgaben scheitern. Sie haben genügend theoretisches und praktisches Wissen, um die richtigen Entscheidungen treffen zu können. Woran es scheitert, ist lediglich die konsequente Umsetzung einer getroffenen Entscheidung. Dazu bedarf es einer gehörigen Portion Mut und Durchsetzungsvermögen. Gerade jüngere Mitarbeiter und Mitarbeiterinnen haben Sorge, sich bei der Durchsetzung unbeliebt zu machen oder im Unternehmen bzw. im Kollegenkreis unangenehm anzuecken. Die Angst vor Widerständen und Gegenwind hält viele gute Mitarbeiter zurück. Verantwortungsvolle Unternehmensverantwortliche identifizieren diese wertvollen Mitarbeitenden und helfen ihnen durch Rückhalt, Schulung und Unterstützung, mit der Zeit in eine Führungsrolle hineinzuwachsen.

Zur Wahrheit gehört allerdings auch dazu, dass eine Topführungskraft eine gehörige Portion angeborenes bzw. in der Kindheit entfaltetes Talent mitbringt. Die Entscheidung, Profi-Fußballer zu werden, kann theoretisch jedes Kind oder jeder Jugendliche treffen. Die Umsetzung allerdings wird in der Praxis nur gelingen, wenn ein gewisses Talent vorhanden ist. Und unter den Talentierten wiederum werden nur diejenigen Erfolg haben, die am härtesten und kontinuierlichsten trainieren. Erfolgreiche Führung unterliegt ähnlichen Mechanismen. Entscheidungen zu treffen heißt auch, Verantwortung zu übernehmen. Verantwortung für die Ergebnisse, die aus diesen Entscheidungen folgen. Die Bereitschaft, Verantwortung zu übernehmen, impliziert, dass die Führungskraft sowohl für gute als auch für schlechte Ergebnisse einsteht. Dies erfordert wiederum Selbstbewusstsein und Mut.

Entscheidungen bringen Dynamik in Prozesse. Sie stoßen neue Handlungsabläufe und Prozessschritte an. Es geht buchstäblich weiter, wenn Entscheidungen getroffen werden. Vermietungsteams befinden sich oft vor Wegabzweigungen und es stellt sich die Frage, in welche Richtung man nun gemeinsam weiterläuft. Hier kommt die Führungskraft ins Spiel, die eine Entscheidung trifft, diese kommuniziert und die für das weitere zukünftige Geschehen die Verantwortung übernimmt.

> **Tipp: Entscheidungen gemeinsam treffen**
>
> Jungen Führungskräften kann die Angst vor Entscheidungen genommen werden, indem sie lernen, dass die Verantwortung für die Ergebnisse keine Bürde darstellt. Sobald eine größere Gruppe von Personen von einer Entscheidung betroffen ist, wird man es als Entscheider nur in den seltensten Fällen allen Beteiligten recht machen können. Als Führungskraft ist es wichtig, die Mitarbeiterinnen und Mitarbeiter in den Entscheidungsfindungsprozess aktiv einzubeziehen. He-

rausfordernde, komplexe Situationen sollten im Team erörtert werden. Dabei empfiehlt es sich, verschiedene Lösungswege gemeinsam zu erarbeiten und Szenarien zu modellieren. Meistens ergeben sich aus diesen ergebnisoffenen Erörterungen bereits die besten Handlungsoptionen. Hat man die in diesem Moment beste Option erkannt, liegt die Aufgabe der Führungskraft manchmal lediglich darin zu entscheiden, dass sie konsequent und genau so wie besprochen umgesetzt wird. Die Führungskraft übernimmt dann die Verantwortung für den eingeschlagenen Weg. Dies befreit die anderen Mitarbeiter und Mitarbeiterinnen von einer Last. Sie können sich unbeschwert auf den Weg machen, weil sie wissen, dass ihr Handeln quasi von oberer Stelle legitimiert ist. Gleichzeitig braucht man als Führungskraft bei einer derartigen Konstellation keine Angst vor einem Scheitern haben, weil die Teammitglieder wissen, wie die Entscheidung zustande gekommen ist, und weil sie selbst daran beteiligt waren. Bei einem Scheitern wird es für die operative Ebene demnach keinen oder nur schwachen Anlass zur Kritik geben.

3.1.6.5 Kontrollieren

Das Kontrollieren ist wesentlicher Bestandteil von Führung. Es geht dabei darum, einen Soll-Ist-Vergleich anzustellen und bei prozessualen Abweichungen zu justieren. Das Erkennen von Abweichungen und die Korrektur von Fehlern erfordern Ergebnisverantwortung. Gerade der Vermietungsprozess bietet in der Praxis mannigfaltigen Raum für Planabweichungen. Jeder Teilbereich der Wohnungsvermarktung ist anfällig für Fehler und Unterlassungen. Das vollständige Ausschöpfen aller Marketingalternativen ist in der Praxis häufig ein schwieriges Unterfangen. Selbst wenn ein unternehmensweiter Konsens dahin gehend besteht, dass beispielsweise alle Leerwohnungen bei der Vermarktung mit »Nasenschildern« ausgestattet werden, wird dies in der Praxis sicherlich bei vielen Objekten de facto nicht ohne Weiteres passieren. Hier ist eine kontinuierliche Qualitätskontrolle erforderlich, um die einmal festgelegten Mindeststandards auch flächendeckend einzuhalten.[99]

3.1.6.6 360-Grad-Kommunikation und Feedback

Führungskräfte haben insbesondere umfangreiche Kommunikationsaufgaben. Sie sind nicht nur Ansprechpartner für ihr eigenes Team, sondern auch für die Führungskräfte aus anderen Abteilungen. Gleichzeitig sind sie häufig Ansprechpartner bzw. Eskalationsinstanz für Kunden und Kundinnen bzw. Mietinteressenten. Die Führungskraft im Vermietungsvertrieb besitzt zudem eine kommunikative Scharnierfunktion zu anderen in den Vermietungsprozess involvierten Abteilungen oder externen Dritten. Insbesondere sind mit technischen Ansprechpartnern häufig Abstimmungen zu tätigen, da zu vermietende Wohnungen in aller Regel technisch instand gesetzt oder geprüft werden müssen. Daneben entfalten Marketingaktivitäten ein relativ großes Gewicht. Die kommunikativen Fähigkeiten sind vor diesem

---

[99] Vgl. Lohse, S. 260.

Hintergrund enorm wichtig. Die Kunst besteht im Umgang mit eigenen Kolleginnen und Kollegen, anderen Abteilungen sowie externen Dienstleistern darin, auch diese in die eigene Vision zu integrieren, sie zu motivieren und im Zweifelsfall auch zu kritisieren oder als ultima ratio auszutauschen. Die Führungskraft im Vermietungsvertrieb übernimmt es in ihren Arbeitsalltag, Lob, Anerkennung und konstruktive Kritik zu äußern. Dies sollte nicht für besondere Anlässe oder Meetings aufgespart werden, sondern kontinuierlich in den Arbeitsalltag einfließen. Voltaire ist zuzustimmen, wenn er meint: Das Bessere ist der Feind des Guten.

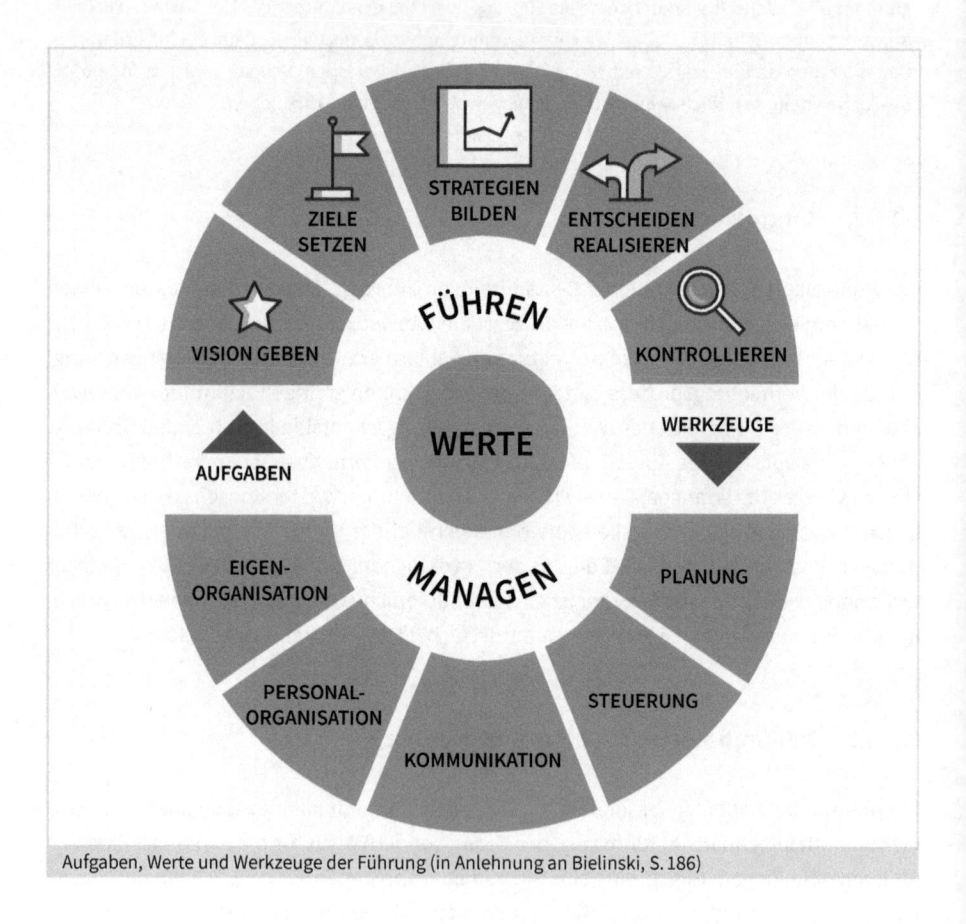

Aufgaben, Werte und Werkzeuge der Führung (in Anlehnung an Bielinski, S. 186)

3.2 Vertriebsoptimierte Wohnungsvermarktung

Ein guter Vermieter ohne entsprechende Vermarktungsinstrumente ist ebenso wirkungslos wie ein Handwerker ohne Werkzeugkasten. Wohnungsbestände können nur erfolgreich vermietet werden, wenn der vorgelagerte Vermarktungsprozess richtig und stringent umgesetzt wird. In einem ersten Schritt ist dabei die marktkonforme Produktkonzeption von wesentlicher Bedeutung. Der Wohnungsvertrieb muss dabei im bestehenden Marktumfeld ausloten, welche Chancen das eigene Produkt realistisch hat und an welchen Stellschrauben etwaige Nachjustierungen erforderlich werden. Anschließend wird der Vermietungsvertrieb die richtige Marketingstrategie benötigen, um die Instrumente aus der digitalen und analogen Marketing-Toolbox bestmöglich einzusetzen.

3.2.1 Marktsituation – Produktkonzeption

In Zeiten von Wohnungsknappheit und steigenden Mieten in Metropolstädten lehnen es viele Menschen im wohnungspolitischen Diskurs ab, Wohnungen als marktwirtschaftlich disponibles Wirtschaftsgut und damit als originäres Produkt zu definieren. Diese Haltung ist aus emotionaler Sicht nachzuvollziehen, hat aber in der wohnungswirtschaftlichen Praxis keinen Sachbezug. Wohnbestände können unter verschiedenen sozialen, kulturellen und wirtschaftlichen Gesichtspunkten betrachtet werden – am Ende stellt jede einzelne Wohnung, die am Markt zur Vermietung angeboten wird, ein Wohnungsprodukt dar. Produkte stehen im Wettbewerb zueinander und unterscheiden sich anhand von verschiedenen Kriterien. Die Gunst des Verbrauchers bzw. Mieters entscheidet schlussendlich darüber, ob ein angebotenes Wohnungsprodukt zu einem bestimmten Mietpreis vermietet wird oder nicht.

3.2.1.1 Wettbewerbsanalyse

Bei der Wettbewerbsanalyse ist für jede zu vermietende Wohnung eine Portfolioeinordnung auf Makro- und Mikroebene vorzunehmen. Dabei erfolgt die Einordnung anhand des gängigen Portfoliomodells von Kofner/Kook/Sydow[100] oder des fünfdimensionalen Portfoliomodells von Dietrich.[101] Wesentliche Beurteilungskriterien sind für die vertriebsorientierte Wettbewerbsanalyse:
- Makrostandortqualität
- Mikrostandortqualität
- baulicher Zustand
- erzielbare Miethöhe je Quadratmeter
- Vermietungsgeschwindigkeit bzw. Dauer des Leerstands

Diese Auflistung führt bei der Einordnung der zu betreuenden Wohnungen anschaulich vor Augen, an welcher Stelle im operativen Tagesgeschäft »quick wins« im eigenen Wohnungsbestand zu erzielen sind. Dies sind die Wohnungen, die innerhalb des eigenen Portfolios bereits im oberen Drittel der Einordnung anhand der oben genannten Kriterien

---

100 Kofner/Kook/Sydow, S. 78; Kook/Sydow, S. 42 ff.
101 Dietrich, S. 104.

liegen. Die Qualität des Makrostandorts entzieht sich in der Regel dem Einflussbereich der konkret handelnden Person bzw. des ganzen Unternehmens. Der Makrostandort ist ein Ergebnis historischer Entwicklungen mit politischen, wirtschaftlichen und soziokulturellen Hintergründen. Auch der Mikrostandort kann nur mit erheblichen monetären oder zeitlichen Aufwendungen ins Positive verändert werden. Änderungen zeigen auf lange Dauer Wirkung und hängen vom gemeinsamen Streben vieler Menschen im Quartier ab.

Die eigentliche Wettbewerbsanalyse findet primär auf Makro- und Mikrostandortebene statt. Dies bedeutet, dass jede Wohnung des eigenen Portfolios auf Makro- und Mikrostandortebene mit ähnlichen Wohnungen des Wettbewerbs verglichen werden muss. Anhand dieser Vergleiche können Stärken und Schwächen des eigenen Produkts ausfindig gemacht werden. Das eigene Produkt muss in der Weise konzeptioniert werden, dass es sich bei Markteintritt im Wettbewerb durchsetzt. Der Vermietungsvertrieb wird erforderliche operative Verbesserungen zeitnah demnach nur in Bezug auf den baulichen Zustand und den Vermietungserfolg (Miethöhe, Vermietungsgeschwindigkeit) realisieren können.

3.2.1.2 Instandhaltungsplanung und Capex

Immobilieneigentümer sind – egal in welchem Markt sie sich bewegen – selbstverständlich daran interessiert, die Einkünfte aus Vermietung und Verpachtung zu steigern und stetig zu optimieren. Gleichzeitig sollen die Kosten für Instandhaltung und Modernisierung nicht ausufern. In den entspannten Märkten mit stagnierenden bis rückläufigen Mieten und steigenden Leerständen kommt es allerdings sehr darauf an, den eigenen Wohnungsbestand in puncto Produktqualität zu verbessern. Die Abgrenzung zu Wettbewerbern wird in diesen Märkten zum überlebenswichtigen Baustein der Unternehmensstrategie.

Die technische Revitalisierung eines Wohnungsbestandes kann erhebliche Baukosten verursachen. Dabei liegt die Spanne der Modernisierungskosten oftmals zwischen 250 Euro und 1.000 Euro je Quadratmeter Wohnfläche. Im Zuge der Zielgruppenanalyse sind zukünftige Bedürfnisse bei den Grundrisszuschnitten (z.B. ein Arbeitszimmer für Homeoffice) und das Erfordernis von »Add-ons« wie Balkonanbau, Aufzugsinstallation oder barrierefreien bzw. barrierearmen Verkehrsflächen zu berücksichtigen.

Zu unterscheiden ist zwischen der Modernisierung von gemeinschaftlichen Flächen wie etwa Dach, Fassade oder Treppenhaus und der Modernisierung einzelner Wohnungen. Oftmals wird aus Kostengründen der Fehler gemacht, allgemein auffallende Bauteile, wie etwa die Fassade, nach den neuesten energetischen Erkenntnissen zu ertüchtigen, gleichzeitig aber das Wohnungsinnere zu vernachlässigen. Ein derartiges Objekt mag zwar nach erfolgter Modernisierung von außen betrachtet sehr ansprechend wirken und geringe Nebenkosten verursachen. Auf der anderen Seite wird es aber keinen nennenswerten Effekt im Bereich Mieterhöhungspotenzial oder Leerstandsabbau verzeichnen können. Potenzielle Mieter können bei einer modern ausgestatteten Wohnung auf eine neue Fassade verzichten. Umgekehrt zieht mittlerweile niemand mehr in eine renovierungsbedürftige Wohnung, nur weil das Äußere des Wohnhauses optisch herausragt. Von der hier vorgenommenen Betrachtung ausgeschlossen sind energetische bzw. komplette Hausmodernisierungen innerhalb des Bestands, die zu einer gesetzlich normierten Mietanpassungsmöglichkeit bei den bestehenden Mieterinnen und Mietern führen. Insofern steht im Fokus der Betrachtung die Einzelwohnungsmodernisierung. Eine durchschnittliche Vollmodernisierung einer Wohnung kann schnell mehr als 25.000 Euro je Wohneinheit verschlingen. Die betriebswirtschaftliche Betrachtung dieses Geschäftsvorfalls sollte daher eine hohe Priorität genießen.

3.2.1.2.1 Die richtige Auswahl der Wohnungen (Portfoliostrategie)

Ein Wohnungsportfolio, das Leerstände in heterogenen Standorten aufweist, bedarf einer intensiven Betrachtung. Die renditeorientierte Leerwohnungssanierung beginnt mit der Frage, in welchem geografischen Gebiet Investitionen erfolgen sollten und an welcher Stelle zu investierende Mittel vergleichbar schlechter angelegt sind. Zu diesem Zweck sind relative und absolute Bezüge zwischen den einzelnen Wohnquartieren mithilfe statistischer Daten herzustellen. Von besonderem Interesse sind die aktuellen und prognostizierten Zahlen in Bezug auf: Bevölkerungsentwicklung, Arbeitslose und sozialversichert Beschäftigte, Alters- und Einkommensstrukturen, Migrationsanteil, Haushaltsentwicklung, Miethöhen und Bodenrichtwerte. Mit diesen statistischen Daten ausgestattet lässt sich eine erste zielführende Bewertung hinsichtlich der für die weitere Investition sinnvollsten Wohnlage treffen.

Es liegt in der Natur der Sache, dass ein Eigentümer eher in einem bürgerlichen Quartier mit einem adäquaten Mietniveau und einkommensstarken Haushalten Mittel investiert als an weniger attraktiver Stelle. Im soziodemografischen Sinne provokant ist die Frage, warum ein Eigentümer die gleiche Summe zur Wohnungssanierung in ein Quartier investieren sollte, bei dem durch Neuvermietung ein Mietzins von 5,00 Euro je Quadratmeter erzielt wird, wenn es an anderer Stelle in seinem Portfolio 6,50 Euro je Quadratmeter Wohnfläche gibt? Bei einer 80-m^2-Wohnung würde die Entscheidung im Vergleich zum schlechteren Standort bereits jährliche Mehreinnahmen i. H. v. 1.200 Euro bedeuten. Insofern wird deutlich, dass bereits ein großer Teil der späteren Mietrendite durch die geografisch richtige Allokation der Investitionen fixiert wird. Zu diesem Zeitpunkt ist weder ein Handwerker auf der Baustelle noch ein Wohnungsinserat auf einer Internetplattform wie z. B. Immobilienscout geschaltet.

3.2.1.2.2 Die renditeorientierte Wohnungskonzeption

Die Renditeprüfung sollte für jede einzelne Wohnung standardisiert durchgeführt werden. Dabei ist es wichtig, dass in einem Unternehmen ressortübergreifend die jeweils zuständigen Mitarbeiter und Mitarbeiterinnen in den Prüfungsprozess eingebunden werden. Insbesondere ist auf eine enge Verzahnung zwischen kaufmännischem und technischem Sachverstand zu achten. Die Renditeprüfung soll nicht nur ein rein ökonomisches Rechenmodell darstellen, sondern insbesondere auch zur gemeinsamen Diskussion und kreativen Lösungsfindung beitragen.

Sofern nämlich beispielsweise bei einer Wohnung ein Betrag i. H. v. 2.000 Euro eingespart werden muss, um die gewünschte Wirtschaftlichkeit zu erzielen, sind sowohl Vermietungs- als auch Techniksachverstand zur Ergebnisfindung gefragt. Hier wäre dann im Team zu überlegen, ob und in welcher Höhe Einsparungen durch die Auswahl eines preiswerteren Materials realisiert werden können. Der Vermieter wird an dieser Stelle immer im Blick haben, ob er mit dem günstigeren Material (z. B. Laminat statt Parkett) die Wohnung trotzdem zu einem auskömmlichen Mietzins und in einem überschaubaren Zeitraum vermieten kann. Gleichzeitig hat die Technik zu jeder Zeit die aktuelle Machbarkeit und die zukünftigen Auswirkungen der Materialwahl (Nachhaltigkeit) vor Augen. Insofern stellt die Renditeprüfung den Rahmen für einen gemeinsamen Denk- und Entscheidungsprozess her.

Für die Beurteilung sind nur wenige Angaben zur Wohnung erforderlich:
- Identifikation der Wohnung
- Objektanschrift
- Lage der Einheit im Objekt
- Größe in Quadratmetern
- Räume
- Baukosten/Investitionsvolumen
- Nettokaltmiete in Euro je Quadratmeter vor der Sanierung
- Nettokaltmiete in Euro je Quadratmeter nach der Sanierung

Es empfiehlt sich, einen festen Aufbau, beispielsweise in einer Excelliste, anzulegen, der für sämtliche Leerwohnungssanierungen in einem Portfolio verwendet wird. Der Einsatz dieses Tools ist ab einem Investitionsvolumen von 2.500 Euro je Wohnung sinnvoll. Die Unternehmensberatung Ritterwald hat eine eigene App, das RENOTOOL, entwickelt, um eine standardisierte Berechnung und Bewertung der Wirtschaftlichkeit einer Maßnahme durchführen zu können.[102] Als Renditevorgabe kann ein – von der Unternehmensstrategie beeinflusster – Prozentsatz beliebig gewählt werden. Wird eine Amortisation der Maßnahme innerhalb von zehn Jahren beabsichtigt, so entspricht dies einer statischen Rendite von zehn Prozent.

---

[102] Expertengespräch mit Dr. Mathias Hain, Ritterwald Unternehmensberatung, vom 03.11.2020.

Ohne gezielte Modernisierung sind selbst Objekte in durchschnittlichen Lagen auf Dauer nicht zu vermieten. Was heute als hochwertige Ausstattung durchgeht, zählt für die Mieterinnen und Mieter von morgen zum Standard. Reine »Pinselsanierungen« sind nicht zielführend. Wohnungen aus den 1970er- oder 1980er-Jahren werden oft über Jahrzehnte vom selben Mieter bewohnt. Zieht der Mieter dann – in der Regel altersbedingt – aus, müssen sie komplett saniert werden. Die erforderlichen Arbeiten umfassen Heizung, Bad, Bodenbeläge, Wände und Elektroleitungen. Weiterhin empfiehlt es sich, nachträglich Balkone und Aufzüge zu installieren. Im besten Fall sind die Wohnungen nach der Sanierung barrierefrei, mindestens barrierearm.

Die Nutzungsdauer einer Wohnung kann bei guter technischer Bauausfertigung bis zu 100 Jahre betragen und durch gezielte Instandhaltungsmaßnahmen noch weiter verlängert werden. Aufgrund dieser Eigenschaften kann das Produkt »Wohnen« mehrfach am Immobilienmarkt angeboten und damit auch nachgefragt werden. Dies bringt im laufenden Prozess Produktanpassungen mit sich, damit sichergestellt werden kann, dass die Wohnung weiterhin in einem marktfähigen Zustand bleibt. Einen entscheidenden Faktor im Wettbewerb stellt vor diesem Hintergrund die Senkung der Instandhaltungs- und Modernisierungskosten dar. Wer sein Augenmerk auf die Hebung von Potenzialen im Bereich der Ausschreibung und (Kosten-)Kontrolle legt, kann durch standardisierte Leistungskataloge unter bestimmten Voraussetzungen bis zu 20 Prozent im Verhältnis zum Mitbewerber einsparen.

Zusammenfassend bleibt festzuhalten, dass die renditeorientierte Wohnungskonzeption einen wichtigen Hebel bei der Optimierung von Wohnungsportfolios darstellt. Dabei ist entscheidend zu erkennen, dass es keine allgemeingültigen Formeln und Prozesse gibt, sondern nur Best-Practice-Modelle, die individualisiert auf die besonderen Anforderungen eines Unternehmens übertragen werden müssen. Insofern sind praktikable Unternehmenslösungen gefragt. Die Bandbreite reicht von der Adjustierung der Nettokaltmieten über die smarte Vergabe und Steuerung von Instandhaltungsleistungen sowie Capex bis hin zur Kostensensibilisierung der eingesetzten Mitarbeitenden. Die reine Renditeprüfung ist formalisiert schnell durchgeführt, jedoch kommt es vor allem auf die daraus zu schließenden Schlussfolgerungen an. Gerade in entspannten Wohnungsmärkten, bei denen die Vermieter in einem intensiven Wettbewerb gegeneinander antreten, gewinnt das Thema »renditeorientierte Wohnungskonzeption« immer stärker an Bedeutung.

3.2.1.3 Miethöhe und Pricing

3.2.1.3.1 Frei finanzierter Wohnraum

Frei finanzierter Wohnraum gibt dem Eigentümer und Vermieter im Vergleich zum öffentlich geförderten Wohnraum eine gewisse Flexibilität bei der Gestaltung der Miethöhe. Zunächst ist zwischen Brutto- und Nettomiete zu differenzieren. Betriebskosten können entweder als Pauschale abgerechnet werden oder als Vorauszahlungen mit späterer jährlicher Abrechnung. Für die weiteren Ausführungen ist die anzusetzende monatliche Nettokaltmiete je Quadratmeter Wohnfläche von Bedeutung.

Ausgangspunkt der Bemessung ist zunächst in allen Fällen die ortsübliche Vergleichsmiete. Die ortsübliche Vergleichsmiete wird nach § 558 Abs. 2 BGB gebildet aus den üblichen Entgelten, die in der Gemeinde oder einer vergleichbaren Gemeinde für Wohnraum vergleichbarer Art, Größe, Ausstattung, Beschaffenheit und Lage einschließlich der energetischen Ausstattung und Beschaffenheit in den letzten sechs Jahren vereinbart oder, von Erhöhungen nach § 560 abgesehen, geändert worden sind.

Ein wichtiges Instrument zur Bestimmung der ortsüblichen Vergleichsmiete ist der sog. Mietspiegel. Nach § 558c BGB ist ein Mietspiegel eine Übersicht über die ortsübliche Vergleichsmiete, soweit die Übersicht von der Gemeinde oder von Interessenvertretern der Vermieter und der Mieter gemeinsam erstellt oder anerkannt worden ist. Mietspiegel sollen im Abstand von zwei Jahren der Marktentwicklung angepasst werden. Aufgrund der periodischen Aktualisierung und der Beteiligung der wichtigen Interessenvertreter ermöglicht der Mietspiegel eine transparente Information über das tatsächliche Mietniveau. Die ortsübliche Vergleichsmiete gibt die monatliche durchschnittliche Nettokaltmiete pro Quadratmeter an.

Die Nettokaltmiete wird beispielsweise beim Mietspiegel der Stadt Essen[103] aus vier Faktoren gebildet:
- Basiswert in Abhängigkeit vom Baujahr
- Wohnlage
- Wohnfläche
- Art und Ausstattung

Die Basisnettokaltmiete, auf den Quadratmeter Wohnfläche bezogen, ergibt den Basiswert für eine Wohnung. Im Fall einer Kernsanierung gilt das Jahr der Sanierung als Referenz für das Baujahr. Für die anderen drei Faktoren werden in einem Punktesystem

---

[103] Mietspiegel der Stadt Essen, abgerufen am 01.09.2020.

verschiedene Punkte vergeben. Durch die Kumulation aller vier Faktoren ergibt sich für jede Wohnung im Gebiet des Mietspiegels eine errechenbare Nettokaltmiete.

Auch im frei finanzierten Wohnraum gibt es verschiedene Beschränkungen bei der Festlegung der Miethöhe durch den Eigentümer bzw. Vermieter. Eine Schranke ergibt sich dabei aus dem Verbot der Preiserhöhung nach § 5 Wirtschaftsstrafgesetz (WiSTG). Die andere Schranke bildet das Wucherverbot. Die sog. Mietpreisbremse ist seit 2015 in Form des Gesetzes zur Dämpfung des Mietanstiegs bei der Neu- oder Wiedervermietung von Wohnungen als drittes Korrektiv bei der Miethöhe in Kraft getreten.

Als Fazit lässt sich zunächst festhalten, dass sich die rechtmäßige Mietpreishöhe in einem vom Gesetzgeber überwachten Rahmen bewegt. Insofern basiert der mögliche Mietpreis einer Wohnung zu einem gewichtigen Teil auf externen Einflussfaktoren. Im Rahmen der gesetzlichen Möglichkeiten kalkuliert und fixiert jeder Wohnungsanbieter den erforderlichen bzw. gewünschten Mietpreis. Der Vermietungsvertrieb benötigt insofern Kenntnisse zu den gesetzlichen Rahmenbedingungen sowie gleichzeitig zu den wohnungswirtschaftlichen Kalkulationsgrundlagen.

Gerade bei reinen Wohnungsgesellschaften kann anhand der Bilanzkennzahlen eine interessante Aufschlüsselung der Mieteinnahmen erfolgen. Auf diese Weise wird sichtbar, welchen Anteil einzelne Kostenpositionen an der jeweiligen Nettokaltmiete pro Quadratmeter haben. Beispielhaft an einer Wohnungsgesellschaft aus NRW kann eine Aufschlüsselung wie folgt gegliedert sein:

Position	Euro/m²
Sollmiete	5,95
Erlösschmälerung/AfA auf Mietforderung	−0,21
	5,74
Instandhaltung	−1,34
AfA auf Sachanlagen	−1,64
Zinsaufwand	−0,75
Verwaltungskosten	−1,40
Sonstige Erträge (+)/ Aufwendungen (−)	−0,19
Ergebnis	**0,42**

Tab. 4: Ergebnis der Hausbewirtschaftung in Euro je Quadratmeter im Monat

3.2.1.3.2 Öffentlich geförderter Wohnraum

Grund und Boden sowie darauf befindlicher Wohnraum ist nach wie vor ein disponibles Wirtschaftsgut. Im frei finanzierten Wohnraum gelten die o. g. Spielregeln der freien Marktwirtschaft. Die Miethöhe wird dort maßgeblich von Angebot und Nachfrage bestimmt. Dort, wo marktwirtschaftliche Kräfte walten, kann es für einzelne Gruppen in angespannten Wohnungsmärkten schwierig werden, sich zu bezahlbaren Mietpreisen eine Wohnung zu sichern. An dieser Stelle hat der Gesetzgeber eine Hilfestellung durch die soziale Wohnraumförderung vorgesehen. Das Wohnraumförderungsgesetz (WoFG) regelt die Förderung des Wohnungsbaus und anderer Maßnahmen zur Unterstützung von Haushalten bei der Versorgung mit Mietwohnraum, einschließlich genossenschaftlich genutzten Wohnraums. Zudem regelt es die Förderung bei der Bildung von selbst genutztem Wohneigentum.

> **Tipp: Landesgesetze der Bundesländer beachten**
>
> Die Wohnraumförderung kann von den Bundesländern jeweils eigenständig geregelt werden. Diese Gesetzgebungskompetenz haben die meisten Bundesländer ergriffen und Regelungen für ihren eigenen spezifischen Wohnungsmarkt erlassen. In Nordrhein-Westfalen regelt beispielsweise das Gesetz zur Förderung und Nutzung von Wohnraum für das Land NRW (WFNG NRW) die Wohnraumförderung. Ergänzend dazu gibt es aus dem Bauministerium des Landes NRW die Wohnraumförderungsbestimmungen (WFB). Diese Systematik ist in anderen Bundesländern ähnlich.[104] Der Vermietungsvertrieb sollte sich je nach Bundesland mit den spezifisch geltenden Regeln für den betreuten Wohnungsbestand auseinandersetzen.

Im weiteren Verlauf wird auf die Bundesregelung Bezug genommen, um die Regelungssystematik und Fördergrundsätze zum besseren Verständnis allgemein verdeutlichen zu können. Nach § 1 Abs. 2 WoFG ist die Zielgruppe der sozialen Wohnraumförderung Haushalte, die sich am Markt nicht angemessen mit Wohnraum versorgen können und auf Unterstützung angewiesen sind. Die Wohnraumförderung stammt historisch aus Zeiten der Wohnungsknappheit, wie etwa nach dem 2. Weltkrieg. Heute geht es mehr darum, speziellen Nachfragegruppen unter die Arme zu greifen. Dies konkretisiert § 1 Abs. 2 Nr. 1 WoFG, indem dort als Zielgruppe Haushalte mit geringem Einkommen sowie Familien und andere Haushalte mit Kindern, Alleinerziehende, Schwangere, ältere Menschen, behinderte Menschen, Wohnungslose und sonstige Personen genannt werden.

Bei der Mietpreisbindung orientiert man sich nicht mehr wie früher am Kostenmietenprinzip, sondern liberalisiert das Förderrecht und bindet die sog. höchstzulässige Miete an die ortsübliche Vergleichsmiete gemäß BGB.[105] Gesetzlich normiert wird dieses Prinzip in § 7

---

104 Eine länderspezifische Übersicht ist zu finden bei Pulletz in: Murfeld, S. 684.
105 Pulletz in: Murfeld, S. 679.

Nr. 1 WoFG. Der Vermieter darf nur die geringere Miete verlangen – entweder die von der Förderungsanstalt des jeweiligen Bundeslandes vorgegebene höchstzulässige Miete oder die ortsübliche Vergleichsmiete des Mietspiegels.[106] Ferner ist zu beachten, dass Mietwohnraum nach § 25 WoFG der Belegungsbindung bei der Vergabe der Wohnung unterliegt. Darüber hinaus gilt für die Miethöhe die sog. Mietpreisbindung.

In der Vermietungspraxis ist insbesondere das unmittelbare allgemeine Belegungsrecht von Bedeutung. Ein allgemeines Belegungsrecht ist gemäß § 26 Abs. 2 WoFG das Recht der zuständigen Stelle, von dem durch die Förderung berechtigten und verpflichteten Eigentümer oder sonstigen Verfügungsberechtigten zu fordern, eine bestimmte belegungsgebundene Wohnung einem Wohnungssuchenden zu überlassen, dessen Wohnberechtigung sich aus einer Bescheinigung nach § 27 WoFG ergibt. Der Wohnberechtigungsschein ist insofern für den Vermietungsvertrieb das zentrale Element bei der Vermietung öffentlich geförderter Wohnungen. Für Vermieter empfiehlt es sich, die gesetzlichen Regelungen genau zu kennen, um in der Beratungspraxis für Eigentümer und Mietinteressenten die idealen Ergebnisse erarbeiten zu können.

Der sehr umfangreiche § 27 WoFG enthält alle wichtigen Informationen:

> (1) Der Verfügungsberechtigte darf die Wohnung nur einem Wohnungssuchenden zum Gebrauch überlassen, wenn dieser ihm vorher seine Wohnberechtigung durch Übergabe eines Wohnberechtigungsscheins nachweist. Der Wohnberechtigungsschein wird nach Maßgabe der Absätze 2 bis 5 erteilt.

> (2) Der Wohnberechtigungsschein wird auf Antrag des Wohnungssuchenden von der zuständigen Stelle für die Dauer eines Jahres erteilt. Antragsberechtigt sind Wohnungssuchende, die sich nicht nur vorübergehend im Geltungsbereich dieses Gesetzes aufhalten und die rechtlich und tatsächlich in der Lage sind, für sich und ihre Haushaltsangehörigen nach § 18 auf längere Dauer einen Wohnsitz als Mittelpunkt der Lebensbeziehungen zu begründen und dabei einen selbstständigen Haushalt zu führen.

> (3) Der Wohnberechtigungsschein ist zu erteilen, wenn vom Wohnungssuchenden und seinen Haushaltsangehörigen die Einkommensgrenze nach § 9 Abs. 2 eingehalten wird. Hat ein Land nach § 9 Abs. 3 eine Abweichung von der Einkommensgrenze festgelegt, ist der Wohnberechtigungsschein unter Zugrundelegung dieser abweichenden Einkommensgrenze zu erteilen. In dem Wohnberechtigungsschein ist anzugeben, welche maßgebliche Einkommensgrenze eingehalten wird. Der

---

106 Pulletz in: Murfeld, S. 679.

Wohnberechtigungsschein kann in Abweichung von der Einkommensgrenze nach Satz 1 oder 2 mit Geltung für das Gebiet eines Landes erteilt werden, wenn
1. die Versagung für den Wohnungssuchenden eine besondere Härte bedeuten würde oder
2. der Wohnungssuchende durch den Bezug der Wohnung eine andere geförderte Wohnung freimacht, deren Miete, bezogen auf den Quadratmeter Wohnfläche, niedriger ist oder deren Größe die für ihn maßgebliche Wohnungsgröße übersteigt.

Die Erteilung des Wohnberechtigungsscheins ist zu versagen, wenn sie auch bei Einhaltung der nach Satz 1 oder 2 maßgeblichen Einkommensgrenze offensichtlich nicht gerechtfertigt wäre.

(4) In dem Wohnberechtigungsschein ist die für den Wohnungssuchenden und seine Haushaltsangehörigen nach den Bestimmungen des Landes maßgebliche Wohnungsgröße nach der Raumzahl oder nach der Wohnfläche anzugeben. Von der maßgeblichen Grenze kann im Einzelfall
1. zur Berücksichtigung
    a) besonderer persönlicher oder beruflicher Bedürfnisse eines Haushaltsangehörigen oder
    b) eines nach der Lebenserfahrung in absehbarer Zeit zu erwartenden zusätzlichen Raumbedarfs oder
2. zur Vermeidung besonderer Härten
abgewichen werden.

(5) Soweit Wohnungen nach der Förderzusage bestimmten Haushalten vorbehalten sind und der Wohnungssuchende und seine Haushaltsangehörigen zu diesen Haushalten gehören, sind im Wohnberechtigungsschein Angaben zur Zugehörigkeit zu diesen Haushalten aufzunehmen.

(6) Ist eine Wohnung entgegen Absatz 1 Satz 1 überlassen worden, hat der Verfügungsberechtigte auf Verlangen der zuständigen Stelle das Mietverhältnis zu kündigen und die Wohnung einem Wohnungssuchenden nach Absatz 1 Satz 1 zu überlassen. Kann der Verfügungsberechtigte die Beendigung des Mietverhältnisses durch Kündigung nicht alsbald erreichen, kann die zuständige Stelle von dem Mieter, dem der Verfügungsberechtigte die Wohnung entgegen Absatz 1 Satz 1 überlassen hat, die Räumung der Wohnung verlangen.

(7) Der Verfügungsberechtigte darf eine Wohnung nur mit Genehmigung der zuständigen Stelle
1. selbst nutzen,
2. nicht nur vorübergehend, mindestens drei Monate, leer stehen lassen oder
3. anderen als Wohnzwecken zuführen oder entsprechend baulich ändern.

Im Fall des Satzes 1 Nr. 1 ist die Genehmigung zu erteilen, wenn der Verfügungsberechtigte und seine Haushaltsangehörigen die Voraussetzungen für die Erteilung eines Wohnberechtigungsscheins nach den Absätzen 1 bis 5 erfüllen. Im Fall des Satzes 1 Nr. 2 darf die Genehmigung nur erteilt werden, wenn und solange eine Vermietung nicht möglich ist und der Förderzweck nicht auf andere Weise, auch nicht durch Freistellung von Belegungsbindungen nach § 30 oder durch Übertragung von Belegungs- und Mietbindungen nach § 31, erreicht werden kann. Im Fall des Satzes 1 Nr. 3 kann die Genehmigung erteilt werden, wenn und soweit ein überwiegendes öffentliches Interesse oder ein überwiegendes berechtigtes Interesse des Verfügungsberechtigten oder eines Dritten an der anderen Verwendung oder baulichen Änderung der Wohnung besteht; die Genehmigung kann unter der Verpflichtung zu einem Geldausgleich in angemessener Höhe oder zur vertraglichen Einräumung eines Belegungsrechts für eine andere nicht gebundene Wohnung (Ersatzwohnung) erteilt werden. Wer der sich aus Satz 1 Nr. 3 ergebenden Verpflichtung zuwiderhandelt, hat auf Verlangen der zuständigen Stelle die Eignung für Wohnzwecke auf seine Kosten wiederherzustellen.

(8) Sobald voraussehbar ist, dass eine Wohnung bezugsfertig oder frei wird, hat der Verfügungsberechtigte dies der zuständigen Stelle unverzüglich schriftlich anzuzeigen und den voraussichtlichen Zeitpunkt der Bezugsfertigkeit oder des Freiwerdens mitzuteilen.

Gerade die umfangreichen Anzeigepflichten, etwa beim Freiwerden einer öffentlich geförderten Wohnung, sollten dem Vermietungsvertrieb bekannt sein. Die Einkommensgrenzen liegen im Bund nach § 9 WoFG bei einer Höhe von jährlich 12.000 Euro bei Einpersonenhaushalten und 18.000 Euro[107] bei Zweipersonenhaushalten. Für Kinder und weitere zum Haushalt rechnende Personen gelten weitere Zuschläge. Auf Landesebene sind hier in den Bundesländern individuelle Einkommensgrenzen bestimmt, die von der Bundesregelung teilweise erheblich abweichen.

Bei der Miethöhe ist zudem die Regelung zur höchstzulässigen Miete gemäß § 28 WoFG zu beachten. Exemplarisch werden etwa in NRW die Miethöhen anhand der Mietniveaus M1

---

107 Hier handelt es sich um das sog. anrechenbare Jahreseinkommen. Zur Berechnung siehe: https://serviceportal.kreis-coesfeld.de/suche/-/egov-bis-detail/dienstleistung/1230/show

bis M4 und der Einkommensgruppen A und B gemäß Wohnraumförderungsbestimmung bemessen.

> **Tipp: Freistellung**
>
> In der Praxis ergeben sich teilweise aus der Historie herrührende obskure Förderbedingungen. Zum Beispiel wurde in einer bestimmten Dekade »Alleinerziehende« als Berechtigte benannt. Soweit im Förderbescheid diese Eingrenzung weiterhin vorhanden ist, kann es in der Gegenwart gerade in entspannten Wohnungsmärkten schwierig werden, überhaupt geeignete Mietinteressenten zu finden, die eine solche Wohnung nachfragen. Derartige Vermietungshindernisse werden häufig von Vermietern hingenommen und nicht weiter hinterfragt. Dies führt dazu, dass diese Wohnungen lange Leerstandszeiten aufweisen. Dieser unbefriedigende Zustand resultiert aus einer wenig hinterfragenden Obrigkeitshörigkeit in Verbindung mit einer schwach ausgebildeten eigeninitiativen Lösungskompetenz. Gerade in solchen Situationen ist von Vermietern aktives Handeln gefragt. Der Gesetzgeber gibt dem Vermieter mit § 30 WoFG ein wirksames Werkzeug an die Hand. Dort heißt es:
>
> > (1) Die zuständige Stelle kann den Verfügungsberechtigten von den Verpflichtungen nach § 27 Abs. 1 und 7 Satz 1 freistellen, wenn und soweit
> > 1. nach den örtlichen wohnungswirtschaftlichen Verhältnissen ein überwiegendes öffentliches Interesse an den Bindungen nicht mehr besteht oder
> > 2. an der Freistellung ein überwiegendes öffentliches Interesse besteht oder
> > 3. die Freistellung der Schaffung oder Erhaltung sozial stabiler Bewohnerstrukturen dient oder
> > 4. an der Freistellung ein überwiegendes berechtigtes Interesse des Verfügungsberechtigten oder eines Dritten besteht
> >
> > und für die Freistellung ein Ausgleich dadurch erfolgt, dass der Verfügungsberechtigte der zuständigen Stelle das Belegungsrecht für Ersatzwohnungen, die bezugsfertig oder frei sind, für die Dauer der Freistellung vertraglich einräumt oder einen Geldausgleich in angemessener Höhe oder einen sonstigen Ausgleich in angemessener Art und Weise leistet.
> >
> > (2) Freistellungen können für bestimmte Wohnungen, für Wohnungen bestimmter Art oder für Wohnungen in bestimmten Gebieten erteilt werden.
> >
> > (3) Bei einer Freistellung kann von einem Ausgleich abgesehen werden, wenn und soweit die Freistellung im überwiegenden öffentlichen Interesse erteilt wird.
>
> Der Vermietungsvertrieb sollte mit der zuständigen Behörde in Kontakt treten. Dabei wird der Behörde nachzuweisen sein, dass ernsthafte Vermarktungsversuche unternommen wurden und diese erfolglos blieben. In diesem Zusammenhang ist eine gewisse Hartnäckigkeit und Zielstrebigkeit des Vertriebs erforderlich, um die gewünschten Vermietungserfolge herstellen zu können.

3.2.1.3.3 Betriebskosten

Die Betriebskostenverordnung (BetrKV) definiert die Aufstellung von Betriebskosten bei in Deutschland gelegenem Wohnraum. Sie ist seit 2004 in Kraft und hat die Regelungen der Zweiten Berechnungsverordnung abgelöst. Betriebs- bzw. Nebenkosten haben sich in den letzten Jahren zur »Zweiten Miete« entwickelt. Preissteigerungen in allen relevanten Bereichen (Energieversorgung, öffentliche Abgaben etc.) sorgen dafür, dass die Betriebskosten einen erheblichen Anteil an der Gesamtmiete aufweisen. Die Senkung der Betriebskosten ist demnach eine wichtige Zielsetzung bei der Bewirtschaftung von Wohnungsbeständen. Ein niedriges Betriebskostenniveau sorgt für eine einfachere Vermietung und eröffnet gleichzeitig größere Spielräume bei der Kalkulation der Nettokaltmiete.

Wartungsintensive Ausstattungen in Wohnhäusern, wie z. B. Aufzugsanlagen, erhöhen die Betriebskosten.

3.2.1.3.4 Optimale Mietpreishöhe

Die erzielbare Miethöhe im frei finanzierten Wohnraum ergibt sich zum Großteil aus den Marktgegebenheiten. Hier wird in gewisser Weise ebenfalls das Paretoprinzip gelten. 80 Prozent entscheidet der Markt, 20 Prozent entscheidet die individuelle Fähigkeit der handelnden Personen. Will heißen: Je mehr Kenntnisse über den konkreten Wohnungsstandort und vergleichbare Anmietungen in der jüngsten Vergangenheit vorhanden sind, desto eher besteht die Wahrscheinlichkeit, den in diesem Zeitpunkt optimalen Bestpreis in Bezug auf die Miethöhe zu kalkulieren.

Der o. g. Bestpreis sollte nach hiesiger Auffassung nicht als Höchstpreis verstanden werden. Auch wenn in dieser Publikation die Wohnung in ihrer Eigenschaft als Wirtschaftsgut beleuchtet wird, darf dies nicht zu einer einseitigen Perspektive führen. Mindestens genauso wichtig wie die Einstufung als Wirtschaftsgut ist die soziologische Einstufung als Ort der Privatheit, Geborgenheit und Heimat des Bewohners, unabhängig von der Frage, wer der tatsächliche juristische oder wirtschaftliche Eigentümer ist. In der freien Marktwirtschaft sind die beiden Seiten ein- und derselben Medaille in ein ausgewogenes Verhältnis zu bringen. Insofern ist dafür zu plädieren, bei der Kalkulation nicht nur die eigenen (Profit-)Interessen in den Vordergrund zu stellen, sondern sich auch dahin gehend Gedanken zu machen, inwieweit der gewünschte Mietpreis in der konkreten Zeit sozialadäquat ist. Hier gibt es im Einzelfall kein pauschales Richtig oder Falsch. Vielmehr sollte bei jedem Unternehmen und damit bei jedem Verantwortlichen die Summe der zu treffenden Entscheidungen in einem ausgewogenen Verhältnis von Eigennutz und Gemeinwohl stehen.

3.2.2 Marketing

Das beste Wohnungsangebot am Markt kann nicht vermietet werden, wenn niemand von seiner Existenz erfährt. An dieser Stelle ist das Marketing ein unerlässlicher Wegbereiter für den Vermietungserfolg. Nach allgemeiner Auffassung wird unter »Marketing« die konsequente Ausrichtung des gesamten Unternehmens an den Bedürfnissen des Marktes verstanden.[108] Werbung wiederum ist die Beeinflussung von verhaltensrelevanten Einstellungen mittels spezifischer Kommunikationsmittel, die über Kommunikationsmedien verbreitet werden.[109] Für den Vermietungsvertrieb kommen verschiedene Werbeträger, -formen und -mittel in Betracht. Im Folgenden werden die wichtigsten Bausteine für den Vermietungserfolg im Einzelnen erläutert.

3.2.2.1 Imagewerbung als Wohnungsanbieter

Aus strategischer Perspektive ist der erste Ansatzpunkt für das erfolgreiche Agieren am Wohnungsmarkt die Positionierung des Unternehmens in Form von Imagewerbung. Als »Imagewerbung« bezeichnet man einen Marketingansatz, der zu Produkten, Markennamen oder Unternehmen eine positive Haltung anregen und allgemein ein positives Bild des beworbenen Gegenstandes vermitteln will.[110] Es geht bei der Imagewerbung zunächst um kein individualisiertes, einzeln lokalisierbares Wohnprodukt, sondern um die übergeordnete Produktkategorie. Insofern ist die Imagewerbung von der Objektwerbung klar abzugrenzen. Zunächst sind für den Vermietungsvertrieb die verschiedenen Dimensionen der Imagewerbung in Bezug auf das zu vermarktende Wohnungsprodukt zu differenzieren.

1. Die Wohnung als solche ist seit Jahrhunderten am Markt fest etabliert und für jeden Bürger selbsterklärend. Für die Wohnung als solche könnte Imagewerbung nur in Abgrenzung zu anderen Wohnformen, z. B. zum Einfamilienhaus, Sinn ergeben. Diese Werbung würde strategisch nur in sehr übergeordneten Strukturen wirtschaftlich vertretbar sein, etwa bei einer Imagekampagne zahlreicher Wohnungsanbieter, die in einem Verband oder einem sonstigen Zusammenschluss organisiert sind.
2. Die Mietwohnung als Unterkategorie der allgemeinen Wohnung ist seit dem 19. Jahrhundert in Deutschland etabliert und bekannt. Die Imagewerbung für die Mietwohnung z. B. in Abgrenzung zur Eigentumswohnung würde nur Sinn ergeben, wenn der Erwerb einer Wohnung ebenso einfach, preisgünstig und flexibel wäre wie die Anmietung einer solchen.

---

108 Vgl. Kirchgeorg in: Gabler Wirtschaftslexikon, https://wirtschaftslexikon.gabler.de/definition/marketing-39435, abgerufen am 30.11.2020.
109 Vgl. Schulz in: Gabler Wirtschaftslexikon, https://wirtschaftslexikon.gabler.de/definition/werbung-48161, abgerufen am 30.11.2020.
110 https://www.onpulson.de/lexikon/imagewerbung/, abgerufen am 30.11.2020.

3. Die Mietwohnung eines bestimmten Wohnungsanbieters ist eine weitere Dimension bei der denkbaren Imagewerbung für ein Wohnungsprodukt. Die Imagewerbung des Wohnungsanbieters verfolgt in diesem Zusammenhang drei wesentliche Ziele:
   a) Die Zielgruppe soll mit dem Firmen- bzw. Markennamen des Wohnungsanbieters die grundlegende Information verbinden, dass dieser Anbieter von freien Mietwohnungen ist.
   b) Es soll die Information vermittelt werden, dass der Anbieter – unabhängig von der einzelnen Wohnung – Wohnungen in einer bestimmten Spezifikation und Güte bereithält. Diese Spezifikation kann hinsichtlich der hier bereits verschiedentlich erörterten Kriterien Lage, Qualität und Preis herausgebildet werden.
   c) Der Wohnungsanbieter soll generell als vertrauenswürdig und zuverlässig eingeschätzt werden.

Die Öffentlichkeit bzw. einzelne Zielgruppen können zu den o. g. Dimensionen des eigenen Wohnprodukts unterschiedliche Meinungen und Wahrnehmungen haben. Durch gesellschaftliche, wirtschaftliche oder politische Transformationsprozesse können sich die Wahrnehmungen der Dimensionen wandeln und damit auch eine neue, aktive Meinungsbeeinflussung erforderlich machen. Dies wäre etwa der Fall, wenn das Mieten von Wohnungen aus irgendeinem Grund so unattraktiv geworden ist, dass die Menschen andere Formen des Wohnens oder der Unterbringung bevorzugen. Im alltäglichen, praktischen Normalfall wird sich demnach der Vermietungsvertrieb auf die Imagewerbung für einen bestimmten Wohnungsanbieter, also in der Regel für sich selbst, fokussieren.

Die Wohnungsanmietung ist aus Endkundensicht eine geschäftliche Aktivität, die sich auf den lokalen Raum bezieht. Unabhängig davon, an welcher Stelle der Vermieter oder Eigentümer seinen Sitz hat, wird der Mietinteressent sich für eine Wohnung entscheiden, sofern sich diese in der (lokalen) Lage befindet, die er wünscht. Die passende Imagewerbung des Vermietungsvertriebs sollte demnach vorzugsweise am Ort des jeweiligen Wohnungsbestands initiiert werden.

3.2.2.1.1 USPs in der Wohnungsvermietung

Für eine erfolgreiche Werbemaßnahme wird zunächst aus strategischer Sicht erarbeitet werden, welche Eigenschaft oder Besonderheit des eigenen Unternehmens für den Kunden eine einzigartige Erfahrung bietet. Dieser sog. USP (Unique Selling Point) stellt die eigenen Alleinstellungsmerkmale am Markt heraus, um sich positiv vom Wettbewerb abzugrenzen.[111] Bezogen auf die Positionierung des Unternehmens am Wohnungsmarkt können Alleinstellungsmerkmale sein:

---

111 Vgl. Kippes, S. 330.

3 Systematischer Wohnungsvertrieb

USP	Kundennutzen
hochwertige Ausstattung oder bestimmtes Designversprechen	Individualität und Exklusivität
funktionale Ausstattung, z. B. seniorengerecht	lebenslanges Wohnen
Lage	Erfüllung des eigenen Lagewunsches
zuverlässiger Kunden- und Instandhaltungsservice	Zeit- und Kostenersparnis, weniger Beschwerden

Tab. 5: USPs in der Wohnungsvermietung

In puncto USP kann die Wohnungsbranche noch viel von der Hotellerie lernen. Aufgrund des stärkeren Wettbewerbsdrucks und der Beeinflussung kurzfristiger Kundenentscheidungen hat das Marketing dort seit jeher eine größere Bedeutung. Dementsprechend modern und innovativ sind neue Markenkonzepte. Die Anbieter 25hours oder Moxy setzen beispielsweise auf eine individuelle, sehr markante und junge Raumgestaltung. Das Ambiente in Verbindung mit der permanenten, freundschaftlich anmutenden Kundenkommunikation sorgt dafür, dass die Kunden und Kundinnen ihren eigenen Lifestyle mit der Marke identifizieren. Die klassische Wohnungswirtschaft ist von einer solchen Marketingwirkung noch meilenweit entfernt. Dies liegt vor allem an der Asset-spezifischen Innovationsträgheit des Wohnsegments.

> **Tipp: USPs des Vermietungsvertriebs**
>
> Der Vermietungsvertrieb definiert – unabhängig davon, in welcher Organisationsform er sich befindet – einen eigenen USP. Dieses Alleinstellungsmerkmal des Vermietungsvertriebs entfaltet dabei nicht nur Wirkung in Richtung Mietinteressenten, sondern bezweckt auch im Innenverhältnis ein bestimmtes Commitment der Mitarbeiterinnen und Mitarbeiter. Der USP ist dabei eine Art Leistungsversprechen an sich selbst und andere. Er sorgt bei regelmäßiger Kommunikation dafür, dass alle Beteiligten in Bezug auf Qualität, Dynamik und Begeisterung kontinuierlich an ihr eigenes Versprechen erinnert werden. Für den Vermietungsvertrieb können USPs sein:
>
> | USP | Kundennutzen |
> |---|---|
> | besonders flexibel bei Besichtigungsterminen | früh morgens, spät abends oder an Wochenenden und Feiertagen |
> | persönliche Erreichbarkeit der Vermieter | z. B. täglich bis 20 Uhr Vermieter erreichbar; 100 % Rückrufversprechen noch am selben Tag |
> | schnellstes Matching-Feedback nach der Besichtigung | innerhalb von 24 Stunden nach Einreichen aller relevanten Unterlagen Rückmeldung, ob Anmietung oder nicht |

USP	Kundennutzen
digitaler und intuitiver Anmietungsprozess	komfortable Anmietung von der eigenen Couch aus, verbunden mit Zeitersparnis
vielfältiges Wohnungsangebot in einem konkreten Quartier, Stadtteil oder der ganzen Stadt	Möglichkeit, bei Änderung der privaten Lebensumstände (Nachwuchs etc.) alternative Wohnungen in der Nähe zu erhalten

Tab. 6: USPs des Vermietungsvertriebs

3.2.2.1.2 Imagewerbemittel

Es gibt verschiedene hoch wirksame Mittel, sich lokal oder in der Region als Topvermieter zu präsentieren. Adressaten der folgenden Werbemaßnahmen sind immer die Personen, die sich gerade im Zeitpunkt der »Ausstrahlung« auf Wohnungssuche befinden oder diejenigen, die sich beim zukünftig auftauchenden Thema Wohnungssuche an den Wohnungsanbieter aufgrund seiner Werbung erinnern und ihn kontaktieren sollen.

- **Anzeigenwerbung:** Ein bewährtes Mittel zur Steigerung des Bekanntheitsgrads und zur Kommunikation der eigenen Stärken ist die klassische Printanzeige. Hier bieten sich lokale Tages- oder Wochenzeitungen an oder Stadtmagazine. Darüber hinaus gibt es verschiedene einmalige Printprodukte zu Vereinsjubiläen oder jährlichen Veranstaltungen (Karneval, Turniere etc.), die sich für eine Anzeigenschaltung anbieten. Die Anzeigen des Wohnungsvertriebs sollten aus der Masse der Werbeanzeigen herausstechen. Dies kann durch ein besonders markantes Design oder eine unerwartete Botschaft erfolgen. Gerade Wohnungsanbietern ist zu raten, bei Kundenanzeigen ein sympathisches Bild zu vermitteln. Der potenzielle Mietinteressent bzw. Kunde bekommt dabei den Eindruck vermittelt, mit dem Wohnungsanbieter einen Partner auf Augenhöhe gefunden zu haben. Der Kunde muss die lokale bzw. regionale Verwurzelung des Anbieters spüren. Dies erzeugt Vertrauen in eine erfolgreiche Geschäftsverbindung. »Bewährt und bekannt« ist nicht nur bei der Ausschreibung und Vergabe von Aufträgen ein unausgesprochenes Leitmotiv. Gerade bei Anzeigenwerbung wird ein wirksamer Effekt nur durch kontinuierliche visuelle Ansprache der Zielgruppe auftreten. Insofern ist es für den Vermietungsvertrieb ratsam, entweder konsequent periodisch oder gar nicht zu werben.

- **Außenwerbung:** Unter dem Begriff »Außenwerbung« werden hier alle Formen von Plakaten, Displays und anderen Großformaten im öffentlichen Raum verstanden. In Deutschland wird ein Großteil dieser Werbemöglichkeiten, ca. 300.000 Stück, über die Ströer-Gruppe vermarktet. Außenwerbung hat einen ähnlich starken Wahrnehmungseffekt wie Radiowerbung. Größe, Anzahl und Frequentierung der Flächen entscheiden darüber, wie schnell die Markenbotschaft den potenziellen Kunden erreicht. Ähnlich wie bei der Radiowerbung sind die Streuverluste gerade im Hinblick auf das Produkt

»Wohnen« hoch. Für den Wohnungsvertrieb empfehlen sich daher zielgruppenspezifische Strategien. Dabei kommt dem Standort der Außenwerbefläche besondere Bedeutung zu. Anhand von Schaltungen in einem bestimmten Quartier, Bezirk oder Stadtteil werden die dort lebenden Bewohner gezielt angesprochen. Dies bietet sich etwa an, wenn in diesen Lagen vermehrt Wohnungsbestände zur Vermietung anstehen oder die Bewohner für einen anderen, ebenso geeigneten Standort begeistert werden sollen.

- **Bus- und Taxiwerbung:** Ein starker Werbeträger sind Busse und Taxen. Sie sind im Straßenverkehr äußerst sichtbar. Aufgrund der möglichen Größe der Werbung wird ein echter Eyecatcher im Stadtbild geschaffen. Die Fahrzeuge des ÖPNV frequentieren klar bestimmbare lokale Räume, sodass die Sichtbarkeit gezielt gesteuert wird. Warte- und Parkzeiten sind dabei genauso gut genutzt wie reine Fahrtzeiten. Die Flotten der Verkehrsbetriebe und Taxiunternehmen sind zusätzlich häufig im Inneren mit Screens ausgestattet, die dem Fahrgast News, ausgewählte Inhalte und Werbung präsentieren. Die Screens können für Wohnungsanbieter eine weitere Möglichkeit darstellen, spezifische Inhalte für Zielgruppen auszuspielen, die beispielsweise besonders häufig den ÖPNV benutzen (Studierende, Pendler, Senioren etc.).

- **Events:** Positive Imagetransfers sind auch über gezielte Werbemaßnahmen bei öffentlichen Events realisierbar. Der Wohnungsanbieter kann sich bereits in das eigentliche Eventmarketing einklinken und damit die beträchtlichen Reichweiten nutzen. Das Logo und/oder der Unternehmens-, Quartier- oder Projektname wird auf die Eventplakate und Flyer sowie auf die Eintrittstickets gedruckt. Das Event selbst wird darüber hinaus direkt vor Ort zu Marketing- und Promotionzwecken genutzt. Die Gäste werden über Plakate, Roll-ups, eigene Stände oder Promotionaktionen mit der Verteilung von Give-aways auf den Wohnungsanbieter aufmerksam gemacht.

- **Kooperationen:** Eine ideale Möglichkeit, die identifizierte Zielgruppe anzusprechen, bietet die Kooperation mit örtlichen Händlern, Gastronomie- oder Freizeitbetrieben (Kids-World, Soccerhallen etc.). Die Kunden der Kooperationspartner können entweder gegen Entgelt oder im gegenseitigen Austausch mit der jeweiligen Werbebotschaft des anderen Partners in Berührung gebracht werden. Gerade in der Gastronomie bieten sich diverse Möglichkeiten. Die Logo- und Inhaltsplatzierung erfolgt beispielsweise in der Speisekarte, auf dem Getränkedeckel oder dem Zuckertütchen. Der enge Draht zum Gastronomiebetreiber als Meinungs- und Empfehlungsmultiplikator steigert darüber hinaus den Erfolg der Maßnahme.

- **Radio- und TV-Werbung:** Mit Radiowerbung werden lokal und regional große Hörerreichweiten erzielt. Der bekannte Slogan »Radiowerbung geht ins Ohr und bleibt im Kopf« hat in gewisser Weise seine Berechtigung. Gerade durch Radiowerbung wird ein positives, stimmungsgeladenes Image aufgebaut. Die Werbemaßnahme erfordert verhältnismäßig hohe Budgetsummen, sodass bereits die Ausstrahlung der eigenen Werbung auf den wirtschaftlichen Erfolg des Unternehmens schließen lässt. Diese Art der Werbung eignet sich zudem sehr gut für eine zielgruppenspezifische Ansprache und die Platzierung bestimmter Kundenbotschaften. Festzuhalten bleibt allerdings auch, dass gewöhnlich aufgrund der Eigenheiten des Produkts »Wohnen« ein hoher Streuverlust bei der Ausstrahlung zu verzeichnen ist. Nur einige wenige – gemessen an der Gesamtzahl der Hörer – werden etwa einen konkreten Wunsch nach einer neuen Wohnung haben.

Der Vollständigkeit halber sei an dieser Stelle auch die Möglichkeit von TV-Werbung erwähnt. In puncto Budgetierung kann für mittelständische Wohnungsanbieter wohl in der Regel allenfalls eine Schaltung in lokalen oder regionalen TV-Sendern wirtschaftlich umsetzbar sein. Investorenfinanzierte Makler-Start-ups wie etwa McMakler oder Aroundhome verfügen insbesondere in der Anlaufphase über ausreichend (Fremd-)Finanzmittel, um Werbung auch auf bundesweiten Kanälen auszustrahlen. Diese Art der TV-Werbung ist für Wohnungsanbieter im Allgemeinen über das operative Geschäft nicht auskömmlich zu betreiben. Kosten und Nutzen stehen hier messbar in keinem vernünftigen Verhältnis.

- **Sponsoring:** Die lokale und regionale Positionierung eines Wohnungsanbieters kann in idealer Form über Sponsoringaktivitäten erfolgen. In den Städten und Gemeinden Deutschlands gibt es unzählige Vereine in den Bereichen Brauchtum, Kultur, Freizeit und Sport. Diese Vereine leben von ihren ehrenamtlichen Mitgliedern, die häufig eng mit dem gesellschaftlichen Leben ihres Wohnorts vernetzt sind. Mit Sponsoring werden an Ort und Stelle genau die richtigen Zielgruppen erreicht. Es geht dabei nicht nur um Sichtbarkeit, sondern vielmehr auch darum, die Vernetzung der Menschen untereinander zu nutzen. Multiplikatoren in den Vereinen werden zu Botschaftern des eigenen Unternehmens. Insbesondere für das Produkt »Wohnen« stellt das Sponsoring einen idealen Weg dar, als vertrauensvoller und kompetenter Ansprechpartner am Wohnungsmarkt wahrgenommen zu werden. Gemeinsam mit den Vereinen können zudem individuelle Konzepte erarbeitet werden, um die zahlreichen Mitglieder unmittelbar anzusprechen. Aufgrund der positiven Wahrnehmung als Unterstützer des eigenen Vereins gibt es weniger Kontaktbarrieren der Mitglieder. Die gemeinsame Sympathie von Sponsor und Mitglied für denselben Verein sorgt im gleichen Zuge für gegenseitiges Vertrauen.

Die vorstehenden Mittel zur Imagewerbung sind von Wohnungsanbietern in sinnvoller Weise zu kombinieren. Der Vermietungsvertrieb als solcher spielt hierbei eine tragende Rolle in der Konzeption. Die Aufgabe des Vermietungsvertriebs besteht darin, durch kreative Denkansätze Möglichkeiten zu finden, sein Wohnungsproduktangebot der geeigneten Zielgruppe näherzubringen. Dabei werden nicht nur vertiefte Kenntnisse des Wohnungsmarkts benötigt, sondern ein allgemeiner Überblick zum sozialen und gesellschaftlichen Leben in der jeweiligen Stadt oder Gemeinde. Erfolg hat derjenige, der die Bedürfnisse, Trends, Verhaltensweisen und Vorlieben der Menschen vor Ort kennt und sich mit seiner eigenen Botschaft sowie seinem Produkt ideal positioniert. Auch in größeren Organisationsstrukturen arbeiten idealerweise Vertrieb und Marketing eng und ressortübergreifend zusammen, um gemeinsam die besten Ergebnisse zu erzielen.

3.2.2.2 Klassische Wohnungsvermarktung

Würde man die Imagewerbung des Wohnungsanbieters als Aussaat charakterisieren, so wäre die klassische Wohnungsvermarktung die spätere frisch leuchtende Blüte. Die Wohnungsvermarktung setzt ein klar definiertes Produkt in Form von einer oder mehreren vakanten Wohnungen voraus. Das Produkt wird gezielt einem bestimmten Interessentenkreis angeboten. Dazu gibt es in der Praxis verschiedene, teilweise bereits über Jahrzehnte etablierte Wege, um dem Markt das Angebot bekannt zu machen.

3.2.2.2.1 Anzeige und Inserat

Immobilieninserate sind der Urtyp des Immobilienmarketings. Hätte man bis in die 2000er-Jahre hinein eine beliebige Anzahl von Menschen gefragt, was sie unter »Immobilienmarketing« verstehen, hätte der Großteil genau diese Inserate benannt. Dies liegt vor allem an der jahrelangen Erfahrung der Menschen mit den weit verbreiteten Tages- und Wochenzeitungen im 20. Jahrhundert. Fließtextanzeigen in den Immobilienrubriken der Zeitungen waren dabei die kostengünstige Variante. Ganze Seiten waren mit diesen Vermietungsanzeigen gefüllt. Heute sind Fließtextanzeigen weiterhin möglich, allerdings hat die Relevanz im Vergleich zu den digitalen Vermarktungsmöglichkeiten stetig abgenommen. Eine hochwertigere Alternative zur Fließtextanzeige ist die gestaltete Anzeige, die großflächiger ist und farbliche oder grafische Elemente enthält.

3.2.2.2.1.1 Konzeption und Gestaltung

Bei der Konzeption eines Wohnungsinserats ist es von Anfang an wichtig, eine gezielte Strategie zu verfolgen.[112] Das Wohnungsinserat ist ein Bestandteil der gesamten Vermarktungsstrategie des Wohnungsanbieters oder -vertriebs. Das Inserat interagiert insofern mit allen anderen Werbemaßnahmen. Insbesondere bilden Inserat und Exposé eine gewisse strategische Einheit. Demnach empfiehlt es sich, Anzeige und Exposé zusammen zu entwickeln oder zumindest aufeinander abzustimmen. Das Exposé ist der Produktprospekt der Immobilienwirtschaft. Eine Wohnungsanzeige steht damit in enger Wechselwirkung mit dem entsprechenden Exposé. Dies bedeutet in der Praxis, dass die Formulierung der Anzeige zum Exposé passen muss. Ferner ist darauf zu achten, dass die mit der Anzeige angesprochene Zielgruppe sich auch unmittelbar im Exposé, z. B. an prominenter Stelle in der Überschrift, wiederfindet. Das Inserat stellt gewöhnlich einen bestimmten Nutzen für den potenziellen Wohnungsmieter in Aussicht. Das Exposé sollte dieses Narrativ aufgreifen und den Kundennutzen weiter vertiefen und beschreiben. Nicht zuletzt zählen bereits bei der Anzeigenkonzeption Transparenz und Authentizität. Plakative Versprechungen und Anpreisungen in der Anzeige müssen sich sowohl im Exposé als auch

---

[112] Vgl. Kippes, S. 328 ff.

vor allem tatsächlich vor Ort in der Wohnung wiederfinden und bewahrheiten. Andere Vorgehensweisen sorgen kurz- bis mittelfristig für Enttäuschungen auf Kundenseite, die schwere wirtschaftliche Folgeschäden in Bezug auf Image und Reputation des Wohnungsanbieters haben können.

Gestaltete Anzeigen mit farblichen oder grafischen Elementen erzeugen eine stärkere Aufmerksamkeit und verbessern die Außendarstellung. Ihre Schaltung ist verhältnismäßig kostenintensiv. Auch im heutigen digitalen Zeitalter können klassische Vermietungsanzeigen Erfolg versprechen. Dies hängt davon ab, welche Medien zur Verbreitung ausgewählt werden.

3.2.2.2.1.2 Medienauswahl

Das Spektrum im Bereich der Printmedien ist weitreichend. Die Nutzung der unterschiedlichen Publikationen verspricht bei bestimmten Wohnungsangeboten besondere Erfolge. Hier eine grobe, nutzenorientierte Einordnung:

- **Lokale oder regionale Tageszeitung:** Die Abonnentenzahlen der lokalen und regionalen Tageszeitungen sind seit Jahren rückläufig. Trotzdem lesen statistisch gesehen jeden Tag Tausende von Menschen in einer Stadt die Zeitung. Die journalistische Presse wie z. B. die WAZ, Rheinische Post, Münchener Merkur oder die Sächsische Volksstimme hat nach wie vor eine Stammleserschaft. Diese ist lokal und regional verwurzelt und stellt somit eine interessante Zielgruppe für den Vermietungsvertrieb dar.

- **Wochenzeitung/Anzeigenblatt:** Besonders ältere Menschen und solche, die sich dauerhaft überwiegend im eigenen Haushalt aufhalten, stellen die Leserschaft der Wochenzeitungen und Anzeigenblätter dar. Wohnungsangebote, die auf diese Zielgruppe zugeschnitten sind, also beispielsweise barrierefreier oder barrierearmer Wohnraum, können dort erfolgversprechend vermarktet werden.

- **Überregionale Tageszeitungen:** Überregionale Tageszeitungen wie z. B. die Süddeutsche Zeitung, Frankfurter Allgemeine oder Welt haben eine bundesweite Leserschaft, die überwiegend zum Bildungsbürgertum gehört. Insbesondere in den Sonntagsausgaben gibt es spezielle Immobilienrubriken mit redaktionellen Fachbeiträgen. Diese werden durch entsprechende Anzeigen ergänzt. Insbesondere gestaltete Anzeigen für exklusive Wohnprodukte, die für ein gut situiertes Klientel infrage kommen, eignen sich für die Insertion. Die großen Maklerfranchiseunternehmen wie Engel & Völkers, Dahler & Company sowie von Poll nutzen diese Plattform extensiv, um Imagewerbung mit Objektwerbung für hochpreisige Privatimmobilien zu verbinden. Der Fokus liegt hier überwiegend im Verkauf, allerdings können auch Vermietungsangebote in exklusiven Objekten beworben werden.

- **(Fach-)Magazine:** Der Markt für Fachmagazine ist in Deutschland breit gefächert. Gefühlt existiert für jedes Hobby ein entsprechendes Fachmagazin. Die Themen reichen von A wie Auto bis Z wie Zierpflanze. Der Wohnungsvertrieb kann die Zuspitzung auf bestimmte Zielgruppen nutzen. Dies setzt voraus, dass er ein Wohnungsangebot vermarkten möchte, das sich insbesondere für eine spezielle Zielgruppe eignet. Dies kann beispielsweise der Fall sein, wenn Wohnungen auf oder in der unmittelbaren Nähe zu einem Reiterhof vermarktet werden sollen. Eine gewisse Abgelegenheit oder schlechte Erreichbarkeit mit dem ÖPNV mag in diesem Fall für Reitsportliebhaber völlig irrelevant sein. Im Gegenteil: Der Standort hat für ihre individuellen Vorlieben ausschließlich Vorzüge. In derartigen Fällen ist ein Inserat in einem entsprechenden Fachmagazin durchaus erfolgversprechend.

> **Tipp: Mediadaten**
> Die Vertriebsabteilungen der Printpublikationen haben sog. Mediadaten, die einen statistischen Überblick zur Leserschaft enthalten. Dort sind wichtige Details zur Anzahl der Leserinnen und Leser, regionalen Verteilung sowie zu Alter, Einkommen, Interessen etc. enthalten. Der Vermietungsvertrieb erstellt mithilfe der Mediadaten einen Abgleich mit der von ihm gewünschten Zielgruppe und stellt darauf basierend fest, ob sein Wohnungsangebot tatsächlich auf die richtige Zielgruppe trifft. Eine sorgfältige Analyse schont zum einen das Marketingbudget und führt auf der anderen Seite zu schnellen Vermietungserfolgen.

3.2.2.2.2 Exposé

Das Exposé ist der Produktprospekt des Wohnungsanbieters. Ähnlich wie beim Kauf von Konsumgütern verfolgt das Exposé zwei Ziele: Zum einen präsentiert es das Produkt für den potenziellen Interessenten so attraktiv und verlockend wie möglich, zum anderen liefert es harte Fakten und Spezifikationen zur Information. Der Wohnungsvertrieb hat als Verfasser eines Exposés insofern einen Drahtseilakt bei Inhalt und Formulierung zu meistern. Auf der einen Seite sind sachlich und nüchtern die Rahmendaten der Wohnung zu beschreiben, auf der anderen Seite ist ein möglichst positives Bild der Wohnung zu vermitteln.

3.2.2.2.2.1 Individueller Stil

Der Vermietungsvertrieb hat verschiedene Werkzeuge[113] bei der Exposé-Gestaltung zur Hand:

- **Objektdaten** sind das sachliche Grundgerüst eines jeden Exposés. Die Rahmendaten sind in der Regel wertungsfreie Determinanten. Sie geben eine Übersicht zu den reinen Fakten, Zahlen und nicht interpretierbaren Umständen der Immobilie.

---

113 Vgl. Kippes, S. 363 ff.

- **Sprachliche Beschreibung:** Die sprachliche Be- und Umschreibung des Wohnungsangebots dient dazu, die Objektdaten sinnvoll zu verknüpfen und mit Leben zu füllen. Es findet für den Interessenten ein Wissenstransfer von der reinen Fachebene auf die kundenorientierte Verständnisebene statt.

- **Sprachstil:** Der Sprachstil ist ein kreatives Mittel zur Abgrenzung vom Wettbewerb und zur individuellen Ansprache des eigenen Kunden- und Interessentenkreises. Der Vorteil eines eigenen Sprachstils liegt darin begründet, dass beim selben objektiven Fakten- und Informationsgehalt die jeweilige Botschaft mit einer anderen Wirkung beim Adressaten, dem Wohnungsinteressenten, ankommt. Der Sprachstil bietet gemeinsam mit der Beschreibung bereits unzählige Varianten, um dem Interessenten eine »Story« zur Wohnung zu erzählen.

- **Design:** Die Gestaltung des Exposés als Gesamtwerk genießt große Bedeutung. Ein stimmiges Gesamtbild sorgt bereits für einen ersten positiven Eindruck. Ein optisch ansprechendes Design vermittelt dem Betrachter die Professionalität des Wohnungsvertriebs und dessen Gefühl für gestalterische Ästhetik. Das Design ist eine Gesamtkomposition, die durch grafische Mittel unterschiedliche Botschaften vermitteln kann. Es kann als Stilmittel ideal für die Ansprache unterschiedlicher Zielgruppen eingesetzt werden. Dabei umfasst das Design den Textsatz, die Schriftart, die Bildauswahl und die Platzierung sowie die geeignete Integration von Grundrissen oder anderen externen Dokumenten.

- **Fotos** sind wesentlicher Kernbestandteil eines guten Exposés. Ein Bild sagt auch beim Exposé mehr als tausend Worte. Fotos als Tool zur Vermarktung sind Erfolgstreiber. In der Praxis wird diese Komponente leider oftmals nicht optimal genutzt, weil der Vermietungsvertrieb naturgemäß stärkere immobilienwirtschaftliche als fotografische Kompetenzen besitzt.

Checkliste: Gestaltung des Exposés

- ○ clean und mit genügend Weißfläche gestaltet
- ○ einheitliche Schriftart verwendet
- ○ Erwartungen der Zielgruppe erfüllt
- ○ Kundennutzen mit Bildern und Plänen zielgerichtet profiliert
- ○ Bebilderung mit hohem Qualitäts- und Informationsgehalt für Interessenten
- ○ Gesamtkomposition professionell

DIGITALE EXTRAS

3.2.2.2.2.2 Aufbau und Gliederung

Der strukturelle Aufbau eines Exposés empfiehlt sich wie folgt:

1. **Headline mit Titelfoto:** Die Headline und das dazugehörige Titelfoto sind das aussagekräftige Intro für das gesamte folgende Exposé. Entsprechend viel Mühe und Sorgfalt ist in die Ausarbeitung zu investieren. Ziel der Headline ist es, die Aufmerksamkeit des Betrachters auf sich zu ziehen und ihn für die folgenden Ausführungen im Exposé zu begeistern. Die Headline weckt beim potenziellen Mietinteressenten Neugier und Interesse für die entsprechende Wohnung. Der Vermietungsvertrieb sollte sich in jedem Fall die benötigte Zeit für die Erstellung der Headline und die Auswahl des richtigen Titelfotos nehmen. Bereits mit dem ersten Eindruck erfolgt eine positive Abgrenzung zu den Wohnungsangeboten der Mitbewerber.

DIGITALE EXTRAS

Checkliste: Headline
- Zieht die Headline die Aufmerksamkeit auf sich?
- Besitzt die Headline starke Unterscheidungskraft und Uniqueness?
- Wird der Kundennutzen in den Vordergrund gestellt?
- Weckt die Headline das Interesse der Zielgruppe?
- Wird Neugier und Interesse für den folgenden Inhalt geweckt?
- Sind Headline und Inhalt aufeinander abgestimmt?

2. **Makrolage:** Die Beschreibung der Makrolage umfasst die wesentlichen Angaben zu der Gemeinde oder Stadt, in der sich die Wohnung befindet. Dabei empfiehlt es sich, eine gesunde Mischung aus Zahlen und anderen Fakten bzw. interessanten Informationen zu finden. Folgende Checkliste hilft dabei, den richtigen Inhalt zusammenzustellen:

DIGITALE EXTRAS

Checkliste: Makrolage
- Einwohnerzahl
- Wirtschaftsdaten wie z. B. Beschäftigungsquote, Arbeitslosenquote
- Angaben zu Natur und Umwelt: Seen, Flüsse, Wälder etc.
- infrastrukturelle Erschließung: Autobahn- und Landstraßen- sowie Bahnanbindung (z. B. ICE-Haltestelle), Entfernung zum nächsten Flughafen
- wichtige Arbeitgeber und Unternehmen
- bedeutende Sehenswürdigkeiten; überregional bekannte Besucherziele
- historisch bedeutende Besonderheiten

3. **Mikrolage:** Die Formulierung der Angaben zur Mikrolage ist für den Mietinteressenten oftmals entscheidender als die Angaben zur Makrolage. Die Mikrolage hat stärkere Berührungspunkte mit dem alltäglichen Leben des Mietinteressenten und wird

daher sehr sorgfältig beschrieben. Je nach Zielgruppe können hier unterschiedliche Schwerpunkte gesetzt werden. Für Ältere wird beispielsweise die Nähe von Ärzten ein wichtiger Vorteil sein, während sich junge Familien für die Kita in der Nachbarschaft interessieren. Dies setzt in einem ersten Schritt eine detaillierte Analyse und Erarbeitung der wesentlichen Merkmale voraus. Oftmals enthalten Exposés einen standardisierten Satz, wonach sich beispielsweise Läden des täglichen Bedarfs, Ärzte und Schulen in unmittelbarer Nähe zur angebotenen Wohnung befinden. Es mag sich bei aller Routine im Alltagsgeschäft dennoch lohnen, diese Angaben weiter zu spezifizieren und die eine oder andere besondere Anlaufstelle explizit zu benennen. Vielfach geschieht dies auch grafisch, indem etwa in einem Stadtkartenausschnitt die sog. »Points of Interest« durch Piktogramme gekennzeichnet werden. Der Mietinteressent findet sich dadurch direkt zurecht und erkennt auf den ersten Blick die Vorteile.

Checkliste: Mikrolage
- Parkmöglichkeiten
- ÖPNV-Anbindung, Bus und Bahn etc.
- Nähe zu Geschäften des täglichen Bedarfs (Lebensmittel, Drogerie etc.)
- nahegelegene Ärzte, Apotheken, Krankenhäuser
- nächste Kitas
- Entfernung zu verschiedenen (weiterführenden) Schulen
- Grünanlagen sowie Freizeiteinrichtungen
- Besonderheiten des Quartiers

DIGITALE EXTRAS

4. **Objekt- und Ausstattungsbeschreibung:** Die Objektbeschreibung dient dazu, dem Mietinteressenten einen kurzen Überblick zu den wesentlichen Rahmendaten des Wohnungsangebots zu verschaffen. Dabei geht es darum, die wichtigsten Daten zur Wohnung komprimiert zusammenzustellen. Die Ausstattungsbeschreibung stellt dabei mehr auf einzelne Features, Materialien, Zubehör und damit die Ausstaffierung der Wohnung ab. Die Unterscheidung zwischen Objekt- und Ausstattungsbeschreibung ist in den meisten Exposés fließend. Eine genaue Zuordnung von Merkmalen fällt häufig schwer. Insofern empfiehlt es sich, die beiden Elemente gemeinsam zu betrachten. Die textliche Ausarbeitung enthält dabei eine anschauliche Beschreibung der Wohnung. Auch hier sind Sprache und Stil wirksame Mittel, um die Attraktivität des Angebots zu steigern. Insbesondere Ausstattungsmerkmale können an geeigneter Stelle als Liste mit Spiegelstrichen ergänzt werden – für eine bessere Übersicht. Die im Fließtext verwendeten Hard Facts und Daten können in der Auflistung ebenfalls enthalten sein. Auf diese Art und Weise kann der Mietinteressent beide Vorteile nutzen. Er hat eine ausformulierte Beschreibung zur Hand, die ihm hilft, sich in Ruhe mit der Wohnung zu beschäftigen. Gleichzeitig hat er eine kurze Übersicht über die Fakten, die er auf einen Blick erfassen kann.

DIGITALE EXTRAS

Checkliste: Objektbeschreibung
- Bautyp
- Baujahr
- Größe der Wohnung/Wohnflächenberechnung
- Geschosslage
- Anzahl der Zimmer
- Raumaufteilung
- Art der Heizung
- Balkon/Terrasse
- Keller- und/oder Dachbodennutzung
- Garage oder Stellplatz
- Zustand: renoviert, modernisiert, renovierungsbedürftig
- Bodenbeläge
- Kamin und sonstige (hochwertige) Sonderausstattung
- Einbauküche oder -schränke

5. **Mietkonditionen:** Die Mietkonditionen enthalten die wesentlichen finanziellen Aspekte der Wohnungsvermietung. Neben den Angaben zur Miet- und Kautionshöhe sollte auch dargestellt werden, ab wann die Wohnung an den neuen Mieter übergeben werden kann.

DIGITALE EXTRAS

Checkliste: Mietkonditionen
- Kaltmiete
- Nebenkosten
- Kautionshöhe
- Verfügbarkeit der Wohnung

6. **Weitere Fotos:** Je optisch ansprechender das Exposé gestaltet ist, desto stärker trägt es dazu bei, die Begeisterung und das Interesse des Mietinteressenten am Wohnungsangebot zu wecken und zu steigern. Ein wichtiger Erfolgsfaktor ist dabei die Verwendung qualitativ hochwertiger Fotos. In der Praxis empfiehlt es sich, sowohl auf die Fotoerstellung als auch auf die Fotoauswahl und Nachbearbeitung höchsten Wert zu legen. Insbesondere Wohnungsvertriebe, die über keine eigene Marketingabteilung verfügen, sollten ihre Mitarbeiterinnen und Mitarbeiter explizit im Bereich Fotografie schulen lassen. Es gibt am Schulungsmarkt verschiedene Angebote, die auch Fotografieanfängern wichtiges Wissen und Hilfsmittel an die Hand geben, um bessere Fotos zu erstellen. Auch die Wahl des richtigen Equipments ist für die Qualität entscheidend. Außerdem werden die visuellen Ergebnisse stark durch die Nachbearbeitung von Fotos und den richtigen Einsatz von Filtern verbessert. Durch den Einsatz von Flugdrohnen gelingen mitunter spektakuläre Außenaufnahmen vom Gebäude und der di-

3.2 Vertriebsoptimierte Wohnungsvermarktung

rekten Umgebung. Drohnenaufnahmen werden in der Wohnungsvermietung derzeit noch nicht allzu häufig verwendet. Sie erfordern einen gewissen Zeitaufwand, der sich allerdings gemessen am späteren Ergebnis oft lohnt. Die Aufnahmen sind Eyecatcher und faszinieren den Betrachter. Der Vermietungsvertrieb wird den Einsatz von Drohnen künftig intensiv nutzen. Auch die Verwendung von Videos hat in der Praxis immer größere Bedeutung und wird unten im Kapitel »Digitale Vermarktung« thematisiert (siehe Kapitel 3.2.2.3).

Checkliste: Fotos   *DIGITALE EXTRAS*

- Profikamera statt Smartphone für Fotos nutzen
- Lichtverhältnisse beachten und gute Aus- und Beleuchtung sicherstellen
- Motiv und Bildausschnitt bereits beim Fotografieren gezielt auswählen
- Störquellen im Bild eliminieren (z. B. WC-Deckel schließen)
- für Rauminnenaufnahmen mit einem Weitwinkelobjektiv arbeiten
- Fotos mit Apps oder Software dezent filtern bzw. nachbearbeiten
- zuerst Außen-, dann Innenaufnahmen veröffentlichen (Online-Fotostrecke)
- Panorama-/360-Grad-Aufnahmen oder Drohnenbilder als Eyecatcher

7. **Grundrisse:** Ein übersichtlicher Grundriss erleichtert nicht nur den Mietinteressenten die Bewertung des Wohnungsangebots. Auch der Vermietungsvertrieb vermeidet durch die Integration von Grundrissen Zeitverluste. Sind keine oder schlechte Grundrisse beigefügt, fällt vielen Mietinteressenten die räumliche Vorstellung schwer. Sie können sich schlecht orientieren und haben keine zusammenhängende Vorstellung von der Wohnung, geschweige denn von ungefähren Maßen und Proportionen. Spätestens bei der Besichtigung erleben dann viele ein böses Erwachen und sind enttäuscht von der Wohnung, da sie für ihre Zwecke nicht infrage kommt. Im Zuge der Digitalisierung werden vorhandene Grundrisse für optimale Ergebnisse nachbearbeitet oder vollständig neu gestaltet. Am Markt haben sich verschiedene Dienstleister, wie etwa immoGrafik oder McGrundriss etabliert, die in kurzer Zeit auch 3D-Grundrissmodelle auf der Basis von vorhandenen 2D-Grundrissen entwerfen. Daneben gibt es Apps, wie beispielsweise RoomSketcher, die es dem Anwender ermöglichen, selbst 3D-Grundrisse zu erstellen. In jedem Fall lohnt sich die Mühe, denn die verhältnismäßig geringen Kosten sind schnell an anderer Stelle (Kundennutzen) kompensiert.

Checkliste: Grundrisse   *DIGITALE EXTRAS*

- Sind die Grundrisse und Pläne leicht verständlich und übersichtlich?
- Enthalten die Pläne genügend Informationen?
- Helfen die Grundrisse, den Mietinteressenten für die Wohnung zu begeistern?
- Ist eine Qualitätsverbesserung durch Digitalisierung in 2D/3D möglich?
- Soll die Option der Möblierung der Grundrisse genutzt werden?

8. **Sonstiges, z. B. Energieausweis:** Zu den sonstigen Angaben im Exposé zählen ergänzende Dokumente, wie beispielsweise der Energieausweis. Ferner werden abschließend rechtliche Hinweise aufgeführt.

> **Tipp: Ein Blick auf die Mitbewerber**
>
> Ein Klick auf die gängigen Immobilienportale oder auf die Websites der großen privaten Maklerhäuser eröffnet dem interessierten Wohnungsvermieter einen Einblick in unzählige Immobilien-Exposés. Jeder, der sich mit dem Verfassen von Exposés beschäftigt, sollte intensiv eine Vielzahl von Referenzen studieren. Aus der eigenen Betrachtung und dem Vergleich der Exposés entwickelt sich mit der Zeit ein gutes Gespür dafür, welche Struktur und Güte ein hervorragendes Exposé aufweist.

Folgende Checkliste ist nach Fertigstellung des Exposés als abschließende Qualitätskontrolle zu empfehlen:

DIGITALE EXTRAS

Checkliste: Exposé-Finish
- ○ Wurde das Corporate Design verwendet?
- ○ Sind alle Angaben vollständig?
- ○ Ist der Text prägnant und inhaltlich richtig formuliert?
- ○ Hat der Text eine angemessene Länge?
- ○ Wurden Floskeln, Belanglosigkeiten und »Maklersprech« vermieden?
- ○ Ist das Wohnungsangebot mit den Fotos und dem Text kongruent?
- ○ Wurde ein zielgruppengerechter Sprachstil verwendet?

3.2.2.2.2.3 Leitmotive

Unabhängig von den zuvor genannten strukturellen Prinzipien gibt es noch weitere Kriterien, anhand derer in der Vermietungspraxis zu agieren ist. Inhaltlich hat das Exposé folgende Voraussetzungen und Anforderungen zu erfüllen:

- **Ehrlichkeit und Transparenz:** Das Exposé sollte das Spiegelbild der Wohnung in Druckform sein. Dabei sind wie im echten Leben »Make-up« und »Aufhübschen« als legitime Mittel der Verschönerung erlaubt. Verboten sind allerdings Übertreibungen oder »Maskeraden«. Die Bewertung und qualitative Einordnung eines Exposés erfolgt ausschließlich durch die Kundinnen und Kunden – deshalb sollte es ausschließlich mit Blick auf sie verfasst werden. Der Mietinteressent möchte in erster Linie eine der Wahrheit entsprechende Information über das zur Disposition stehende Wohnungsangebot erhalten.[114] Das Herausstellen von Vorteilen hilft dem Interessenten dabei, das Wohnungsangebot im Kontext seiner eigenen, individuellen Wohnbedürfnisse einzuordnen. Was dem Miet-

---
[114] Vgl. zu den sog. Moments-of-Truth Kippes, S. 319.

interessenten dagegen nicht hilft, sind Darstellungen, die nicht der Realität entsprechen oder einen so großen Interpretationsspielraum haben, dass mit gesundem Menschenverstand nicht auf die tatsächlichen Gegebenheiten geschlossen werden kann. Ehrliche und authentische Darstellungen sind eine Grundvoraussetzung. Dabei zeigt sich die wahre Qualität eines Exposés darin, in welcher Weise mit Schwachstellen der Immobilie umgegangen wird.[115] Hier ist Unterscheidungsvermögen und Fingerspitzengefühl gefragt. Selbstverständlich soll dem Mietinteressenten nicht jeder vermeintliche Mangel unter die Nase gerieben werden. Professioneller Vertrieb bedeutet vielmehr, dass in den Schwachstellen der Immobilie Chancen gesehen werden können.

Wichtig ist der Umgang mit »Showstoppern«, also Fakten und Mängeln, die so wesentlich sind, dass sie bei ihrer Kenntnis bei dem gewöhnlichen Interessenten zu einer anderen Bewertung des Wohnungsangebots führen. Dazu zählen z. B. Feuchtigkeit und schnelle Schimmelbildung in einer Wohnung oder das Fehlen einer modernen Internetverbindung im gesamten Wohngebiet. Die Liste ließe sich beliebig erweitern. Derartige Schwachstellen und Probleme der Wohnung sind bereits im Exposé zu erwähnen. Der Hinweis ist notwendigerweise zu ergänzen durch einen Lösungsvorschlag des Vermietungsvertriebs. Im Fall von Feuchtigkeit und Schimmel oder sonstigen baulichen Mängeln müsste insofern explizit geschildert werden, dass die Beseitigung durch ein spezielles Verfahren vor Bezug der Wohnung vollständig und professionell nachhaltig erfolgt. Ein Verschweigen und Unterlassen führt am langen Ende immer zu Enttäuschungen auf Kundenseite und schadet damit mittel- und unmittelbar dem Vermieter.

- **Vollständigkeit und Richtigkeit:** Neben Ehrlichkeit und Transparenz hat der Wohnungsvertrieb besonderen Wert auf die Vollständigkeit und Richtigkeit des Exposés zu legen. Die Prüfung der Vollständigkeit dient in erster Linie der Selbstkontrolle. Nur wer die vorhandenen Daten und Informationen intensiv auf Vollständigkeit prüft, kann seinem Beratungsauftrag in optimaler Weise nachkommen. Der Vermieter kann bei Freischaltung seines Angebots für die Öffentlichkeit dann sichere und vollständige Angaben zur Wohnung machen. Er schützt damit sich selbst und vor allem seine Mietinteressenten vor unliebsamen Überraschungen im Nachhinein. Ferner sparen konzentrierte und vollständige Angaben viel Zeit und Mühe, die sonst bei späteren Nachfragen und Abstimmungen anfällt.

Vollständigkeit und Richtigkeit der Informationen bedeutet auch, dass der Vermietungsvertrieb keine Aussagen oder Behauptungen »ins Blaue« hinein trifft. Alle Aussagen sind einem Faktencheck zu unterziehen. Dies gilt für das Exposé, aber teilweise noch viel mehr in den folgenden Kundengesprächen mit Mietinteressenten. Leider neigen einige Vermieter dazu, Unkenntnis durch ungeprüfte, mutmaßende Aussagen zu überspielen. Das rächt sich in vielen Fällen. Ein Exposé ist dementsprechend nur zu veröffentlichen, wenn die dort enthaltenen Angaben vollständig und richtig sind.

---

[115] Vgl. Kippes, S 345 f.

- **Begeisterung und Highlights:** Gerade bei Anbietern, die mit ihrem Portfolio ein umfassendes Wohnungsangebot für die breite Masse zur Verfügung stellen, ist ein häufiges Manko in den Exposés festzustellen: Die Exposés sind oftmals fachlich und faktisch richtig, aber völlig unemotional. Die Ausführungen sind vielfach so trocken und emotionslos formuliert, dass die Frage erlaubt ist, ob wirklich beabsichtigt ist, einen anderen Menschen von dem Produkt zu begeistern. Ein sachlich vollständiges und richtiges Exposé schließt nicht aus, dass gleichzeitig Begeisterung für die Highlights und die Vorteile der Wohnung vermittelt werden. Hier gilt der Grundsatz von Augustinus Aurelius: »Nur wer selbst brennt, kann Feuer in anderen entfachen.«
Der Vermietungsvertrieb muss Freude und Begeisterung ausstrahlen. Dies ist die Grundvoraussetzung für jeden Vermietungserfolg. Diese positive Stimmung überträgt sich direkt und indirekt auf die Kundenbeziehung. Bereits das Verfassen eines ansprechenden Exposés kann Ausdruck dieser persönlichen Einstellung zu Arbeit und Produkt sein. Das Anmieten einer Wohnung ist kein rein faktisches, kühl kalkuliertes Warengeschäft. Es geht dabei um viel mehr, nämlich die Emotionen des Kunden, die er mit seinem neuen Zuhause verbindet. Der erfolgreiche Vermietungsvertrieb spielt beide Klaviaturen mit Bravour: die fachliche und die emotionale.

- **Handlungsaufforderung:** Das Exposé ist zudem feedbackorientiert zu verfassen. An verschiedenen Stellen wird der Mietinteressent direkt angesprochen und dazu ermutigt, Kontakt aufzunehmen, um sich die Wohnung anzuschauen oder Fragen zu stellen. Die Aufforderungen sollten nicht penetrant oder reißerisch, sondern vielmehr freundliche (Gesprächs-)Angebote sein. Der Mietinteressent bekommt zu jeder Zeit das Gefühl vermittelt, dass er sich mit jedem Anliegen und jeder Frage vertrauensvoll an den Vermieter wenden kann. Dies setzt eine gegenseitige Begegnung auf Augenhöhe voraus und fördert die Vertrauensbasis mit dem potenziellen Mieter.

3.2.2.2.3 Schilder und Displays

Für die erfolgreiche analoge Vermarktung von Wohnungen bieten sich zudem Objektwerbemaßnahmen auf Schildern und Displays an.[116] Die Beschilderung am Objekt ist in einem begrenzten Umfang ohne öffentlich-rechtliche Genehmigung möglich und kann damit flexibel eingesetzt werden. Die Objektwerbung bietet sich im Prinzip bei jedem Wohnungsangebot an, sofern die Beschilderung von außen gut sichtbar angebracht werden kann.

Das Ziel der Objektwerbung besteht darin, die Menschen im näheren Umfeld, also aus der Nachbarschaft bzw. aus dem Quartier, darüber zu informieren, dass ein Wohnungsangebot in ihrer Nähe besteht. Außerdem dient es der Information von Besucherinnen und Besuchern der bereits dort wohnenden Mieter. An etwas stärker frequentierten Lagen

---

116 Anschaulich dazu Kippes, S. 486 ff.

sollen selbstverständlich auch die Passanten und all diejenigen angesprochen werden, die am Objekt vorbeilaufen oder -fahren. »Nasenschilder« können von außen an Fenster geklebt werden und sind damit gut sichtbar. Die Sichtbarkeit ist individuell am Objekt zu prüfen. Wohnungen in sehr hohen Geschossen werden von außen oftmals nicht wahrgenommen, da Passanten und insbesondere Autofahrer nicht nach oben schauen. Auch können Bäume, Sträucher etc. die Sicht beeinflussen. Die Nasenschilder gibt es auch mit Beleuchtung, sodass insbesondere in der dunklen Jahreszeit eine hervorragende Sichtbarkeit gegeben ist.

Bei Wohnanlagen und Mehrfamilienhäusern mit grünen Außenanlagen werden auch »Maklergalgen« oder klassische »Bauschilder« angebracht. Diese lenken die Aufmerksamkeit der Passanten auf sich. Je nach Größe und Maß der Schilder werden auch zusätzliche Informationen als Werbebotschaft vermittelt. Dies gilt im Übrigen auch für Banner, die an eine Fassade angebracht werden. Banner eignen sich für umfangreichere Vermietungsprojekte, zum Beispiel in Quartieren mit hohen Leerstandszahlen. Die hohe Zahl von verfügbaren Wohnungen ist ein erstes Argument für eine großformatige Bannerwerbung an der Fassade. Derartige Maßnahmen sollten allerdings nur für einen bestimmten Zeitraum geplant werden, da die Banner oftmals bewohnte Wohnungen durch das Überdecken von Fensterflächen beeinträchtigen. Auch (halb-)transparente Folien vor den Fenstern der Mieterinnen und Mieter senken die Wohnqualität. Hier sind der Nutzen und die Nachteile sachgerecht abzuwägen.

> **Tipp: Objektwerbung nicht vernachlässigen**
>
> Die Beschilderung von Wohnungsangeboten gehört zum festen Bestandteil des Maßnahmenrepertoires des Vermietungsvertriebs. In der Praxis wird diese Form der Objektwerbung häufig vernachlässigt, da das Anbringen und Entfernen der Beschilderung oft zusätzlichen Zeitaufwand für den Vermieter bedeutet. Dazu kommt zusätzlicher Koordinationsbedarf, da z. B. Nasenschilder häufig nachbestellt werden müssen. Im Laufe der Zeit gerät die Objektwerbung dadurch allmählich aus dem Vertriebsfokus. Hier ist es die Aufgabe der Führung, die Maßnahmen als feststehende, immer wiederkehrende Tätigkeit in den Vermietungsprozess zu integrieren. Professionelle Reportings auf Vermieterebene geben zum aktuellen Stand der Objektwerbung bezogen auf jedes einzelne Wohnungsnagebot regelmäßig einen Überblick.

3.2.2.3 Digitale Vermarktung

Wir leben im Zeitalter der Digitalisierung. Dementsprechend hat sich auch die Wohnungsvermarktung in den letzten Jahren immer weiter gewandelt. Die Möglichkeiten der digitalen Vermarktung haben exponentiell zugenommen. Wer heute am Wohnungsmarkt erfolgreich agieren möchte, muss sich auf dem digitalen Vermarktungsparkett ebenso geschmeidig und sicher bewegen wie auf dem analogen. Nachfolgend wird ein Überblick zu den wesentlichen digitalen Vermarktungskanälen gegeben.

3.2.2.3.1 Internetportale

Seit Ende der 1990er-Jahre haben Internetmarktplätze für Immobilien und Wohnungen von Jahr zu Jahr mehr an Bedeutung gewonnen. Im Laufe der Zeit haben sich verschiedene Anbieter am Markt bewährt. Heute ist an eine professionelle Immobilienvermarktung ohne Online-Marktplätze nicht mehr zu denken. Die Anbieter haben unterschiedliche Stärken und Schwächen – insbesondere in Bezug auf den Mietwohnungsvertrieb.

3.2.2.3.1.1 Marktteilnehmer

ImmobilienScout24: Der Marktführer in Deutschland startete 1998 mit zwölf Mitarbeitenden und beschäftigt heute rund 650 Mitarbeiterinnen und Mitarbeiter.[117] Monatlich besuchen rund 14 Millionen Interessierte die Website. Die Nutzung von ImmobilienScout24 als Wohnungsvertrieb kann als obligatorisch bezeichnet werden. Das Portal ist zur gezielten Wohnungsvermarktung im gesamten Bundesgebiet äußerst effektiv, da bei Mietinteressenten große Reichweiten erzielt werden. Dies liegt wohl nicht zuletzt daran, dass das Portal selbst einen immensen Marketingaufwand, insbesondere im Bereich SEO (Search Engine Optimization) und SEM (Search Engine Marketing) betreibt. Das Portal sichert sich damit oberste Platzierungen bei Suchmaschinenanfragen von Mietinteressenten, die z. B. nach »Wohnung in Dortmund« suchen. Die hohen Reichweiten finanziert der Vermietungsvertrieb allerdings durch im Vergleich zu den anderen Anbietern beträchtliche monatliche Nutzungsbeiträge.

Der Premium-Account für Mietinteressenten ist eine Produktentwicklung, die aus Sicht des Vermietungsvertriebs Vor-, aber auch Nachteile bietet. Mietinteressenten, die einen kostenpflichtigen Premium-Account gebucht haben, können eine digitale Bewerbermappe erstellen. Diese Bewerbermappe enthält einen Bonitätscheck, Mietzahlungsbestätigungen, Einkommensnachweise, die Mieterselbstauskunft sowie einen Identitätscheck. Die Nachrichten des Mietinteressenten werden zudem beim Vermieter prioritär und mit besonderer Premiumkennzeichnung gelistet. Ein wesentlicher Faktor bei der Wohnungssuche ist für den Mietinteressenten zudem, dass Wohnungsanbieter auswählen können, ob bestimmte Angebote ausschließlich Premium-Interessenten vorgestellt werden. Gerade in angespannten Wohnungsmärkten mit einer hohen Nachfrage auf Mieterseite kann demnach der Besitz eines solchen zahlungspflichtigen Premium-Accounts als erstes Selektionskriterium bei der Mieterauswahl dienen. An späterer Stelle wird vertieft auf den Einsatz von (Chat-)Bots bzw. künstlicher Intelligenz bei der Auswahl von Mieterinnen und Mietern eingegangen.

---

117 Eigene Unternehmensangaben auf www.immobilienscout24.de/unternehmen/immobilienscout24.html, abgerufen am 23.11.2020.

Die hier bereits in der Praxis umgesetzten Methoden zur Mieterselektion werfen aus ethischer und sozialer Sicht berechtigte Fragen auf. Ein Mietinteressent, der bereit und in der Lage ist, die monatlichen Kosten eines Premium-Accounts zu tragen, hat allein durch sein finanzielles Engagement einen uneinholbaren Vorteil gegenüber anderen, eventuell genauso gut geeigneten Mietinteressenten. Diese Methoden befeuern ohnehin vorhandene Tendenzen der sozialen Segregation und Gentrifizierung in bestimmten Makro- und Mikrolagen. Sicherlich kann demgegenüber argumentiert werden, dass es an der individuellen Entscheidung des Einzelnen liegt, ob er Finanzmittel zur Wohnungssuche einsetzen möchte oder nicht.

Positiv bleibt anzumerken, dass sich für diejenigen, die sich eine solche prioritäre Suche nicht leisten können oder wollen, Alternativangebote am Online-Marktplatz herauskristallisieren. Studierende etwa greifen gern auf für Mietinteressenten kostenlose Portale wie www.wg-gesucht.de zurück.

Ein weiteres Ansteigen der Nutzerbeiträge auf Anbieter- und Nachfrageseite wird dazu führen, dass die Vermarktung auf ImmobilienScout24 für alle Beteiligten teurer wird. Dies dürfte sich zukünftig in den Wohnungsangeboten widerspiegeln. Wahrscheinlich werden dann nur noch Wohnungen mit verhältnismäßig hohen Mieten eine Insertion auf der Basis einer Kosten-Nutzen-Analyse rechtfertigen. Dies führt zu einer allmählichen Veränderung des Anbieter- und Nutzerkreises und eröffnet neue Geschäftschancen für andere Marktteilnehmer.

Immowelt: Die Immowelt Group begann bereits 1996 mit dem Launch des Portals www.immowelt.de mit der digitalen Vermarktung von Wohnimmobilien. Durch die Fusion mit www.immonet.de entstand einer der wichtigsten Player auf dem Portalmarkt in Deutschland. Im Gegensatz zu ImmobilienScout24 werden keine kostenpflichtigen Premium-Angebote unterbreitet. Insofern erhält jeder Suchinteressent den gleichen Marktzugang. Die Reichweite ist nach Google Analytics mit monatlich 48 Millionen Visits deutlich geringer als bei ImmobilienScout24 mit rund 76 Millionen Zugriffen. Für Wohnungsanbieter sind die monatlichen Kosten deutlich niedriger als beim Marktführer. Immowelt bietet sich als kumulative oder alternative Portallösung an.

eBay Kleinanzeigen: In der jüngsten Vergangenheit hat das Portal eBay Kleinanzeigen für den Vermietungsvertrieb an Bedeutung gewonnen. Die klassischen Verkaufsanzeigen von meist gebrauchten Artikeln (rund 40 Millionen Kleinanzeigen) ziehen eine große Anzahl von Kaufinteressenten an. Diese Zielgruppe wurde früher durch analoge Anzeigenblätter wie z. B. den RevierMarkt bedient. Die große Kleinanzeigen-Käufergruppe hat zum Teil auch Interesse an Mietwohnungen. Dementsprechend hat sich gerade für Mietwohnungen auf eBay Kleinanzeigen ein interessanter Teilmarkt etabliert. Das Inserieren ist für Wohnungsvertriebe verhältnismäßig kostengünstig, sodass dieses Portal in eine digitale Marketingstrategie implementiert werden sollte.

IVD24: Das vom IVD (Immobilienverband Deutschland) gegründete Portal www.ivd24.de ist eine weitere Portallösung für Wohnungsangebote. Es wird ausschließlich von den Mitgliedsunternehmen des Verbandes genutzt. Das Konzept sieht als Besonderheit vor, dass die Unternehmen ihre Wohnungsangebote teilweise eine Woche früher veröffentlichen als auf anderen Portalen. Es handelt sich mit über 75.000 Angeboten im Vergleich zu den Mitbewerbern um ein Nischenportal, das als Ergänzungsoption im Einzelfall zusätzliche Mietinteressenten generieren kann.

Weitere Online-Marktplätze: Die o. g. Portale werden ergänzt durch zahlreiche regionale oder lokale Wohnungsbörsen. Ferner gibt es Nischenportale, wie z. B. www.immobilo.de, www.wohnungsboerse.net, www.null-provision.de und viele weitere Anbieter mit im Vergleich zu den Marktführern geringen Nutzerzahlen. Hinzu kommen speziell auf bestimmte Zielgruppen abgestimmte Portale, wie z. B. www.wg-gesucht.de für Studierende. Die früheren Wochen- und Anzeigenblätter in Deutschland haben im Zuge der Digitalisierung einen Großteil ihrer Leserschaft und – damit einhergehend – ihrer Anzeigenkunden verloren. Die Unternehmen haben allerdings mittlerweile eigene digitale Angebote entwickelt, um wieder Relevanz zu erlangen. In Nordrhein-Westfalen werden beispielsweise auf dem Portal www.lokalkompass.de die in den Printanzeigen der Wochenblätter inserierten Wohnungsangebote auch online und damit digital veröffentlicht.

> **Tipp: Regionale Unterschiede beachten**
>
> Die reine Portalgröße und Reichweite sind nicht der Erfolgsgarant bei der digitalen Wohnungsvermarktung. In der Praxis ist zu beachten, dass regionale Unterschiede bei den Suchpräferenzen der Mietinteressenten ganz unterschiedliche Rangfolgen bei den Portalen ergeben können. Dies hängt u. a. davon ab, in welcher Art und Weise ein Portal eigenes Marketing in bestimmten Regionen betreibt. Während die Portale Werbekampagnen in regionalen Tageszeitungen oder durch große Plakatwerbung in den Städten realisieren, sollte der Wohnungsvertrieb die Zeit nutzen und aktiv Wohnungen auf dem entsprechenden Portal inserieren. Damit profitiert der Wohnungsvertrieb unmittelbar von der zeitweise immensen Breitenwirkung der Portalkampagne. Insofern empfiehlt sich eine gewisse Flexibilität und Dynamik bei der Auswahl der richtigen Portallösung. In jedem Fall sind aktuelle Entwicklungen im Auge zu behalten.
>
> Wohnungsvertriebe sparen ferner Kosten für Online-Inserate, indem sie regelmäßig ihre Abonnements kündigen und die Portale laufend bzw. revolvierend wechseln. Oftmals erhält man als Neukunde bzw. als wiedergewonnener Kunde bessere Konditionen als bei einem laufenden Abonnement. Hier sind ein flexibles Agieren am Markt und ein gewisses Verhandlungsgeschick gefragt, um beste Ergebnisse zu erzielen.

3.2.2.3.1.2 Digital inserieren

Das Inserieren von digitalen Wohnungsanzeigen auf den Internetportalen ist für den Vermietungserfolg notwendig. Auf den Online-Portalen verbinden sich die beiden analogen Klassiker der Wohnungsvermarktung und die Wohnungsanzeige mit dem Exposé zu einem konkreten Wohnungsangebot. Die Online-Anzeige besteht aus dem Teaser bzw. Header und dem entsprechenden Online-Exposé. Der Inhalt des Online-Exposés ist kongruent mit dem klassischen Exposé (siehe Kapitel 3.2.2.2.2).

Online-Inserate bestechen vor allem durch ihre visuellen Möglichkeiten. Insofern nehmen Fotos, Grafiken und Videos einen besonderen Stellenwert bei der Erstellung ein.

Header: Der Header eines Online-Inserats ist die erste schriftliche Botschaft, die dem Suchinteressenten ins Auge fällt. Diese Botschaft hat den Zweck, sein näheres Interesse zu wecken und sich von der Masse der anderen Immobilienanzeigen abzuheben. Das Texten eines geeigneten Headers ist eine komplexe Teilaufgabe der Vermarktung. Es lohnt sich, Zeit und Kreativität in den Entstehungsprozess zu investieren. Jeder Vermietungsvertrieb entwickelt nach und nach ein eigenes Gespür für Texte und Trends. Dies funktioniert am besten durch das Ausprobieren verschiedener Anzeigenvarianten für ein und dieselbe Wohnung. Jeder Anzeigentitel kann dabei einen unterschiedlichen Fokus haben und verschiedene Zielgruppen ansprechen. Der Fokus wird dabei speziell auf folgende Punkte gerichtet:

- Lage (Stadtteil, Quartier etc.)
- Ausstattung und Besonderheiten der Wohnung
- Zielgruppenbenennung

> **Beispiel für unterschiedliche Header für dieselbe Wohnung**
>
> - **»Bochum-Stiepel, moderne 3 ½-Raum-Wohnung«:** Der Titel spricht Suchinteressenten an, die sich aus bestimmten Gründen für einen besonderen Stadtteil interessieren. Eine solche Fokussierung auf die Lage ist hilfreich, wenn diese besonders begehrt oder ein positives Image hat. Einen ähnlichen Effekt können bestimmt Quartiere entfalten, in denen Wohnungsangebote selten sind oder häufig über Mund-zu-Mund-Propaganda weitergereicht werden.
> - **»Traumdomizil mit 3 ½ Räumen und Balkon mit Blick ins Grüne«:** Hiermit werden vor allem Interessenten angesprochen, die Wert auf ein ansprechendes Wohngefühl legen. Der Balkon als wesentliches Ausstattungsmerkmal wird sofort als zentrales Highlight gekennzeichnet.
> - **»Top modernisierte 3 ½-Raum-Wohnung in begehrter Lage von Stiepel«:** Die Beschreibung der Wohnung als »top modernisiert« spricht vor allem Suchinteressenten an, die eine hohe Wohnqualität wünschen und selbst keine Zeit und Mühe in eine Renovierung investieren möchten. Zu dieser Gruppe zählen zumeist Berufstätige mit herausfordernden Jobs, die ihre Freizeit als Quality Time verleben möchten und daher fix und fertige Wohnlösungen bevorzugen.
> - **»Nur wenige Meter zum Naturschutzgebiet – 3 ½-Raum in Stiepel«:** Dieser Titel spricht vor allem Naturliebhaber an, die ihre Zeit gern im Freien verbringen wie z. B. Sportler oder Hundeliebhaber.
> - **»Kita und Schule um die Ecke – 3 ½-Raum in Stiepel«:** Die gute Erreichbarkeit von Kitas und Schulen ist für Familien ein entscheidendes Lagekriterium. Die positive Eigenschaft kann als Highlight direkt im Header herausgestellt werden, um Aufmerksamkeit zu erzielen.

Die Liste der verschiedenen Möglichkeiten für den Titel einer Immobilienanzeige ließe sich beliebig fortsetzen. Neben den zuvor genannten Aufhängern können auch verschiedene andere Vorteile oder Highlights des Wohnungsangebots prominent herausgestellt werden. Dazu zählen etwa Benefits bei der Anmietung, wie z. B. Gutscheine für den Baumarkt oder das Möbelhaus, außerdem alle Besonderheiten einer Wohnung, die diese von der Masse der Angebote unterscheidet. Dies gilt z. B. für Wohnungen mit Möblierung, Kamin, Garten, Dachterrasse oder Garage/Stellplatz in Lagen mit Parkraumnot.

Hilfreich ist auch die Verwendung sog. Keywords im Anzeigen-Header. Auf diese Art und Weise führen beliebte Suchanfragen in den Portalen oder Suchmaschinen, wie Google, Bing und Co., direkt zur eigenen Anzeige.

Fotos: Der Vorteil der Online-Portale liegt vor allem in der multimedialen Darstellung des Wohnungsangebots. Fotos und Videos können beliebig in das Online-Exposé integriert werden. Die Ausführungen zur Qualität und Auswahl der Objektfotos gelten auch für das Online-Exposé (siehe Kapitel 3.2.2.2.2.2).

Videos: Aufgrund höherer Bandbreiten und schnellerer Internetverbindungen haben sich Videos in den letzten Jahren immer mehr als digitales Medium etabliert. Dieser Trend wird auch mobil durch die neue 5G-Technologie verstärkt. Portale bzw. Apps wie YouTube, Vimeo oder TikTok erfreuen sich zunehmender Beliebtheit. Nutzer und Nutzerinnen veröffentlichen dort in ungeahntem Ausmaß selbst produzierte Videos und Filme. Der technologische Fortschritt führt auch dazu, dass Streaminganbieter, wie z. B. Netflix oder AmazonPrime, immer stärker genutzt werden. Dieser Trend zu Videoinhalten zeigt sich auch verstärkt im Wohnungsvertrieb. Videos sind ein wichtiges Hilfsmittel bei der Vermarktung von Wohnprodukten. Allerdings ist bei der Erstellung von Videos große Sorgfalt und in gewissem Maße auch Vorsicht geboten. Videos vermitteln eine Vielzahl von Informationen und bieten daher einen echten Mehrwert gegenüber Fotos. Das Bewegtbild in Verbindung mit gesprochenem Text oder Musik übermittelt deutlich mehr Informationen als ein einfaches Foto.

Auf der anderen Seite erfordert das Erstellen eines professionellen Videoclips auch erheblichen Aufwand. Die Komplexität in Bezug auf qualitativ hochwertige Videoaufnahmen ist gegenüber der professionellen Fotografie noch einmal deutlich höher. Licht- und Tonverhältnisse sind ein Fachgebiet für sich. Auch die gesprochene Information muss bestimmten Qualitätsansprüchen der Mietinteressenten gerecht werden. Andernfalls entsteht der Eindruck der Laienhaftigkeit. Der Kunde zieht im schlimmsten Fall von einem unprofessionellen Videoclip den negativen Rückschluss auf die sonstige Arbeitsweise des Vermietungsvertriebs. Insofern sollte dieses Medium nur verwendet werden, wenn gewährleistet ist, dass das Endprodukt allen Ansprüchen gerecht wird.

Besonders positiv bleiben dabei Clips in Erinnerung, die den Vermieter als Person einbeziehen. Dies kann durch eine kurze persönliche Vorstellung und eine sprachliche Kommentierung des Videos geschehen. Wohnungsbesichtigungen können direkt mit der Kamera begleitet werden und damit einer Reportage ähneln. In diesem Fall wird insbesondere auf das gesprochene Wort Wert gelegt.

Drohnenvideos liefern als Ergänzung spektakuläre Aufnahmen des Wohnumfelds und bauen einen atmosphärischen Spannungsbogen auf.

Zwischen Foto- und Videoaufnahmen befindet sich gewissermaßen als Hybrid die virtuelle 360-Grad-Besichtigung, die bei Mietinteressenten ebenfalls beliebt ist. Der virtuelle Rundgang erlaubt ein freieres, selbstbestimmtes Bewegen in der Wohnung. Dies ist bei einem Video weniger der Fall, da der Betrachter sich auf die Reihenfolge und Bildauswahl des Produzenten einlassen muss. Auch hier gilt es für den Vermietungsvertrieb, einen individuellen Weg zu finden, der zu den eigenen Fähigkeiten und Ansprüchen passt. Das Experimentieren mit verschiedenen Medien kann nur befürwortet werden, um praktische Erfahrungen zu sammeln und Reaktionen der Mietinteressenten zu erhalten.

Checkliste: Videos DIGITALE EXTRAS
- vor Drehbeginn ein Storybook entwickeln und den genauen Ablauf planen
- für Redebeiträge ein kurzes Skript entwerfen
- Equipment wie Stative, Objektive sowie Leuchtmaterial bereithalten und verwenden
- Lichtverhältnisse beachten und gute Aus- und Beleuchtung sicherstellen
- Motiv und Bildausschnitt bei der Kameraführung gezielt auswählen
- Störquellen im Bild eliminieren (z. B. WC-Deckel schließen)
- für Rauminnenaufnahmen mit einem Weitwinkelobjektiv arbeiten
- Videos mit Apps oder Software schneiden, dezent filtern bzw. nachbearbeiten
- zuerst Außen-, dann Innenaufnahmen veröffentlichen
- Drohnenaufnahmen für Atmosphäre und Emotionen

3.2.2.3.2 Social Media

Der Einsatz von Social Media ist für den Vermietungsvertrieb sinnvoll. Die Aktivität auf Social-Media-Kanälen wird häufig zentral vom und für das Unternehmen durchgeführt. Darüber hinaus empfiehlt sich aber auch die individuelle Aktivität von Mitarbeiterinnen und Mitarbeitern im Vermietungsvertrieb bzw. Vermietern auf Social-Media-Kanälen. Grundvoraussetzung für jedes Engagement in den sozialen Netzwerken ist allerdings ein Verständnis von den Mechanismen und Anforderungen der »Follower«. In jedem Fall ist ein unkontrolliertes, dem Zufall und der Gelegenheit überlassenes Agieren von Mitarbeitenden auf Social Media im beruflichen Kontext zu vermeiden. In diesem Zusammenhang kann weniger manchmal mehr sein.

Bevor Social Media durch den Vermietungsvertrieb genutzt werden können, sind zunächst einige individuelle Überlegungen zu den am Markt verfügbaren Social-Media-Kanälen zu anzustellen. Die Kanäle bedienen unterschiedliche Zielgruppen, die wiederum verschiedene Vorstellungen und Wünsche hinsichtlich der zu konsumierenden Inhalte haben. Eine individuelle Reflexion der herrschenden Anforderungen, der Stärken und Schwächen des Produkts und nicht zuletzt des Vermietungsvertriebs selbst sind das Fundament für eine erfolgreiche Social-Media-Strategie. Im Folgenden werden die wesentlichen Kanäle und die sich bietenden Chancen für den Vermietungsvertrieb skizziert.

3.2.2.3.2.1 Instagram

Instagram ist ein werbefinanzierter Onlinedienst zum Teilen von Fotos und Videos, der auf Konzernebene zu Facebook gehört.[118] Instagram ist eine Mischung aus Microblog und audiovisueller Plattform und ermöglicht dem Nutzer, Fotos auch in anderen sozialen Netzwerken zu verbreiten. Die enormen Reichweiten verdeutlichen Zahlen, die das Technologie-Magazin T3N[119] nennt: »Über eine Milliarde Nutzer hat die Facebook-Tochter Instagram, davon knapp 20 Millionen in Deutschland. Vor allem die Stories dienen Influencern und Unternehmen zum Transport von Werbebotschaften. Instagram Stories schauen sich über 500 Millionen Menschen an – täglich. Die Mehrzahl der Instagram-Nutzer ist jung und weiblich. Mehr braucht es eigentlich kaum noch, um Instagram als enorm wichtigen Marketing-Kanal einzuschätzen.«

Fraglich ist demnach, inwieweit sich der Kanal für die Zwecke der Wohnungsvermietung eignet. Als Lifestyle-Kanal sind insbesondere Marken und Unternehmen vertreten, die ein junges, spektakuläres Lebensgefühl vermitteln möchten. Die Branchen Fashion, Food und Travel sind sicherlich Vorreiter, während die Immobilienbranche insgesamt etwas hinterherhinkt. Dies dürfte insbesondere am »Produkt« liegen. Konsumgüter unterliegen einer viel häufigeren Kaufinteraktion im Gegensatz zu einer Wohnung, die oft für mehrere Jahre angemietet wird. Dennoch empfiehlt es sich für den Vermietungsvertrieb, Instagram aufgrund seiner starken Verbreitung innerhalb der jungen Zielgruppen zu nutzen. Eine langfristig ausgelegte Strategie zum Aufbau einer eigenen Community hilft beim professionellen Betreiben eines eigenen Instagram-Profils.

Der Vermietungsvertrieb sollte zudem Kooperationen mit lokalen oder regionalen Influencern eingehen. Diese Influencer posten dann Fotos oder Videos von Besichtigungen

---

118 Vgl. https://de.wikipedia.org/wiki/Instagram, abgerufen am 23.11.2020.
119 https://t3n.de/news/instagram-marketing-2020-diese-1235142/, abgerufen am 23.11.2020.

und erwähnen den Vermietungsvertrieb in ihren Posts. Dies führt zu einer allmählichen Erweiterung und Steigerung des Bekanntheitsgrades. Aufgrund des visuellen Schwerpunkts eignet sich Instagram auch insbesondere für Aufnahmen von Sehenswürdigkeiten oder großartigen Motiven aus der Mikro- und Makrolage der im Vertrieb befindlichen Wohnungen. Dies gilt auch für das Einfangen des Ausblicks von einer Penthouse-Terrasse. Motive und Perspektiven, die spektakulär sind und begeistern, wie z. B. Drohnenaufnahmen, stehen dabei in der Nutzergunst im Vordergrund.

3.2.2.3.2.2 Facebook

Als weiterer Social-Media-Kanal genießt Facebook eine bedeutende Marktpositionierung. Das Portal hat weltweit etwa 2,5 Milliarden Nutzer, was fast einem Drittel der Weltbevölkerung entspricht. Das von Mark Zuckerberg gegründete Portal hatte in Deutschland Ende 2019 etwa 25,9 Millionen Nutzer und Nutzerinnen.[120] Die Nutzergruppe hat sich über die letzten zehn Jahre stark gewandelt: Insbesondere Teenager und junge Erwachsene nutzen eher Instagram oder TikTok, während die »Erwachsenen« Facebook für sich entdeckt haben. Vor diesem Hintergrund ist der Kanal für Immobilienunternehmen als Medium äußerst interessant. Auch für den Vermietungsvertrieb bietet sich eine intensive Nutzung an. Der Vermietungsvertrieb kann in unterschiedlicher Weise von einer Aktivität auf Facebook profitieren. Immobilienunternehmen nutzen Facebook vor allem zur Steigerung ihrer Awareness und zur Interaktion mit den Kunden.[121] Dabei wird das Ziel verfolgt, dem Kunden einen Mehrwert zu bieten. Dies bedeutet, dass Posts vor allem die Zielgruppe ansprechen sollen. Hintergrundinformationen, exklusive Vorschauen, »sneak peeks« und ein Blick hinter die Kulissen des Vermietungsvertriebs machen den Social-Media-Kanal zu einem idealen Marketinginstrument.

3.2.2.3.2.3 LinkedIn

Ein für geschäftliche und berufliche Zwecke genutzter Social-Media-Kanal ist der Online-Dienst LinkedIn. Von den weltweit rund 660 Millionen Mitgliedern entfallen rund 14 Millionen auf Deutschland.[122] Das soziale Netzwerk ist in seiner Funktionsweise mittlerweile sehr vergleichbar mit Facebook. Der Nutzer kann ein eigenes Profil erstellen und Inhalte mit anderen teilen. Der Fokus liegt dabei eindeutig auf geschäftlich basierten Informationen und Inhalten. Stand in den Anfängen die Kontaktpflege und der bilaterale Austausch mit anderen Mitgliedern im Mittelpunkt, hat sich die Nutzung in der jüngsten Vergangenheit stark gewandelt. Der Online-Dienst hat sich zu einer Art PR-Portal für jedermann entwickelt. Fotos und Videos von geschäftlichen Events, Meetings und anderen Experiences werden immer häufiger veröffentlicht. Aus der bilateralen Interaktion ist das öffentliche

---

120 https://de.wikipedia.org/wiki/Facebook, abgerufen am 23.11.2020.
121 Vgl. Kippes, S. 424f.
122 https://www.wuv.de/tech/14_millionen_auf_linkedin, abgerufen am 23.11.2020.

Statement geworden. Jeder kann für sich selbst beurteilen, inwieweit ein Engagement für den beruflichen Erfolg sinnvoll sein kann.

Für den Vermietungsvertrieb kann die Verwendung des Dienstes insbesondere Hilfestellung beim Recruitment von neuen fähigen Mitarbeitern und Mitarbeiterinnen geben. Sofern der Vermietungsvertrieb als externer Dienstleister auftritt, kann auch die Akquisition von neuen Kunden und Eigentümern von Wohnungsbeständen über das Netzwerk gelingen. Weniger geeignet ist das Portal für die Ansprache von Mietinteressenten. Sinnvoll sind hier auf der B2B-Ebene spezielle Angebote für eine bestimmte Zielgruppe, z. B. temporäres Wohnen für Experts in einer Metropole. Unter Umständen kann auch die Schaltung von Imagewerbung auf dem Portal erfolgversprechend sein. Besondere Angebote z. B. für mittelständische Unternehmen, die ihre Mitarbeitenden zeitweise an einem bestimmten Ort unterbringen müssen, führen auch hier idealerweise zu Abschlüssen.

3.2.2.3.2.4 Pinterest

Der aus San Francisco stammende Social-Network-Service Pinterest genießt auch in Deutschland immer größere Beliebtheit. Von den weltweit etwa 367 Millionen aktiven Nutzerinnen und Nutzern stammen über sieben Millionen Menschen aus Deutschland, die jeden Monat über vier Millionen Inhalte speichern.[123] Der Online-Dienst funktioniert nach folgendem Prinzip: Es gibt »Pins«, die virtuell an »Boards« gepinnt werden können. Das Prinzip ähnelt einem analogen schwarzen Brett. Ein Pin besteht aus einem Bild, das ein Nutzer selbst hochlädt oder von einer anderen Website verlinkt. Die Pins werden thematisch in Kategorien, auch »Boards« genannt, gespeichert. Auf diese Art und Weise können andere Nutzer die zu einem bestimmten Thema existierenden Pins anschauen und ihrerseits weiterverlinken. Der Vorteil des Dienstes besteht darin, dass die Nutzenden sich kreative Anregungen und Ideen zu bestimmten Themen holen.

Für den Wohnungsvertrieb gibt es verschiedene Anwendungsmöglichkeiten. Die Themen Home Staging, Inneneinrichtung, Möblierung oder Do-it-yourself-Ideen sind ebenso beliebt wie Boards zu bestimmten Gewerken oder Ausstattungen (Tapeten, Bodenbeläge, Gartengestaltung etc.). Der Wohnungsvertrieb bietet hier seinen Mietinteressenten und Mietern einen informellen Mehrwert. Darüber hinaus wird die Markenbekanntheit gesteigert. Zur Direktakquisition von Mietinteressenten eignet sich der Dienst weniger, da eine lokale oder regionale zielgruppengerechte Ansprache von Mietinteressenten nur schwer realisierbar ist. Das Netzwerk darf bei einem professionellen Mediamanagement nicht fehlen und punktet insbesondere im Bereich »Wohnen« mit interessanten Features.

---

123 https://www.futurebiz.de/artikel/pinterest-statistiken/, abgerufen am 23.11.2020.

3.2.2.3.2.5 Twitter

Der Microblogging-Dienst Twitter hat weltweit derzeit rund 330 Millionen monatlich aktive Nutzerinnen und Nutzer.[124] Diese können Kurznachrichten mit maximal 280 Zeichen (früher 140) veröffentlichen. Diese sind für die eigenen Follower sichtbar und werden durch »Hashtags« weltweit auch von anderen Nutzern gesehen. Die beliebtesten Twitter-Profile aus Deutschland stammen von Mesut Özil (24,9 Mio. Follower), Toni Kroos (8 Mio.) und DJ Zedd (8 Mio.).[125] Als Massenkommunikationsmittel ist der Dienst also für Personen geeignet, die mit minimalem Aufwand ein maximales Auditorium erreichen möchten. Die Twitter-Nachrichten von hochrangigen Politikern sind häufig Gegenstand der öffentlichen Diskussion.

Für Marketingzwecke von Wohnungsvertrieben ist der Dienst nur unter bestimmten Umständen geeignet. Die Verbreitung ist gerade auf lokaler oder regionaler Ebene eher gering. Die Anwendung kann im Kontext einer individuellen Strategie in Bezug auf die sozialen Medien auch für den Vermietungsvertrieb positive Effekte haben. Positiv wirkt sich das aktive Managen eines Twitter-Accounts im Bereich Personal-Recruiting und zur Expertenpositionierung des Vermietungsvertriebs und einzelner Vermieter aus.

3.2.2.3.2.6 Xing

Das Soziale Netzwerk Xing wurde von Lars Hinrichs im Jahr 2003 unter dem Namen »OpenBC« (Open Business-Club) gegründet. In Deutschland und der DACH-Region erfreut sich der Dienst großer Beliebtheit. Mittlerweile nutzen rund 15 Millionen Menschen in Deutschland das Angebot.[126] Xing hat dabei wie LinkedIn eine berufliche und geschäftliche Ausrichtung. Die o. g. Ausführungen zu LinkedIn treffen insofern auch auf diesen Dienst zu. Xing ist derzeit in Deutschland stärker verbreitet als LinkedIn und genießt daher bezogen auf bestimmte Kampagnen den Vorzug. Der Vermietungsvertrieb sollte ein Gefühl für den Dienst entwickeln und die Eignung für die eigene Ziel- und Zwecksetzung prüfen.

3.2.2.3.2.7 Weitere Dienste und Apps

Es gibt zahlreiche weitere Online-Dienste, die insbesondere von der jüngeren Generation genutzt werden. Viele Teenager aus Deutschland nutzen auf ihrem Smartphone beispielsweise die Apps Snapchat und TikTok. Damit verbreiten sie mehr oder weniger spaßige Kurzvideos und andere Inhalte. Die Immobilienbranche hat diese Apps bislang noch nicht für sich entdeckt. Dies könnte daran liegen, dass die Zielgruppe zu jung und

---

124 https://www.brandwatch.com/de/blog/twitter-statistiken/, abgerufen am 23.11.2020.
125 https://de.statista.com/statistik/daten/studie/70597/umfrage/twitter-accounts-nach-anzahl-follower/, abgerufen am 23.11.2020.
126 https://werben.xing.com/daten-und-fakten, abgerufen am 23.11.2020.

die Ausrichtung auf Klamauk und Unterhaltung nur wenig Raum für seriöses Immobilienmarketing bietet. Für Spartenprodukte, wie z. B. studentisches Wohnen, wird sich allerdings auch ein Marketing-Engagement auf diesen Plattformen lohnen. Grundvoraussetzung ist dabei ein authentischer Auftritt und die Fähigkeit, mit den jungen Usern auf Augenhöhe zu kommunizieren. Dies kann mithilfe von spezialisierten Freelancern oder Agenturen gelingen, die teilweise selbst noch zum Nutzerkreis gehören und dementsprechend passende Inhalte produzieren.

3.2.2.3.2.8 Online-Präsenz des Vermietungsvertriebs

Die Online-Präsenz des Vermietungsvertriebs auf den erläuterten Social-Media-Plattformen besteht aus verschiedenen Komponenten. Aus strategischer Sicht ist zu entscheiden, ob nur einzelne Elemente oder die gesamte Palette der Instrumente in der Praxis genutzt werden soll:

- **Eigene Darstellung des Unternehmens:** Es empfiehlt sich, dass Wohnungsanbieter und/oder Vermietungsvertrieb eine eigene Unternehmensseite anlegen und aktuell halten. Die Mietinteressenten und Kunden sowie Freunde von Mitarbeitern werden kontinuierlich animiert, die Unternehmensseite zu abonnieren. Dies erfolgt durch eine direkte Einladung oder Schaltung einer Logo-Verlinkung auf die Facebook-Unternehmensseite. Diese Verlinkung befindet sich in diesem Fall auf der eigenen Website, in den Immobilienanzeigen oder Exposés sowie in jeder Mail-Signatur der Mitarbeiter. Je mehr Abonnenten die Unternehmensseite aufweist, desto höher ist der Verbreitungsgrad von veröffentlichten Posts. Die Posts umfassen Wohnungsangebote, lokale bzw. regionale News, Veranstaltungshinweise, Ratschläge, Tipps und ähnliche Inhalte. Einblicke in das Innenleben des Unternehmens sind von gesteigertem Interesse für die Betrachter. Dies können Mitarbeiterportraits sein oder das Einfangen von Meetings, Gesprächen oder einfach nur einer gemütlichen Kaffeepause. Ziel ist es dabei, den Betrachter mit dem eigenen Unternehmen vertraut zu machen und ihm das Gefühl zu vermitteln, dabei zu sein und dazuzugehören. Der beste Social-Media-Content nützt wenig, wenn die Veröffentlichungen nicht kontinuierlich erfolgen. Aufgrund der Vielzahl der Informationen die tagtäglich auf jeden einzelnen Nutzer einprasseln, muss er im entscheidenden Moment an den Vermietungsvertrieb erinnert werden. Die Wahrscheinlichkeit, den richtigen Moment abzupassen, kann enorm vergrößert werden, je öfter die Aufmerksamkeit des Nutzers auf die Unternehmensseite des Vermietungsvertriebs gelenkt wird. Dabei folgt die Sichtbarkeit von Posts gewissen Gesetzmäßigkeiten. Die Algorithmen begünstigen bei der »Ausstrahlung« der Inhalte verschiedene Faktoren, die sich allerdings im Laufe der Zeit ändern. Die Anzahl der Abonnenten, die Häufigkeit von »Likes« oder die Posting-Frequenz steigern etwa die Visibilität. Auch erkennen die Portale, welcher Nutzende sich wie lange Posts anschaut und begünstigt dann für die Zukunft derartige Inhalte. Diese individuell gefilterten Informationen sorgen dafür, dass jeder Einzelne präferiert die Inhalte erhält, denen er ohnehin zugeneigt ist. Diese Art der Einseitigkeit führt nicht zuletzt unter dem Stichwort der »Filterblase« zu gesellschaftskritischen Diskussionen.[127] In dem hier gegebenen vertrieblichen Zusammenhang ist der Algorithmus dem Vermietungsvertrieb bei der richtigen Ansprache der Zielgruppe behilflich.

- **Standortbezogene Seite zur mittelbaren Objektvermarktung:** Wohnungsangebote werden auch mithilfe von Standortmarketing mittelbar vermarktet. Dazu dienen standortbezogene Seiten, die sich beispielsweise auf eine Stadt, einen Stadtteil, ein Quartier oder eine einzelne Wohnanlage bzw. ein bestimmtes Wohnprojekt beziehen. Das Lokalkolorit und die Heimatverbundenheit ziehen die Menschen auf diese Seite. Es lohnt sich durchaus für den Vermietungsvertrieb, eine solche Seite zu etablieren. Der Inhalt der standortbezogenen Seite ist sorgfältig auszuwählen. Dabei sind etwa 80 Prozent des Inhalts ausschließlich auf standortbezogene Inhalte zu fokussieren. Die restlichen 20 Prozent werden dann mit unternehmens- und vor allem angebotsbezogenen Inhalten angereichert. Diese Art der Darstellung ist sympathisch und stellt den Standort in den Mittelpunkt. Sowohl das Unternehmen als auch der Nutzer haben damit ein gemeinsames Interesse an dem Standort. Die Gemeinsamkeit schafft Vertrauen und dieses wiederum führt dazu, dass aus Nutzerinnen und Nutzern zu einem späteren Zeitpunkt Mietinteressenten und Mieter werden. Mithilfe einer standortbezogenen Seite lassen sich in der Regel einfacher Kooperationen mit anderen ortsansässigen Vereinen oder Communitys eingehen. Sportvereine sind vielfach in bestimmten Quartieren tief verwurzelt. Sie sind der gesellschaftliche Kit, der oftmals auch schwierige Quartiere durch intensive Jugendbetreuung und ein offenes Vereinsleben festigt und stärkt. Gemeinsam mit den Vereinen können Aktivitäten und Initiativen ins Leben gerufen werden, die dann über mehrere Kanäle verbreitet werden. Im Laufe der Zeit nehmen die Nutzer die enge Verbundenheit des Unternehmens bzw. des Vermietungsvertriebs mit der eigenen Heimat und dem eigenen Verein wahr. Dies kann dazu führen, dass irgendwann das Unternehmen selbst als Institution in der Heimat wahrgenommen wird. Das ist der Königsweg im Marketing, der zu erheblichen Vermietungserfolgen durch Weiterempfehlung und Mund-zu-Mund-Propaganda führt.

- **Arbeit mit themenbezogenen Seiten bzw. Gruppen:** Ein weiteres Werkzeug stellt die Arbeit mit themenbezogenen Seiten und/oder Gruppen dar. Dies sind digitale Versammlungsorte, die sich aus mehreren Nutzern zu einem gemeinsamen Thema bilden. Zumeist stehen den Gruppen sog. Administratoren vor, die bestimmte »Spielregeln« aufstellen. Beitreten kann in der Regel jeder, der sich interessiert und sich an die Regeln hält. Als gewerblicher Anbieter empfiehlt es sich, nicht ungefragt Inhalte zu

---

127 Informativ dazu: https://www.lmz-bw.de/medien-und-bildung/medienwissen/informationskompetenz/filterblasen-wenn-man-nur-das-gezeigt-bekommt-was-man-eh-schon-kennt/, abgerufen am 23.11.2020.

posten, sondern mit den Administratoren zunächst bilaterale Absprachen zu treffen. Dabei ist durch den Vermietungsvertrieb immer eine Win-win-Situation anzustreben. Den Administratoren fällt es zum Beispiel leichter, das Posten eines Wohnungsangebots zu bewilligen, wenn im Gegenzug die Gruppenmitglieder eine besondere Kondition oder einen Benefit erhalten. Dies steigert auf der einen Seite die Attraktivität der Gruppe und die Motivation der Mitglieder, weiterhin dort vertreten zu sein. Auf der anderen Seite hilft es dem Vermietungsvertrieb bei der zielgruppengerechten Platzierung von Wohnungsangeboten auf lokaler Ebene. Die Reichweiten sind unter Berücksichtigung der Kontakte 2. Grades gerade im lokalen Bereich enorm und können einen positiven Beitrag zur Marktdurchdringung leisten.

- **Individuelle Darstellung des Vermietungsmitarbeiters:** Die individuelle Nutzung von Social-Media-Diensten mit einem persönlichen Profil unterliegt natürlich dem Schutz der Privatsphäre. Ein Vermieter kann daher von seinem Arbeitgeber nicht dazu gezwungen werden, sein privates Profil auf einem der zahlreichen Portale für geschäftliche Zwecke zu nutzen. Gerade in reinen Vermietungsvertrieben gibt es allerdings erfreulicherweise oftmals eine große Eigenmotivation der Mitarbeiter, die neuen Medien für das eigene berufliche Weiterkommen zu nutzen. Dies liegt nicht zuletzt in der Vertriebsphilosophie, in den stark erfolgsabhängigen Vergütungsstrukturen und in der Verselbstständigung der Tätigkeit des Einzelnen begründet. Ferner führen die hohe persönliche Identifikation mit dem eigenen Beruf und die Begeisterung für die tägliche Arbeit zu einer teilweise fließenden Grenze zum Privatleben. Der Vermieter hat mit seinem persönlichen Profil die Möglichkeit, sich eine ihm wohlgesonnene freundschaftliche Peergroup aufzubauen, die er fortwährend auch mit beruflichen Informationen versorgen kann. Aus digitalen Freunden können auf diese Art und Weise schnell Kunden und Mieter werden. Dabei ist auch nicht zu unterschätzen, welchen gravierenden Multiplikator die eigenen Kontakte darstellen, sobald sie wiederum ihre eigenen Kontakte über spannende Angebote des Vermieters informieren. Die Wertigkeit der Informationen zum Wohnungsangebot genießt dabei eine viel höhere Glaubwürdigkeit, weil der Vermieter mit seinem privaten Engagement dokumentiert, dass er unmittelbar und mit seiner ganzen Persönlichkeit hinter dem Angebot steht. Die Veröffentlichung von beruflichen Inhalten auf privaten Accounts ist in jedem Fall im Vorfeld mit dem Unternehmen abzustimmen, um Missverständnisse und Fehlentwicklungen zu vermeiden.

Die Nutzung der Social-Media-Kanäle stellt eine wichtige Vermarktungsmöglichkeit für den Vermietungsvertrieb dar. Dieses Feld wird durch eigene, fähige Mitarbeiter oder externe Dienstleister professionell betreut. Die folgende Checkliste hilft dabei, ein erfolgreiches Social-Media-Management im eigenen Unternehmen zu implementieren.

> **Checkliste: Social-Media-Management**
>
> ○ individuelle Social-Media-Strategie entwickeln
> ○ Richtlinie für die private Nutzung der Mitarbeiterinnen und Mitarbeiter entwickeln
> ○ Zielsetzung definieren (Angebotsverbreitung, Recruiting, Marktpositionierung etc.)
> ○ Social-Media-affine Mitarbeiterinnen und Mitarbeiter aktiv einbinden
> ○ groben Redaktionsplan mit Inhalten und Veröffentlichungsdaten erstellen
> ○ Bilder auswählen und diese vor Veröffentlichung veredeln (Filter etc.)
> ○ Richtige Hashtags setzen
> ○ Follower-Community mit gezielten Aktionen (Gewinnspiele etc.) pflegen

DIGITALE EXTRAS

3.2.2.3.3 Digital Advertising

Suchmaschinen haben sich zum Dreh- und Angelpunkt bei den digitalen Erkundungen der Menschen entwickelt. Die gemeine Fließtextanzeige der 1990er-Jahre in der Tageszeitung ist der Google-Adwords-Kampagne gewichen. Mit den Suchmaschinen sind umfangreiche Marketing-Möglichkeiten entstanden. Heute befassen sich bereits Studieninhalte mit den Schlagwörtern SEO (Search Engine Optimization), SEA (Search Engine Advertising), SEM (Search Engine Marketing), Landingpages und vielen weiteren Begrifflichkeiten. Für die Immobilienbranche bieten sich effiziente Wege, um zielgruppengerechtes Marketing platzieren zu können. Der große Vorteil gegenüber den klassischen analogen Anzeigen ist die umfangreiche Messbarkeit der Sichtbarkeit und des Klick-Erfolgs. Der Wohnungsvertrieb tut gut daran, einen Teil seines Marketingbudgets in das Digital Advertising zu investieren. Dazu bieten sich verschiedene Wege an. SEO und SEA sind Bestandteile des SEM, das insofern als Oberbegriff fungiert:

- **SEO:** Der Vermietungsvertrieb gestaltet seine eigene Website oder spezielle Landingpages so, dass die von ihm bevorzugte Zielgruppe bei ihrer Recherche im Internet auf die betreffenden Seiten stößt. Dies wird mithilfe der sog. Keywords erreicht. Die Keywords sind Schlagworte, die verkürzt den Suchbegriff des Interessenten wiedergeben. In der Praxis handelt es sich bei den Keywords vielfach um Kombinationen aus mehreren Suchbegriffen, z. B. »Wohnung Dortmund« oder »Betreutes Wohnen Kaiserslautern«. Die Suchmaschinen durchforsten das Web nach passenden Websites, die derartige Keywords beinhalten und ranken diese dann in den Suchergebnislisten prioritär. Gerade bei lokalen und regionalen Wohnungsangeboten bietet sich daher die gezielte Suchmaschinenoptimierung an.

- **SEA**: Mittels Suchmaschinenwerbung werden Anzeigen gegen die Zahlung einer Vergütung auf den Ergebnisseiten von Suchvorgängen platziert. Die Anzeigen passen zum jeweiligen Suchbegriff und enthalten diesen häufig in ihrer Überschrift. Der wohl bekannteste Anbieter ist AdWords aus dem Hause Google. Die Suchprozesse der Nutzer lassen sich über Analysetools sehr dezidiert aufschlüsseln. Auf diese Art und Weise werden passgenaue Anzeigen entworfen. Der Erfolg bei der Ausspielung ist auf vielfältige Weise messbar. Die Zahl der Einblendungen, sog. Views, aber auch die Klickraten, die sog. Conversions, werden bis ins letzte Detail nachvollzogen.
Limitierender Faktor ist das vorhandene Budget. Je nachdem, wie beliebt ein Keyword ist, steigert sich der Klickpreis beträchtlich. Insbesondere bei beliebten und häufig benutzten Suchbegriffen, wie z. B. »Wohnung Dortmund«, konkurriert man als Vermietungsvertrieb bei den Anzeigenpreisen mit den großen Immobilienportalen, wie z. B. Immobilienscout24 oder Immowelt. Diese Portale haben selbst ein Interesse daran, möglichst viele Suchinteressenten auf ihre Angebotsseiten zu locken. Die Immobilienportale haben in den meisten Fällen größere Marketingbudgets zur Verfügung als einzelne Wohnungsgesellschaften oder Vermietungsvertriebe.
Trotzdem wird SEA gerade bei lokalen und regionalen Wohnungsangeboten angewendet. Hier ist Zeit und Mühe in die Erstellung sinnvoller Keyword-Listen zu investieren. Selbst wenn die direkte Wohnungsvermarktung und zielgerichtete Interessentenansprache nur wenige konkrete Erfolge produziert, so sorgt doch das regelmäßige Erscheinen der Anzeigen für die Steigerung der Markenbekanntheit. Diese wiederum ist ein weiterer, unterstützender Faktor bei der Anmietungsentscheidung eines Mietinteressenten.

> **Tipp: Redaktionelle Inhalte mit Mehrfachnutzen**
>
> Redaktionelle Inhalte sind für den Vermietungsvertrieb der Schlüssel, um digitalen Vermarktungserfolg zu generieren. Die redaktionellen Inhalte auf der Website des Unternehmens haben einen mehrfachen Nutzen: Sie versorgen zum einen die Besucher und Leserinnen mit den neuesten Inhalten, zum anderen helfen die dort verwendeten Keywords dabei, die Seite in den Suchmaschinen prominent zu platzieren. Ein weiterer Zusatznutzen der redaktionellen Inhalte besteht darin, dass diese über die Social-Media-Kanäle von Mitarbeitenden, Interessenten sowie Mietern und Mieterinnen geteilt und damit vervielfältigt werden.

Andreas Kohne

3.2.2.3.4 Virtual und Augmented Reality

Der Vertrieb von Wohnungen und Immobilien ist ein hoch emotionaler Prozess. Kann der zukünftige Mieter nicht vollständig von der Immobilie überzeugt werden, sinkt die Anmietungswahrscheinlichkeit drastisch. Ein wichtiger Aspekt bei der Anmietung eines entsprechenden Objekts liegt darin, dass sich die Mietinteressenten vorstellen können, wie die Immobilie nach dem Einzug aussieht. Nur wenn sie sich wirklich »zu Hause« fühlen können, werden sie kaufen.

Bisher wurden im Immobilienvertrieb ausschließlich Fotos oder Filme von existierenden Objekten, 3D-Renderings (computergenerierte Bilder) oder 2D-Raumpläne von zukünftigen oder Bestandsimmobilien eingesetzt. Diese wurden dann für Exposés, Bautafeln oder Online-Seiten verwendet. Das Schwierige hierbei ist, dass viele Menschen ein Problem damit haben, sich ein existierendes Objekt in einem veränderten Zustand vorzustellen. Dieses Phänomen wird in der Wissenschaft als »Vorstellungslücke« oder »Imagination Gap« bezeichnet. Vor allem im Bereich der Immobilienbranche wiegt dieses Problem schwer, da die hochpreisigen Objekte nie in dem Zustand verkauft werden können, den sie nach dem Einzug einmal haben werden und somit der Stil eines Kunden nie zu 100 Prozent getroffen werden kann. Für den Bereich der Wohnungsvermietung können drei Fälle unterschieden werden:

1. **Die Immobilie ist bezogen:** In diesem Fall ist die Wohnung noch komplett eingerichtet und dekoriert. Hier fällt es oft schwer, sich die eigenen Möbel und sonstige Einrichtungsgegenstände vorzustellen.
2. **Die Immobilie steht leer:** Dies ist der umgekehrte Fall. Hier fällt es vielen Mietinteressenten sogar noch schwerer, sich die Wohnung in ihrem zukünftigen Zustand vorzustellen. Durch die leeren Räume fehlen jegliche Referenzpunkte und die Interessenten bekommen kein Gefühl für die eigentliche Raumgröße und Aufteilung.
3. **Die Immobilie ist noch gar nicht gebaut:** Dies ist sicherlich die größte Herausforderung, da dann nur 3D-Renderings und 2D-Gebäudepläne existieren. Erwartungsgemäß fällt es potenziellen Mietern in diesem Fall am schwersten, sich die Wohnung vorzustellen, weil sie noch nicht einmal besichtigt werden kann.

Einer Studie der Firma DigitalBridge nach entscheiden sich 36 Prozent aller Befragten gegen eine Renovierungsmaßnahme, da sie sich das Endergebnis nicht vorstellen können.[128] Die Zahl ist bei der Vermietung einer Neubauwohnung noch höher anzusetzen, da es sich hier im Vergleich zu einer Renovierungsmaßnahme um ein vollständig neues Objekt handelt.

Genau hier ergeben sich durch die fortschreitende Digitalisierung vollkommen neue Möglichkeiten für den Immobilienvertrieb. Seit einigen Jahren setzen sich Augmented- und Virtual-Reality-Technologien in immer mehr Bereichen durch und haben inzwischen auch die Immobilienbranche erobert.

---

[128] https://www.digitalbridge.com/download-our-new-report-the-imagination-gap-retails-1bn-problem, abgerufen am 23.11.2020.

Augmented und Virtual Reality bieten digitale Erlebnisse mithilfe von computergenerierten Grafiken. Dabei gilt es deutlich zwischen den beiden Technologien zu unterscheiden. Für Augmented Reality (AR) werden Mobiltelefone, Tablets oder spezielle Brillen eingesetzt, um mit Computergrafiken zu interagieren. Mithilfe der integrierten Kameras wird die Umgebung in Echtzeit gefilmt und um digitale (3D-)Objekte erweitert (to augment, engl.: erweitern, ergänzen). Die so generierten Objekte passen sich nahtlos in die reale Umgebung ein und es entsteht der Eindruck, dass die Objekte wirklich vor einem stehen. Die virtuellen Bilder werden entweder über den Bildschirm der Mobilgeräte oder über ein spezielles, halbdurchsichtiges Display einer AR-Brille ausgegeben. Mithilfe der Displays, speziellen Gesten oder der Stimme kann mit den Objekten interagiert werden. So können Gegenstände (wie zum Beispiel Möbel) frei im Raum platziert und bewegt werden. Diese Technologie wird seit einigen Jahren bereits von vielen Möbelherstellen erfolgreich eingesetzt, um den Kunden zu Hause die Möglichkeit zu geben, neue Möbel bereits vor dem Kauf in die Wohnung zu stellen und sich somit einen Eindruck zu machen, wie sie farblich und vom Größenverhältnis zum bisherigen Raumkonzept passen.

Bei Virtual Reality (VR) werden zu 100 Prozent computergenerierte Bilder über spezielle Brillen ausgegeben, die über zwei Bildschirme verfügen und den Träger von der Realität komplett abschirmen. Somit taucht der Nutzer vollständig in die virtuelle Welt ein. Dieses Eintauchen wird als »Immersion« bezeichnet. So passiert es schnell, dass Nutzer einer VR-Brille nach wenigen Sekunden in der virtuellen Welt vergessen, dass sie eigentlich in einem ganz anderen Raum stehen. Dieser Effekt wird durch möglichst realitätsnahe Grafiken, der Möglichkeit zur Interaktion mit den virtuellen Gegenständen und einer passenden akustischen Untermalung (z. B. mit Musik, Geräuschen oder Sprechtexten) gesteigert. Solche Erlebnisse können sehr positive Emotionen und Begeisterung hervorrufen.

Genau dies kann im Bereich des Immobilien- und Wohnungsvertriebs aktiv genutzt werden. Vor allem der Einsatz von VR hat sich hier etabliert. AR kann zwar einen Eindruck von der Immobilie vermitteln, aber es entsteht keine so hohe Immersion, da der Nutzer die generierten Grafiken nur relativ passiv (meist über ein Smartphone oder ein Tablet) betrachten kann. Bei einer VR-basierten Wohnungsbesichtigung dagegen ergeben sich vollkommen neue Möglichkeiten.

In VR können zum einen Bestandsimmobilien nachgebaut und zum anderen noch zu bauende Immobilien bereits vor der Vollendung dargestellt werden. Im Bereich der Bestandsimmobilien bietet die Technologie viele Vorteile, da zum Beispiel eine Wohnung im Maßstab 1 : 1 virtuell nachgebaut werden kann. Dabei können die Maße vor Ort genommen oder aus dem Bauplan abgelesen werden. Ein großer Vorteil ist, dass die so erstellte virtuelle Wohnung beliebig möbliert werden kann. Damit ist es möglich, per Knopfdruck unterschiedliche Möblierungen oder Raumaufteilungen (z. B. Ausbau für einen Single-Haushalt vs. Familiennutzung) anzuzeigen und unterschiedliche Raumkonzepte zu präsentieren. Somit spielt es keine Rolle, ob die Wohnung noch bezogen ist oder nicht.

Es hat sich gezeigt, dass sich stilvoll eingerichtete Wohnungen schneller und zu höheren Preisen verkaufen lassen. Um diese Idee herum hat sich eine ganze Branche gebildet: Homestaging. Beim Homestaging wird eine zu verkaufende Immobilie kurzfristig von einem entsprechenden Dienstleister mit schönen Möbeln und Accessoires ausgestattet. Dies verkürzt nachweislich die Verkaufszeit und erlaubt es, höhere Preise durchzusetzen. In VR ist es natürlich ein Leichtes, ein virtuelles Homestaging durchzuführen und die Wohnung hierdurch in ein optimales Licht zu rücken.

In VR erhält der Nutzer einen sehr guten Eindruck der Räumlichkeiten, da der Maßstab exakt stimmt und somit ein gutes Raumgefühl (inkl. der Deckenhöhe) vermittelt wird. Außerdem kann man auch »aus dem Fenster sehen«. Hierzu können vor Ort 360-Grad-Fotos aus den Fenstern der realen Immobilie oder auf dem zukünftigen Bauplatz erstellt und in das virtuelle Modell eingebaut werden. Auf diese Weise kann auch bei noch nicht gebauten Immobilien bereits ein guter Eindruck der Aussicht in alle Himmelsrichtungen und auf den unterschiedlichen Etagen vermittelt werden.

Zur Verstärkung der Immersion können Interaktionen mit virtuellen Objekten eingebaut werden. So können zum Beispiel Kaffeemaschinen »verbaut« werden, mit denen virtuell Kaffee gekocht werden kann. Im Garten kann auf einem virtuellen Grill eine Bratwurst gebraten werden. Was hier vielleicht nach Spielerei klingt, hat einen ernsten Hintergrund. Durch diese Interaktionen und kleinen Spielereien wird ein positives Grundgefühl erzeugt, das der Mietinteressent auf die Wohnung oder Immobilie überträgt. Das führt oft zu einem schnelleren Mietvertragsabschluss. Dies ist darauf zurückzuführen, dass der Interessent bereits (wenn auch nur virtuell) erste emotionale Erlebnisse mit der zukünftigen Immobilie verbindet. Dieser Anmietungsreiz darf nicht unterschätzt werden.

Eine VR-Anwendung kann aber weit mehr sein als eine reine Besichtigung. So können in VR ganze Wohnungskonfiguratoren umgesetzt werden. Diese erlauben es zum Beispiel, unterschiedliche Bodenbeläge auszusuchen (z. B. unterschiedliche Parkettböden, Laminat oder Fliesen), die Wandfarbe zu wechseln oder sogar die Raumaufteilung in Echtzeit zu verändern. Auch das Aufstellen von neuen und zusätzlichen Möbeln ist möglich. Dies erlaubt es dem zukünftigen Besitzer, sich die Wohnung so »einzurichten«, wie er es mag. Auch dies steigert wiederum die positive Grundstimmung und beschleunigt die Vermietung.

Mithilfe von VR können einem Interessenten in kürzester Zeit unterschiedliche Immobilientypen vorgestellt werden. Eine reale Besichtigung wäre in der Gestalt sicher nicht zu realisieren. Mithilfe dieses beschleunigten Verfahrens kann sehr schnell herausgefunden werden, welche Eigenschaften einer Immobilie einem Kunden wichtig sind, um dann das richtige Objekt für ihn auszuwählen.

3 Systematischer Wohnungsvertrieb

> **Tipp: Virtual-Reality-Besichtigungen**
>
> VR-Besichtigungen bieten viele Möglichkeiten. Zum Beispiel können jahres- und uhrzeitabhängige Sonneneinstrahlungen simuliert werden. Neben den bisher vorgestellten Vorteilen gibt es weitere positive Eigenschaften und Möglichkeiten, die hier nur kurz beschrieben werden:
> - VR-Besichtigungen sind unabhängig von Ort und Uhrzeit.
> - VR-Besichtigungen müssen nicht im Vorfeld angekündigt bzw. terminiert werden.
> - Es ist möglich, mithilfe des VR-Modells und einer virtuellen Kamera kurze Videos zu erstellen, die dann online zur Bewerbung genutzt werden können.
> - Für den Einsatz am heimischen PC können webbasierte 360-Grad-Anwendungen erstellt werden, die auch ohne VR-Brille besichtigt werden können.
> - In VR kann mithilfe eines Avatars ein virtueller Vermieter zur Verfügung gestellt werden, der vollautomatisch durch das Objekt führt und Fragen beantwortet.
> - VR-Besichtigungen können im Immobilienbüro oder beim Kunden zu Hause angeboten werden.
> - Smart-Home-Funktionalitäten können sehr einfach demonstriert werden.
> - In der VR-Anwendung können weitere Medien wie Fotos oder Videos eingebaut werden, die zusätzliche Informationen zum Objekt vermitteln.
> - Mithilfe eines entsprechenden Konfigurators können ganze Fertighäuser virtuell geplant werden.

Für die Implementierung von VR in den Immobilienvertriebsprozess ist heutzutage wenig technischer Aufwand notwendig. Die benötigte Ausrüstung, bestehend aus einem leistungsstarken PC oder Laptop und einer entsprechenden Brille, ist frei am Markt erhältlich und inzwischen auch preislich sehr attraktiv geworden. Außerdem gibt es bereits VR-Brillen, die ohne zusätzliche Hardware auskommen. Diese »Stand-alone«-Geräte können sehr flexibel eingesetzt und überallhin mitgenommen werden. Auch die Erstellung der VR-Anwendungen ist in den letzten Jahren immer günstiger geworden und inzwischen gibt es eigenständige Unternehmen, die diese Umsetzung als Dienstleistung anbieten. Weiterhin gibt es bereits spezielle Software, die die Erstellung von VR-Anwendungen auf der Basis von 2D-Raumplänen ermöglicht.

> **Tipp: Neue Technologie kompetent vermitteln**
>
> Beim Einsatz von VR im Vermietungsvertrieb ist zu beachten, dass es für viele Mietinteressenten neu ist, sich mit solchen Technologien auseinanderzusetzen. Darum ist es sehr wichtig, dass das Vertriebspersonal in der Anwendung der Technologie als solches und in der Betreuung von Kundinnen und Kunden in VR-Umgebungen im Speziellen geschult wird.

Abschließend lässt sich zusammenfassen, dass dem Immobilienvertrieb mit AR und VR zwei ganz neue Mittel zur zeitgemäßen Wohnungsvermarktung zur Verfügung stehen. Richtig eingesetzt unterstützen die Technologien den Vertrieb, begeistern die Kunden und sorgen für schnellere Vermietungszyklen. Zusätzlich ist auch nicht zu unterschätzen, dass der Einsatz von AR- und VR-Technologie die Außenwahrnehmung des Immobilienunternehmens positiv beeinflussen kann, da das Unternehmen aktuelle digitale Technologien einsetzt. Somit beeinflusst der Einsatz von AR und VR nicht nur den Vermietungsvertrieb positiv – er kann auch einem erfolgreichen Image-Marketing dienen (z. B. über die sozialen Medien).

3.2.2.4 Guerilla-Marketing

Der Begriff »Guerilla-Marketing« ist nicht eindeutig definiert. Gemeint sind ungewöhnliche, spontane, effektive und zumeist äußerst kostengünstige Marketingmaßnahmen. Guerilla-Marketing kommt nach Patalas[129] dann zum Einsatz, wenn der Kunde nicht mehr bereit ist, sich von konventionellen Marketingmaßnahmen ansprechen zu lassen, oder sich sogar davon belästigt fühlt. Die zuvor erläuterten klassischen Marketinginstrumente gehören zum guten Ton in der Wohnungs- und Immobilienwirtschaft. Aus der Masse herausstechen kann der Vermietungsvertrieb allerdings nur mit originellen, überraschenden Maßnahmen. Das Ziel besteht darin, dem Mietinteressenten das Gefühl zu vermitteln, dass er einem besonderen Vermietungsunternehmen gegenübersteht. Guerilla-Marketing kann sowohl durch analoge als auch durch digitale Aktionen erfolgreich umgesetzt werden.

Besonders gelungen ist dies beispielsweise der Kölner kommunalen Wohnungsgesellschaft GAG mit ihrem »Compliance-Spot«.[130] Das viral verbreitete Video war ein Sketch mit dem prominenten, aus Köln stammenden Komiker Tom Gerhardt, vielen bekannt als »Hausmeister Krause«. Dieser schlüpfte in dem Spot in die Rolle eines windigen Immobilienhais, der mit seinem Sportwagen bei einer Massenbesichtigung vorfährt, sich über die Mietinteressenten auslässt und bestechen lässt. Später schlüpft er dann in seine bekannte Rolle als liebenswerter Hausmeister der GAG, dem das Wohl der Mieter am Herzen liegt. Das Video wurde deutschlandweit ein viraler Erfolg und hat die GAG nachhaltig über die Grenzen Kölns hinaus als sympathische Vermietungsgesellschaft bekannt gemacht.

Ein weiteres Beispiel für eine gelungene Guerilla-Marketing-Aktion hat die Immobilienmarketing-Agentur DERFROSCH geliefert. Diese hat an ihr unbekannte Geschäftsführer von Zielkunden-Unternehmen aus der Immobilienbranche ein Präsentpaket versendet. Es war besonders schwer und nachdem es mit Spannung geöffnet wurde, enthielt es »nur« einen roten Backstein. Auf diesen war der Satz gedruckt: »Eine Vermietungsanzeige ist so wenig Marketing, wie ein Haufen Steine eine Immobilie ist.« Die Agentur erhielt aufgrund dieser ungewöhnlichen Aktion Beauftragungen von vorher völlig fremden Unternehmen.

---

129 Patalas, S. 44.
130 www.aus-die-maus.net, abgerufen am 23.11.2020.

Diese Beispiele zeigen anschaulich, dass der Kreativität keine Grenzen gesetzt sind. Gerade individuelle, überraschende und persönliche Ansätze sind erfolgversprechend. Dabei sollten die persönlichen Verbindungen, Besonderheiten und Stärken genutzt werden. Das Gleiche gilt in Bezug auf das Produkt »Wohnen«. Wohnungen haben viele individuelle Merkmale, angefangen von der Lage bis hin zu ihrer Ausstattung. Diese Spezifika bieten Ansatzpunkte für geschickte Guerilla-Marketing-Aktionen.

3.2.2.4.1 Street-Art

Eine ideale Möglichkeit für subtiles, sympathisches und äußerst öffentlichkeitswirksames Marketing bildet Street und Urban Art. Künstlerinnen und Künstler nutzen dabei eine Fassade oder Hauswandfläche als Leinwand für ein spektakuläres Mural. Gerade in Berlin können an verschiedenen hochgeschossigen Gebäuden beeindruckende Werke betrachtet werden. Der Vermietungsvertrieb profitiert durch die strukturierte Organisation von Street-Art in seinem Wohnungsbestand auf vielfältige Weise. Street-Art ist ein Mittel der Quartiersentwicklung. Das Quartier und das betreffende Gebäude werden durch ein Mural zur Ausstellungsfläche. Die Nachbarschaft und die Bewohner des ausgewählten Gebäudes sollten von Anfang an in den Entstehungsprozess integriert werden. Gemeinsam mit dem Künstler werden zum Beispiel in Workshops Ideen für Motive, Themen und Bezüge zum realen Leben im Quartier entwickelt. Die Bewohner werden möglichst von Anfang an in den Prozess einbezogen und identifizieren sich daher früh mit der entstehenden Kunst. Gerade Kindern und Jugendlichen, die ohnehin über die Jugendkultur einen starken Bezug zu Graffiti haben, erhalten durch ein derartiges Projekt identitätsstiftende Anreize. Ihr Wohnort wird plötzlich hip und sie selbst helfen dabei mit, etwas Neues zu kreieren.

Je nach individuellen Kriterien und je nach Höhe des zur Verfügung stehenden Budgets werden lokale, nationale oder sogar internationale Künstler für eine Aktion engagiert und motiviert. Bereits die Künstlerauswahl hat Auswirkungen in Bezug auf die mediale Wirkung. Für die lokalen Medien ist der Entstehungsprozess als solcher ohnehin interessant. Je prominenter der Künstler, desto höher ist die Wahrscheinlichkeit, dass auch andere regionale Medien das Thema aufgreifen. Jeder Künstler hat zudem seine eigene Community und seine eigenen Verbreitungskanäle. Die Wirkung der Öffentlichkeitsarbeit des Künstlers sollte dabei nicht außer Acht gelassen werden. Das Anfertigen des Murals kann mit einer Kamera im Zeitraffer-Video festgehalten und crossmedial, z. B. über Instagram, Facebook oder die eigene Unternehmensseite, verbreitet werden. Im Rahmen der Entstehung und zur »Vernissage« finden ferner begleitende Events statt. Diese Events sprechen vor allem die Community vor Ort an, aber helfen auch dabei, neue Mieter und Mieterinnen in den Wohnungsbestand zu locken. Das Mural wird damit zum positiv besetzten, künstlerischen Magneten des Quartiers. Das Gebäude wird außerdem zur einmaligen Marke und hat einen hohen Wiedererkennungswert. Gerade Fassaden in frequentierten Lagen werden in kurzer Zeit zum Stadtgespräch.

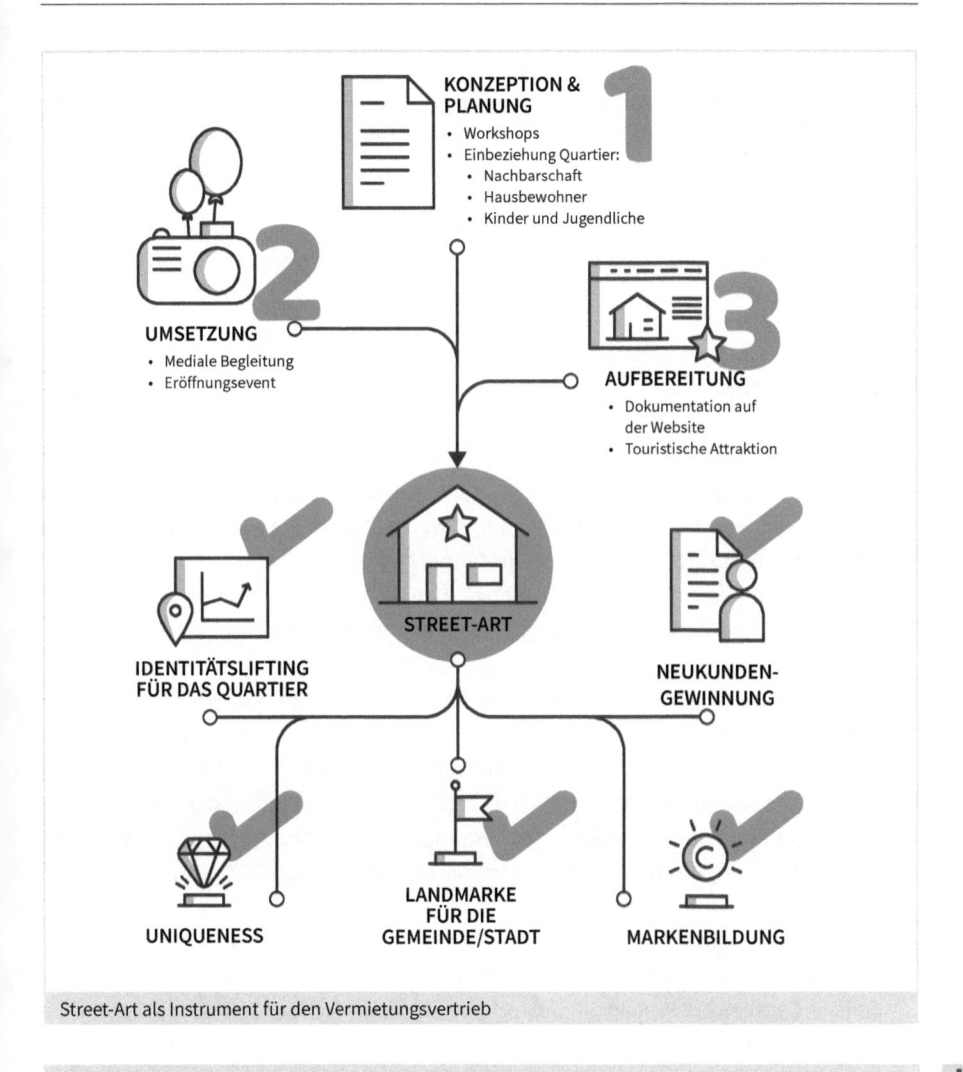

3.2 Vertriebsoptimierte Wohnungsvermarktung

KONZEPTION & PLANUNG 1
- Workshops
- Einbeziehung Quartier:
  - Nachbarschaft
  - Hausbewohner
  - Kinder und Jugendliche

UMSETZUNG 2
- Mediale Begleitung
- Eröffnungsevent

AUFBEREITUNG 3
- Dokumentation auf der Website
- Touristische Attraktion

STREET-ART

- IDENTITÄTSLIFTING FÜR DAS QUARTIER ✓
- NEUKUNDENGEWINNUNG ✓
- UNIQUENESS ✓
- LANDMARKE FÜR DIE GEMEINDE/STADT ✓
- MARKENBILDUNG ✓

Street-Art als Instrument für den Vermietungsvertrieb

Beispiel: Aufwertung des Bülow-Quartiers durch Kunst und Kultur

Mittlerweile haben sich bereits Agenturen darauf spezialisiert, Wohnungsunternehmen und Immobilienbestandshaltern dabei zu unterstützen, Quartiere und Kieze mithilfe von Street-Art bunter zu gestalten. Dennis Rodenhauser[131] hat mit seiner Agentur »Yes, and Production« aus Berlin für die kommunale Wohnungsgesellschaft Gewobag die Repositionierung des Bülow-Quartiers in Schöneberg begleitet. Das Quartier war u. a. durch Straßenprostitution stark in Mitleidenschaft gezogen. Dies hat sich negativ auf die Vermietungssituation am Standort ausgewirkt. Rodenhauser hat mit seiner Agentur bereits diverse Fassadengestaltungen für das landeseigene Wohnungsbauunternehmen Gewobag in Berlin realisiert. Durch die künstlerischen Fassadengestaltungen, das Engagement vor Ort (z. B. in Zusammenarbeit mit Grundschulen und

---

131 Experteninterview mit Dennis Rodenhauser, Yes and Productions GmbH & Co. KG, vom 25.09.2020.

3 Systematischer Wohnungsvertrieb

> Workshopangeboten) sowie die Kommunikation darüber, wurde das Bülow-Quartier wieder ins öffentliche Bewusstsein gerückt. So konnte die Identifikation der Bewohnerinnen und Bewohner mit ihrem Viertel gesteigert werden. Im Idealfall lassen sich durch die gestärkte Nachbarschaft negative Rahmenbedingungen wie z. B. Kriminalität und Drogenhandel zurückdrängen. Das Bülow-Quartier erhielt ein neues Gesicht und konnte damit zum neuen Identifikationsanker für die Bewohnerinnen und Bewohner werden – davon profitieren sie kurz-, mittel- und langfristig. Die Realisierung kann als voller Erfolg betrachtet werden. Der Wohnungsgesellschaft ist es gelungen, das Quartier am Wohnungsmarkt zu repositionieren.

Ein Street-Art-Projekt lässt – neben dem Vermietungsvertrieb – viele Menschen zu Nutznießern werden:

- **Kommune:** Die Stadt oder Gemeinde, in der ein solches Kunstwerk entsteht, zieht positive Aufmerksamkeit auf sich. Ein Kunstwerk stiftet im Stadtbild über Jahrzehnte hinweg einen kulturellen und visuellen Mehrwert.
  In Hagen konnte zum 100-jährigen Jubiläum der kommunalen Wohnungsgesellschaft ha.ge.we im Jahr 2019 ein aufwendiges Mural in Form eines Goldfisches an prominenter Stelle in der Innenstadt realisiert werden. Das Wandbild wurde in einer 3D-Technik von dem bekannten Künstler Bond Truluv gestaltet. Mittels der Smartphone-App »ArtiVive« können die unterschiedlichen Schichten des Kunstwerks zu einem dreidimensionalen Bild transformiert werden. Der Betrachter kann dann durch sein eigenes Smartphone ein neues, lebendiges Kunstwerk betrachten. Der Goldfisch in Hagen steht beispielsweise in der Interpretation für Häuslichkeit, Harmonie und Wohlstand. Er bringt zusätzlich einen »Bling-Bling-Moment« in die manchmal trist wirkende Stadt hinein.

- **Quartier/Nachbarschaft:** Der einzigartige Charakter von Quartieren und Nachbarschaften wird durch Kunst im öffentlichen Raum besonders akzentuiert. Ein gelungenes Street-Art-Projekt nimmt originären Input aus der Gemeinde auf – ihre Geschichte, ihre Menschen, ihre Künstler, ihre Stimmung – und spiegelt ihn wider. Dies führt wiederum dazu, dass die Gemeinschaft bereichert wird. Die optimale Kunst im öffentlichen Raum nimmt also Bezug auf die Geschichte des Ortes, an dem sie entsteht. Dieses spezifische Ortsgefühl unterscheidet ein Wandgemälde von einem gerahmten Klassiker in einem Museum.

> **Beispiel: Aufwertung des Quartiers Borsig-West durch Fußballlegende**
> VIVAWEST-Geschäftsführer Haluk Serhat[132] berichtet von der Repositionierung des Wohnquartiers Borsig-West in der Dortmunder Nordstadt.[133] Im Rahmen der Recherchen zur Historie des Quartiers hatte man herausgefunden, dass dort am 29.08.1922 die bekannte BVB-Legende Max Michallek geboren wurde. Dieses Thema hat VIVAWEST mit der Kreativagentur »More Than

---

132 Experteninterview mit Haluk Serhat, VIVAWEST Wohnen GmbH, vom 05.08.2020.
133 www.borsig-west.de, abgerufen am 24.09.2020.

> Words« aufgenommen. Die Fassaden wurden mit ansprechenden Murals und Wandgemälden mit Bezug zur Fußballikone gestaltet. Auf diese Art und Weise hat man die aufregende Geschichte des Quartiers aufleben lassen. Ein gelungenes Praxisbeispiel für die positive Repositionierung eines ganzen Quartiers durch Street-Art.

- **Bewohner/Passanten:** Kunst im öffentlichen Raum soll in erster Linie die Menschen begeistern, die diese betrachten. Dazu zählen tagtäglich insbesondere die Bewohner des Gebäudes, an denen die Kunst zu sehen ist. Sie leben fortan mit Kunst und werden auch von ihrem sozialen Umfeld anlässlich von Besuchen damit in Verbindung gebracht. Neben den Bewohnern sind die Passanten und Pendler Hauptziel der Strahlwirkung. Gerade an riesigen Hausfassaden entlang von pulsierenden Verkehrsadern wirken die Kunstwerke täglich auf tausende Menschen ein. In dem Moment, in dem deren individuelle Aufmerksamkeit auf das Mural gezogen wird und sie es betrachten, ist die Aktion bereits erfolgreich.

- **Künstler/Kunstszene:** Nicht zuletzt profitieren von dem Werk die Künstlerinnen und Künstler sowie mit diesen die gesamte Kunstszene selbst. Ein weiteres Exponat im öffentlichen Raum sorgt für eine größere Verbreitung und Bekanntheit. Gleichzeitig sind vielfach Nachahmungseffekte zu verzeichnen. Je mehr und je spektakulärer Street-Art an bestimmten Orten konzentriert zu betrachten ist, desto stärker transformiert sich das Quartier oder ein ganzer Bezirk zu einer Kulturstätte. Dies führt im besten Fall so weit, dass Street-Art zu einem touristischen Anziehungspunkt wird.

Die lange Liste der Nutznießer zeigt deutlich, dass sich eine Investition in und ein Engagement für Street-Art lohnt. Der Vermietungsvertrieb sollte hier aktiver Motor sein und die handelnden Personen zusammenführen. Die eigenen Vorteile für den Vermietungsvertrieb liegen auf der Hand:
- Der individuelle Wiedererkennungswert eines Gebäudes oder Quartiers steigt.
- Die Uniqueness und Authentizität des Standorts nehmen deutlich zu.
- Die Lagequalität und das Image verbessern sich.

Dies steigert die Anmietungsattraktivität von freien Wohnungen für potenzielle Mietinteressenten. Die verhältnismäßig geringen Investitionssummen und die große Anzahl von Profiteuren machen Street-Art zu einem wertvollen Instrument der Quartiersentwicklung.

3 Systematischer Wohnungsvertrieb

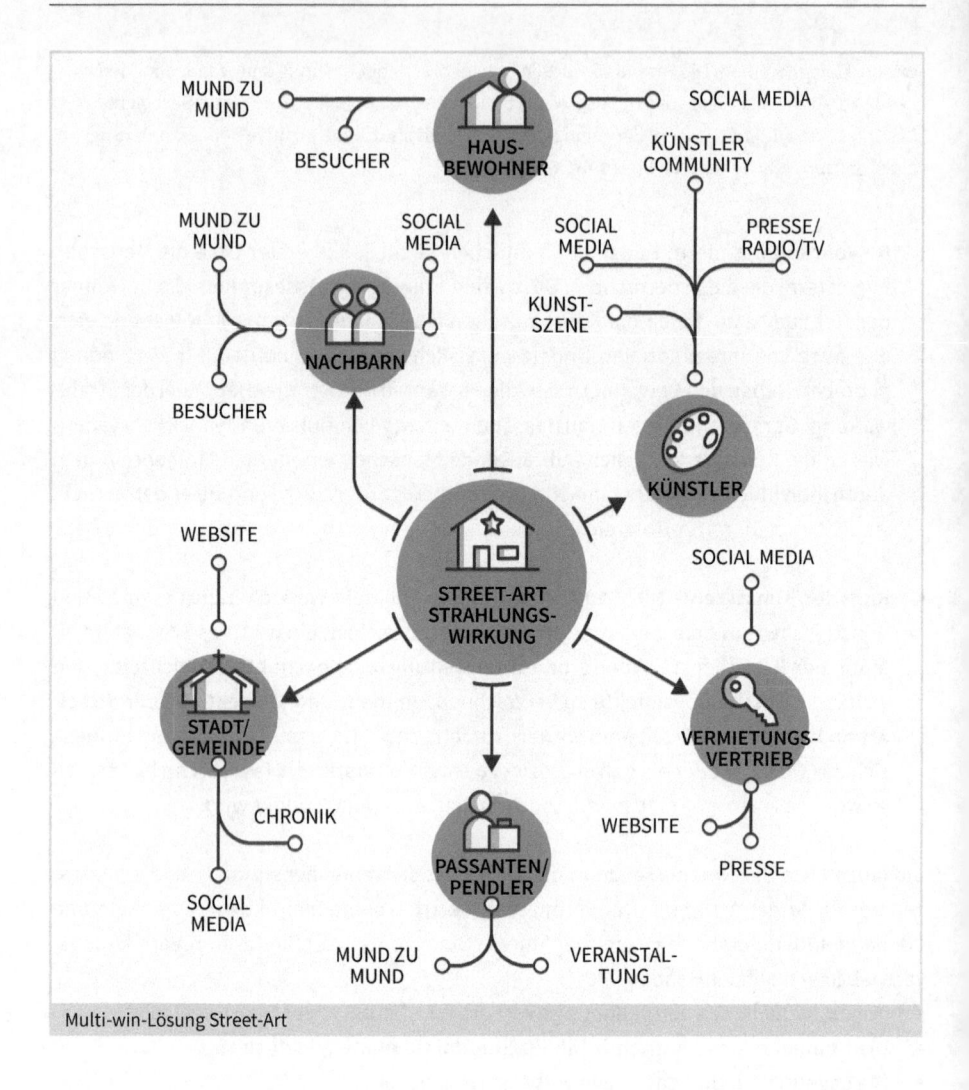

Multi-win-Lösung Street-Art

3.2.2.4.2 Mieter werben Mieter

In der Portfoliovermietung sind Kampagnen und Daueraktionen unter dem Motto »Mieter werben Mieter« beliebt. Diese Aktion sieht vor, dass bestehende Mieter animiert werden, den Wohnungsanbieter oder den Vermietungsvertrieb ihrer Familie, Freunden und Bekannten zu empfehlen. Als Bonus für eine erfolgreiche Empfehlung winken dem Bestandsmieter beispielsweise Einmalzahlungen, der Erlass einer Monatsmiete oder interessante Sachpräsente.

Trotz des materiellen Anreizes hat diese Empfehlung für den potenziellen Neukunden einen ganz besonderen Wert: Der die Empfehlung aussprechende Bestandsmieter wohnt nämlich selbst in einer Wohnung des Anbieters. Damit genießt er im Hinblick auf die eigenen Erfahrungen in seiner Wohnung ein hohes Maß an Glaubwürdigkeit.

Die Mieterwerbeaktionen sind besonders erfolgreich, wenn eine Wohnung in direkter Nachbarschaft zum Bestandsmieter frei wird. In diesem Fall kann er durch eine Empfehlung nicht nur die Zusammensetzung der eigenen Nachbarschaft beeinflussen, sondern erhält auch noch eine Prämie. Diese beiden Komponenten erhöhen die Motivation und bringen den Mieter dazu zu handeln. Eine derartige Daueraktion sollte im Vermarktungsportfolio eines Vermietungsvertriebs fest verankert sein. Die Neukundengewinnung erfolgt auf diese Weise relativ kostengünstig. Wichtig ist dabei, die Mieter regelmäßig und proaktiv über die Existenz der Werbeaktion und freie Wohnungen zu informieren.

3.2.2.4.3 Tippgeber-Provisionen

Einen ähnlich positiven Effekt wie eine Mieter-werben-Mieter-Aktion verspricht die Auslobung einer Tippgeber-Provision für die erfolgreiche Empfehlung eines Neumieters. Damit werden Privatpersonen, die nicht zwingend im Wohnungsbestand ansässig sind, motiviert, für einen vorher festzulegenden Betrag potenzielle Mietinteressenten an den Vermietungsvertrieb zu empfehlen. Mietet eine empfohlene Person tatsächlich eine Wohnung an, wird die Tippgeberprovision ausgezahlt.

Eine solche Aktion führt bei entsprechend zielgerichteter Anwendung durchaus zu punktuellen Vermietungserfolgen. Der Vermietungsvertrieb sollte allerdings vor Auslobung insbesondere die steuer- und datenschutzrechtlichen Einzelheiten klären, um Fehler in der Praxis zu vermeiden.

3.2.2.4.4 Nachmieter-Prämie

Zur Verkürzung der Zeit zwischen den Mieterwechseln bei der Neuvermietung hat sich Jörg Heberlein, Geschäftsführer der Capera Immobilien Service GmbH, mit einem betreuten Wohnungs- und Gewerbebestand von mehr als 25.000 Einheiten einen cleveren Bonus einfallen lassen. Mieter, die ihre Wohnung gekündigt haben, erhalten eine Empfehlungsprämie von 100 Euro, wenn in der Zeit bis zu ihrem Auszug ein neuer Mietvertrag über die Wohnung abgeschlossen wird. Heberlein[134] führt dazu aus, dass die Prämie dazu dient, die Bereitschaft der Bestandsmieter zu fördern, Wohnungsbesichtigungen durch Interessenten im noch bewohnten Zustand zu ermöglichen. Ferner werden die Mieter dazu animiert, aus ihrem persönlichen Umfeld geeignete Nachmieter zu akquirieren. Die Nachmieterprämie reduziert die Zeit zwischen den Mieterwechseln und den damit verbundenen Mietausfall beim Eigentümer.

---

[134] Expertengespräch mit Jörg Heberlein, Capera Immobilien Service GmbH, vom 14.08.2020.

3.2.2.4.5 Lokale Kooperationen

Guerilla-Marketing wird auch mittels lokaler Kooperationen erfolgreich umgesetzt. Der Kreativität sind dabei keine Grenzen gesetzt. Theoretisch sind mit fast allen lokalen Akteuren, seien es Einzelhändler Gastronomen, Kulturstätten, Unternehmen, Vereinen oder sonstigen Stellen gemeinsame Kooperationen möglich. Wichtig dabei ist, dass beide Seiten von einer Zusammenarbeit profitieren. Nur bei einer Win-win-Situation mit einem weiteren Vorteil für den Kunden, wird die Kooperation zu einer Erfolgsgeschichte. Bereits an anderer Stelle wurde der Vorteil von lokalen Kooperationen mit ansässigen Unternehmen beschrieben und Praxisbeispiele angeführt (siehe Kapitel 2.1.3.4.10).

3.3 Praxisorientierte Vertriebsprozesse

3.3.1 Moderner Vermietungsvertrieb

Verschiedene Voraussetzungen sind notwendig, um einen modernen Vermietungsvertrieb im Unternehmen zu etablieren. Neben den unbestrittenen fachlichen und vertrieblichen Fähigkeiten der Mitarbeiterinnen und Mitarbeiter rücken immer stärker digitale Methoden und Prozesse in den Vordergrund. Der moderne Kunde möchte auf möglichst einfache und direkte Art und Weise an seine neue Wohnung kommen. Ziel ist es, dass die Zeit, die der Kunde für Kommunikation, Anfahrt, Besichtigung, Dokumentenaustausch, Vertragsunterzeichnung und Übergabe benötigt, kontinuierlich verringert wird. Derjenige, der die besten und kundenfreundlichsten Lösungen schafft, erarbeitet sich einen echten Wettbewerbsvorteil am Wohnungsmarkt.

3.3.1.1 IT und Software

Vermietungsprozesse werden in Wohnungsgesellschaften in der Regel durch die vorhandenen ERP-Systeme digital abgedeckt. Die Software Wodis Sigma enthält beispielsweise ein Vermietungstool, das viele Prozessschritte miteinander verbindet. Auch DOMUS, SAP u. a. bieten derartige Module an. Ebenso hilfreich können die klassischen Maklersoftware-Anwendungen sein. Flowfact, OnOffice und Polystate bieten hier mit jahrelanger Erfahrung sehr praktikable Lösungen an.

> **Tipp: Vorhandene Software prüfen**
>
> Es empfiehlt sich die intensive Auseinandersetzung mit dem im Betrieb bereits existierenden IT-/ERP-System unter besonderer Berücksichtigung der Belange des Vermietungsvertriebs. Häufig sind bereits Module und Funktionen vorhanden, die allerdings in der Praxis aus Unkenntnis über ihre Existenz nicht genutzt werden. Hier bietet es sich an, dass die Führung regelmäßig Coachings durchführt und ggf. von externen Beratern einen Soll-Ist-Vergleich der Potenziale der Software und des tatsächlichen Einsatzes vornehmen lässt.

3.3.1.1.1 Chatbots

Moderner Vermietungsvertrieb ist auch durch den Einsatz von sog. Chatbots möglich. Die Chatbots können einzelne Teilbereiche im Vermietungsprozess eigenständig abbilden. Die Kommunikation läuft gewöhnlich über etablierte Messenger-Dienste wie WhatsApp, Telegram, Threema oder Facebook-Messenger. Diese Bots führen auf der Basis von künstlich programmierter Intelligenz eigenständig Gespräche. Sie sind dafür geeignet, gleichartige und ähnliche Dialoge ohne aktives Zutun eines Menschen zu führen. Dabei geht es zumeist um logische Wenn-dann-Routinen, die sich aus einer Datenbank ergeben. In der Datenbank sind Erkennungsmuster und vorgegebene Antworten auf Fragen hinterlegt.[135] Der Computer muss demnach Nachrichten und Anfragen systematisch rastern und die Zielrichtung verstehen. Daraufhin findet ein Datenbankabgleich statt, ob es zum gewünschten Ziel auch eine Lösung in Form einer passenden Antwort gibt. Es handelt sich damit um sog. regelbasierte Bots.

Auf einer weiteren Entwicklungsstufe ist der sog. selbst lernende Chatbot in der Lage, aus bereits absolvierten Gesprächen neue Erkenntnisse zu ziehen und seine Reaktionsvarianten selbstständig zu erweitern.[136] Damit ist eine nahezu »menschliche« Kommunikationskompetenz auf textlicher oder sprachlicher Ebene möglich.

Regelbasierte Bots werden bereits heute in Vermietungsprozessen eingesetzt. Das in Deutschland ansässige IT-Unternehmen AT hat mit seiner digitalen Lösung »Atmosphere« einen Chatbot kreiert, der im »Customer-Self-Service« verschiedene Aufgaben und Funktionen für Mietinteressenten und Bestandsmieter wahrnehmen kann. Dies bedeutet in der Vermietungspraxis, dass Kundenanfragen vollautomatisiert entgegengenommen und beantwortet werden. Für die Vermietungspraxis sind nachstehende Funktionen bereits heute realisierbar:

- allgemeine Anfragen von Mietinteressenten beantworten
- objektspezifische Anfragen von Mietinteressenten beantworten
- Stammdaten des Mietinteressenten abfragen
- den Status einer vorherigen Anfrage abfragen
- Termine für Besichtigungen vereinbaren oder verschieben
- durch den Kunden eingegebene Daten einsehen und ändern

Im Bereich der Bestandskundenbetreuung sind ebenfalls diverse Einsatzgebiete und Anwendungsbereiche denkbar. Intelligente, schnelle und praxistaugliche Lösungen steigern auch hier die Zufriedenheit bestehender Kunden bzw. Mieter. Als direkte Folge kann sich

---
135 Vgl. umfassend Kamis, S. 131.
136 Kruse Brandao/Wolfram, S. 286.

auf dieser Basis die Mietdauer der bestehenden Mietverhältnisse verlängern, was sich positiv auf das Bewirtschaftungsergebnis auswirkt.

3.3.1.1.2 Künstliche Intelligenz (KI)

Künstliche Intelligenz (KI, auch AI – Artificial Intelligence) ist ein Themenbereich, der zukünftig auch im Vermietungsvertrieb eine verstärkte Rolle spielen wird. Dabei soll eine computergenerierte, künstliche Intelligenz das menschliche Handeln von Sachbearbeitern in Interaktion mit Kunden ersetzen. Die KI sammelt zunächst eine Vielzahl von Daten und Prozessmustern. Daraus werden dann immer neue Rückschlüsse gezogen. Das System lernt mit jedem neuen Prozess und perfektioniert sich über einen bestimmten Zeitraum. Mit zunehmender Rechner- und Speicherkapazität können immer komplexer werdende Zusammenhänge erfasst, analysiert und eigenständig bewertet sowie entschieden werden. Für den Vermietungsvertrieb würde dies bedeuten, dass verschiedene bis dato durch Vermieter abgebildete Prozesse von einer KI übernommen werden. Die denkbaren Aufgaben einer KI sind mannigfaltig:

- eine automatisierte Mietpreiskalkulation, die aus dem Wohnungszustand und den aktuellen Marktdaten aus allen verfügbaren Online-Portalen einen Mietpreisvorschlag unterbreitet
- Kommunikation mit den Mietinteressenten zur vollständigen Erfassung seiner Stammdaten, insbesondere auch Übernahme der Kommunikation im Hinblick von beizubringenden Mieterunterlagen (Lohnabrechnung, Mietbescheinigung etc.) und Führung des Interessenten durch den Prozess
- datenbasierte Vorselektion von Mietinteressenten für die spätere Vereinbarung eines Besichtigungstermins
- Mieter-Matching durch Ermittlung des datenbasiert optimalen Mietinteressenten für eine bestimmte Wohnung
- Datenabfrage und Vervollständigung des Interessentenprofils für die automatisierte Erstellung eines Mietvertrags

Die Vorteile einer KI bei den o. g. Prozessen liegen auf der Hand. Die KI kann im Vergleich zum Menschen schneller und mit viel höherer Präzision Analyseergebnisse herausarbeiten. Die Kommunikation mit einer entsprechend generierten Stimme und intelligenter Dialogführung steigert die Prozessgeschwindigkeit erheblich. Die 24/7-Erreichbarkeit des Vermietungsvertriebs führt wahrscheinlich zu höherer Kundenzufriedenheit. Zu dieser Erreichbarkeit rund um die Uhr kommt noch eine unmittelbare Lösungs- und Bearbeitungskompetenz der KI. Ein menschlicher Vermieter benötigt für bestimmte Arbeitsschritte mehr Zeit oder muss sich Zeitblöcke in der Zukunft dafür einplanen. Auch wird im Normalfall beim menschlichen Vermieter eben nicht spät abends oder am Wochenende mit bürokratischen Tätigkeiten zu rechnen sein. Demgegenüber kann der Computer dem Mietinteressenten permanent als helfende Anlaufstelle parat stehen.

Auch im Hinblick auf die Besichtigung lassen sich Anwendungsbereiche der KI identifizieren. Künstliche Wohnungsbesichtigungen mit dem Smartphone sind möglich. Die Haus- und Wohnungseingangstür lässt sich via Smartphone selbstständig öffnen. In der Wohnung angekommen, übernimmt die KI die Erklärung zu den einzelnen Räumen und beantwortet Fragen der Interessenten. Das alles ist Zukunftsmusik und sicher nicht in Kürze am Markt zu erwarten. Allerdings ist eines sicher: Die Wohnungswirtschaft wird sich mit den neuen Möglichkeiten in der Praxis konkret auseinandersetzen müssen. Es wird herauszuarbeiten sein, an welcher Stelle des Vermietungsprozesses menschlicher Verstand und Empathie unerlässlich sind.

Die Einführung einer KI birgt sicherlich auch ethische Gefahren. Demnach gibt der Mensch der KI ein bestimmtes Grundmuster bzw. eine Grundstruktur vor, anhand derer sie im weiteren Verlauf selbstständig lernt. Problematisch kann dies z. B. bei der Vorselektion von Mietinteressenten für eine bestimmte Wohnung oder bei der Auswahl eines späteren Mieters anhand von reinen Datenerhebungen werden.

Kamis[137] führt anschaulich ein Beispiel eines Wohnungsunternehmens an, das anhand der Nutzerangaben zum Suchprofil und persönlicher Angaben wie z. B. dem Haushaltseinkommen oder der Haushaltsgröße eine Interessentenliste – sortiert nach gesammelten Scoringpunkten – erstellt. Dies kann bei weiter fortschreitender Automatisierung dazu führen, dass beispielsweise Empfänger von Transferleistungen automatisch nur noch für vorher ausgewählte, klar definierte Quartiere ausgewählt werden und andere Wohnlagen von diesen Personen nicht mehr bezogen werden können. Dies würde in der Praxis in einem Quartier dazu führen, dass dort immer mehr Transferleistungsbezieher wohnen und damit das Quartier weiter stigmatisiert wird. Das Prinzip der sog. »Self Fulfilling Prophecy« würde insoweit greifen, als tendenziell gute oder schlechte Quartiere durch das starre KI-System immer weiter in ihren Rahmenbedingungen manifestiert würden. Die Trennung und Spaltung der Gesellschaft zwischen »arm« und »reich« oder anderen Merkmalen könnte damit institutionalisiert werden.

Insofern wird eine Hauptaufgabe darin bestehen, die KI sozial gerecht und fair zu programmieren. Der Mensch sollte zudem immer die Möglichkeit haben, in den Prozess einzugreifen. Empathie und Mitgefühl sowie eine persönliche Vertrauensbasis werden auch in Zukunft weiterhin der bedeutende Maßstab im menschlichen Miteinander sein. Fraglich ist auch, inwieweit die Markteinführung einer KI im Vermietungsprozess von den Mietinteressenten überhaupt angenommen wird.

Dies wird zum einen davon abhängen, ob das System in einem angespannten oder entspannten Wohnungsmarkt eingeführt wird. In angespannten Märkten, also einem Vermie-

---

137 Kamis, S. 74.

termarkt, haben die Mietinteressenten keine andere Wahl, als sich auf ein solches System einzulassen, wenn sie sonst keine alternativen Wohnungsangebote finden. Hingegen bestehen in entspannten Wohnungsmärkten leicht Ausweichmöglichkeiten auf die Angebote des Wettbewerbs.

Die Kundenakzeptanz wird zum anderen davon abhängen, ob die Vorteile des Kunden in puncto Prozessgeschwindigkeit und Arbeitserleichterung so erheblich sind, dass sie die aus Kundensicht bestehenden Nachteile durch das Erlernen bzw. Anwenden eines neuen Systems, überwiegen. Sollte die KI so stark sein, dass sich für den Mietinteressenten keine bzw. wenig spürbare Änderungen in seiner Anmietungsgewohnheit ergeben, wird eine Markteinführung problemlos realisierbar sein.

3.3.1.2 Endgeräte

Moderne Arbeitswelten und mobile Vermietungsmitarbeitende im Innen- und Außendienst erfordern eine zeitgemäße Ausstattung mit Hardware. Insbesondere mobile Endgeräte wie Notebooks, Tablets und Smartphones zählen mittlerweile für Vermieter zur individuellen Grundausstattung. Ein starrer PC-Arbeitsplatz am jeweiligen Bürostandort ist in der heutigen digitalen Welt nicht mehr zeitgemäß. Die Vermieter müssen durch ihre Endgeräte in die Lage versetzt werden, von jedem beliebigen Ort aus sämtliche administrativen Prozesse zu erledigen. Sie gewinnen auf diese Art und Weise wertvolle Arbeitszeit, um sich stärker auf die jeweilige Beziehung zum Mietinteressenten fokussieren zu können. Überflüssige Fahrwege, langwierige analoge Prozesse oder nicht mehr zeitgemäße Kommunikationswege müssen zukünftig konsequent eliminiert werden. Für den Vermietungsvertrieb als Gruppe bzw. Organisationseinheit empfiehlt es sich, bestimmte Endgeräte zur gemeinschaftlichen Verfügung vorzuhalten. Der Gerätepool kann von allen Vermietern bei Bedarf genutzt werden. Dazu können Drohnen, Virtual-Reality-Brillen, Spiegelreflexkameras und andere hilfreiche Utensilien zählen.

3.3.2 Vertriebskomponenten des Vermietungserfolgs

3.3.2.1 Erstkontakt/Terminanbahnung

Der aktive, personenbezogene Vermietungsvertrieb beginnt mit der ersten Kontaktaufnahme zwischen Mietinteressenten und Vermieter. In der Regel geht die initiale Kontaktaufnahme vom Interessenten aus, der sich aufgrund einer Marketingmaßnahme (Inserat, Online-Anzeige etc.) beim Vermietungsvertrieb telefonisch oder schriftlich über Mail, Website, Immobilienportal u. a. meldet. Weitaus seltener in der Praxis ist der Fall anzutreffen, dass sich der Vermieter umgekehrt bei einem potenziellen Interessenten meldet, um ihm ein Angebot zu unterbreiten.

Diese vertriebliche Sondersituation – Erstkontakt meist durch den Interessenten – führt dazu, dass sich der klassische Vermieter oftmals selbst nicht als Vertriebsperson einordnet. Nach wie vor haftet dem »Vertrieb« das Klinkenputzenimage an, das aber in der heutigen Zeit überholt ist. Dazu haben komplexe Vertriebsprozesse und ebenso diffizile Produkte geführt. Reines »Verkaufen« ohne wirkliche Fachkenntnisse ist nur noch in wenigen Branchen möglich. Der Erstkontakt zwischen Mietinteressenten und Vermieter ist besonders wichtig und stellt die Weichen für die Zukunft.[138]

Die Kontaktaufnahme zwischen den beiden Beteiligten ist nicht willkürlich – vorher haben bereits Entscheidungsprozesse aufseiten des Interessenten stattgefunden. Im Rahmen seiner Wohnungssuche und Produktauswahl hat er bereits erste Entscheidungen getroffen und in einer Vorselektion ein konkretes Wohnungsangebot oder aber einen Anbieter ausgesucht.

3.3.2.1.1 Interview und Verifizierung

Aus vertriebstaktischen Gründen sollte mit dem Mietinteressenten möglichst zeitnah ein persönliche Gespräch bzw. ein Telefonat stattfinden. Ein schriftlicher Austausch kann niemals ein Telefonat ersetzen. Auf der Tonspur fließt ein Vielfaches mehr an Informationen. Soweit die Möglichkeit besteht, ist ein Videocall via Skype, Microsoft Teams oder anderen Lösungen einem gewöhnlichen Telefonat vorzuziehen. Die zusätzlichen visuellen Eindrücke im Videocall liefern noch mehr Informationen zum Gegenüber. Dazu zählen Informationen über die äußere Erscheinung des Mietinteressenten und sein Lebensumfeld. Bevor auf die Inhalte der beiderseitigen Kommunikation eingegangen wird, gilt es, die gegenseitige Interessenlage von Vermieter und Mietinteressent zu erörtern, weil sich daraus Folgen für den weiteren Kommunikationsverlauf ergeben werden. Die Interessen bei der Kontaktaufnahme sind unterschiedlich verteilt. Die Interessen des Mietinteressenten beim Erstkontakt sind bewusst oder unbewusst:

- Erhalt weitergehender Informationen zum Wohnungsangebot und daraus resultierende Verifizierung einer positiven Anmietungsentscheidung
- Überprüfung und Bestätigung der Vertrauensbasis, die für ein zeitlich lang andauerndes Schuld- bzw. Mietverhältnis erforderlich ist
- aktive Kommunikation und Informationsvermittlung persönlicher Eckdaten des Interessenten zur Erlangung eines Vergabevorteils gegenüber potenziellen Mitbewerbern
- Vereinbarung eines Besichtigungstermins

Die Interessen des Vermietungsvertriebs bei der ersten Kontaktaufnahme sind ebenfalls eindeutig zu benennen. Das Hauptziel des Vermietungsvertriebs besteht darin, vom

---

138 Vgl. Fieseler, S. 39 ff.

Interessenten weitere Informationen zu seinem konkreten Persönlichkeits- und Suchprofil zu erhalten, um die Erfolgsaussichten eines Matchings zwischen Anforderungsprofil des Interessenten und tatsächlichem Produkt- bzw. Wohnungsangebot beurteilen zu können.

Oftmals führen Vermieter Zeitmangel aufgrund von Überlastung durch Mieteranfragen an, um zu rechtfertigen, dass der Abgleich und die Analyse des Suchprofils des Mieters nicht sorgfältig oder gar nicht erfolgt sind. Als Führungskraft ist es wichtig, die Vermieter diesbezüglich zu sensibilisieren und einen klaren Prozess zu etablieren. Empfehlen kann sich ein Gesprächsleitfaden, der den Vermietern an die Hand gegeben wird. Dieser sollte nicht zu starr sein, da Mitarbeiter und Mitarbeiterinnen mit einem großen Erfahrungsschatz einen Beurteilungshorizont haben, der oftmals weit über das über Lehrbücher vermittelbare theoretische Optimum hinausragt. Diese versierten Vermieter sollten – durch aus ihrer Sicht überflüssige Kommunikationsroutinen – nicht gelangweilt oder demotiviert werden. Andererseits benötigen insbesondere neue, unerfahrene Kräfte eine konkrete Beschreibung des unternehmensseitig gewünschten Prozessablaufs. Nachstehend wird ein Leitfaden erläutert, der sowohl ein Interview des Mietinteressenten als auch eine valide Verifizierung zulässt.

> **Tipp: Interview und Verifizierung**
>
> Der Kommunikationsprozess wird nicht ohne Grund »Interview und Verifizierung« genannt. Ein Interview ist kein Verhör oder eine Abfrage wie in der Schule, eine Verifizierung keine Gesichtskontrolle eines Türstehers vor einer Diskothek. Umgekehrt ist ein Interview kein Small Talk und eine Verifizierung keine Einladung an jedermann.
>
> Der Vermietungsvertrieb muss einen delikaten Spagat meistern: Er benötigt Informationen und hat gleichzeitig in jedem Stadium das Wohlbehagen des Interessenten zu gewährleisten. Dieser soll sich nicht in einer für ihn unangenehmen Gesprächssituation wiederfinden und generell ein angenehmes, sicheres Kommunikationsgefühl vermittelt bekommen. Würde es bei der Interaktion zwischen Vermieter und Mietinteressent nur um den reinen Austausch von Informationen gehen, könnten wir uns auf den Abdruck eines Fragebogens beschränken. Die persönliche, emotionale Seite der Kommunikation hat mindestens ebenso große Bedeutung wie die reine Information. Aus Vertriebssicht ist die Situation daher äußerst komplex und erfordert Fingerspitzengefühl. Nachstehend wird aus diesem Grund ein praxisorientierter Gesprächsleitfaden mit Formulierungshilfen dargestellt. Der Leitfaden ist nur ein Beispiel. Dieser muss von jedem Vermieter in ein eigenes, stimmiges und individuelles Muster überführt werden. Authentizität und wahrhaftige, zwischenmenschliche Beziehungen sind der Schlüssel zum Erfolg.

3.3.2.1.1.1 Lagepräferenz

Ein Abgleich der Lagepräferenz des Mietinteressenten erfolgt im Erstkontakt um sicherzustellen, dass die Lage der Wohnung tatsächlich den Vorstellungen des Mietinteressenten entspricht. Zweifel können aufkommen, wenn aus dem Gesprächsverlauf Grund zur Annahme besteht, dass der Interessent falsche Vorstellungen von der Lage hat. Dies kann etwa der Fall sein, wenn sich eine Wohnung in einer schwierigen sozialen Lage, vielleicht sogar in einem Brennpunkt befindet und sich ein von außerhalb stammender Interessent meldet, der offensichtlich keine genaue Ortskenntnis hat und sich offenkundig gewöhnlich in einem anderen sozialen Milieu bewegt. In einer solchen Konstellation sollte dezent auf die tatsächlichen Gegebenheiten hingewiesen werden, ohne allerdings das Angebot schlechtzureden. Dies kann ein Balanceakt sein und erfordert erhebliches vertriebliches Fingerspitzengefühl. Es kann ohne Weiteres sein, dass sich der Interessent aufgrund von nicht offensichtlich auf der Hand liegenden Umständen trotz des »Vorurteils« des Vermieters in einer solchen Lage wohlfühlen würde. In diesem Sinne sind Aussagen zum Wohnungsangebot immer sachlich neutral, aber im Ergebnis positiv ermunternd zu formulieren.

Das zuvor Gesagte zur Lage ist entsprechend im umgekehrten Fall anzuwenden, wenn der Vermieter den Eindruck haben sollte, das Wohnungsangebot wäre zu hochwertig für den Mietinteressenten. Dies kann der Fall sein, wenn der Vermieter den Eindruck hat, dass im Verhältnis Interessent und gehobener Lage eine Fehlallokation vorliegt. Hier ist mit allergrößtem Feingefühl vorzugehen, um Missverständnisse zu vermeiden.

Im Prinzip geht es im Kern beim Abgleich- oder Matchingprozess darum, Vorurteile oder vorschnell getroffene Urteile zu vermeiden. Solange keine faktisch belegte Evidenz vorliegt, sind solche Urteile unbegründet. Ein nicht begründetes Vorurteil kann zu falschen Entscheidungen führen und damit zu unternehmerischen Fehlern, die betriebswirtschaftlich und in der sozialen Interaktion schaden.

3.3.2.1.1.2 Wohnwünsche

In einem nächsten Schritt geht es darum, die konkret angebotene Wohnung mit dem Suchprofil des Mieters abzugleichen. Wesentlicher Hard Fact für den Mietinteressenten wird beispielsweise die Größe der Wohnung sein. Hier wird im ersten Schritt sichergestellt, dass die tatsächliche Wohnungsgröße auch wirklich zum Gesuch des Interessenten passt. In Zeiten von ausführlichen Online-Exposés, zahlreichen Fotos und oftmals vorhandenen virtuellen Rundgängen oder Videobesichtigungen sollte man meinen, der sich meldende Interessent kennt das Produktangebot und hat sich gemeldet, weil ihm alle Parameter zusagen. Dem ist leider in der Praxis vielfach nicht so. Nach Befragungen von Vermietern haben fast 50 Prozent der Erstkontakte Anforderungen, die nicht mit dem Produktangebot übereinstimmen. Hinzu kommt, dass die Abweichungen dem Interessenten bereits vor Kontaktaufnahme hätten bekannt sein können. Dass der Interessent sich trotzdem auf das Angebot meldet, hat im Wesentlichen zwei Gründe:
- Der Interessent beschäftigt sich aus Zeitmangel nicht bis ins Detail mit dem Wohnungsangebot. Nachdem er an zwei, drei für ihn wichtige Schlüsselmerkmale einen gedanklichen Haken gemacht hat, meldet er sich beim Anbieter.

- Der Interessent hat im Rahmen seiner Suche innerhalb kurzer Zeit zahlreiche Wohnungsangebote angefragt. Bei einer Rückmeldung des Vermieters weiß er zum einen nicht mehr auf Anhieb, um welches Objekt es sich konkret handelt, und zum anderen hat er aufgrund der Menge der Anfragen kein Detailwissen mehr zur konkreten Wohnung.

Hier sollte der Vermieter entsprechend geschult sein, um durch die richtigen Fragetechniken zu erfahren, ob die angebotene Wohnung tatsächlich dem Suchprofil des Interessenten entspricht. Je früher ein »Showstopper« in den Produktmerkmalen erkannt wird, desto weniger kostbare Arbeitszeit und Aufwand fließt in den Kundenkontakt. In der Praxis haben sich als »Showstopper« häufig herausgestellt:

- Zimmeranzahl (es können Missverständnisse aufgrund der Zählweise eines Laien auftreten)
- kein Balkon/Terrasse/Garten
- innen liegendes Bad (ohne Fenster)
- kein Aufzug bei Wohnungen ab dem 2., max. 3. Obergeschoss
- kein Stellplatz bei angespannter Parkraumsituation in der Straße
- Erfordernis eines Wohnberechtigungsscheins (WBS) bei öffentlich geförderten Wohnungen

Sofern die angebotene Wohnung eines oder mehrere der o. g. Merkmale aufweist, empfiehlt es sich, diese im telefonischen Beratungsgespräch kurz zu adressieren und mit dem Interessenten gemeinsam zu prüfen. Dies geht relativ zügig und beugt unliebsamen Überraschungen bei später vereinbarten Besichtigungsterminen vor. Die »Showstopper« sind vom Vermieter auch hier in keinem Fall als Problem der Wohnung oder negativ zu werten. Vielmehr wird der Umstand unverblümt und neutral angesprochen – im Idealfall in Kombination mit einem gleichermaßen vorhandenen Vorteil.

! **Formulierungshilfen**
- »Die Wohnung liegt in fußläufiger Nähe des Stadtparks, sodass man schnell im Grünen ist. Auf diese Weise vermisst man den fehlenden Balkon gar nicht.«
- »Das Bad ist auch ohne Fenster gut beleuchtet und hat eine leistungsstarke, aber leise elektronische Lüftung.«
- »Sie klingen frisch und munter. Das Treppenlaufen in die 3. Etage ist für Sie sicher kein Problem?«

Der zweite Grund für Abweichungen zwischen Wohnwunsch und Wohnungsangebot basiert auf unterschiedlichen Verständnisschwierigkeiten. Der Interessent verfügt wahlweise über wenig Fachwissen, zu geringe Sprachkenntnisse oder ist intellektuell nicht in der Lage, ein professionelles Inserat in der Tiefe zu durchdringen. Der Interessent meldet sich auf ein konkretes Wohnungsangebot daraufhin mit unvollständigen oder falschen Vorstellungen. Die einschlägige Klientel kontaktiert den Vermieter meistens unmittelbar telefonisch, um dann mündlich durch das Wohnungsangebot geführt zu werden. Im Laufe des Anmietungsprozesses sind diese Personen ebenfalls äußerst betreuungsintensiv, insbesondere was das Ausfüllen von Formularen oder Abstimmungen mit anderen Beteiligten (Vormieter, Jobcenter, Wohngeldstelle etc.) angeht.

Hier muss der Vermietungsvertrieb im Vorfeld eine Entscheidung zur Zielgruppe treffen. Gehört der Personenkreis explizit dazu, macht sich der professionelle Vertrieb die Bedürfnisse des Kunden zunutze. Dies bedeutet, dass die Kunden besonders sorgfältig und zuvorkommend behandelt werden. Sie werden in einer Art »Customer Journey« an die Hand genommen und durch den Anmietungsprozess geführt. Dies ist beispielsweise bei Wohnungsangeboten in strukturschwachen Gebieten mit einem Mietermarkt sinnvoll und verschafft dem Vertrieb direkt Wettbewerbsvorteile. Gehört der Personenkreis nicht zur Zielgruppe, sollte der Vermieter dies schnell erkennen, dem Interessenten klar kommunizieren und seine limitierte Zeitressource für andere Interessenten nutzen.

> **Tipp: Interviewtechnik**
>
> In der Praxis kommt es darauf an, die Interviewsituation für den Interessenten so angenehm wie möglich zu gestalten. Im besten Fall bemerkt der Interessent gar nicht, dass er sich in einem Interviewprozess befindet. Der Vermieter kann dies auf verschiedenen Wegen erreichen. Der ideale Weg sind Schlüsselfragen, die den Interessenten dazu einladen, von sich zu erzählen. Konkret kann die Frage während des Telefonats lauten: »**Könnten Sie mir bitte beschreiben, welche Art von Wohnung Sie genau suchen?**«
>
> Die meisten Leute werden eine derartige Aufforderung herzlich gern annehmen, denn die Frage signalisiert zum einen echtes Interesse und Wertschätzung an der Person sowie gleichzeitig die Bereitschaft, die Kundenwünsche und Bedürfnisse ernst zu nehmen. Nach kurzem Zögern wird ein Großteil der Anrufenden wertvolle Details und Hinweise liefern, die für den weiteren Vermietungsprozess äußerst wichtig sind. Die Verifizierung kann wie folgt weitergehen: »**Bitte schildern Sie mir kurz, wo und wie Sie derzeit leben.**«
>
> Die Bitte stellt im Subkontext eine noch engere, persönliche Bindung zum Interessenten her. Das von ihm wahrgenommene Interesse an seiner Person manifestiert sich hier. Auch in diesem Fall wird der Großteil der Anrufenden bereitwillig Auskunft geben. Der Vermieter kann verschiedene Rückschlüsse aus den Antworten ziehen und sein Suchprofil abrunden.
>
> Die beiden Fragen dienen dazu, die rein sachorientierte Faktenlage zu ermitteln. Die Anmietungsentscheidung fällt der Kunde allerdings nicht ausschließlich faktenbasiert, sondern zu wesentlichen Teilen auch durch Emotionen beeinflusst. Die Herausforderung für den Vermieter besteht darin, die emotionale Situation des Interessenten zu ergründen und seine Motivationslage für einen Wohnungswechsel zu verstehen. Zur Bewerkstelligung dieser Aufgabe sollte der Vermieter eine weitere Schlüsselfrage stellen. Die dritte Schlüsselfrage lautet: »**Warum möchten Sie gern umziehen?**«
>
> Mit dieser Frage erfährt der Vermieter, aus welchem Grund der Interessent eine neue Wohnung sucht. Die Antwort darauf ist für den weiteren Vermietungsprozess ein wahres Juwel. Der wahre Grund ist wie ein Generalschlüssel zum Entscheidungszentrum des Mietinteressenten. Intelligent analysiert und vertrieblich richtig behandelt, steigert dieses Wissen den Vermietungserfolg in ungeahnter Weise.

Nur wenige Menschen ziehen aus purer Langeweile um oder weil sie einfach etwas Besseres suchen. Meistens sind es konkrete Gründe, die zu einem Umzug führen. Die häufigsten Gründe ergeben sich aufgrund der Änderung der persönlichen Lebensumstände:
- Partnerschaft: Zusammenziehen
- Trennung: Auseinanderziehen
- Nachwuchs: Vergrößerung der Wohnfläche
- Auszug der Kinder: Verkleinerung der Wohnfläche
- Arbeitsplatzwechsel: Änderung des Wohnorts
- fortgeschrittenes Lebensalter: Wohnung im Erdgeschoss bzw. barrierearme/barrierefreie Wohnung mit Aufzug

Weitere Gründe können in objektbezogenen wesentlichen Defiziten der momentanen Wohnverhältnisse liegen:
- Mängel in der Wohnung, z. B. Schimmel
- Kündigung der Wohnung wegen Eigenbedarf des Eigentümers
- Nachbarschaftsstreitigkeiten
- Störung des Hausfriedens durch andere Bewohner
- negative Veränderung des Wohnumfelds (unzureichende Infrastruktur, Problemquartiere etc.)

Der Vermieter sollte sich den Beweggrund für einen Wohnungswechsel gut merken. Der Beweggrund bildet eine ideale Basis, um weitere Gespräche mit dem Interessenten zu führen. Insbesondere bei einer anstehenden Besichtigung sollte der Vermieter bei passender Gelegenheit direkt oder indirekt auf den Beweggrund eingehen. Im Hinblick auf die Änderung der persönlichen Lebensumstände wird der Vermieter explizit erläutern, warum die Wohnung in der jetzigen Situation genau die richtige Wahl für den Interessenten darstellt. Die Änderung der Wohnverhältnisse hat überwiegend einen negativen Auslöser als Ursache. Die neue Wohnung sollte also vor allen Dingen das genaue Gegenteil des Auslösers sein. Sofern es also den Tatsachen entspricht, nimmt der Vermieter die Negativpunkte der alten Wohnung als Referenz und stellt die neue Wohnung als positives Gegenbeispiel dar. Wer z. B. bereits Erfahrungen mit Schimmel gemacht hat, wird es sehr zu schätzen wissen, wenn ihm der Vermieter darlegt, warum es in der neuen Wohnung aufgrund der guten Bausubstanz keinen Schimmel gibt bzw. geben wird.

Anhand der Informationen des Mietinteressenten wird ein sinnvolles Vermietungsgespräch aufgebaut. Insbesondere kann der Vermieter erst mit dem Wissen über Präferenzen, Abneigungen und Beweggründe eine Priorisierung seiner Vermietungsargumente vornehmen. Der Leitfaden für die weitergehende Kommunikation mit dem Mietinteressenten ergibt sich aus dessen Informationen. Aus diesem Grund ist es wichtig, dass der Vermieter sorgfältig, hintergründig und detailliert arbeitet. An der Oberfläche bleibender Verkäuferjargon wird im Vermietungsvertrieb in keinem Fall zu nachhaltigen Erfolgen führen.

3.3.2.1.1.3 Belegungs- und Bezugswunsch

Der konkrete Belegungs- und Bezugswunsch ist ebenfalls im Vorfeld abzustimmen. An dieser Stelle bringt der Vermietungsvertrieb behutsam in Erfahrung, wie viele Menschen in der Wohnung leben sollen. Gerade in Großstädten mit angespanntem Wohnungsmarkt und hohen Kaltmieten kann es vorkommen, dass zu viele (Angehörige) in eine Wohnung einziehen möchten. Dabei handelt es sich oft um größere Familien – dadurch kann es zu einer Überbelegung kommen. Eine derartige Überbelegung ist nicht im Interesse des Eigentümers, da durch die erhöhte Frequentierung die Abnutzung im Mietobjekt weitaus höher ist als bei einer geringeren Anzahl von Bewohnern. Darüber hinaus sorgen zu viele Personen in einem Haushalt oft für Irritationen und Störungen in der Nachbarschaft – zum Beispiel aufgrund eines erhöhten Geräuschpegels. Häufig sind es auch Fragen der Nebenkostenverteilung, die Anlass zu Unmut geben. Werden beispielsweise verbrauchsabhängige Nebenkosten rein nach Wohnfläche umgelegt, was im Mietwohnungsbau relativ häufig z. B. beim Wasserverbrauch der Fall ist, kann es schnell zu ungerechten Verteilungen kommen, wenn eine Wohnung überbelegt ist. Es hilft somit beiden Seiten, wenn der Vermieter die Belegung im Vorfeld prüft und auf eine entsprechende Harmonisierung hinwirkt.

Das beabsichtigte Einzugsdatum ist ebenfalls ein entscheidendes Kriterium, um einen erfolgreichen Mietvertragsabschluss zu gewährleisten. Falls ein Mietinteressent z. B. erst in mehreren Monaten einziehen möchte, führt das bei einer bereits fix und fertig modernisierten Wohnung dazu, dass wahrscheinlich ein anderer den Zuschlag bekommt, um Leerstandszeiten zu vermeiden. Umgekehrt wird ein Interessent mit dringendem Einzugswunsch – z. B. aufgrund eines Arbeitsplatzwechsels – wohl kaum einen Mietvertrag für eine noch zu modernisierende Wohnung unterschreiben, die erst Monate später bezugsfertig ist.

3.3.2.1.1.4 Einkommenssituation

Nachdem der Mietinteressent den vorangehenden Abgleichprozess erfolgreich durchlaufen hat, folgt nun die entscheidende Phase des Erstgesprächs: Das monatliche Budget des Mietinteressenten muss zum Wohnungsangebot passen. Die Thematik ist äußerst sensibel und diskret zu behandeln. Auf der einen Seite ist es wichtig, dass der Mietinteressent nicht durch indiskrete und barsche Fragen brüskiert wird, auf der anderen Seite benötigt der Vermieter belastbare Informationen. Gerade erfahrene Vermieter entnehmen der vorhergehenden Konversation ein Vorwissen oder eine Vorahnung zur wirtschaftlichen Leistungsfähigkeit des Interessenten. Sofern keine konkreten Anhaltspunkte bestehen, dass der Interessent die Miete nicht zahlen könnte, sollte in diesem Stadium nach hiesiger Auffassung auch nicht weiter nachgefragt werden. Bestehen konkrete Zweifel, kann freundlich formuliert werden:

> **Formulierungshilfe**
>
> »Ich darf noch mal zusammenfassen. Der Mietpreis setzt sich aus xxx Euro Kaltmiete und xxx Euro Nebenkosten zusammen und beläuft sich insgesamt monatlich auf xxx Euro. Passt diese Summe in Ihr Budget, sodass Sie sich in Ihrem Lebensstil nicht einschränken müssen?«

Diese Frage wertet den Mietinteressenten nicht ab, im Gegenteil: Sie zeigt ein persönliches Interesse an seinem zukünftigen Wohlergehen. Einem typischen »Verkäufer« wäre oftmals völlig egal, ob der Kunde nach Abschluss des Geschäfts an anderer Stelle kürzertreten muss. Der klassische Vermietungsvertrieb unterscheidet sich dahin gehend, dass mit dem Mieter eine lang andauernde Geschäftsverbindung eingegangen wird. Je konstanter und reibungsloser diese Geschäftsverbindung über die Jahre läuft, desto wirtschaftlich auskömmlicher ist sie für den Eigentümer.

3.3.2.1.1.5 Entscheidungskompetenz

Im weiteren Kommunikationsverlauf bringt der Vermietungsvertrieb in Erfahrung, welche Entscheidungskompetenz beim Nachfrager vorhanden ist. Bei Paaren oder Familien wird die Entscheidung in den meisten Fällen von zwei Personen getroffen, wobei sich zunächst nur eine Person beim Vertrieb meldet. Hier ist es wichtig, in Erfahrung zu bringen, wer die zweite Person sein wird, die die Entscheidung über die Anmietung treffen soll. Die Information ist bei den nachfolgenden Gesprächen wichtig, weil sich hier unterschiedliche Argumentationen ergeben können, je nachdem, wer Empfänger auf der Interessentenseite ist. Eine elegante Frage kann daher lauten:

> **Formulierungshilfe**
>
> »Treffen Sie die Entscheidung über eine Anmietung allein oder gemeinsam mit jemandem?«

3.3.2.1.1.6 Vertrauen und persönliche Verbindung

Während der Kommunikation zwischen Vermieter und Mietinteressent geht es im Subtext immer auch um die Überprüfung, den Aufbau und die Bestätigung einer gemeinsamen Vertrauensbasis. Eine derartige Basis ist auf beiden Seiten erforderlich, um guten Gewissens ein lang andauerndes gegenseitiges Schuld- und Mietverhältnis einzugehen. In diesem Stadium des Prozesses hat der Vermieter ein Zwischenfazit zu ziehen. Die von ihm gesammelten und wahrgenommenen bzw. verarbeiteten Informationen führen zu einem »ersten Eindruck«. Der erste Eindruck ist von Fakten, aber eben auch zu einem Großteil vom subjektiven »Bauchgefühl« geprägt. Die Verifizierung erfolgt anhand von Fakten. Das dezente Einholen weitergehender Informationen über den Interessenten zu seinen persönlichen Lebensverhältnissen ist im Einzelfall sinnvoll, um später eine genauere Interessentenselektion anhand verschiedener Kriterien vornehmen zu können.

Lässt es die Gesprächsharmonie und die verfügbare Zeit zu und hat man den Eindruck, dass der Mietinteressent ebenfalls an einem weitergehenden Austausch interessiert ist, bietet es sich an, weitere Themen zur Mietvertragsanbahnung zu besprechen. Auch hier gilt, dass früher oder später ohnehin eine detaillierte Verifizierung zu erfolgen hat. Je früher die Information beim Vermieter vorhanden ist, desto eher kann er zukünftige Aktivitäten planen oder einstellen.

> **Tipp: Frühzeitige Verifizierung als Effizienztreiber**
>
> Frühzeitige Verifizierung ist in der Vermietung ein Effizienztreiber. Von gesteigertem Interesse sind folgende Informationen über den Mietinteressenten:
> - **Haustiere:** Welche und wie viele Haustiere sollen in die neue Wohnung mit einziehen?
> - **Rauchen:** Ist der Mietinteressent selbst oder sind Mitbewohnerinnen und Mitbewohner starke Raucher?
> - **Hobbys:** Welche Hobbys hat der Mietinteressent? Sind die Hobbys ggf. geeignet, die Ruhe oder Ordnung in der Hausgemeinschaft zu stören?
>
> Zu jeder Zeit muss sich der Vermieter vergegenwärtigen, dass es sich bei seinen Fragen nicht um ein Verhör des Interessenten handelt. Eine angenehme Gesprächskultur entsteht, wenn gegenseitig Informationen ausgetauscht werden. Aus diesem Grund sollte der Vermieter zwischendurch immer wieder persönliche Anekdoten und Lebensumstände einfließen lassen. Der Interviewprozess ist ein gegenseitiges Nehmen und Geben von Informationen. Nur wer offen und ehrlich sowie authentisch mit dem Mietinteressenten kommuniziert, wird ein zutreffende Einschätzung zur jeweiligen Person abgeben können.

3.3.2.1.2 Terminvereinbarung zur Besichtigung

Die Vereinbarung eines Besichtigungstermins mit einem geeigneten Mietinteressenten ist das eigentliche Ziel des telefonischen Erstkontakts. Die Besichtigung ist im Rahmen des Gesamtkontexts ein vertriebliches Zwischenziel, der Mietvertragsabschluss das eigentliche Ziel. Gewöhnlich erfolgt nach positivem Abschluss des bisherigen Kommunikationsprozesses der Übergang zur Vereinbarung eines Besichtigungstermins.

Weitere Gespräche bieten sich an, wenn der telefonische Erstkontakt ergeben hat, dass es sich beim Gesprächspartner um einen »optimalen Zielkunden« handelt. Der Vermieter wird in diesem Fall anstreben, den Interessenten gezielt über die Vorteile der Wohnung zu informieren. Dabei zählen vor allem die Vorzüge des angebotenen Wohnungsprodukts und des eigenen Unternehmens bzw. des Eigentümers. In Form eines aus der Start-up-Szene bekannten »Pitch« werden in komprimierter Form die Vorteile dargestellt. Hier einige Beispiele für erwähnenswerte Leistungsbausteine:

- Hausmeisterservice bei technischen Problemen
- Rahmenverträge mit Handwerksbetrieben und dadurch bedingte kurzfristige Erledigung von Klein- und Großreparaturen

- Benefits beim Mietvertragsabschluss, wie z. B. Kundenvorteilskarten, Affiliate-Programme etc.)
- Mieterzeitschrift mit regelmäßigen Informationen

3.3.2.1.2.1 Besichtigungszeiten

Bereits die Vereinbarung und Abstimmung eines Besichtigungstermins ist ein wesentliches und wichtiges Element im Vertriebsprozess. Bei der Vereinbarung eines Besichtigungstermins sind bestimmte Parameter zu berücksichtigen und gewisse Voraussetzungen zu schaffen. Die wichtigste Voraussetzung für die operative Vermietung ist die zeitnahe Vereinbarung eines Besichtigungstermins. Der Zeitpunkt des Besichtigungstermins folgt im Idealfall unmittelbar auf den telefonischen Erstkontakt. Je weniger Zeit zwischen Erstkontakt und Besichtigung liegt, desto geringer ist die Absprungwahrscheinlichkeit des Interessenten – ein Absprung des Interessenten ergibt sich in den meisten Fällen durch ein vermeintlich besseres Wohnungsangebot. Der Interessent findet ein Angebot, das ihm besser gefällt oder das er einfacher und ggf. schneller fixieren kann.

Gerade in entspannten Wohnungsmärkten mit einem Wohnungsüberhang befinden sich die Produktangebote in einem sehr transparenten Wettbewerb. Viele vergleichbare Produkte treffen auf wenige Interessenten. In einer derartigen Konstellation kommt es umso entscheidender auf die relative Vertriebsstärke des einzelnen Vermieters an. Und hier gilt es vor allem: schnell sein und keine Zeit (an den Wettbewerb) verlieren.

> **Tipp: Zeitfenster**
>
> Manche Mitarbeiterinnen und Mitarbeiter, die für die operative Vermietung verantwortlich sind, haben kein adäquates Gefühl für Dringlichkeit und Prozessgeschwindigkeit. Private Belange und Befindlichkeiten werden über den geschäftlichen Erfolg gestellt. Die Bequemlichkeit hält Einzug. Aber: Besichtigungszeiten sind immer mit Blick auf die Kunden und Kundinnen festzulegen und anzubieten. Flexible Besichtigungszeiten sind eine der Grundvoraussetzungen für vertrieblichen Vermietungserfolg. Flexibilität bedeutet in diesem Fall, dass sich der Vertrieb grundsätzlich nach dem Kundenwunsch richtet.
>
> Dieser Grundsatz erfordert allerdings eine Differenzierung: Kundinnen und Kunden sind in Cluster einzuteilen. Diese Cluster variieren auf verschiedenen Wohnungsmärkten und beziehen sich immer auf konkrete Wohnungsangebote, d. h. sie sind individuell zu definieren. Ein absoluter Topzielkunde bei einem Topobjekt erfordert aus unternehmerischer Sicht eine andere Flexibilität als die Vermietung eines Einraumappartments im sozialen Brennpunkt.
>
> Die entscheidende Frage lautet demnach, welchem Kundenwunsch hinsichtlich Besichtigungszeiten zu entsprechen ist. Gerade bei traditionellen Wohnungsgesellschaften mit kommunalem oder genossenschaftlichem Hintergrund kann es bei einzelnen Mitarbeitern und Mitarbeiterinnen der Fall sein, dass eine vertriebliche Ausrichtung der eigenen Arbeitszeit am Kundenwunsch gar nicht oder nur äußerst rudimentär vorhanden ist. Derartige Gesellschaften haben starre Öffnungs- und Betriebszeiten, die in der Regel früh morgens beginnen und am frühen Nachmittag

enden. Diese Zeiten korrelieren allerdings nicht mit den Besichtigungszeiten, die sich ein optimaler Zielkunde wünscht. Dieser ist häufig berufstätig und kann daher erst nach seinem eigenen Feierabend oder am Wochenende besichtigen. Gleiches gilt für berufstätige Personen, die einen vollständigen Wohnortwechsel vornehmen und beispielsweise aus einem anderen Bundesland zuziehen. Eine moderne Führung muss hier sicherstellen, dass derartige Kunden gemäß ihren Wünschen und Präferenzen behandelt werden.

Generell empfiehlt es sich, Besichtigungen (mit Berufstätigen) von Montag bis Freitag bis mindestens 18:00 Uhr sicherzustellen. Im begründeten Einzelfall sind Besichtigungen selbstverständlich auch später möglich und notwendig. Ferner empfiehlt es sich, am Samstag für ein Zeitfenster von drei bis vier Arbeitsstunden ebenfalls Besichtigungstermine anzubieten. Besichtigungen am Freitagnachmittag oder an einem Samstag sind bei Mitarbeitenden in der Regel äußerst unbeliebt. Hier sind entsprechende Anreize und Benefits als Kompensation erforderlich. Eine Kompensation kann in Form von anderweitiger zeitlicher Flexibilität zugunsten des Mitarbeiters erfolgen, wie etwa späterer Arbeitsbeginn oder Ausgleich durch zusätzliche Urlaubstage. Monetäre Anreize sind ebenfalls beliebt und werden an anderer Stelle von Körzel behandelt (siehe Kapitel 3.1.3).

3.3.2.1.2.2 Routenplanung

Die Vereinbarung von Besichtigungsterminen erfordert eine vertiefte Planung und Koordination der Fahrtwege, insbesondere wenn die betreuten Wohnungsbestände räumlich entfernt liegen. In der Logistik sind softwaregestützte, differenzierte Routen- und Tourenplanungen an der Tagesordnung. In der Vermietungspraxis hängt dies leider allzu häufig von den individuellen Talenten des Mitarbeiters ab.

Unzureichende Terminkoordination führt zu längeren Fahrstrecken und damit längeren unproduktiven Arbeitszeiten des Mitarbeiters. Hinzu kommen Mehrkosten durch Kraftstoff und Verschleiß der Firmenfahrzeuge. Hier wird in Zukunft durch die fortschreitende Digitalisierung ein erhebliches Optimierungspotenzial zu heben sein. Theoretisch kann bereits heute die Wahrscheinlichkeit von Staus und verlängerten Fahrzeiten relativ exakt vorhergesagt werden, sodass auch diese externen Faktoren in eine vorausschauende Planung von Besichtigungsterminen einfließen können.

3.3.2.1.2.3 Flexibilität bei vermieterseitigen Hindernissen

Die Mitarbeiter und Mitarbeiterinnen im Vermietungsvertrieb haben – wie alle anderen auch – Abwesenheitszeiten durch Urlaub, Brückentage und Fort-/Weiterbildungen, die mehr oder weniger beeinflussbar sind. Die Führung des Vertriebs sollte individuelle Mechanismen entwickeln, damit diese Zeiten nicht zu einem Performanceeinbruch bei der Vermietung führen.

Ein durchschnittlicher Mietinteressent ist nach Schätzwerten der Branche in einem entspannten Wohnungsmarkt ca. sechs bis acht Wochen auf aktiver Wohnungssuche. Befindet sich ein Mitarbeiter mit einem nennenswerten Vermietungsbestand 14 Tage im Urlaub und findet in dieser Zeit keine adäquate Urlaubsvertretung statt, so besteht die Gefahr, dass die in dieser Zeit nicht betreuten Interessenten endgültig verloren sind.

Aus diesem Grund benötigt das Unternehmen belastbare Vertretungs- und Abwesenheitsregeln, die gewährleisten, dass der Vermietungsprozess im Wesentlichen kontinuierlich weiterläuft. Die Praxis zeigt in diesem Zusammenhang, dass die richtige Kommunikation zwischen Führung und operativer Ebene sowie zwischen den Vermietern untereinander einen hohen Stellenwert hat. Zwischen Vermieter und Vertreter sollte im Vertretungsfall ein

a) terminlich fixierter Übergabetermin stattfinden und
b) eine standardisierte Agenda verwendet werden.

Auf diese Weise kann dem häufig auftretenden Informationsverlust entgegengewirkt werden, der im schlimmsten Fall zum Verlust von Mietvertragsopportunitäten führt.

DIGITALE EXTRAS

Checkliste: Vertretungsübergabe

1. Priorität: Finalisierung anstehender Mietvertragsabschlüsse
- Welche Mietverträge sind abzuschließen?
- Welche Prozessschritte sind bis zum Abschluss noch erforderlich?

2. Priorität: Besichtigungstermine
- Wo wurden wann und mit wem Besichtigungstermine vereinbart?
- Welche Hintergrundinformationen (nur »Red Flag«-Positionen erwähnen) zu den Wohnungsangeboten oder den Interessenten sind wichtig?
- Wie erfolgt der Zugang zur Wohnung? Wo sind Schlüssel hinterlegt?
- Was ist vor der Besichtigung zu regeln (z. B. Beleuchtung in der Wohnung, Duftsimulation etc.)?

3. Priorität: Bearbeitung eingehender Kundenanfragen
- zeitnahe Bearbeitung und Beantwortung eingehender Kundenanfragen
- Abwicklung des Erstkontakts und entsprechende Informationseinholung zu den Mietinteressenten

4. Priorität: Vermarktung neuer Wohnungsangebote
- Welche Wohnungen können aktiv in den Vertrieb übernommen werden?
- Welche Wohnungen sind öffentlich zu vermarkten?

Eine geregelte Vertretungsübergabe sollte auch, wann immer es die Umstände des Einzelfalls zulassen, im Krankheitsfall stattfinden. Abwesenheit infolge von Erkrankung ist ein weiterer häufiger Grund für den punktuellen Performancerückgang bei den Vermietungszahlen. Dies hat mehrere Gründe: Die Abwesenheit durch Erkrankung passiert in der Regel plötzlich. Vorausschauende Vertretungsplanungen können zwar im Vorfeld hinterlegt und sollten durch die Führung systematisch auch etabliert werden, allerdings sind die erforderlichen aktiven Vertretungsübergaben nicht möglich. Je nach Art und Schwere der

Krankheit kann eine Übergabe telefonisch oder per Mail stattfinden. Diese Art der Übergabe ist aber in keinem Fall ideal. Bereits aus arbeitsrechtlichen Gründen ist bei der Kontaktierung eines arbeitsunfähigen Mitarbeiters grundsätzlich Vorsicht geboten.

Von Vorteil ist allerdings die dem idealen Vermieter innewohnende leistungs- und ergebnisorientierte DNA[139] in Kombination mit großer Freude an der täglichen Arbeit. Diese positive Lebens- und Arbeitseinstellung versetzt ihn oftmals in die Lage, seine Aufgaben auch unter widrigen Umständen voranzutreiben. In der Regel wird also eine spontane Remote-Vertretungsübergabe möglich sein, die auch dringend durchgeführt werden sollte.

Die Aufrechterhaltung der Vermietungsperformance wird ferner dadurch erschwert, dass zu Beginn einer Erkrankung selten klar ist, wann ihr Ende eintreten wird und der Mitarbeiter wieder seine Aufgaben wahrnehmen kann. Dies führt dazu, dass oftmals keine richtige Vertretung übernommen wird und anstehende Prozesse nicht ordentlich fortgesetzt werden – nach dem Motto »Der kommt doch bald wieder …«.

Besichtigungen werden dann häufig reflexartig abgesagt mit der Begründung, der Kollege sei in einer oder zwei Wochen wieder da und werde sich dann zur neuen Terminvereinbarung melden. De facto wird der Nachholtermin selten oder gar nicht stattfinden. Der Genesene wird nach seiner Rückkehr zum Arbeitsplatz unzählige Vorgänge zu bearbeiten haben und typischerweise mit den dringendsten und aktuellsten Aufgaben beginnen. Gleichzeitig hat sich die Suche bei einem Großteil der Interessenten in entspannten Wohnungsmärkten nach zehn Tagen ohnehin erledigt, weil sie beim Wettbewerb fündig geworden sind. In der Vermietungspraxis wird durch einen im Vorfeld etablierten und allseits kommunizierten Vertretungsprozess im Krankheitsfall der Performanceabfall reduziert.

Für gegenseitige Vertretungen gilt der Grundsatz, dass diese nach Möglichkeit dauerhaft zwischen zwei Mitarbeitenden vereinbart und in der Praxis gelebt werden. Die Vorteile liegen auf der Hand: Die beiden Personen kennen sich und ihre jeweiligen Arbeitsweisen mit der Zeit. Sie sind dadurch in der Lage, sich optimal aufeinander abzustimmen. Darüber hinaus besteht bei der festen und gegenseitigen Vertretung eine höhere Verbindlichkeit, die anstehenden Aufgaben während der Vertretungszeit zur Zufriedenheit aller Beteiligten zu erledigen. Ferner sorgt die Gegenseitigkeit dafür, dass jeder erwarten kann, in der Güte, in der er selbst Vertretungen wahrnimmt, auch entsprechend selbst vertreten zu werden. Ein positiver Nebeneffekt ist natürlich, dass der »kurze Dienstweg« bei sich persönlich nahestehenden Personen auch bei urlaubs- oder krankheitsbedingter Abwesenheit gegeben ist. Dies bedeutet nicht, dass der Abwesende permanent mit Fragen Erläuterungen bombardiert wird, sondern dass gegenseitiges Verständnis und Rücksichtnahme eine Selbstverständlichkeit sind.

---

139 Vgl. zur kulturell-strategischen Kundenorientierung: Lohse, S. 255 f.

3 Systematischer Wohnungsvertrieb

Eine erfolgreiche Vertretung kann auch innerhalb eines Teams etabliert werden. Hier ist es wichtig, dass eine optimale Zusammenstellung der Teammitglieder erfolgt. Sie sollten untereinander harmonieren und sich sowohl beruflich als auch – viel wichtiger – menschlich gut verstehen. Eine erfolgreiche Führung zeichnet aus, dass sie auf Motivationsebene gemeinsame Anreize für das gesamte Team setzt. Neben dem – im Vertrieb ohnehin immanenten – Erfolgsstreben des Einzelnen wird so auf der Gemeinschaftsebene ein Wir-Gefühl erzeugt.

> **Tipp: Taskforce**
>
> Selbstverständlich wird eine Person aus dem bestehenden Vermietungsteam als Vertretung im Fall der Abwesenheit eines Vermieters nicht die gleiche Performance erreichen. Sie wird mit ihren eigenen, ohnehin bereits umfangreichen Tätigkeiten beschäftigt sein und bekommt on top die Vertretung zugewiesen. Hier sollte je nach Unternehmensstruktur eine der folgenden Lösungen umgesetzt werden:
>
> - Einrichtung einer »**Taskforce**« aus Mitarbeiterinnen und Mitarbeitern anderer, weniger zeitkritischer Abteilungen und Bereiche zur Kompensation des fehlenden Vermieters. Diese Mitarbeitenden haben idealerweise bereits Berufserfahrung im Vermietungsbereich gesammelt und sind nun – aus welchen Gründen auch immer – in anderen Bereichen (z. B. Betriebskosten, Service etc.) eingesetzt. Bei aller Wichtigkeit dieser Bereiche für das Unternehmen werden sie in aller Regel keine mit der Vermietung vergleichbare Dynamik und Geschwindigkeitssensitivität aufweisen. Insofern ist ein wochenweiser Abzug erfahrungsgemäß unternehmerisch vertretbar. Voraussetzung ist dabei, dass diese Mitarbeiterinnen und Mitarbeiter den Einsatz in der »Taskforce« als Ehre und nicht als Strafeinsatz empfinden. Dieses Empfinden hängt zum Großteil davon ab, wie die Führung die Aufgabe kommuniziert und auf welche Art und Weise der Auswahl- und Bewerbungsprozess zur »Taskforce« stattgefunden hat. Die Freiwilligkeit bei der Wahrnehmung dieser Aufgabe spielt für die Motivation eine erhebliche Rolle. Die Herausstellung der Wichtigkeit der Aufgabe sorgt zudem für interne Anerkennung. Nicht zuletzt hat eine adäquate Incentivierung für die Mitarbeiterinnen und Mitarbeiter zu erfolgen, die quasi als »Feuerlöscher« im Vermietungsvertrieb fungieren.
> - **Auszubildende** mit Know-how und einem gewissen Talent können ebenfalls vertretungsweise Besichtigungstermine übernehmen. Sie werden den Prozess natürlich nicht in der Idealform abbilden können, aber ihr Einsatz hilft dabei, dass potenzielle Kunden nicht gänzlich verloren gehen. Wichtig ist dabei, dass erfahrene Mitarbeiter und Mitarbeiterinnen jederzeit für Fragen und Erläuterungen ansprechbar sind.
> - **Externe Dienstleister**, z. B. Immobilienmaklerunternehmen, die Vermietungsleistungen professionell anbieten, eignen sich ebenfalls ideal als Taskforce. Sie schonen die internen Personalressourcen und sind flexibel einsetzbar. Die Zusammenarbeit kann im Einsatzfall aber nur gelingen, wenn bereits vorher Prozessabläufe und Ansprechpartner etabliert sind. Auch ist es von Vorteil, wenn der externe Dienstleister bereits eine grobe Kenntnis der Wohnungsbestände besitzt und nicht bei null anfangen muss.
> - **Zeitarbeitskräfte** sind für die Überbrückung längerer Abwesenheitszeiten in der Vermietung ebenfalls eine denkbare Option. Hier ist darauf zu achten, dass die Qualitätsanforderungen des Vermietungsvertriebs annähernd erfüllt werden können, um einen Reputationsschaden zu verhindern.

3.3.2.1.3 Besichtigungsarten

Nachdem zwischen Mietinteressenten und Vermieter das Ob in Bezug auf die Frage einer Besichtigung im positiven Sinne geklärt wurde, geht es im nächsten Schritt um die Klärung des Wie. Eine erfolgreiche Besichtigung kann in verschiedenen Konstellationen realisiert werden. Für jede Variante gibt es Argumente und auch durchaus nachvollziehbare Gegenpositionen. In der Praxis stehen folgende Besichtigungsarten zur Verfügung:
- Einzelbesichtigung
- Sammelbesichtigung
- Open House
- Besichtigung mit dem Vormieter
- Self-Showing durch Schlüsselabholung
- virtuelle Besichtigung

3.3.2.1.3.1 Einzelbesichtigung

Die aufseiten des Mietinteressenten mit Abstand beliebteste Besichtigungsform ist die Einzelbesichtigung. Als Faustformel gilt: Je hochpreisiger und wertiger das Mietwohnungsprodukt, desto eher ist eine Einzelbesichtigung das Mittel der Wahl.

So richtig diese Faustformel ist, so ungenau und unpräzise ist sie auf der anderen Seite. Die Wahl der richtigen Besichtigungsart hängt primär von den Erwartungen des Kunden, also des Mietinteressenten ab. Diese Erwartungshaltung lässt sich relativ einfach prognostizieren, indem man bereits im Erstgespräch eine kursorische Einordnung des Interessenten in eine der üblichen Zielgruppen vornimmt. Neben dieser vertriebsanalytischen Herangehensweise spielt selbstverständlich der vom Kunden direkt und unmittelbar artikulierte Wunsch eine herausragende Rolle. Hier ist es die Aufgabe des versierten Vermieters, bereits während des Erstgesprächs die Zwischentöne in der gegenseitigen Kommunikation wahrzunehmen und dem potenziellen Kunden eine für ihn ideale Lösung anzubieten.

Die Einzelbesichtigung ist aus reiner Kommunikationsperspektive sowohl für den Kunden als auch für den Vermieter das absolute Optimum. Die beiden Parteien haben für einen bestimmten Zeitraum die volle gegenseitige Aufmerksamkeit und bewegen sich währenddessen unmittelbar in der Wohnung, also im Produkt. Die Einzelbesichtigung ist deshalb vergleichbar mit einer Probefahrt.

Die Kehrseite der Einzelbesichtigung ist ihr relativ hoher Zeitbedarf. Der Zeitbedarf steigt exponentiell mit der Anzahl der geeigneten Mietinteressenten, die sich die Wohnung live anschauen möchten. Bei begehrten Produkten mit starker Nachfrage kann die Einzelbesichtigung demnach nur dann wirtschaftlich sinnvoll sein, wenn das Mieter-Matching bereits im Vorfeld stringent und fehlerfrei erfolgt ist. Der Vermietungsvertrieb als Organisation hat in diesem Fall nur dann echten Erfolg, wenn die Auswahl in einer derart guten Qualität und so zielgerichtet stattgefunden hat, dass am Ende genau zwei oder drei »Ideal-Interessenten« eine Gelegenheit zur Einzelbesichtigung erhalten.

Wenige Auserkorene auf der einen Seite bedeuten viele Absagen auf der anderen. Die Art und Weise der Absage ist für den kurzfristigen Vertriebserfolg unbeachtlich. Sie wirkt sich allerdings mittel- und langfristig aus. In Zeiten öffentlicher Bewertungen und Rezensionen bildet sich das Image oftmals aus den Äußerungen der Unzufriedenen. Diese sind es, die in erster Linie aus Eigeninitiative z. B. eine negative Google-Bewertung anschieben. Hier handelt es sich ehrlicherweise um ein zweischneidiges Schwert, denn auch wenn dem Wunsch nach Besichtigung entsprochen wurde, kann das Kritik zur Folge haben. Überfüllte Sammelbesichtigungstermine wirken auf Mietinteressenten ebenso abschreckend und degradierend wie barsche Absagen.

Der gute Vertrieb fragt sich bei jeder seiner Tätigkeiten, wie er selbst gern behandelt werden würde. In der Regel wird diese Frage mit »Anerkennung« und »Wohlwollen« beantwortet. In der Vielzahl der Fälle kann Verständnis für eine mündliche Absage beim Gesprächspartner erzeugt werden. Dazu muss der Gesprächspartner das Gefühl haben, dass der Vermieter mit ihm auf Augenhöhe spricht und sein Anliegen mit Wohlwollen behandelt. Der Vermieter, der bei seinen Absagen dieses Gefühl vermitteln kann, wird wenig starke Gegenreaktionen spüren.

> **Tipp: Serielle Terminierung**
>
> Einzelbesichtigungen werden aus vertriebstaktischer Sicht nach Möglichkeit seriell terminiert. Für den erfolgreichen Vermietungsprozess ist es förderlich, wenn der Mietinteressent zu Beginn oder am Ende seiner eigenen Besichtigung auf andere Mietinteressenten trifft. Die Begegnung sorgt für zwei positive Vertriebsaspekte:
> 1. Die Interessenten merken deutlich, dass es mehrere Bewerberinnen und Bewerber gibt und sie sich somit, sollte ihnen die Wohnung gefallen, in einem **Wettbewerb** befinden. Diesen Wettbewerb kann der Interessent u. a. dadurch gewinnen, dass er seinen eigenen Entscheidungsprozess schnell abschließt und dem Vermieter erklärt, unmittelbar die finalen Schritte zur Mietvertragsunterzeichnung gehen zu wollen.
> 2. Die Begegnung mit anderen Interessenten erzeugt aus Marketinggesichtspunkten den Eindruck der **Produktverknappung**. Die Immobilie wird dadurch – neben ihrer ohnehin gegebenen Einzigartigkeit – als rarer und exklusiver wahrgenommen, da es nun mehrere Personen gibt, die sich offensichtlich dafür interessieren.

3.3.2.1.3.2 Sammelbesichtigung

Sammelbesichtigungen sind ein probates Mittel bei einem eher durchschnittlichen Angebotsprodukt, das eine breite Masse von Interessenten anspricht. Bei einem derartig gewöhnlichen und marktgängigen Produkt besteht eine geringe Umschlagszeit. Das bedeutet, dass der Vermietungsprozess vom öffentlichen Angebot bis zur Mietvertragsunterzeichnung für gewöhnlich besonders dynamisch und schnell verläuft. Auf der einen Seite gibt es eine Großzahl vergleichbarer Wohnungen auf dem Markt, auf der anderen Seite gibt es auch eine hohe Anzahl von Interessenten, für die das Angebot infrage kommt.

Aus Vermietersicht hat dies den Vorteil, dass man viele Anfragen erhält. Die Kehrseite besteht darin, dass der Grad der Verbindlichkeit auf Interessentenseite vergleichsweise gering ist, da der Interessent leicht auf eine Alternative zurückgreifen kann und daher der Kontakt zum Vermieter oftmals eine untergeordnete Priorität genießt.

Gerade bei einfachen Wohnungsangeboten, die für Transferleistungsempfänger attraktiv sind, zeigt sich dieses Phänomen. Besichtigungstermine werden zwar vereinbart, allerdings erscheinen die Interessenten oftmals nicht zum vereinbarten Termin und sagen diesen auch nicht vorher ab. Ein solches Vorgehen ist umso unerfreulicher und kostspieliger, je weiter die Anfahrt für den Vermieter zur betreffenden Wohnung ist.

Hat der Vermieter im Vorfeld eine derartige Produkt- und Nachfragesituation identifiziert, sollte er nach Möglichkeit Sammelbesichtigungen oder seriell eng getaktete Einzelbesichtigungen vereinbaren. Bei Sammelbesichtigungen sollten nicht mehr als fünf Interessenten ein und denselben Termin erhalten. Bedenkt man, dass die Interessenten häufig eine oder mehrere Begleitpersonen mitbringen, kann bei mehr Parteien schnell eine Überfüllung der Wohnung die Folge sein, die zu vermeiden ist. Weitere Termine werden dann – je nach Wohnungsgröße – im Abstand von 20 bis 30 Minuten gelegt. Durch die zeitlichen Intervalle entzerrt sich der Besucherstrom und die individuelle Beantwortung von Fragen ist im begrenzten Maße möglich.

> **Tipp: Zweierteam**
>
> Sammelbesichtigungen werden idealerweise mit zwei Vermietern oder einem Vermieter und einer Assistenzkraft realisiert. Die beiden Akteure teilen sich die Aufgaben sinnvoll auf. Während beispielsweise der eine Vermieter die Wohnung zeigt und erklärt, kann der andere sich auf Einzelfragen und die Einholung der notwendigen Dokumente konzentrieren. Die Kunden und Kundinnen werden in diesem Fall auch bei einer Vielzahl von anwesenden Interessenten das Gefühl haben, individuell bedient zu werden.

3.3.2.1.3.3 Open-House-Einladung

Open-House-Einladungen sind eine spezielle Art der Sammelbesichtigung. Diese Form der Besichtigung ist insbesondere auf dem US-Immobilienmarkt beliebt. Es wird kein fester Termin vergeben, sondern ein zusammenhängender Zeitraum als Besichtigungsmöglichkeit (beispielweise Samstag von 10:00 Uhr bis 16:00 Uhr) angegeben. Der Mietinteressent kann dann eigenständig entscheiden, wann genau er am Objekt auftaucht. Alles ist somit flexibel und unverbindlich. Gleichzeitig hat der Vermieter die Möglichkeit, eine maximale Anzahl von Personen mit dem Objekt in Berührung zu bringen. Er kann dann speziell für diesen Tag Vertriebs- und Marketingmaßnahmen ergreifen, die einen zusätzlichen Kundennutzen liefern und bei einer gewöhnlichen Besichtigung sonst nicht möglich wären – die Besichtigung wird so zu einem Event.

> **Tipp: Benefits bei Open-House-Events**
>
> Ein Open-House-Event kann durch zusätzliche Benefits angereichert werden. Je hochwertiger das Wohnungsangebot oder je höher die Stückzahl der Wohnungen an einem zusammenhängenden Standort ist, desto mehr Budgeteinsatz für dieses Event bietet sich an.
> - **Marketing:** Ankündigung des Termins über Lokalradio oder Anzeigen in der Presse
> - **Catering** für die Besucher: Foodtruck, Flying Buffet, Waffelbacken etc.
> - **Kinderbetreuung:** Luftballonkunst, Schminkaktionen, Hüpfburg im Garten etc.
> - **Präparierung der Wohnung:** Home Staging oder teilweise Möblierung

Das Open-House-Event hat den Vorteil, dass es nicht nur zur Vermarktung des konkreten Objekts, sondern auch ganz zielgerichtet als Imagewerbung für das Unternehmen genutzt werden kann. Je besser die Planung und die einzelnen Komponenten des Events durchdacht sind, desto mehr Strahlkraft hat die Veranstaltung für Besucherinnen und Besucher. Zu einem besonderen Event können auch gezielt Topkundinnen und -kunden des Unternehmens eingeladen werden. Diese erhalten einen Einblick in die professionelle Vermietungsarbeit. Ferner wird zu den Kundinnen und Kunden eine engere, persönliche Bindung aufgebaut.

Im Vorfeld des Open-House-Events sind einige organisatorische Aufgaben zu erledigen:
- Das betreffende Wohnhaus sowie die innenliegenden Wohnräume sollten vollständig »camera-ready« gestaltet werden. Das Ziel besteht u. a. darin, den Besuchern »instagramfähige« Fotos zu ermöglichen.
- Soweit möglich, sollten die übrigen Bewohner und Nachbarn informiert und angehalten werden, dass sie in der Zeit nicht unmittelbar vor dem Objekt parken und die Sichtachsen frei von Fahrzeugen halten.
- Die Wohnung ist mit einer maximalen natürlichen Beleuchtung zu versehen. Dies bedeutet, dass sämtliche Rollläden, Jalousien und Blenden zu öffnen sind. Zusätzlich sollten die künstlichen Lichtquellen angeschaltet werden. Am besten sind sog. warme Lichtquellen, da sie ein Gefühl von Behaglichkeit vermitteln und eine Wohlfühlatmosphäre schaffen. Sofern z. B. überwiegend kalte Neonbeleuchtung vorliegt, sollte

genau abgewogen werden, ob das Licht dringend erforderlich ist oder die Gemütlichkeit Priorität genießt. Im Zweifelsfall werden sichere Windlichter aufgestellt, die ebenfalls eine bemerkenswerte Raumatmosphäre schaffen.
- Neben den optimalen visuellen Effekten sollte der professionelle Vermietungsvertrieb auch eine ideale Klangumgebung erschaffen. Dazu empfiehlt es sich, während des gesamten Events dezente Hintergrundmusik spielen zu lassen, die einen Chill- oder Lounge-Charakter vermittelt. Auf diese Art und Weise werden die Besucher mit allen Sinnen angesprochen.
- Ein schönes, zusätzliches Tool kann die Präparierung einer Fotowand sein, die die Wohnung bzw. das Gebäude im Verlauf der Jahreszeiten dokumentiert. Die Besucher können sich so einen Eindruck davon verschaffen, wie das Objekt oder das direkte Umfeld im Frühling, Sommer, Herbst oder Winter, z. B. bei Schneefall, aussieht.

Fazit: Wichtig ist, dass der Besucher den bestmöglichen Eindruck vom Objekt erhält.

Die Atmosphäre eines gelungen Open-House-Events fördert die Kommunikation zwischen Mietinteressenten und Vermieter. Der Vermieter vermittelt wertvolle Hinweise zum Objekt und sollte aktiv nachfragen, was den Interessenten an dem angebotenen Produkt gefällt. Auch die verbesserungswürdigen Punkte dienen als konstruktives Feedback für den Vertrieb.

Der Vermietungsvertrieb wird von einem Open-House-Event absehen, wenn folgende Umstände gegeben sind:
- Die Immobilie hat nicht die erforderliche Wertigkeit und das Kosten-Nutzen-Verhältnis ist nicht gegeben.
- Bei voraussichtlich schlechten Wetterbedingungen (z. B. in den Herbst- und Wintermonaten) ist von einem Event abzusehen. Eine Wohnung und auch das Umfeld wirken bei Sonnenschein in der Regel mindestens doppelt so attraktiv wie bei Regen.
- Bei Wohnungen und Gebäuden, die renovierungs- oder modernisierungsbedürftig sind, eignet sich ein Open-House-Event ebenfalls nicht. Hier wird sich kein Wohlfühlambiente herstellen lassen, aber ggf. ein professioneller Showcase in Bezug auf die zukünftigen Potenziale des Objekts. Hier sind Kooperationen mit Handwerksbetrieben denkbar, die z. B. einzelne Räume oder Elemente exemplarisch in einen ansehnlichen Zustand versetzen.

3.3.2.1.3.4 Besichtigung mit dem aktuellen Mieter bzw. Vormieter

In der Praxis kann es erforderlich sein, dass eine Besichtigung gemeinsam oder ausschließlich mit dem Vormieter stattfindet. Die Besichtigung mit dem Vormieter ist grundsätzlich nachrangig zu den bisher erläuterten Besichtigungsarten. Dies hat mehrere Gründe:

- Die vom Vormieter bewohnte Wohnung ist nach dessen Vorstellungen möbliert. Insbesondere bei länger andauernden Mietverhältnissen ist die Möblierung nicht mehr zeitgemäß oder stark abgenutzt.
- Auch die Aspekte Ordnung und Sauberkeit sind mit Vorsicht zu betrachten.
- Unangenehme Gerüche durch spezielle Kochgewohnheiten oder in Raucherwohnungen sorgen ebenfalls für Unbehagen des Besuchers.

Im schlechtesten Fall erhält der Mietinteressent einen völlig falschen Eindruck von der angebotenen Wohnung. Statt positiver Überraschung kann dann der gegenteilige Effekt eintreten und der Interessent ist von der unter normalen Umständen vernünftigen Wohnung regelrecht abgestoßen. Eine Besichtigung im bewohnten Zustand mit dem Vormieter bedarf demnach einer vorherigen Prüfung der Wohnsituation. Darüber hinaus hat der Vermieter mit dem Vormieter deutlich seine Erwartungen hinsichtlich seiner zu treffenden Vorbereitungen für eine Besichtigung zu kommunizieren. Diese Interaktion kann aufgrund der unterschiedlichen Betrachtungshorizonte schwierig werden. Der Vormieter ist erfahrungsgemäß umso kooperationsbereiter, je mehr Vorteile er selbst durch eine zeitnahe Wiedervermietung seiner Wohnung hat.

Ein weiterer kritischer und vom Vermieter genau zu prüfender Faktor ist die Person des Vormieters. Eine angenehme, aufgeschlossene und zurückhaltende Persönlichkeit wird einer erfolgreichen Besichtigung nicht im Wege stehen. Anders sieht es mit Personen mit hohem Mitteilungsbedürfnis und wenig Selbstreflexion aus. Diese können durch ihr negatives Kommunikationsverhalten eine Besichtigung zu einem echten Misserfolg machen. Oftmals ist zu beobachten, dass der Vormieter versucht, sich in das Kundengespräch des Vermieters einzuklinken. Dazu werden dann vom Vormieter zusätzliche, nicht explizit angefragte Informationen zum Gebäudezustand, den Nachbarn oder dem betreffenden Immobilienunternehmen weitergegeben. Diese Informationen können positiv sein. In diesem Fall wirken sie natürlich aus dem Mund des Vormieters auf den neuen Mietinteressenten um ein Vielfaches glaubwürdiger. Der Mietinteressent erhält also noch zusätzlich zum Vermietungsgespräch eine positive Bewertung von einem Referenzkunden.

Leider ist auch der umgekehrte Fall denkbar. Begründet oder nicht kann der Vormieter zum negativen Botschafter werden und den Vermietungsprozess konterkarieren. Als Vermieter sollte man insofern vor einer derartigen Besichtigung ein genaues Bild vom Vormieter haben. Nur wenn man zu der Ansicht kommen konnte, dass dieser überwiegend für den Vermietungsprozess nützlich ist, wird seine Einbeziehung ernsthaft in Betracht gezogen.

Die Besichtigung mit dem Vormieter sollte nur dann als Option infrage kommen, wenn ansonsten gar keine oder nur eine zeitlich stark verzögerte Besichtigung möglich wäre. Hinzu kommen muss eine hohe Erfolgswahrscheinlichkeit in Bezug auf einen neuen Mietvertragsabschluss.

3.3 Praxisorientierte Vertriebsprozesse

Checkliste: Besichtigung mit Vormieter

DIGITALE EXTRAS

Ausgangssituation: Besichtigung **gemeinsam mit Vermieter und Vormieter** ist sinnvoll, weil
- dieser noch in der Wohnung wohnt und diese so schnell wie möglich wiedervermietet werden soll;
- in der Wohnung nach Auszug keine oder nur sehr geringe Instandsetzungsarbeiten zu erfolgen haben.

Zustand der Wohnung (alle Positionen müssen mit »Ja« beantwortet werden können)
- ○ Möblierung der ist Wohnung akzeptabel und nicht abschreckend.
- ○ Wohnung ist aufgeräumt und ordentlich.
- ○ Wohnung riecht neutral.

Person des Vormieters
- ○ Der Vormieter hat ein angenehmes, nicht störendes Kommunikationsverhalten.
- ○ Der Vormieter steht dem Vermieter, der Nachbarschaft und dem Unternehmen positiv gegenüber.
- ○ Der Vormieter hat eine positive Meinung zu seiner gekündigten Wohnung als Produkt.

Besichtigungstermine
- ○ Besichtigungstermine können flexibel vereinbart werden.
  Es gibt keine Einschränkungen zum üblichen Vermietungsprozess durch individuelle Besonderheiten des Vormieters (z. B. Berufstätigkeit im Schichtbetrieb).
- ○ Vermieter und Mietinteressenten sind nicht gezwungen, ihre Schuhe bei der Besichtigung in der Wohnung auszuziehen.
  Tipp: Der professionelle Vermieter nimmt bei der Besichtigung einer bewohnten Wohnung immer Einweg-Überzieher für seine eigenen Schuhe und die Schuhe der Interessenten mit. Auf diese Art und Weise wird die Integrität der Wohnung des Vormieters gewahrt und beide Seiten begegnen sich mit dem größtmöglichen Respekt.

Ausnahme: Die Besichtigung **ausschließlich mit dem Vormieter ohne den Vermieter** ist nur sinnvoll, wenn folgende Voraussetzungen vorliegen:
- Aus organisatorischen Gründen (Notfall, Krankheit etc.) kann der Vermieter oder eine Vertretung die Besichtigung nicht durchführen.
- Aus betriebswirtschaftlichen Gründen (z. B. aufgrund einer extrem weiten Anfahrt zum Objekt) ergeben Besichtigungstermine keinen Sinn.
- Vormieter und Mietinteressent kennen sich bzw. der Mietinteressent kennt bereits die Wohnung und/oder das Gebäude (Nachbarn, Handwerker, Freunde des Vormieters etc.).
- Die Vermietung soll zeitnah erfolgen.

Die weiteren Prüfungsschritte richten sich in diesem Fall nach dem o. g. Schema. Auf die Person des Vormieters ist in diesem Fall bei der Vorprüfung der Geeignetheit dieser Besichtigungsart ein besonderes Augenmerk zu legen.

3.3.2.1.3.5 Self-Showing – Schlüsselabholung

Die eigenhändige Wohnungsbesichtigung eines Interessenten nach vorhergehender Schlüsselabholung beim Vermieter ist ein absolutes Vermietungsvertriebs-No-Go und nur im absoluten Einzel- und Ausnahmefall zulässig. Diese Art der Besichtigung drückt im Subkontext eine völlige Geringschätzung des Kunden und Mietinteressenten aus. Dieser wird buchstäblich ohne Rat und alleingelassen. Eine Kundenbetreuung findet nicht statt.

Diese unpersönliche und oberflächliche Besichtigungsart drückt darüber hinaus ein völlig mangelhaftes Berufs- und Vertriebsverständnis des Vermieters aus. Er kann weder auf Wünsche noch auf Fragen des Mietinteressenten unmittelbar eingehen – abgesehen davon, dass ein ergebnisorientierter Vertriebsprozess mit dem Ziel eines Mietvertragsabschlusses mit dem idealen Kunden ausgeschlossen ist. Die Besichtigung per Schlüsselabholung kommt nur infrage, wenn der Vermieter aus organisatorischen (z. B. Notfall, Krankheit etc.) oder betriebswirtschaftlichen Gründen (z. B. extrem große Entfernung zum Mietobjekt) zeitweise weder die Besichtigung selbst wahrnehmen noch eine Vertretung entsenden kann.

DIGITALE EXTRAS

Checkliste: Schlüsselabholung

Die Wohnung muss folgende Voraussetzungen erfüllen:
O   Die Wohnung ist vor Ort durch einen Mietinteressenten leicht zu lokalisieren und zu betreten.
O   Die Wohnung ist unbewohnt und soll so schnell wie möglich wiedervermietet werden.
O   Die Wohnung ist fix und fertig renoviert sowie besenrein.
O   Alternativ: Es sind nur noch marginale Instandsetzungsarbeiten auszuführen und die Wohnung ist besenrein.

Eine Eigenbesichtigung per Schlüsselabholung kann in folgender Sondersituation angezeigt sein:
- Der Mietinteressent hat eine gewisse Vorkenntnis zur betreffenden Wohnung (Nachbarschaft, bereits zu anderen Anlässen in der Wohnung gewesen etc.) und äußert den expliziten Wunsch, sich die Wohnung allein anzuschauen. Dies kann auch vor dem Hintergrund geschehen, dass er in Ruhe mit seinen Vertrauten Fragen der Möblierung etc. klären möchte.
- Die Eigenbesichtigung ist die Ultima Ratio. Der Vermieter hat quasi keine andere Wahl. Im Zuge der Corona-Krise konnte eindrucksvoll festgestellt werden, wie schnell sich jahrelang erprobte Gewohnheiten in Wohlgefallen auflösen. Die Kontaktverbote und -beschränkungen als externe Einflussfaktoren können Eigenbesichtigungen in einem bestimmen Maß sinnvoll gemacht haben. Generell ist im Fall der Unmöglichkeit sonstiger Besichtigungsvarianten eine Schlüsselabholung besser als gar keine Besichtigung. Insofern sollte der Vermietungsvertrieb eine pragmatische Vorgehensweise an den Tag legen, die ergebnis- und erfolgsorientiert ist.

3.3.2.1.3.6 Virtuelle Besichtigung

Im Zuge der Corona-Pandemie hat in allen gesellschaftlichen und wirtschaftlichen Bereichen ein starker Wandel zu digitalen Remote-Lösungen stattgefunden. Meetings und persönliche Treffen sind nur noch unter der Einhaltung von Abstandsregeln möglich. Wer auf Nummer sicher gehen möchte, verzichtet sogar gänzlich auf den persönlichen Kontakt. Diese Entwicklung hat dazu geführt, dass der Wohnungsvertrieb auch für die persönlichen Interaktionen mit Mietinteressenten Alternativen anbieten muss. Virtuelle Besichtigungen sind dabei eine hilfreiche Lösung. Sie erlauben es dem Mietinteressenten, das Wohnungsangebot vom PC, Laptop, Tablet oder Smartphone aus bequem zu besichtigen. Es gibt dabei verschiedene Varianten, die sich im Darstellungs- und Interaktionsgrad unterscheiden.

- Statische **360-Grad-Rundgänge** sind ein guter Weg, um bereits einen ersten Eindruck zu erhalten. Sie ersetzen aber keine Besichtigung vor Ort, da viele Details untergehen und ein aktives Vertriebsgespräch nicht stattfinden kann.

- **Videobesichtigungen** sind in diesem Fall etwas informativer, da sie dem Vertrieb die Möglichkeit geben, mittels eines Sprechers Informationen an den Mietinteressenten zu vermitteln. Der Vertriebsmonolog ist nicht die ideale Lösung, aber zumindest besser als gar keine sprachliche Begleitung. Neben der Informationsvermittlung sind vertonte Rundgänge dazu auch auf emotionaler Ebene ansprechender, da sie einen persönlichen Bezug zum Anbieter herstellen. Der Interessent macht sich mit der Stimme des Vermieters vertraut und aus dem anonymen Produktangebot wird ein individuelles Anmietungserlebnis.

Die zuvor genannten Varianten einer virtuellen Besichtigung sind nicht dazu geeignet, einen persönlichen Besichtigungstermin vollständig zu ersetzen. Dazu fehlt der Faktor Mensch zu sehr, der im erfolgreichen Vermietungsvertrieb eine wesentliche Rolle spielt. Insofern sind diese virtuellen Angebote eher im Bereich der Marketingmaßnahmen anzusiedeln und weniger im aktiven Vertrieb (Ausführliches zu den Themen »Virtual und Augmented Reality« siehe Kapitel 3.2.2.3.4).

Etwas anderes ergibt sich bei **virtuellen Live-Besichtigungen**, die durch die Corona-Krise ebenfalls populärer geworden sind: Vermieter laden dabei wahlweise einen größeren Interessentenkreis oder einzelne Mietinteressenten (»one-on-one«) zu einem festen Live-Besichtigungstermin ein. Der Vermieter befindet sich zum Zeitpunkt der Live-Besichtigung in der entsprechenden Wohnung und streamt dann via Facebook, WhatsApp, Zoom oder andere Lösungen seinen Rundgang. Die Interessenten können während des Streams mit dem Vermieter kommunizieren und ihm Fragen stellen. Sie können die Besichtigung aktiv beeinflussen und sich gemeinsam mit dem Vermieter einzelne Räume oder Details der Wohnung anschauen. Der Vermieter ist mit seiner Kamera insofern das virtuelle Auge des Interessenten.

Diese Art der Besichtigung hat natürlich ebenfalls klare Nachteile im Vergleich zu einer »normalen« Besichtigung: Abgesehen von verschiedenen technischen Schwierigkeiten bei der Übertragung wird eine Kamera aus Kundensicht niemals so viele Informationen vermitteln können, wie dies ein eigenes Erleben vor Ort ermöglichen würde. Aus Vertriebssicht hat die Kommunikation via Videochat ebenfalls Defizite, da zum Beispiel die Körpersprache des Kunden nicht vollumfänglich sichtbar und damit nicht interpretierbar ist. Erfolgreicher Vermietungsvertrieb ist schlussendlich immer mit persönlicher Nähe verbunden. Eine virtuelle Live-Besichtigung ist sicherlich besser als gar kein Kundenkontakt. Die Prognose ist allerdings zu wagen, dass das persönliche Aufeinandertreffen von Vermietungsvertrieb und Mietinteressent auch in Zukunft das erste Mittel der Wahl sein wird.

3.3.2.2 Die erfolgreiche Wohnungsbesichtigung

Würde man einen Querschnitt der Bevölkerung befragen, welche Tätigkeit ein Vermieter von Wohnraum ausführt, so wäre die klassische Besichtigung wohl an erstgenannter Stelle. Die Besichtigung wird von Laien als die Kernaufgabe des Vermieters angesehen. Sie ist Gegenstand verschiedener TV-Formate und birgt jede Menge sozialen Zündstoff. Unzählige TV-Reportagen über Sammelbesichtigungen in den Hotspots des Wohnungsmarkts in München, Hamburg, Berlin und anderen Städten prägen auf diese Weise das Bild des »Immobilienhais«. Dieser wird auf den »Aufschließer« der Wohnung reduziert, der dann aus einer Vielzahl von Bewerbern diejenigen auswählt, die nach seinem Gutdünken wohl am ehesten die Miete zahlen und pfleglich mit der Sache umgehen. Diese Publikation zeigt anschaulich, dass es sich bei der Besichtigung mit dem Mietinteressenten nur um einen isolierten Baustein im Vermietungsprozess handelt. Die folgenden Ausführungen werden den hohen Komplexitätsgrad einer professionellen Besichtigung verdeutlichen. Damit werden sich auch die gestiegenen Anforderungen an den modernen Vermietungsvertrieb herauskristallisieren.

3.3.2.2.1 Vorbereitung

Eine erfolgreiche Besichtigung benötigt viel Vorarbeit. Die Aufgabe des Vermietungsvertriebs besteht darin, die zur finalen Vermietung erforderlichen Vorbereitungsschritte zu planen und umzusetzen. Vor einer Besichtigung hat der Vermieter nicht nur die Wohnung, sondern die gesamte Liegenschaft aus dem Blickwinkel eines potenziellen Interessenten zu begutachten. Die baulichen Voraussetzungen, Instandhaltungs- und Instandsetzungstätigkeiten wurden bereits erläutert (siehe Kapitel 3.2.1.2).

Bei der im Vorfeld der Besichtigung zu erfolgenden Kontrolle ist insbesondere die Sauberkeit und Gepflegtheit des Objekts in Augenschein zu nehmen.[140] Der erste Blick gilt dem

---

140 Anschaulich Kippes, S. 381.

Zustand der Außenanlagen und Gemeinschaftsflächen. Dabei gilt der Grundsatz: Für den ersten Eindruck gibt es keine zweite Chance. Außerdem widmet sich der Vermieter mit einem wachen Auge dem Wohnungsinneren. Auch dort gibt es eine Vielzahl von Positionen, die den Vermietungserfolg unmittelbar oder mittelbar beeinflussen. Anhand folgender Checkliste wird eine vorbereitende Prüfung vorgenommen:

Checkliste: Vorbereitung der Besichtigung

Außenanlagen
- Blumenbeete ordentlich bepflanzt und geharkt
- Rasen gemäht
- herabgefallenes Laub und Müll entfernt
- Regenrinnen gesäubert
- Pflasterung mit Hochdruckreiniger gesäubert
- Wertstoffbehälter ordentlich verstaut (nach Möglichkeit keine Besichtigung an Tagen der Müllleerung, da sichtbare Mülltonnen an der Straße und vor dem Objekt negativ wahrgenommen werden)
- wertige Außenwerbung des Vermietungsvertriebs (sorgt dafür, dass der Interessent das Objekt schnell findet und gibt ihm ein Gefühl der Sicherheit, dass er am richtigen Ort ist; für den Vermieter selbst eine professionelle Visitenkarte unmittelbar an der Immobilie)

Treppenhaus und Keller
- Briefkastenanlage ordentlich
- Treppenhaus ordentlich
- keine Schuhe vor der Wohnungstür (mit Schuhschrank Brandlast!)
- keine Müllzwischenlagerung vor der Wohnungstür
- Kellergemeinschaftsflächen gefegt und aufgeräumt

Wohnung
- Wohnung sauber und aufgeräumt
- Fenster geputzt
- frisch durchgelüftet und nach Möglichkeit bewusst angenehme Gerüche erzeugt (z. B. Kaffee gekocht oder dezent Raumspray verwendet); Bedeutung eines angenehmen Geruchs nicht unterschätzen
- alle Rollläden und Jalousien hoch und künstliche Lichtquellen sinnvoll eingeschaltet, sodass beste Lichtverhältnisse bestehen
- Toilettendeckel geschlossen
- Balkon sauber und ordentlich – kein Laub, Vogeldreck, Aschenkippen etc.
- im Winter oder bei Abendbesichtigungen bei unbewohnten Wohnungen künstliche Lichtquellen/Lampenfassungen installiert, damit eine bestmögliche Beleuchtung gewährleistet ist

DIGITALE EXTRAS

Unter bestimmten Umständen kann die Besichtigung einer Wohnung im bewohnten Zustand Sinn ergeben. Eine Besichtigung im bewohnten Zustand ist nicht ideal, allerdings kann diese zum Zweck der zeitnahen Anschlussvermietung unvermeidbar sein. Im Rahmen der Vorbereitung sind dann weitergehende Überlegungen und Maßnahmen anzustoßen.

> **Tipp: Besonderheiten bei einer bewohnten Wohnung**
>
> 1. **Sauberkeit und Ordnung:** Die bewohnte Wohnung muss sauber, gepflegt und aufgeräumt sein. Das ist das A und O bei einer Besichtigung.
> 2. **Verstauung und Aufbewahrung von Dingen:** Der Mietinteressent soll den Eindruck einer großzügigen Wohnung erhalten. Dazu ist es erforderlich, dass alle gegenteiligen Impressionen vermieden werden. Dazu zählen z. B. Schuhe in der Diele oder viele Einzelteile auf dem Boden. Eine Wohnung, die zu vollgestellt ist, wirkt klein und beengt. Mit dem ursprünglichen Bewohner sollte demnach konkret besprochen werden, dass er diese Sachen verstaut und so wegräumt, dass sie vom Interessenten nicht wahrgenommen werden. Überquellende Schränke oder Zimmer oder ein berstend voller Abstellraum sind kein gutes Aushängeschild. Hier sollte rechtzeitig vor einer Besichtigung für Ordnung gesorgt werden.
> 3. **Persönliche Gegenstände, Fotos etc. entfernen:** Nach Möglichkeit sollten persönliche Gegenstände und Fotos zum Zeitpunkt einer Besichtigung entfernt sein. Der Mietinteressent soll sich gedanklich vorstellen können, wie er selbst in der Wohnung lebt. Je mehr Persönliches vom aktuellen Mieter bzw. Vormieter in der Wohnung sichtbar ist, desto weniger kann sich der potenzielle neue Bewohner vorstellen, hier zu leben. Dies gilt beispielsweise auch für selbst gemachte Bilder oder Basteleien von Kindern an Pinnwänden oder am Kühlschrank.
> 4. **Reduzierung der Möblierung auf das Nötigste:** Die Wohnung sollte clean und mit wenig Möblierung und Accessoires hergerichtet sein. Je mehr davon vorhanden ist, desto schlechter kann sich der Interessent selbst gedanklich einrichten und die Wohnung als sein zukünftiges Zuhause vor seinem inneren Auge reproduzieren. Im besten Fall werden Stilakzente gesetzt. Dazu bedarf es allerdings einer gewissen Begabung. Visuell lässt sich beispielsweise ein Badezimmer durch ordentlich zusammengelegte, frische Handtücher und ein paar stilvolle Kerzen ideal präsentieren.

Der Vermieter ist bei der Umsetzung der o. g. Punkte auf den Vormieter angewiesen. Dieser hat im besten Fall selbst ein Interesse daran, dass seine Wohnung zeitnah und an einen passablen Nachmieter vermietet wird. Insofern kann man ihm im Rahmen der Vorbereitung eine Checkliste an die Hand geben, anhand derer er zunächst einmal sensibilisiert wird. Einige Positionen mögen evident und selbstverständlich erscheinen, doch die Praxis zeigt immer wieder, dass viele Personen außerhalb der professionellen Wohnraumvermietung nicht exakt wissen, worauf es bei einer Besichtigung wirklich ankommt

Insbesondere die Positionen, die das Mitwirken von Nachbarn erfordern, sind mit einem längeren zeitlichen Vorlauf anzugehen. Das Untersagen der Schuh- oder Mülllagerung vor der Wohnungstür erfordert eine erhebliche Durchsetzungskraft und Konsequenz. Das Vorgehen ist oftmals auch direkt mit der zuständigen Objektverwaltung abzustimmen.

Prinzipiell ist es ohnehin die typische Aufgabe der Objektverwaltung, für Sauberkeit und Ordnung zu sorgen. Oftmals ist aber festzustellen, dass der Vermietungsvertrieb ein deutlich höheres Interesse an Sauberkeit und Ordnung hat als die Objektverwaltung. Noch dazu geht es oft schneller, wenn sich die Mitarbeiterinnen und Mitarbeiter des Vermietungsvertriebs direkt und pragmatisch um die Lösung des Problems kümmern – aus dem naheliegenden Grund, weil sie die Aufgabe gewissenhaft erledigen, da am Gelingen der Vermietung ein Benefit hängt. Als Führungskraft ist darauf zu achten, dass die Übernahme der Objektverwaltungsaufgabe in diesem Ausnahmefall durch die Mitarbeiter sich nicht institutionalisiert und dazu führt, dass der Vertrieb die Aufgabe permanent übernimmt.

Die gewissenhafte Beachtung der vorstehend erläuterten Vorbereitungsarbeiten hilft dabei, das Wohnprodukt in der bestmöglichen Art und Weise zu präsentieren. Das Erscheinungsbild der Immobilie zum Zeitpunkt der Besichtigung muss auf den Punkt genau passen.

> **Tipp: Terminerinnerung und Bestätigung**
>
> Das Nichterscheinen von Mietinteressenten zu einem vereinbarten Besichtigungstermin ist demotivierend und verursacht nicht unerheblichen Aufwand sowie Kosten. Zur idealen Vorbereitung des Besichtigungstermins erhält der Mietinteressent aus diesem Grund in einem angemessenen Intervall eine oder mehrere Terminerinnerungen. Der Interessent wird zum einen noch einmal auf den Termin hingewiesen, zum anderen wird es ihm im Falle einer Verhinderung so einfach wie möglich gemacht, den Termin zu verlegen.

3.3.2.2.2 Persönliches Erscheinungsbild

Das persönliche Erscheinungsbild der Mitarbeiterinnen und Mitarbeiter im Vermietungsvertrieb bei der Besichtigung ist Gegenstand hitziger Diskussionen. Gerade in der heutigen Zeit werden gesellschaftliche Konventionen zunehmend gelockert. War es vor einigen Jahren noch völlig undenkbar, dass ein Bankmitarbeiter ohne Schlips und Kragen am Schalter Bargeld auszahlt, so lockert selbst diese Zunft derzeit ihre Kleidungsrichtlinien. Kleidung ist eine persönliche Visitenkarte. Nicht erst seit dem »Hauptmann von Köpenick« ist klar geworden, dass Kleider Leute machen.

Die Kunst der richtigen Kleidung im geschäftlichen Umgang besteht darin, sich auf den Anlass und das zu erwartende Gegenüber einzustellen. Gerade im Vertrieb ist es sinnvoll, sich nicht nur darauf einzustellen, sondern ggf. daran anzupassen. Gleichheit und Ähnlichkeit – auch bei der Kleidung – schaffen ein Gefühlt der Nähe und Vertrautheit, auch unter Personen, die sich vorher fremd waren. Die nachstehenden Ausführungen geben denjenigen konkrete Hilfestellung, die sich bei Fragen der angemessenen Kleidung unsicher sind. Wichtig ist, dass sich die Person wirklich wohlfühlt und authentisch ist. Insofern muss jeder für sich den eigenen, individuellen Stil finden und erfolgreich umsetzen.

3 Systematischer Wohnungsvertrieb

Die Reputation und das Image sind ein hohes Gut eines Unternehmens. Aus diesem Grund ist es erforderlich, dass die Professionalität und Qualität des Vertriebshandelns sich auch im äußeren Erscheinungsbild der Mitarbeiterinnen und Mitarbeiter widerspiegelt. Freizeit- und Sportbekleidung, auch wenn sie gut und teuer ist, ist für Vermietungstätigkeiten ungeeignet. Der nachstehende, beispielhafte Dresscode stellt sicher, dass die Mitarbeitenden eines Unternehmens ein professionelles, seriöses und vertrauenserweckendes Erscheinungsbild vermitteln. Je nach Unternehmensphilosophie können die Dresscodes der Mitarbeiterinnen und Mitarbeiter einen konservativen Business-Look, aber auch Smart- und Casual-Business-Looks umfassen.

> **Muster-Dresscode für Mitarbeitende eines mittelständischen Wohnungsvertriebs**
>
> **Damen:**
> - professionelle, farblich abgestimmte und dezente Businesskleidung
> - Kostüm, Hosenanzug, ggf. elegantes, aber schlichtes Kleid, wahlweise einfache Bundfaltenhose oder gediegene Jeans
> - unifarbene oder bei passender Abstimmung bunte oder gemusterte Bluse, Blazer, Mantel
> - geschlossene, elegante Schuhe, wahlweise Budapester oder schlichte Stiefeletten mit Absatz; auch Pumps oder gediegene Loafer sind möglich
>
> Don'ts:
> - auf keinen Fall sehr knappe oder durchsichtige Kleidung, Miniröcke oder bauchfreie Tops
> - Flip-Flops, unansehnliche Sandalen
>
> **Herren:**
> **1. Montag bis Donnerstag:**
> - Anzug in gedeckten Farben, Hose und Jackett aus dem identischen Stoff (anthrazit, dunkelblau oder schwarz)
> - knitterfreies weißes oder blaues Hemd mit langen Ärmeln, wahlweise blau-weiß-gestreift; der oberste Hemdknopf kann geöffnet sein; Unterhemd/T-Shirt dürfen in keinem Fall sichtbar sein (z. B. Vermeidung von Rundkragen)
> - schwarze oder braune Lederschuhe
> - schwarze Socken
> - auf die Schuhfarbe abgestimmter Ledergürtel
> - (optional:) passende Krawatte (ohne Musterung)
>
> Im Winter zusätzlich:
> - passende, farblich abgestimmte Weste oder Pullunder
> - dunkler Herrenmantel
>
> **2. Freitag und am Wochenende wahlweise:**
> - unifarbenes Sakko
> - dunkle Jeans oder farbige Chino
> - knitterfreies Hemd oder Polo-Shirt
> - angemessenes Schuhwerk
> - schwarze Socken
>
> Im Winter zusätzlich möglich:
> - Pullover
> - Winterjacke

> **Tipp: Harmonisierung der Kundenbeziehung** !
>
> Bei Besichtigungen von Wohnungsbeständen in sozial schwachen Gebieten gilt grundsätzlich der gleiche professionelle Dresscode. Die Art und Weise der Kleidungsauswahl drückt Respekt für das jeweilige Gegenüber aus. Respekt haben selbstverständlich alle Mietinteressenten gleichermaßen verdient.
> Manchmal kann allerdings ein gut gemeintes, professionelles Styling nachteilig auch sein. Dies ist der Fall, wenn sich dadurch unsichtbare Barrieren aufbauen und die gegenüberstehende Person durch einen allzu perfekten Auftritt unterschwellig eingeschüchtert wird.
> An dieser Stelle kann nur ein Plädoyer für das richtige Fingerspitzengefühl gehalten werden. Ein sportlicher, aber dennoch ordentlicher und gepflegter Auftritt kann an manchen Stellen das richtige Mittel der Wahl sein. Gerade in den Sommermonaten gibt es allerdings No-Gos, die unter keinen denkbaren (Wetter-)Umständen angemessen sind. Die sind bei Herren kurze oder sog. Dreiviertelhosen sowie Sandalen oder sonstige offene Schuhe (Flip-Flops etc.). Ebenfalls sollten auch ärmellose T-Shirts und Kurzarmoberhemden vermieden werden. Auch die Damen verzichten besonders in den Sommermonaten auf Flip-Flops und unangemessenes Schuhwerk sowie zu knappe oder durchsichtige Kleidung.

3.3.2.2.3 Besichtigungsablauf

Der Vermieter trifft idealerweise etwa eine Viertelstunde vor dem vereinbarten Termin am Objekt ein. Die verbleibenden 15 Minuten werden genutzt, um die Wohnung für die Besichtigung optimal zu präparieren. Die Rollläden und Jalousien werden geöffnet, ebenso die Fenster zum Stoßlüften. Ferner wird das Licht eingeschaltet und darauf geachtet, dass Kleinigkeiten (z. B. geschlossener Toilettendeckel) erledigt sind. Der Vermieter fokussiert sich auf das Mindset, die Mietinteressenten als willkommene Gäste wahrzunehmen und zu behandeln. Der Vermieter erwartet seine Interessenten unmittelbar vor dem Objekt, also der Hauseingangstür. Auf diese Art und Weise fällt den ortsfremden Besuchern das Auffinden des betreffenden Hauses so leicht wie möglich. Sind alle Vorbereitungen getroffen und der Vermieter vertrieblich fokussiert, kann die Besichtigung beginnen. Nachstehend werden die wichtigsten Meilensteine einer erfolgreichen Besichtigung dargestellt.

3.3.2.2.3.1 Begrüßung

Bereits bei der Begrüßung des Interessenten kann vieles richtig oder auch falsch gemacht werden. Der Moment des persönlichen Zusammentreffens zwischen Vermieter und Interessent ist vergleichbar mit dem Öffnen des Vorhangs bei einer Theatervorstellung. Die Schauspielerinnen und Schauspieler wissen, dass nun alle Augen des Publikums auf sie gerichtet sind. Das Publikum erwartet die bestmögliche schauspielerische Leistung. Egal, wie es im Inneren aussieht, in dem Moment, in dem die Bühne betreten wird, treten die persönlichen Belange in den Hintergrund. Es geht nur um die Rolle und um das Publikum. Genau auf diese Art und Weise sollte auch der Vermietungsvertrieb seine Aufgabe während jeder Interaktion mit Kundinnen und Kunden begreifen. Ein dazu passender Slogan einer renommierten New Yorker Schauspielschule lautet: »The world is a stage and you have to play a successful role in it.«

Der Mietinteressent muss schon bei der Begrüßung die Freundlichkeit und Begeisterung des Vermieters spüren. Der Vermieter vermittelt mit seiner Körpersprache, Mimik, Gestik und verbal, dass er seinen Job liebt, sich auf die anstehende Besichtigung mit dem Interessenten freut und von der angebotenen Wohnung begeistert ist. Wer diese Signale bereits zu Beginn der Besichtigung erfolgreich ausstrahlt, schafft den Nährboden für einen fruchtbaren Vermietungsprozess.

Neben Begeisterung und Freundlichkeit sollten selbstverständlich auch einige Formalien eingehalten werden. Die Vorstellung der eigenen Person und des repräsentierten Unternehmens erfolgt in ein, zwei kurzen Sätzen zu Beginn. Händeschütteln war bis zur Corona-Krise obligatorisch, verliert nunmehr aber immer mehr an Bedeutung. Viel wichtiger als Händeschütteln ist es, den Mietinteressenten bei seinem Namen zu nennen und diesen regelmäßig im Gesprächsverlauf zu erwähnen. Die Verwendung der persönlichen Ansprache baut ein Näheverhältnis zum Kunden auf und drückt hohe Wertschätzung ihm gegenüber aus. Er ragt quasi aus der Masse der anonymen Interessenten spürbar hervor und fühlt sich als Individuum mit den eigenen Wünschen und Bedürfnissen wahrgenommen.

Die Begrüßung erfolgt freundlich und wertschätzend. Wichtig ist, bei den anderen Personen, die zu einem Interessenten gehören, kurz in Erfahrung zu bringen, um wen es sich handelt, also in welchem persönlichen Verhältnis die Besichtigungsteilnehmer zueinander stehen. Dies kann im weiteren Verlauf eine wichtige Information für den Vermieter sein. Insbesondere stellt sich oft heraus, dass der eigentliche Entscheider über die Wohnungswahl nicht unbedingt die Person sein muss, die den Termin vereinbart hat. Insbesondere bei Paaren und Familien trifft in der Praxis das etwas antiquierte und klischeehaft anmutende Vorurteil allzu oft zu, dass die Dame des Hauses großen Einfluss auf die Entscheidungsfindung hat. Oftmals werden auch mehr oder weniger »sachkundige« Personen aus dem privaten Umfeld mit zu einer Besichtigung genommen, um – wie bei einem Gebrauchtwagenkauf – dem Produkt ordentlich auf den Zahn zu fühlen. Vermeintliche Experten nutzen derartige Termine gern, um sich entsprechend zu produzieren. Der Vermieter sollte sich von einer solchen Konstellation nicht aus dem Konzept bringen lassen. Allzu häufig stellen sich diese mutmaßlichen Experten bei gezielten Nachfragen häufig als nicht wirklich fachkundig heraus. Die zuvor geschilderten Konstellationen machen deutlich, dass die aktive Beschäftigung mit der Frage, wer konkret vor einem steht und worin seine Intention bei der Besichtigung besteht, äußerst hilfreich ist.

3.3.2.2.3.2 Präsentation des (Wohn-)Produkts

Die Besichtigung startet im Anschluss an die Begrüßung zügig, beginnend mit dem Eintritt in die Gemeinschaftsfläche im Treppenhaus. Auf den Gemeinschaftsflächen halten sich die beteiligten Personen relativ wenig bzw. kurz auf. Dies hat mehrere Gründe. Zum einen sind Gespräche im Treppenhaus gerade in hellhörigen Häusern auch in den benachbarten Wohnungen wahrnehmbar. Dies stört zum einen, zum anderen fehlt auch für die Mietinteressenten die erforderliche Diskretion. Ein weiterer Nachteil bei zu langem Aufenthalt auf Gemeinschaftsflächen ist das mehr oder weniger zufällige, manchmal auch bewusst herbeigeführte Aufeinandertreffen mit anderen Mietparteien aus dem betreffenden Gebäude. Dies kann je nach Persönlichkeit zu einer unfreiwilligen Erweiterung des Gesprächskreises führen, was wiederum zur Folge hat, dass die Agenda der Besichtigung nicht mehr ausschließlich in den sicheren Händen des Vermieters liegt. Ein gut gemeinter, subjektiver Rat des Nachbarn kann sich dann unter Umständen z. B. als Hindernis für den konkreten Interessenten herausstellen. Es empfiehlt sich, die Wohnung zu betreten, die Wohnungstür zu schließen und dann im Wohnungsflur mit der eigentlichen Besichtigung zu beginnen.

Ab diesem Moment besteht die Rolle des Vermieters weniger in einem »Verkaufen« der Wohnung, sondern in einer Moderation der Besichtigung. Was bedeutet das in der Praxis? Die Aufgabe des Moderators einer TV-Sendung besteht darin, den Zuschauer durch das Event und von Beitrag zu Beitrag oder Show Act zu Show Act zu führen. Dabei soll er den Zuschauer kurz und prägnant darauf vorbereiten, was er als Nächstes sehen wird. An der einen oder anderen Stelle wird er dann dafür sorgen, dass der Zuschauer notwendige Hintergrundinformationen erhält.

Genauso verhält sich der professionelle Vermieter bei der Besichtigung. Er moderiert einen Raum an und geht dabei auf die aus seiner Sicht wesentlichen Themen und Highlights ein. In diesem Kontext ist es wichtig, spürbar Freude und Begeisterung zu vermitteln. Ein lustloser, gelangweilter Auftritt, bei dem die Fakten monoton heruntergespult werden, weckt beim Gegenüber keine Begeisterung. Das richtige Maß ist auch hier entscheidend. Eine überzogene, übertriebene Begeisterung ist am Ende ähnlich störend wie eine spürbare Gleichgültigkeit.

Die Reihenfolge der Räume bei einer Besichtigung sollte in erster Linie nach der kürzesten Distanz gewählt werden. Hat die Wohnung ein ganz spezielles Highlight, zum Beispiel das Schlafzimmer mit Blick auf den See, wird dieser Raum die letzte Station der Besichtigung sein. Wichtig ist, dass der Vermieter als Moderator der Besichtigung im Gespräch den Interessenten wie einen Interviewpartner betrachtet, von dem er gern spannende und weitere verwertbare Hintergrundinformationen erhalten möchte. Insofern gilt: »Talk less, listen more!«

Der Vermieter hat demnach bei der Besichtigung zwei Kernaufgaben:
1. das Interesse der Besichtigungsteilnehmer an der Wohnung zu verstetigen und zu intensivieren, indem er seine Begeisterung und Zuversicht überträgt und eine persönliche Vertrauensbasis für die Entscheidungsfindung schafft;
2. viele wesentliche Hintergrundinformationen vom Mietinteressenten zu erhalten, um eine adäquate Entscheidung treffen zu können sowie Bedenken und Einwände aufseiten des Interessenten ausräumen zu können.

Die Besichtigung der Wohnung folgt dem »Drehbuch« des Vermieters. Kippes[141] spricht in diesem Zusammenhang von einer »Besichtigungsdramaturgie«. Auf keinen Fall sollte es dem Interessenten selbst überlassen werden, was er sich anschaut und in welcher Reihenfolge er dies tut. Die Passivität des Vermieters drückt ein subtiles Desinteresse an dem Interessenten und der Besichtigung an sich aus. Zu viel Autonomie für den Mietinteressenten zeigt nicht etwa die vornehme Zurückhaltung des Vermieters, sondern sein mangelndes Rollenverständnis. Im schlimmsten Fall ist Zurückhaltung der Ausdruck von Bequemlichkeit.

Eine bestimmte standardisierte Reihenfolge der zu präsentierenden Räume gibt es nicht. Pragmatisch gesehen ist es sinnvoll, nach Betreten der Wohnung nacheinander die einzelnen Räume zu zeigen. Der Vermieter lässt dem Mietinteressenten jeweils den Vortritt – er darf den Raum zuerst betreten. Dies hat den Hintergrund, dass der Raum größer wirkt, wenn der Interessent allein eintritt und sich dort nicht bereits andere Personen befinden. Jede Präsentation eines Raumes bezieht den Interessenten konkret ein. Das Herausstellen von Vorzügen und Ausstattungsmerkmalen erfolgt nicht isoliert, sondern immer im Kontext des Interessenten. Der Kunde wird nur dann für sich einen Mehrwert erkennen, wenn seine individuellen Nutzungsbedürfnisse erfüllt werden. Eine zur Wohnung gehörende Einbauküche ist z. B. nur dann spannend, wenn der Kunde nicht selbst eine Küche mitbringen möchte. Eine Garage hat für ihn nur Sinn, wenn er ein Fahrzeug besitzt oder Lagerbedarf hat. Hilfreich ist es, den Interessenten aktiv in den Besichtigungsprozess zu integrieren und ihm die Möglichkeit zu geben, bestimmte Details der Wohnung selbst zu erkunden.

> **Tipp: Erlebnisse während der Besichtigung**
>
> Die aktive Teilhabe am Besichtigungsgeschehen sorgt durch das eigene Erleben für eine stärkere Identifikation mit dem Produkt. Verfügt die Wohnung beispielsweise über eine spektakuläre Aussicht vom Balkon aus, kann der Interessent gebeten werden, die Balkontür zu öffnen und hinauszugehen. Hinter seiner aktiven Tätigkeit wartet als »Belohnung« ein echtes Highlight, das er nun durch sein eigenes Tun entdeckt hat. Dies funktioniert z. B. auch sehr gut bei hochwertigen, integrierten Einbauschränken oder technischen Ausstattungshighlights wie z. B. einer Videogegensprechanlage. Wichtig ist es auch hierbei, genau auf die Signale des Interessenten zu schauen und zu hören. Übertriebene Aktivität bzw. penetrantes Einwirken kann nervend wirken und das Gegenteil von der beabsichtigten Wirkung herbeiführen.

3.3.2.2.3.3 Vertriebliche Gesprächsführung

Das Gespräch mit dem Mietinteressenten wird vom Vermieter aktiv geführt. Zunächst ist zu klären, was »aktive Gesprächsführung« im Einzelnen bedeutet. Dazu gibt es einen ein-

---

141 Kippes, S. 383 f.

fachen Merksatz: »Wer fragt, der führt.« Wer führen will, muss wissen, wohin es geht, also das Ziel kennen. Das Ziel des Vermieters ist primär die Vermietung der Wohnung. Dieses Ziel unterscheidet sich von der Zielsetzung des Mietinteressenten. Dieser möchte eine Wohnung finden, die seinen aktuellen Bedürfnissen entspricht. Der Vermieter hat demnach die Aufgabe, den Mietinteressenten bei dessen Zielerreichung zu unterstützen. Das Fundament der vertrieblichen Gesprächsführung besteht demnach in einem Zweistufenplan:

1. Der Vermieter eruiert zunächst durch gezielte Fragen, was genau der Interessent überhaupt möchte (Wohnbedürfnisse).
2. Der Vermieter zeigt dem Mietinteressenten, wie er seine individuellen Wohnbedürfnisse mit der angebotenen Wohnung erreicht.

Eine erfolgreiche Vermietung kann nur gelingen, wenn der Vermieter den Zweistufenplan verinnerlicht und diesen als Grundlage für seine Kundenkommunikation etabliert. Die Klärung der Wohnbedürfnisse kann ggf. bereits im Rahmen des telefonischen Erstkontakts erfolgt sein. In diesem Fall wird die Besichtigung eher dazu genutzt, um die bereits gewonnenen Erkenntnisse zu spezifizieren und verifizieren.

Bevor der Weg zum Ziel mit weiteren Fragen geebnet wird, sind einige Erläuterungen zum Entscheidungsprozess des Mietinteressenten erforderlich. Die theoretische Kenntnis der Anmietungspsychologie von Interessenten hilft deutlich bei der praktischen Vertriebstätigkeit. Die Wahrheit ist zunächst, dass sich die Entscheidung zur Anmietung einer Wohnung sowohl nach harten Fakten als auch nach Emotionen richtet. Anders als bei einem Konsumgut im Einzelhandel dauern die Entscheidungsprozesse aufgrund der Komplexität des Geschäftsvorgangs mehrere Stunden, Tage, Wochen oder gar Monate. Diese teilweise langen Zeiträume bis zum erfolgreichen Abschluss zu überbrücken kann nur gelingen, wenn sowohl die Fakten als auch die Emotionen den Interessenten zum Mietvertragsabschluss geleiten. Ein Interessent, der zwar auf der Sachebene alle harten Fakten erfüllt sieht, wird bei fehlender emotionaler Motivation nur schwer zum Vertragsabschluss zu bewegen sein. Rein emotionale Entscheidungen hingegen zeigen oftmals die Tendenz der »Kaufreue«. Das heißt, kurze Zeit nach Vertragsabschluss machen sich beim Interessenten Zweifel über die Sinnhaftigkeit seiner Entscheidung breit, die dann zur Annullierung eines Vertrags führen können.

Es geht bei der Besichtigung einer Wohnung ja um nicht weniger als das potenzielle neue Zuhause des Mietinteressenten. Der Mietinteressent kann positive, aber auch negative Gefühle und Emotionen in Bezug auf sein Zuhause entwickeln. Bei der neuen Wohnung geht es ihm dann entweder darum, aus positiven Emotionen keine negativen werden zu lassen. Das bedeutet, der Interessent, der beispielsweise aus unverschuldeten, wirtschaftlichen Gründen seine geliebte Wohnung verlassen muss, wird Angst haben, sich bei der Neuauswahl nicht nur in Bezug auf die Wohnungsgröße zu verschlechtern. Im Gegenzug wird er bei vorherrschenden negativen Emotionen im Zuge des Wohnungswechsels eine Verbesserung anstreben. Ein Interessent, der beispielsweise aufgrund einer üblen Nachbarschaftsstreitigkeit eine neue Wohnung sucht, will seine Konflikte und den damit verbundenen Ärger hinter sich lassen. Er sucht nun genau das Gegenteil, also Harmonie, Ruhe und Frieden. Dieser Grundmechanismus kann auf jeden Interessenten angewendet werden. Bei dem einen gelangt man schnell an den Kern, der andere kann seine wahren Beweggründe länger verbergen.

> **Tipp: Emotionale Motivation des Mietinteressenten**
>
> Die Gefühle und Emotionen des Mietinteressenten spielen bei seiner Anmietungsentscheidung eine wesentliche Rolle. Die Ergründung der emotionalen Motivation ist damit eine wichtige Aufgabe für den Vermieter. Cumley[142] hat folgende Emotionspaare aufgestellt:
>
> | Emotionspaare | |
> | --- | --- |
> | Freude | Traurigkeit |
> | Freundlichkeit | Ärger |
> | Sicherheit | Angst/Verwundbarkeit |
> | Friede | Streit |
> | Liebe | Hass |
>
> Um der Sache auf den Grund zu gehen, empfiehlt Cumley, dem Kunden die Frage »Warum?« dreimal zu stellen. Diese Methode basiert auf einer von Eeckhoudt entwickelten Methode. Die Kunst besteht darin, einfühlsam und mit vornehmer Zurückhaltung vorzugehen. Im Zentrum der Frage muss der aktive Wille stehen, das Beste für den Kunden als Mitmenschen zu wollen. Nur wer echtes Mitgefühl und emotionale Intelligenz zeigt, wird mit dieser Methode neue Wege beschreiten können.
>
> **Dreimaliges Warum**
> Der Kunde äußert einen Wunsch: z. B. nach einer Erdgeschoss-Wohnung
> **Warum I:** Warum möchten Sie ins Erdgeschoss ziehen?
> Der Kunde sagt, er möchte später keine Treppen steigen.
> **Warum II:** Warum möchten Sie keine Treppen steigen? Die Frage ist durchaus berechtigt, da es genug Menschen gibt, die aktives Treppensteigen in ihren alltäglichen Fitnessplan integrieren. Der Kunde erläutert, dass seine Frau Rheuma hat.
> **Warum III:** Warum kommt für Sie kein Wohnhaus mit Aufzug infrage?
> Der Kunde möchte auch im Falle eines defekten Aufzugs mit seiner Frau die volle Autonomie behalten und die Wohnung zu jedem Zeitpunkt verlassen können.
> Damit steht also fest, dass der Kunde insbesondere aus Mitgefühl für seine Frau eine ihrer Gesundheitssituation angepasste Wohnung sucht. Mithilfe dieser durchaus wichtigen Information zur Motivationslage kann dem Kunden bei der Zielerreichung viel besser geholfen werden.

---

142 Vgl. Cumley, S. 61.

Das kommunikative Grundgerüst für die Besichtigung stellt sich mit dieser Ergänzung zusammengefasst wie folgt dar:
1. Erhalt von Informationen zu den faktischen Wohnbedürfnissen des Mietinteressenten
2. Ergründung der Gefühle und Emotionen, die den Mietinteressenten zum Wohnungswechsel motivieren
3. Präsentieren und Erläutern der Attribute der Wohnung, die am besten die Emotionslage des Interessenten und dessen damit einhergehende Prioritäten widerspiegeln

Das aktive Präsentieren und die kommunikative Arbeit mit dem Mietinteressenten sind anspruchsvolle Aufgaben, die zum professionellen Vermietungsprozess dazugehören. Während der gesamten Besichtigung achtet der Vermieter darauf, dass das gemeinsame Gespräch in Gang gehalten wird. Das Führen durch Fragen wurde bereits erläutert. Das Ziel ist der Aufbau einer starken Kundenbeziehung. Die Grundlage dazu wird durch eine angenehme Gesprächsatmosphäre geschaffen. Die Zielerreichung hängt natürlich nicht unwesentlich vom Gesprächspartner ab. Trotzdem gibt sich ein engagierter Vermieter auch bei eher unzugänglichen Kunden Mühe, sie in ein angenehmes Gespräch zu verwickeln. Vollständige Ehrlichkeit ist dabei eine Grundtugend, die über den gesamten Vermietungsprozess sorgsam zu pflegen ist.

Eine Vertrauensebene zum Interessenten wird immer dann geschaffen, wenn der Vermieter aus dem Gesprächsverlauf heraus persönliche Informationen über sich preisgibt. Dies können Verweise auf seine eigenen Lebensumstände, Familie, Kinder oder seine Hobbys sein. Auch können seine Erfahrungen und persönliche Storys in Verbindung mit der Stadt oder dem Stadtteil durchaus unterhaltsam sein. Dies sollte immer maßvoll geschehen und nicht dazu führen, dass sich der Kunde einem fortwährenden Redeschwall ausgesetzt fühlt. Das primäre Ziel, das genaue Verständnis der Bedürfnisse und Motivlage des Interessenten, genießt weiterhin vertriebliche Priorität und bleibt im Fokus der Konversation. Die Themen Politik, Religion und in manchen Fällen auch fußballerische Vereinsvorlieben sollte man tunlichst vermeiden.

In jeder Phase der Besichtigung wird die Kommunikation mit dem Interessenten kontinuierlich fortgesetzt. Der Vermieter formuliert Fragen »offen«, weil der Interessent eine geschlossene Frage lediglich mit »Ja« oder »Nein« beantworten kann. Dies verschließt den Weg zu weiteren, wertvollen Informationen.

Offene Fragen beginnen mit:
- warum
- wieso
- weshalb
- wie
- was

> **Formulierungshilfen**
>
> Als Eisbrecher in der Anfangsphase einer Besichtigung kann die Frage nach den aktuellen Wohnverhältnissen des Interessenten äußerst wertvoll sein: »**Können Sie mir sagen, wie Sie derzeit wohnen?**«
>
> Die Frage lädt den Interessenten dazu ein, von sich zu erzählen, was die meisten Menschen gern tun. Der Vermieter kann aus den gewonnenen Informationen unmittelbar Anknüpfungspunkte für den weiteren Gesprächsverlauf finden. Erwähnt der Kunde beispielsweise, dass er eine zu kleine Küche hat, sollte der Vermieter darauf zurückkommen, wenn die Besichtigung der Küche ansteht.
>
> **Themenkreis Lage**
> - Wie kommt es, dass Sie sich für eine Wohnung in Hamburg interessieren?
> - Warum interessieren Sie sich für diesen Stadtteil?
> - Was gefällt Ihnen an dieser Gegend?
> - Wie wichtig ist für Sie die Erreichbarkeit von Kitas und Schulen?
>
> **Themenkreis Wohnung**
> - Was gefällt Ihnen am Badezimmer?
> - Welche Eigenschaften gefallen Ihnen an der Terrasse?
> - Inwieweit erfüllt die Küche Ihre Anforderungen?
>
> **Themenkreis Persönliches**
> - Haben Sie besondere Hobbys?
> - Was machen Sie beruflich?
> - Waren Sie schon im Urlaub oder ist welcher geplant? Wo?
> - Mit wie vielen Personen möchten Sie einziehen?
> - Gibt es einen besonderen Grund, warum Sie eine neue Wohnung suchen?

Niemand mag Personen, die ihr Gegenüber ausfragen. Das wirkt schnell neugierig und indiskret. Die richtige Kommunikation des Vermietungsvertriebs sollte wie ein Pendel sein. Die Gesprächsführung erfordert, dass der Vermieter die richtigen Fragen stellt und damit das Gespräch in die gewünschte Richtung lenkt. Die Fragen sind nicht Selbstzweck, sondern sie dienen dazu, in einen näheren, intensiven Austausch mit dem Kunden einzutauchen. Auf die Antwort des Kunden sollten daher eigene, persönliche Ausführungen folgen – nicht sofort eine weitere Frage.

Förderlich für die Vertrauensbasis wirken sich Zustimmung und Empathie für das zuvor vom Interessenten Geäußerte aus. Ferner können eigene, ähnliche Erfahrungen oder Informationen des Vermieters in das Gespräch eingebracht werden. Insbesondere bei persönlichen Fragen z. B. nach Urlaubsplänen, sollte der Vermieter kurz etwas zu eigenen Plänen sagen. Auf diese Weise bewegt sich das Pendel zwischen den beiden Gesprächsparteien gleichmäßig hin und her. Die Taktzahl gibt dabei der Vermieter vor und hat somit weiterhin das Geschehen in der Hand.

Diese Ausführungen geben die Theorie wieder. Ein laufendes Gespräch lebt von der Spontaneität und Intuition. Insofern ist es nützlich, die grundlegenden Gesetzmäßigkeiten zu kennen, zu verstehen und grob anwenden zu können. Am Ende kommt es auf die subjektive, individuelle Art des Einzelnen an. Authentizität gewinnt immer gegenüber einstudierten Rollen.

3.3.2.2.4 Einwandbehandlung

Eine wichtige Aufgabe des Vermietungsvertriebs besteht darin, Einwände und Bedenken des Mietinteressenten richtig zu behandeln. Vermieter benötigen entsprechendes Wissen und praktische Erfahrung, um souverän mit den Einwänden umgehen zu können. Ein Mietinteressent, der einen Einwand äußert, zeigt zunächst einmal, dass er sich ernsthaft mit dem Angebot auseinandersetzt. Die freie Äußerung von Einwänden ist nicht nur das gute Recht des Mietinteressenten, sondern kann auch als konstruktives Kundenfeedback für den gesamten Vermietungsprozess hilfreich sein.

Die professionelle Einwandbehandlung erfordert psychologisches und kommunikatives Fingerspitzengefühl. Der Interessent ist kein Gegner und daher wird ein Einwand nur einvernehmlich bzw. auf einer gemeinsam zustimmenden Basis behandelt. Dies bedeutet im Umkehrschluss, dass eine Konfrontation mit dem Mietinteressenten um jeden Preis vermieden wird. Eine Konfrontation durch eine harsche Antwort, eine verbessernde Richtigstellung oder gar eine überhebliche Reaktion bringt am Ende auf beiden Seiten Verlierer hervor. Selbst wenn der Vermieter die besseren und vielleicht auch richtigen Sachargumente auf seiner Seite hat, verliert er den Kunden, wenn sich dieser durch den Vermieter brüskiert fühlt.

Die erfolgreiche Einwandbehandlung gelingt durch verschiedene Techniken, die im weiteren Verlauf erläutert werden. Zunächst ist als notwendige Vorüberlegung zwischen fundierten, sachlich begründeten Einwänden und sog. Vorwänden zu unterscheiden. Es gibt verschiedene Gründe, warum sich ein Mietinteressent nicht unmittelbar für einen Mietvertrag unterscheidet. Meistens steht hinter einem artikulierten Grund ein Gefühlszustand oder eine Emotion. Häufig ist dem Interessenten gar nicht selbst bewusst, dass es hinter seinem Grund noch andere, viel bedeutungsvollere Beweggründe gibt. Im Folgenden behandeln wir die wesentlichen Gründe für Einwände und Vorwände.

3.3.2.2.4.1 Fehlende Produkteignung

Passt die angebotene Wohnung nicht zu den wahren Bedürfnissen und Anforderungen des Mietinteressenten, so wird dieser im besten Fall den Umstand dem Vermieter gegenüber klar und unverhohlen formulieren. Die Diskrepanz zwischen den Wünschen/Bedürfnissen bzw. dem faktischen Anforderungsprofil und dem tatsächlichen Wohnungsangebot vor Ort ist ein echter Einwand. Dieser Einwand steht für gewöhnlich einem Mietvertragsabschluss entgegen. Ein echter Einwand kann sich auf sämtliche lage- und objektspezifischen Umstände des Angebots beziehen. Für alles gibt es gute Gründe dafür, aber eben leider auch dagegen.

- Die Lage an einer frequentierten Straße oder Bahnlinie führt zu Lärm.
- Der natürliche Lichteinfall ist zu gering, weil Bäume vor dem Fenster wachsen.
- Es gibt nur eine geringe Anzahl von öffentlichen oder privaten Stellplätzen und dadurch bedingt wird eine lange Parkplatzsuche befürchtet.
- Die Ausstattung, wie z. B. PVC-Fußbodenbelag, gefällt nicht.
- Die Raumgröße ist für die vorgesehene Nutzung zu gering.
- Es ist zu wenig Abstellfläche vorhanden.
- Der Balkon ist nach Norden ausgerichtet etc.

Hinzu kommen noch unzählige, höchst individuelle Gründe. Abneigungen gegen gewisse lage- oder objektspezifische Kriterien können in vielen Fällen rein subjektiv begründet sein. Häufiger werden allerdings negative Merkmale von einer Vielzahl von Personen als Manko empfunden

Der Umgang mit echten Einwänden des Mietinteressenten sollte in der Praxis nicht dem Zufall überlassen werden. Eine gewissenhafte Vorbereitung auf das Kundengespräch ist die Grundlage für den späteren Vermietungserfolg. Echte Einwände beziehen sich häufig auf allgemein bekannte bzw. auf der Hand liegende Mankos.

Der vorausschauende Vermieter benennt Schwachstellen der Wohnung im Voraus und zeigt dem Interessenten unaufgefordert Lösungswege auf. Ein zu geringer Lichteinfall im Wohnzimmer kann beispielsweise als temporäres Problem im Frühling/Sommer bei voller Belaubung dargestellt werden. Im Sommer bietet sich aber beispielsweise der Vorteil, dass das Laub vor intensiver Sonneneinstrahlung schützt und damit die Wohnung angenehme Raumtemperaturen aufweist. Im Übrigen kann der Vermieter intelligente und energiesparende Lichtkonzepte vorstellen, die den Eindruck von Tageslicht vermitteln, auch wenn es künstliche Lichtquellen sind.

Stellt sich im weiteren Verlauf des Gesprächs heraus, dass sich der Kunde wirklich nur an diesem einen Punkt stört und es ansonsten ein beiderseitiges Match geben würde, bleibt dem Vermieter auch hier die aktive Lösungsfindung. Er sollte dem Interessenten anbieten, sich der Sache anzunehmen und eine Abstimmung dazu mit dem Eigentümer ankündigen. Viele Kunden und Kundinnen werden eine solche Vorgehensweise als echtes Interesse und echte Bemühung des Vermieters ansehen. Der Kunde fühlt sich durch eine solche Vorgehensweise wertgeschätzt und gleichzeitig erhöht sich die gegenseitige Verbindlichkeit in Bezug auf einen künftigen Mietvertragsabschluss.

Bei einer derartigen Ankündigung darf es aus Sicht des Vermietungsvertriebs in keinem Fall bleiben.
    a) Die in Aussicht gestellte Abstimmung hat in jedem Fall tatsächlich stattzufinden.
    b) Das wie auch immer geartete Ergebnis ist dem Kunden mitzuteilen.

Selbst wenn das gewünschte Ergebnis nicht erreicht werden konnte, erhält der Kunde durch das Feedback das Signal, dass der Vermieter zuverlässig ist und sich an sein Versprechen hält. Dies kann für eine länger andauernde Kundenbeziehung ein echter Pluspunkt sein. Ein weiterer Vorteil von Abstimmungen ist der Umstand, dass durch gemeinsame Überlegungen häufig neue Mittel und Wege oder Kompromisse gefunden werden. Diese werden dem Mietinteressenten dann als Alternativlösung präsentiert. In unserem Ausgangsfall lässt sich der Eigentümer vielleicht nicht direkt auf das Fällen des störenden Baumes ein, aber vielleicht stimmt er einem größeren Rückschnitt der Baumkrone zu. Diese Lösungswege können nur durch freundliche, konstruktive Kommunikation mit allen Beteiligten gefunden werden.

Das eigenständige Ansprechen von Mankos dokumentiert dem Interessenten, dass der Vermieter ehrlich, fundiert und verantwortungsvoll agiert. Diese Verhaltensweise in Verbindung mit einer ausgesprochenen Problemlösungsmentalität verspricht positive Vermietungsergebnisse.

> **Tipp: Produkteinwände richtig behandeln**
>
> Eine weitere Methode im Umgang mit echten Einwänden kann aus der amerikanischen »Feel/Felt/Found«-Technik abgeleitet werden.[143] Der Vermieter begegnet dabei einem vom Interessenten geäußerten Einwand in drei Schritten:
>
> 1. **Feel:** Im ersten Schritt äußert der Vermieter sein Verständnis für den Einwand des Interessenten. Er sollte ihm vermitteln, dass er versteht, wie bzw. was er gerade im Hinblick auf den aus seiner Sicht bestehenden Einwand fühlt.
> 2. **Felt:** Im zweiten Schritt legt der Vermieter dem Interessenten dar, dass es in der Vergangenheit bereits einige Interessenten in vergleichbaren Wohnungen bzw. Situationen gab, die dieses Manko zu Beginn ebenfalls angemerkt bzw. moniert hätten, sich dann aber für einen Einzug in die betreffende Wohnung entschieden haben. Sie fühlten also damals genauso wie der aktuelle Interessent, haben sich aber dennoch für eine Wohnung entschieden.
> 3. **Found:** Last, but not least sollte dem Mietinteressenten ein Lösungsweg für seinen Einwand präsentiert werden, der von einem zuvor geschilderten Kunden erfolgreich beschritten worden ist. Dem Interessenten ist somit zu zeigen, wie ein Referenzkunde die Lösung in einer vergleichbaren Situation gefunden hat.
>
> Die Anwendung der zuvor genannten Technik erfordert eine intensive inhaltliche Vorbereitung und Durchdringung des Sachverhalts. Gleichzeitig darf diese Technik nicht oberflächlich bzw. beschönigend angewandt werden, sondern immer nur dann, wenn der Vermieter auch tatsächlich solche Erfahrungen sammeln konnte. Nur echte Referenzen sind authentisch und führen dazu, dass den Ausführungen Glauben geschenkt wird.

Die zweite Methode im Umgang mit echten Einwänden besteht darin, dem Interessenten eine Wahlmöglichkeit zu geben. Ihm sind im Umgang mit dem Einwand zwei alternative

---

143 Vgl. zur Verkaufspsychologie Willingham, The Best Seller, 1984.

Lösungswege aufzuzeigen. Die Auswahlmöglichkeit zwischen zwei Varianten nimmt dem Interessenten erheblichen Entscheidungsdruck von den Schultern und zeigt ihm Lösungen auf, die er wahrscheinlich selbst nicht wahrgenommen hat.

Im oben geschilderten Beispiel des dunklen Wohnzimmers bestehen die beiden Varianten in einer kostengünstigen, künstlichen Tageslichtbeleuchtung und im Stutzen des Baumes, soweit dies möglich ist. Diese Methode funktioniert beispielsweise auch hervorragend bei nicht mehr zeitgemäßen Bädern. Hier kann der Vermieter die Modernisierung des Badezimmers anbieten, die zu einem Aufpreis bei der monatlichen Miete führt. Daneben kann er z. B. anhand eines Einrichtungsfotobandes optisch ansprechende Ideen und Anregungen zur Gestaltung des Badezimmers mit Accessoires geben. Der Mietinteressent hat nun neben dem unmittelbaren visuellen negativen Eindruck des alten Bades ein konkretes Bild vor Augen, wie es zukünftig ohne großen Aufwand sein könnte.

Auch an diesem Beispiel kann man erkennen, wie wichtig es ist, den Mietinteressenten mit seinem Einwand nicht alleinzulassen. Das Ignorieren und Übergehen von Einwänden ist genauso schädlich für den Vermietungsprozess wie das künstliche Schönreden und Beschwichtigen. In beiden Fällen würde der Vermieter seine vertrieblichen Aufgaben mangelhaft erfüllen. Ganz anders verhält es sich, wenn er sich intensiv vorbereitet und sich mit den Äußerungen des Kunden ernsthaft und inhaltlich fundiert auseinandersetzt.

3.3.2.2.4.2 Prokrastination

Ein Grund hinter einem geäußerten Einwand kann der Umstand sein, dass der Mietinteressent unsicher ist. Er kann per Internet aus einer Vielzahl von Angeboten wählen und hat womöglich schon einige Besichtigungen wahrgenommen. Die Qual der Wahl führt dazu, dass der Mietinteressent sich möglicherweise nicht unmittelbar festlegen möchte, aus Angst, ein besseres Angebot zu verpassen. Oftmals kann auch nur eine etwas schwächere Form der Unsicherheit gegeben sein. Eine typische Ausdrucksform der »Aufschieberitis« ist die Feststellung eines Interessenten am Ende der Besichtigung: »Ich muss noch mal darüber nachdenken.« Eine andere Variante ist die Aussage: »Ich kann es heute nicht entscheiden. Ich melde mich die Tage bei Ihnen.«

Mangelnde Entscheidungsfreude ist vor allem in entspannten Mietermärkten anzutreffen. Dort trifft eine Vielzahl von Angeboten auch eine geringere Nachfrage. In überhitzten Wohnungsmärkten in den Metropolen wird der Vermietungsvertrieb eher anders gelagerte Herausforderungen haben.

Selbstverständlich ist es das gute Recht eines jeden Mietinteressenten, sich in Ruhe Gedanken zu einem Wohnungsangebot zu machen. Der professionelle Vermieter macht es sich allerdings zur Aufgabe, die vage Aussage zu konkretisieren. An dieser Stelle des Vermietungsgesprächs kann sich der Vermieter einen Vertrauensbonus erarbeiten. Er erklärt dem Interessenten sein Verständnis für die benötigte Zeit zur Entscheidungsfindung. Der Vermieter verdeutlicht in diesem Zusammenhang zudem, dass er gern bereit ist, für die Entscheidung erforderliche weitere Informationen beizubringen. Auch bietet der Vermieter an dieser Stelle nochmals ausdrücklich an, dass er für Rückfragen und Erläuterungen jederzeit erreichbar ist. Gleichzeitig ist es an dieser Stelle des Dialogs wichtig, dass der Vermieter den Interessenten darauf hinweist, dass er im Wettbewerb mit anderen Kunden steht. Ohne künstlichen Druck aufzubauen, ist dennoch anzumerken, dass die Wohnung in der Zwischenzeit weiter angeboten wird und auch kontinuierlich Besichtigungen stattfinden. Die letztendliche Vergabe der Wohnung erfolgt nach dem »Windhund«-Prinzip: Wer zuerst die Kriterien erfüllt und seine Zusage erteilt, erhält den Mietvertrag.

Diese offene Kommunikation dient dazu, dem Mietinteressenten deutlich zu machen, dass man Verständnis für seine persönlichen Belange hat und auch die gebotene Rücksichtnahme walten lässt. Gleichzeitig wird ihm vermittelt, dass die ihm zur Verfügung stehende Zeit endlich ist und ihm jederzeit ein entscheidungsfreudigerer Kunde die Wohnung streitig machen kann. Auf dieser Basis trifft der Vermieter mit dem Interessenten eine Vereinbarung über den Zeitpunkt seiner Rückmeldung

> **Formulierungshilfe** !
> Die richtige Fragetechnik lautet also: »Wie viel Zeit benötigen Sie und wann sollen wir uns dazu wieder unterhalten?«

Ein vernünftiger Zeitraum sollte die Spanne von einer Woche nicht überschreiten. Vermieter und Mietinteressent vereinbaren ein genaues Datum bzw. einen exakten Wochentag für die gegenseitige Kontaktaufnahme. Ein selbstbewusster Vermieter kann dem Kunden diese Aufgabe übertragen und ihn bitten, sich an dem vereinbarten Tag bei ihm zu melden. Ein Vollblut-Vertriebler wird darauf insistieren, dass es besser wäre, sich selbst an diesem Tag zu melden, um den Kunden so gut es geht zu betreuen und von sich aus eine Gelegenheit zu haben, die Vermietung weiter zu forcieren. An dieser Stelle gibt es wohl kein Richtig oder Falsch. Die richtige Vorgehensweise hängt von vielen individuellen Faktoren ab. Am Ende muss sich der Vermieter und vielmehr der Mietinteressent wohl mit einer Vorgehensweise fühlen.

3.3.2.2.4.3 Misstrauen

Ein weiterer Faktor, der zur Äußerung von Einwänden und Nichtunterzeichnung eines Mietvertrages führt, kann in einem Gefühl des Misstrauens gegenüber dem Eigentümer als Person oder gegenüber der unternehmerischen Institution und/oder gegenüber dem Vermieter als Unternehmen oder Einzelperson bestehen. Dieses Misstrauen wird vielfach genährt durch einschlägige Berichterstattung in den Medien und negative Erfahrungsberichte aus dem Freundes- und Bekanntenkreis. Misstrauen wird der Mietinteressent in den seltensten Fällen direkt äußern. Es kann aber durch übertriebene Nachfragen bzw. nach außen getragene Skepsis erkannt werden.

Hat der Vermieter den Eindruck, dass der Vermieter Misstrauen hat, sollte höflich, aber zielgerichtet kommuniziert werden. Der Vermieter hat dies so defensiv wie möglich zu tun. Wichtig ist dabei, sich selbst in keiner Weise persönlich angegriffen zu fühlen. Nur mit einem gesunden, mentalen Abstand kann der Vermieter die erforderliche Souveränität im Dialog mit dem Kunden bewahren. Dabei hilft es, wenn er dem Kunden seine eigenen Empfindungen widerspiegelt. Letztendlich zeigt er damit dem Mietinteressenten, dass er selbst auch nur ein »gewöhnlicher« Mensch mit Gefühlen und Emotionen ist.

> **Formulierungshilfe**
>
> »Ich habe das Gefühl, dass sie eine gewisse Skepsis haben. Darf ich fragen, ob das zutreffend ist und ob Sie bezüglich unseres Unternehmens ein schlechtes Gefühl haben?«

Die meisten Kunden werden diese Offenheit und Ehrlichkeit innerlich positiv bewerten und im Fall von tatsächlichen Bedenken diese äußern. Je nach Gesprächssituation weitet man im Fall eines Verneinens die Frage dahin gehend aus, ob der Vermieter persönlich etwas falsch gemacht oder eine unbedachte Aussage getätigt hat. Wird auch dies vom Interessenten verneint, wäre die letzte Frage, welchen Grund es dann für das nach außen getragene Unbehagen gebe. Damit hat der Interessent die beste Gelegenheit, seine vielleicht insgeheim mitgetragenen Bedenken frei zu äußern und damit dem Vertrieb die Chance zu geben, hierauf angemessen zu reagieren.

3.3.2.2.4.4 Höhe des Mietpreises

Die absolute Höhe des Mietpreises mit Nebenkosten und sonstigen Ausgaben kann dazu führen, dass der Mietinteressent zögert oder ablehnt. Sobald der Vermieter daher den Satz hört »Der Preis ist leider zu hoch«, verifiziert er diese Aussage ernsthaft. Zum besseren Verständnis bietet es sich an zu klären, ob der Interessent den richtigen Maßstab ansetzt. Dazu wäre zunächst wichtig zu erfahren, welche Miete für welche Parameter er derzeit bezahlt. Ferner ist zu klären, wie der Mietpreis der angebotenen Wohnung im Marktverhältnis zu den anderen Wohnungsangeboten in der Nähe steht. Der Vermieter erörtert diese Aussage anhand von Fakten gemeinsam mit dem Mietinteressenten mit der gebotenen Rücksicht und Diskretion. Vorwände und Einwände fördern das wahre vertriebliche Talent des Vermieters zutage. Ein für den Interessenten subjektiv zu hoher Mietpreis kann durch eine geschickte Gesprächsführung und Argumentation als Hindernis aus dem Weg geräumt werden. Oftmals lässt der Interessent beispielsweise finanzielle Vorteile, die aus der Anmietung der Wohnung entstehen können, bei seiner Kalkulation außer Acht.

> **Tipp: Einspareffekte aufzeigen** !
> Ein subjektiv als zu hoch empfundener Mietpreis kann durch folgende positive Einspareffekte kompensiert werden:
> - geringere Nebenkosten aufgrund moderner Energieeinsparmaßnahmen (Heizsystem, Belüftung, Fassade, Fenster etc.)
> - kürzere Fahrwege zum Arbeitsplatz, zur Innenstadt, zu Freizeiteinrichtungen und dadurch Ersparnis von Zeit und Geld
> - ggf. geringere Gebühren für Kitas, Tagesmutter etc.

Die richtige Fragetechnik hilft dabei, die tatsächlichen Denkansätze des Mietinteressenten nachvollziehen zu können.

> **Formulierungshilfen** !
> - »Inwieweit genau ist für Sie der Mietpreis zu hoch?«
> - »Mit welchen Mietpreisen vergleichen Sie das Angebot?«
> - »Können Sie durch einen Umzug in diese Wohnung Geld an anderer Stelle einsparen, z. B. durch geringere Nebenkosten etc.?«

Die Fragen sollen zum einen das eigene Verständnis des Vermieters zu den Sachgründen verbessern, zum anderen den Mietinteressenten selbst anregen, über die Logik und Richtigkeit seines Denkansatzes zu reflektieren. Wichtig ist dabei, dass unter keinen Umständen mit dem Mietinteressenten eine konfrontative Diskussion oder Argumentation geführt wird. Dies kann insbesondere bei finanziellen Fragen zu einem Vertrauensverlust des Interessenten führen. Ferner untergräbt ein zu penetranter Frage- und Diskussionsstil die Seriosität eines professionellen Vermieters.

3.3.2.2.4.5 Sorge vor Fehlentscheidung

Die Entscheidung über eine Wohnungsanmietung ist für viele Mietinteressenten in ihrer Größe und Tragweite nicht alltäglich. Die richtige oder falsche Entscheidung hat maßgeblichen Einfluss auf das zukünftige Wohlergehen des Mieters. Dabei spielen verschiedene Faktoren und Erwägungen eine Rolle. Kommt man in der neuen Umgebung zurecht? Sind die Nachbarn freundlich? Hält die Wohnung das, was sie verspricht? Diese und noch viele Frage mehr schwirren dem Interessenten unablässig durch den Kopf. Daneben steht die in der Marktwirtschaft immer gegenwärtige Hoffnung, für den zu zahlenden Mietpreis die derzeit beste Wohnung für sich am Markt gefunden zu haben. Diese mannigfaltigen Erwägungen können zur Sorge und in manchen Fällen sogar zu Angst davor führen, die falsche Entscheidung zu treffen. Dies würde bedeuten, ein besseres, verfügbares Angebot am Wohnungsmarkt nicht wahrgenommen zu haben. Eine übliche Aussage von Mietinteressenten nach einer erfolgreichen Besichtigung lautet daher häufig: »Ich schaue mir noch ein paar andere Wohnungen an und melde mich dann gegebenenfalls.«

Die Aussage verdeutlicht, dass der Interessent ein ernst zu nehmender Marktteilnehmer ist, der seine Möglichkeiten, das beste verfügbare Wohnprodukt zum bestmöglichen Preis zu erhalten, aktiv wahrnimmt. Der Vermieter überlässt an dieser Stelle das Feld nicht gänzlich dem Wettbewerb und der individuellen Entscheidungsfindung des Kunden. Vielmehr bindet er sich seinerseits aktiv in den Auswahlprozess ein, ohne dabei rüde oder überrumpelnd zu wirken. Dies gelingt abermals durch die richtige Fragetechnik. Der Vermieter ergründet, um welche Angebote es sich handelt.

> **Formulierungshilfe**
>
> »Erzählen Sie mir doch bitte etwas über die Wohnungen, die Sie sich noch anschauen werden.«

Die Frage impliziert das Was, Wie und Wo des Angebots. Eine derartige Frage stellt der Vermieter vor dem Hintergrund einer umfassenden Kenntnis des Wohnungsmarkts. Dies bedeutet, dass sich der Vermieter intensiv und möglichst tagesaktuell mit vergleichbaren Angeboten in der Nähe bzw. am lokalen Wohnungsmarkt auseinandersetzt, um entsprechend fundiert agieren zu können. Über die einschlägigen Internetportale kann der Vermieter innerhalb kürzester Zeit einen repräsentativen Marktüberblick erhalten. Meistens trifft der sorgfältig und kontinuierlich arbeitende Vermieter auf genau die gleichen Angebote, die auch seine Mietinteressenten vor Augen haben.

Die genaue Kenntnis der Vergleichsangebote bringt im Gespräch mit dem Interessenten starke Vorteile. Der Vermieter baut zunächst sein Vertrauensverhältnis zum Kunden durch aktuelle Markt- und Branchenkenntnis aus. Darüber hinaus kann er auf die Angebote des Wettbewerbs im Gespräch unmittelbar eingehen. Dabei sollte nicht der Fehler gemacht werden, diese Angebote schlechtzureden. Ein Schlechtreden wird üblicherweise vom Kunden erkannt und führt zu einem nicht gewünschten Vertrauensverlust in die eigene Vermietungstätigkeit. Insofern ist bei einem Vergleich kein negatives Wort über den Wettbewerb zu verlieren. Vielmehr werden ausschließlich die eigenen positiven Attribute und Stärken des Angebots kommuniziert.

Diese Art und Weise der Argumentation ist legitim und ermöglicht es dem Kunden, eine eigene Entscheidung zu finden, ohne das Gefühl zu haben, mit unlauteren Methoden beeinflusst zu werden. Sicherlich gibt es auch Ausnahmefälle, in denen man einen Interessenten vor einem offenkundigen Fehler bewahren sollte. Dann ist es sinnvoll, vor einem reißerischen und ggf. sogar unlauteren Wettbewerber zu warnen. Dies wird aber die Ausnahme bleiben.

Durch die Kommunikation mit dem Interessenten werden wertvolle Informationen zu seinem Mietverhalten gesammelt. Insbesondere identifiziert der Vermieter diejenigen

Interessenten, die sich einfach aus Zeitvertreib Wohnungen anschauen, die sog. Immobilientouristen. Diese Personengruppe handelt in der Regel aus Neugier oder hat einen allenfalls vagen Veränderungswunsch, der allerdings auf keinerlei zeitlich fixierte Entscheidungsfrist trifft. Die Suche nach der eierlegenden Wollmilchsau am Wohnungsmarkt kann für diese Kunden zu einem regelrechten Hobby werden. Der Vermietungsvertrieb tut gut daran, wenig bis keine Zeit in derartige Interessenten zu investieren, da die Erfolgswahrscheinlichkeit gegen null tendiert.

3.3.2.2.4.6 Sonstige Einwände

Die Unterscheidung zwischen wirklichen Einwänden und reinen Vorwänden fällt in der Praxis häufig schwer. Zu den harten Fakten, die man aus dem intensiven Gespräch mit dem Mietinteressenten erhält, kommen weitere Informationen hinzu, die zwischen den Zeilen mitgeteilt werden. Die ehrlichsten Ergebnisse und Meinungsäußerungen erhält der Vermieter, wenn er dem Kunden im Laufe des Gesprächs klarmacht, dass er ihm nichts »verkaufen« oder gar »aufschwatzen« möchte.

Vielmehr stellt der Vermieter dar, dass es seine Aufgabe ist, dem Interessenten alle relevanten Fakten zur Wohnung zu zeigen und ihm natürlich auch die Vorzüge zu präsentieren, die er bei einem Bezug der Wohnung genießen würde. Gleichzeitig fordert der Vermieter den Interessenten auf, sich ein unabhängiges und ehrliches Bild vom jeweiligen Wohnungsangebot zu machen und dann eigenständig zu entscheiden, ob es seinen Vorstellungen entspricht oder nicht. Die Interessenten werden ein derartiges Statement dankbar annehmen. Der weitere Ausbau des immens wichtigen zwischenmenschlichen Vertrauensverhältnisses geht damit ebenfalls einher.

In der Praxis kommt es häufig vor, dass die Besichtigung von einem Interessenten wahrgenommen wird, der später gemeinsam mit einer anderen Person in die Wohnung einziehen möchte. Die Anmietungsentscheidung wird in dieser Konstellation nicht ausschließlich von dem Interessenten vor Ort getroffen, sondern zu einem erheblichen Teil auch durch Lebenspartner, Familienangehörige oder Freunde, die mit in die Wohnung ziehen sollen. Der Einwand des Interessenten »Ich muss noch mal mit meinem Ehegatten/Partner/Freund etc. wiederkommen« ist zu konkretisieren. Der Vermieter hat in diesem Kontext die Aufgabe, sich ein genaues Bild von den jeweiligen Entscheidungskompetenzen zu machen, ohne indiskret zu werden. Die gewonnenen Informationen werden im Anschluss genutzt, um beide Personen zielsicher zum Mietvertrag zu führen.

3.3.2.2.5 Kommunikation bei Mängeln der Mietsache

Ein besonders wesentlicher Punkt bei einer erfolgreichen Besichtigung ist der Umgang mit Mängeln. Hier trennt sich im Hinblick auf den seriösen Vermieter die Spreu vom Weizen.

Zunächst ist zu definieren, was ein Mangel in diesem Kontext überhaupt ist. Im zivilrechtlichen Sinne ist ein Mangel nach dem BGB gegeben, wenn die tatsächliche Beschaffenheit einer Sache von der vereinbarten abweicht. Ein Abweichen der Ist-Beschaffenheit von der Soll-Beschaffenheit ist bei einer Mietwohnung immer dann bei einer Besichtigung erwähnenswert, wenn die Abweichung wesentlich und wichtig ist, sie also aus dem Rahmen des normalerweise Erwartbaren fällt. Besichtigt der Interessent eine renovierungsbedürftige Wohnung, so braucht der Vermieter nicht explizit darauf hinzuweisen, was alles gemacht werden muss oder was sich alles (z. B. Böden, Wände etc.) in einem schlechten Zustand befindet.

Hinzuweisen ist auf wesentliche Mängel, die ein normales Bewohnen der Wohnung erschweren bzw. unmöglich machen, oder auf Mängel, die in naher Zukunft zu großen Problemen führen werden. Beispielhaft können folgende Fälle angeführt werden:
- Schimmelbildung und als Vorstufe Durchfeuchtung von Bauteilen bzw. Wänden
- defekte Sanitäreinrichtungen
- defekte Heizanlage, die z. B. im Winter die Räume nur auf 18 Grad erwärmen kann
- Fehlen von technischer Infrastruktur, z. B. auf absehbare Zeit kein Internetanschluss im Haus möglich
- mitvermietete Räume verfügen über keine gültige Bau-/Nutzungsgenehmigung oder zweiter Rettungsweg nicht vorhanden

Derartige Mängel der Wohnung sind idealerweise unmittelbar vom Vermieter anzusprechen. Auch ist es empfehlenswert, derartige Mängel bereits im Exposétext zu erwähnen. Das Vertrauen des Mietinteressenten wächst mit der Erkenntnis, dass der Vermieter von sich aus auf negative Aspekte zu sprechen kommt. Transparenz und Ehrlichkeit stärken die persönliche Beziehung zwischen Vermieter und Mietinteressent.

Das aktive Ansprechen von Fehlern und Mängeln durch den Vermieter ist eine Notwendigkeit. Danach muss zwangsläufig ein ergebnisorientiertes Handeln durch den Vermietungsvertrieb folgen. Herausragende Vermietungsleistungen werden erzielt, wenn der vor Ort tätige Vermieter die Mängelbeseitigung selbst in die Hand nimmt. Damit ist gemeint, dass er sich des Problems annimmt, dass er es als seine Aufgabe ansieht, für Abhilfe zu schaffen, und alles dafür Erforderliche tut, damit eine adäquate Lösung in die Tat umgesetzt wird.

Zahlreiche Vermietungsprozesse in der Praxis zeigen bedauerlicherweise eine andere Realität. Oftmals liegt die operative Verantwortung beispielsweise für bauliche Mängel nicht beim Vermieter selbst. Vielmehr sind hier andere Ansprechpartner, insbesondere aus den technischen Abteilungen, gefragt. Der Vermieter schlägt dann aber konkrete Lösungen vor und verfolgt deren Umsetzung stringent. Folgender Handlungsleitfaden ist bei der Bearbeitung hilfreich:

> **Handlungsleitfaden: Wohnungsmängel und sonstige Beeinträchtigungen**   DIGITALE EXTRAS
>
> o Erkennen des Wohnungsmangels oder der Beeinträchtigung durch Inspektion des Mietgegenstandes aus der Eigentümerperspektive
> o sofortige Meldung an die Person, die die Beseitigung durchzuführen hat (z. B. Techniker, Hausmeister); gleichzeitige Information der Führungsebene
> o persönliche Abstimmung mit dem für die Beseitigung operativ Verantwortlichen, was bis wann erledigt werden kann
> o Vereinbarung eines fixen Fertigstellungstermins
> o Feedback an den Mietinteressenten mit dem abgestimmten Zeitplan unter Einbeziehung der technisch beteiligten Personen (gemeinsame Verbindlichkeit)
> o Kontrolle des Ergebnisses und Kommunikation mit dem Mietinteressenten
> o bei nicht erfolgter Mängelbeseitigung: unternehmensinterne Eskalation des Prozesses auf Führungsebene

3.3.2.2.6 Mieterwünsche

Im Zuge der Besichtigung der Wohnung entwickelt der Mietinteressent im Optimalfall eine Bindung zu der Wohnung. Er stellt sich diese als seine eigene vor, richtet sie vor dem geistigen Auge ein und fühlt sich in seiner Fantasie schon als neuer Bewohner. Der bereits in der Konsumgüterindustrie manifestierte Trend der modernen Gesellschaft zur Individualisierung macht selbstverständlich nicht vor der Immobilien- und Wohnungswirtschaft halt. Heute haben Mietinteressenten klare Vorstellungen darüber, wie ihre persönliche Wohnung gestaltet sein soll.

Generell ist es die Aufgabe des Vermieters, die Realisierbarkeit der Mieterwünsche zu prüfen. In diesem Zusammenhang sind die erforderlichen Kosten bzw. Investitionen von Interesse, um die Rentabilität der Maßnahme prüfen zu können. Weiterhin ist die Nachhaltigkeit der Maßnahme entscheidend. Sofern der Mieter nach einer gewissen Zeit die Wohnung unplanmäßig kündigt, muss eine Drittverwendungsfähigkeit gegeben sein, um langfristig profitabel zu bleiben. Der Vermieter wird die erforderliche Schnittstellenkommunikation zwischen allen Beteiligten führen. Er übernimmt für den Mietinteressenten im eigenen Unternehmen oder bei seinem Auftraggeber eine Art Lotsenfunktion, um rentable Mieterwünsche im Wohnungsbestand zu realisieren.

Eine Vermietungsstrategie besteht auch darin, den Mietinteressenten einen Katalog mit zusätzlichen Ausstattungen an die Hand zu geben, aus denen wie aus einer Zubehörliste das individuell passende Modul ausgewählt werden kann. Dies setzt eine vorhergehende möglichst genaue Bepreisung sämtlicher Positionen voraus. Beispielsweise kann für eine vollständige Tapezierung ein bestimmter Aufschlag von z. B. Euro 0,50 je Quadratmeter Wohnfläche veranschlagt werden. Bei konsequenter Anwendung verspricht das sog. Up-Renting im Wohnungsportfolio eine allmähliche Steigerung der erwirtschafteten Mietumsätze.

3.3.2.2.7 Anmietungsbereitschaft des Mietinteressenten

In allen Phasen der Besichtigung übernimmt der Vermieter die aktive Führung des Gesprächs. Am Ende der Besichtigung hat er durch die zuvor erläuterten Schritte der gezielten Fragestellung und Informationsgewinnung ein relativ umfassendes Bild des Mietinteressenten. Für einen erfolgreichen Mietvertragsabschluss sind zwei zufriedene Vertragsparteien erforderlich, die sich einig sind. Ist der Vermieter aufgrund der von ihm gesammelten Informationen zu dem Schluss gekommen, dass der Mietinteressent die erforderlichen Kriterien erfüllt, besteht nun seine Aufgabe darin, diese Abschlussbereitschaft auch beim Interessenten zu erkennen, zu wecken und diese im Idealfall in die Mietvertragsunterzeichnung münden zu lassen. Nun geht es in einem ersten Schritt darum, die Abschlussbereitschaft eines Interessenten zu erkennen. Der Vermieter greift dabei auf verbale und nonverbale Signale des Interessenten zurück.

Verbale Anmietungssignale ergeben sich vor allem aus dem während der Besichtigung geführten Gespräch. Sofern der Mietinteressent nicht direkt äußert, dass er die Wohnung gern beziehen möchte, ergeben sich die Signale aus seinen gewählten Formulierungen, die auf seine Abschlussbereitschaft schließen lassen.

- **Ausdrückliche, positive Erwähnung von Merkmalen:** Der Interessent äußert beispielsweise während der Besichtigung, dass er begeistert ist vom Badezimmer oder dem tollen Ausblick vom Balkon. Die Begeisterung ist dabei allerdings immer in Relation zu seinem übrigen Verhalten während der Besichtigung zu sehen. Äußert der Interessent im gleichen Atemzug, dass das Wohnzimmer für seine Zwecke viel zu klein sei, wird eine Anmietung zunächst eher unwahrscheinlich sein.

- **Äußerung einer Verbesserung zu den aktuellen Wohnverhältnissen:** Zieht der Interessent einen Vergleich zu seiner bisherigen Wohnung und spricht er von einer Verbesserung, so deutet dies darauf hin, dass er abschlussbereit ist.

- **Perspektivwechsel des Interessenten:** In der Praxis zeigt sich die Abschlussbereitschaft des Mietinteressenten am deutlichsten, wenn der Kunde während der Besichtigung aktiv einen Perspektivwechsel vornimmt. Der Kunde schaut sich die Wohnung dann nicht mehr als Interessent zu Informationszwecken an, sondern wechselt in die Bewohnerperspektive. Sprachlich erkennt man den Perspektivwechsel an einer Änderung der Ausdrucksweise. Spricht der Interessent zunächst in der unbestimmten Form und im Konjunktiv, etwa »man könnte«, ändert sich das im Lauf des Gesprächs. Er spricht dann vermehrt im Indikativ und verwendet die Personal- bzw. Possessivpronomen »ich«/»mein« bzw. »wir«/»unser«.

- **Gedanklicher Einzug in die Wohnung:** Neben dem veränderten Sprachstil zeigt der Interessent seine Abschlussbereitschaft durch seine aktive Beschäftigung mit der Möblierung und Ausstattung der Wohnung. Dazu zählt etwa die Prüfung, ob bestimmte eigene Möbel in die neue Wohnung passen. Das Ausmessen von Abständen ist ein weiterer Indikator, genauso die Klärung von konkreten Anliegen, etwa die beste Fahrtstrecke zu einer bestimmten Destination.

- **Eigenständige Klärung weiterer Prozessschritte:** Je stärker die Anmietungsbereitschaft des Kunden, desto eher zeigt er Tendenzen, die weitere Führung des Gesprächs und ggf. auch des Vermietungsprozesses selbst in die Hand zu nehmen. Das Phänomen ist durch den Umstand begründet, dass der Interessent innerlich schon eine Anmietungsentscheidung getroffen hat und nun wahrnimmt, dass er sich selbst im Wettbewerb mit anderen Interessenten befindet. Aus Sorge, nicht zum Zug zu kommen, wird dann versucht, das Ruder selbst in die Hand zu nehmen. Eindeutige Indikatoren sind Nachfragen zum weiteren Ablauf, zur Reservierung der Wohnung, ebenso die eigenständige Abstimmung eines zeitnahen Termins zur Zweitbesichtigung mit Verwandten oder Bekannten.

Anmietungssignale kann der Interessent auch durch sein Verhalten oder seine Körpersprache ausdrücken. Die folgenden Indikatoren können die Anmietungsbereitschaft des Interessenten ausdrücken:

- **Zeit und Verweildauer während der Besichtigung:** Ein Kunde, der sich ausführlich Zeit für eine Besichtigung nimmt, drückt damit sein gesteigertes Interesse aus. Die Beschäftigung mit Details und die Erforschung von Hintergründen nimmt eben diese Zeit in Anspruch. Der Mietinteressent zeigt damit, dass ihm die Angelegenheit wichtig ist. In der Regel wird er sich nur dann länger mit einer Wohnung befassen, wenn er ernsthaftes Interesse hat.
  Häufig wird im Vertrieb auch geäußert, dass Besichtigungen an den Wochenenden besonders erfolgversprechend sind. Noch Anfang der 2000er-Jahre standen Wünsche des Interessenten nach Wochenendbesichtigungen eher unter dem Verdacht, dass dieser viel Freizeit habe und sich die Zeit als Immobilientourist vertreibe. Vielleicht ist diese Sichtweise in Anbetracht der sich verändernden Lebensverhältnisse überholt.
  Die beruflichen Anforderungen im Hinblick auf den hohen Zeiteinsatz und die zeitliche Flexibilität der Arbeitnehmer nicht zuletzt durch digitale Systeme hat dazu geführt, dass die Freizeit viel mehr als wertvolle »Quality Time« genutzt wird. Die Möglichkeit, seine Freizeit durch die verschiedenen Angebote im Unterhaltungs- und Konsumsektor zu verplanen, führt dazu, dass Besichtigungen als reiner Zeitvertreib eher eine Seltenheit geworden sind. Opfert ein Interessent ein, zwei Stunden am Wochenende für eine Besichtigung, so kann dies bereits als erstes positives Signal des ernsthaften Anmietungsinteresses verstanden werden.

- **Aktive Gesprächsteilnahme:** Ein abschlussorientierter Interessent wird eine ruhige, ausgeglichene Atmosphäre vermitteln. Er hält Augenkontakt zum Vermieter und bringt sich in das laufende Vermietungsgespräch aktiv ein.

- **Intensive Auseinandersetzung mit der Materie:** Ein weiteres nonverbales Signal des Mietinteressenten ist die aktive Auseinandersetzung mit den Umständen und Details vor Ort. Dies ist daran zu erkennen, dass er sich beispielsweise Notizen zu den Ausführungen und Erklärungen des Vermieters macht. Auch ist die aktive Beschäftigung mit den Objektunterlagen während der Besichtigung, etwa der Abgleich des Grundrisses mit den tatsächlichen Gegebenheiten, ein deutliches Zeichen. Der Kunde zeigt sich zudem stark interessiert und hat auch ein offenes Ohr für Details.

3.3.2.2.8 Finalisierung der Besichtigung

Der Vermietungsvertrieb hat nach Analyse der Kundenkommunikation und -interaktion zu werten, ob Anmietungssignale vorliegen oder nicht. In diesem Stadium ist das weitere Vorgehen zwangsläufig ein wenig flexibel und möglicherweise inkonsequent, da der Vermieter zum Zeitpunkt der Besichtigung beispielsweise noch keinen vollständigen Background-Check des Mietinteressenten vollzogen hat. Trotz aller grüner Ampeln bei der Besichtigung besteht demnach noch das Risiko einer Ungeeignetheit des Mietinteressenten, z. B. aufgrund einer verschwiegenen Zahlungsunfähigkeit. In diesem Stadium kann der Vermieter insofern die Erfüllung der mieterseitigen Kriterien nur kursorisch annehmen und sich im Anschluss ein abschließendes Urteil bilden. Zur Finalisierung des Besichtigungstermins sind dann drei Grundkonstellationen zu unterscheiden:

a) **Der Mietinteressent hat kein gesteigertes Interesse an der Wohnung gezeigt:** Der Vermieter kann zu dieser Erkenntnis durch verbale oder nonverbale Kommunikation des Interessenten gekommen sein. Dieser kann sich abfällig über die Wohnung geäußert oder sogar sofort mitgeteilt haben, dass diese Wohnung für ihn nicht infrage kommt. Sofern der von dem Interessenten geäußerte Grund nachvollziehbar und valide ist, ist es bei einer klaren Absage nicht sinnvoll, den Interessenten durch mantraartige Aufzählung der Vorzüge der Wohnung umzustimmen. In vielen Fachbüchern zum Thema »Verkauf« wird auf dieser Prozessstufe proklamiert, das richtige Verkaufen würde erst beim »Nein« des Kunden beginnen. Beim Vermietungsprozess ist dies nach hiesiger Auffassung nur ausnahmsweise der Fall. Nämlich dann, wenn es für eine Wohnung überhaupt keine bzw. nur sehr wenige Interessenten gibt. In diesem Fall mag es sinnvoll sein, sich noch einmal darum zu bemühen, zurück ins Spiel zu kommen.

b) **Der Mietinteressent hat Interesse und es sind noch Zwischenschritte bis zum Mietvertrag zu erledigen:** Diese Konstellation kommt in der Praxis am häufigsten vor. Der Interessent muss z. B. seine persönlichen Unterlagen, die Mieterselbstauskunft etc., einreichen.[144] Bei öffentlich geförderten Wohnungen oder Wohnun-

---

144 Zur Selbstauskunft des Mieters mit Muster für die Vermietungspraxis vgl. Stürzer/Koch/Noack/Westner, S. 26 ff.

gen, die von Transferleistungsempfängern angemietet werden, sind noch weitere Schritte unter Einbeziehung der jeweiligen Behörden erforderlich.

Der Vermieter verwandelt sich an dieser Stelle zum Projektsteuerer. Seine Aufgabe besteht nun darin, den Mietinteressenten in die gewünschte Richtung zu steuern. Wichtig ist, dass er dem Interessenten das Gefühl vermittelt, mit ihm in einem Team zu sein. Dazu hat er mit dem Mietinteressenten zunächst die gemeinsame, übergeordnete Zielsetzung zu definieren. Das für beide Parteien klar formulierte Ziel muss der wirksam abgeschlossene Mietvertrag sein.

Dann sind die bis dahin notwendigen, insbesondere die vom Interessenten zu erledigenden Schritte, klar und deutlich zu definieren. Die erforderlichen Tätigkeiten des Mietinteressenten sind diesem quasi als »Hausaufgabe« aufzugeben. Die klare Aufgabenverteilung wiederum muss an verbindliche Fristen geknüpft sein. Auch hier ist zwischen Vermieter und Interessent abzustimmen, bis wann welche Aufgabe erledigt wird. Sämtliche Absprachen werden im Beisein des Mietinteressenten schriftlich notiert. Dies kann in digitaler Form erfolgen. Die schriftliche Zusammenfassung wird dem Mietinteressenten dann auch sofort oder unverzüglich nach dem Termin zur Verfügung gestellt.

Die vereinbarten Fristen sind für den Vermieter gleichzeitig Wiedervorlagefristen. Sollte eine Frist nicht eingehalten werden, so empfiehlt es sich, dass der Vermieter einen Tag nach Fristablauf Kontakt zum Mietinteressenten aufnimmt. Diese Kontaktaufnahme hat auf keinen Fall einen mahnenden oder vorwurfsvollen Charakter. Vielmehr erkundigt sich der Vermieter freundlich nach dem Stand der Dinge und bietet im Bedarfsfall seine Hilfe an. Der Vermieter sollte sich auch nicht davor scheuen, sich aktiv in Prozesse einzuklinken. Aus datenschutzrechtlichen Gründen sind gewisse Kommunikationswege, z. B. unmittelbar zu Ansprechpartnern im Jobcenter bei Transferleistungsempfängern, bedenklich. In der Praxis finden sich aber bei gutem Willen vielfach Mittel und Wege, um trotz aller bürokratischer Hürden zum gewünschten Ergebnis zu kommen. Auch hier steuert und managt der Vermieter aktiv die Prozessbeteiligten. Verbindliche Kommunikation sowie das gegenseitige Abstimmen und Justieren von Zeitschienen sind unerlässlich für den Erfolg.

c) **Der Mietinteressent hat Interesse und es sind keine Zwischenschritte bis zum Mietvertrag mehr erforderlich:** Diese Konstellation tritt in der Praxis ebenfalls gar nicht so selten auf. Hier gilt es, Fakten zu schaffen. Der Vermieter verlagert seine Prioritäten unverzüglich dahin gehend, dass er auf schnellstmöglichem Weg zum erfolgreichen Mietvertragsabschluss gelangt. Dazu empfiehlt es sich, an Ort und Stelle einen Termin zur Unterzeichnung zu vereinbaren. Dank digitaler Signatursysteme sind mittlerweile auch rechtssichere Mietvertragsabschlüsse auf diesem direkten Weg möglich. Die analoge oder digitale Unterzeichnung erfolgt so schnell wie irgend möglich, ggf. noch am selben Tag. Je mehr Zeit zwischen Entscheidung und Vertragsunterzeichnung liegt, desto mehr Möglichkeiten bestehen, dass der Interessent wieder abspringt. Insofern ist Schnelligkeit der Erfolgsgarant für den Vermieter.

3 Systematischer Wohnungsvertrieb

Die im weiteren Verlauf zu behandelnde Mieterselektion findet im Prinzip bereits während des gesamten Vermietungsprozesses statt. Schon bei der initialen Kontaktaufnahme können Interessenten entsprechend ihrer Geeignetheit selektiert bzw. ggf. aussortiert werden. Die Selektion ist zudem keine Einbahnstraße, da umgekehrt auch der Mietinteressent laufend neue Opportunitäten und Parameter erhält bzw. bildet, was seinerseits eine Wertung des Wohnungsangebots zur Folge hat. Die Finalisierung der Besichtigung bedeutet insofern, dass der Vermieter am Ende des Vorgangs einen adäquaten Schlusspunkt setzen muss, der den Umständen des Einzelfalls Rechnung trägt.

3.3.2.3 Mieterselektion

Die Qualität des Vertriebs und der mit dieser Aufgabe betrauten Vermieter spiegelt sich nicht nur in der Vermietungsgeschwindigkeit und der vereinbarten Mietpreise wider. Für eine wirtschaftlich nachhaltige Vermietung ist es überaus wichtig, dass auch auf weitere persönliche Faktoren in der Person des Mieters geachtet wird.

Die Vermietung an Mietnomaden ist dabei das Worst-Case-Szenario, das es unter allen Umständen zu vermeiden gilt. Gerade bei professionellen Unternehmen kann durch managementseitigen Druck auf die Vermieter ein negativer Begleiteffekt entstehen. Die Vermieter sind getrieben von reinen Vermietungszahlen und versuchen diese um jeden Preis zu erreichen. In dieser Gemengelage werden Warnsignale, die der Mietinteressent aussendet, unbewusst oder bewusst ignoriert bzw. übersehen. Oftmals zeigt sich dann bereits kurz nach Übergabe der Wohnung oder nach einem verhältnismäßig kurzen Mietzeitraum die mangelnde Zahlungswilligkeit des Mieters oder andere Unzulänglichkeiten. Die Buchhaltung ist regelmäßig in einer anderen Abteilung des Unternehmens, sodass die Vermieter oftmals gar nicht mitbekommen, an welche »Wackelkandidaten« sie die Wohnung vermietet haben. Auf betriebswirtschaftlicher Seite wirken sich diese Mechanismen mit steigenden Mietausfällen und Kosten für Räumungsklagen empfindlich aus. Die nachfolgenden Ausführungen zeigen praktisch anwendbar, wie bei Anmietungswillen des Interessenten eine adäquate Mieterselektion erfolgt.

3.3.2.3.1 Ideales Matching

»Matching« wird hier als Abgleich von Vermietungskriterien für eine bestimmte Wohnung und den persönlichen Eigenschaften der Mietinteressenten verstanden. Ein erfolgreicher Matchingprozess soll die maximal mögliche Kongruenz und Passgenauigkeit zwischen den Anforderungen des Eigentümers bzw. Vermietungsvertriebs und den persönlichen Eigenschaften des Mietinteressenten herstellen.[145] Ziel ist dabei die Vermeidung einer feh-

---

145 In Anlehnung an Arbeitnehmer-Matching, vgl. https://de.wikipedia.org/wiki/Matching_(Arbeitsvermittlung), abgerufen am 23.11.2020.

lerhaften Auswahl, die sich durch Zahlungsausfälle oder soziale Defizite in der späteren Bewirtschaftung negativ niederschlägt.

Das Mieter-Matching setzt in einem ersten Schritt eine klare Definition der wesentlichen Auswahlkriterien voraus. Ferner sind die Kriterien zu gewichten und eine entsprechende Rang- und Reihenfolge zu definieren. Die nachstehende Reihenfolge spiegelt die Auffassung des Autors wider. Eine andere Reihenfolge kann ebenso gute Gründe haben. Im Ergebnis kommt es darauf an, überhaupt sinnvolle Kriterien zu entwickeln und diese als roten Faden durch den Vermietungsprozess zu verstehen.

3.3.2.3.1.1 Wirtschaftliche Leistungsfähigkeit

Die wirtschaftliche Leistungsfähigkeit des Mietinteressenten ist die wesentliche Grundvoraussetzung für eine positive Auswahlentscheidung. Das priorisierte Aufführen der wirtschaftlichen Leistungsfähigkeit nährt natürlich die Vorurteile gegenüber dem »profitgetriebenen« Vermieter. Auf betriebswirtschaftlicher Basis ist dies aber in der Tat das entscheidende Element der Mieterselektion.

Jemand, der sich die Wohnung nur schwer oder gar nicht leisten kann, wird über kurz oder lang Mietrückstände generieren. Die Folge sind steigende Aufwände im Mahn- und Klagewesen und ggf. sogar kostspielige Räumungsklagen. Medienwirksame Havarien von Mietverhältnissen zulasten des Vermieters haben häufig ihren Grund in der mangelnden Prüfung der wirtschaftlichen Leistungsfähigkeit des Mietinteressenten. Eine konkrete Definition der wirtschaftlichen Leistungsfähigkeit in diesem Kontext lautet: Die Fähigkeit des potenziellen Mieters und die Wahrscheinlichkeit, dass für die unbestimmte Dauer des Mietverhältnisses der vollständige Mietzins pünktlich entrichtet wird.

Die Fähigkeit hängt von seiner Einkommenssituation ab. Dabei ist sowohl die aktuelle Höhe des Einkommens als auch die Einkommensquelle zu berücksichtigen. Die Höhe des Einkommens wird anhand des verfügbaren Nettoeinkommens unter Berücksichtigung der Lebensumstände beurteilt. Als Faustregel gilt, dass die Bruttomiete (Miete zzgl. Nebenkosten) ein Drittel des Nettohaushaltseinkommens nicht übersteigt. Das Haushaltseinkommen ist insofern bei einem Single-Mieter anders zu beurteilen als bei einer vierköpfigen Familie mit zwei Berufstätigen.

Weiter ist hinsichtlich der Einkommensquelle zu unterscheiden. Es sei an dieser Stelle nochmal ausdrücklich erwähnt, dass in jedem Fall eine einzelfallbezogene Prüfung des Mietinteressenten zu erfolgen hat. Die vorzunehmende Beurteilung stellt eine Momentaufnahme dar. Eine Entscheidung kann somit nur gefällt werden, wenn alle entscheidungsrelevanten Faktoren bekannt und bewertet sind. Fakt ist, dass sich die getroffene Entscheidung aufgrund des allgemeinen Lebensrisikos bereits nach kurzer Zeit als falsch herausstellen kann. Ein von außen sicheres und über lange Jahre bestehendes Arbeitsverhältnis kann etwa bei Verschulden des Mietinteressenten fristlos gekündigt werden. Oder der so sicher erscheinende Arbeitgeber kann am nächsten Tag unerwartet Insolvenz anmelden. Die Liste ließe sich beliebig fortsetzen. Die Aufgabe des Vermietungsvertriebs besteht auf der einen Seite darin, eine bestmöglich begründete und fundierte Entscheidung zu treffen, und andererseits darin, die bestehenden Lebensrisiken als gegeben hinzunehmen und diesbezüglich eine gewisse Gelassenheit an den Tag zu legen. Die nachstehenden Personengruppen sind nach der Quelle ihres Lebensunterhalts eingeordnet:

1. **Angestellte** haben gewöhnlich den Vorteil, dass sie über einen festen monatlichen Betrag verfügen, den sie pünktlich erhalten. Sie haben daher in der Regel eine hohe Planungssicherheit in Bezug auf ihre Einkünfte. Von Interesse für den Vermietungsvertrieb sollte sein, wer der Arbeitgeber ist, welche Position der Mietinteressent bekleidet und wie lange er diese Tätigkeit beim Arbeitgeber bereits ausführt. All diese Faktoren sind Indizien für die wirtschaftliche Leistungsfähigkeit – nicht mehr und nicht weniger. Sofern man das Kriterium der »Sicherheit« einführen möchte, ist natürlich klar, dass Angestellte von öffentlichen Einrichtungen (Beamte, Angestellte im öffentlichen Dienst etc.) und Betrieben der Daseinsvorsorge die krisensichersten Arbeitsplätze haben. Die Sicherheit eines Arbeitsplatzes im Großkonzern gegenüber demjenigen in einem mittelständischen Betrieb kann wahrscheinlich kein Vermieter tatsachenfundiert ermitteln. Das Risiko, in einem Konzern Opfer von Massenentlassungen zu werden, ist in der heutigen Zeit wohl ebenso groß, wie seinen Arbeitsplatz bei einem von Insolvenz bedrohten Mittelständler zu verlieren.

   Wer die wirtschaftliche Leistungsfähigkeit wirklich detailliert prüfen möchte, der sollte sich vielmehr mit dem Berufsbild und der Position des Interessenten auseinandersetzen. Interessenten mit einer zukunftsträchtigen Ausbildung, z. B. im IT-Sektor, haben eine geringe Ausfallwahrscheinlichkeit. Als Faustregel gilt: Je höher der Bildungsgrad und je spezialisierter der Beruf, desto geringer ist die Wahrscheinlichkeit des Einkommensverlustes. Auch diese Aussage ist einzuschränken: Die beste Bildung, der sicherste Arbeitsplatz nützt nichts bei Scheidung, Unfall, schwerer Krankheit und sonstigen Schicksalsschlägen, die leider im Leben vorkommen. Auch dies ist ein weiterer Grund, für mehr Gelassenheit bei der Auswahl zu plädieren.

2. **Ein Arbeitsverhältnis auf Probe** ist besser als gar keines, aber es ist Vorsicht geboten. Derartige Arbeitsverhältnisse sind näher zu beleuchten, um eine nachhaltige Entscheidung treffen zu können. Hier ist die Kernfrage, ob der Interessent über einen fachlichen Background verfügt, der es ihm beim derzeit bestehenden Arbeitsmarkt leicht macht, im Falle des Scheiterns während der Probezeit, eine neue Anstellung zu finden. Sollte dies der Fall sein, etwa bei Programmierern, Ingenieuren, Facharbeitern oder anderen spezialisierten Kräften, steht einer Vermietung nichts im Wege.

3. **Befristete Arbeitsverhältnisse** sind ebenfalls im Einzelfall zu betrachten. Hier kommt es im ersten Schritt auf das Ende der Befristung an. Befindet sich der Interessent ganz

am Anfang seiner Beschäftigungszeit und endet das Arbeitsverhältnis etwa in zwei Jahren, so kann dies für eine »normale« Wohnung und bei positiver sonstiger Prognose durchaus grünes Licht für die Vermietung bedeuten.

Die Mietdauer hat sich in den letzten Jahren aufgrund der gesellschaftlichen Entwicklung zu mehr Arbeitsplatzmobilität und aufgrund verschiedener Lebensentwürfe deutlich verringert. Insofern bestünde auch bei einem unbefristeten Arbeitsverhältnis tendenziell das Risiko, dass der neu gefundene Mieter innerhalb von ein oder zwei Jahren seine Wohnung wechselt. Aus diesem Grund sollte der Maßstab bei befristeten Arbeitsverhältnissen nicht allzu streng angelegt werden. Für die weitere Prüfung gilt das bereits zur Probezeit formulierte Plazet. Gegenstand der Entscheidungsfindung wird immer die Abwägung sein, wie wahrscheinlich es ist, dass der Mietinteressent den Job nach Auslaufen der Befristung behalten kann oder zeitnah eine neue Anstellung findet.

4. **Selbstständige:** Die Beurteilung der wirtschaftlichen Leistungsfähigkeit von Selbstständigen ist in der Praxis oftmals sehr schwierig. Dies hat unterschiedliche Gründe: Selbstständige haben – abgesehen von solchen, die einen langjährig etablierten, gut gehenden Betrieb führen – eine viel geringere Planungssicherheit als Angestellte. Sie unterliegen äußeren Markteinflüssen unmittelbarer als Angestellte und haben oftmals wenig Eigenkapital, um Durststrecken zu überstehen. Die Folge können Liquiditätsengpässe und damit verbundene private Zahlungsschwierigkeiten sein. Auf der anderen Seite gibt es genügend Gegenbeispiele, die positiv untermauern, wie zahlungskräftig gerade Selbstständige sind. Insofern gilt es auch in diesem Bereich, eine individuelle Einzelfallprüfung vorzunehmen. Folgende Kriterien sind dabei in die Entscheidungsfindung einzubeziehen:

   - **Branche bzw. Geschäftsmodell:** Aus marktwirtschaftlicher Perspektive muss der Vermieter eine prägnante Einordnung der Branche bzw. des Geschäftsmodells des Mietinteressenten vornehmen. Die Prüfung der Zukunftsfähigkeit kann sich dabei nur auf reine Plausibilität beziehen. Während der Corona-Krise haben beispielsweise bestimmte Branchen oder Zweige erhebliche Beeinträchtigungen ihres Geschäftsmodells erfahren, wie z. B. Hotelbetriebe, Reisebüros oder Tanzlokale. Gleichzeitig profitierten u. a. Technologieunternehmen, die neuartige Kollaborationsmodelle ermöglichen. Der gesunde Menschenverstand hilft hier durchaus weiter.

   - **Dauer der Selbstständigkeit:** Gerade Existenzgründer, die über wenig Erfahrung verfügen, stellen bei der Vermietung ein Risiko dar. Zwar haben diese oft ausgeklügelte Businesspläne – diese sind allerdings zunächst theoretischer Natur und müssen nicht unbedingt die tatsächliche wirtschaftliche Lage wiedergeben. Langjährig tätige Unternehmer hingegen kennen grundsätzlich ihr Geschäft und wissen besser mit schwierigen Situationen umzugehen.

- **Umsatz und Mitarbeiteranzahl:** Zur Beurteilung sollte man sich den aktuellen Einkommensteuerbescheid bzw. die Einkommensteuererklärung des Vorjahres geben lassen sowie die aktuellste monatliche Gewinn- und Verlustrechnung. Auf dieser Basis ist eine nachhaltige Einschätzung der wirtschaftlichen Leistungsfähigkeit möglich. An dieser Stelle sei der Hinweis erlaubt, dass der Vermieter zunächst einmal eine einzelne Wohnung vermieten möchte und keine Bankgeschäfte bzw. Kreditvergaben anstrebt. Insofern werden der Prüfungsaufwand und die Prüfungstiefe dementsprechend verhältnismäßig zu bemessen sein. Ratsam ist es, die Beträge von zwei Jahresnettomieten zu kumulieren und sich anhand dieser Summe Gedanken zum Prüfungsaufwand zu machen. Die Vermietung einer modernisierten 150-m^2-Altbauwohnung in Berlin-Charlottenburg wird dann eine andere Sorgfalt und gedankliche Auseinandersetzung erfordern als ein Einraumappartment in Salzgitter. Maßstab kann auch hier nur der gesunde Menschenverstand sein.

5. **Leistungsempfänger** stellen eine prozentual große Mietergruppe dar. Die Vermietung an Leistungsempfänger hat Vor- und Nachteile. Gleichzeitig kann dieser Personenkreis auch eine definierte Zielgruppe im Rahmen der Kunden- bzw. Produktanalyse sein. Dies hängt maßgeblich von dem zu vermietenden Wohnungsbestand und der soziodemografischen Struktur der Bewohnerschaft im Gebäude bzw. Quartier ab. Der Mietinteressent reicht beim Jobcenter eine Mietbescheinigung ein. Erfüllt die Wohnung die erforderlichen Kriterien, erhält der Interessent vom Jobcenter eine Bestätigung. Es ist ratsam, dass der Interessent beim Jobcenter eine Abtretungserklärung einreicht, damit die Mietzahlung unmittelbar von dort aus an den Eigentümer erfolgen kann.

3.3.2.3.1.2 Nachbarschaftliche Integrationsfähigkeit

Ein weiteres Kriterium ist die Integrationsfähigkeit des Mietinteressenten in das soziale Gefüge im Gebäude und in die unmittelbare Nachbarschaft im Quartier. Der Mietinteressent passt beim idealen Mieter-Matching in das soziale Gefüge des Wohnungsumfelds. Dazu zählen die unmittelbaren Bewohnerinnen und Bewohner seiner Liegenschaft, aber auch die Nachbarschaft im Quartier. Hiermit ist ausdrücklich nicht gemeint, dass eine monosoziale Struktur in einem bestimmten Bestand gefördert wird, also z. B. nur Alleinerziehende, nur Leistungsempfänger, nur Besserverdiener.

Gemeint ist eine intelligente Zusammensetzung der Wohnungsmieter. Hierbei sind Anhaltspunkte die Altersstruktur, Familienstände, beruflichen Gegebenheiten und viele Punkte mehr. In diesem Kontext hat bereits Immanuel Kant richtig formuliert: »Die Freiheit des Einzelnen endet dort, wo die Freiheit des anderen beginnt.« Genau diese Abwägung ist auch bei der Entscheidung vorzunehmen, inwieweit ein Mietinteressent in die bestehende Mieter- und Nachbarschaft hineinpasst. Es geht nicht oder wenn überhaupt nachrangig darum, ob oder was er aktiv beisteuern kann. Vielmehr geht es um die Frage, welchen Grad an Rücksichtnahme sein zukünftiges Wohnumfeld von ihm erwarten kann. Dies ist der Maßstab, um zu einer sachgerechten Auswahlentscheidung zu gelangen. Die sicherlich subjektiven Eindrücke vom Mietinteressenten werden anhand folgender objektiver Kriterien gegengeprüft:

1. **Anzahl und Altersstruktur der Bewohner:** Das Mieter-Matching ist in vielerlei Hinsicht ein umfangreicher Abwägungsprozess. Die Anzahl der möglicherweise neuen Bewohnerinnen und Bewohner ist sicherlich für eine Hausgemeinschaft von Bedeutung. Wohnen in einem Haus bereits mehrere Familien mit (Klein-)Kindern ist damit naturgemäß eine höhere Lärmemission verbunden. Wie kommt der Mietinteressent mit dieser Situation zurecht? Dies ist eine individuell zwischen Vermieter und Interessent abzustimmende Thematik. Ein guter Vermieter wird ein erstes Gefühl dafür haben, ob z. B. das Seniorenpärchen in eine solche Hausgemeinschaft passen würde. Ein sehr guter Vermieter wird genau dieses Thema mit den Interessenten auf eine charmante und keinesfalls problematisierende Weise klären.
Wichtig ist die neutrale Information des Interessenten über die Zusammensetzung der Hausgemeinschaft und die diskrete Einholung eines Meinungsbildes vom Interessenten. Seine Reaktion kann zur leichteren Entscheidungsfindung genutzt werden. Sofern aufseiten eines an sich objektiv sehr gut passenden Mietinteressenten unberechtigte Zweifel oder Bedenken bestehen, sind diese durch den Vermieter entsprechend sorgfältig und einfühlsam zu behandeln. Dabei ist es wichtig, dass dem Interessenten wahre Tatsachen präsentiert werden, also auf keinen Fall ein »Schönreden« einer schwierigen Situation erfolgt. Gleichzeitig werden auf faktischer und emotionaler Basis ohne Verkaufsdruck Stück für Stück die Bedenken des Interessenten ausgeräumt.

2. **Haustiere:** Haustiere und Tierhaltung innerhalb der Wohnung sind ein äußerst wichtiges Thema bei der Anbahnung eines Mietvertrags. Unter Beachtung der Rechtsprechung ergibt sich grundsätzlich bei Kleintieren keine generelle Zustimmungspflicht des Vermieters. Anders sieht es bei Katzen, Hunden und anderen größeren Tierarten aus. Bevor die Interessentenansprache und öffentliche Bewerbung einer Wohnung anlaufen, ist zunächst mit dem Eigentümer zu klären, inwieweit Tierhaltung erwünscht, erlaubt und möglich ist.
Je strikter hier die Position des Eigentümers ausfällt, desto offener sollte damit bereits zu Beginn der Kommunikation mit Interessenten umgegangen werden. Eine generell ablehnende, restriktive Haltung des Eigentümers sollte idealerweise bereits im Angebotstext des Inserats und im Exposé erwähnt sein. Während des Erstkontakts per Telefon, Mail, Chatbot oder auf anderem Weg ist dann sicherheitshalber eine Routine zur Verifizierung einzubauen. Oftmals werden derartige Angaben in Texten überlesen oder gar nicht gelesen, sodass eine Nachfrage durchaus sinnvoll ist.
Auf die Frage der Tierhaltung ist dann während der Besichtigung dezent einzugehen und spätestens beim Matching-Prozess hat die definitive Klärung und Abstimmung mit dem Mietinteressenten zu erfolgen. Selbst bei positiver Grundeinstellung des Eigentümers kann es sinnvoll sein, aus Vermietersicht restriktiver mit dem Thema

»Tierhaltung« umzugehen. Größere Hunde etwa lösen bei vielen Menschen Ängste aus und können bei späteren Vermietungen im Gebäude wiederum zu erschwerten Bedingungen führen. Insofern ist eine Auswahl sorgfältig zu durchdenken.

3. **Freizeitverhalten:** Im Rahmen des persönlichen (Erst-)Kontakts mit dem Mietinteressenten wird die Chance genutzt, von diesem charmant und dezent Informationen zu seinen Hobbys einzuholen. Keinesfalls darf ein solcher Abgleich einem »Ausfragen« oder einem »Verhör« gleichkommen. Vielmehr ist bei der Kommunikation zwischen Vermieter und Mietinteressent auf die gleiche Augenhöhe zu achten.

Persönliche Fragen, die von einem echten Interesse zeugen, sind hier der Schlüssel zum Erfolg. Menschen sind eher bereit, anderen Auskünfte zu ihren privaten Angelegenheiten zu geben, wenn sie selbst wiederum beim Gegenüber das Gefühl haben, dass dieses sich ihnen öffnet. Das bedeutet in Bezug auf die in der Vermietung operativ tätigen Mitarbeiter, dass diese eine gewisse Extrovertiertheit an den Tag legen. Ein offenes und kommunikatives Wesen ist dabei äußerst hilfreich. Auf diese Weise fühlt sich der Interessent wohl, auch wenn er einem vermeintlich Fremden private Dinge aus seinem Leben preisgibt.

3.3.2.3.1.3 Persönliche Sympathie

Nach Beurteilung der wirtschaftlichen Leistungsfähigkeit als »hard fact« ist die Sympathie ein – wenn auch »softes« – Entscheidungskriterium. Sympathie wird gemeinhin als positive gefühlsmäßige Einstellung zu jemandem aufgrund einer gewissen Übereinstimmung oder Affinität verstanden.[146] »Sympathie ist das Gefühl einer sich zumeist spontan ergebenden Zuneigung im Kontakt mit einem anderen Menschen, den man sympathisch und damit zugleich anziehend oder vertraut findet. Sympathie ist zugleich ein Zustand von harmonischer Resonanz und Vereinbarkeit im Miteinander. Das Gegenteil ist die Antipathie, ein Gefühl der Abneigung.«[147]

Dieses »softe« Kriterium ist natürlich in der Bewertung stark subjektiv geprägt und sicherlich schwer zu greifen. Andererseits geht mit jeder sozialen, aber auch geschäftlichen Interaktion ein »Bauchgefühl« einher. Vorausgesetzt, die Person des Vermieters ist menschlich, fachlich und vertrieblich solide aufgestellt, kann die Sympathie durchaus ein greifbares Kriterium sein. Der Vermieter wird in diesem Fall aus seiner Menschenkenntnis und beruflichen Erfahrung viele bewusste und unbewusste Schlüsse zu seinem Gegenüber ziehen. Ein guter Mitarbeiter im Vermietungsvertrieb versteht es, sein Sympathieempfinden nicht

---

146 Vgl. https://www.duden.de/rechtschreibung/Sympathie, abgerufen am 30.11.2020.
147 Vgl. https://www.imageberater-nrw.de/ib-kompetenzbereiche/psychologie/hintergrundwissen-sympathie/, abgerufen am 30.11.2020.

davon abhängig zu machen, ob jemand »genauso ist« wie er selbst. Darum geht es ihm nicht. Er möchte gern sein Produkt, in unserem Fall die Wohnung, erfolgreich vertreiben.

Im schlimmsten Fall ist dem Vertriebler die Sympathie gegenüber dem Mietinteressenten völlig egal, wenn er ausschließlich abschluss- und profitorientiert handelt. In diesem Fall bedeutet dies mit hoher Wahrscheinlichkeit mittelbare Folgekosten bei der späteren Bewirtschaftung. Die sog. Querulanten im Wohnungsbestand sind in jedem Unternehmen bekannt. Sie haben Probleme mit den Nachbarn, sehen sich grundsätzlich bei der Nebenkostenabrechnung benachteiligt und finden verschiedene Gründe zur Beschwerde oder sind selbst Anlass der Beschwerde ihrer Mitmenschen. Oft heißt es dann aus der Vermietung, dass der- oder diejenige bereits in der Mietvertragsanbahnung negativ aufgefallen sei.

Wer also bereits im Umgang mit sozial »pflegeleichten« Mitarbeitern und Mitarbeiterinnen in der Vermietung keine Sympathiepunkte sammelt, wird dies aller Wahrscheinlichkeit auch nicht in der Interaktion mit seinen Nachbarn und den übrigen Mitarbeitern des Unternehmens schaffen. Die unternehmerische Frage lautet demnach, wie viel Sympathie man sich buchstäblich leisten kann. Die Sympathie ist ohnehin ein tragendes, wenn auch oft unbewusstes Element in einer persönlichen oder geschäftlichen Beziehung. Für den Vermietungsvertrieb und den hier proklamierten Prüfungsmaßstab ist es daher zur besseren Einordnung sinnvoll, dieses Kriterium negativ abzugrenzen.

> **Tipp: Vier-Augen-Prinzip**
>
> Mit Mietinteressenten, die bei ihrem Gegenüber aus nachvollziehbaren Gründen Antipathie auslösen, sollten nach Möglichkeit kein Mietverhältnis geschlossen werden. Zur Vermeidung von Willkürentscheidungen des Vertriebs empfiehlt es sich, einen solchen Fall nach dem Vier-Augen-Prinzip einzustufen. Was für den idealen Mitarbeiter im sozialen Umgang gilt, darf auch für den idealen Kunden gelten: Dieser sollte im besten Fall freundlich, aufgeschlossen und positiv dem Leben zugewandt mit seinen Mitmenschen interagieren.

3.3.2.3.2 Umgang mit schwierigen Mietinteressenten

In sozialen Brennpunkten treffen Vermieter auf Mietinteressenten, die sich zum Teil in einer prekären Lebenssituation befinden. Psychische Belastungen und eine traumatische Vergangenheit führen zu einem erhöhten Aggressions- und Gewaltpotenzial. Beschimpfung, Bedrohung und Belästigung von Vermietern sind im Einzelfall zu erleben – insbesondere bei der Erteilung von Wohnungsabsagen.

Ein professioneller Umgang mit dieser Art von psychischer Gewalt ist erforderlich. Der Vermieter benötigt einen inneren Abstand zu seiner Arbeit, der es ihm erlaubt, sich als Person von den Attacken zu distanzieren. Die Anfeindungen treffen bei diesem Verständnis nicht ihn als Person oder Menschen, sondern seine Rolle als Vermieter, als quasi dritte Person.

In jeder Phase ist eine Deeskalation zu fördern. Wichtig ist dabei eine konsequente und harte Vorgehensweise. Je nach Eskalationsstufe sind dem aggressiven Mietinteressenten klar Grenzen aufzuzeigen. Gegenseitige Anfeindungen oder Beleidigungen sind zu vermeiden. Vielmehr bleibt der Vermieter in jeder Gesprächsphase ruhig und vor allem sachlich.

Es mag helfen, den Fokus des Interessenten auf eine imaginäre, übergeordnete, nicht näher persönlich bestimmbare Instanz zu verschieben. So können beispielsweise die strengen Auswahlkriterien der Eigentümergesellschaft ein Grund für die Ablehnung sein. Der Mietinteressent hat in diesem Fall keine konkrete Person vor Augen, auf die sich seine Aggression fokussiert. In Zweifelsfällen mag auch die Einschaltung übergeordneter Instanzen das Mittel der Wahl zu sein. Die Inanspruchnahme von ordnungs- oder polizeibehördlicher Hilfe ist als letzte denkbare Option in Erwägung zu ziehen.

3.3.2.3.3 Erkennen von Mietnomaden

Beim Besichtigungstermin geben sie sich seriös und weltgewandt. Sie fahren in schicken Autos vor, tragen kostspielige Kleidung und Schmuck. Aber was sie hinterlassen, sind meist nur ein Berg von Schulden und Müll – die Rede ist von Mietnomaden. Zum Schutz gegen solch einen Einmietbetrug gibt es verschiedene Maßnahmen.

Zunächst ist es nicht empfehlenswert, sich allein auf die eigene Menschenkenntnis zu verlassen. Vielmehr sollten die nachfolgend skizzierten Prüfungsschritte befolgt und erst danach eine positive Vermietungsentscheidung getroffen werden. Worauf sich der Vermieter sehr wohl verlassen sollte, ist ein »schlechtes Bauchgefühl«. Dies kann oftmals ein guter Indikator sein, um den Mietkandidaten einem gründlichen Check zu unterziehen. Das Beste, was Vermieter machen können, um sich von vornherein vor möglichen Mietnomaden zu schützen, ist die genaue Prüfung des potenziellen Mieters. Die zum Zwecke der Prävention entwickelten praxiserprobten Grundsätze bieten sich für alle mit der Vermietung betrauten Personenkreise an. Die nachstehende Drei-Punkte-Checkliste bietet Hilfe bei der Früherkennung potenzieller Mietnomaden.

3.3.2.3.3.1 Besichtigungsgeschwindigkeit

In der Praxis konnte festgestellt werden, dass sich aus verschiedenen Verhaltensweisen des Mietinteressenten Rückschlüsse auf sein Mietmotiv ziehen lassen. Mietnomaden zeichnen sich in der Regel dadurch aus, dass es ihnen viel weniger darum geht, eine schöne Wohnung in attraktiver Lage zu finden, sondern vielmehr generell ein neues »Dach über dem Kopf« zu bekommen. Dies resultiert aus der Tatsache, dass sie ihre jetzige Bleibe unter Druck – meist steht eine Zwangsräumung der vorherigen Wohnung an – verlassen müssen. Aufgrund des Zeitdrucks erfolgt eine Besichtigung nur äußerst oberflächlich.

Ein Anzeichen ist dabei, dass der Mietinteressent durch die Wohnung eilt und ohne genaues Ansehen der Räumlichkeiten fast schon hastig die Zusage erteilt, die Wohnung zu nehmen. Er wird in diesem Fall auf den zügigen Abschluss eines Mietvertrags drängen. Ein derartiges Verhalten sollte den Vermieter sofort zu einer detaillierten Überprüfung der Person veranlassen. Dies gilt insbesondere in den Regionen Deutschlands in denen ein »Mietermarkt« herrscht, d. h. es stehen mehr leere Wohnungen zur Verfügung als es Mietinteressenten gibt. Aus diesem Grund besteht in der Regel für keinen Mietinteressenten großer Druck, eine Wohnung sofort und ohne genaue Besichtigung anzumieten.

Eine andere Situation ist derzeit vielfach in den A-Standorten zu beobachten, da hier ein ausgesprochener »Vermietermarkt« gegeben ist. Es sind weit mehr Mietinteressenten als adäquate Wohnungen vorhanden. Selbstverständlich wird es darüber hinaus immer Ausnahmen geben, so z. B. wenn es sich um ein exklusives Objekt in einer tollen Wohnlage handelt. Derartig hochwertige Immobilien sind vielfach nicht das angestrebte Ziel von Mietnomaden, weil sie bei der Anmietung solcher Wohnungen grundsätzlich einer intensiven Überprüfung ihrer wirtschaftlichen Verhältnisse ausgesetzt sind. Auch hier gibt es allerdings Ausnahmen und Einzelfälle. Wahrscheinlich sind derartige Personen weniger Mietnomaden als professionelle Betrüger, die einen kostspieligen Lebensstil auf Kosten Dritter führen.

3.3.2.3.3.2 Übernahmezeitraum

Ein weiterer Anhaltspunkt ist der vom Mietinteressenten angestrebte Übernahmezeitraum der neuen Wohnung. Sofern der Mietinteressent auf eine Übernahme der Wohnung in einem Zeitraum von unter sechs Wochen drängt, ist größte Vorsicht geboten. Dieser kurze Zeitraum lässt darauf schließen, dass das vorherige Mietverhältnis z. B. fristlos gekündigt wurde oder eine kurzfristige Räumung ansteht.

Mietinteressenten sind grundsätzlich an die ordentlichen Kündigungsfristen des bereits bestehenden Mietverhältnisses gebunden. Die Kündigungsfrist dürfte im Regelfall mindestens einen Zeitraum von drei Monaten betragen. In diesem Zeitraum kann sich der Mietinteressent selbst um einen Nachmieter oder Käufer seiner ursprünglichen Wohnung bemühen, sodass der Zeitraum durchaus auch verkürzt werden kann. Allerdings hat sich in der Praxis gezeigt, dass Übernahmezeiträume mindestens sechs Wochen betragen. Sofern der Mietinteressent die Wohnung in weniger als sechs Wochen übernehmen will, sollte der Vermieter eine genaue Überprüfung der Umzugsmotive des Interessenten anstellen. Andernfalls begibt er sich in die Gefahr, an einen zahlungsunwilligen Mietnomaden zu geraten.

3.3.2.3.3.3 Bonitätscheck

Eine weitere wichtige Präventionsmaßnahme besteht in der Einholung von Auskünften über die wirtschaftlichen Verhältnisse des Mietinteressenten. Mietnomaden befinden sich häufig in wirtschaftlichen Schwierigkeiten. Oftmals sind bereits verschiedene Gerichtsverfahren und Zwangsvollstreckungsmaßnahmen gegen diese Personen eingeleitet worden. In einem ersten Schritt ist zu überprüfen, ob der Mietinteressent eine eidesstattliche Versicherung abgegeben hat. Diese Information kann bei den bekannten Kreditauskünften oder der jeweiligen Schuldnerauskunft der Amtsgerichte eingeholt werden. Die für die Auskunft anfallenden Kosten sind im Verhältnis zum drohenden finanziellen Schaden als äußerst geringfügig zu bewerten. Die Investition lohnt sich in jedem Fall.

Des Weiteren kann der Vermieter diskrete Informationen über den früheren Vermieter, die frühere Wohnung und den Arbeitgeber sowie den Familienstand bzw. die Familienverhältnisse des Interessenten einholen. Dabei sind bei einer etwaigen IT-Datenverarbeitung immer datenschutzrechtliche Bestimmungen zu beachten. Insofern hat der Vermieter zunächst diese puzzleartigen Informationen gedanklich zusammenzuführen und individuell zu bewerten. Die Einholung sollte im Rahmen eines lockeren Gesprächs stattfinden, um den Interessenten nicht unnötig zu verstimmen. Außerdem lassen sich viele Informationen in einem zwanglosen Gespräch besser ermitteln als z. B. in einer förmlichen Selbstauskunft.

Die im Gespräch gesammelten Informationen sollten dann auf ihre Glaubwürdigkeit überprüft werden. Es bietet sich vor allem an, die Wohnlage der vorherigen Wohnung anzuschauen, um einen Eindruck von den Lebensverhältnissen des Interessenten zu gewinnen. Es sollte allerdings davon abgesehen werden, unangekündigt beim Arbeitgeber oder dem Vormieter anzurufen, weil dies unter Umständen einen Eingriff in die Privatsphäre des Mietinteressenten darstellt. Im Normalfall lässt man sich Verdienstbescheinigungen vorlegen und klärt ab, wie lange der Mietinteressent schon bei seinem Arbeitgeber beschäftigt ist.

Die vorstehenden drei Prüfungsschritte bieten einen einfachen und effektiven Schutz vor potenziellen Mietnomaden.

> **Tipp: Mietnomaden**
> Ist der potenzielle Mietinteressent geprüft und alles ist augenscheinlich in Ordnung, heißt dies aber noch lange nicht, dass der Vermietungsvertrieb es nicht doch mit einem Mietnomaden zu tun hat. Deshalb gilt es weiterhin, Möglichkeiten auszuschließen und sich weiter abzusichern. Hierzu gibt es einige wichtige Dinge zu beachten:
> - Die Schlüssel zur Wohnung werden dem zukünftigen Mieter erst ausgehändigt, sobald der Mietvertrag unterschrieben ist, auf keinen Fall vorher.
> - Die Schlüsselübergabe sollte Zug um Zug gegen Zahlung der Mietkaution sowie der ersten Monatsmiete erfolgen. Hierbei ist zu beachten, dass der Mieter nach § 551 Abs. 2 BGB die Kaution in drei Raten zahlen kann und der Vermieter daher die Schlüsselübergabe nur von der Zahlung der ersten Rate abhängig machen kann.
> - Bei der Schlüsselübergabe wird mit dem Mieter zusammen ein schriftliches Übergabeprotokoll erstellt.

3.3.2.4 Mietvertragsabschluss – Signing

Nach der Mieterselektion geht der Weg weiter in Richtung Mietvertragsabschluss – hier gibt es einige bedenkenswerte Taktiken. In der Praxis ist zu beachten, dass der Vermieter oftmals bereits vor der Besichtigung eine Vorselektion anhand der Hard Facts vorgenommen hat und während der Besichtigung alle erforderlichen persönlichen Kriterien abgeklopft werden konnten. Der Vermieter wird den Mietvertragsabschluss daher in der Praxis oftmals unmittelbar in der Schlussphase der Besichtigung forcieren. Dem vorangegangen ist die Deutung der vom Interessenten gezeigten Anmietungssignale, die bereits an anderer Stelle ausführlich erläutert wurden (siehe Kapitel 3.3.2.2.7). Die Aufgabe des Vermieters ist es, den Interessenten aktiv zum Mietvertragsabschluss zu führen. Zu diesem Ziel führen verschiedene Mittel und Wege.

3.3.2.4.1 Abschlusstechniken

In der einschlägigen Vertriebsliteratur werden verschiedene Abschlusstechniken propagiert. Der prominente amerikanische Verkaufstrainer Zig Ziglar hat in »Der totale Verkaufserfolg« dem Thema Abschlusstechnik mehrere Hundert Seiten gewidmet. Es gibt zudem verschiedene Werke, die spezifische Abschlusstechniken für den Vermietungsvertrieb erläutern.[148] Im Wesentlichen sind die dahinterliegenden Mechanismen identisch, einzig die Bezeichnung variiert.

Als »Schienen-Technik« oder »Trail Closing« wird etwa die Vorgehensweise verstanden, den Interessenten auf den Pfad zustimmender, bejahender Antworten zu führen. Suggestivfragen, die eine sichere Zustimmung erfahren, sollen so lange gestellt werden (»Ihnen hat das Bad offensichtlich wunderbar gefallen?«), bis am Ende die Frage nach einem Termin für die Vertragsunterzeichnung vom Kunden fast wie von selbst bejaht wird.

Die ernsthafte Auseinandersetzung mit diesen Abschlusstechniken erfordert eine starke Differenzierung. Die Abschlusstechniken vermitteln den Eindruck, als ob der Vertriebler nur die richtigen Fragen und Sätze zur richtigen Zeit formulieren müsse, damit der Kunde sich wie eine Marionette in die gewünschte Richtung bewegt und den Vertrag abschließt.

Das dieser Abschlusstechnik innewohnende Kundenbild ist nach hiesiger Auffassung für den Vermietungserfolg kontraproduktiv. Der Vermieter soll dem Interessenten aktive Hilfestellung bei der Anmietung geben und diesen nicht zu einer Handlung überreden oder ihn suggestiv zu einem Ergebnis führen, das er womöglich gar nicht möchte. Ernsthaft wird als Abschlusstechnik in Erwägung gezogen, der Wohnung einen Personennamen zu geben und diesen Namen dann mit einer positiven Eigenschaft in Verbindung zu bringen, die den Kun-

---
148 Vgl. Cumley, S. 122 ff.; Horváth, S. 107 ff.

den nun plötzlich zum Mietvertragsabschluss bewegt. Zum Beispiel: »Diese Wohnung nennen wir Alice. Das kommt von ›Alice im Wunderland‹, denn bei diesem außergewöhnlichen Grundriss können Sie ganz individuell ...«[149] Wer hier tatsächlich davon ausgeht, dass sich ein mündiger Kunde vor dieser Technik zum Mietvertrag führen lässt, der bringt ihm wenig Respekt und Wertschätzung entgegen. Gerade im Umgang mit einem komplexen Wirtschaftsgut, wie es eine Immobilie darstellt, ist ein Vertriebsansatz deplatziert, der den mündigen Mietinteressenten in die Rolle einer Marionette versetzt. Ein derartiges gedankliches Herabsetzen der Kundinnen und Kunden wird bewusst und unbewusst beim Vermieter Spuren hinterlassen. Wahrer, nachhaltiger Erfolg ist auf diese Weise sicherlich nicht zu erreichen.

Hier wird die Auffassung vertreten, dass eine Abschlusstechnik nur darin bestehen kann, die Entscheidungsfindung des Kunden möglichst positiv zu finalisieren. Dies bedeutet, ihm als Vermieter bei der Entscheidung zu helfen. Diese Hilfe umfasst die Unterstützung bei der richtigen Wertung und Abwägung der Anmietungskriterien. Ferner trägt der Vermieter dazu bei, die Entscheidung in der individuell die Belange des Kunden berücksichtigenden, aber dennoch kürzestmöglichen Zeit herbeizuführen. Die gewöhnlichen Abschlusstechniken sind nichts anderes als sprachliche und rhetorische Werkzeuge, um auf einem eleganten Weg das Thema Mietvertragsabschluss anzusprechen. Sie sind die Theorie. In der Praxis hat der Vermieter aus einer Vielzahl von Optionen die individuell passende und authentische Art und Weise auszuwählen. Im Prinzip sind die »Abschlusstechniken« sanfte Wege, um vom Mietinteressenten eine Antwort auf die Frage zu erhalten, ob ein Mietvertrag abgeschlossen werden soll oder nicht.

Selbstverständlich funktionieren diese Techniken wunderbar bei Interessenten, die für sich eine positive Entscheidung getroffen haben und nun vom Vertrieb nur noch abgeholt werden müssen. Die These ist angebracht, dass bei jemandem, der sich innerlich bereits für eine Anmietung entschieden hat, jede der zahlreichen »Verkaufstechniken« zu 100 Prozent zum Erfolg führt. Allerdings lautet eine weitere These, dass bei jemandem, der den Entschluss begründet und fest gefasst hat, die betreffende Wohnung nicht zu mieten, wirklich keine der zahlreichen Techniken es vermag, ihn umzustimmen. Richtig ist in jedem Fall, dem Interessenten eine wie auch immer geartete Einladung zur Mietvertragsunterzeichnung auszusprechen.

3.3.2.4.2 Positive Beeinflussung der Anmietungsentscheidung

Möchte man eine Ehe eingehen, so muss sich ein Partner zunächst zu einem Heiratsantrag entschließen. Selbst wenn sich das Paar seit Jahren kennt, wird in der Mehrzahl aller Fälle einer von beiden Individuen diesen einen, formalen Schritt vollziehen. Der Mietvertragsabschluss ist als Dauerschuldverhältnis ggf. auf eine ähnlich lange Dauer ausgerichtet.

---

149 Horváth, S. 112.

Auch hier sollte eine Vertragspartei der anderen einen »Antrag« machen. Dieser besteht darin, den Wunsch auszusprechen, einen Mietvertrag abzuschließen, und gleichzeitig den anderen zu fragen, ob er dies auch in die Tat umsetzen möchte.

Es gibt unzählige Möglichkeiten, einen Heiratsantrag zu machen, und genauso verhält es sich mit den Abschlusstechniken beim Mietvertrag. Die Vorgehensweise bei direkter Zustimmung des Mietinteressenten ohne Umschweife ist evident: Innerhalb der kürzestmöglichen Zeit einen unterschriftsreifen Mietvertrag vorbereiten und diesen von beiden Parteien rechtswirksam unterschreiben lassen.

Etwas diffiziler wird die Angelegenheit, wenn der Interessent
a) sich eben entweder nicht sicher ist, ob die Wohnung für ihn die richtige Wahl ist oder
b) aus bestimmten Gründen ad hoc keinen Mietvertrag abschließen kann oder will.

Diese beiden Konstellationen erfordern die volle Aufmerksamkeit und den vollen Einsatz des Vermietungsvertriebs. Genau hier trennt sich unter Qualitätsgesichtspunkten die Spreu der Topvermieter vom Weizen.

Bei der ersten Konstellation ist sich der Interessent nicht sicher, ob die Wohnung für ihn die richtige Wahl ist. Er ist im wahrsten Sinne des Wortes »unentschieden«. Bereits an anderer Stelle wurde der Umgang mit Einwänden und Vorwänden behandelt. Wer mit der richtigen Methode gezielte Fragen gestellt und aktiv zugehört hat, wird zu diesem Zeitpunkt bereits wissen, welche Entscheidungskriterien der Interessent abwägt und welche emotionale Motivation der späteren Entscheidung zugrunde liegt. Sollte der Vermieter zu diesem Zeitpunkt des »Closing« die Beweggründe des Kunden noch nicht kennen, ist es nun für ihn allerhöchste Zeit, die richtigen Fragen zu stellen und der Sache auf den Grund zu gehen. Ähnlich wie beim »Unentschieden« in einem Pokalendspiel gibt es im Prinzip nur zwei Möglichkeiten, um weiterzukommen. Man geht entweder in die Verlängerung, um durch weitere Aktivität in einer bestimmten Zeitperiode für ein eindeutiges Ergebnis zu sorgen. Alternativ geht man sofort ins Elfmeterschießen und sorgt in einer manchmal tragischen Härte für klare Verhältnisse. Analog geht der Vermietungsvertrieb bei einem Kunden vor, der »unentschieden« ist.

Die wahren Gründe des »Unentschiedens« sind in verschiedene Kategorien einzuordnen. Die Kategorien richten sich nach der beiderseitigen Verantwortungssphäre für einen bestimmten Sachverhalt. Die vier Kategorien erfordern entsprechende Aktionen bzw. Reaktionen des Vermietungsvertriebs:

1. **Gründe in der Sphäre des Mietinteressenten, die dieser nicht beeinflussen kann:**
   Der Mietinteressent mag zu einem bestimmten Zeitpunkt noch keine endgültige Entscheidung treffen können, weil er z.B. von einem Dritten abhängig ist. Bei einem anstehenden Arbeitsplatzwechsel wird der Mietinteressent wohl kaum den

Mietvertrag in einer neuen Stadt unterzeichnen, wenn er noch keinen rechtswirksamen Arbeitsvertrag in der Tasche hat. Die Entscheidung für die Wohnung hängt demnach an einer vorhergehenden Entscheidung, die weder der Mietinteressent noch der Vermietungsvertrieb beeinflussen kann.

In einem derartigen Fall hilft nur die »Verlängerung«. Der Vermieter hat während der Verlängerungsphase die Aufgabe, den Mietvertragsabschluss zu sichern und zu fördern. Hier sind insbesondere kommunikative Fähigkeiten gefragt. Der Vermieter muss am Ball bleiben und den Kontakt zum Interessenten dauerhaft aufrechterhalten und pflegen. Der Abschluss einer Reservierungsvereinbarung mag dann ggf. das Mittel der Wahl sein, um die beiderseitige Absicht, einen Mietvertrag abzuschließen, zu manifestieren. Unter bestimmten Umständen kann auch ein aufschiebend oder auflösend bedingter Mietvertrag in dieser Konstellation sinnvoll sein, um andere Risiken eines späteren Scheiterns vollständig auszuschließen.

2. **Gründe in der Sphäre des Mieters, die dieser selbst beeinflussen kann:** Weitaus häufiger sind die Fälle anzutreffen, in denen der Mietinteressent es selbst beeinflussen kann, ob er die Entscheidung für oder gegen einen Mietvertrag trifft. Hierbei geht es oft nur um die Abwägung von Vor- und Nachteilen oder aber es geht darum, Nägel mit Köpfen zu machen und tatsächlich eine Entscheidung unwiderruflich zu treffen. Dies scheuen viele Menschen aus teils verständlichen Gründen. Hier besteht die Aufgabe des Vermietungsvertriebs darin, dem Interessenten die Entscheidung so leicht wie irgend möglich zu machen.

> **Formulierungshilfe**
>
> Die Frage an den Interessenten lautet sinngemäß: »Was muss geschehen und was kann ich (der Vermieter) tun, damit Sie sich für die Anmietung der Wohnung entscheiden?«

Das Wichtigste ist hierbei, dass der Mietinteressent eine ganz bestimmte Haltung des Vermieters spürt. Diese Haltung lautet verkürzt: »Whatever it takes!« Der Vermieter muss dem Interessenten unmissverständlich zu verstehen geben, dass er bereit ist, alles in seiner Macht Stehende zu tun, damit sich der Interessent für ihn bzw. die Wohnung entscheidet. Dies darf nicht nur eine bloße Äußerung sein. Der Vermieter sollte durch seine Taten dokumentieren, dass er genau dieses Verständnis von optimaler Kundenbetreuung hat.

»Whatever it takes« ist ein starkes Commitment, das der Vermieter nicht bedingungslos abgeben wird. Das Commitment des Vermieters beruht auf Gegenseitigkeit und es kann nur mit Leben gefüllt werden, wenn mit dem Mietinteressenten eine darauf beruhende Vereinbarung bzw. Abrede getroffen wird. Ein juristischer Grundsatz des Schuldrechts lautet »do ut des« (»Ich gebe, damit du gibst«). Der Vermieter sichert seinen vollen Einsatz zu, um den Interessenten als Kunden zu gewinnen. Der Kunde hat dann im Gegenzug ebenfalls etwas zu geben. In diesem Zusammenhang ist das natürlich noch nicht der Mietvertragsabschluss. Vielmehr hat der Interessent die

Obliegenheit, sich zu einem gemeinsamen Prozess zu verabreden. Dieser Prozess beinhaltet vereinbarte Schritte, also Inhalte und eine bestimmte Zeitdauer, demnach Terminabsprachen bzw. Fristen. Der Vermieter trifft mit dem Interessenten eine Absprache dahin gehend, was genau beiderseitig zu klären oder abzustimmen ist, damit eine Entscheidung durch den Interessenten entweder positiv oder negativ gefällt werden kann. Dazu sind verbindliche Termine für Rücksprachen zu vereinbaren, an denen sich der Vermieter beim Mieter meldet. Der Vermieter sollte in dieser Phase immer darauf hinwirken, dass er sich selbst aktiv beim Mieter zum vereinbarten Zeitpunkt meldet. Zum einen dokumentiert dies Wertschätzung und zum anderen sorgt es dafür, dass der einmal vereinbarte Prozess auch stringent eingehalten wird. Der Vermieter kann dann in der Zwischenzeit tätig werden, um den Mietvertragsabschluss zu fördern. Im Einzelnen kann dies bedeuten:

- Handelt es sich um einen entscheidungsschwachen Interessenten, kann der Vermieter sich die Mühe machen und mit diesem gemeinsam eine Liste der Vor- und Nachteile der Wohnung erstellen.
- Der Vermieter kann den Kontakt zu Referenzkunden oder Nachbarn herstellen, um eine persönliche Bindung zu erzeugen.

3. **Gründe in der Sphäre des Vermietungsvertriebs, die dieser nicht beeinflussen kann:** Die Fallkonstellation beinhaltet ein aus Sicht des Mietinteressenten bestehendes Vertragshindernis, das aus der Sphäre des Vermietungsvertriebs stammt. Dieser ist nicht in der Lage, das Problem durch eigenmächtige Entscheidungen und Aktionen zu beseitigen. Zum Beispiel, wenn ein Interessent dringend eine Garage zur Wohnung benötigt, diese aber vor Ort nicht verfügbar ist. Der Vermieter kann alle Hebel in Bewegung setzen, um anderweitig einen Stellplatz zu organisieren. Gelingt ihm dies nicht und rückt der Kunde nicht von diesem Erfordernis ab, scheitert die Anmietung. Hier ist eine Beendigung des Vermietungsprozesses sinnvoll. Der Mietinteressent wird für passende Objekte vorgemerkt und in das CRM-System des Vermietungsvertriebs eingepflegt.

4. **Gründe in der Sphäre des Vermietungsvertriebs, die dieser selbst beeinflussen kann:** Vielfach wird es sich bei dem Interessenteneinwand um ein Hindernis handeln, das in der Sphäre des Vermietungsvertriebs liegt und dementsprechend auch von ihm beeinflusst bzw. beseitigt werden kann. Die Grundhaltung des Vermietungsvertriebs ist auch in diesem Fall »Whatever it takes«. Dies bedeutet, dass der Wille zur Lösungsfindung ein alles überragendes Element der Kundenkommunikation darstellt.
Der Vermieter ist in dieser kritischen Phase des Mietvertragsabschlusses immer für den Interessenten ansprechbar und vermittelt diesem, dass er bereit ist, alle Hindernisse aus dem Weg zu räumen. Gemeinsam müssen dann Lösungen für Themen wie z. B. der Anstrich eines Raumes, das Auswechseln von beschädigten Zimmertüren oder eventuell sogar die Organisation eines passenden Kita-Platzes gefunden werden. Der Vermieter muss bereit sein, die Extra-Meile zu gehen, und Verantwortung für die Gesamtsituation übernehmen. Er signalisiert damit während des Prozesses gegenüber

dem Mietinteressenten Verbindlichkeit und den Willen zum Mietvertragsabschluss. Das starke Commitment führt auf der Seite des Mietinteressenten ebenfalls zu einer engen Bindung, sodass die Gefahr von »Absprüngen« relativ überschaubar bleibt.

> **Tipp: Nachfassen vs. Netzwerken**
>
> In der Vermietungspraxis stellt sich häufig die Frage, ob Mietinteressenten, die bei der Besichtigung einen guten Eindruck hinterlassen, sich dann aber nicht mehr zurückgemeldet haben, noch einmal vom Vermieter kontaktiert werden sollen. Dies hängt von den Umständen des Einzelfalls ab und insbesondere von der Zeit-Nutzen-Korrelation. Hier spielen die Wertigkeit des Objekts und die konkrete Nachfragesituation eine wichtige Rolle. Sind generell nur sehr vereinzelte Interessenten zu einer Besichtigung zu bewegen, ist es unter Umständen sinnvoll, diese im Nachhinein zu kontaktieren und dabei zumindest die Gründe für eine eventuell ablehnende Entscheidung zu erfahren. Bei Freiräumen und Leerläufen im operativen Tagesgeschäft ist ein strukturiertes Nachfassen besser für den Vermieter, als nichts zu tun. Ein grundsätzliches Nachfassen kann sogar eher hinderlich sein, wenn es nur zum Selbstzweck ausgeführt wird. Es fehlt dann die Zeit für wichtige Aufgaben und Kunden. Eine bessere Variante des Nachfassens ist das sog. Netzwerken. Das Netzwerken wirkt sich auf die Nachhaltigkeit der Kundenbeziehung aus. Netzwerken bedeutet in diesem Zusammenhang den Aufbau und die Pflege der Kundenbeziehung auf einer persönlichen, nicht mehr ausschließlich beruflichen Ebene. Insbesondere Topkunden sind in das persönliche Netzwerk einzubinden. Dies kann durch die Weitergabe von Tipps, Empfehlungen, Einladungen, Referenzen und die Herstellung von für das Gegenüber förderlichen Kontakten geschehen.

3.3.2.4.3 Reservierungsvereinbarung

Hat sich ein Mietinteressent für eine Wohnung entschieden und kann ein Mietvertrag nicht unmittelbar abgeschlossen werden, besteht die Möglichkeit des Abschlusses einer Reservierungsvereinbarung. Eine derartige Vereinbarung ist beim Immobilienkauf häufiger in der Praxis anzutreffen als bei der Wohnungsvermietung.

Eine derartige Reservierungsvereinbarung umfasst zumeist eine Seite. Dort wird im Kern geregelt, dass der Vermietungsvertrieb bzw. Eigentümer die Wohnung für einen bestimmten Zeitraum keinen anderen Interessenten mehr anbietet und der entsprechende Mietvertrag zum Abschluss vorbereitet wird. Im Gegenzug sagt der Interessent zu, die Wohnung rechtswirksam anzumieten. Sofern Vermittler eingeschaltet sind, wird in der Rechtsprechung intensiv diskutiert, ob Gebühren, Aufwandsentschädigungen oder sonstige Zahlungsversprechen des Mietinteressenten wirksam vereinbart werden können für den Fall, dass der Interessent trotz Reservierung von der Anmietung »abspringt«.[150] Für die Vermietungspraxis ist anzuraten, derartige Vereinbarungen äußerst schlank und ohne übertriebene Bürden für den Mietinteressenten auszugestalten.

---

150 Vgl. BGH IMR 2010, 536; LG Berlin IMR 2017, 297 im Zusammenhang mit Verkäufen.

Im Grunde kann es sich bei einer Reservierungsvereinbarung im Wohnraummietverhältnis um nicht viel mehr als einen »Letter of Intent« handeln. Beide Vertragsseiten gehen durch eine schriftliche Reservierung eine gewisse Bindung ein. Diese Bindung sollte nur für eine zeitlich begrenzte Frist von maximal 14 Tagen gelten. Innerhalb dieser Zeit sollte es in jedem Fall möglich sein, einen schriftlichen Wohnraummietvertrag wirksam zu unterzeichnen. Das Gebot der Fairness verlangt, dass der Vermietungsvertrieb sich an eine Reservierung oder auch mündliche Zusage, eine Wohnung für einen gewissen Zeitraum für einen bestimmten Interessenten zu blocken, auch tatsächlich hält.

3.3.2.4.4 Mietvertragsunterzeichnung

Die Mietvertragsunterzeichnung ist der vorläufige Abschluss und erfolgreiche Höhepunkt des gesamten Vermietungsprozesses. Dementsprechend sorgfältig ist die Vertragsunterzeichnung vorzubereiten. In der Praxis waren dazu bislang zwei Varianten üblich.

1. Die Vorlage für den Mietvertrag erstellt der Vermietungsvertrieb. Der potenzielle Mieter wird dann zur Vertragsunterzeichnung eingeladen. Gemeinsam mit ihm werden die wichtigsten Elemente des Vertrags durchgesprochen. Änderungen oder Ergänzungen können bei beiderseitiger Anwesenheit schnell aufgenommen werden. Diese Vorgehensweise hat den Vorteil, dass der Vermieter auf rechtliche Fragen sofort eingehen kann. Ferner sind Erklärungen wichtig, die für eine gewisse Sicherheit aufseiten des Mieters sorgen. Sobald alle fraglichen Punkte abschließend geklärt sind, kann der Vertrag von beiden Seiten unterzeichnet werden.

2. Eine andere Variante besteht darin, dem potenziellen Mieter den Mietvertrag in zweifacher Ausfertigung zukommen zu lassen. Dieser schaut sich den Vertrag dann in Ruhe an, bespricht erklärungsbedürftige Passagen und reicht ihn dann unterschrieben beim Vermietungsvertrieb ein. Diese Variante absorbiert viel Wartezeit und führt dazu, dass sich der Prozess verlangsamt. Durch Postwege gehen schnell einige Wochentage verloren. Hinzu kommt die Unsicherheit darüber, wann genau der Mieter den Vertrag unterzeichnet. Ferner besteht die Gefahr, dass sich der Mieter bei juristischen Fragen nicht an den Vermieter wendet, sondern zunächst im Familien- oder Freundeskreis Klärung sucht. Während dieser Zeit hat der Vermieter keinen wirklichen Einfluss auf den Prozess und gibt damit das Heft des Handelns vermeidbar aus der Hand.

Die Digitalisierung bahnt sich nun auch im Bereich des Mietvertragsabschlusses ihren Weg. Sind digitale Verträge zum Beispiel bei der Anmietung von Leihwagen oder im Hospitality-Sektor (Hotels, Appartements etc.) durchaus üblich, zeigt die Wohnungswirtschaft bislang Zurückhaltung. Dies ändert sich durch ausgeklügelte Signatur- und Identifikationsverfahren, die für alle Seiten Rechtssicherheit mit sich bringen. Der US-Anbieter DocuSign bietet beispielsweise auch in Deutschland bereits erfolgreich ein standardisiertes Konzept zur Mietvertragsunterzeichnung an. Mietverträge können per Mail an den

Interessenten gesendet werden, der diese dann innerhalb weniger Minuten mittels seiner elektronischen Signatur unterzeichnet und zurücksendet. Vertragsabschlüsse, die auf dem Postweg mehrere Tage, vielleicht sogar Wochen gedauert haben, können nun innerhalb eines Arbeitstages vollständig erledigt werden.

Die Prozessbeschleunigung führt zu einem direkten Vertriebsvorteil. Bis zur wirksamen Vertragsunterzeichnung durch den Mietinteressenten bestehen weiterhin latente Risiken und Gefahren, die ein Scheitern des Vertrages in letzter Minute herbeiführen können. Indem dieser Zeitraum nun mithilfe digitaler Lösungen auf wenige Stunden verkürzt wird, sinken die Risiken des Absprungs erheblich. Der moderne Vermietungsvertrieb ist gut beraten, seine Prozesse so dynamisch wie möglich zu gestalten, um sich gegenüber dem Wettbewerb Vorteile zu erarbeiten.

3.3.2.5 Absage und Vormerkung

Mindestens genauso wichtig wie der Mietvertragsabschluss ist der richtige Umgang mit der Erteilung von Absagen gegenüber Mietinteressenten, die nicht zum Zug kommen. Zunächst ist zu klären, auf welchem Kommunikationsweg eine Absage zu übermitteln ist. Dies hängt maßgeblich von zwei Erwägungen ab, die sich wahrscheinlich in der jeweiligen Unternehmenskultur und -philosophie widerspiegeln. Legt man viel Wert auf das menschliche Miteinander, so sollte die Vermietungsabteilung bei der Erteilung von Absagen das Kommunikationsmittel wählen, das zuletzt vom Mieter genutzt wurde. Bestand nur Kontakt über ein Anfrageformular aus einem Internetportal oder per E-Mail, so spricht vieles dafür, die Absage ebenfalls schriftlich per Mail bzw. automatisiert zu versenden. Dies spart vor allem kostbare und ansonsten unproduktive Arbeitszeit der Vermieter, die sich in der Zwischenzeit mit umsatzgenerierenden Aufgaben beschäftigen können.

Gleichzeitig ist diese Art der Absage äußerst unpersönlich und kann zu Unmut und Missverständnissen aufseiten des Interessenten führen. Wird die Absage vage gehalten und werden keine konkreten Gründe genannt, so kann beim Interessenten der Eindruck einer Willkürentscheidung entstehen oder die Annahme, dass dem Vermieter »seine Nase« nicht gepasst hat. Dies wiederum kann zu Nachfragen führen oder zum Versuch des Interessenten, sich zur Klärung an die nächsthöhere Führungsebene zu wenden. Abgesehen davon hilft eine vage, unkonkrete Absage dem Mietinteressenten nicht weiter, wenn es sich um Ablehnungsgründe handelt, die er bei entsprechender Aktivität und Einsicht abstellen könnte. Dies würde ihm die zukünftige Wohnungssuche erleichtern, setzt man voraus, dass andere Wohnungsanbieter ähnliche Maßstäbe an ihre Mieterschaft anlegen.

Die Mitteilung konkreter Ablehnungsgründe hat Vor- und Nachteile. Der Vorteil ist eindeutig die ehrliche Auseinandersetzung mit der Person des Mietinteressenten. Durch ein transparentes – wenn auch negatives – Feedback wird dieser in die Lage versetzt, den

Entscheidungsprozess zu verstehen und zu akzeptieren. Gleichzeitig eröffnet man ihm die Gelegenheit, an dem Ablehnungsgrund ggf. zu arbeiten und diesen für die Zukunft zu neutralisieren.

Auf der anderen Seite der Medaille hat die transparente Mitteilung von Ablehnungsgründen auch deutliche Nachteile: Mietinteressenten können sich auf der persönlichen Ebene angegriffen und provoziert fühlen. Dies kann mitunter zu heftigen Reaktionen führen. Mitarbeiterinnen und Mitarbeiter haben in diesem Zusammenhang bereits Sprach- und Textnachrichten vorgelegt, die Beleidigungen, Drohungen und Schmähungen enthielten. Das sind mental extrem belastende Folgen, die die Leistungs- und Motivationsfähigkeit des Mitarbeiters deutlich reduzieren können. Für ein Unternehmen können darüber hinaus öffentliche Schmähungen und negative Wertungen bei den üblichen Bewertungsportalen (Google, Immobilienscout etc.) oder in den sozialen Medien die Folge sein. Diese belasten unmittelbar das Image des Unternehmens. Folgekosten entstehen für die Recherche des Sachverhalts, die eigene Richtigstellung oder die anwaltliche Inanspruchnahme zur Beseitigung eines offensichtlich rechtswidrigen Kommentars oder einer Bewertung.

3.3.2.5.1 Pragmatische Absage

Die pragmatische Absage erfolgt telefonisch, sofern ein persönlicher Kontakt zum Mietinteressenten bestanden hat. Dies ist insbesondere bei realisierten Besichtigungsterminen der Fall. Die Absage wird freundlich, aber bestimmt formuliert. Meinungen und Einwände des Mietinteressenten können selbstverständlich angehört werden, sollten allerdings nicht dazu führen, sich in Rechtfertigungen verwickeln zu lassen. Es versteht sich von selbst, dass vom Mietinteressenten in diesem Kontext erläuterte neue, erhebliche Fakten oder ausschlaggebende Irrtümer zu einem neuen Entscheidungsprozess führen.

Eine schriftliche, pragmatische Absage ist zu erteilen, sofern kein besonderer persönlicher Kontakt zum Interessenten bestanden hat. Ferner ist die schriftliche Absage die erste Wahl, sofern die absolute Anzahl und damit die Menge der Absagen, zeitlich keine telefonische Kommunikation zulässt.

> **Formulierungshilfe** !
>
> Ein professioneller, eher prozessorientierter Umgang mit Absagen führt zu folgender Formulierung: »Leider müssen wir Ihnen mitteilen, dass sich der Eigentümer für einen anderen Mietinteressenten entschieden hat.«

Die Begründung der Ablehnung sollte den Mietinteressenten so wenig wie möglich persönlich berühren oder angreifen. Am einfachsten kann dies gelingen, wenn nicht aktiv die Ablehnung des Mietinteressenten sondern die Wahl eines anderen Interessenten kommuniziert wird. Der Mietinteressent bleibt in diesem Fall soweit es geht persönlich unangetastet und kann eher entspannt mit der Absage umgehen.

Der operativ tätige Vermieter kann sich durch den Zusatz, dass sich »der Eigentümer« oder »unsere Abteilungsleitung« für einen anderen Interessenten entschieden hat, ferner den Rücken für eine weitere unvoreingenommene Kommunikation mit dem Mietinteressenten freihalten. Für den Interessenten ist er in diesem Fall nur der Vermittler und Überbringer der schlechten Nachricht, nicht aber deren Urheber. Auf diese Art und Weise nimmt die persönliche Beziehung zwischen Vermieter und Interessent keinen Schaden. Vielmehr kann der Vermieter sich bei Nachfragen noch Pluspunkte als »Kümmerer« und Interessenvertreter des Interessenten sammeln.

Bei genereller Geeignetheit des Mietinteressenten empfiehlt es sich, diesem mit der Absage unmittelbar Alternativangebote zu unterbreiten. Der Mietinteressent fühlt in diesem Fall die ihm entgegengebrachte Wertschätzung und die Außenwirkung der Entscheidung wird deutlich entschärft. Das Motto lautet pointiert: neues Spiel, neues Glück. Ebenso ist dem Mietinteressenten mitzuteilen, dass man ihn für die Zukunft für ähnliche Angebote vorgemerkt hat und er über neue Angebote informiert wird.

Mietinteressenten, die nach der gewöhnlichen Lebenserfahrung auch in näherer Zukunft keine Wohnung erhalten werden, ist endgültig abzusagen. Eine derartige Absage erfolgt ausschließlich telefonisch. Hier benötigt es eine gehörige Portion Konsequenz und Resolutheit, um die richtige Wortwahl und Tonart zu treffen.

3.3.2.5.2 Feedbackorientierte Absage

Die feedbackorientierte Absage ist telefonisch zu erteilen, sofern ein persönlicher Kontakt zum Mietinteressenten bestanden hat. Dies ist insbesondere bei gemeinsam realisierten Besichtigungsterminen der Fall. Darüber hinaus sollte der Vermieter während der Besichtigung den Eindruck gewonnen haben, dass der Mietinteressent zu einer konstruktiven Auseinandersetzung mit negativer Kritik in der Lage ist. Der Vermieter hat dabei den intrinsischen Antrieb, dem ansonsten vernünftigen, sympathischen Interessenten für die Zukunft durch ein ehrliches Feedback zu helfen. Bei der Kommunikation ist Fingerspitzengefühl bei der richtigen Wahl der Worte erforderlich. Oftmals resultiert aus einem derartigen Gespräch eine positive Nachwirkung und unter Umständen kommt der Interessent für einen anderen Bestand infrage.

Auch die feedbackorientiere Absage kann unter Umständen schriftlich erfolgen, sofern kein besonderer persönlicher Kontakt zum Interessenten bestanden hat. Ferner ist die schriftliche Absage die erste Wahl, sofern die Menge der Absagen zeitlich keine telefonische Kommunikation zulässt.

> **Formulierungshilfe**
>
> Eine schlichte, feedbackorientierte Absage kann wie folgt formuliert werden: »Leider müssen wir Ihnen mitteilen, dass wir uns nicht für Sie als Mietinteressent entschieden haben.«

Die weitere Begründung kann dann zum Beispiel so lauten:
»Die Hausgemeinschaft besteht überwiegend aus Senioren, die großen Wert auf Ruhe legen. Sie sind Klavierspieler und zwei Kleinkinder leben in Ihrem Haushalt. Dies ist sicherlich sehr positiv, doch werden diese Faktoren aus unserer Erfahrung zu Konflikten im Haus führen. Dies möchten wir gern vermeiden und empfehlen Ihnen daher zukünftig gern passende Alternativen aus unserem Wohnungsangebot.«

Die Gründe im o. g. Beispiel sind klar und deutlich, aber nicht persönlich angreifend formuliert. Die feedbackorientierte Absage mit konkreten Ablehnungsgründen birgt erhebliche rechtliche Risiken. Spätestens seit der Einführung des Allgemeinen Gleichbehandlungsgesetzes (AGG) können Ablehnungsgründe gesetzliche Tatbestände der Diskriminierung erfüllen.[151] Empfindliche Rechtsfolgen sind das Resultat eines Verstoßes. Auch bei gutem Willen gegenüber dem Mietinteressenten und lauteren Absichten können Verstöße geahndet werden. Insofern empfiehlt es sich, das Thema juristisch fundiert zu durchdringen und aus einer sicheren Kenntnis der Rechtslage heraus zu agieren. In Zweifelsfällen sollte externer Rat hinzugezogen werden, die Absage wenn überhaupt nur telefonisch begründet werden oder vollständig von der Mitteilung von Ablehnungsgründen abgesehen werden.

3.3.2.6 After-Rent-Service

Aus der Automobilbranche sind umfangreiche After-Sales-Maßnahmen bekannt. Nach dem eigentlichen Autokauf beginnt für einige Bereiche der Branche erst der eigentliche Teil der Arbeit. In der Wohnungswirtschaft ist hier eine differenzierte Betrachtung vorzunehmen. Die Anmietung von Wohnraum begründet ein Dauerschuldverhältnis zwischen Anbieter und Mieter. Während der gesamten Mietlaufzeit bestehen gegenseitige Rechte und Pflichten. Anders als bei einem Kauf ist insofern ein Großteil des Geschäfts nicht bereits durch die erfolgreiche Vertragsunterzeichnung unter Dach und Fach. Das Thema »Customer Relationship Management (CRM)« ist auch in der Wohnungswirtschaft en vogue. Im Zuge der hiesigen Betrachtung ist die Thematik des After-Rent-Services auf den Vermietungsvertrieb zu fokussieren. Diejenigen, die sich mit dem Wohnungsvertrieb beschäftigen, benötigen ebenfalls einen ganzheitlichen Kundenansatz.

Die Philosophie besteht darin, den Mieter auch nach Unterzeichnung des Mietvertrags mit Leistungen zu versorgen. »Aus den Augen, aus dem Sinn« ist keine Handlungsoption für den erfolgreichen Vermietungsvertrieb. Vielmehr gibt es auch im After-Rent-Segment wichtige Handlungsfelder, die unmittelbar und mittelbar Einfluss auf den zukünftigen Erfolg der Vermietung haben.

---

151 Ausführlich dazu Stürzer/Koch/Noack/Westner, S. 19 ff.

3.3.2.6.1 Wohnungsübergabe

Die Durchführung der Wohnungsübergabe an den Mieter mit dem Vermietungsvertrieb ist je nach Struktur und Organisationsform des Unternehmens sinnvoll. Ein Vorteil liegt darin, dass die gesamte vorvertragliche Kommunikation bereits zwischen Mieter und Vermieter stattgefunden hat. Das bedeutet, dass mündliche Absprachen und Zusagen bezüglich des Zustands der Wohnung genau diesen Personen bekannt sind, die auch tatsächlich die Wohnungsübergabe vornehmen. Eine Personenidentität hat insofern praktische Vorteile, da andernfalls oft nicht mehr nachvollzogen werden kann, was im Vorfeld zwischen den Parteien besprochen wurde.

Im besten Fall ist die Wohnung bei der Übergabe vollständig mangelfrei. Nach der Schlüsselübergabe sind dann zunächst vom Wohnungsanbieter und insbesondere vom Vermieter keine Aufgaben bzw. Leistungen mehr zu erfüllen. Eine gänzlich andere Situation ergibt sich, wenn tatsächlich noch Nacharbeiten zu erfolgen haben, zum Beispiel weil ein Fenster nicht richtig schließt oder der Kellerraum nicht zuordnungsbar ist. Hier sorgt die persönliche Anwesenheit des Vermieters zunächst weiterhin für die erforderliche Vertrauensbasis mit dem Kunden. Der Kunde fühlt sich nicht alleingelassen, sondern hat einen ihm persönlich bekannten »Mitstreiter« zur Seite, auf den er sich verlassen kann. Dies senkt das Risiko von Kundenunzufriedenheit und schlechten Bewertungen bzw. Rezensionen.

Gleichzeitig übernimmt der Vermieter in dieser Situation eine wichtige Managementaufgabe im Bereich der Bestandsbewirtschaftung. Die Strukturen sind derart anzupassen, dass der Vermieter ein direktes Durchgriffsrecht auf die erforderlichen Ressourcen, zum Beispiel Techniker oder Hausmeister hat, damit diese die anstehenden Aufgaben sofort und unmittelbar erledigen. Im Zweifelsfall benötigt der Vermieter klare Kompetenzen, um die Umsetzung der Mangelbeseitigung konsequent in die Wege zu leiten.

Gerade in größeren Wohnungsgesellschaften kann es zu schwierigen internen Kompetenzquerelen kommen, sofern der Vermieter in bestimmte Prozesse aktiv eingreift. Hier ist sicherzustellen, dass die jeweilige übergeordnete Führungsebene eingebunden wird und der Vermieter als verlängerter Arm der Führung agiert. Auf gut Deutsch muss dem Vermietungsvertrieb unternehmensintern der Rücken gestärkt werden. Fehler und Verzögerungen bei der Mängelbeseitigung, insbesondere Zeitverzug durch zu langsames, nicht stringentes Agieren schaden der Kundenbeziehung und damit am Ende der Reputation des Unternehmens. Aus diesem Grund muss der Vermietungsvertrieb ermuntert werden, Fehlentwicklungen abzustellen und nötigenfalls an die obersten Führungsebenen zu eskalieren.

3.3.2.6.2 Mieter-Care

Der Vermieter ist auch nach erfolgter Wohnungsübergabe die erste Bezugsperson des Mieters in puncto persönliche Kundenbeziehung. Während des bestehenden Mietverhältnisses treten naturgemäß abstimmungsbedürftige Geschäftsvorfälle auf – seien es kleinere Reparaturen, nachbarschaftliche Auseinandersetzungen oder andere Begebenheiten.

Der Vermietungsvertrieb kann und darf mit derartigen Aufgaben im operativen Tagesgeschäft nicht belastet werden. Er hat sonst keine Zeit mehr, sich adäquat um seine Kernaufgabe, die erfolgreiche Vermietung von Wohnraum, zu kümmern. Dennoch hat auch der Vermietungsvertrieb ein gesteigertes Interesse daran, dass gerade in der Anfangszeit des Mietverhältnisses keine Unstimmigkeiten auftreten.

Hier hilft eine standardisierte Nachsorge in Form einer sog. Mieter-Care, die einen Zeitraum von sechs Monaten bis maximal einem Jahr umfasst. Während dieser Zeit bleibt der Vermieter für den Mieter ansprechbar und übernimmt im Rahmen der Bewirtschaftung eine Vermittlungs- und Kontrollfunktion. Er leitet die Anfrage an einen zuständigen Mitarbeiter aus einer Fachabteilung weiter und stellt auf diese Weise den persönlichen Kontakt her. Dabei achtet der Vermieter darauf, dass keine Unzufriedenheit auf Kundenseite aufkeimt bzw. dass vom Mieter artikulierte Beschwerden auch intern an der richtigen Stelle landen, um endgültig abgestellt zu werden. Wichtig ist hierbei, dass der Vermietungsvertrieb nicht zu sehr von seinen Kernaufgaben abgelenkt wird und in die Bestandsbewirtschaftung operativ einbezogen wird. Es dauert sonst in bestimmten Unternehmen nicht lang, bis der Vermietungsvertrieb selbst die Handwerker koordiniert, was definitiv nicht Sinn der Maßnahme ist.

Hilfreich ist auch das Aufsetzen eines abteilungsübergreifenden Prozesses. Dieser kann etwa wie folgt aussehen: Der Mieter erhält nach einer vorher fest definierten Zeitperiode einen Anruf der Wohnungsgesellschaft. Dabei wird nach einem festgelegten Schema abgefragt, ob der Kunde zufrieden mit seiner Wohnung ist oder ob es wesentliche Probleme bzw. Missstände gibt. Hierbei kommt es auf die Fragetechnik an, da der Mieter nicht ermuntert werden soll, eine Wunschliste zu äußern, die ehrlicherweise nicht in die Realität umgesetzt werden kann. Fragen können Erwartungen wecken – insofern ist hier nur geschultes Personal für die Kommunikation einzusetzen. Aufgaben werden unmittelbar an die zuständigen Mitarbeiterinnen und Mitarbeiter zur Erledigung in einem Ticketsystem weitergeleitet.

Der Vermieter erhält auf die Ergebnisse der Befragung und den Bearbeitungsstand Zugriff. Auf diese Weise bekommt er laufend Kundenfeedback und kann zudem bei drohenden Eskalationen eingreifen. In der Gesamtschau führt die Verzahnung der unterschiedlichen Unternehmensbereiche zu einer höheren Qualität in der Bearbeitung. Gleichzeitig agiert das Unternehmen in Gänze kunden- und lösungsorientierter.

3.3.2.6.3 Mietinkasso

Der Vermietungsvertrieb hat originär keine Berührungspunkte zur Mietenbuchhaltung. Trotzdem ist es im Speziellen in der Anfangsphase eines Mietverhältnisses sinnvoll, das Mahnwesen zwischen Mietenbuchhaltung und Vermietungsvertrieb zu verzahnen. Als Faustregel können die ersten drei Monate des Mietverhältnisses für die interne Kopplung angenommen werden. Der Vermieter übernimmt in dieser Zeit das mündliche Inkasso beim Mieter im Falle ausstehender Miet- und/oder Kautionszahlungen.

Dem liegen verschiedene Überlegungen zugrunde: Auf der einen Seite kennt der Vermieter den Mieter persönlich. Er hatte mit ihm im Zuge der Vertragsanbahnung mehrfach telefonischen oder persönlichen Kontakt. Ein persönliches Vertrauensverhältnis hat sich aufgebaut. Stockende Mietzahlungen gleich zu Beginn des Mietverhältnisses sind insofern unerwartet und bedürfen der näheren Erläuterung. Der persönliche Kontakt zum Vermieter soll zum einen die Barriere zwischen Mieter und Wohnungsunternehmen abbauen, damit dieser offen über die Gründe seines Verzugs sprechen kann. Zum anderen ist eine stärkere soziale Kontrolle zu erwarten, da der Mieter in der Regel nicht schlecht vor dem Vermieter dastehen möchte, der ihm den Bezug der Wohnung ermöglicht hat.

Eine anfängliche Einbindung in das Inkasso entfaltet nicht nur aufseiten des Mieters Wirkung. Der Vermietungsvertrieb erhält durch die Einbindung eine indirekte strategische Steuerung. Die Vermieter wissen, dass sie in den ersten drei Monaten und bis zur vollständigen Kautionszahlung der persönliche Ansprechpartner für den Mieter bleiben und sie das Scharnier zur Mietenbuchhaltung darstellen. In gewisser Weise sind die Vermieter in die Pflicht genommen, dem Unternehmen nur potenzielle Mieter zuzuführen, die in der Lage sind, ihre vertraglichen Pflichten ordnungsgemäß zu erfüllen. Was evident klingen mag, ist es leider in der Praxis nicht immer. Rein zahlengetriebener Vertriebsdruck und persönliche Profilierungsmotive können dazu führen, dass bei der Mieterselektion allzu häufig ein Auge zugedrückt wird. Mieterklientel, das unter normalen Umständen keine Wohnung erhalten würde, wird ein Mietvertragsabschluss ermöglicht, um das Problem des Leerstands kurzfristig zu lösen. Sind die Vermieter nicht in den folgenden Inkassoprozess eingebunden, hat ein säumiger Kunde zunächst keinerlei Auswirkungen auf ihren Arbeitsalltag. Zur Vorbeugung einer laxen Mieterselektion und Wohnungsvergabe bietet sich insofern die anfängliche Verzahnung mit der Mietenbuchhaltung an.

4 Vermietungssteuerung in Unternehmen

Optimale Vermietungsergebnisse lassen sich nur erzielen, wenn die Vermietung zur »Chefsache« gemacht wird. Dies bedeutet nicht, dass die Topführungskraft im Unternehmen zukünftig die Vermietungsgespräche selbst übernimmt, sondern vielmehr, dass der gesamte Vermietungsprozess permanent in ihrem Blickfeld bleibt. Die Etablierung und kontinuierliche Beibehaltung dieser fokussierten Herangehensweise wird umso schwieriger, je größer der zu steuernde Unternehmensapparat ausfällt. Vor diesem Hintergrund sind strategische und organisatorische Entscheidungen zu fällen, die es einem Unternehmen dauerhaft ermöglichen, die bestmöglichen Vermietungsergebnisse zu produzieren. Es geht im Kern darum, ein nahezu perfekt funktionierendes Vermietungssystem zu kreieren.

Die Wohnungswirtschaft kann hier auf Erkenntnisse und Erfolgsmodelle aus anderen Branchen zurückgreifen.[152] Zu denken ist dabei vor allem an die Systemgastronomie. Die besten Marktteilnehmer haben es dort geschafft, durch die Standardisierung vieler kleiner Einzelprozesse weltweit einheitliche Kundenerfahrungen und Produkte zu generieren. An sich komplexe Tätigkeiten mit vielen verschiedenen Personen werden einfach und klar strukturiert, sodass nach einer bestimmten Lernphase die Ergebnisse unabhängig davon sind, ob jemand ein bestimmtes Gericht in New York oder Wiesbaden bestellt. Von diesem Vorbild kann die Wohnungswirtschaft lernen. Insbesondere der Vermietungsvertrieb ist dafür prädestiniert. Ein erfolgreicher Vermietungsvertrieb im Unternehmen bedarf der Führung und Steuerung. Nachstehend werden verschiedene Ansätze für eine ideale interne, externe oder hybride Vermietungssteuerung dargestellt. Sowohl die interne als auch die externe Variante haben Vor- und Nachteile, die im Kontext mit den eigenen Zielen und Vorstellungen individuell für jedes Unternehmen gewertet werden sollten.

4.1 Interne Vermietungssteuerung

Die erfolgreiche interne Vermietungssteuerung hängt von verschiedenen Faktoren ab. Zunächst ist eine Unterscheidung dahin gehend zu treffen, welche Rolle der »Steuerer« hat.
- Sind die zugrunde liegenden Assets Teil des eigenen Vermögens oder werden die Produkte für Dritte gemanagt?
- Inwieweit sind eigene personelle Kapazitäten für die verschiedenen Prozessschritte vorhanden?
- In welcher Weise funktionieren Schnittstellen zu anderen beeinflussenden Fachbereichen?

---

152 Vgl. zur Optimierung der Vertriebssteuerung ausführlich Greiner/Lips/Hartje in: Gleich et al., S. 35 ff.

Diese und weitere Fragen gilt es zu klären. Dabei ist zu beachten, dass es keine Blaupause für jedes und jeden gibt, sondern vielmehr nur erfolgserprobte Modelle, die auf die jeweils individuellen Gegebenheiten in einzelnen Unternehmen übertragen werden können. Die Unternehmen haben allerdings spezifische Wege und Praktiken zu entwickeln, die ihre individuelle Infrastruktur berücksichtigen. Unabhängig davon, welchem Vermietertypus die Gesellschaft angehört, ist eine Komponente entscheidend: Wirklich erfolgreiche Vermietung kann dauerhaft nur erfolgen, wenn die Neu- und Wiedervermietung unternehmensintern höchste Priorität genießt.

Dies bedeutet zunächst, dass die für den Erfolg maßgeblichen personellen und finanziellen Ressourcen geschaffen werden. Dabei sind sowohl Quantität als auch Qualität bedeutsam. Es nützt wenig, zwar auf dem Papier zahlenmäßig ausreichend Vermieter einzusetzen, wenn diese nicht über die notwendige »Vermietungs-DNA« verfügen. Gleichzeitig helfen die besten Vertriebsasse wenig, wenn die Aufgaben so umfangreich sind, dass sie nicht in der gegebenen Zeit zu meistern sind. Ähnlich verhält es sich mit zur Verfügung stehenden Instandhaltungs- und Modernisierungsbudgets. Nur zielgerichtete und adäquat geplante Bauinvestitionen sind langfristig sinnvoll.

Vielleicht ist bereits aufgefallen, dass wir im Kontext der Vermietung mehr über Lösungen und Ergebnisse sprechen, weniger über Handlungen oder Verfahrensweisen. Dies ist kein Zufall. Systematische Vermietung ist rein ergebnisorientierter Vertrieb. Erfolge oder Misserfolge können realistisch zu jeder Tages- und Nachtzeit und an jedem Ort der Welt gemessen werden. Es geht nicht darum, die Vermietung als lästiges Übel oder Selbstverständlichkeit zu verstehen, sondern als essenziellen Erfolgsbringer. Alle Prozessschritte sind vom Ergebnis her zu denken und zu realisieren. Wer sich nur darauf konzentriert, etwas schematisch abzuarbeiten, wird unweigerlich Misserfolge ernten. Dies beginnt bereits bei der Produktkonzeption, wird über die Marketingmaßnahmen fortgesetzt und findet seinen Höhepunkt in der Kunden- und Interessentenbeziehung.

4.1 Interne Vermietungssteuerung

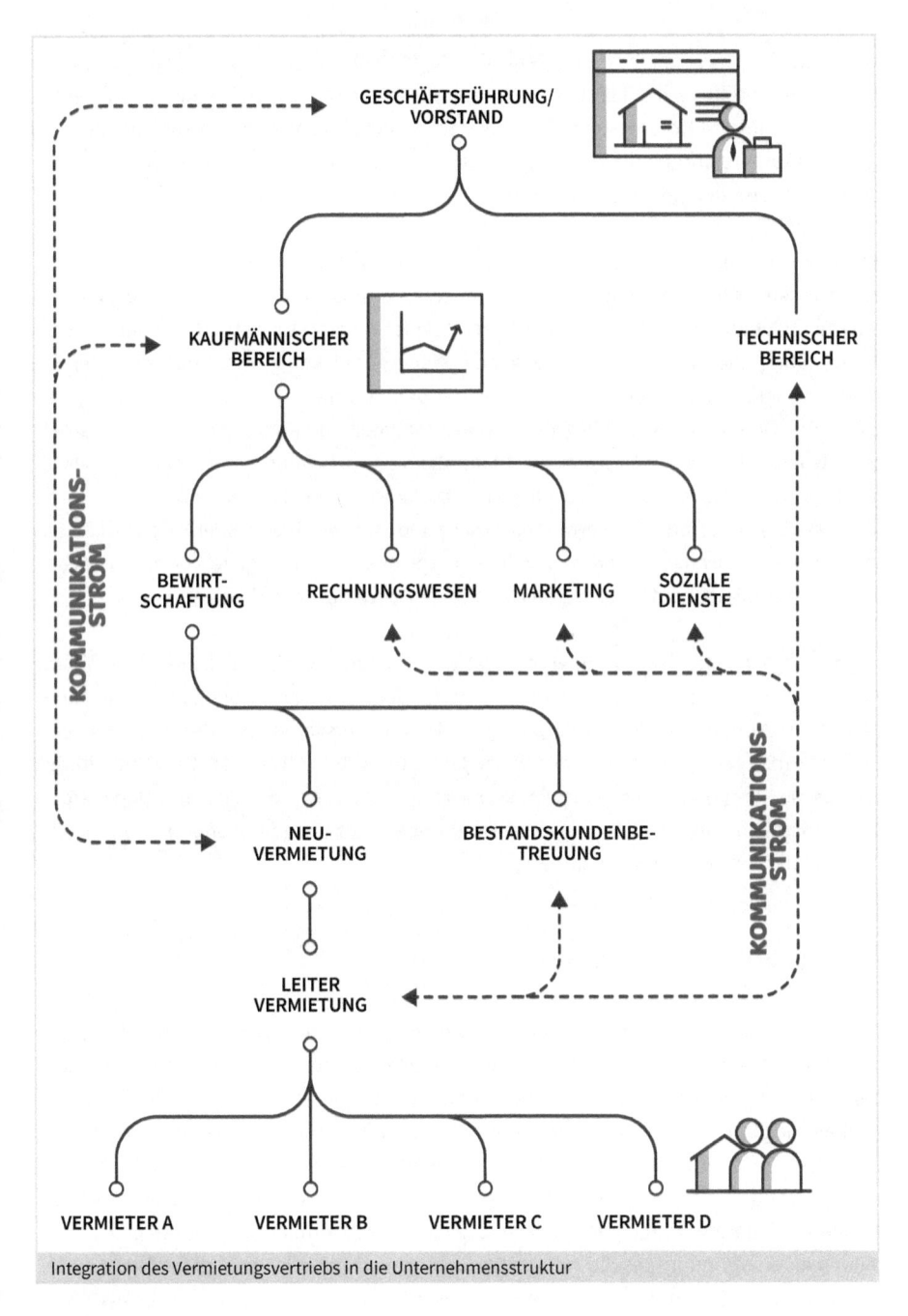

Integration des Vermietungsvertriebs in die Unternehmensstruktur

Dauerhafter Erfolg kann nur etabliert werden, wenn die gesamte Organisation zielgerichtet agiert. Die besten Mitarbeiterinnen und Mitarbeiter in der Vermietung werden nicht die gewünschten Ergebnisse liefern können, wenn die Unternehmensführung nicht vollständig hinter der Zielsetzung steht und diese nicht auch selbst mit verfolgt.

4 Vermietungssteuerung in Unternehmen

Soweit noch nicht vorhanden, empfiehlt sich die Etablierung einer Unternehmensmission oder eines Leitbildes, das klar den Schwerpunkt der erfolgreichen Vermietung akzentuiert. Die komplette Organisation ist in die Erarbeitung einzubinden, um auf allen Ebenen für Akzeptanz zu sorgen. Vermietungserfolge kommen nicht automatisch, sondern sind die Folge harter und hochwertiger Arbeit.

Sofern bisher nicht die gewünschten Vermietungsergebnisse produziert werden, wird eine Umkehr zum Erfolg unweigerlich schmerzhafte Auswirkungen haben. Für alle Beteiligten bedeuten die Hinwendung und der Wandel zur systematischen Vermietung eine Anstrengung und eine – auch persönliche – Weiterentwicklung. Nicht nur mehr Zeit ist aufzuwenden, sondern vor allem ist die zur Verfügung stehende Zeit sinn- und kraftvoller zu nutzen. Dieser Faktor wird in größeren Unternehmen und Konzernen oft von Mitarbeiterseite fehlinterpretiert. Häufig herrscht die Meinung vor: »Wenn wir erst mal mehr Mittel für die Instandhaltung haben [oder für einen anderen x-beliebigen Wunsch] haben, dann können wir auch erfolgreich vermieten.« Diese gedankliche »Wenn-dann«-Prozedur ist in vielen Fällen ein Irrglaube bzw. eine willkommene Ausrede, um eigene Optimierungsleistungen zu vermeiden oder von deren zukünftiger Notwendigkeit abzulenken.

Vermietung ist nicht gleich Vermietung. Was wie eine Binsenweisheit klingen mag, nimmt Kontur und Schärfe an, wenn man den Markt der Wohnungsanbieter in verschiedene Akteursgruppen gliedert. Vermietung findet aus verschiedenen Gesellschafts- und Rechtsformen heraus statt. Mehr noch als die Formalia beeinflusst das Gesellschafterinteresse die Form und Ausprägung von Vermietungsprozessen. Aus diesem Grund werden wir nachstehend die einzelnen Akteure genauer betrachten und Besonderheiten im Hinblick auf die Vermietung herausarbeiten.

4.1.1 Wohnungsgesellschaften

Wohnungsgesellschaften sind von ihrer »DNA« her per se auf Vermietungserfolg ausgelegt. Allerdings gibt es auch hier immer wieder eine Abkehr von den erfolgversprechenden Pfaden bei gleichzeitiger Hinwendung zu oftmals kurzfristig in Mode gekommenen »Nebenkriegsschauplätzen«. In Wohnungsgesellschaften bietet es sich an, den Vermietungsvertrieb in einer eigenen Abteilung zu bündeln. Diese Abteilung benötigt eine Führungspersönlichkeit als Abteilungsleitung sowie eine vom Wohnungsbestand abhängige Anzahl von operativ tätigen Vermietern. Die für die Neuvermietung zuständige Fachabteilung einer Wohnungsgesellschaft stellt den sog. Vermietungsvertrieb im Sinne dieser Publikation dar. Es empfiehlt sich aus strategischen Gesichtspunkten, den Vermietungsvertrieb im Organigramm hierarchisch gegenüber anderen Abteilungen hervorzuheben. Dies hat mehrere Gründe:

1. Für die **zukünftige Konzeption von Wohnprodukten** ist der Input des Vermietungsvertriebs essenziell. Der Vermietungsvertrieb hat den engsten Bezug zum Wohnungsmarkt auf Nachfrager- bzw. Mietinteressentenebene. Dies bedeutet, dass der Vermietungsvertrieb sowohl in Bezug auf Lage, Größe, Ausstattung als auch in puncto Mietpreis eine realistische Einschätzung liefern kann. Diese Marktparameter bestimmen letztendlich das anzubietende Produkt. Diese Erkenntnisse hat die technische Abteilung als Grundlage für ihre weiteren Aktivitäten zu nehmen.

    In der Praxis kann häufig genau das Gegenteil beobachtet werden, je nachdem welchen Stellenwert einzelne Führungskräfte oder ganze Abteilungen in einer Genossenschaft haben. Es kommt vor, dass etwa die Bauabteilung aus eigenen Erwägungen die Instandhaltung und Modernisierung von Wohnungen vollzieht und dabei auf ihre technischen Kenntnisse und Gepflogenheiten zurückgreift. Abteilungsintern findet dies dann häufig ohne Rückkopplung mit der tatsächlichen Marktnachfrage statt, sondern aus eigenem Gefühl oder eigener Erfahrung der technischen Mitarbeiter und Mitarbeiterinnen heraus. Dies kann im Einzelfall ausnahmsweise funktionieren. In der Mehrzahl der Fälle wird aber im Stadium der Strategieplanung das Einholen der Expertise des Vermietungsvertriebs zu besseren, marktkonformeren Lösungen führen.

2. Für die **optimale Bestandsbewirtschaftung** kann die Auffassungsgabe und Expertise des Vermietungsvertriebs entscheidend sein. Die tatsächlichen Erfolge vieler Geschäftsbereiche im Verwaltungsapparat einer Wohnungsgesellschaft können nicht oder nur sehr schwer im Tagesgeschäft gemessen werden. Sachbearbeiter oder Hausmeister, die für eine ordentliche Bewirtschaftung zuständig sind, können ihre Augen nicht überall haben. Unordentliche Hausflure, unsachgemäße Müllentsorgung, ungepflegte Grünflächen oder andere Missstände im Wohnungsbestand werden nicht sofort als Handlungsaufforderung wahrgenommen. Dies ist ein intransparenter und oft schleichender Prozess, der zu einer stetigen Verschlechterung der von außen wahrnehmbaren Wohnqualität im Bestand führt. Der Vermietungsvertrieb hat hier einen großen Vorteil: Die Erfolge sind zahlenmäßig und in puncto Realisierungsgeschwindigkeit klar zu messen. Der Vermietungsvertrieb erhält von neuen Mietinteressenten ein unmittelbares und äußerst wertvolles Kundenfeedback zu den angebotenen Wohnungsbeständen. Schwachstellen und Missstände können insofern sofort benannt werden. Der Vermietungsvertrieb hat insofern einen Informationsvorsprung. Die Kundennähe in Kombination mit der starken Erfolgsorientierung des Vermietungsvertriebs sorgt dafür, dass dieser sui generis eine bessere Auffassungsgabe im Hinblick auf Optimierungspotenziale im Bestand hat.

    Dieses feinere Marktgespür wird zudem ergänzt durch eine stärkere Sensibilisierung für die Dringlichkeit und Konsequenz bei der Verbesserung von unbefriedigenden Ist-Zuständen. Es liegt in der Natur der Sache, dass der Vermietungsvertrieb einen festgestellten Missstand gern sofort beheben möchte, um bei der nächsten Besichtigung nicht wieder ein negatives Kundenfeedback zu erhalten, sondern stattdessen einen Vermietungserfolg feiern zu können. Diese Erfolgsgetriebenheit sollte den Vermietungsvertrieb zum Auslöser, Ingangsetzer und Antreiber für die Hebung von Bewirtschaftungspotenzialen machen.

3. Selbst zu der **Betriebskostenabteilung** können für den Vermietungsprozess wesentliche Beziehungen bestehen. Die Höhe der Betriebskosten spielt auch im Vermietungsprozess eine wichtige Rolle. Als »zweite Miete« sind die Betriebskosten längst im Fokus von Mietinteressenten. Die Mietinteressenten legen ihr Augenmerk auf die Gesamtmiete und weniger isoliert auf die Kaltmiete. Insofern hat der Vermietungsvertrieb nicht nur an marktgerechten Kaltmieten ein gesteigertes Interesse, sondern auch an möglichst geringen Nebenkostenvorauszahlungen.

Die unreflektierte Akzeptanz von Betriebskosten nach dem Motto »Zahlt sowieso der Mieter« führt zu einer allmählichen Mehrbelastung der Mieter und Mieterinnen. Dieser Prozess findet oft von der Unternehmensführung unbemerkt statt. Die negativen Konsequenzen werden erst bei der Überschreitung eines kritischen Werts erkennbar. Auch hier hat der Vermietungsvertrieb eine Pionieraufgabe. Die Vermieter sind es, die anhand des Interessentenfeedbacks als Erste erkennen, ob die Nebenkosten einen zu großen Teil der Gesamtmiete einnehmen. Auch hier können ein frühzeitiger Erfahrungsaustausch und der Hinweis auf etwaige Fehlentwicklungen im unternehmerischen Gesamtgefüge erfolgreich sein.

Im Verhältnis zu anderen Abteilungen sind die Schnittstellen klar zu definieren. Dies fängt bei der Aufgabenverteilung an und endet bei der Qualitätskontrolle.

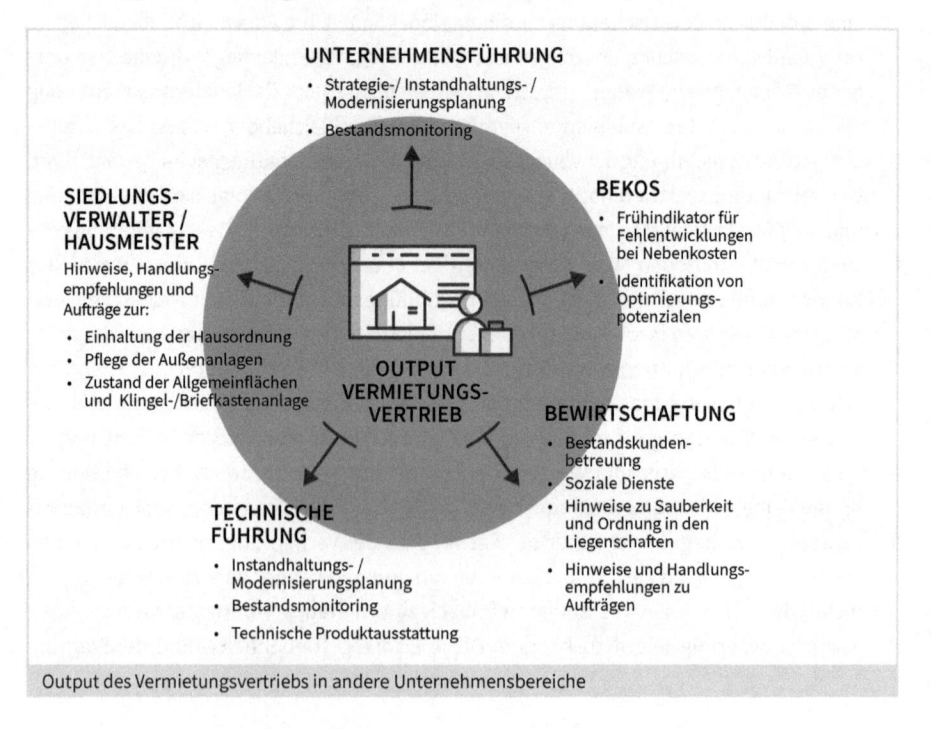

UNTERNEHMENSFÜHRUNG
- Strategie-/ Instandhaltungs- / Modernisierungsplanung
- Bestandsmonitoring

SIEDLUNGSVERWALTER / HAUSMEISTER
Hinweise, Handlungsempfehlungen und Aufträge zur:
- Einhaltung der Hausordnung
- Pflege der Außenanlagen
- Zustand der Allgemeinflächen und Klingel-/Briefkastenanlage

BEKOS
- Frühindikator für Fehlentwicklungen bei Nebenkosten
- Identifikation von Optimierungspotenzialen

OUTPUT VERMIETUNGSVERTRIEB

BEWIRTSCHAFTUNG
- Bestandskundenbetreuung
- Soziale Dienste
- Hinweise zu Sauberkeit und Ordnung in den Liegenschaften
- Hinweise und Handlungsempfehlungen zu Aufträgen

TECHNISCHE FÜHRUNG
- Instandhaltungs- / Modernisierungsplanung
- Bestandsmonitoring
- Technische Produktausstattung

Output des Vermietungsvertriebs in andere Unternehmensbereiche

> **Tipp: Kontinuierliche Kommunikation bei Veränderungen**
>
> Die aktive Rolle des Vermietungsvertriebs als »Spielmacher« erfordert auf dem »Spielfeld« eine gewisse Autorität gegenüber den eigenen »Mitspielern« aus anderen Fachbereichen. Gerade in starren Unternehmensstrukturen mit festgefahrenen Verantwortungsbereichen können Verbesserungen nur schwer und langsam über Abteilungsgrenzen hinweg durchgesetzt werden. Eine strategische Unternehmensführung hat hier die Aufgabe, eine passende Struktur sowie geeignete Prozesse zu etablieren.
>
> Eine nachhaltige Verbesserung tritt dabei nur durch kontinuierliche Kommunikation ein. Es reicht nicht, ein einmaliges Projekt aufzusetzen und danach davon auszugehen, dass alle Mitarbeitenden den neuen Kurs verstanden haben. Oft zeigt sich eher die Tendenz, nach einer bestimmten Zeit wieder in alte Gewohnheiten zu verfallen. Gute Führung sollte daher permanent am Ball bleiben und bei jeder Gelegenheit positiv und ermunternd auf die Mitarbeiter einwirken. Vorschläge, Anregungen und Wünsche des Vermietungsvertriebs sollten im Unternehmen als Chance und nicht als Bürde oder Kritik aufgenommen werden.

4.1.1.1 Kommunale Wohnungsgesellschaften

Kommunale Wohnungsgesellschaften erleben derzeit eine Renaissance. Vor gar nicht allzu langer Zeit, Anfang der 2000er-Jahre, gehörte der Verkauf kommunaler Wohnungsbestände und Gesellschaften zum guten Ton in Städten und Gemeinden. Nach dem Motto »privat vor Staat« hieß es, die kommunale Wohnungswirtschaft sei »undermanaged« und private Akteure könnten die Bewirtschaftung wesentlich besser ausführen.

Wohnungsknappheit und steigende Mieten in den Metropolen und Schwarmstädten haben mittlerweile zu einem Umdenken geführt.[153] Ende des Jahres 2018 gab es 747 kommunale und öffentliche Wohnungsunternehmen in Deutschland.[154] Die Zahl der Wohnungen in kommunaler Hand hat sich insbesondere zwischen Mitte der 1990er-Jahre und Mitte der 2000er-Jahre reduziert. Den damaligen Recherchen des Instituts Wohnen und Umwelt zufolge privatisierten die Kommunen in diesem Zeitraum insgesamt 33 Wohnungsunternehmen mit einem Bestand von 437.000 Wohnungen. Staatlich gelenkte Akteure am Wohnungsmarkt können an vielen Stellen die wohnungspolitischen Interessen der Städte und Gemeinden und damit auch deren Bewohner anders, in der Praxis allerdings auch nicht immer besser, umsetzen. Die Art und Weise der Schwerpunktsetzung ist eine andere. Kommunale Wohnungsgesellschaften werden etwa dazu genutzt, an der Quartiersentwicklung in »schwachen« Stadtteilen mitzuwirken. Private Investitionen bleiben häufig aus, sodass der Wohnungsmarkt an solchen Stellen nicht sich selbst überlassen werden sollte. Auch das Bereitstellen von Wohnraum für Bevölkerungsgruppen, die einen schwierigen Zugang zum lokalen oder regionalen Wohnungsmarkt haben, stellt eine konkrete

---

153 Zu den Potenzialen öffentlicher Wohnungsunternehmen Hain, S. 194 f.
154 https://www.gdw.de/uploads/pdf/jahresstatistik_kompakt/GdW_Jahresstatistik_kompakt_2018.pdf, abgerufen am 18.08.2020.

Aufgabe dar. Diese gemeinwohlorientierte Grundhaltung birgt viele Chancen, hat aber auch konkrete Risiken zur Folge.

Insbesondere kommunale Wohnungsgesellschaften unterliegen verschiedenen »sachfremden« Einflüssen. Dies ist darin begründet, dass die Eigentümer- und Gesellschafterposition oftmals durch städtische Gremien wahrgenommen wird. In vielen Gesellschaftsverträgen sind erhebliche Entscheidungskompetenzen auf das Aufsichtsgremium verlagert. In den Aufsichtsräten kommunaler Gesellschaften sitzen in der Mehrheit vom Rat der Gemeinde entsandte Stadtratsmitglieder, Verwaltungsbeamte in Spitzenpositionen und Geschäftsführer anderer städtischer Gesellschaften. In der überwiegenden Mehrheit hat der zuvor beschriebene Personenkreis vor seiner Berufung in das Gremium wenig oder gar keine Berührungspunkte mit der Immobilien- und Wohnungswirtschaft. In diesen Fällen fehlt die fachliche Expertise zur professionellen Bewirtschaftung der Wohnungsbestände. Selbstverständlich können etwaige Defizite durch entsprechendes Engagement egalisiert werden, allerdings wird die Kürze der Einarbeitungszeit nur in den seltensten Fällen eine tiefergehende Auseinandersetzung mit der komplexen wohnungswirtschaftlichen Materie zulassen.

Das Kernthema »Vermietung« zur Sicherstellung des gewinnbringenden Geschäftsbetriebs gerät bei der o. g. Gruppe oftmals vor dem Hintergrund tages- und wochenpolitischer Akutthemen ins Hintertreffen. In diesem Sinne kann die Priorität der Geschäftsführung dann auf der Wohnraumbeschaffung für bestimmte Klientelgruppen, z. B. Obdachlose, Geflüchtete, arbeitslose Jugendliche etc. liegen. Vielfach verschiebt sich der Fokus auch dahin gehend, dass die kommunale Wohnungsgesellschaft zur Stadtentwicklungsgesellschaft umfunktioniert wird, um auf diese Weise Schandflecken im Stadtbild zu beseitigen. Diese Maßnahmen sind in einer gewissen Ausprägung wichtig und richtig, dürfen aber nicht dazu führen, die Fokussierung auf funktionierende Vermietungsprozesse zu verlieren. Erfolg verspricht vor diesem Hintergrund ein universaler Vermietungsprozess, der von der Unternehmensleitung bis zur Sachbearbeitungsebene durchstrukturiert ist. Ziel ist es dabei, schnell und effektiv Vermietungserfolge zu realisieren.

In der kommunalen Praxis sind weitere Spezialkonstellationen erkennbar. Nicht nur das Aufsichtsgremium, auch das ausführende Organ, also Geschäftsführung oder Vorstand, können bei kommunalen Gesellschaften durch »politische Akteure« besetzt werden. Diese Personen zeichnet in der Regel eine erstklassige, gesellschaftliche Vernetzung vor Ort aus. Andererseits fehlt vielfach die Erfahrung im Umgang mit wohnungswirtschaftlichen Themen.

Eine Wohnungsgesellschaft kann zu Recht als »Tanker« auf hoher See bezeichnet werden. Ist dieser Tanker einmal in Fahrt gekommen, kann er nur mit viel Anstrengung zu spontanen Kursänderungen motiviert werden. Ändern sich, bei gleichbleibenden internen Strukturen, die äußeren Rahmenbedingungen des Standorts, können erhebliche negative Überraschungen die Folge sein.

Ein Beispiel: Eine kommunale Wohnungsgesellschaft hatte in den 2000er-Jahren mit massiv steigenden Leerständen zu kämpfen. Diese Leerstandsquote überschritt im Jahr 2010 die Zwölf-Prozent-Marke. Die gesamte Gemeinde war in diesem Zeitraum eine »shrinking city« und hatte mit deutlichen Bevölkerungsverlusten zu kämpfen. Die kommunale Gesellschaft bewegte sich hinsichtlich der Denkweise der Mitarbeiter und der manifestierten Prozesse weiterhin in den 1980er-/1990er-Jahren. Ähnlich wie heutzutage in mancher Metropole oder Schwarmstadt bedeutete dies, dass Wohnungen nicht aktiv vermietet, sondern vielmehr durch die Mitarbeiterinnen und Mitarbeiter wie von »Gottes Gnaden« vergeben wurden. Faktisch hatte sich der Wohnungsmarkt in den vergangenen Jahren aber vollständig gewandelt: Die sonst so begehrten Wohnungen mussten nun mühevoll vermarktet und vertrieben werden. Dieses Erfordernis kam weder bei den für die Vermietung zuständigen Personen noch bei der Geschäftsführung an und so akzeptierte man klaglos von Monat zu Monat steigende Leerstandzahlen als unveränderliches Schicksal. Aktiver Leerstandsabbau erfolgte in der Weise, dass besonders von Leerstand geprägte Wohngebäude oder Quartiere mit Quoten jenseits der 30 Prozent an private Dritte verkauft wurden. Dieses Vorgehen sorgte zwar kurzfristig für ein Sinken der Leerstandsquote bei der kommunalen Wohnungsgesellschaft, mittel- bis langfristig wurde allerdings Wettbewerb vor der eigenen Haustür ermöglicht. Die Erwerber rissen die gekauften Wohnungen erwartungsgemäß nicht ab, sondern schufen durch verschiedene Modernisierungsbemühungen weitere Wohnungsprodukte am lokalen Markt.

Derartige strategische Fehler sind bedauerlicherweise kein Einzelfall. Von einer städtischen Wohnungsgesellschaft in Mitteldeutschland ist bekannt, dass sich deren Leerstandsquote innerhalb weniger Monate um mehrere Prozentpunkte erhöhte. Der Grund lag in der mangelhaften Prozessorganisation. Die Vermieter waren gleichzeitig für die Bestandsbetreuung und damit auch Kündigungsabwicklung verantwortlich. Aufgrund wandelnder Marktverhältnisse hatte man es mit sprunghaft steigenden Wohnungskündigungen zu tun. Die Arbeitskapazitäten wurden restlos durch die Bearbeitung der Kündigungen absorbiert, sodass der gesamte Neuvermietungsbereich zum Erliegen kam. Die Folge waren exzessiv steigende Leerstände, die dem Vorstand zu spät zur Kenntnis kamen. Dieser konnte dann aber die Neuvermietung durch die Verschiebung von Personalkapazitäten wieder ankurbeln.

Eine weitere Besonderheit, die bei kommunalen Wohnungsgesellschaften zu beachten ist, sind starre Haltungen bei Fragen der Personalwirtschaft. Der enge Bezug zur hoheitlich agierenden Kommune sorgt teilweise für unflexible Personalmodelle aus der Vergangenheit, die nur sehr mühsam an die aktuellen Gegebenheiten angepasst werden können. Daneben sorgen stark formalisierte Gremien – wie z. B. der Betriebsrat – für einen ständigen Abstimmungsbedarf mit der Unternehmensleitung.

> **Tipp: Optimierungspotenziale**
>
> Im Vergleich zur freien Wohnungswirtschaft haben die kommunalen Gesellschaften im Schwerpunkt personalbezogene Optimierungspotenziale:
>
> - **Personalauswahl:** Die Führung in kommunalen Wohnungsgesellschaften sollte der Versuchung widerstehen, freie Stellen im Unternehmen mit Kandidaten aus dem Umfeld der Gremien, Verwaltung und Politik zu besetzen. Vielmehr sollte die fachliche Qualifikation ausschlaggebender Faktor für die Besetzung sein. Gerade für den systematischen Vermietungserfolg ist es erforderlich, dass neben dem Vermietungsvertrieb auch alle anderen kundenrelevanten Bereiche optimal funktionieren.
> - **Kundenfreundlichkeit der Geschäftsprozesse:** Die Geschäftsprozesse werden konsequent anhand des Erwartungshorizonts der Kunden und Kundinnen modelliert. Die Arbeitszeitmodelle können beispielsweise einer kundenorientierten Vermietung entgegenstehen, wenn damit eine Besichtigung in den Abendstunden oder am Wochenende generell nicht möglich ist. Hier bedarf es der intensiven Kommunikation mit der Belegschaft und den Gremien, um diese für die Kundenorientierung zu sensibilisieren. Ein tieferes Verständnis dieser Zusammenhänge hilft dabei, den Veränderungsprozess im Unternehmen erfolgreich umzusetzen.
> - **Performanceorientierung des Personals:** Gerade in kommunalen Gesellschaften ist ein verstärktes Augenmerk darauf zu legen, die Belegschaft zu objektiver Leistungsorientierung anzuhalten. Dies impliziert eine klare Ziel- und Erwartungsformulierung, regelmäßige Kommunikation und Kontrolle der Prozesse sowie die Entwicklung intelligenter Anreizsysteme. Mitarbeiter und Mitarbeiterinnen, die mit überdurchschnittlichen Leistungen zum Unternehmenserfolg beitragen, sollten davon auch unmittelbar profitieren.

4.1.1.2 Wohnungsgenossenschaften

Genossenschaften sind vom Grundsatz her ähnlich konservativ strukturiert wie kommunale Wohnungsgesellschaften. Laut GdW Jahresstatistik 2018[155] gibt es in Deutschland 1790 Baugenossenschaften, die ca. 2,2 Millionen Wohnungen verwalten. Das auf das Jahr 1889 zurückgehende Genossenschaftssystem birgt aber einige Besonderheiten in sich, die über die reine Rechtsform und gesellschaftsrechtliche Besonderheiten hinausgehen. Kerngedanke und Wertephilosophie der Genossenschaft ist die Teilhabe des Wohnungsmieters am genossenschaftlichen Vermögen.

Der »kleine Mann« kann aus dieser Sozialperspektive allein kein oder nur schwer Eigentum erwerben oder schaffen – daher bedarf es einer Vielzahl von Personen, um dieses Ziel gemeinschaftlich zu erreichen. Eigentümer und Gesellschafter der Genossenschaften sind somit die Mieterinnen und Mieter. Die Mieter haben zwar nur einen geringen Bruchteil als Eigentum, dennoch besteht durch diese Teilhabe eine engere Bindung zum Mietgegen-

---

[155] https://www.gdw.de/uploads/pdf/jahresstatistik_kompakt/GdW_Jahresstatistik_kompakt_2018.pdf, abgerufen am 18.08.2020.

stand – also zur Wohnung. In der Regel hegt und pflegt der Eigentümer sein Gut mit größerer Sorgfalt und Hingabe als derjenige, der es nur temporär nutzt bzw. mietet.

Dieses Phänomen lässt sich wunderbar in der Praxis beobachten. Fährt man beispielsweise in eine typische Wohnsiedlung des Ruhrgebiets und schaut sich zwei direkt benachbarte baugleiche Gebäude an, von denen das eine ein Mietwohnungsbestand ist und das andere von einer Eigentümergemeinschaft verwaltet wird, so fallen auch dem unbedarften Betrachter unmittelbar Unterschiede ins Auge. Das Wohngebäude der Wohnungseigentümergemeinschaft wird in der überwiegenden Zahl der Fälle optisch ansprechender wirken. Gepflegte Außenanlagen, liebevoll gestaltete Balkone, ein sauberes und aufgeräumtes Treppenhaus sowie eine intakte Klingel- und Briefkastenanlage sind nur einige wenige auf den ersten Blick erkennbare Merkmale.

Einen ähnlichen Unterschied kann man häufig bei genossenschaftlichen und »normalen« Mietwohnungen feststellen. Die Genossen nehmen trotz des an sich gewöhnlichen Mietverhältnisses ihre besondere Bruchteilseigentümerschaft bewusst oder unterbewusst wahr und sorgen für ein gepflegtes Erscheinungsbild ihrer Wohnanlagen. Dieser Duktus der Gesellschafter, die gleichzeitig auch Nutzer sind, überträgt sich auf die Organisation der Genossenschaft und damit mittelbar auch auf den Vermietungsprozess.

Zunächst ist festzustellen, dass bei Genossenschaften in den Entscheidungsgremien weit überwiegend tatsächlich Mieter und damit Gesellschafter zusammenkommen. Jede Genossenschaft, mit Ausnahme der sog. Kleinstgenossenschaft, hat nach § 9 Abs. 1 Satz 1 GenG einen Aufsichtsrat. Dieser besteht nach § 36 Abs. 1 Satz 1 GenG aus mindestens drei Mitgliedern. Diese Genossenschaftsmitglieder im Aufsichtsrat haben demnach eine beratende und kontrollierende Funktion gegenüber dem operativ tätigen Vorstand.[156] Das Genossenschaftsgesetz schreibt in § 24 Abs. 2 Satz 1 GenG vor, dass eine Genossenschaft mindestens zwei Vorstandsmitglieder haben muss.[157] In der Praxis gibt es häufig einen haupt- und einen nebenberuflichen Vorstand. Der hauptberufliche Vorstand ist das Pendant zum Vorstand einer Aktiengesellschaft. Der hauptberufliche Vorstand ist oftmals die einzige – qua beruflicher Bildung – professionell in der Wohnungswirtschaft agierende Person, abgesehen von den Mitarbeitenden.

Die Generalversammlung und deren verkleinertes Abbild, die Vertreterversammlung, ist ein wesentliches willensbildendes Organ der Genossenschaft. Die General- bzw. Vertreterversammlung entscheidet u. a. über die Satzung, Bestellung und Abberufung der Vorstände, den Jahresabschluss und sonstige wesentliche Vorgänge.

---

156 Dazu detailliert Schlüter/Luserke/Roth, Rn. 673 ff.
157 Vgl. Schlüter/Luserke/Roth, Rn. 406.

Genossenschaften sind aufgrund ihrer Personenstruktur weitaus weniger anfällig für tagesaktuelle Wunschprojekte aus dem politischen Umfeld als kommunale Wohnungsgesellschaften. Zwar sind auch in Genossenschaften oftmals Kommunalpolitiker aktiv. Sie besitzen aber neben den eigentlichen Mietern bzw. Mitgliedern weniger strukturelle Einflussmöglichkeiten. Die Genossenschaft ist ihrer Struktur nach und historisch dem eingetragenen Verein (e. V.) sehr ähnlich. Dadurch bedingt haben es Vorstand und Aufsichtsrat in der »Eigentümerversammlung« mit einer Vielzahl von »Gesellschaftern« zu tun, mit denen sie menschlich und im kommunikativen Sinne richtig umgehen müssen.[158] Das originäre Eigentümer- und damit auch Mieterinteresse steht bei den Genossenschaften somit geboren an erster Stelle der strategischen Prioritätenliste. Auf dieser Basis wird man sich Gedanken über zielgruppengerechte Modernisierungs- und Neubauprojekte machen, unterliegt aber weniger der Gefahr, für städtebauliche Entwicklungsmaßnahmen im unrentablen Bereich »missbraucht« zu werden.

Die Vermietungsprozesse in Genossenschaften sind zuverlässig etabliert und funktionieren insbesondere im Hinblick auf die Auswahlqualität der zukünftigen Kunden überwiegend sehr gut. Das sog. Matching zwischen Eigentümer und Neumieter kann als unstreitiges Talent der Genossenschaften hervorgehoben werden. Der gesamte Verwaltungsapparat mit seinen Mitarbeitern und Mitarbeiterinnen hat in dieser Gesellschaftsform ein gutes Gespür dafür entwickelt, welche Mietinteressenten sich bestmöglich in die bestehende Mieterstruktur einfügen.

Optimierungsbedarfe bestehen bei den Genossenschaften vor allem in Hinblick auf Geschwindigkeit und Kundenfreundlichkeit. Vielfach sind die starren Öffnungs- und Terminzeiten sowie allgemein die teilweise erschwerte Erreichbarkeit der Mitarbeitenden Hemmnisse im Vergleich zu privat organisierten Vermietungsformen. Bereits unflexible Arbeitszeiten oder der generelle Ausschluss von Besichtigungsmöglichkeiten an Wochenenden verwehren den Zugang zu interessanten Kundengruppen. Viele potenzielle Kundinnen und Kunden können – was jeder Vermieter natürlich äußerst begrüßenswert findet – aufgrund ihrer eigenen beruflichen Tätigkeit nur spät am Abend oder eben in ihrer Freizeit am Wochenende besichtigen. Hier lohnt es sich, Anpassungen in der Vermietungsorganisation vorzunehmen, um das vollständige Kundenpotenzial erschließen zu können.

Ein weiterer, auf Produktebene anzutreffender positiver Vermietungsfaktor bei Genossenschaften ist eine hohe Verfügbarkeit von Modernisierungs- und Instandhaltungsmitteln für leere Wohnungen im Bestand. Ein Grund dafür ist die restriktive Ausschüttungspolitik in den meisten Genossenschaften. Diese reinvestieren erwirtschaftete Gewinne in den Wohnungsbestand, statt sie an die Mitglieder weiterzugeben. Eine nachhaltige Investition in den Wohnungsbestand macht sich über die Jahre deutlich im Stadtbild, aber auch in

---

[158] Schlüter/Luserke/Roth, Rn. 771.

jeder einzelnen Wohnung bemerkbar. Vielfach werden die Wohnungen überdurchschnittlich renoviert bzw. modernisiert sowie mit Markenprodukten ausgestattet.

Genossenschaften sind genauso wie kommunale Wohnungsgesellschaften tief in der jeweiligen Stadt- und Gemeindegesellschaft verankert. Dies hat zur Folge, dass häufig vor Ort ansässige, seriöse Handwerksbetriebe oder teilweise eigene Regiebetriebe die Bauausführung übernehmen. Diese Konstellation führt dazu, dass sich die Beteiligten persönlich kennen und miteinander mittelbar sowie unmittelbar vernetzt sind. Soziale Kontrolle findet damit rund um die Uhr statt, wodurch qualitativ hochwertiges, mangelfreies Arbeiten gefördert wird. Derartig fertiggestellte Wohnungen werden erhöhten Kundenansprüchen gerecht und setzen sich oftmals gegenüber Konkurrenzangeboten privater Gesellschaften deutlich ab. Die privaten Gesellschaften neigen unter dem Gesichtspunkt der Gewinnmaximierung dazu, weniger Mittel in die Wohnungsbestände zu investieren. Dies macht sich zum einen bei der Güte der verwendeten Materialien bemerkbar, zum anderen bei der Auswahl der Handwerksbetriebe. Billiganbieter können dann vielfach nicht die Qualitätserwartungen erfüllen.

4.1.1.3 Privatwirtschaftliche Wohnungskonzerne

Die deutschen und internationalen börsennotierten Wohnungsgesellschaften haben mit insgesamt rund 900.000 Wohneinheiten einen Marktanteil am Mietwohnungsmarkt in Höhe von 3,8 Prozent.[159] Die Vonovia mit rund 400.000 Wohnungen ist das Schwergewicht und notiert mittlerweile am größten deutschen Aktienindex, dem DAX. Nach dem Ausscheiden von Wirecard aus dem DAX ist der zweite Wohnungskonzern, die Deutsche Wohnen, mit 163.000 Wohnungen in den Leitindex aufgestiegen. Die LEG, TAG und Adler Real Estate sind ebenfalls börsennotiert. Die börsennotierten Gesellschaften haben bereits aufgrund der schieren absoluten Zahlen eine besondere Strahlkraft. Diverse Medien und die Fachpresse beschäftigen sich gern mit den »Großen«, weil diese bundesweit wirtschaftliche und gesellschaftliche Relevanz genießen. Auch ohne Börsennotierung äußerst erfolgreich agiert VIVAWEST mit 120.000 Wohnungen. Große Organisationseinheiten bedürfen einer komplexen Organisationsstruktur, um gerade im Vermietungssektor Erfolge erzielen zu können. Selbstverständlich sind die originären Kernaufgaben der Vermietung auch in einem Konzern abzubilden. Die Komplexität leitet sich aus dem Zusammenspiel von Portfoliomanagement, Budgetierung, Bauausführung und letztendlich der kaufmännischen Vermietung ab

Die Herausforderung im Vermietungsvertrieb besteht bei den großen Wohnungsgesellschaften im Gesamtvolumen und in der Streuung des Wohnungsportfolios. Der Wohnungs-

---

159 Vgl. BBSR, Börsennotierte Wohnungsunternehmen, S. 8.

4 Vermietungssteuerung in Unternehmen

bestand ist vielfach über das gesamte Bundesgebiet verteilt. Mittlerweile bewirtschaftet Vonovia sogar im europäischen Ausland Bestände, nämlich in den Niederlanden und in Schweden.

Vermietung ist und bleibt ein »People Business«, unabhängig von der Größe des Portfolios. Es kommt stark auf den persönlichen Kundenkontakt und den kommunikativen, vertrauensvollen Austausch mit dem Mietinteressenten an. Dies kann sich im Zuge der Digitalisierung und der damit einhergehenden technologischen Fortschritte möglicherweise in Zukunft wandeln. Der Komplexitätsgrad des Vermietungsprozesses lässt allerdings vermuten, dass der persönliche Austausch auch bei immer stärker werdenden digitalen Lösungen weiterhin als wesentliches Element bestehen bleibt. Je größer die Organisationseinheiten werden, desto wichtiger wird die durchgängige Beibehaltung von einheitlichen Qualitätsstandards und Prozessabläufen in der Vermietung.

Das Portfolio wird zunächst in sinnvolle Vermietungscluster gegliedert. Für jedes Cluster sind klar zu benennende Organisationseinheiten verantwortlich. Je näher die Bestände geografisch zusammenliegen, desto mehr Einheiten kann ein Vermieter betreuen. Die Abbildung »Kriterien zur Clusterbildung im Wohnungskonzern« zeigt die Vorgehensweise auf.

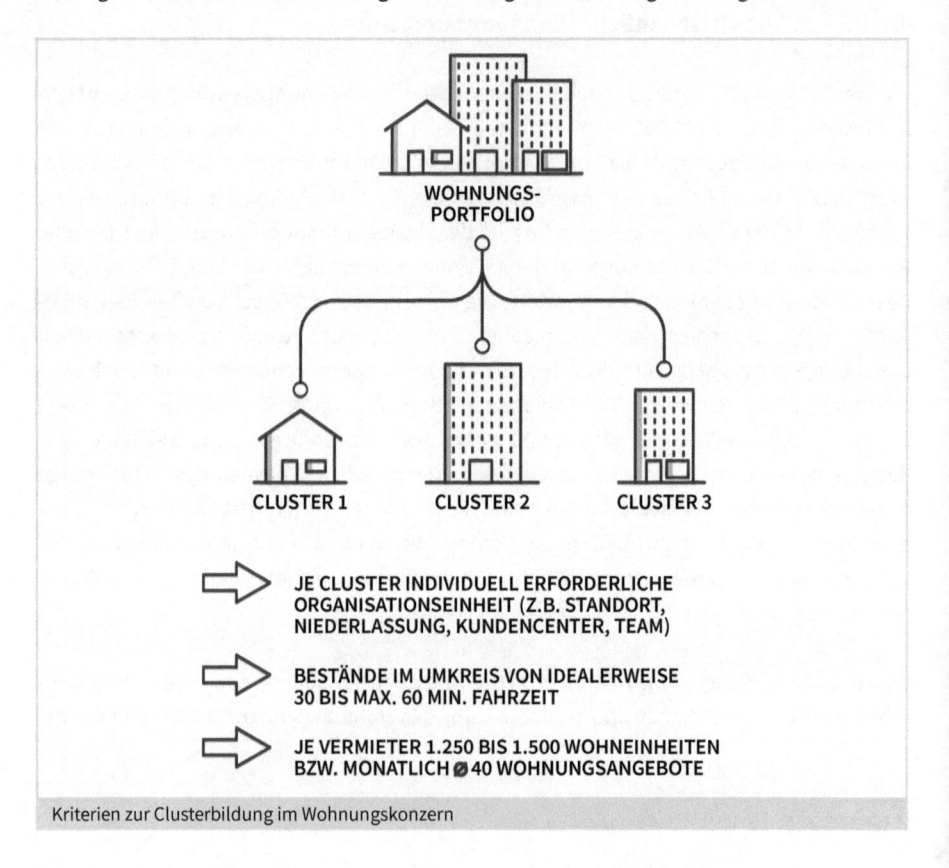

Kriterien zur Clusterbildung im Wohnungskonzern

4.1 Interne Vermietungssteuerung

> **Tipp: Relation Vermietungscluster zu Vermieter** ❗
>
> Ein Vermietungscluster für einen Vermieter sollte rund 1.250 bis 1.500 Wohneinheiten umfassen. Bei einer unterstellten Fluktuation von zehn Prozent kommen damit jährlich 125 bis 150 Neuvermietungen auf den zuständigen Vermieter zu. Bei jährlich 150 Neuvermietungen ergibt sich eine monatliche Vermietungsleistung von durchschnittlich 12,5 Wohnungen. Für die gesamte Aufbereitung, Instandsetzung und Vermarktung der Wohnung wird eine Haltedauer von durchschnittlich drei Monaten kalkuliert, sodass ein Vermieter überschlägig rund 40 Wohnungen parallel im Vertriebsprozess aktiv betreuen kann.
>
> Die Fahrtzeiten von seinem Bürostandort bis zum Bestand sollten dabei in der Regel 30 Minuten nicht übersteigen. Eine Fahrzeit von einer Stunde ist das absolute Maximum und kann in der Praxis zu einem Absinken der Vermietungsperformance führen.

Große Wohnungsbestände lassen sich demnach nur mit strukturierten Prozessen in Verbindung mit eindeutigen Verantwortungsbereichen erfolgreich managen. Die Prozesse sind allerdings nur so gut wie die Mitarbeiterinnen und Mitarbeiter, die sie im Live-Betrieb umsetzen sollen. Insofern ist ein gesteigerter Wert auf leistungsstarke Vermietungsmitarbeiter zu legen, die kontinuierlich motiviert werden. Digitale Lösungen bieten eine Erleichterung des alltäglichen Geschäfts durch die automatisierte Übernahme von datenbasierten Aufgaben.

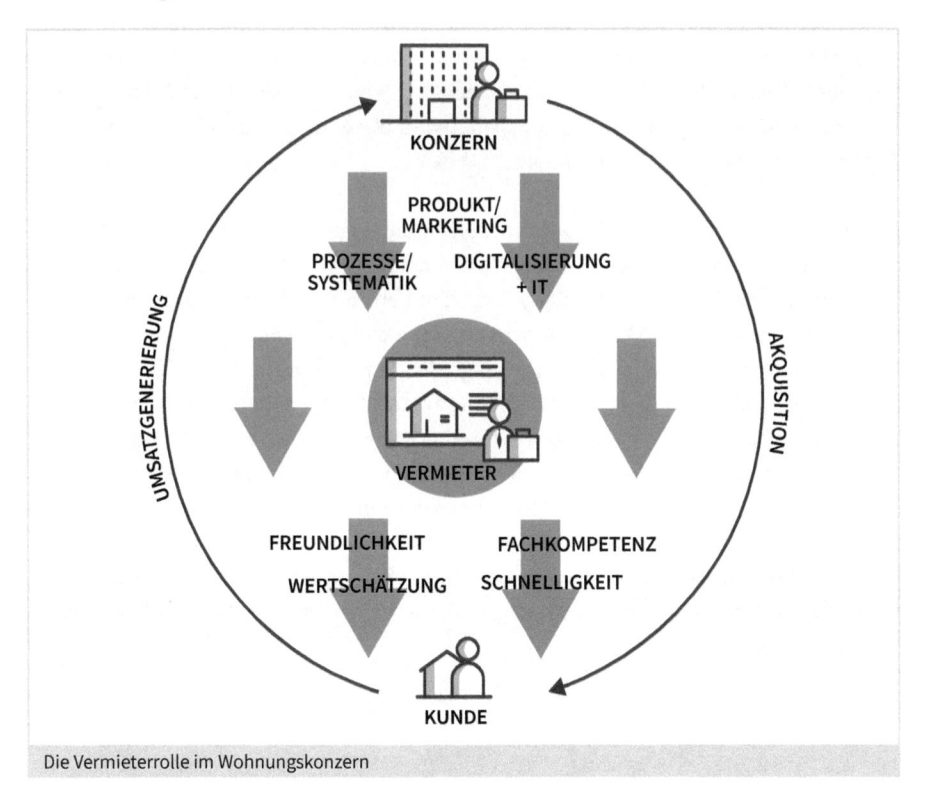

Die Vermieterrolle im Wohnungskonzern

4.1.1.4 Family Offices

Weitere professionelle Marktteilnehmer sind die privaten Wohnungsgesellschaften und Family Offices. Im Kontext dieser Untersuchung subsumieren wir unter diese Kategorie Marktteilnehmer ab einem Wohnungsbestand von 100 WE. Die Eigentümer in dieser Kategorie verfolgen ein klar definiertes Renditeziel. In der aktuellen Niedrigzinsphase und mangels anderer Alternativen dienen Wohnungsbestände heute mehr denn je als Sachwertanlage. Am Immobilienmarkt ist zu beobachten, dass der Aspekt der nachhaltigen Wertanlage derzeit immer mehr den Renditegesichtspunkt verdrängt. Dies kann an der Kaufpreisentwicklung bei der Transaktion von Wohnungsbeständen abgelesen werden.

Waren im Jahre 2012 in Berlin noch Kaufpreismultiplikatoren weit unter dem 20-Fachen die Regel, bewegen wir uns derzeit eher im Bereich des 30- bis teilweise sogar 40-Fachen. Eine Mietrendite kann bei derartig hohen Kaufpreisen kaum mehr nur aus dem Cashflow erzielt werden. Hier müssen zukünftig erhebliche Wertsteigerungen realisiert werden, um auch nur annähernd eine zufriedenstellende Rendite zu erwirtschaften.

Auch in B- und C-Lagen sind ähnliche Verschiebungen festzustellen. Die absoluten Multiplikatoren sind dort zwar deutlich niedriger, dies gilt aber auch für die zu erwartende Preisentwicklung. Instandhaltungsaufwendungen und ebenfalls moderatere Preisentwicklungen bei den Marktmieten sorgen auch an diesen Standorten dafür, dass Wertanlagegesichtspunkte bei der Kaufentscheidung klar im Vordergrund stehen. Der wirtschaftliche Erfolg privater Bestandshalter wird wesentlich durch ein professionelles Vermietungsmanagement determiniert.

Oftmals kann beobachtet werden, dass die Eigentümer gerade bei überschaubaren Wohnungsbeständen die Aufgabe des Vermieters persönlich wahrnehmen. Sie fahren zu Besichtigungen, schließen Mietverträge und kümmern sich nicht selten auch um die Mieterbetreuung oder Betriebskostenabrechnung. Im Idealfall machen die Bestände privater Bestandshalter einen überdurchschnittlich gepflegten Eindruck, weil der Eigentümer öfter vor Ort ist und auf Sauberkeit und Ordnung achtet. Auf der anderen Seite ist allerdings zu beobachten, dass die Vermietungsperformance von Privatleuten deutlich geringer ist als bei professionellen Teilnehmern. Dies liegt zum einen am nur begrenzten fachlichen Know-how, zum anderen an mangelnder vertrieblicher Ausrichtung. Dies zeigt sich beispielsweise in lang andauernden Bauphasen zur Wiederherstellung der Vermietbarkeit. Ferner lässt die Kundenorientierung zu wünschen übrig. Vielfach sind Amateurvermieter nicht oder nur schwer telefonisch erreichbar. Die Folge sind längere Leerstandszeiten und damit Einbußen beim Cashflow.

4.1 Interne Vermietungssteuerung

In der Praxis konnte ferner beobachtet werden, dass notwendige Instandsetzungs- oder Modernisierungsarbeiten nur mit erheblicher zeitlicher Verzögerung und unter Widerwillen in Gang gesetzt werden. Dies ist dadurch begründet, dass bei privaten Bestandshaltern die Wirtschaftsplanung für das kommende Jahr oder für eine Periode von mehreren Jahren gar nicht oder nur schemenhaft erstellt wird. Es gibt daher regelmäßig keine festgelegten Budgets. Jede größere Ausgabe, beispielsweise für eine Instandhaltung, wird bewusst oder unbewusst als »ungeplante Ausgabe« wahrgenommen. Dies führt zu verzögertem Handeln. Dort, wo bei professionellen Vermietern automatisierte Prozesse abgespult werden, müssen auf privater Ebene zunächst Entscheidungen getroffen werden, deren Vorbereitung Zeit absorbiert.

Für private Bestandshalter und Family Offices empfiehlt es sich daher, im eigenen Büro moderne Vermietungsstrukturen aufzubauen. Dazu gehört geschultes und einschlägig ausgebildetes Personal sowie eine individuelle (Familien-)Unternehmensphilosophie. Das Bewirtschaften von Wohnungsbeständen ist auch bei kleineren Portfolios eine unternehmerische Aufgabe. Deren Erfüllung erfordert Wissen und schnelles, proaktives Agieren.

Wer keine Zeit oder Interesse daran hat, eigene Personalkapazitäten aufzubauen, sollte sich externer Dienstleister bedienen. Professionelle Vermietungsdienstleister steigern die Vermietungsperformance deutlich. Die Vermietungsprozesse sind wesentlich schneller und die Auswahl des besten Mietkunden erfolgt anhand belastbarer Kriterien. Die Mieteinnahmen können dadurch bedingt früher und nachhaltiger generiert werden. Das Vermietungsmanagement kann von unterschiedlich ausgerichteten Dienstleistern (Asset-Manager, Property-Manager, Makler etc.) übernommen werden. Welche Vor- und Nachteile mit den verschiedenen Formen verbunden ist, werden wir in einem späteren Kapitel behandeln.

> **Beispiel: Eigene Personalressourcen für Vermietungssteuerung**
>
> Der Immobilienunternehmer Ben Philipp Dahlheim betreut für sein Family Office einen Wohnungsbestand in NRW von rund 1.000 Einheiten. Er hat sich nach vielen praktischen Erfahrungen für eine interne Vermietungssteuerung entschieden und eigene Personalressourcen im Unternehmen aufgebaut.[160] Er begründet dies damit, dass es – aufgrund der positiven Entwicklung des Immobilienmarktes in den vergangenen Jahren – immer schwerer geworden sei, motivierte Makler für den Vermietungsvertrieb zu akquirieren. Diese hätten für die reine Vermietungsdienstleistung bei relativ kleinen Wohnungen mit geringer Kaltmiete wenig Einsatzbereitschaft und damit einhergehend mangelnden Vermietungserfolg gezeigt. Der Unternehmer hat daher ein Team aus Vermietern und Backoffice-Mitarbeitern etabliert. Das Vermietungsteam wird ab und zu durch einen dritten Mitarbeiter ergänzt und wickelt den gesamten Vermietungsprozess inhouse ab. Als Faustformel gilt hier, dass nur Bestände in einem Umkreis von 80 km vom Firmensitz bewirtschaftet werden.

---

160 Expertengespräch mit Ben Philipp Dahlheim, Dahlheim Unternehmensgruppe, vom 10.07.2020.

4.1.2 Asset-Manager

Das Immobilien-Asset-Management besteht in der Tätigkeit der Verwaltung von Immobilienvermögen. Es handelt sich dabei nicht um einen statischen, einmaligen Vorgang, wie ein Immobilienvermögen aufgebaut, verwaltet und eventuell desinvestiert wird, sondern um einen laufenden revolvierenden Prozess mit dem Teilschritt des Portfolio-Managements.[161] Asset-Manager von Wohnungsbeständen sind für die Vermietungsperformance ihrer Objekte mittelbar verantwortlich.

Die überwiegende Mehrheit der in Deutschland tätigen Asset-Manager übernimmt originär keine eigenständigen Vermietungsaufgaben bei den von ihnen betreuten Wohnungsbeständen. Dies hat zwei wesentliche Gründe: Der klassische Asset-Manager hat eine andere Flughöhe als der Vermieter vor Ort. Der Asset-Manager hat eine strategische und weniger eine operative Ausrichtung. Die Zielsetzung des Asset-Managers besteht in der Maximierung des Werts des Immobilienvermögens. Nach der Finanzierungstheorie wird die Beteiligung an Immobilienvermögen bzw. die Bereitstellung von finanziellen Mitteln zum Erwerb von Immobilienvermögen unter Ausschluss nichtfinanzieller Ziele (z. B. sozialer oder ethischer) als Mittel zu dem Zweck dienen, Einzahlungen aus diesen zu erhalten, die dann gemäß ihren individuellen Präferenzen zu Konsum- oder (Re-)Investitionszwecken verwendet werden können.[162]

Die unternehmerische Herausforderung bzw. der für den Kapitalgeber zu erbringende Mehrwert variiert je nach Lage und Stimmung am Immobilienmarkt. In den aktuellen Zeiten angespannter Wohnungsmärkte mit steigenden Kaufpreisen und wenig verfügbaren Produkten am Markt kommt beispielsweise dem sog. Funding bzw. Sourcing, also der Akquisition von geeigneten Wohnungsbeständen, eine erhöhte Bedeutung zu. Ferner kümmert sich der Asset-Manager um die strategische Wirtschafts- und Finanzplanung sowie die operative Budgetierung der anstehenden Maßnahmen.[163]

---

161 Ausführlich dazu: Wellner/Stoehr/Bals in: Schäfer/Conzen, S. 685 ff.
162 Vgl. Wellner/Stoehr/Bals in: Schäfer/Conzen, S. 685.
163 Vgl. Bone-Winkel/Feldmann in: Rock/Schumacher/Bäumer/Pfeffer, S. 521 ff.

In Bezug auf den komplexen Vermietungsprozess ist eine intelligente Aufgabendifferenzierung erforderlich. Die Wohnungsbestände sind in der Regel bundesweit verstreut, sodass zwischen Unternehmenssitz und Wohnungsstandort erhebliche Entfernungen liegen können. Eine sinnvolle Vermietungsleistung ist bereits aufgrund dieses Umstands nicht möglich. Asset-Manager bedienen sich häufig Dritter, um eine adäquate Vermietungsleistung darstellen zu können. Dies kann ein Property-Management sein oder unmittelbar ein externer Vermietungsvertrieb.

> **Beispiel: Mischung aus eigenen Mitarbeitern und lokalen Dienstleistern**
>
> Die Velero Immobilien GmbH, ein in Berlin ansässiger, auf Kauf und Verwaltung deutscher Wohnimmobilien spezialisierter Asset-Manager, zeichnet verantwortlich für einen Bestand von über 10.000 Wohnungen. Die Schwerpunkte liegen dabei vor allem in Nordrhein-Westfalen und Ostdeutschland. Die Gesellschaft setzt auf ein hybrides Vermietungsmodell aus eigenen Mitarbeitern und Mitarbeiterinnen sowie spezialisierten externen Dienstleistern, wie beispielsweise die RUHRWERT Immobilien GmbH für Teile Nordrhein-Westfalens.
>
> Thomas Lange, Geschäftsführer der Velero Immobilien GmbH, merkt an, dass für eine optimale Vermietungsperformance eine lokal agierende operative Vermietungseinheit erforderlich ist.[164] Nur durch kurze Wege und ein Gefühl für die lokalen und regionalen Mentalitäten der Menschen sind Vermietungserfolge zu realisieren. Dabei sind nach seiner Einschätzung sowohl mit internen als auch mit externen Kräften gute Ergebnisse zu erzielen. Die enge Einbindung von externen Dienstleistern in die eigene Unternehmenskultur und ein kontinuierlicher Kommunikationsprozess zwischen den Beteiligten sind dabei wichtige Grundvoraussetzungen.

Der Asset-Manager fungiert im Rahmen des Vermietungsvertriebs als Intermediär zwischen den berechtigten Eigentümerinteressen[165] und den Anforderungen des jeweiligen Wohnungsmarkts.

---

164 Expertengespräch mit Thomas Lange, Velero Immobilien GmbH, 28.09.2020.
165 Instruktiv zu Investoren- und Eigentümerinteressen Huesmann in: Rock/Schumacher/Bäumer/Pfeffer, S. 97 ff.

4 Vermietungssteuerung in Unternehmen

EIGENTÜMER/KAPITALGEBER

ZIELMIETEN — BUDGET — STRATEGIE

ASSET-MANAGER

INTERMEDIÄR

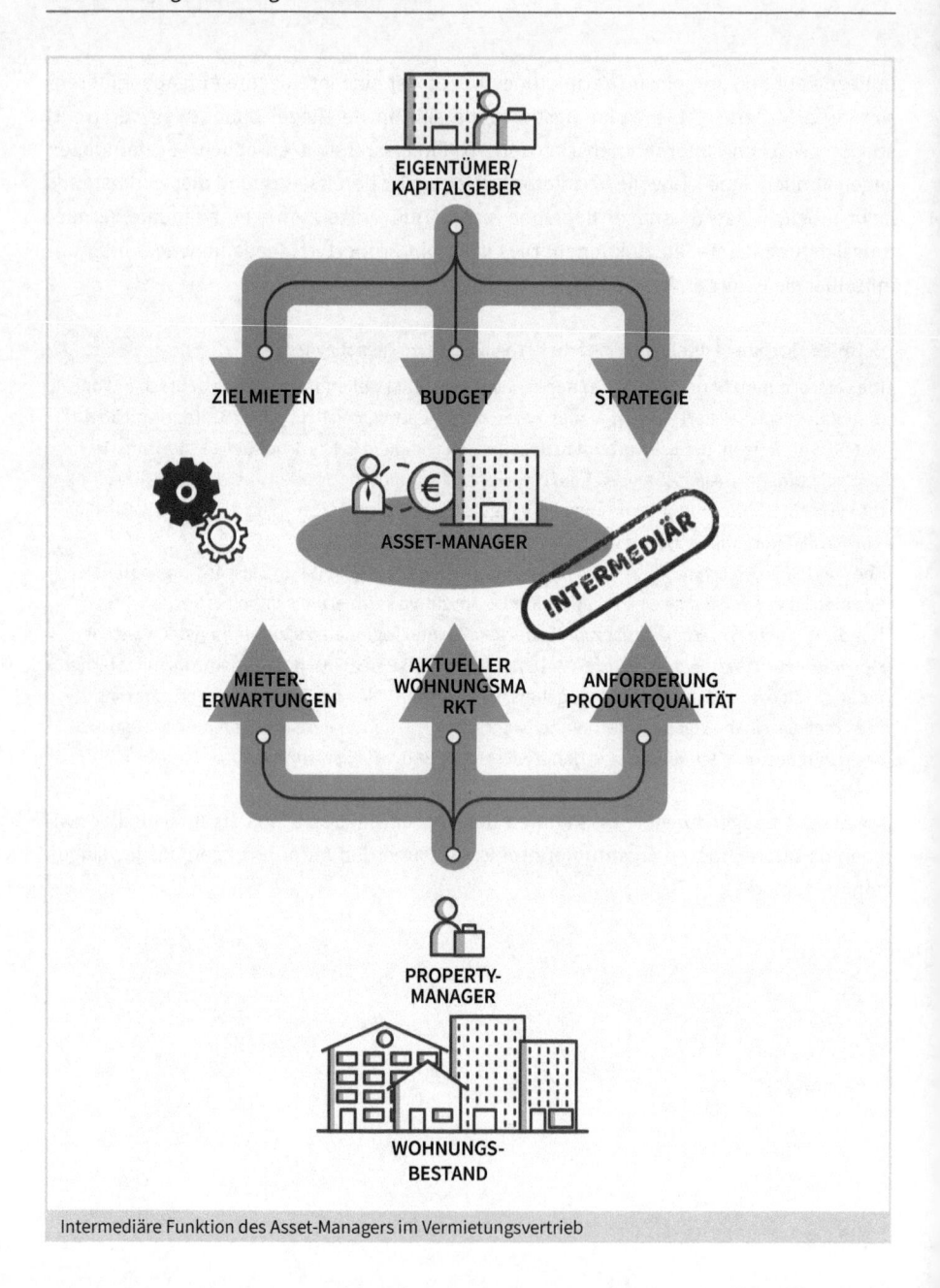

MIETER-ERWARTUNGEN — AKTUELLER WOHNUNGSMARKT — ANFORDERUNG PRODUKTQUALITÄT

PROPERTY-MANAGER

WOHNUNGS-BESTAND

Intermediäre Funktion des Asset-Managers im Vermietungsvertrieb

4.1.3 Property-Manager

Das Property-Management setzt die Ziele des Eigentümers, des Asset-Managements, in der operativen Immobilienverwaltung und Bewirtschaftung um.[166] Property-Manager sind die Kümmerer vor Ort und betreuen die Wohnungsbestände aus kaufmännischer und technischer Sicht. Sie sind das operative Bindeglied zwischen Eigentümer, Asset-Manager und Objekt bzw. Mietern.[167]

Das Property-Management kümmert sich u. a. um die Mietenbuchhaltung sowie das Mahn- und Klagewesen. Die Erstellung und Durchsetzung von Betriebskostenabrechnungen, Mieterhöhungen und anderen cashflowwirksamen Geschäften obliegt dem Property-Manager. Er ist vor Ort im Bestand und koordiniert Baumaßnahmen mit den von ihm beauftragten Handwerkern. Der Property-Manager ist daher relativ »nah« an der konkreten Immobilie und den dortigen Mietern.

Aufgrund dieser offenkundigen Nähe werden die Vermietungsleistungen vielfach ebenfalls vom Property-Management übernommen. Die Vermietungsperformance hängt insbesondere davon ab, inwiefern eine Interessengleichschaltung zwischen Eigentümer, Asset-Manager und Property-Manager gegeben ist. Vermietungserfolge müssen spürbar incentiviert werden, weil sonst keine stringente Leistung erbracht wird. Das Vermietungsgeschäft ist anders als das normale Verwaltungsgeschäft nicht nur zahlen-, sondern auch und vor allem vertriebsgetrieben.

Wie bei den klassischen kommunalen Wohnungsgesellschaften oder Genossenschaften haben die Property-Manager und auch die Miet- und WEG-Verwalter eine andere Unternehmens-DNA als erfolgs- und gewinnorientierte Vermietungsunternehmen. Die Vergütung von Erfolgen und nicht von reiner Zeit und Mühe führt dazu, dass der Vermietungsprozess erheblich beschleunigt wird. Selbst wenn das Property-Management incentiviert ist, heißt das noch lange nicht, dass die Vermietungsleistung optimal erbracht wird. Vielfach kann zwar das Unternehmen die erfolgreiche Vermietung in Rechnung stellen, allerdings wird der wirtschaftliche Vorteil nicht an die Mitarbeiter weitergegeben.

Die Mitarbeiterstruktur der Property-Manager ist kaufmännisch ausgerichtet und hat ihren Schwerpunkt in den laufenden Verwaltungsprozessen. Das Agieren aus dem Büro heraus ist dabei charakteristisch. Demgegenüber bewegen sich reine Vermieter von ihrem Wesen her überwiegend »auf der Straße« oder »im Bestand« vor Ort, um sich dort ein konkretes, realistisches Bild vom Produkt und dem Kunden zu machen. Mieterinnen und Mieter sind in diesem Fall nicht nur Namen und Daten, sondern eben Gesichter und

---

166 Flechtner/Lange in: Schäfer/Conzen, S. 711 ff.
167 Vgl. Kelber in: Wüstefeld, S. 92.

Geschichten hinter einer Exceltabelle. Nur wer nah am Geschehen ist und Hintergründe kennt bzw. deutet, ist in der Lage, datenbasierte Auswertungen richtig zu verstehen und ebenso richtige Schlussfolgerungen zu ziehen. Der typische Mitarbeiter im Property-Management wird eher seine Zufriedenheit im Büroalltag finden und hat keine direkte Vermietungsincentivierung, allenfalls mittelbar über ein z. B. auf die Leerstandsquote bezogene kennzahlenbasierte Auszahlung von Boni.

Die Verknüpfung von tatsächlichem Vermietungserfolg und Vergütung ist ein wesentlicher Erfolgsfaktor bei der Vermietung. Nur wer weiß, dass jede von ihm erfolgreich vermietete Wohnung auch die private Kasse klingeln lässt, wird sich im Wohnungsvertrieb zu Höchstleistungen aufschwingen. Die Vertriebsaffinität der Mitarbeitenden und damit der Wille und das Vermögen, qualitätsvolle Vermietungsarbeit zu leisten, ist im Property-Management weniger stark ausgeprägt.

Dies liegt nicht daran, dass diese Personen per se nicht zu Vertriebsaktivitäten in der Lage wären. Ursache ist vielmehr eine Mischung verschiedener Faktoren. Auf der einen Seite wirkt auf der persönlichen Ebene eine eher introvertierte Persönlichkeitsstruktur negativ auf den Vermietungserfolg. Außerdem tendieren Personen mit großer Risikoaversität dazu, einen sicheren Arbeitsplatz zu suchen. Dieser ist zwar mit geringeren Einkommens- und Karrieremöglichkeiten verbunden, fordert auf der anderen Seite aber langfristig weniger (Zeit-)Einsatz, Mobilität und Flexibilität. Das Streben nach Sicherheit, Beständigkeit und bekannten Strukturen führt diese Menschen eher zum Property-Management und in die Verwaltung als zu vertriebsaffinen Organisationen. Selbst wenn also eine persönliche Incentivierung stattfinden sollte, wird die messbare Performance in den meisten Fällen schlechter ausfallen als bei »Vollblut-Vertrieblern«.

4.1 Interne Vermietungssteuerung

BEWIRTSCHAFTUNG UND VERWALTUNG VON WOHNBESTÄNDEN

VERWALTUNGS-DNA

- TÄTIGKEIT VOM SCHREIBTISCH AUS, INHÄUSIG
- DETAILGETREU BIS IN DIE LETZTE NACHKOMMASTELLE
- FESTE ARBEITSZEITEN AUSGERICHTET AN DEN BEHÖRDEN
- ARBEITET IN FESTEN STRUKTUREN UND PROZESSEN
- ZAHLENAFFIN, STRUKTURIERT, INTROVERTIERT

VS.

VERMIETUNGS-VERTRIEB

VERTRIEBS-DNA

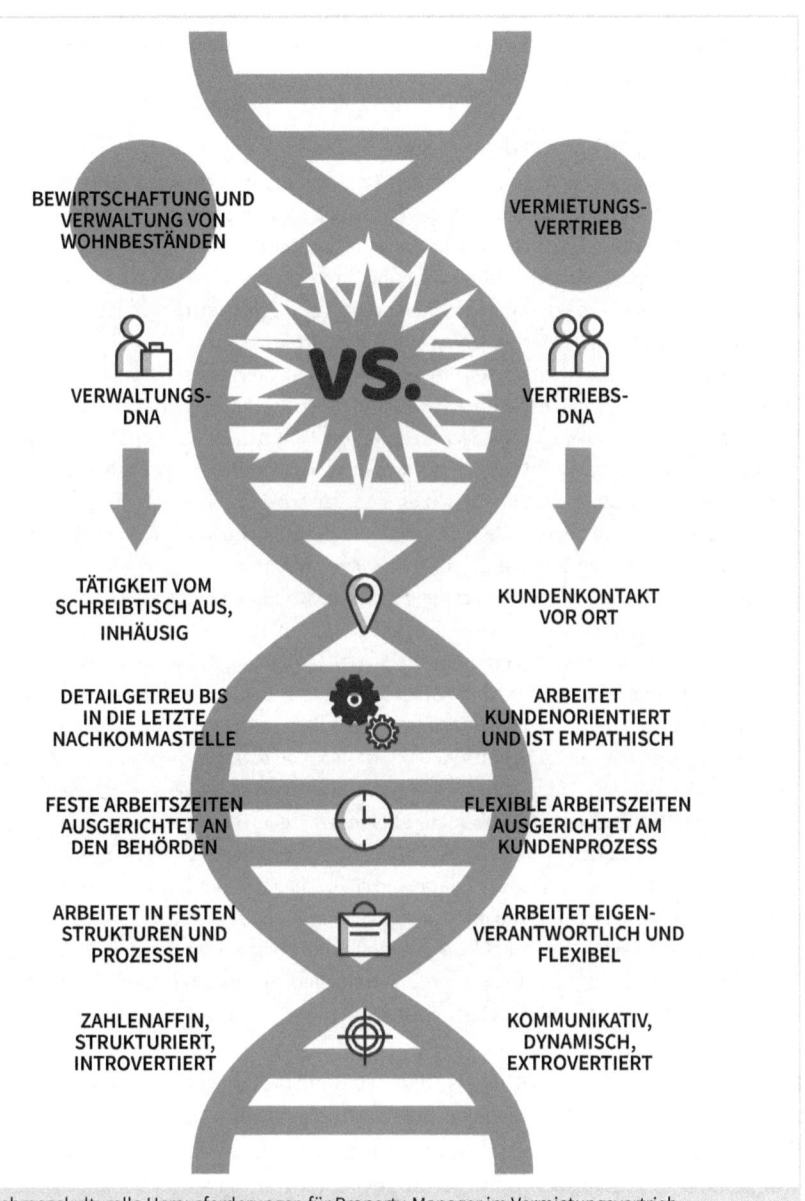

- KUNDENKONTAKT VOR ORT
- ARBEITET KUNDENORIENTIERT UND IST EMPATHISCH
- FLEXIBLE ARBEITSZEITEN AUSGERICHTET AM KUNDENPROZESS
- ARBEITET EIGENVERANTWORTLICH UND FLEXIBEL
- KOMMUNIKATIV, DYNAMISCH, EXTROVERTIERT

Unternehmenskulturelle Herausforderungen für Property-Manager im Vermietungsvertrieb

Möchte man als Property-Manager für seinen Auftraggeber eine Top-Vermietungsleistung abliefern, gibt es zwei Wege:

> **Tipp: Vermietungserfolg für Property-Manager**
>
> Der Property-Manager kann ein Unternehmen im Unternehmen »gründen« und eine eigene Abteilung schaffen, die ausschließlich für die Vermietung verantwortlich ist. Diese Abteilung sollte weitestgehend autark agieren können und nicht in die üblichen Personalprozesse eingebunden sein. Was heißt das konkret? Die Mitarbeiter und Mitarbeiterinnen der Neuvermietungsabteilung sollten eine eigene, vom Gesamtunternehmen losgelöste Gehaltsstruktur haben. Das Gehalt sollte sich in einen fixen und einen variablen Anteil aufsplitten.
>
> Der variable Anteil muss deutlich spürbar sein und monatlich variieren. Eine jährliche Bonuszahlung ist zu vermeiden, da auf diese Art und Weise der direkte Zusammenhang von Vermietungserfolg und -misserfolg nicht zeitnah vom Mitarbeiter erfahrbar ist. Offenkundige Underperformance bei der Vermietungsleistung muss im selben Monat zu Gehaltseinbußen führen. Umgekehrt muss Outperformance im selben Monat zu erheblichen Gehaltssteigerungen führen, die sofort und unmittelbar die sehr gute Vermietungsleistung honorieren. Nur bei derartigen Zusammenhängen können langfristig Erfolge erzielt werden.
>
> Ein weiterer Faktor sind die betrieblichen Strukturen. Arbeitszeiten- und Urlaubsregelungen des üblichen Verwaltungsbetriebs können nur bedingt auf die Vermietungsunit übertragen werden. Mitarbeiterinnen und Mitarbeiter in der Neuvermietung benötigen zur vollen Leistungsentfaltung flexible Arbeitszeiten- und Homeoffice-Regelungen. In vielen Verwaltungsbetrieben herrschen zwar auf den ersten Blick flexible Arbeitszeiten – aber eben nur auf den ersten Blick. Eine flexible Gleitzeit von 7:00 Uhr bis 9:00 Uhr ist für einen Mitarbeiter in der Neuvermietung nicht ausreichend. Wer erfolgreich vermieten will, muss für die Kunden, die er primär akquirieren möchte – nämlich erfolgreiche, berufstätige Personen –, dann an Ort und Stelle sein, wenn ihn diese erwarten und brauchen. Diese Vermietung on demand findet oftmals dann statt, wenn alle anderen bereits im wohlverdienten Feierabend sind, nämlich in der Zeit von 17 Uhr bis 21 Uhr. Ein Vermieter, der sich den Abend bis 21 Uhr mit einem Mietinteressenten um die Ohren geschlagen hat, sollte auf keinen Fall durch eine pseudoflexible Gleitzeitregelung dazu verpflichtet sein, am darauffolgenden Tag um 9 Uhr im Büro zu erscheinen. Hier bedarf es einer erheblichen Flexibilität auf Arbeitnehmer- und Arbeitgeberseite, um zu sachgerechten Lösungen zu kommen.

Der Megatrend der Digitalisierung wird den in Gang befindlichen Flexibilisierungsprozess zukünftig weiter beschleunigen. Komplexe Bürostrukturen leiten ihre Existenzberechtigung insbesondere aus zentralisierter und konzentrierter Kommunikation der Mitarbeitenden und ebenso zentralisierter sowie konzentrierter Informationspräsenz von Dokumenten und Akten ab. Beide Faktoren, Kommunikation und Information, werden durch die Digitalisierung ortsunabhängig verfügbar. Die Neuvermietung kann einen Großteil der von ihr benötigten Informationen mittels moderner EDV von jedem beliebigen Ort aus abrufen. Die Präsenz im Büro ist nur noch in geringem Maße erforderlich. Viel wichtiger sind die Präsenz im Mietbestand und der direkte, persönliche Kontakt zum Kunden. Der Aufbau einer erfolgreichen Vermietungsabteilung erfordert demnach die Schaffung neuer Strukturen, was im bereits etablierten Verwaltungsapparat zu Schwierigkeiten führen dürfte. Property-Manager, die diese Umstrukturierung nicht durchführen möchten, sollten sich auf alternative Modelle einlassen. Dazu gehören die Besinnung auf Kernkompetenzen und der Aufbau strategischer Partnerschaften zur erfolgreichen Vermietung. Die freiwillige Auslagerung von Vermietungsleistungen auf Externe kann eine gangbare Lösung sein. Trotz Auslagerung kann eine Vergütungssystematik gewählt werden, die auch das Property-Management am Vermietungserfolg anteilig partizipieren lässt.

4.1.4 Miet- und WEG-Verwalter

Die vorstehenden Ausführungen zum Property-Manager treffen eins zu eins auch auf den Miet- und WEG-Verwalter zu. Auch dieser Typus hat seinen Schwerpunkt in den allgemeinen kaufmännischen Verwaltungsabläufen und weniger im Vertrieb. Die operativen Kernaufgaben der WEG-Verwaltung liegen in der korrekten Erstellung von Wirtschaftsplänen und Jahresabrechnungen, der Durchführung von WEG-Versammlungen möglichst im ersten Halbjahr sowie der Umsetzung von beschlossenen Instandhaltungs- und Modernisierungsarbeiten am Gemeinschaftseigentum. Dieser Dreiklang zieht sich durch die gesamte Unternehmensstruktur des klassischen WEG-Verwalters. Zeitabläufe, Fristen und sonstige betriebliche Abstimmungen orientieren sich im Wesentlichen an den geschilderten Kernaufgaben.

Teilweise haben WEG-Verwalter für bestimmte Wohnungseigentümer die Sondereigentumsverwaltung einzelner Wohnungen übernommen. Zu den Aufgaben der Sondereigentumsverwaltung zählen zum einen die ordentliche Verwaltung des zugrunde liegenden Mietverhältnisses gegenüber dem Mieter und zum anderen die anstehende Neuvermietung bei Mieterwechsel. Sind WEG-Sachbearbeiter und Sondereigentumsverwalter ein und dieselbe Person, so sind häufig Schwachstellen beim Vermietungsprozess festzustellen. Dies bezieht sich insbesondere auf die Abwicklungsgeschwindigkeit, die naturgemäß bei vertrieblichen Aktivitäten deutlich höher ist als im normalen Verwaltungsbereich. Ferner fällt es den betreffenden Mitarbeitenden oft schwer, ohne deutlich spürbaren Impuls der Führungsebene auf eine kunden- und abschlussorientierte Freundlichkeit im Umgang mit Mietinteressenten umzuschalten. Hier wird viel Potenzial verschenkt – insbesondere was die richtige Mieteransprache und -auswahl angeht.

WEG-Verwaltern ist daher zu empfehlen, das Vermietungsgeschäft entweder an ein spezialisiertes Partnerunternehmen outzusourcen oder die Vermietung im eigenen Hause mit ausschließlich für diesen Bereich zuständigen Mitarbeitern und Mitarbeiterinnen abzuwickeln. Diese müssen dann auch möglichst autark vom sonstigen Mitarbeiterstamm tätig sein und erfolgsabhängig vergütet werden, um Qualität und Leistung auf einem hohen Niveau zu halten. Den Themen Personalauswahl und angemessene Honorierungssysteme werden wir uns im späteren Verlauf näher widmen.

4.1.5 Immobilienmakler

Die klassischen lokalen und regionalen Maklerunternehmen haben den Schwerpunkt ihrer Tätigkeit im Verkauf von Immobilien. Die im IVD (Immobilienverband Deutschland) organisierten rund 4.000 Maklerunternehmen (zzgl. 2.000 Verwalterunternehmen) vermitteln jährlich fast 120.000 Kaufverträge über Immobilien im Wert von rund 20 Milliarden Euro.[168]

Das Vermietungsgeschäft wird nur teilweise von Maklerunternehmen durchgeführt. Dies hat den Hintergrund, dass die erzielbaren Umsätze mit Vermietungsleistungen meist deutlich niedriger sind als solche durch erfolgreiche Verkäufe. Spätestens seit Einführung des »Bestellerprinzips« sind die Makler gehalten, sich die zu vereinnahmende Provision vom Eigentümer zu »holen«. Der Mietinteressent muss – es sei denn, er hat den Makler explizit mit der Suche beauftragt – keine Provision mehr zahlen. Das Anbieten von Vermietungsleistungen ergibt demnach nur noch für Makler Sinn, die auskömmliche Honorarvereinbarungen mit den Eigentümern abschließen können. Ferner benötigt das Maklerunternehmen höhere Stückzahlen, um durch eine Vielzahl von Geschäften die sonst im Verkauf zu erzielenden Provisionshöhen kumulativ zu erreichen.

Maklerunternehmen sollten aus den vorgenannten Gründen die strategische Entscheidung treffen, ob Vermietungsleistungen zum Aufgabenspektrum gehören oder nicht. Wird dies bejaht, müssen zwingend die entsprechenden Strukturen geschaffen werden, um wettbewerbsfähig zu sein und zu bleiben.

> **Tipp: Professionelle Strukturen schaffen**
>
> Hat das Maklerunternehmen eine positive strategische Entscheidung getroffen, sind in jedem Fall fachlich versierte und nach Möglichkeit spezialisierte Mitarbeiterinnen und Mitarbeiter für die Vermietung erforderlich. Diese sollten direkt an die Geschäftsführung berichten. Bei entsprechend hohen Wohnungsstückzahlen empfiehlt es sich, eine Zwischenführungsebene zu installieren, die sich insbesondere um die B2B-Kommunikation mit dem Eigentümer bzw. Auftraggeber und um die Themen Reporting sowie Controlling kümmert.
> Professionelle Auftraggeber erwarten Gesprächspartner auf Augenhöhe, die sich in ihre individuelle Unternehmenssituation hineinversetzen können. Insbesondere ist das Verständnis für unternehmerische und strategische Zusammenhänge wesentlich. Dazu zählt auch die Fähigkeit, die Geschäftsprozesse aus Kundenperspektive zu betrachten und Lösungen auf Makroebene zu suchen. In der Praxis kann ein tieferes Verständnis der einzelnen auftraggeberseitigen Prozesse dabei helfen, Verbesserungspotenziale zu entdecken und diese gemeinsam mit den Entscheidern des Auftraggebers zu heben. Dieser Perspektivwechsel kann im Einzelfall reinen Vermietern als Sachbearbeitern gelingen, ist aber eher eine Ausnahme. Vielmehr sollte die Auftraggeberkommunikation »Chefsache« sein und im Zweifel ausschließlich an die nächste Führungsebene delegiert werden.

---

168 IVD Imagebroschüre, S. 5.

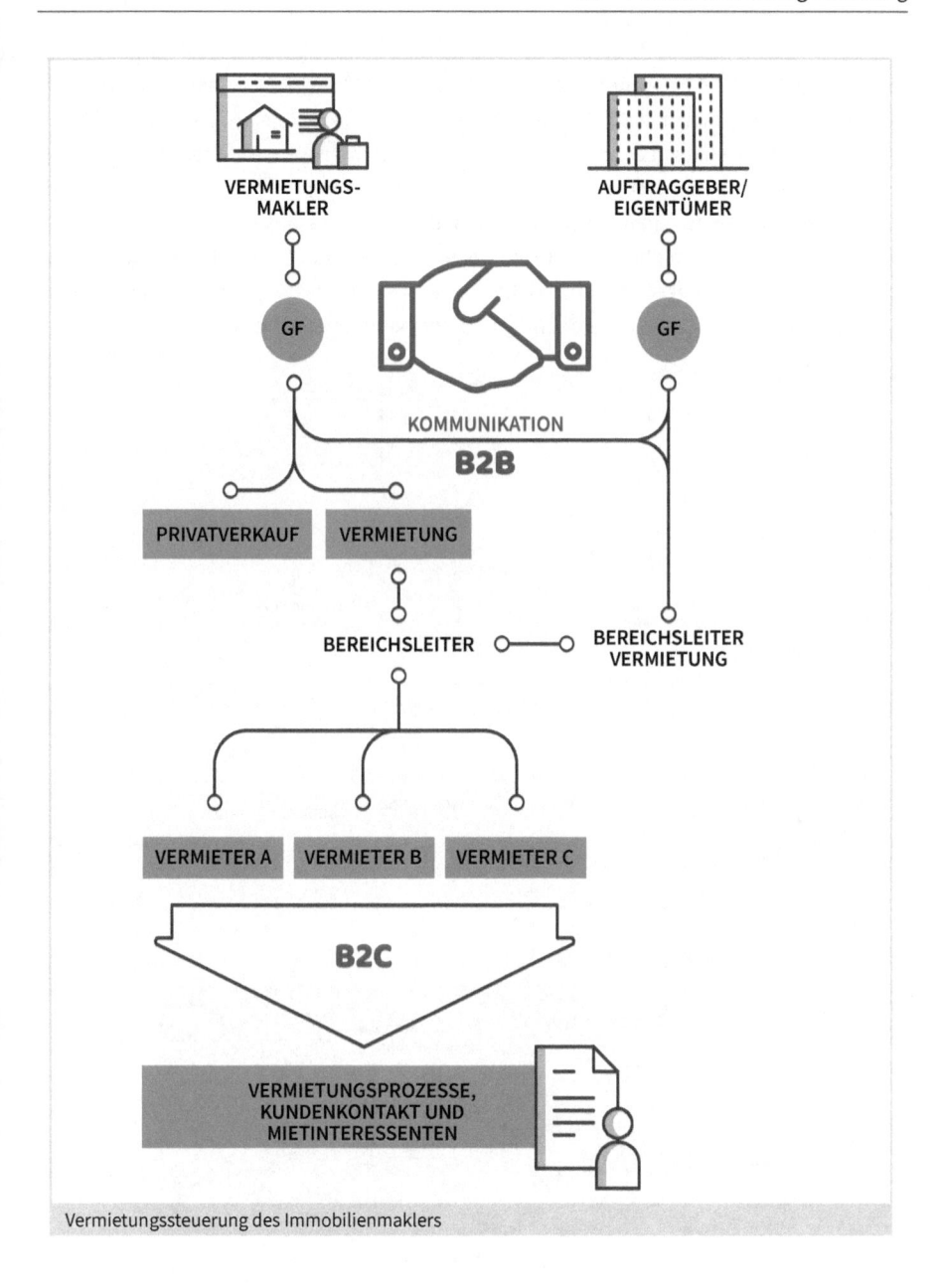

Vermietungssteuerung des Immobilienmaklers

4.2 Externe Vermietungssteuerung

Die Steuerung externer Vermietungsleistung kann Ergebnis einer strategischen Entscheidung der Unternehmensführung sein. Die Frage »Make or Buy« ist dann zugunsten des »Buy« gefallen und das Unternehmen sucht sich externe Hilfe bei der Bewerkstelligung der Vermietungsleistung. Diese externe Hilfe wird durch Vermietungsdienstleister wahrgenommen.

4 Vermietungssteuerung in Unternehmen

Vermietungsdienstleister können zum einen spezialisierte Immobilienmakler sein, die sich mit einer starken Mannschaft auf den Vermietungsvertrieb fokussieren. Die Vermietung kann auch durch Property-Manager oder Verwalter wahrgenommen werden, sofern diese die o. g. unternehmenskulturellen Herausforderungen (siehe Abbildung »Vermietungssteuerung des Immobilienmaklers«) für sich gemeistert haben. Die Auswahl eines externen Vermietungsdienstleisters kann mannigfaltige Vorteile haben, sofern bei der Entscheidungsfindung die richtigen Parameter angesetzt wurden. Die wichtigste Voraussetzung ist die enge Verzahnung zwischen dem eigenen Unternehmen und dem Vermietungsdienstleister.

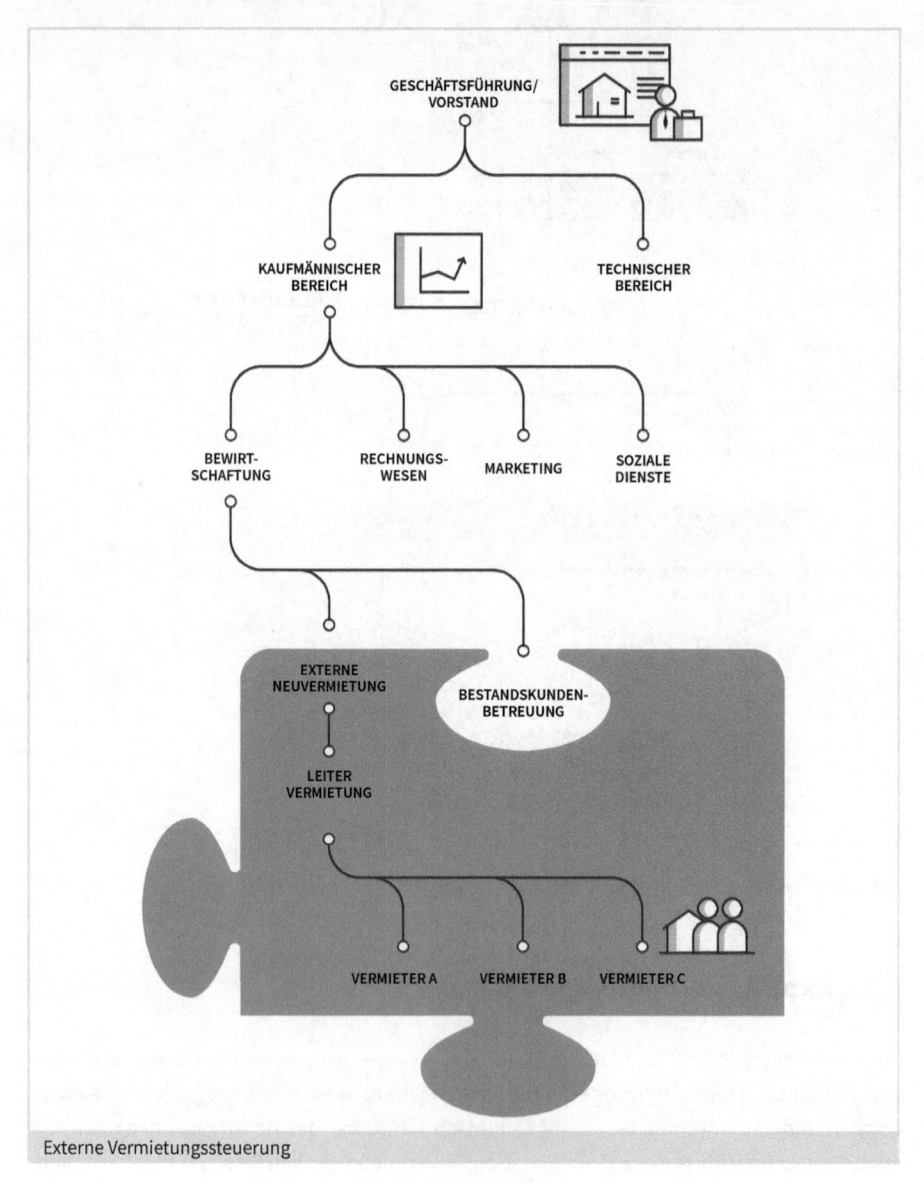

Externe Vermietungssteuerung

Im Folgenden werden die wesentlichen Entscheidungskriterien für die verschiedenen Unternehmensformen dargestellt und konkrete Handlungsempfehlungen gegeben.

4.2.1 Wohnungsunternehmen, Asset- und Property-Manager

Ein Wohnungsunternehmen, Asset- oder Property-Manager mit einem großen deutschlandweit verteilten Wohnungsbestand steht vor besonderen Herausforderungen. Die Expansion durch Zukauf von Wohnungsbeständen oder Übernahme von Marktteilnehmern macht Optimierungen im Vermietungsvertrieb notwendig. Die deutschlandweite oder regionale Verteilung von Wohnbeständen erfordert organisatorische Adjustierungen. In der Regel sind die Verwaltungsstrukturen in räumlicher Nähe zu den Immobilienstandorten historisch gewachsen. Für weiter entfernte Standorte muss die Unternehmensführung entscheiden, ob für die Vermietung ein eigenes Team aufgebaut wird oder externe Dienstleister beauftragt werden.

Die Fallkonstellation stellt das Management vor die Entscheidung einer »Make or Buy«-Strategie.

4.2.1.1 Bestimmung von Vermietungsclustern

Die Wohnungsbestände sind zunächst in vermietungsfähige Cluster aufzuteilen. In einem ersten Schritt erfolgt die Bestimmung des Wohnungsbestandes außerhalb eines Umkreises von mehr als 60 Minuten Fahrtzeit vom nächstgelegenen Verwaltungsstandort (Hauptverwaltung, Niederlassung, Kundencenter, Vermietungsstandort etc.).

Im nächsten Schritt werden die zuvor ermittelten Wohnungen außerhalb des bewirtschaftungsfähigen Umkreises in Vermietungscluster gebündelt. Ein Cluster soll einen vermietungsfähigen Wohnungsbestand bilden, der voneinander maximal 60 Minuten Fahrtzeit entfernt liegt. Ziel ist es dabei, einen zentralen Standort zu identifizieren, von dem aus die Anfahrt der einzelnen Bestände in kürzestmöglicher Zeit gegeben ist.

Die ermittelten Vermietungscluster sind im Anschluss danach zu beurteilen, inwiefern eine nachhaltige Vermietung durch eigene oder dritte Vermieter in ihnen dauerhaft erfolgen kann.

4.2.1.2 Vergleich der internen und externen Vermietungseffizienz

Die eigene, intern verfügbare Vermietungseffizienz ist mit derjenigen eines externen Dienstleisters zu vergleichen. Die Datengrundlage bilden die folgenden empirisch zu erfassenden Positionen:
- Entfernung der einzelnen Vermietungscluster vom potenziellen Vermietungsstandort
- Anzahl der Wohnungen (absolut, leer und vermietbar) im Vermietungscluster
- Entfernung der Wohnungsbestände untereinander
- Eignung des verfügbaren Personals für Vermietungsleistungen
- Höhe der verfügbaren Kapazitäten für professionelle Vermietung
- Verfügbarkeit und Einkommensstruktur von Vermietern am regionalen Arbeitsmarkt

Die Frage, ob eine interne Einheit an einem Standort aufgebaut wird, bezieht sich zudem nicht nur auf die Vermietung, sondern auch auf die technische Fachabteilung. Diese ist für die Instandsetzung und Modernisierung der vor Ort befindlichen Wohnungen zuständig und muss ebenso lokal vernetzt sein.

Weiterhin sind Hausmeister und Siedlungsverwalter erforderlich, die sich um die Belange der bestehenden Mieterschaft kümmern. Eine interne Lösung ist oft nur nachhaltig sinnvoll, wenn sämtliche Aufgaben in den jeweiligen Clustern abgebildet werden können. Dies wiederum erfordert mehr Personal und vor allem mehr Führung und Koordination der Beteiligten.

Die Wirtschaftlichkeit interner und externer Vermietung lässt sich nur richtig beurteilen, wenn alle relevanten Faktoren berücksichtigt werden. Der Aufbau einer internen Vermietungseinheit erfordert vor allem Personal. Statistische Erhebungen und Umfragen unter Marktteilnehmern haben ergeben, dass Wohnungsgesellschaften mit eigener Vermietungsabteilung je Vermieter auf eine Anzahl von durchschnittlich zwölf Vermietungen je Monat kommen. Als Schlussfolgerung wären dies 144 Wohnungen im Jahr, wobei diese Zahl durch Urlaubs- und Krankheitstage unterjährig deutlich niedriger ausfällt. Hinzu kommen in der Praxis häufig anzutreffende Sondereffekte: Für die Vermietung zuständige Mitarbeiter und Mitarbeiterinnen haben zeitlich anspruchsvolle Fort- und Weiterbildungen zu absolvieren, die ortsfremd stattfinden. Schnell sind auf diese Art und Weise zwei oder mehr Arbeitstage in der Woche für einen längeren Zeitraum geblockt. Ferner sind Mutterschutz und Elternzeit zuverlässige Garanten für lang andauernde Abwesenheiten, die nur sehr selten zeitnah und gleichwertig durch »Ersatzpersonal« kompensiert werden können. Natürlich variiert die Anzahl der monatlichen und jährlichen Vermietungserfolge im Einzelfall erheblich. Sie hängt sowohl von der individuellen Leistungsfähigkeit des Mitarbeiters als auch von der Güte und Qualität des Objektbestandes ab. Unterstellt man eine durchschnittliche Fluktuationsquote von acht Prozent jährlich, so wäre ein Vermietungsmitarbeiter bei einem örtlich nahegelegenen Bestand von rund 1.800 Wohneinheiten vollständig ausgelastet – aber natürlich nur, wenn er nicht krank würde, keinen Urlaub nähme und auch sonst immer vor Ort verfügbar wäre.

Im Unternehmen werden demnach Kosten für die Personalakquisition verursacht sowie für den Aufbau einer entsprechenden Büroinfrastruktur. Sofern auch andere Bereiche (Technik, Hausmeister usw.) in die regionale Standortorganisation einbezogen werden sollen, erhöht sich der finanzielle Aufwand entsprechend. Weiterhin steigern sich die Anforderungen an Führung und interne Kommunikation, um gemeinsam Ziele zu definieren und zu realisieren. Auch dieser Aufwand ist in eine Entscheidung einzubeziehen.

Letztendlich spielt auch der Faktor Zeit eine entscheidende Rolle. Es geht konkret um die Frage, welchen Zeithorizont die Bewirtschaftung und Vermietung in Bezug auf ein bestimmtes Cluster hat. Wohnungsbestände in Lagen, die zeitlich befristet gehalten werden sollen, sind für den externen Vermietungsvertrieb geeignet. Dies trifft auch auf Bestände außerhalb der Kernfokussierung des eigenen Unternehmens zu, die abseits der aktuellen Investitionsstrategie liegen.

4.2.1.3 Auswahl eines externen Vermietungsvertriebs

Sobald Klarheit über die Inanspruchnahme eines externen Vermietungsvertriebs herrscht, kann ausgehend vom idealen zentralen Standort ein geeigneter, leistungsfähiger Vermietungsvertrieb akquiriert und beauftragt werden.

> **Tipp: Auswahlkriterien**
>
> Folgende Auswahlkriterien für einen fähigen Vermietungsvertriebspartner sind in eine Entscheidung einzubeziehen:
> - lokale und regionale Marktkenntnis in Bezug auf Lagen und Mietpreise
> - strategisches Know-how in der Führungsebene des Vertriebspartners
> - Track Record in Bezug auf die geforderten Stückzahlen in der Vermietung
> - Anzahl der Mitarbeiter
> - fachliche Eignung der Mitarbeiter
> - Erfahrung im Umgang mit professionellen Reportingsystemen
> - State of the Art im Bereich Digitalisierung, Marketing und Vertrieb

Die Vergütung für Vermietungsvertriebe ist in der Regel erfolgsbasiert. Für einen erfolgreichen Mietvertragsabschluss wird üblicherweise eine vom Eigentümer zu zahlende Provision i. H. v. durchschnittlich 1,0 bis 3,0 Kaltmieten je nach Lage sowie Quantität und Qualität der Wohnungen vereinbart.

Die Vorteile der externen Vermietung sind zusammengefasst:
- **Vertriebs-DNA:** Der ideale Vermietungsdienstleister besitzt eine vertriebliche Unternehmensausrichtung. Diese zeigt sich in vielen Facetten. Angefangen von den Öffnungs- und Besichtigungszeiten bis hin zur Erfolgsincentivierung der Mitarbeitenden greifen ergebnisorientierte Mechanismen, die im späteren Verlauf dieser Publikation tiefergehend behandelt werden.
- **Kontinuierliches Leistungslevel:** Der fähige Vermietungsdienstleister kann durch seine spezialisierte Personalplanung und flexible Personalverfügbarkeit die Leistungseinbrüche infolge von Abwesenheit (Krankheit, Urlaub, Fort- und Weiterbildung, Elternzeit etc.) innerhalb kürzester Zeit kompensieren.
- **Breitere Marktabdeckung:** Vermietungsdienstleister haben oft den Vorteil, dass sie für mehrere Auftraggeber an einem Standort tätig sind. Dadurch werden mehr Endkundenkontakte zu Mietinteressenten generiert. Diese wiederum führen dazu, dass individuelle Kundenwünsche durch alternative Angebote am Standort befriedigt werden können. Der Einwand, dass möglicherweise ein Vermietungsbestand bei den Vermarktungsaktivitäten bevorzugt wird, ist nur dann begründet, wenn es sich um einen unredlichen Dienstleister handelt. Die Grundsätze ordnungsgemäßer kaufmännischer Vermietung verbieten es, Auftraggeber bzw. Eigentümer gegeneinander auszuspielen. Vielmehr soll ein vielfältiges Angebot die Auswahlmöglichkeit für Mietinteressenten und damit zugleich die Chance auf einen erfolgreichen Mietvertragsabschluss erhöhen.

4.2.2 Miet- und WEG-Verwalter

Klassische Miet- und WEG-Verwalter stehen vor der Entscheidung, ob sie den Vermietungsvertrieb für ihre Auftraggeber im eigenen Haus erbringen oder an einen externen Dienstleister auslagern. Die Entscheidung fällt dabei oftmals zugunsten einer Auslagerung, weil die Miet- und WEG-Verwalter sich auf ihre Kerndienstleistung fokussieren. Die modernen Anforderungen sind im Vermietungsvertrieb heute nur noch mit einem spezialisierten, leistungsstarken Team zu erfüllen. Mithilfe externer Vermietungsvertriebe ist der Miet- und WEG-Verwalter in der Lage, seinen Auftraggebern eine starke Performance zu bieten. Ein intelligentes Vergütungssystem kann außerdem für alle Seiten Vorteile generieren.

4.2.3 Immobilienmakler

Die Auslagerung von Vermietungsdienstleistungen als Maklerunternehmen auf einen anderen Vermittler ist eher unüblich. Dies kann der Fall sein, wenn beispielsweise ein Eigentümer als Großkunde im Bereich Transaktionen oder in einer anderen Assetklasse betreut wird und dieser dann atypisch ein Vermietungsmandat für einen Wohnungsbestand zu vergeben hat. Zur 360-Grad-Kundenbetreuung kann es in einer solchen Konstellation sinnvoll sein, das Geschäftsverhältnis zum Kunden beizubehalten und die Vermietungsleistung ergänzend zum eigenen Maklerportfolio extern einzukaufen. Beim Outsourcing des Vermietungsvertriebs sind folgende Punkte zu beachten:

1. **Qualitätsstandards:** Die Einschaltung von sog. Untervertrieben kann nur gelingen, wenn der Hauptmakler Qualitätsstandards definiert, vorgibt und deren Einhaltung kontrolliert. Die Komplexität des Vermietungsprozesses bietet an verschiedenen Stellen Einfallstore und Lücken für Fehler, atypische Handlungsabläufe und Unstimmigkeiten. Diese wirken sich negativ auf das Anmietungserlebnis des Interessenten aus und mindern seine Zufriedenheit. Die Folge sind schwächere Abschlussquoten bei Mietverträgen.

2. **Kundenkommunikation:** Die Kommunikation mit dem Eigentümer bzw. Auftraggeber sollte weiterhin zentral über den Hauptmakler geführt werden. Dieser ist die Schalt- und Vermittlungsstelle zu dem von ihm eingeschalteten Untervertrieb. Die strikte Einhaltung der Kommunikationslinie hat den Vorteil, dass Informationsverluste durch Kommunikationsketten vermieden werden. Weiterhin sind Fehlentwicklungen und Optimierungspotenziale unmittelbar transparent sichtbar. Nur so können Verbesserungen zügig angegangen werden.

3. **Außendarstellung:** Eine einheitliche Außendarstellung im Hinblick auf den Endkunden bzw. Mietinteressenten ist ebenfalls wichtig. Dabei ist zu klären, ob der Untervertrieb unter der »Flagge« des Hauptmaklers auftritt oder sein eigenes Markenbranding für die Ansprache der potenziellen Mietinteressenten nutzt. In jedem Fall sollte die Außendarstellung einheitlich und professionell erfolgen. Dies gilt für die visuelle Darstellung in den Vermietungsportalen, für die Gestaltung der Exposés, aber auch für die vertriebliche Tätigkeit der einzelnen Vermieter.

Immobilienmakler haben eine weitere Möglichkeit, Vermietungsdienstleistungen für Dritte auszulagern: indem sie Freelancer auf Honorarbasis beschäftigen. Die Freelancer werden dabei flexibel als freie Mitarbeitende eingesetzt. Im Regelfall arbeiten diese erfolgsorientiert und erhalten eine Provision vom Hauptmakler für Mietvertragsabschlüsse. Freelancer im Vermietungsvertrieb haben häufig vorher in Wohnungsunternehmen gearbeitet und damit einen gewissen Erfahrungsschatz im Umgang mit Mietinteressenten. Sie unterliegen nicht dem klassischen Weisungsrecht eines Arbeitgebers, sodass für die Zusammenarbeit die o. g. Grundsätze zu Untervertrieben gelten. Gerade »Einzelkämpfer« im Vermietungsvertrieb benötigen für eine strukturierte Arbeit im Sinne des Auftraggebers deutliche Leitplanken in puncto Qualität und einheitliche Außendarstellung.

4.3 Hybride Vermietungssteuerung

Das erfolgreiche Handling eines Wohnungsportfolios erfordert in der Praxis kreative Herangehensweisen. Die Vielzahl von Transaktionen auf Assetebene, die Übernahme von ganzen

4 Vermietungssteuerung in Unternehmen

Immobiliengesellschaften und andere Marktaktivitäten lassen heterogene Organisationsstrukturen entstehen. Lösungsansätze, die in der Theorie ideal funktionieren, können aufgrund von äußeren Sachzwängen, z. B. arbeitsrechtlichen Determinanten bei Unternehmensübernahmen, nicht in die Realität umgesetzt werden. Häufig wird eine hybride Vermietungssteuerung verwendet. Dies bedeutet, dass nicht nur interne Kräfte den Vermietungsprozess darstellen, sondern auch externe Dienstleister, die ergänzend eingesetzt werden.

Eine hybride Vermietungssteuerung hat verschiedene Vorteile: Die umfängliche Betreuung auch von räumlich weit verstreuten Wohnungsportfolios kann durch eine hybride Vermietungssteuerung sichergestellt werden. Externe Vermieter werden z. B. an Satellitenstandorten eingesetzt, die von der Stammbelegschaft nur mit erheblichem (Fahrt-)Aufwand erreicht werden können.

In Betracht kommt zudem eine parallele Vermietungsaktivität von internen und externen Vermietern im Bestand. Die parallele Tätigkeit führt unweigerlich zu einer gewissen Wettbewerbshaltung, da durch ein konsequentes Benchmarking das individuelle Leistungsniveau mess- und sichtbar wird. Diese Form des Wettbewerbs birgt allerdings in der Praxis auch gewisse Risiken.

> **Beispiel: Wettbewerb oder echte Konkurrenz?**
>
> Ein Wohnungsunternehmen aus Nordrhein-Westfalen konnte in diesem Zusammenhang das Phänomen beobachten, dass der externe Vermietungsvertrieb von der Stammbelegschaft als echte Konkurrenz wahrgenommen wurde. Dies führte dazu, dass die Mitarbeiter und Mitarbeiterinnen des Wohnungsunternehmens abteilungsübergreifend versuchten, den externen Vermietungsvertrieb auszubremsen. Diese sabotierende Haltung zeigte sich in der verzögerten Informationsweitergabe zu leer stehenden Objekten, zögerlichen Schlüsselherausgabe oder Nichtbeantwortung von technischen Anfragen. Der externe Vermietungsvertrieb musste den Informationen »hinterherlaufen« und verlor wertvolle Zeit und damit Mietinteressenten.
> Das Problem konnte im weiteren Verlauf gelöst werden, indem die Geschäftsführung der Wohnungsgesellschaft einen gemeinsamen Workshop und Teambuilding-Maßnahmen mit internen und externen Vermietern durchführte. Der Gewöhnungsprozess dauerte einige Monate, führte letztendlich aber zu Vermietungserfolgen und Leerstandsabbau.

Ein großer Vorteil der hybriden Vermietungssteuerung ist die sehr flexible Reaktion auf personelle Veränderungen. Mittel- bis langfristige Personalausfälle aufgrund von Urlaub, Krankheit, Elternzeit, Kündigung oder sonstigen Umständen können durch externe Kräfte dynamisch kompensiert werden, ohne dass es zu Performanceabfällen bei der Vermietungsleistung kommt.

Ebenso flexibel ist die Reaktion mithilfe einer hybriden Vermietungssteuerung auf die Ausweitung und Expansion von Wohnungsbeständen. Hier können schnell Lösungen für

4.3 Hybride Vermietungssteuerung

einen nahtlosen Übergang und die Integration der erforderlichen Vermietungsprozesse gefunden werden.

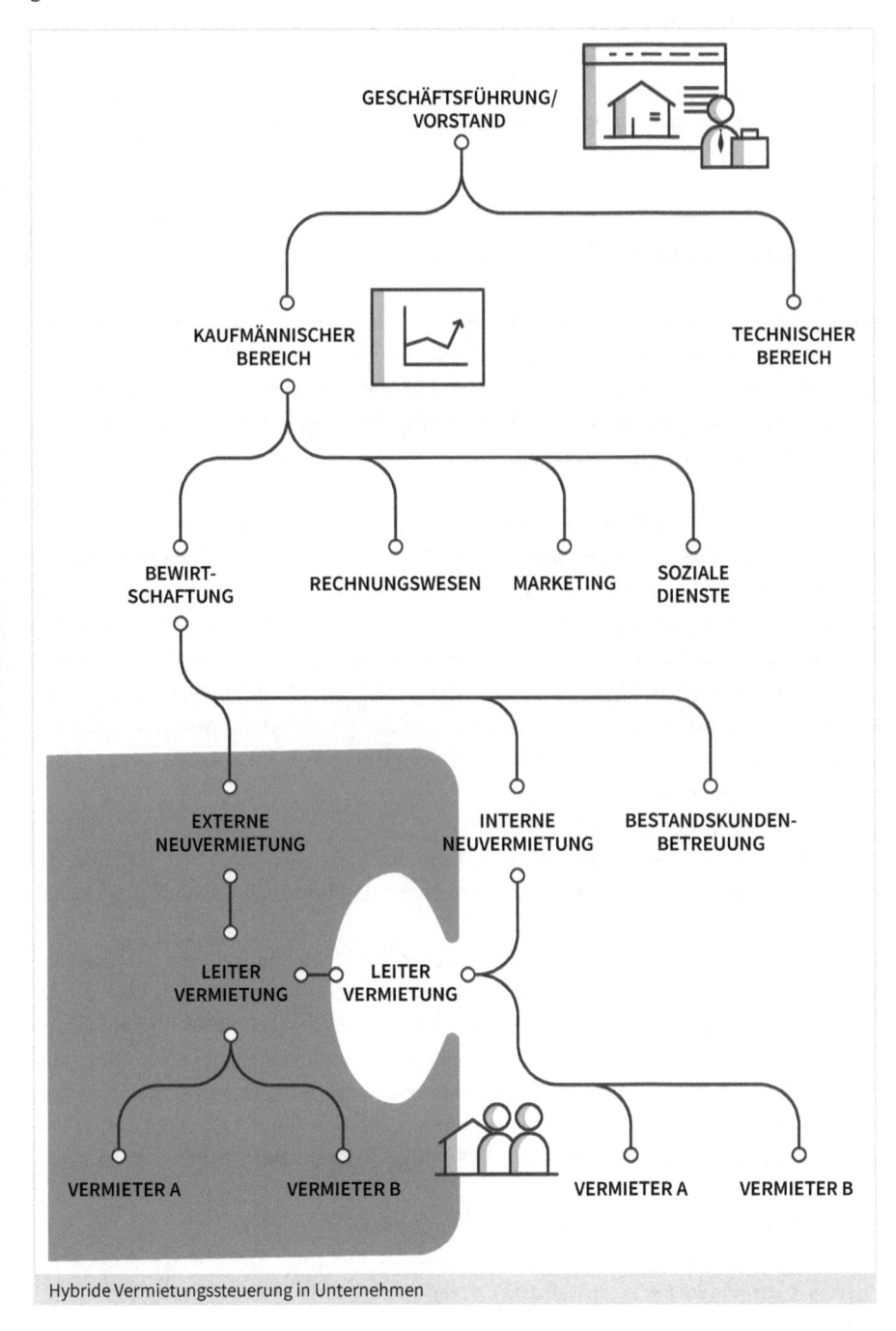

Hybride Vermietungssteuerung in Unternehmen

4.4 Vertriebliche Vermietungsstrategien in Wohnungsportfolios

In großen Wohnungsbeständen gilt der Grundsatz: Leerstand ist nicht gleich Leerstand. Die Gründe für leer stehende Wohnungen sind äußerst vielschichtig. Komplexe Zusammenhänge und teilweise systemische Interferenzen erfordern pragmatische Lösungsansätze. Im Folgenden werden für unterschiedliche Leerstandsursachen vertriebliche Vermietungsstrategien für Wohnportfolios entwickelt und dargestellt.

4.4.1 Fluktuation und friktionelle Leerstände

Ein enormer unternehmerischer Hebel besteht im Abbau von fluktuationsbedingten Leerständen. Eine durchschnittliche Fluktuationsquote von zehn Prozent ist auch in guten Beständen durchaus üblich. Selbst wenn ein Unternehmen nicht von strukturellem Leerstand betroffen ist und sich im Prinzip nur um die unterjährigen Mieterwechsel infolge von Kündigungen kümmern muss, sind hier große Chancen gegeben.

Eine unterstellte Fluktuationsquote von zehn Prozent bedeutet, dass theoretisch der gesamte Wohnungsbestand innerhalb von einer Dekade zwischenzeitlich in die Hände des Eigentümers zurückfällt. Während dieser – im besten Fall kurzen – Zwischenzeit hat der Eigentümer die Möglichkeit, Preis, Produkt und Zielkunden nach seinen Vorstellungen zu modellieren und sich auf seinem lokalen Wohnungsmarkt zu positionieren. In diesem Zuge kann zum einen an den Einkünften »geschraubt« werden, zum anderen kann auch eine sinnvolle Aufwertung der Produktqualität in Form von Renovierungen und Sanierungen erfolgen. Eine erfolgreiche Vermietung hat folgende Voraussetzungen:
- optimale Vermietungsprozesse
- eine abteilungsübergreifende Verzahnung
- standardisierte Qualitätsansprüche in Bezug auf das Produkt und dessen Vermarktung
- ein laufender Marktcheck in puncto Wettbewerb und Mietpreis-Leistungs-Verhältnis

Gerade bei der Vermietung von friktionellen Leerständen haben nicht die Vermietungsprozesse einwandfrei zu laufen, sondern ebenso die technischen Instandsetzungs- und Renovierungsprozesse. Die bedeutet, dass im Falle einer Kündigung die kaufmännischen und technischen Prozesse optimal aufeinander abgestimmt sein müssen, um in der kürzestmöglichen Zeit für eine Anschlussvermietung zu sorgen. Dies kann nur durch einstudierte und erprobte Prozessabläufe, die kontinuierliche Kommunikation zwischen den beteiligten Personen sowie eine stringente Führung erreicht werden.

> **Tipp: Ein- und Anfordern von vermietbaren Wohnungsprodukten**
>
> Es ist die Aufgabe des Vermietungsvertriebs, für die eigene Angebotspipeline zu sorgen. Dies bedeutet, dass die Vermieter ein Auge darauf haben müssen, ob dem Wohnungsmarkt gekündigte Wohnungen in ausreichender Anzahl und in kundengerechtem Renovierungszustand zur

Verfügung gestellt werden können. Dabei ist eine vorausschauende Sichtweise erforderlich. Der Vermietungsvertrieb sollte insofern laufend überwachen, wie viele Wohnungen in einer sechsmonatigen Vorausschau vermarktungs- und vermietungsfähig werden (sollen). Dazu ist ein steter Abgleich der aktuellen und prognostizierten Vermietungs- und Leerstandszahlen erforderlich. Sofern der Vermietungsvertrieb Defizite beim Produktnachschub entdeckt, ist hier sofort bei der übergeordneten Führungsebene eindringlich eine Lösung einzufordern. In der Praxis ist häufig zu beobachten, dass anderen Abteilungen die Dringlichkeit, Wichtigkeit und vor allem wirtschaftliche Relevanz der Vermietungsaufgabe nicht bekannt ist. Hier hat der Vermietungsvertrieb eine Pionieraufgabe, die auch darin besteht, ein vermietbares Produkt aktiv einzufordern. Das aktive Einfordern der Verfügbarkeit von vermietbaren Wohnungen in einem Portfolio gehört somit zur Aufgabe des Vermietungsvertriebs. Man könnte auch formulieren, dass den Vermietungsvertrieb eine Holschuld in Bezug auf vermietbare Wohnungen trifft.

4.4.2 Strukturelle Leerstände

Strukturelle Leerstände sind zum einen Folge von marktbedingten Vermietungsentwicklungen aufgrund der Angebots- und Nachfragesituation. Zum anderen entstehen strukturelle Leerstände durch Wohnungsbestände, die »undermanagt« sind. Mangelnde oder unzureichende Investitionen in den Bestand begründen ebenfalls das Entstehen struktureller Leerstände.

Aus strategischer Sicht können strukturelle Leerstände nur mit einer gemeinsamen Kraftanstrengung der Akteure vermietet werden. Der leistungsfähigste Vermietungsvertrieb kann keine nachhaltig positiven Ergebnisse erzielen, wenn ihm kein adäquates Produkt zur Verfügung steht. Insofern muss gemeinsam mit dem Vermietungsvertrieb ein tragbares Investitionsmodell gefunden werden. Das Ziel besteht darin, vor dem Hintergrund der realen Bedingungen am jeweiligen Wohnungsmarkt ein konkurrenzfähiges Wohnungsprodukt zu kreieren. Dies wiederum erfordert ein Zusammenwirken bei der Entwicklung. Vor einer Investitionsentscheidung sind die Anforderungen der Kunden in Bezug auf Produktqualität und Mietpreishöhe zu bestimmen. Ausgehend von diesen Determinanten sind dann die weiteren Planungsschritte einzuleiten.

Der Vermietungsvertrieb ist zudem bei strukturellen Leerständen stärker in kreativer Hinsicht gefordert. Während bei der friktionellen Vermietung der Schwerpunkt auf eingespielten Prozessabläufen liegt, erfordert der Abbau von strukturellen Leerständen Kreativität sowie erhöhten Leistungseinsatz. In diesem Zusammenhang hat der Vermietungsvertrieb speziell passende Vermarktungskonzepte zu entwickeln, die aus der kompletten Bandbreite der zur Verfügung stehenden Mittel schöpfen. Ferner empfiehlt sich der Einsatz von Vermietern, die sich bis zum Erreichen des gemeinsamen Vermietungsziels ausschließlich oder mit klarem Schwerpunkt in dem betreffenden Wohnungsbestand bewegen. Wichtig ist, dass der allgemeine Fokus und die tatsächliche Anstrengung im operativen Tagesgeschäft auf den Leerstandsabbau gerichtet werden.

4.4.3 Up-Renting

Der Automobilvertrieb macht es bereits seit Jahrzehnten vor, wie Umsätze durch geschicktes Up-Selling von Sonderausstattung und Zubehör gesteigert werden können. Hat sich der Kunde erst einmal für ein bestimmtes Modell entschieden, kann der günstige Grundpreis und damit der Umsatz schnell durch Zusatzleistungen gesteigert werden. Mittlerweile haben auch andere Branchen diese Vertriebsstrategie für sich entdeckt. Kein Besuch in einer Systemgastronomie, ohne dass die Servicekraft nach der Bestellung von sich aus fragt, ob es vielleicht zum Nachtisch noch ein Eis sein darf.

Auch die Wohnungswirtschaft, die vergleichsweise konventionell und bieder in Sachen Vertriebsstrategie aufgestellt ist, tut gut daran, zusätzliche Umsatzpotenziale zu erschließen. Die Anforderungen der modernen Berufswelt tragen zu häufigeren Job- und damit verbundenen Ortswechseln bei. Die Zahl der Umzüge der erwerbstätigen Bevölkerung ist insbesondere in den urbanen Gebieten Deutschlands in den letzten Jahren stetig gestiegen. Die Zeit ist knapp, daher haben nur noch die wenigsten potenziellen Mieter Zeit und Muße, Renovierungsarbeiten in Eigenregie durchzuführen. Der moderne Kunde möchte möglichst wenig Aufwand beim Umzug und quasi eine »fix und fertige« Wohnung, in der er nur noch seine eigenen Möbel einstellen muss. Dieser Trend kann genutzt werden, indem Zusatzleistungen, wie z. B. Maler- und Tapezierarbeiten sowie Bodenverlegung, angeboten werden. Diese Zusatzleistungen können dann durch Zuschläge auf die Nettokaltmiete – denkbar z. B. Euro 0,50 je Quadratmeter Wohnfläche – amortisiert werden. Neben dem Deckungsbeitrag ist hier auch Platz für einen entsprechenden Ergebnisbeitrag. In einer Fortentwicklung dieses Ansatzes ist auch daran zu denken, Gäste- oder Trennungswohnungen anzubieten, die voll möbliert sind und über kürzere Zeitperioden angemietet werden können. Es gibt hier vielfache Gestaltungsmöglichkeiten, um auskömmliche Mieten zu erzielen.

4.4.4 Repositionierung von Problembeständen

Eine besondere Herausforderung stellen Wohnungsbestände in Problemquartieren dar. In jedem größeren Wohnungsportfolio gibt es derartige Standorte. Die Identifizierung dieser Standorte im Portfolio ist leicht möglich, weil ein Besuch dieser Bestände oftmals bereits auf den ersten Blick bestehende soziale Dissonanzen, Armut und andere Hemmnisse offenbart. Diese Bestände befinden sich in einer von der Allgemeinheit häufig bereits stigmatisierten, schlechten Lage und weisen darüber hinaus einen erheblichen Instandhaltungsstau auf. Zur Lösungsfindung bei der Bewirtschaftung und Vermietung derartiger Bestände ist zunächst ein tieferes Verständnis der zugrunde liegenden Marktmechanismen erforderlich. Zu Beginn ist die Frage zu klären, welche Gründe zur Entstehung derartiger Viertel beitragen. In der Regel entstehen derartige Problemquartiere aus einem Zusammenspiel von Strukturwandel, Nachfragemangel und Desinvestitionsprozessen.

4.4 Vertriebliche Vermietungsstrategien in Wohnungsportfolios

Der Strukturwandel erfasste in den 1970er- und 1980er-Jahren ganze Regionen Deutschlands. Der Wandel von der Industrie- zur Dienstleistungsgesellschaft führte zum Verlust zahlreicher Arbeitsplätze. Zeitgleich konnte keine adäquate Kompensation am Arbeitsmarkt erfolgen, sodass Arbeitslosigkeit und Armut die Folge waren. Derartige Entwicklungen waren und sind zu verschiedenen Zeiten in ganz Deutschland zu beobachten. Besonders betroffen waren die stark industriell vom Bergbau und der Stahlwirtschaft geprägten Städte und Gemeinden – beispielsweise in Bremerhaven, im Saarland, im Ruhrgebiet oder in Teilen von Niedersachsen. In den 1990er-Jahren folgten dann vor allem Städte und Gemeinden in Ostdeutschland, die sich nach der Wende grundlegend neu aufstellen mussten. Der dort zu beobachtende Transformationsprozess führte dazu, dass Bewohnerinnen und Bewohner auf der Suche nach geeigneten Arbeitsplätzen in andere Teile Deutschlands umsiedelten und damit ein »negativer Bevölkerungssaldo« entstand.

Die geringere Bevölkerungszahl in Verbindung mit der zunächst gleichbleibenden Anzahl von Immobilien führte zu einem Rückgang der Nachfrage am Wohnungsmarkt. Die logische Konsequenz daraus sind steigende Leerstandszahlen in den Wohnungsbeständen. Die steigenden Leerstandszahlen wiederum haben einen schleichenden Substanzverlust der Städte infolge einer faktischen Schrumpfung zur Folge. Sinkende Einwohnerzahlen führen dazu, dass sich die privatwirtschaftliche Infrastruktur (Einzelhandel, Gastronomie, Dienstleistungsangebote etc.) ebenfalls zurückentwickelt. Eine auskömmliche wirtschaftliche Unternehmenstätigkeit ist bei sich stark ändernden Rahmenbedingungen und sinkenden Kundenzahlen kaum mehr zu bewerkstelligen. Auch die öffentliche Infrastruktur, etwa der ÖPNV, kann für die verbleibenden Bewohner und Bewohnerinnen nicht mehr in der gewohnten Weise aufrechterhalten werden. Diese Prozesse verzahnen sich und führen zu einer gegenseitigen Verstärkung. Im Wettbewerb stehen schließlich nicht nur Wohnungsangebote in verschiedenen Qualitäten, sondern insbesondere auch Lagen, also Regionen, Städte und Gemeinden, die miteinander konkurrieren.

In diesem Zusammenhang verwundert es nicht, dass neuzeitliche Megatrends wie die Urbanisierung und damit der Hype der A-Standorte in den 2010er-Jahren bis heute die entgegenlaufende, »positive« Entwicklung darstellen. Wo es große Gewinner gibt, sind allerdings auch die Verlierer nicht weit entfernt. Das sozial-selektive Wanderungsverhalten der Bewohnerinnen und Bewohner führt zu einer weitergehenden Schwächung der ohnehin beeinträchtigten Regionen.

Diese makroökonomischen Interpendenzen lassen sich aus wohnungswirtschaftlicher Perspektive wie folgt herunterbrechen: Faller[169] veranschaulicht zutreffend, dass die räumliche Ausbreitung von Leerstand und Desinvestition simpel und komplex zugleich ist. Er formuliert vereinfacht, dass Leerstand und sinkende Investitionsspielräume dort

---
169 Faller et al., S. 62 ff.

entstehen, wo die Wohn- und Lebensqualität am geringsten ist. Entscheidend sei, wie die Haushalte als Nachfrager die Qualität einschätzen und welche Zahlungsbereitschaft sich daraus ableiten lasse. Diese negative Situation kann eine Gruppierung von Gebäuden, eine Straße, ein ganzes Quartier und in manchen Fällen ganze Stadtteile erfassen.

Sobald ein spürbares Auseinanderdriften der in einer Gemeinde oder Stadt üblichen durchschnittlichen Lebensqualität und der im Problembereich herrschenden Qualität eintritt, sind sich selbst verstärkende Effekte zu verzeichnen. Diese Effekte werden durch eine negative Kommunikation und durch eine in der Folge nachteilige Imageentwicklung verstärkt. Selbst Menschen, die den Bereich noch nie oder länger nicht besucht haben und ihn somit konkret nicht kennen, hören Schauergeschichten dazu und haben ein geistiges Bild vor Augen, das oft noch schlechter ist als die tatsächliche Situation. Auslöser können ganz unterschiedliche Gegebenheiten sein. Oftmals sind Straßenzüge mit unmittelbarer Nähe zu Gewerbe- oder Industriegebieten betroffen. Die Tristesse des Stadtbildes an dieser Stelle in Verbindung mit Lärm- und Schmutzimmissionen führt zu einer Abwertung der Lagequalität. Auch die Nähe zu Hauptverkehrswegen im Straßen- oder Schienenverkehr kann negative Folgeerscheinungen bewirken.

In der Praxis sind es daher in der Regel viele verschiedene Gründe, die im Kontext einer ohnehin einfachen Wohnlage dazu führen, dass ein Standort zum »Problemviertel« werden kann. Für jeden Portfoliomanager, aber auch für den Vermietungsvertrieb sollten die Alarmglocken klingen, wenn im eigenen Wohnbestand an bestimmter Stelle derartige Merkmale kumulieren. Der Volksmund sagt, dass ein fauler Apfel den ganzen Korb verderben kann. Genauso verhält es sich mit problematischen Immobilienbeständen. Die Ansteckung und Ausbreitung in benachbarte Liegenschaften mit der Folge von Desinvestitionsprozessen ist ein Resultat des Angebotsüberhangs. Faller[170] geht davon aus, dass ein Angebotsüberhang von 50 oder 100 Wohnungen ausreicht, um ein Quartier mit 500 oder mehr Wohnung in eine Abwärtsspirale zu ziehen. Die Entscheidung der einzelnen Eigentümer, die Bestände weiter zur Vermietung anzubieten und dadurch das Überangebot aufrechtzuhalten, führt zum Preiswettbewerb mit den übrigen Eigentümern.

Die Folge sind sinkende Mietniveaus. Das sinkende Mietniveau hat wiederum Folgen: Zum einen reduzieren die geringeren Mieteinnahmen das Budget für Reinvestitionen in die Modernisierung des Wohnungsbestandes. Zum anderen ziehen die niedrigen Mieten Bevölkerungsgruppen mit wenig Haushaltseinkommen – vielfach Transferleistungsempfänger – an. Diese Gruppen wiederum senken in ihrem konzentrierten Auftreten an bestimmter Stelle die Attraktivität für die übrigen sozialen Milieus. Die Folge ist eine inverse Gentrifizierung. Erstaunlicherweise spielt im wohnungs- und gesellschaftspolitischen Diskurs die »normale« Gentrifizierung eine viel stärkere Rolle. Die Fokussierung auf die

---

170 Faller et al., S. 71 ff.

4.4 Vertriebliche Vermietungsstrategien in Wohnungsportfolios

Verhinderung von inverser Gentrifizierung würde viel mehr dazu beitragen, einzelnen Quartiere, Stadtteile und ganze Regionen attraktiver zu machen.

Der Vermietungsvertrieb in Problembeständen hat sowohl strategische als auch operative Überlegungen anzustellen, um in dieser Situation optimale Ergebnisse zu erzielen.

Leitfaden: Repositionierung von Problembeständen

DIGITALE EXTRAS

- **Analyse und Einschätzung der tatsächlichen Situation:** Im ersten Schritt ist eine schonungslose Analyse der tatsächlichen Situation vorzunehmen. Dabei sind die realen Gegebenheiten zu werten und vor allem auch empirisches Datenmaterial zurate zu ziehen. Einige Kommunen und Städte in Deutschland haben integrierte Handlungskonzepte oder Studien zum jeweiligen Wohnungsmarkt, aus denen sich leicht Referenzwerte für die eigene Betrachtung heranziehen lassen. Ein möglicher Angebotsüberhang wird oftmals schon mit Blick auf die Leerstandsentwicklung im eigenen Bestand deutlich. Über die einschlägigen Internetportale lassen sich mit einem Abruf die Wohnungsangebote des Wettbewerbs in der Nachbarschaft identifizieren.
- **Einzelstrategie im Kontext der kommunalen Gesamtstrategie entwickeln:** Im Anschluss an eine ehrliche Bestandsaufnahme folgt die eigene Strategieentwicklung. Dabei ist zunächst zu klären, ob der eigene Wohnungsbestand im Quartier oder Stadtteil möglicherweise marktprägende Wirkung hat. Dies ist der Fall, wenn auf einen bestimmten Prozentsatz (> 10 Prozent) von Wohnungen im Quartier Einfluss aufgrund einer Eigentümer- oder Verwalterstellung ausgeübt werden kann. Im Rahmen einer Portfoliostrategie hätte man in diesem Fall die Möglichkeit, über Rückbau oder Modernisierung nachzudenken.
Rückbau als altruistisches Mittel würde dem Wohnungsmarkt helfen, das Überangebot und die damit zu geringen Mieten zu beseitigen, allerdings hätten in diesem Fall ausschließlich die übrigen Eigentümer davon einen Nutzen. Für den Vermietungsvertrieb wäre eine derartige Herangehensweise ebenfalls schwierig, weil Rückbau für ihn zur Folge hat, dass es nichts mehr zu vermieten gibt – zumindest keine Wohnungen.
Unterstellt man die Abstinenz attraktiver Rückbauförderprogramme der öffentlichen Hand, bleibt demnach nur die Möglichkeit, sich über alternative Handlungsstrategien Gedanken zu machen. Die Alternative kann demnach nur in einem Dreiklang aus gezielter Investitionstätigkeit, zielgruppenspezifischer Vermarktung und ergebnisorientiertem Vermietungsvertrieb liegen. Letzterer hat die wesentliche Aufgabe, vor Ort die richtigen Menschen davon zu überzeugen, in Zukunft ihren Lebensmittelpunkt in ein noch bestehendes oder zumindest im Wandel befindliches Problemquartier zu verlegen. Eine solche Vertriebsaufgabe kann nur gelingen, wenn die beteiligten Akteure theoretisch und praktisch von

den Potenzialen des Wohnungsbestandes überzeugt sind. Das eigene Vertrauen kann in Begeisterung umgemünzt werden. Die Begeisterung wiederum führt dazu, andere Menschen positiv in ihrer Mietentscheidung zu beeinflussen.
- **Gezielte Investitionstätigkeit:** Der Vermietungsvertrieb hat die wichtige Aufgabe, das Portfoliomanagement oder die für die jeweilige Investitionsentscheidung verantwortliche Stelle in puncto zukünftiger Vermietbarkeit zu beraten. Der Umfang und die Höhe der zukünftigen Investitionen werden davon abhängen, welche Erwartungen an den daraus resultierenden Return gestellt werden. Bei der Beurteilung dieser Frage kommt dem Vermietungsvertrieb eine Schlüsselrolle zu. Zunächst obliegt dem Vermietungsvertrieb die Beurteilung des zukünftigen Potenzials des Quartiers. Der Vermietungsvertrieb ist für diese Aufgabe prädestiniert, da er Menschen und Interessenten vor Ort tagtäglich erlebt. Die Vermieter haben – selbst bei vorher unbekannten Wohnungsbeständen – ein feines Gefühl zur Justierung strategischer Maßnahmen.

Dabei ist in den Überlegungen immer von zwei Szenarien auszugehen: Welche Wirkung entfalten, kleine, punktuelle Einzelmaßnahmen wie z. B. eine Wohnungssanierung oder der Austausch von Haustür- und Klingelanlagen? Eine Abwägung hat dann mit dem Szenario eines »großen Wurfs« zu erfolgen. In diesem Fall wäre zu überlegen, inwiefern umfassende Modernisierungsmaßnahmen (z. B. Fassade, Fenster, Balkone etc.) Effekte zeigen. Hierbei ist ebenfalls die Wirkung auf die Nachbarschaft einzubeziehen. Nicht selten folgen benachbarte Eigentümer dem guten Beispiel einer Fassadensanierung und investieren ebenfalls in ihre Bestände.

Diese Potenziale können aber nur dann realistisch modelliert werden, wenn Klarheit und Gewissheit über die daraus resultierende Endnutzung herrschen. Insbesondere hat der Vermietungsvertrieb einzuschätzen, welche genaue Zielgruppe er anziehen kann und zu welchem Mietpreis diese Zielgruppe dann tatsächlich Mietverträge abschließt. Die anzulockende Zielgruppe und das zukünftige Mietpreisniveau sind realistisch im regionalen Kontext zu taxieren. Dabei ist auch der Wahrscheinlichkeitsgrad einer erfolgreichen Realisierung des Projekts ehrlich einzuschätzen. Dieser fachliche Input des Vermietungsvertriebs ist ein wesentliches Merkmal bei der letztendlichen Investitionsentscheidung.

Hat man sich gegen den Rückbau und für den Verdrängungswettbewerb entschieden, gibt es in schwierigen Lagen mit Angebotsüberhang zwei Ziele:

a) Der eigene Wohnraum darf nicht zu den schlechtesten 20 Prozent am dazugehörigen Markt (je nach Betrachtungshorizont: Straße, Quartier, Stadtteil, Stadt) gehören.

b) Der Wohnungsbestand sollte stattdessen zu den besten zehn Prozent des Wohnungsangebots gehören.

Die Begründung ist evident: Die schlechtesten 20 Prozent des Wohnungsbestands stehen in der Regel leer (Bodensatz der Wohnungen ohne Nachfrage). Die schlechtesten 20 Prozent der Wohnungen zeichnen sich oft durch katastrophale Bauzustände und schlechte Mikrolagen, z. B. direkt an der Eisenbahnlinie oder

der Hauptverkehrsachse aus. Häufig handelt es sich auch um Wohnungen in oberen Geschossen, die nicht durch einen Personenaufzug erschlossen sind. In der Praxis beginnen Vermietungsschwierigkeiten in entspannten Wohnungsmärkten bei einem Gebäude ohne Aufzug ab dem zweiten Obergeschoss. Diese Faktoren sind zur richtigen Einschätzung des Marktes wesentlich.

Eine Abgrenzung zum unteren Segment des Marktes hilft aus Portfolioperspektive dabei, den laufenden Cashflow zu sichern. Die Zielsetzung, zu den besten zehn Prozent des (Teil-)Marktes zu gehören, ist gleichermaßen ehrgeizig wie erfolgversprechend. In der Regel gibt es für modernisierten, zeitgemäßen Wohnraum zu einem erschwinglichen Mietpreis in jedem größeren Wohnungsmarkt unabhängig von der Mikrolage eine adäquate Nachfrage. Schafft man es, den eigenen Bestand in der Weise zu modernisieren und die erforderlichen Mieten notfalls im ersten Schritt über das Portfolio zu subventionieren, hat dies positive Folgen: Der moderne Wohnraum spricht die gewünschte Mieterklientel an, die sich im besten Fall für den Abschluss eines Mietvertrags entscheidet. Damit verbessert sich die Mieterstruktur und Kaufkraft kehrt in den Bestand zurück. Mittel- und langfristig betrachtet lässt sich auf diese Weise eine schrittweise Anpassung der Bestände erzielen. Nicht nur überdurchschnittliche Bauinvestitionen zahlen sich in Problembeständen über die Zeit aus, sondern auch ein professionelles Immobilienmanagement und ein dynamischer Vermietungsvertrieb.

- **Fokussierte Vermarktung:** Vor dem Start von Vermarktungsaktivitäten bedarf es insbesondere bei problematischen Wohnungsbeständen einer genauen Bestimmung der anzusprechenden Zielgruppe. Diese ist beispielsweise anhand der verschiedenen Milieumodelle klar zu definieren. Darauf basierend sind die Wünsche und Anforderungen dieser Zielgruppe im Wohnungsbestand umzusetzen. Gleichermaßen sind die Vermarktungsaktivitäten dahin gehend zu fokussieren. Das Ziel dieser Vermarktungsaktivitäten ist wiederum zweigeteilt:
  - die Verbesserung des internen und externen Images
  - das Anziehen und Generieren von Kundenanfragen

Das interne Image bezieht sich auf das Bild vom (Problem-)Wohnungsbestand, das im eigenen Unternehmen oder im eigenen Team herrscht. Die interne Positionierung ist nicht zu unterschätzen. Horrorgeschichten über Wohnungsbestände und eine Vorverurteilung im eigenen Unternehmen sind keine Seltenheit. Dies führt dazu, dass diese Bestände von den Mitarbeitern und Mitarbeiterinnen systematisch vernachlässigt werden – teilweise bewusst, teilweise unbewusst. Ortstermine werden als lästig empfunden, weil man sich nicht mit einer gewissen Mieterklientel umgeben möchte. Die Folge sind nachlässige Instandhaltungsaktivitäten. Auch werden Betreuungsleistungen, z. B. das Verfolgen von Verstößen gegen die Hausordnung, nicht mit der gebotenen Sorgfalt erbracht. Dies wird damit begründet, dass eine Anstrengung bei der vorherrschenden Mieterklientel ohnehin vergebene Mühe sei. Diese Sichtweise wird häufig noch von Führungskräften indirekt bestätigt, indem die mit diesen Aufgaben befassten Mitarbeitenden oft als diejenigen gelten, die das »Pech« haben, sich mit einem solchen Bestand auseinandersetzen zu müssen. Führungskräfte selbst befeuern mit negativen Bezeichnungen und abfälligen Bemerkungen über Bestände und Mieter die Abwärtsspirale. Das Arbeiten an und in einem derartigen Bestand wird damit als Makel empfunden. Motivation und Inspiration zur Verbesserung der Situation sinken. Das Problem wird als übergeordnet, nicht beeinflussbar und unveränderbar wahrgenommen. Diese Abwärtsspirale gilt es durch eine auch auf interne Adressaten gerichtete Imagekampagne zu durchbrechen. Dabei sollten viele kleine Erfolge kommuniziert werden.

- **Leistungsstarke Teambesetzung:** Die Vermietung in problematischen Wohnungsbeständen sollte von den besten verfügbaren Mitarbeiterinnen und Mitarbeitern übernommen werden. Gerade in schwierigen Marktlagen kommt der individuellen Vermietungsstärke des Einzelnen besondere Bedeutung zu.

  Neben der reinen Kundenarbeit mit den jeweiligen Mietinteressenten sind weitere Aspekte der täglichen Arbeit für den Projekterfolg immens wichtig. Dazu gehört das Aufspüren und Erkennen von Lösungen, die außerhalb der eigentlichen Vermietungsaufgabe liegen. Vermieter bewegen sich häufig in den betreffenden Beständen und haben Kontakt zu den Bewohnern und Bewohnerinnen. Außerdem erhalten sie regelmäßig das Feedback der Interessenten.

  Mindestens genauso wichtig wie die Analyse der Gründe, warum sich ein Interessent für einen Mietvertrag entschieden hat, ist zu fragen, warum sich ein Interessent gegen die Wohnung entschieden hat. Aus den Absagegründen lassen sich wertvolle Rückschlüsse zu weiteren Maßnahmen am Objekt ziehen. Diese können für zukünftige Investitionsentscheidungen wesentlich sein.

  Ferner ist es für den letztendlichen Erfolg eine unumgängliche Voraussetzung, dass die Mitarbeitenden im Vermietungsvertrieb motiviert und von dem Produkt ehrlich begeistert sind. Diese Begeisterung soll im Idealfall auf Mitarbeiterinnen und Mitarbeiter anderer Bereiche und natürlich potenzielle Kunden überspringen. Dies wird nur durch positive und engagierte Kommunikation gelingen.

- **Kreative und neuartige Lösungsansätze zulassen:** Die vielschichtigen Defizite von Problembeständen lassen sich oftmals nur durch gänzlich neue, unerprobte Lösungsansätze bewältigen. Lösungen können in der Bereitstellung besonderer Services bestehen oder andersartigen Wegen, um eine bestimmte Zielgruppe zu erreichen. Diese Lösungsansätze kommen nur durch kreatives Denken zutage. Ausgangspunkt der Überlegungen sollte immer sein, welchen Nutzen die Zielgruppe aus einer bestimmten Maßnahme zieht.

  In sozial schwachen Quartieren können z. B. Vandalismus und Kleinkriminalität den verbliebenen rechtschaffenen und vernünftigen Bewohnern zusetzen. Die beste Modernisierung von Wohnungen bringt nichts, wenn nicht auch eine Lösung für

die belastenden Begleitumstände gefunden wird. Hier kann der Schlüssel in einer regelmäßigen Begehung der Liegenschaft durch Security-Mitarbeiter liegen oder in der Auslobung von hohen Prämien für die Identifizierung von Übeltätern.
- **Vernetzung mit lokalen Akteuren:** In jedem Fall bietet sich auch die enge persönliche Vernetzung mit lokalen Akteuren an. Die Verbindung sollte insbesondere zu Eigentümern von benachbarten Liegenschaften hergestellt werden. Im Zusammenschluss lassen sich oft bessere und sichtbarere Ergebnisse erzielen.

  Außerdem ist die Vernetzung mit der Kommune und öffentlichen Einrichtungen hilfreich. Oftmals gibt es für schwierige Lagen bereits ein kommunales Quartiersmanagement. In diesem Kontext werden spezielle Fördermittel bereitgestellt oder andere übergeordnete Maßnahmen zur Stärkung und Stabilisierung des Viertels in die Wege geleitet. Ebenso hilfreich sind enge Verbindungen zur lokalen Polizeidienststelle.

  In erster Linie soll die Vernetzung dem gegenseitigen Austausch dienen. In den Gesprächen entwickeln sich dann ggf. gemeinsame Handlungsansätze. Immer sollte im Vordergrund stehen, was das Unternehmen oder der Vermieter selbst für den anderen Hilfreiches tun kann. Gemeinsame Initiativen leben vom gegenseitigen Austausch und vom Geben.
- **Machen:** Wer wesentliche Verbesserungen bei den Vermietungsergebnissen erzielen möchte, dem bleibt in Problembeständen nur eine Wahl: machen, handeln, etwas bewegen. Nur Aktivität und Ergebnisorientierung können positive Ergebnisse erzielen. Dabei sind pragmatische Lösungsansätze und Vorgehensweisen die erste Wahl. Insbesondere, wenn andere Personen in der Organisation nur Zweifel und Probleme sehen, ist es von Vorteil, einfach zu machen.

  Gute Führung pflegt eine solche Kultur und vermittelt allen Beteiligten, dass Fehler in diesem Prozess normal und sogar erwünscht sind. Letztendlich können aus falschen Entscheidungen die richtigen Schlüsse für die Zukunft gezogen werden.

4.4.5 Vermietung von privatisiertem Wohnraum

Die Privatisierung von Wohnraum unterliegt aufgeheizten wohnungspolitischen Debatten. Dabei ist das zugrunde liegende Rechtsgeschäft zunächst relativ unspektakulär. Unter »Privatisierung« ist gemeinhin die Aufteilung eines Mietwohnhauses in mehrere Eigentumswohnungen bzw. eine Eigentümergemeinschaft nach WEG zu verstehen. Die einzelnen Eigentumswohnungen können sodann an Erwerber veräußert werden.

Für viele Mieterinnen und Mieter in gefragten Lagen der deutschen Metropolen ist diese Umwandlung äußerst unbeliebt. Sie führt nach deren Auffassung zu einer allmählichen Gentrifizierung der Wohngebiete, da perspektivisch mehr Wohnraum zum Kauf und weniger Wohnungen zur Miete angeboten werden. Dies führt dazu, dass sich viele ursprüngliche Bewohner eines Quartiers einen Kauf oder gestiegene Mietpreise nicht leisten können und gezwungen sind, in andere Stadtteile zu ziehen. Die Debatte ist vielschichtig und sehr stark ideologisch geprägt. Zur Lebenswirklichkeit zählt, dass wir uns in einer sich ändernden Welt befinden, die individuelle Anpassungen und Justierungen erfordert. Urbane Lagen können sich in einer Dekade stark verbessern, was auch seinen Niederschlag in den Mietpreisen findet.

Interessanterweise werden von den Privatisierungsgegnern und Mahnern zu keinem Zeitpunkt die umgekehrten Folgen einer inversen Gentrifizierung diskutiert. Diese findet häufiger statt und befördert das Entstehen von Problemvierteln. Der dadurch entstehende volkswirtschaftliche Schaden wird hier einfach ignoriert.

Die Politik, insbesondere in der Stadt Berlin, hat in den letzten Jahren Instrumente entwickelt, um die Auswirkungen fortschreitender Privatisierung einzudämmen: Nach § 577a BGB haben die bestehenden Mieter einen besonderen Kündigungsschutz nach erfolgter Umwandlung in eine Eigentumswohnung. In diesem Fall gilt z. B. für die Kündigung wegen Eigenbedarf nach § 573 Abs. 2 Nr. 2 BGB eine Sperrfrist von drei Jahren. Die Länder können die Sperrfrist nach eigenem Ermessen verlängern. In Hamburg ist daher eine zehnjährige und in Berlin für bestimmte Stadtteile eine siebenjährige Sperrfrist vorgesehen. Zudem gibt es sog. Milieuschutzgebiete, in denen die Umwandlung von Miet- in Eigentumswohnungen grundsätzlich untersagt ist und nur in Ausnahmefällen genehmigt wird.

Der Vermietungsvertrieb kommt mit privatisierten Wohnungen in Berührung, wenn der bestehende Eigentümer oder der neue Erwerber eine Fremdnutzung präferiert und insofern bei Fluktuation neue Mieter gefunden werden müssen. In diesem Zusammenhang kann sich ein Mieter, der eine bereits umgewandelte Eigentumswohnung anmietet, bei einem weiteren Verkauf nicht auf die Kündigungssperrfrist berufen. Insofern ist der Vermietungsprozess ähnlich zu handhaben wie bei normalen Wohnungsbeständen. Bei der Vermietung für den jeweiligen Sondereigentümer nach WEG ist stark auf die Einhaltung etwaiger Mietobergrenzen zu achten. Hier ist dem Vermietungsvertrieb zu empfehlen, die Marktsituation und rechtlichen Gegebenheiten in dem betreffenden Gebiet genau zu analysieren und entsprechend rechtskonform zu agieren.

Erhöhte Sensibilität ist insofern nicht nur bei der Mietpreisgestaltung, sondern auch bei der Mieterselektion erforderlich. In privatisierten Wohnungsbeständen mit einer Eigennutzerstruktur in den Gebäuden ist besonderes Augenmerk auf die Auswahl der zukünftigen Mieter zu legen. Diese müssen in das soziale Gefüge des Wohnhauses passen und insbesondere die erhöhten Anforderungen an Sauberkeit, Ordnung und Ruhe erfüllen.

4.4.6 Vermietung von Neubauvorhaben

Die Vermietung von projektierten, im Bau befindlichen oder fertiggestellten Neubauwohnungen ist komplex. Der Vertriebsprozess unterscheidet sich erheblich von der Vermietung von Bestandswohnungen. Ferner werden andere Anforderungen an den Vermietungsvertrieb in der Konzeptionsphase gestellt. Im Folgenden sollen die wesentlichen Unterschiede verdeutlicht werden.

4.4.6.1 Projektierte Wohnungen

Bei der Projektierung von Neubauwohnungen zur Miete sind bereits im Vorfeld durch den Vermietungsvertrieb wertvolle Marktdaten beizusteuern. Im Wesentlichen wird der Vermietungsvertrieb seine Kenntnisse dazu einbringen, um die für die Lage passende Zielgruppe zu definieren. Die Zielgruppe wiederum determiniert die Anforderungen an den Wohnraum, die Wohnungsgröße und den idealen Zuschnitt. Erwägungen zum Mietpreis fließen ebenfalls in die Bewertung ein. Nur wenn diese Faktoren im Einklang stehen und das Gesamtvorhaben wirtschaftlich realisiert werden kann, wird eine tatsächliche Investition folgen.

Der Vermietungsprozess kann je nach Zielgruppe und Knappheit des Wohnungsprodukts bereits in einem sehr frühen Projektstadium angestoßen werden. Dies bietet sich z. B. für ein innenstadtnahes, betreutes Wohnprojekt für Senioren an, die mangels Alternativen, auch eine längere Wartezeit bis zur letztendlichen Bezugsfertigkeit überbrücken können. Je breiter die Zielgruppe und je gewöhnlicher das Wohnprodukt, desto später sollte mit dem Vermietungsvertrieb begonnen werden.

Projektlaufzeiten von der Planung bis zur Fertigstellung mit zwei bis vier Jahren sind keine Seltenheit. In einem normal funktionierenden, ausgewogenen Wohnungsmarkt wird man nur dann zwei bis vier Jahre auf eine Wohnung zur Miete warten, wenn diese für den Kunden ganz besonders erstrebenswert ist. Dies kann z. B. der Fall sein bei einer besonders lebenswerten Lage direkt am Wasserufer oder eben bei einer Wohnform, die auf das spezielle Bedürfnis einer Person (z. B. Demenz-WG) eingeht.

Der Vermietungsvertrieb für eine bestehende Wohnung unterscheidet sich selbstverständlich deutlich von einer Vermietung vom Plan. Der Mietinteressent kann allenfalls das Grundstück betreten, auf dem das Objekt entstehen soll. Ansonsten fehlen ihm visuelle und haptische Anker, die er normalerweise im Vermietungsprozess findet. Die fehlenden visuellen und haptischen Eindrücke sind vom Vermietungsvertrieb durch mehr oder weniger gleichwertige Optionen zu ersetzen. Den Vermietungsunterlagen und insbesondere den Projektvisualisierungen kommt dabei eine besondere Bedeutung zu. Die Grundrisse und Ansichten sollten alle als 3D-Modelle abrufbar sein. Ein virtueller Rundgang mittels

VR-Brille ermöglicht es, dem Interessenten ein sehr realistisches Bild von der späteren Wohnung zu vermitteln. In der Praxis wird zu kalkulieren sein, ob sich die erhöhten Kosten für computergestützte Animationen für den Vertrieb amortisieren.

Im Umgang mit dem Mietinteressenten wird es darüber hinaus noch stärker auf das fachliche Geschick und die Vertriebsstärke des einzelnen Mitarbeiters ankommen. Dies ist in mehreren Umständen begründet: Bereits beim gewöhnlichen Wohnungsvertrieb mit bestehenden, »anfassbaren« Produkten ist mit dem mangelnden kundenseitigen Vertrauen in der Anfangsphase des Kennenlernens zu rechnen. Dazu tragen Erfahrungen mit unseriösen Marktteilnehmern bei, die oftmals mündlich viel in Aussicht stellen und versprechen und davon in der Praxis wenig bis nichts einhalten. Diese einschneidenden Erlebnisse sind auf Verbraucherseite – auch falls sie nur durch Hörensagen weitergegeben wurden – extrem präsent und führen dazu, dass zunächst das Vertrauen des Kunden gewonnen werden muss. Je weniger der Kunde demnach mit seinen eigenen Augen wahrnehmen kann, desto stärker muss er auf das Wort und die Aussagen des Vermieters vertrauen können. Dieser Erwartungshorizont des Mietinteressenten beim projektierten Neubauprojekt ist für einen erfolgreichen Vertriebsprozess dringend zu berücksichtigen. Die Erwartungen des Kunden kann daher nur ein Mitarbeiter im Vermietungsvertrieb erfüllen, der dezidierte Kenntnisse zum Bauvorhaben vermitteln kann.

4.4.6.2 Spezielle Anforderungen an den Vermietungsvertrieb

Mietinteressenten im Neubausegment haben spezielle Anforderungen an den Vermietungsvertrieb. Dabei ist es nicht erforderlich, dass der jeweilige Vermieter das planerische Wissen eines Architekten reproduziert, sondern vielmehr eine solide Fachkenntnis in Bezug auf die wesentlichen Merkmale des Vorhabens.

- **Bauweise** (massiv, Fertigteile, modular etc.): Die Bauweise ist eine erste Information, um aus Mietersicht das Vorhaben weiter spezifizieren zu können. Jede Bauweise hat Vor- und Nachteile, deren Auswirkungen dann auf den weiteren Ebenen durch bestimmte Maßnahmen kompensiert werden können. Hier sollte der Vermietungsvertrieb bereits inhaltlich gewappnet sein und mögliche Einwände frühzeitig – am besten indem er sie selbst anspricht – behandeln.

- **Grundrisse und Ausstattung:** Die zu realisierenden Grundrisstypen und die Ausstattung der Wohnung gehören zum absoluten Grundrepertoire in der Vermietung. Eine vorher mit dem Bauherrn abgestimmte Baubeschreibung hilft dabei, die Erwartungen der Mietinteressenten mit dem tatsächlichen Wohnprodukt zu harmonisieren. Bei der Ausstattung ist insbesondere die Sanitär- und Elektroinstallation von Kundeninteresse, genauso wie Boden- und Wandbeläge.

- **Energie-, Heiz- und Lüftungssystem:** In neuerer Zeit nehmen ökologische Erwägungen einen immer größeren Stellenwert bei der Beurteilung von Bauvorhaben ein. Die Kunden möchten auch durch ihr Wohnverhalten einen immer geringeren ökologischen Footprint hinterlassen und setzen sich aus diesem Grund intensiv mit der Thematik auseinander. In der Praxis ist zwar zu beobachten, dass Mietinteressenten derzeit ökologische Belange nicht so stark bewerten wie Kaufinteressenten. Dies konnte insbesondere bei der Umsetzung der Regelungen aus der Energieeinsparverordnung (EnEV) beobachtet werden. Danach ist die Bereit- und Zurverfügungstellung eines Energieausweises für Vermieter verpflichtend. Im Anmietungsprozess spielen diese Informationen allerdings für einen Großteil der Mietinteressenten praktisch überhaupt keine oder nur eine absolut untergeordnete Rolle. Aufgrund gesellschaftspolitischer Diskussionen und neuer Initiativen wird allmählich auch im Kreis der Mieter eine stärkere Sensibilisierung für die damit in Zusammenhang stehenden Themen erfolgen.

> **Exkurs: Stellenwert von ESG-Kriterien aus Mietersicht**
>
> Im Bereich der Kapitalanlagen hat sich in neuerer Zeit die Orientierung an sog. Environment-Social-Governance(ESG)-Kriterien ergeben. Nachhaltige Investments verfolgen demnach ESG-Ziele. Diese werden zukünftig auch Einfluss auf die Entscheidungsfindungsprozesse von Mietinteressenten haben.
>
> »Environment« umfasst dabei die wesentlichen Umweltaspekte. Im Kontext der Wohngebäudevermietung kann dies Fragen zur Einsparung von Energie- und Wasserressourcen beinhalten. Auch ist es möglich, dass die Einschätzung eines Projekts schon in einem viel früheren Stadium stattfindet. Ein Bauvorhaben, das beispielsweise bereits im öffentlichen Planungsstadium durch Bürgerproteste auf sich aufmerksam gemacht hat, wird ggf. in der späteren Vermarktung der einzelnen Wohnungen Mühe bereiten.
>
> Der Social-Aspekt hingegen beinhaltet vor allem Erwägungen zum Arbeits- und Gesundheitsschutz, zu Diversity und zum demografischen Wandel. Dieser Aspekt kommt bereits in den zielgruppengerechten Angeboten zum Vorschein. Insbesondere der neuartige und weit verzweigte Sektor des temporären Wohnens ist Ausdruck des neuen Stellenwerts sozialer Bedürfnisse der Kunden.
>
> Die Governance-Kriterien stellen auf eine nachhaltige Unternehmensführung ab, wobei den Leitlinien, Werten sowie Steuerungs- und Kontrollprozessen besondere Bedeutung zukommt.[171] Eine Adaption dieses Kriteriums im Hinblick auf das Nachfrageprofil am Wohnungsmarkt aus Mietinteressentensicht ist in naher Zukunft eher unwahrscheinlich. Dazu fehlen dem überwiegenden Teil der Kunden die einschlägigen Informationen und vor allem das Interesse an der Thematik. Eine wie auch immer geartete mediale Sensibilisierung in der Zukunft kann zu einer Veränderung der Sichtweise der Kunden führen.

- **Garagen- und Stellplatzsituation:** Für Neubaumietinteressenten ist das Vorhandensein von ausreichenden Garagen- und Stellplatzflächen oftmals ein wesentliches Entscheidungskriterium. Insbesondere im gehobenen Segment hat der Vermietungs-

---

[171] Vgl. Übersicht ESG-Kriterien, www.wirtschaftslexikon.gabler.de, abgerufen am 23.11.2020.

vertrieb mit einer Kundengruppe zu tun, für die das Fahrzeug neben dem funktionalen Wert als Fortbewegungsmittel auch einen Stellenwert als Statussymbol genießt. Diese Sichtweise wird gerade gesamtgesellschaftlich diskutiert. Gerade die jüngere Generation setzt derzeit bereits vielfach andere Prioritäten und reduziert das Auto auf den funktionalen Nutzen. Dazu trägt im Übrigen auch die Sharing Economy bei. Online-Dienste zum kurzzeitigen Anmieten von Autos, Fahrrädern oder E-Rollern transformieren mit der Zeit das Anforderungsprofil des typischen Wohnungssuchenden.

- **Projekt- und Bauzeit mit grobem Bauzeitplan:** Der Vermietungsvertrieb sollte die wesentlichen Fristen und Daten im Zusammenhang mit der Bauzeit bei einem laufenden Vertriebsprozess dezidiert kennen. Bei der Kommunikation mit den Mietinteressenten kommt es diesbezüglich auf klare, richtige und nachvollziehbare Aussagen an. Je konkreter die Aussage ist, desto besser. Jeder Mietinteressent möchte für seinen Lebensbereich einen hohen Grad an Planungssicherheit erreichen. Die Aussicht, »irgendwann« umzuziehen, beunruhigt verständlicherweise nicht nur ausgesprochene Pedanten. Insofern sorgen fixe Termine für Sicherheit und Vertrauen.

  Wichtig ist, dass der Vermietungsvertrieb sich im laufenden Bauvorhaben und auch nach Mietvertragsabschluss kontinuierlich zum aktuellen Projektstand informiert. Dazu benötigt er eine strukturierte Verständigung mit den am Bau Beteiligten. Im Fall von unplanmäßigen Änderungen kommt dem Vermietungsvertrieb oftmals die Rolle des Vermittlers zu, der zwischen Projektentwickler bzw. Bauherr und Mieter Zeitverschiebungen moderieren muss. Ein derartiger Einsatz zahlt sich für den Vertrieb aus, da auf Mieter- und Eigentümerseite gleichermaßen ein Zusatznutzen kreiert wird, der den Zufriedenheitsgrad zugunsten des Vertriebs deutlich erhöht.

- **Projektbeteiligte:** Der Vermietungsvertrieb benötigt bei projektierten Bauvorhaben ein zuverlässiges Aussagevermögen in Bezug auf die Projektbeteiligten. Der Mietinteressent soll einen Mietvertrag über eine noch nicht existierende, allenfalls auf dem Plan dargestellte Wohnung, abschließen. Er kennt aber in der Regel nur das Unternehmen und die operativ handelnde Person des Vermietungsvertriebs.

  Es reicht daher für den Vermieter nicht, nur ein bilaterales, persönliches Vertrauensverhältnis zum Interessenten aufzubauen. Vielmehr muss der Vermieter auch dazu beitragen, dass Vertrauen zum Eigentümer, zum Architekten, zu den Handwerkern und anderen am Bau Beteiligten entsteht. Dies kann nur durch – im besten Fall persönliche – Kenntnis der Beteiligten gelingen. Die Beteiligten sind aus der Anonymität des Projekts herauszuholen. Sie werden vom Vertrieb als real existierende, professionell agierende Partner vorgestellt. Referenzobjekte und Kundenrezensionen helfen dabei, das Bild zutreffend wiederzugeben.

Der Vermietungsvertrieb sollte bereits im Vorfeld mit dem Bauherrn bzw. Eigentümer der Maßnahme ähnlich wie beim Autokauf, eine »Zubehörpreisliste« entwerfen. Gerade bei Neubauvorhaben wird aufgrund des relativ hohen Preisniveaus in Bezug auf den lokalen

4.4 Vertriebliche Vermietungsstrategien in Wohnungsportfolios

Wohnungsmarkt eine Zielgruppe angesprochen, die leistungs- und konsumorientiert ist. Diese Zielgruppe hat darüber hinaus einen immer stärker werdenden Wunsch nach Individualisierung, der sich auch in den Wohnverhältnissen widerspiegelt. Gerade eine Neubaumaßnahme bietet dem anspruchsvollen Kunden die Möglichkeit, seine eigenen Wünsche und Vorstellungen zu verwirklichen.

Anders als bei einer Eigentumswohnung sind den Entfaltungsmöglichkeiten im Mietwohnungsbau allerdings enge Grenzen gesetzt. Oftmals sind Vermieter bzw. Eigentümer generell nicht bereit, eine einmal verbindlich vereinbarte Baubeschreibung auf Mieterwunsch zu ändern. Diese Sichtweise ist insoweit verständlich, als bei der Anmietung eines Neubaus die Verweildauer des Mietinteressenten in der Wohnung nicht absehbar oder planbar ist. Insofern ist das Eingehen auf Sonderwünsche nur unter bestimmten Voraussetzungen sinnvoll. Aus Vertriebssicht sollte die Strategie darin bestehen, dem Kunden vor Mietvertragsabschluss verschiedene Wahlmöglichkeiten zu geben, anhand derer er sich für seine individuelle Wohnung entscheiden kann. Die wesentlich betroffenen Bereiche sind Bad- und Sanitärausstattung, Elektrofeininstallation, Malerarbeiten und Bodenbeläge. Hierbei sind verschiedene Vorgehensweisen möglich. Folgende Bereiche eigenen sich für eine Auswahlmöglichkeit des Kunden:

Gewerk	Ausstattung	Auswahl
Bad und Sanitär	Waschbecken, WC, Armaturen	Marke, Serie, Qualität
Elektroinstallation	Schalter, Steckdosen	Anzahl, Farbe, Marke, Programm, Qualität
Maler	Tapeten- und Farbauswahl	Marke, Qualität
Bodenbeläge	Material: Parkett, Vinyl etc.	Farbton, Qualität

Zwischen Vermietungsvertrieb und Eigentümer sind für jedes Gewerk die mietpreisneutralen und mietpreiserhöhenden Alternativen festzulegen. Dabei lassen beide Seiten ihre Erfahrungswerte aus der Praxis einfließen. Letztendlich sind die jeweiligen Ausstattungsvarianten renditeorientiert zu kalkulieren. Eventuelle Mehrkosten bei höherwertigen Produkten sind mit einem entsprechenden nachvollziehbaren Mietaufschlag auszugleichen. Ziel sollte es sein, dem Mietkunden übersichtliche und auch von der Preisgestaltung nachvollziehbare Varianten anzubieten. Diese sind auch mit den entsprechenden Einzelgewerken bzw. Handwerkern abzustimmen, damit nicht nur die Auswahl, sondern auch die spätere Installation durch die Handwerker reibungslos erfolgen kann. Der anspruchsvolle, individuell orientierte Mietkunde wird diese Auswahlmöglichkeiten zu schätzen wissen.

4.4.6.3 Generierung von Vermietungsabschlüssen

Zur Vermietung von projektierten Wohnungen sollten in jedem Fall persönliche Kundengespräche vereinbart werden. Aufgrund des Wegfalls der Möglichkeit einer normalen Wohnungsbesichtigung benötigt der Vermietungsvertrieb andere Alternativen. Das Wohnprodukt ist in dem Stadium um ein Vielfaches erklärungsbedürftiger als eine gewöhnliche, bereits bestehende Wohnung. Insofern kommt dem persönlichen Gespräch mit dem Mietinteressenten ein noch höherer Stellenwert zu. Das Gespräch findet im besten Fall vor Ort am Grundstück in einer professionellen Atmosphäre statt. Alternativ und ergänzend kommt ein Termin in den Geschäftsräumen des Vermietungsvertriebs infrage.

Vor Ort kann es sinnvoll sein, einen Baucontainer als Vermietungsbüro zu nutzen. Hier halten sich Vermieter und Mieter vor äußeren Wettereinflüssen geschützt auf. Auch lassen sich hier in Ruhe moderne Präsentationstechniken nutzen. Das Grundstück ist in fußläufiger Entfernung, sodass direkt vor Ort die genaue Lage des Baukörpers besprochen werden kann. Es ist nicht zu unterschätzen, wie schwach die Vorstellungskraft von Mietinteressenten anhand von Planungsunterlagen sein kann. Selbst dem Profi fällt bei großen Baufeldern eine spontane Orientierung äußerst schwer. Insofern wird ein Gespräch unmittelbar am Grundstück geführt, um beim Mietinteressenten ein besseres Produktverständnis zu generieren.

Die Dauer zwischen Mietvertragsabschluss und Bezug der Wohnung ist bei projektierten Vorhaben aufgrund der erforderlichen Bauzeit naturgemäß relativ lang. Zeitspannen von mehr als einem Jahr sind in diesem Zusammenhang keine Seltenheit. Der Mieter ist aufgrund der mietrechtlichen Regelungen nur für eine bestimmte Zeit an den Mietvertrag gebunden und kann gewöhnlich mit dreimonatiger Frist kündigen. Für den Eigentümer bzw. Vermieter einer Neubauwohnung sind mit dieser rechtlichen Ausgangslage erhebliche Risiken verbunden. Der Mieter kann verschiedene Sonderwünsche gewählt haben, die dazu führen, dass die Wohnung an einen Dritten schwieriger zu vermarkten ist als im Grundzustand. Weiterhin ist für Neubauwohnungen ein hoher Mietpreis zu zahlen, der u. a. dadurch seine Rechtfertigung erhält, dass der neue Mieter eben der erste Nutzer ist und damit eine buchstäblich neue, erstmals zu nutzende Wohnung bezieht. Diese Einzigartigkeit hat einen besonderen Stellenwert. Jede darauffolgende Vermietung ist qua definitionem kein »Erstbezug«, sondern ein Bezug einer neuwertigen Wohnung. Dies ist für Mietinteressenten ein großer Unterschied in der Wahrnehmung. Vor diesem Hintergrund sollte eine stärkere und längere Verbindlichkeit der mietvertraglichen Vereinbarung angestrebt werden.

Dazu gibt es folgende Möglichkeiten: Die Parteien können einen befristeten Mietvertrag vereinbaren. Dazu ist allerdings das Vorliegen eines Befristungsgrundes gemäß § 575 Abs. 1 BGB notwendig. Kurz gefasst ist eine Befristung nach dieser Regelung möglich, wenn der Vermieter Eigennutzung geltend macht, umfangreiche Renovierungsarbeiten bzw. Umbau und Abriss anstehen oder der Vermieter eine Nutzung als Werkswohnung beabsichtigt. Diese Gründe liegen bei normalen Neubauvorhaben zur Vermietung nur in den seltensten Fällen vor. Es gibt aber noch einen praktikableren Weg, den Mieter für einen längeren Zeitraum zur Aufrechterhaltung des Mietverhältnisses zu verpflichten.

> **Tipp: Mindestmietzeit**
>
> Die Parteien können eine Mindestmietzeit vereinbaren. Die Vereinbarung einer Mindestmietzeit bedeutet, dass Mieter und Vermieter auf ihr ordentliches, gesetzliches Kündigungsrecht verzichten. Beide Parteien verpflichten sich somit, das Mietvertragsverhältnis für eine bestimmte Dauer aufrechtzuerhalten. Im Neubau sind 24 bis 48 Monate marktkonform, wobei der Mieter gemäß einem Urteil des Bundesgerichtshofs durch eine vorformulierte Verzichtsklausel maximal vier Jahre an einen Wohnraummietvertrag gebunden werden darf.[172]
> Auch wenn die Vereinbarung einer Mindestmietdauer grundsätzlich rechtmäßig ist, kann sich der Mieter vorzeitig lösen, sofern ein Festhalten am Mietvertrag für ihn unzumutbar wird. Eine Kündigung des Mieters kann in diesem Fall trotzdem rechtmäßig sein, wenn für den Mieter eine Bindung an den Mietvertrag etwa aufgrund eines Arbeitsplatzwechsels, wegen Nachwuchs oder schwerwiegenden Mietmängeln unzumutbar ist.

4.4.6.4 Besonderheiten während der Bauphase

Der Vermietungsprozess bei im Bau befindlichen Wohnungen unterscheidet sich in einigen wenigen, dafür aber wichtigen Punkten vom Vertrieb projektierter Wohnungen. Der große Vorteil besteht darin, dass die Bauausführung bereits im Gange ist und der Interessent sich vor Ort ein erstes, vages Bild der gesamten Baumaßnahme machen kann. Je nachdem, in welchem Baustadium der Mietinteressent einen Blick auf das Grundstück wirft, können schon der Baukörper oder die Wohnungen im Rohbauzustand angeschaut werden. Auch hier gilt, dass Besichtigungen nur in Begleitung eines geschulten Vertriebsmitarbeiters erfolgen.

Es bietet sich an, zunächst einen Gesprächstermin im Büro zu vereinbaren, um die Baumaßnahme in Ruhe erklären und erläutern zu können. Noch besser als das Büro ist ein beheizter, möblierter Baucontainer vor Ort, da von dort aus die Wege zur direkten Besichtigung der Maßnahme kurz sind. Beim gemeinsamen Besuch von Wohnungen im Rohbau sollte beachtet werden, dass diese ohne Innenausbau, Anstrich und Möblierung in der Regel viel kleiner wirken, als dies im normalen Zustand der Fall wäre. Dieses Phänomen sollte vor Eintritt in die Wohnung mit dem Mietinteressenten besprochen werden, da sich sonst bei diesem ein falsches Bild der Wohnung manifestiert.

---

172 BGH NJW 2005, 1574.

Ohnehin sollte so bald wie möglich eine Musterwohnung, z. B. im Erdgeschoss, fertiggestellt werden, anhand derer man die Ausstattungsmerkmale veranschaulichen kann. Dies hilft den Interessenten in ihrer Vorstellungskraft weiter und schafft Vertrauen. Die Analogie von der Musterwohnung zu einer besichtigten Rohbauwohnung zu ziehen fällt vielen Interessenten leichter, als sich selbst vor dem geistigen Auge ein Bild der fertigen Wohnung zu machen.

Für den Vermietungsvertrieb ist es in der Bauphase wichtig, einen direkten Draht zur Bauleitung bzw. Projektsteuerung zu haben. Dies hat verschiedene Vorteile. Der Vertrieb kann auf diese Art und Weise aus erster Hand Informationen zum Bauvorhaben und den technischen Gegebenheiten erhalten. Oftmals ergeben sich aus informellen Gesprächen wertvolle Hinweise und Neuigkeiten. Je früher der Vertrieb Informationen direkt von der Baustelle erhält, desto fundierter kann er sein Vermietungsgespräch führen. Insbesondere helfen rechtzeitige Informationen zu etwaigen Bauzeitverlängerungen weiter. Für den Mietinteressenten wird der Fertigstellungstermin ein wesentliches Kriterium für die Entscheidung sein. Im Vertragswerk bietet es sich grundsätzlich an, keinen fixen Termin im Mietvertrag festzulegen, sondern einen voraussichtlichen Fertigstellungstermin und Mietbeginn zu vereinbaren.

Der direkte Draht zum Bauleiter ist nützlich, um die Besichtigungstermine optimal abzustimmen. So kann der Zeitpunkt etwa danach gewählt werden, dass in der betreffenden Wohnung zum Termin keine beeinträchtigenden Arbeiten ausgeführt werden. Insbesondere übermäßiger Lärm oder Schmutz können sonst eine Besichtigung auf einer Baustelle zur Farce werden lassen. Ferner sollte der Vermietungsvertrieb vor der Besichtigung dafür Sorge tragen, dass die betreffenden Wohnungen und Laufwege von Müll und Bauschutt befreit werden. Der Interessent wird von einer geordneten und sauberen Baustelle indirekt und unbewusst Rückschlüsse auf die Qualität der ausgeführten Arbeit ziehen. Im Übrigen schadet es auch nicht, den einen oder anderen Handwerker zu kennen und den Kontakt zu pflegen. Eine spontane Hilfestellung oder Erläuterung vor Ort sowie ein freundlicher Austausch mit den Handwerkern vermitteln dem Kunden ein Gefühl der Sicherheit und persönlichen Wertschätzung.

Auch bei einem im Bau befindlichen Projekt ist es sinnvoll, den Mietvertrag zeitnah abzuschließen. Ähnlich wie bei den projektierten Wohnungen sollte im Mietvertrag wirksam eine Mindestmietdauer vereinbart werden, damit gegenseitige Planungssicherheit herrscht, sonst sind Fälle von »Kauf- bzw. Mietreue« möglich. Insbesondere bei erfolgter Individualisierung der Wohnung kann eine vorzeitige Beendigung des Mietverhältnisses für den Eigentümer wirtschaftlich zu Nachteilen führen.

5 Controlling und Reporting

5.1 Controlling/Soll- und Ist-Planung

Vermietungsprozesse haben eine entscheidende Auswirkung auf das Betriebsergebnis. Je nach Performance können die Resultate der Vermietungsprozesse einen positiven oder negativen Beitrag zum Betriebsergebnis leisten. In der Praxis ist es von großer Bedeutung, die Resultate einem kontinuierlichen Soll-Ist-Vergleich zu unterziehen. Dies setzt voraus, dass zuvor anhand messbarer Kriterien für eine ebenfalls hinreichend bestimmbare Kennzahl ein Planwert (Soll) festgelegt worden ist. Dieser ist dann in »Echtzeit« bzw. in sinnvollen Intervallen mit dem Ist-Zustand abzugleichen, um auf diese Weise möglichst einfach ablesen zu können, ob die Vermietungsergebnisse Anlass zur Freude oder Sorge geben.

Planung spiegelt Zahlen wider. Am Ende geht es allerdings darum, aus dem Zahlenmaterial unternehmerische Schritte abzuleiten, um die Zahlen in die gewünschte Richtung zu verbessern. Dies erfordert ein aktives Management, ein konkretes Handeln und Tun in der Gegenwart. Hier ist eine »Hands-on«-Mentalität gefragt, also Umsetzen, Machen, Ausprobieren, statt Zögern, Hadern und Zweifeln.

Für Wohnungsbestände ist die Planung der Kapazitätsauslastung wesentlich. Die Kapazitätsauslastung findet in der Leerstandsquote ihren Ausdruck. Die Leerstände im Wohnungsbestand haben direkt und indirekt bedeutende Auswirkungen auf die Bestandsbewirtschaftung. Sie beeinflussen die konkret realisierbaren Mieterträge, die erzielbaren Betriebskostenvorauszahlungen und die Belastung des Unternehmens mit nicht umlagefähigen Betriebskosten.[173]

Die Leerstände haben in der wohnungswirtschaftlichen Planung Einfluss auf die Ermittlung der Mieterträge bzw. Mieteinnahmen. Wenzel[174] zeigt diesbezüglich anschaulich die Zusammenhänge auf: »Sollmieten als mit den Mietern vertraglich vereinbarte oder zu vereinbarende Mieten (Euro/m²/Monat), umfassen die möglich erzielbare Miete in den vermietbaren Wohn- und Geschäftseinheiten.[175] Wird die Sollmiete (Bruttomiete) als Plangröße um die geplanten, aus Leerstand und baulichen Mängeln (Mietminderung) resultierenden Erlösschmälerungen gekürzt, ergibt sich rechnerisch die sogenannte Nettomiete, die in der Kennzahlenanalyse regelmäßig erfragt wird. Mietausfälle (Erlösschmälerungen) sind zu kalkulierende Ausfälle, die ihre Ursache im Leerstand, aber auch in Mängeln an der Mietsache (Mietminderung) haben.«

---

[173] Wenzel, S. 19.
[174] Wenzel, S. 19 ff.
[175] Vgl. GdW, Kommentar zum Kontenrahmen der Wohnungswirtschaft, S. 118.

5 Controlling und Reporting

Wenzel[176] führt weiter aus, dass sich leerstandsbedingte Erlösschmälerungen auf der Basis einer wirtschaftseinheitsbezogenen Leerstandsplanung ermitteln lassen. Er sieht eine Hochrechnung aus Vergangenheitswerten bei stabilen Unternehmen, die sich in der Entwicklung durch Kontinuität auszeichnen, als probates Mittel an. Zu Unternehmen in besonderen Situationen gilt nach seiner Auffassung Folgendes:

> »In Unternehmen aber, in denen Umstrukturierungen laufen, deren Entwicklung nicht durch Gleichmaß, sondern durch stark schwankende Leerstände (bedingt durch Abriss, Umzugsmanagement, Wegzug der Mieter, Behebung von Instandhaltungsrückstaus und deshalb vorübergehender Leerstand) gezeichnet ist, können andere Zwänge wirken. Sinnvoll – aber auch präziser – ist es, die Planung der Sollmieten, der Erlösschmälerungen und der Betriebskostenvorauszahlungen flächenbezogen und in Kopplung an die Leerstandsplanung zu gestalten.«[177]

Aus unternehmerischer Sicht ist es sinnvoll, eine Vermietungsplanung zu erstellen. Aus dieser Vermietungsplanung ergibt sich mittelbar der Leerstand als störendes Überbleibsel. Eine direkte, namentlich benannte Leerstandsplanung ist nach hiesiger Auffassung nicht mehr zeitgemäß und versucht den Mangel zu managen. Besser ist es, unternehmerische Entwicklung anhand positiv bestimmbarer Planung auszurichten und dies auch entsprechend im »Wording« zu berücksichtigen. Das positive Wording, hier z. B. »Vermietungsplanung«, spiegelt sich in einer entsprechenden Unternehmensphilosophie wider, die auf die Ebene der einzelnen Mitarbeiterinnen und Mitarbeiter ausstrahlt.

Der Planungsprozess, also die Bestimmung des Soll-Zustands, untergliedert sich in mehrere Schritte. Bereits die Planung muss vermietungsprozessuale Elemente enthalten, um später in der Praxis Erfolge zu generieren. Dies hängt damit zusammen, dass aus einer vorausschauenden Planung entsprechende Ziele für die einzelnen Arbeitsebenen generiert werden können.

Die erfolgreiche Planung ist

- **realistisch:** Realistisch ist eine Planung, die auf konkreten Erfahrungswerten aus der Vergangenheit beruht und somit eine Fortschreibung dieser Erkenntnisse in die Zukunft abbildet. Dabei ist es entscheidend, dass bei unterstelltem Gleichbleiben der externen Einflüsse der gewöhnliche Lauf der Dinge – mit hoher Wahrscheinlichkeit – zu dem vorher antizipierten Ergebnis führt.

- **objekt- bzw. flächenbezogen:** Die Planung hat sich an den tatsächlichen Gegebenheiten im Wohnungsbestand zu orientieren und sollte so weit wie möglich auf Objekt-

---

176 Wenzel, S. 20 ff.
177 Wenzel, S. 21.

ebene heruntergebrochen werden. Dabei sind Abstufungen anhand der hier bereits dargestellten Palette zu vorzunehmen. Zu berücksichtigen sind die Makro- und Mikrolage, die Quartiersebene bis hin zum konkreten Objekt bzw. Gebäude und schlussendlich zu den einzelnen Wohnungen. Je detaillierter die Feinabstufung und damit Feinplanung vorgenommen wird, desto eher lassen sich aus der reinen Zahlenplanung unternehmerische Schritte ableiten, die zu einer Performanceverbesserung führen.

- **abgestimmt auf die personelle Leistungsfähigkeit:** Die Vermietungsplanung und die damit einhergehende Prognose des tatsächlichen Leerstands hängt stark von den vorhandenen personellen Ressourcen ab. An vorderster Front sind natürlich die Vermieter bzw. die Vermietungsabteilungen zu nennen. Deren Leistungsfähigkeit in der Praxis spiegelt sich unmittelbar und sofort in den Vermietungszahlen wider. Allerdings wäre es zu kurz gesprungen, nur die Vermietung in den Fokus zu nehmen. Die gesamte Bewirtschaftung des Wohnungsbestandes hat mehr oder minder große Bedeutung für die Entwicklung der Vermietungs- und Leerstandszahlen. So ist jede nicht gekündigte Wohnung aufgrund von gutem Service, zuverlässiger Instandhaltung sowie einzelfallbezogenem Mahn- und Klagewesen ein wesentlicher Faktor für die positive Entwicklung der Vermietungszahlen. Der Vermietungsprozess als solcher ist im Endeffekt die ultima ratio, wenn ein Auszug aus einer Wohnung nicht mehr abzuwenden war. Insofern ist von der Unternehmensführung bei der Vermietungsplanung eine plausible Analyse der Personalressourcen vorzunehmen. Diese hat sowohl die vorhandenen Kapazitäten als auch die Qualität zu berücksichtigen.

- **eine Teamaufgabe:** Eine Vermietungsplanung kann nur erfolgreich sein, wenn sich diejenigen, die sie ausführen sollen, damit identifizieren können. Daher ist es für die gegenseitige Akzeptanz wichtig, diese in der Entstehungsphase mit allen beteiligten Personalebenen abzustimmen. Dies umfasst alle Hierarchieebenen – von der Unternehmensführung über die Abteilungsleitung bis hin zu den Vermietern.
Insbesondere die Vermieter vor Ort, also diejenigen, die die Planung in die Tat umsetzen sollen, sind zwingend zu beteiligen. Die Beteiligung darf in keiner Weise pro forma erfolgen, indem bereits fest abgestimmte Zahlenwerke verkündet und allseits abgenickt werden sollen. Letztendlich handelt es sich bei der Planung um die zukünftige Zielsetzung. Aus dieser Zielsetzung lassen sich später Erfolge direkt ablesen.
Die Aufgabe der Führungskräfte ist in diesem Fall vergleichbar mit der eines Trainers. Dieser hat die Aufgabe, seinen Sportler so vorzubereiten, dass er Wettbewerbe gewinnt. Gleichzeitig hat er dabei allerdings die individuelle Leistungsfähigkeit zu berücksichtigen, um nicht Demotivation Vorschub zu leisten. Dies bedeutet in dem hier vorliegenden Fall, dass zwar durch die Führung konkrete Ziele vorgeschlagen oder aufs Tableau gebracht werden können – diese müssen aber mit den ausführenden Vermietern auf Augenhöhe diskutiert werden. Änderungen nach unten, ggf. auch nach oben müssen in diesem Stadium jederzeit möglich sein, sofern sie ausreichend fundiert begründet sind.

- **konkret und individuell messbar:** Nachdem die Vermietungsplanung auf Objekt- und Personalebene konkretisiert wurde, können individuell messbare Ziele formuliert werden. Die Abteilungen und einzelne Mitarbeitende haben diese Ziele eigenständig mitentwickelt und tragen diese daher auch vollständig mit. Die Ziele sind so einfach wie möglich zu halten, um jedem die Möglichkeit zu geben, sie permanent nachzuverfolgen. Von einem großen Wohnungsunternehmen ist bekannt, dass als Symbol für erfolgreiche Vermietungen eine Burg aus Legosteinen in der Zentrale aufgebaut wurde. Jeder Stein stellt eine Vermietung dar. Bei Erreichen des Ziels würde am Ende des Jahres in der Zentrale eine gigantische Lego-Burg erstrahlen. Am Ende einer Woche werden die neuen Steine entsprechend der Wochenleistung in der Vermietung angebaut. Jeder Mitarbeiter des Unternehmens kann sich nun auf anschauliche Weise selbst ein Bild machen, inwieweit der Vermietungserfolg fortgeschritten ist.
Solche anschaulichen Aktionen können auf einzelne Objekte und Mitarbeiterebenen fokussiert werden und auch im kleineren Rahmen positive Ergebnisse herbeiführen.

5.2 Reporting

Das Reporting dient dazu, in möglichst anschaulicher Art und Weise den Ist-Zustand zu beschreiben und diesen mit dem Soll-Zustand abzugleichen. Die operative Ebene und sämtliche Führungsverantwortlichen haben dabei eine einheitliche, fundierte Datenbasis, von der sie weitergehende Entscheidungen ableiten. Das ideale Reporting umfasst drei Bausteine: den Produktreport, den Vermietungsreport sowie den Performance-Report.

5.2.1 Produktreport

Der Produktreport ist eine erweiterte Wohnungsangebotsübersicht. Es empfiehlt sich, dass alle involvierten operativen Ebenen mit diesem Report arbeiten. Dies setzt voraus, dass der Report zum einen regelmäßig und zum anderen vollständig gepflegt wird. Die Eingabe von Daten führt im besten Fall bereits zur gedanklichen Lösung von Problemen. Ferner dient der Produktreport als Leitfaden für Besprechungen mit der Führungsebene. Es bietet sich an, das Reporting als Vermieter in Echtzeit zu pflegen – also sobald ein einzutragender Geschäftsfall vorliegt, diesen auch unmittelbar und sofort in das IT-System einzutragen. Dies erfordert in der Anfangsphase etwas Selbstdisziplin, hat aber nach einer Weile den Vorteil, dass die Pflege zur Gewohnheit und täglichen Routine wird. Haben sich alle beteiligten Stellen an die kontinuierliche Pflege des Datenbestandes gewöhnt, sind die Datensätze permanent auf dem aktuellen Stand.

In der Praxis zeigt sich, dass häufig gerade bei der Einführung neuer Prozessschritte auf operativer Ebene das Verständnis für die Erforderlichkeit und Sinnhaftigkeit fehlt und dadurch die Datenpflege als »lästiges Übel« empfunden wird. Die Folge ist »Aufschieberitis«, sodass aus dem guten Vorsatz, die Eintragungen am Ende der Woche nachzuholen, leicht Ende des Monats werden kann. In diesem Fall kann von einem vollständigen Datensatz keine Rede mehr sein.

Aus diesem Grund besteht die Führungsaufgabe gerade in der Anfangsphase darin, die Notwendigkeit und die komplexen Zusammenhänge sowie die Wichtigkeit des Produktreports allumfassend zu kommunizieren. Die vereinbarten Perioden der Datenpflege sind entsprechend zu kontrollieren und es ist darauf hinzuwirken, dass die Vorgaben umgesetzt werden. Das Gegenargument des Zeitmangels sollte bereits in der Entstehung entkräftet werden. In diesem Kontext ist es ratsam, die tatsächliche Zeit für die Pflege in Minuten anzugeben – häufig sind täglich nämlich nur wenige Minuten für die Datenerfassung notwendig.

Der technische Fortschritt führt ohnehin dazu, dass bereits viele zur Bestandsbewirtschaftung genutzte ERP-Systeme entsprechende Datenfelder vorsehen, die teilweise auch (halb-)automatisch durch logische Verknüpfungen ausgefüllt werden. Der grobe technische Zustand einer Wohnung etwa kann durch die Übernahme der Daten aus einer zuvor umgesetzten Wohnungsinventarisierung mit automatischem Update bei Instandhaltungsbeauftragung ziemlich genau eingestuft werden. Die Digitalisierung bietet an dieser Stelle mannigfaltige Vorteile. IT-Tools wie z.B. die digitale Auftragsvergabe und Rechnungsprüfung BTS-pit, generieren zu jeder Wohnung über die Historie Inventarverzeichnisse, sodass man bis hin zum Waschbecken am Bildschirm feststellen kann, welche Bauteile in der Wohnung verwendet wurden.

So richtig und wichtig Digitalisierung an dieser Stelle auch ist: Ein aus der Ferne abgerufener Datenbestand spiegelt die Theorie wider, ein Ortstermin in der entsprechenden Wohnung die Praxis. Aus unzähligen Meetings und Gesprächen zur Vermietung kann die Schlussfolgerung gezogen werden, dass die Beteiligten des Vermietungsprozesses die Wohnungen aus dem Produktreport nicht nur von der Anschrift her kennen, sondern sie auch mit eigenen Augen gesehen haben müssen.

> **Tipp: Vertrautheit mit dem eigenen Portfolio**
>
> Operativ tätige Vermieter kennen jede einzelne Wohnung aus ihrem Produktreport. Das bedeutet, dass ihnen alle wesentlichen Faktoren wie Makro-, Mikrolage, Quartier, Gebäude und die Wohnung mit den Gemeinschaftsflächen aus eigener Wahrnehmung her (Ortstermin) bekannt sind. Bei jedem Wohnungswechsel ist dieser Eindruck aufzufrischen. Der Einwand, man kenne die Wohnung von der letzten Vermietung von vor zwei Jahren, kann nicht akzeptiert werden, da sich innerhalb viel kürzerer Zeitabstände bereits wesentliche Faktoren verändern können, die auf den Vermietungsprozess erheblichen Einfluss haben.
>
> Die Führungskräfte sollten ebenfalls Kenntnisse aus eigener Anschauung zu dem von ihnen betreuten Bestand haben. Aufgrund der Vielzahl der indirekt durch eine Führungskraft betreuten Wohnungen reicht es nach hiesiger Auffassung aus, dass ein, wenn auch unter Umständen vor

5 Controlling und Reporting

mehreren Jahren stattgefundener Ortstermin die örtliche Kenntnis vermittelt hat. Sofern sich bei gemeinsamen Besprechungen mit den Vermietern eine Divergenz in der generellen Auffassung zu einer bestimmten Lage oder Wohnung ergibt, erfolgt pragmatisch eine Neubewertung. Haben sich die Rahmenbedingungen nach Aussage der operativ tätigen Vermieter geändert, wird die Führungskraft im Zweifel durch ein Update der eigenen Kenntnisse (neuer Ortstermin) die eigene Einschätzung überdenken und neu bewerten. Diese Vorgehensweise ist pragmatisch, da erfahrungsgemäß in 80 Prozent der Fälle die von Vermietung und Führungskraft analysierten Rahmenbedingungen identisch sein werden.

Es sei an dieser Stelle allerdings hervorgehoben, dass die vorgenannte »Regel« der Kongruenz zwischen Vermieter und Führung nur dann bestehen kann, wenn sich beide Beteiligten fachlich und vertriebspraktisch auf einem hohen Leistungsniveau befinden. Nur dann können komplexe Vermietungssituationen auf Augenhöhe besprochen und gelöst werden.

Die Besprechung zwischen operativer und Führungsebene sollte sich in zwei Teile gliedern: Zunächst ist der Ist-Zustand des Produkts realistisch im Kontext des Marktumfeldes zu bewerten. Ein Abgleich mit dem strategisch gewünschten Soll-Zustand kreiert Handlungserfordernisse, die der Zielerreichung dienen. Im Anschluss daran sind konkrete Handlungsschritte zu planen und Aufgaben zu verteilen.

An dieser Stelle wird oftmals sehr deutlich, dass die erfolgreiche Vermietung eben nicht nur Aufgabe der Vermieter ist, sondern das ganze Unternehmen betrifft. Vielfach sind zu beklagende Missstände ein Ergebnis von Fehlleistungen anderer Abteilungen. Das mangelhafte Erscheinungsbild einer Liegenschaft kann z. B. ein Ergebnis nachlässiger Hausbewirtschaftung durch die Hausmeister und Siedlungsverwalter sein. Dazu zählen z. B. auch »wilde« Klingelbeschriftungen oder mit Schuhen und Kleinmöbeln vollgestellte Treppenhäuser. Diese optimierungsbedürftigen Positionen müssen von der Vermietungsabteilung zeitnah und konsequent an die anderen involvierten Bereiche kommuniziert werden. Die Aufgabe der Unternehmensleitung ist es, dafür zu sorgen, dass schnell auf den Input der Vermietung reagiert wird und Probleme abgestellt werden.

DIGITALE EXTRAS

Leitfaden: Produktreport

- **Konzeption und Design:** Geschäftsführung, Führungsebene unter Einbezug der operativen Vermieter
- **Datenpflege:** Vermieter und Techniker
- **Turnus der Aktualisierung:** je nach Digitalisierungsgrad in Echtzeit, täglich oder wöchentlich
- **Controlling der Datenpflege:** Abteilungsleitung Vermietung
- **Turnus Produktbesprechung:** innerhalb der Abteilung: wöchentlich; auf übergeordneter Führungseben (z. B. GF): monatlich
- **Besprechungsgliederung:** Analyse der Ist-Situation, Abgleich mit Soll; Festlegung von konkreten Handlungsschritten zur Soll-Erreichung
- **Teilnehmer:** Vermietung, Bewirtschaftung (Hausordnung, Miethöhe, BEKO etc.), Technik (Instandhaltung etc.)

Einen Muster-Produktreport finden Sie bei den »Digitalen Extras« zum Download.

5.2.2 Vermietungsreport

Der Vermietungsreport ist eine Übersicht zur konkreten Vermietungsleistung in einem definierten turnusmäßigen Zeitraum von meistens einer Woche. Der Vermietungsreport enthält eine Übersicht der Interessentenanfragen sowie der vereinbarten und realisierten Besichtigungstermine auf Wohnungsebene detailliert. Ein aussagekräftiges Reporting enthält zu den Anfragen und Besichtigungsterminen eine Information, aufgrund welcher Marketingmaßnahme der Interessent auf das Wohnungsangebot bzw. den Vermietungsvertrieb aufmerksam geworden ist.

Die Erfassung der erfolgten Besichtigungstermine enthält eine Information dahin gehend, ob ein Mietvertrag abgeschlossen werden konnte oder nicht. Im Falle einer mieterseitigen Ablehnung sind die jeweiligen Gründe der Ablehnung zu erfassen. Mithilfe dieser wertvollen Informationen sollen Handlungsempfehlungen für den weiteren Vermietungsprozess generiert werden. Je umfangreicher die Anzahl und der Inhalt des Interessentenfeedbacks, desto eher lassen sich Optimierungsvorschläge für die Zukunft entwickeln.

Der Vermietungsreport hilft dabei, einen ziemlich genauen Überblick zum periodischen Aufgaben- und Leistungsspektrum der Vermieter zu erhalten. Die Führungskraft hat mit diesen Informationen eine fundierte Faktenbasis, um individuelle Maßnahmen zu besprechen. Es sollte dabei nicht der Fehler gemacht werden, nur auf die Zahlenwerte zu achten und die Vermieter anhand dessen zu vergleichen. Die Werte sind immer ein Ergebnis aus individueller Leistungsfähigkeit, Produktqualität und aktueller Situation am Wohnungsmarkt. Zwischen verschiedenen Städten oder Stadtteilen bzw. unterschiedlichen Wohnungsbeständen können erhebliche Vermarktungsunterschiede liegen. Insofern kann eine Analyse nur gelingen, wenn eine ganzheitliche Betrachtung aller Umstände stattfindet.

> **Leitfaden: Vermietungsreport**
>
> - **Konzeption und Design:** Geschäftsführung, Führungsebene unter Einbezug der operativen Vermieter
> - **Datenpflege:** Vermieter
> - **Turnus der Aktualisierung:** je nach Digitalisierungsgrad in Echtzeit, täglich oder wöchentlich
> - **Controlling der Datenpflege:** Abteilungsleitung Vermietung
> - **Turnus Vermietungsbesprechung:** innerhalb der Abteilung: wöchentlich; auf übergeordneter Führungsebene (z. B. GF): monatlich
> - **Besprechungsgliederung:** Analyse der Ist-Situation, Abgleich mit Soll; Festlegung von konkreten Handlungsschritten zur Soll-Erreichung
> - **Teilnehmer:** Vermietung

DIGITALE EXTRAS

Einen Muster-Vermietungsreport finden Sie bei den »Digitalen Extras« zum Download.

5.2.3 Performance-Report

Der Performance-Report beinhaltet Informationen über die Dynamik und Geschwindigkeit der Prozessumsetzung. Je schneller der komplette Vermietungsprozess erfolgreich abgeschlossen ist, desto eher generiert das Unternehmen den benötigten Cashflow. Die Geschwindigkeit wird maßgeblich durch zwei Faktoren bestimmt:

- die **Prozessorganisation sowie die vorgegebenen Strukturen und Abläufe**. Nur wenn die Beteiligten untereinander gut organisiert sind und die jeweiligen aufeinanderfolgenden Arbeitsschritte effizient geplant sind, kann der Vermietungsprozess in der kürzestmöglichen Zeit umgesetzt werden.

- die **persönliche Performance der am Prozess beteiligten Mitarbeiter**. Es geht dabei nicht nur um die originären Vermieter bzw. direkten Mitarbeiter im Vermietungsvertrieb, sondern explizit auch um andere Beteiligte aus angrenzenden Fachgebieten, z. B. Techniker. Im operativen Geschäft besteht die Herausforderung darin, die erforderliche Datenerhebung so einfach und zeitsparend wir möglich zu machen, damit die wertvolle Arbeitszeit im Vertrieb nicht durch administrative Aufgaben blockiert wird.

In der heutigen Arbeitswelt sind personenbezogene Performance-Reports nicht unumstritten. In reinen Vertriebsunternehmen dürfte es in der Regel betriebspolitisch keine Probleme bereiten, detaillierte, individuelle Performance-Messungen vorzunehmen.[178] Das Gleiche gilt für hochdotierte Jobs, bei denen das hohe Jahreseinkommen in Teilen als Schmerzensgeld für den enormen Leistungsdruck fungiert.

Speziell in der Wohnungswirtschaft sind solche Modelle nicht oder nur in äußerst abgemilderter Form umsetzbar. Kommunale Wohnungsunternehmen, Genossenschaften, aber auch größere private Wohnungsgesellschaften haben traditionell arbeitnehmerfreundliche Strukturen. Der Einfluss von Betriebsräten und Gewerkschaft ist verhältnismäßig hoch. Das Stichwort »Leistungskontrolle« lässt in diesen Gremien in der Regel sofort alle roten Warnlampen aufleuchten und führt zu erheblichen Diskussionen und Vorbehalten. Zu dieser Thematik sind sicherlich unterschiedliche Sichtweisen denkbar und für beide Seiten gibt es mehr oder weniger starke Argumente.

Die Verteufelung persönlicher Leistungskontrollen ist nach hiesiger Auffassung ebenso falsch wie die Verherrlichung detaillierter Messung und Zurschaustellung menschlicher Leistung. Hier soll deshalb eine Lanze für den intelligenten Umgang mit Reports gebrochen werden. Im Folgenden werden messbare (Teil-)Prozessschritte in der Vermietung, deren Erhebung im Berichtswesen und die Aussagekraft von ermittelten Kennzahlen dargestellt.

---

178 Vgl. zum Controlling von Vertriebskennzahlen Buhr, S. 157 ff.

5.2.3.1 Phase der initialen Objektaufnahme

Der Vermietungsprozess beginnt mit der initialen Objektaufnahme. Dies bedeutet, dass der Vermietungsvertrieb ein umfassendes Bild von dem anzubietenden Produkt erhält. Auf dieser Basis können Überlegungen und Entscheidungen zu der Frage getroffen werden, was an einer Wohnung zur Wiederherstellung der Vermietbarkeit technisch gemacht werden muss, welcher Mietpreis kalkuliert wird und mit welcher Vermarktungsstrategie die passende Zielgruppe angesprochen wird. Dies ist erst möglich, wenn vor Ort eine detaillierte Aufnahme des tatsächlichen Ist-Zustands der Wohnung stattgefunden hat.

Nachstehend werden die in der Phase der initialen Objektaufnahme zu erhebenden Datumsangaben eines vermietungsrelevanten Ereignisses dargestellt.

- **Eingang Kündigungsschreiben im Unternehmen:** Der Zeitpunkt des Eingangs des Kündigungsschreibens eines Mieters stellt den offiziellen Beginn des neuen Vermietungsprozesses dar. In diesem Moment manifestiert sich der Wille des Mieters, in Zukunft nicht mehr in der Wohnung leben zu wollen. Der offizielle Beginn des Vermietungsprozesses wird genutzt, um mehr über den Kündigungsgrund des Mieters und seine wahren Beweggründe zu erfahren. Die Kenntnis hilft möglicherweise bei der Bewältigung des anstehenden Prozesses. Kündigt ein Mieter beispielsweise aufgrund von anhaltenden Streitigkeiten mit den direkten Nachbarn aus dem Gebäude, wird der Sache auf den Grund gegangen. Sind die Nachbarn z. B. verantwortlich für Lärmbelästigungen, so ist davon auszugehen, dass auch ein neuer Mieter damit Probleme haben wird.

- **Eingang Kündigungsschreiben beim Vermietungsvertrieb:** Im digitalen Zeitalter sind die Prozesse derart abgestimmt, dass bei Eingang eines Kündigungsschreibens alle erforderlichen Ebenen des Unternehmens (Bestandskunden, Neuvermietung, Technik etc.) gleichzeitig die Information erhalten. In traditionellen Strukturen kann es vorkommen, dass noch langwierige Postläufe innerhalb des Unternehmens zu bewältigen sind, die dazu führen, dass der Vermietungsvertrieb teilweise erst ein paar Tage, ggf. auch Wochen später von einer Kündigung erfährt. Die Behebung dieses strukturellen Organisationsdefizits führt zu einem erheblichen Zeitgewinn und damit letztendlich zur Ergebnisverbesserung.

- **Erstbesichtigung/Vorabnahme:** Für die Performancemessung bei der initialen Objektaufnahme ist es weiterhin erforderlich, das Datum der Erstbesichtigung des Vermietungsvertriebs als Zwischenschritt zu erfassen. Die Erstbesichtigung findet häufig in Form einer Vorabnahme im noch bewohnten Zustand statt. Ziel dieses Termins ist es, ein erstes, grobes Bild der Wohnung zu erhalten, um möglicherweise erforderliche Instandsetzungs- und/oder Modernisierungsarbeiten in die Wege leiten zu können. Dieser Termin ist mit allen erforderlichen Fachkompetenzen von der kaufmännischen und technischen Seite vorzunehmen. Im Rahmen der renditeorientierten

Leerwohnungssanierung arbeiten dann beide Fachebenen verzahnt und wählen die optimale Lösung für das Produkt aus (siehe Kapitel 3.2.1.2.2).

- **Übergang Schlüsselgewalt:** Auf den ersten Blick erscheint das Datum der Erlangung der Schlüsselgewalt über die neu zu vermietende Wohnung wenig spektakulär oder erkenntnisfördernd. In der Praxis stellt sich jedoch heraus, dass dieser Zeitpunkt für die Dauer des Gesamtprozesses durchaus von entscheidender Bedeutung sein kann. Dies liegt daran, dass im Laufe der Abwicklung des Alt-Mietverhältnisses verschiedene Störungen vonseiten des Alt-Mieters zu einer extern beeinflussten Verlangsamung führen können.
  Leider ist es gerade bei einfachen Wohnungen und schwacher Sozialstruktur oft zu erleben, dass der Alt-Mieter die Schlüssel nicht oder erst mit großer Verspätung an das Unternehmen zurückgibt. Weiterhin sind Verzögerungen an der Tagesordnung, wenn der Alt-Mieter die Wohnung bei der Abnahme nicht im vertragsgemäßen Zustand hinterlassen hat. Ihm wird in diesem Fall mit einer Nachfrist die Gelegenheit gegeben, die bestehenden Mängel, z. B. das Streichen der Wohnung, ordnungsgemäß nachzuholen. Verzögerungen von ein, zwei oder mehr Wochen sind vor diesem Hintergrund keine Seltenheit.
  Es würde insofern zu verfälschten Performance-Ergebnissen führen, wenn man beispielsweise die Leistungsfähigkeit des Vertriebs allein anhand des Zeitraums vom Kündigungseingang bis zur Neuvermietung messen würde. Hier gibt es Prozessabschnitte, die viel Zeit absorbieren können, ohne dass der Vertrieb dies selbst beeinflussen könnte. Vielmehr wird an dieser Stelle wiederum das Erfordernis einer stark vernetzten Unternehmensstruktur deutlich. Die mit der Abwicklung des Alt-Mietvertrags betrauten Abteilungen und Mitarbeiter benötigen eine ebenso starke Sensibilisierung in puncto Prozessgeschwindigkeit wie der originäre Vermietungsvertrieb.

- **Baufertigstellung:** Ähnlich zeitkritisch wie das Datum der Erlangung der »Schlüsselgewalt« zur Wohnung ist der Zeitpunkt der Baufertigstellung. Selbstverständlich kann die Vermietung bereits gestartet werden, bevor überhaupt Bautätigkeiten in der Wohnung stattgefunden haben. Auch sind durchaus Besichtigungen in einer im Bau befindlichen Wohnung möglich. Würde man die Baufertigstellung nicht in die Betrachtung einbeziehen, würde dies wiederum zu verzerrten Performanceergebnissen mit Blick auf den Vertrieb führen.
  Fakt ist, dass Besichtigungen in einer vollständig fertiggestellten Wohnung um ein Vielfaches erfolgversprechender sind als im unrenovierten oder im Bau befindlichen Zustand. Viele Interessenten besitzen wenig bildliche Vorstellungskraft. Sehen sie die Wohnung im Zustand einer Baustelle, können sie sich oft nicht vorstellen, in welchem Glanz diese bei Abschluss der Arbeiten erstrahlen wird. Hinzu kommen negative Vorerfahrungen oder Berichte aus dem Freundes- und Bekanntenkreis, wonach Vermieter die kühnsten Renovierungsarbeiten in Aussicht gestellt, sich aber nach Abschluss des Mietvertrages nicht an ihre Versprechungen gehalten haben. Das alles erschwert den Vermietungsprozess in un- oder halbfertigen Wohnungen erheblich. Der professionelle Vermietungsvertrieb kennt diesen Umstand und wird erfahrungsgemäß erst

zur absoluten Spitzenleistung in der Lage sein, wenn sich das Produkt konform präsentieren lässt.

- **Vermietungsstart:** Der wesentliche Milestone im Vermietungsprozess ist der offizielle Vermietungsstart. Darunter ist das Datum zu verstehen, zu dem der Vermietungsvertrieb die Wohnung dem Markt bekannt macht und einen mehr oder weniger großen Interessentenkreis anspricht. In der Regel wird dies der Zeitpunkt der Veröffentlichung des Wohnungsangebots auf den Online-Plattformen sein. Ab diesem Zeitpunkt können potenzielle Kunden auf das Angebot aufmerksam werden und den Vertrieb kontaktieren.

Aus der zuvor gesammelten Datenbasis sind entsprechende Key-Performance-Indikatoren (KPIs) zu bilden:
- Dauer von Kündigungseingang bis zur internen Kenntnis des Vertriebs
- Dauer von Kündigungseingang bis Erstbesichtigung
- Dauer von Erstbesichtigung bis Schlüsselgewalt
- Dauer von Erstbesichtigung/Schlüsselgewalt bis Baufertigstellung
- Dauer von Erstbesichtigung/Schlüsselgewalt bis Vermietungsstart

Die Dauer ist jeweils in Tagen anzugeben. Anhand der ermittelten Werte lassen sich sehr anschaulich Unterschiede zwischen verschiedenen Vermietern oder Teams herausarbeiten. Die KPIs eignen sich, um gemeinsam neue, konkrete Ziele zu formulieren. Richtig eingesetzt, sind sie ein mächtiges Führungstool zur Motivation.

5.2.3.2 Vermarktungsphase

Ein weiterer wichtiger Performance-Indikator ist die benötigte Zeitdauer für einzelne Prozessschritte während der Vermarktungsphase. Diese Phase beginnt mit der Veröffentlichung des konkreten Wohnungsangebots. Sobald das Produkt dem Wohnungsmarkt zugänglich gemacht wurde, kann der Vermietungsvertrieb sich auf das Handling der Nachfrage konzentrieren. Für ein aussagekräftiges Reporting und Benchmarking sind verschiedene Daten während des Prozesses zu erheben.

Die in der Vermarktungsphase zu erhebenden Datumsangaben vermietungsrelevanter Ereignisse sind:

- **Anfrageeingang Mietinteressent:** Der Eingang der Anfrage eines Interessenten ist der Startschuss für die Interaktion zwischen Vermietungsvertrieb und Endkunde. Dieses Datum lässt sich bei Online-Anfragen über Portale oder bei E-Mail-Anfragen leicht automatisiert erheben. Bei telefonischen Anfragen hat ebenfalls eine korrekte Erfassung zu erfolgen.

- **Besichtigungstermin:** Im weiteren Verlauf ist das Datum des Besichtigungstermins ein weiterer wichtiger Zwischenschritt. Die Besichtigung stellt in der Regel das erste persönliche Aufeinandertreffen von Vermieter und Mietinteressent dar. Der Mietinteressent kann die Wohnung zum ersten Mal vor Ort hautnah erleben. Im Konsumgüterhandel wäre an dieser Stelle von der »Shopping-Experience« oder »Customer Journey« die Rede. Das Anmieten einer Wohnung ist zwar nicht mit einem Einkaufsbummel vergleichbar, dennoch gilt es auch hier, dem Kunden das Besichtigungserlebnis so eindrucksvoll und positiv wie möglich zu gestalten.

- **Datum vollständiger Erhalt Mieterunterlagen:** Nach erfolgreicher Besichtigung kristallisiert sich schnell heraus, ob der Kunde ein konkretes Anmietungsinteresse hat und der Vermietungsvertrieb den Matching-Prozess zugunsten des Interessenten entscheidet. Sind beide Ampeln auf Grün geschaltet, hat der Mietinteressent – sofern nicht bereits im Vorfeld geschehen – verschiedene Dokumente beizubringen, damit ein vollständiger Background-Check durchgeführt werden kann. Dazu zählen beispielsweise Bonitätsunterlagen oder behördliche Bescheinigungen bei Transferleistungsempfängern. Die endgültige Entscheidung des Vermietungsvertriebs, ob ein Mietvertrag abgeschlossen werden soll, kann erst erfolgen, wenn sämtliche Unterlagen vorliegen. Aus diesem Grund ist zur differenzierten Performancemessung das Datum des vollständigen Erhalts der Mieterunterlagen zu erfassen.

- **(optional) Mietervorstellung und Eigentümerfreigabe:** In Vermietungsstrukturen mit übergeordneten Entscheidungsgremien, etwa bei reinen Vermietungsvertrieben, die für Asset-Manager oder Eigentümergesellschaften tätig werden, sind oftmals weitere Prozessschritte erforderlich. Der Asset-Manager oder Eigentümer behält sich in diesen Fällen die finale Entscheidung über einen Mietvertragsabschluss vor. Der Vermietungsvertrieb stellt nach vorher definierten Kriterien einen Zielkunden vor, der dann nach positiver Entscheidung der Eigentümervertretung einen Mietvertrag erhält.
In der Praxis kann der Vorstellungsprozess unterschiedlich lange Zeiträume einnehmen und damit den Gesamtprozess im schlechtesten Fall erheblich verzögern. Hier ist es sowohl für den Vermietungsvertrieb als auch für die Eigentümerseite wichtig, für eine optimale Geschwindigkeit optimale Entscheidungsstrukturen zu etablieren. Aus diesem Grund sind sowohl das Datum der Mietervorstellung als auch das Datum der Eigentümerfreigabe zur Performancemessung zu erheben.

- **Mietvertragsabschluss:** Last, but not least wird das Datum des letztendlichen, wirksamen Mietvertragsabschlusses festgehalten. Dies ist das Finale, das Ziel, auf das alle Beteiligten hingearbeitet haben. Die Arbeit hört an dieser Stelle nicht auf, aber der gewünschte Erfolg ist damit messbar realisiert.

Aus den zuvor gesammelten Daten sind sodann KPIs zu generieren, die eine übersichtliche und aussagekräftige Performancemessung erlauben. Folgende Zeitspannen sind wesentlich:

- **Dauer Eingang Interessentenanfrage bis Bearbeitung:** Die Zeitdauer zwischen Eingang einer Interessentenanfrage via Online-Portal, E-Mail, Telefon oder sonstigen Kommunikationsmitteln bis zur Bearbeitung durch den Vermietungsvertrieb ist in der Praxis eine aussagkräftige Kennzahl. Häufig sind bereits in diesem frühen Stadium Performanceschwächen zu erkennen. Gerade bei eher assetorientierten Unternehmen mit eigenen Wohnungsbeständen können hier unverhältnismäßig lange Zeiträume verstreichen. Verzögerungen ergeben sich häufig aus internen Organisationsdefiziten bei der Zuordnung der Personalressourcen (Krankheit, Urlaub etc.). Zur Verbesserung der Situation werden wie bereits an anderer Stelle ausführlich dargestellt, eindeutige Vertretungsregelungen und Abläufe sowie Teamlösungen etabliert (siehe Kapitel 3.3.2.1.2.3).

> **Tipp: Möglichkeiten der Digitalisierung nutzen**
>
> Die Digitalisierung der Branche und der Einsatz intelligenter IT-Systeme tragen dazu bei, diesen Prozessschritt optimal zu straffen. Eine zu Beginn automatisierte Kommunikation mit dem Interessenten über Chat- und Mailbots kann dazu genutzt werden, um erste Informationen vom Kunden zu erheben. Automatische Mailresponder sind ebenfalls ein geeignetes Mittel zur schnellen Reaktion auf eine Interessentenanfrage.
> Der Erwartungshorizont des Kunden wird durch seine sonstigen Konsumerfahrungen geprägt. Gerade bei der Bestellung im Online-Handel oder bei der Buchung von Dienstleistungen, Reisen oder Aufenthalten hat der Kunde sich an Echtzeitkommunikation gewöhnt. Die Digitalisierung und das Internet der Dinge ermöglichen es, auf Kundenwünsche sofort und unmittelbar einzugehen. Diese Erwartungshaltung überträgt sich nach und nach auch auf die Immobilienwirtschaft. Insofern ist die Wohnungsvermietung folgerichtig ein Wirtschaftsprozess mit erheblichem Digitalisierungspotenzial.

- **Dauer Eingang Interessentenanfrage bis Besichtigungstermin:** Eine andere zu beachtende Zeitspanne besteht zwischen dem Eingang der Interessentenanfrage und dem tatsächlichen Besichtigungstermin. Auch hier liegen in der Praxis erhebliche Potenziale, die zu heben sind. Je kürzer der Zeitraum zwischen Interessentenanfrage und Besichtigungstermin, desto besser (siehe Kapitel 3.3.2.1.2). Die Wahrscheinlichkeit, dass der Kunde sich anders entscheidet oder Alternativangebote wahrnimmt, steigt, wenn zu viel Zeit verstreicht.

> **Tipp: Feste »Sprechstunden« bei weit entfernten Objekten**
>
> Ein Grund für Verzögerungen kann gerade bei räumlich weit auseinanderliegenden Vermietungsbeständen an der aufwendigen bzw. langen Anfahrt liegen. Das mehrmalige Anfahren ist in solchen Fällen betriebswirtschaftlich nicht sinnvoll, weil zu viel Fahrtkosten und Arbeitszeit für zu wenig Ergebnis geopfert wird. Hier können wöchentlich fest vereinbarte »Sprechstunden«

5 Controlling und Reporting

> vor Ort für Abhilfe sorgen. Ein fixer Termin kann bereits in den Inseraten kommuniziert werden. Die potenziellen Interessenten können sich also bereits vorab den Termin vorsorglich freihalten. Ferner sorgt ein verbindlicher wöchentlicher Termin dafür, dass der Standort auch tatsächlich einmal in der Woche durch den Vermietungsvertrieb besucht und betreut wird.

- **Dauer Besichtigung bis zum vollständigen Erhalt der Mieterunterlagen:** Für den Fall, dass sich ein Interessent dazu entschlossen hat, die Wohnung anzumieten, und der Vermietungsvertrieb grundsätzlich eine positive Vorauswahl getroffen hat, gilt es, einen weiteren Zeitstrahl zu messen: von einer erfolgten Besichtigung bis zum Erhalt der vollständigen Mieterunterlagen. Erfahrungsgemäß hat bei diesem Prozessabschnitt der Mietinteressent das Heft des Handelns in der Hand. Überlastung durch den Alltag, Trägheit und andere persönliche Faktoren können dazu beitragen, dass selbst verhältnismäßig einfache administrative Aufgaben vom Mietinteressenten nur sehr schleppend ausgeführt werden. Hinzu kommt, dass der Interessent in der Regel nicht direkt über sämtliche Dokumente verfügt. Er ist auf die Hilfe Dritter, z. B. Behörden, Banken und Versicherungen, angewiesen. An dieser Stelle können auch durch die verzögerte Bearbeitung bei Dritten Zeitverluste entstehen. Dies bedeutet umgekehrt, dass der Vermietungsvertrieb nur beschränkten Einfluss auf die Beschleunigung hat.

> **Tipp: Alle Optionen und (digitalen) Hilfestellungen ausschöpfen**
>
> Die Dauer kann erfahrungsgemäß durch zwei wichtige Faktoren verkürzt werden. Wesentlicher Punkt ist zunächst die professionelle Ausbildung der Mitarbeiter im Vermietungsvertrieb. Diese haben, wie bereits an anderer Stelle dargestellt, auf eine verbindliche Terminabsprache mit dem Mietinteressenten hinzuwirken (siehe Kapitel 3.3.2.1.2).
> Auf der Basis einer derartigen Absprache zwischen Vertrieb und Interessent werden auch IT-Lösungen zur Beschleunigung eingesetzt. Zunächst kommen automatisierte E-Mail- oder SMS-Reminder in Betracht, die den Interessenten freundlich auf die ausstehenden Dokumente hinweisen. Ebenfalls hilfreich ist die Einrichtung eines eigenen, webbasierten Dokumentenportals. Der Interessent kann sich auf diesem Portal anmelden und einloggen. Er erhält dann die Möglichkeit, die erforderlichen Dokumente hochzuladen. Die Upload-Möglichkeit kann im besten Fall durch eine Mobile-App ergänzt werden. Hierzu macht der Interessent nur noch ein Foto von dem Dokument und sendet es dann über seine App an den Vermietungsvertrieb. Ein Portal oder eine App kann darüber hinaus dazu genutzt werden, dem Interessenten eine digitale Checkliste an die Hand zu geben mit Hinweisen, vom wem er auf welche Art und Weise die benötigten Dokumente erhält. Gerade bei Interessenten mit begrenzten Sprachkenntnissen sind Übersetzungen in die Muttersprache sinnvoll, um Missverständnisse zu vermeiden. Auch Vordrucke für Mailtexte sind für den Interessenten hilfreich, damit er schnellstmöglich alle erforderlichen Unterlagen beibringen kann.

- **(optional) Dauer Mietervorstellung bis zur Freigabe und bis zum Mietvertragsabschluss:** Die Performancemessung erstreckt sich bei Vermietungsstrukturen mit übergeordneten Entscheidungsgremien, etwa bei reinen Vermietungsvertrieben, die für Asset-Manager oder Eigentümergesellschaften tätig werden, auf weitere Prozessschritte. Interessant ist demnach zunächst die Zeitspanne von der Mietervorstellung bis zur Freigabe. Ähnlich wie bei der Dokumentenbeschaffung durch den Mietinteressenten liegt auch bei diesem Prozessabschnitt die Verantwortlichkeit außerhalb der direkten Einflusssphäre des Vermietungsvertriebs. Hinzu kommt, dass die Entscheidung hier beim Auftraggeber/Eigentümer des Vermietungsvertriebs liegt und demnach auch nur begrenzte Möglichkeiten der Einwirkung gegeben sind.

> **Tipp: Gute Kontakte zahlen sich aus**
>
> Verzögerungen in diesem Prozessabschnitt kommen häufig auf Eigentümer-/Vertreterseite vor. Dies liegt in der überwältigenden Mehrheit der Fälle an operativen Defiziten beim Eigentümer/Vertreter. Gerade bei Asset-Managementgesellschaften führen häufige Personalwechsel oder unplanmäßige Abwesenheiten von Sachbearbeitern zu erheblichen Verzögerungen im Prozessablauf.
>
> In einem derartigen Fall ist es umso wichtiger, dass der Vermietungsvertrieb einen direkten Draht zur Führungsebene des Auftraggebers besitzt. Die dortigen Ansprechpartner haben in der Regel ein ebenso vitales Interesse an zahlreichen Mietvertragsabschlüssen, wie dies beim Vertrieb selbst der Fall ist. Hier ist eine deutliche Kommunikation sowohl mit der operativen als auch der Führungsebene erforderlich. In der Praxis verhalten sich die Vermietungsmitarbeiter an dieser Stelle häufig zu defensiv. Die klassische Rollenverteilung zwischen Eigentümer als »Auftraggeber« auf der einen Seite und Vermietungsvertrieb als »Dienstleister« auf der anderen Seite findet sich auch oft in den persönlichen Beziehungen auf operativer Ebene wieder. Das aktive Ansprechen von Defiziten auf Auftraggeberseite wird oftmals vermieden – aus Furcht vor einer Belastung der persönlichen Beziehungen.
>
> Diese Vorgehensweise ist aus unternehmerischer Sicht erfolgshinderlich. Insofern wirkt gute Führung auf beiden Seiten darauf hin, dass eine offene Diskussions- und Fehlerkultur gepflegt wird. Die nötige Transparenz wird durch ein etabliertes Reporting geschaffen. Wichtig ist dabei wiederum die innere, positive Einstellung zu diesem Werkzeug. Das Reporting wird für beide Seiten als konstruktives Feedback und Optimierungschance genutzt.

- **Dauer Besichtigung bis zum Mietvertragsabschluss:** Einen groben Gesamtüberblick zu den durch die Prozesse absorbierten Zeitperioden bietet die Messung der Dauer zwischen erfolgter Besichtigung mit dem Mietinteressenten und dessen Mietvertragsabschluss. Hier lassen sich im anschließenden Benchmarking zwischen verschiedenen Produkten, Standorten und Mitarbeitern erste wichtige Indikatoren zu möglichen Optimierungschancen identifizieren. Dieser KPI kann beliebig variiert werden, indem zum Beispiel der Zeitraum vom Vermarktungsbeginn bis zum Mietvertragsabschluss erfasst und bewertet wird.

5.2.3.3 Vertriebsbasierte Conversion Rates

Neben der spezifizierten Dauer einzelner Prozessabschnitte spielen auch die jeweiligen Quantitäten eine wesentliche Rolle im Berichtswesen. Aus den Mengen und Fallzahlen lassen sich in der Relation zueinander wertvolle Erkenntnisse für den gesamten Vermietungsprozess ableiten. Hier die wichtigsten Kennzahlen:

- **Lead-Response-Verhältnis:** Die Relation zwischen Anfrageeingang zur Bearbeitung bzw. Beantwortung sollte bei jedem professionell agierenden Vermietungsvertrieb bei 100 Prozent liegen. Mithilfe moderner, digitaler Lösungen kann dieses Ergebnis bereits durch automatisierte Prozessabläufe hergestellt werden.

- **Lead-to-Opportunity-Verhältnis:** Das Verhältnis zwischen Anfrageeingang auf der einen Seite und Besichtigungsterminen auf der anderen ist ein wesentlicher Indikator. Mit dem Lead-to-Opportunity-Verhältnis lässt sich die Vertriebsperformance beim Erstkontakt mit dem Mietinteressenten messen und vergleichen. Die Kennzahl gibt demnach wieder, auf wie viele Kundenanfragen ein Besichtigungstermin kommt.

- **Lead-Conversion-Verhältnis:** Spannend zur Beurteilung der Vertriebsperformance ist auch das Verhältnis von eingehenden Kundenanfragen zu konkreten Mietvertragsabschlüssen. Die Relation zwischen Anfrageeingang und Mietvertragsabschluss macht transparent, auf wie viele Kundenanfragen ein Mietvertragsabschluss kommt. Je kleiner der Wert, desto stärker ist die Vertriebsleistung einzuschätzen.

- **Showing-Prospect-Verhältnis:** Das Verhältnis der Anzahl der Besichtigungen zur konkreten Mietervorstellung hat Aussagekraft bezüglich der Qualität der Vorqualifizierung im Rahmen des vermieterseitigen Erstkontakts zu einem anfragenden Interessenten.

- **Showing-Conversion-Verhältnis:** Die Relation von erfolgten Besichtigungen zu wirksamen Mietvertragsabschlüssen ist ein wesentlicher Performance-Indikator zur Leistungsmessung des Vermietungsvertriebs.

Die zuvor geschilderten KPIs genießen für den Vermietungsprozess die höchste Praxisrelevanz. Ergänzend oder vertiefend können die folgenden KPIs zurate gezogen werden:

- **Average Rent Value:** Die durchschnittliche Miethöhe gibt an, welche Nettokaltmiete je Mietvertragsabschluss absolut erzielt werden konnte. Hier empfiehlt sich als Erhebungszeitraum eine längere Zeitperiode von mindestens drei Monaten Diese Zahl kann optimal für Vertriebsforecasts genutzt werden. Sowohl im Hinblick auf ein entsprechendes Produkt als auch im Hinblick auf jeden einzelnen Lead lässt sich damit dessen monetärer Wert quantifizieren.

- **Monatliche Anrufe (oder E-Mails) per Vermietungsmitarbeiter:** Gerade für Vertriebsstrukturen, die auf große Wohnungsvolumina ausgelegt sind, kann die Kennzahl einen ersten Eindruck zur Aktivität einzelner Vermietungsmitarbeiter liefern. Die Zahl muss aber im Verhältnis zu anderen Kennzahlen gesehen werden, damit es nicht zu fehlerhaften Schlussfolgerungen kommt. Insbesondere sagt erhöhte Aktivität im Vertrieb wenig über die tatsächlichen Ergebnisse aus. Andererseits resultiert unterdurchschnittliche Aktivität selten in Erfolgen. Insofern sollte man sich bei der Analyse insbesondere auf die positiven und negativen Ausreißer konzentrieren.

- **Vermietungen per Mitarbeiter:** Die Kennzahl gibt profund wieder, wie viele Mietvertragsabschlüsse ein Mitarbeiter im Vermietungsvertrieb über einen bestimmten Zeitraum erzielen konnte. Gerade für Führungskräfte kann diese Kennzahl wichtig sein, um einen schnellen Überblick zu Leistungslevels der Mitarbeiter zu erhalten. Ferner sorgt die Evidenz der Kennziffer dafür, dass sie als Basispunkt für individuelle Gespräche mit dem betreffenden Mitarbeiter dienen kann. Der Wert eignet sich insofern zur gegenseitigen Vereinbarung von Unternehmenszielen oder aber auch persönlichen Zielen im Rahmen einer Incentivierung. Allerdings kann nur davor gewarnt werden, diese Kennzahl ohne entsprechenden analytischen Kontext anderer Messwerte (Produktqualität, Marktsituation etc.) einzusetzen.

- **Product Performance:** Die Performance von bestimmten Wohnungstypen kann auf Stadt-, Stadtteil- und Quartiersebene wertvolle Erkenntnisse liefern. Insbesondere können sich bei der Auswertung neue Trends und Kundenvorlieben besser herauskristallisieren. Auch hier wird es für eine belastbare Aussagekraft erforderlich sein, andere Kennzahlen in die Gesamtbetrachtung einzubeziehen.

- **Anzahl der Besichtigungen:** Auf monatlicher Basis kann die Gesamtanzahl der erfolgten Besichtigungen des Vermietungsvertriebs eine erste Einschätzung der monatlichen Performance liefern. Im Zwölf-Monate-Vergleich lassen sich darüber hinaus saisonale oder jahreszeitbedingte Trends ablesen, die für die weitere, zukünftige Planung hilfreich sind.

5.2.4 Führen mit Benchmarks

Die zuvor vorgestellten analytischen Erhebungen und Darstellungen erlauben eine valide, messbare Performancebewertung des Vermietungsvertriebs. Die ermittelten Werte dienen gleichermaßen der unternehmerischen und individuellen Zielsetzung. Claudia Hoyer, Vorstand der TAG Immobilien AG, weist in diesem Zusammenhang zu Recht darauf hin, dass Zielkennzahlen sorgfältig ausgewählt werden sollten. Beispielsweise reiche nach ihrer Erfahrung die alleinige Fokussierung auf reine Leerstandszahlen zu einem fixen Zeitpunkt im Jahr nicht aus. Dies könne in der Konsequenz dazu führen, dass zwar in einem regelrechten Endspurt fristgerecht ausreichend Wohnungen vermietet werden, die unterjährige Vermietungsleistung aber unter dem Strich mangelhaft bleibt. Im Zeitraum vorher können sich auf diese Weise Diskrepanzen bei der Mietentwicklung ergeben, weil nicht über das gesamte Jahr kontinuierlich gut vermietet wurde. Insofern sind sinnvoll ausgewählte Ziele eine unternehmerische Bereicherung und damit zugleich Beurteilungskriterium für und von Führungskräften im Vermietungsvertrieb.

Aus zahlreichen Interviews mit Unternehmensvorständen und Top-Vermietungsmanagern konnte der Schluss gezogen werden, dass sich eine allgemeingültige Aufstellung möglicher KPI-Richtwerte für die Performancemessung nicht anbietet. Zu unterschiedlich sind Produkte und Marktsituationen, als dass verallgemeinernde Angaben dazu verlässlich getroffen werden könnten. Zu empfehlen sind demgegenüber spezifische, unternehmensbasierte Auswertungen, die eine individuelle Beurteilung zulassen. Sie entscheiden über persönlichen Erfolg oder Misserfolg und können Karrieren maßgeblich prägen. Aus diesem Grund sollte jeder, der sich mit dem Zahlenwerk und seiner Interpretation personalverantwortlich beschäftigt, verschiedene Grundregeln beachten.

Ein umfassendes Beurteilungs- und Interpretationsvermögen haben grundsätzlich nur Personen, die bereits über nachgewiesene Vermietungsvertriebserfahrung verfügen. Dabei ist es geradezu notwendig, dass die jeweilige Führungskraft in ihrem Berufsleben bereits selbst die einzelnen operativen Tätigkeiten ausgeführt hat und somit über Praxiserfahrung verfügt. Die Daten und ermittelten Werte fungieren als Stichwortgeber für einen entsprechenden Dialog mit den jeweiligen Vermietern. Allein vom Schreibtisch aus lassen sich daraus lediglich erste Urteile bilden. Diese theoretischen, vorläufigen Urteile sind dann im fachlichen Dialog mit den handelnden Personen zu diskutieren.

Einzelne Zahlen werden bei dieser Vorgehensweise mit den entsprechenden Hintergrundinformationen zu gänzlich anderen Schlüssen führen, als dies der erste Anschein vermittelt. Im Prinzip kann anhand des zahlengetriebenen Gesprächsleitfadens nur in der gemeinsamen Erörterung ein objektiv richtiges und konstruktives Ergebnis gefunden werden. Häufig verleitet die Vielzahl der Daten, Werte und Messpunkte dazu, den sprichwörtlichen Wald vor lauter Bäumen nicht mehr zu sehen. Daher sollte die Führungskraft (auch für Mitarbeiter empfehlenswert) immer die Vogelperspektive wählen. In Bezug auf den erfolgreichen Vermietungsvertrieb ist jede Kennzahl unter den vier Gesichtspunkten Wohnungsmarkt, Mietwohnungsprodukt, (Ziel-)Kunde sowie Vermieterleistung zu werten.

> **Tipp: Enge Verzahnung von Theorie und Praxis**
> Die besten und nachhaltigsten Ergebnisse bei der Analyse und Bewertung der zuvor besprochenen Benchmarks erzielt man durch die enge Verzahnung von Theorie und Praxis. Die gemeinsame Erörterung mit den Vermietungsmitarbeitern sollte dabei als »Coaching on the job« verstanden werden. Es geht nicht darum, anhand von Fakten einzelne oder mehrere Mitarbeiter und Mitarbeiterinnen zu kritisieren. Vielmehr verfolgen die Gespräche – vergleichbar mit einem Mannschaftscoaching – das Ziel, den einzelnen Mitarbeiter oder die Gruppe in verschiedenen Bereichen weiterzuentwickeln:
> - Motivation
> - Leistungsfähigkeit
> - Wissen

- Strategien
- Methoden
- Ausdauer

In der Praxis kann dies am besten gelingen, wenn die jeweiligen Leistungsträger aus der Mitarbeiterschaft einbezogen werden. In den gemeinsamen Gesprächen ist der Fokus darauf zu richten, aus welchen Gründen diese exponierten Mitarbeiterinnen und Mitarbeiter so erfolgreich sind. Wenn es dabei gelingt, die Strategien, Methoden und Werkzeuge der Besten herauszuarbeiten und für alle sichtbar zu machen, kann jeder Einzelne daraus einen Nutzen für die eigene Arbeit ziehen und sich persönlich weiterentwickeln. Die Konzentration auf nahbare, weil im Kollegenkreis entwickelte Best-Practice-Modelle in der Vermietung stellt einen entscheidenden Erfolgsfaktor für die gesamte Teamleistung dar. Wer den Mindset der Erfolgreichen in puncto Motivation, Haltung zur Arbeit und Kundenorientierung übernimmt, für den stellen sich automatisch Verbesserungen bei den täglichen Vermietungsergebnissen ein.

Im Einzelfall sollten zu jedem Vermietungsmitarbeiter umfassende Analysen und Ansatzpunkte herausgearbeitet werden. Im zweiten Schritt konzentrieren sich Führungskraft und Mitarbeiter auf einen oder zwei wesentliche »Erfolgstreiber«, an denen für einen bestimmten Zeitraum, beispielsweise im folgenden Monat gearbeitet werden soll. Die Fokussierung auf einen oder zwei wesentliche Bereiche führt dazu, dass der Mitarbeiter eine überschaubare Aufgabe erhält, die er sich tatsächlich in seiner täglichen Arbeit immer wieder vor Augen führen kann.

Die kontinuierliche Nachverfolgung der Ergebnisse von Monat zu Monat ist dabei essenziell. Nur auf diese Art und Weise kann ermittelt werden, welche Zahnräder tatsächlich zum individuellen Erfolg führen. Dies können punktuelle Verbesserungen in den einzelnen Prozessabschnitten der Vermietung sein oder aber höchstpersönliche Mitarbeitermerkmale (Motivation, Leistungsbereitschaft etc.). Die Führungskraft fungiert vor diesem Hintergrund als Coach, der den Mitarbeitenden mit Rat und Tat sowie wichtigen Hinweisen zur Seite steht.

Ehrlicherweise gehört es auch zu diesem Prozess, dass für den Vermietungsvertrieb erwiesenermaßen ungeeignete Mitarbeiterinnen und Mitarbeiter identifiziert werden. Für diese sind in der Regel sehr leicht andere Aufgaben im immobilienwirtschaftlichen Kontext zu finden – meistens sogar im eigenen Unternehmen. Diese Mitarbeiter sind vielfach – mit etwas Abstand – dankbar, wenn sie von einer Last befreit werden, derer sie sich selbst nicht bewusst waren. Vertrieb und auch der Vermietungsvertrieb ist und bleibt ein Wettlauf. Wer dabei aus individuellen Gründen einen schweren Rucksack zu tragen hat, der kann nicht die gewünschte Leichtigkeit an den Tag legen, um mit dem Wettbewerb Schritt zu halten.

6 Die zehn Komponenten des Vermietungserfolgs

Aus dem gesamten Inhalt dieser Publikation kann für den Vermietungsvertrieb eine sinnvolle Essenz hergeleitet werden. Persönlicher Vermietungserfolg basiert auf zehn Komponenten, die in der täglichen Arbeit präsent sein und angewendet werden (müssen), damit sich dauerhaft Erfolge einstellen. Dies gilt sowohl für das gesamte Unternehmen als Institution als auch für den einzelnen Vermieter. Die Elemente bauen aufeinander auf und ergänzen einander. Fehlt ein Element im Vermietungsvertrieb, so kann es teilweise nicht oder nur schwer durch andere kompensiert werden. Je weiter oben die fehlenden Komponenten in der nachstehenden Liste angesiedelt sind, desto schwieriger wird es, ihre Abstinenz durch andere Stärken und Vorzüge auszugleichen. Die gegenseitige Abhängigkeit ist vergleichbar mit einem Weinfass: Die Kapazität des Weinfasses ist nur so groß, wie es die kürzeste Daube – das gebogene Seitenbrett des Fasses – erlaubt.

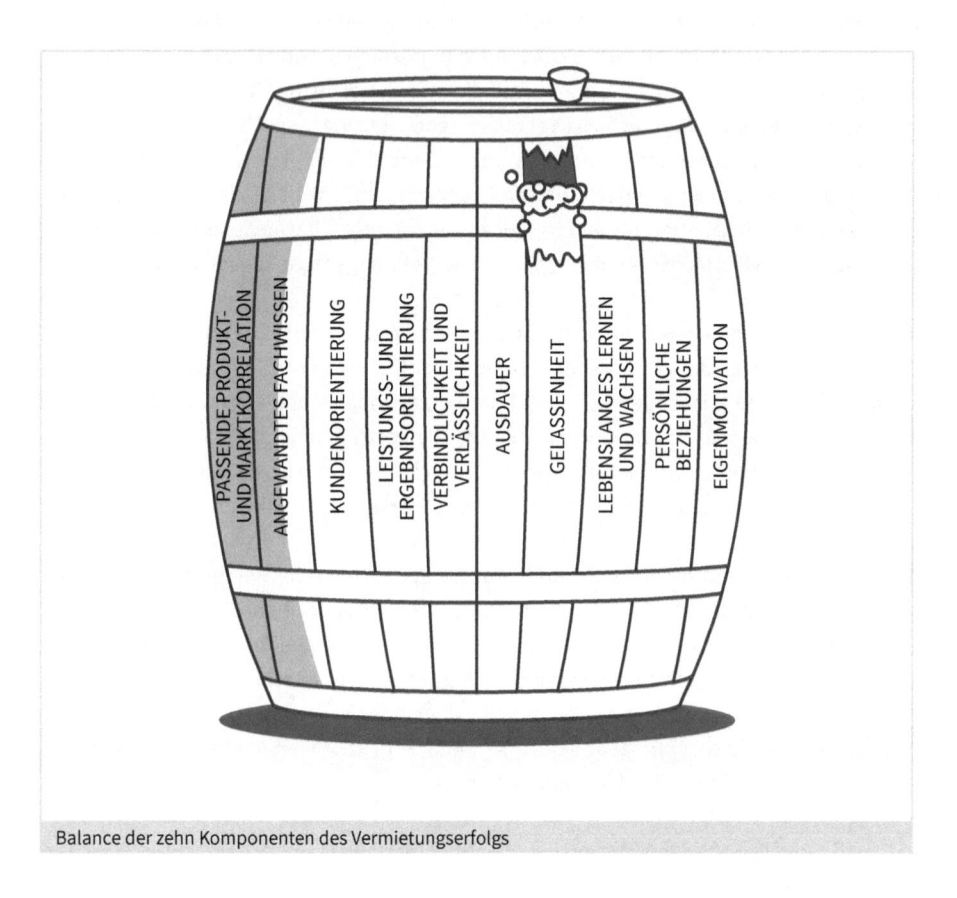

Balance der zehn Komponenten des Vermietungserfolgs

1. **Passende Produkt- und Marktkorrelation:** Die besten Skills in der Wohnraumvermietung helfen wenig, wenn kein adäquates Produkt zu einem passenden Mietpreis für den konkreten Wohnungsmarkt vorhanden ist. Dabei spielt das klassische Angebot- und Nachfrageverhältnis eine wesentliche Rolle. Die Vertriebsorganisation und die anderen wohnungswirtschaftlichen Fachabteilungen müssen dabei Hand in Hand arbeiten, um die optimalen Vermietungsergebnisse zu erzielen.

2. **Angewandtes Fachwissen:** Fachwissen und Know-how ist die erforderliche Wissensbasis, um auf dem Vermietungsmarkt agieren zu können. Das Fachwissen bezieht sich dabei auf die theoretischen kaufmännischen, rechtlichen und technischen Grundlagen genauso wie auf die aktuellen Entwicklungen und Marktgegebenheiten. Theoretisches Fachwissen allein ist wertlos – es muss tagtäglich praktisch umgesetzt und angewandt werden. Zum angewandten Fachwissen zählen außerdem strukturierte Prozessabläufe und Organisationseinheiten.

3. **Kundenorientierung:** Der erfolgreiche Vermietungsvertrieb handelt nach dem Motto: Der Mietinteressent ist König. Dieses Motto füllt jeder einzelne Mitarbeiter mit Leben, indem er es sich zur Aufgabe macht, auf die manchmal auch subtilen Anforderungen, Erwartungen und Wünsche des Mietinteressenten einzugehen. Dazu gehört auch eine systematische Vorbereitung auf den anstehenden Kundenkontakt, sowohl auf der Produkt- als auch auf der persönlichen Ebene. Freundlichkeit ist die Basis im Umgang mit Kunden und Mietinteressenten. Nur wer es versteht, eine angenehme Atmosphäre zu schaffen, wird Menschen für sich und sein Wohnungsprodukt gewinnen können.

4. **Leistungs- und Ergebnisorientierung:** Im Vermietungsvertrieb zählen am Ende des Tages vor allem die tatsächlichen Ergebnisse. Dies sind erfolgreiche Mietvertragsabschlüsse mit passenden Kunden in der kürzestmöglichen Vermarktungszeit. Zwei zufriedene Partner bei der Unterschrift des Mietvertrags sind das übergeordnete Ziel des professionellen Vermietungsvertriebs. Der Weg dorthin ist vielfältig und individuell verschieden. Es gibt viele unterschiedliche Pfade, die zum Ziel führen.

5. **Verbindlichkeit und Verlässlichkeit:** Wer als Institution oder Person Mietverhältnisse in großer Stückzahl und Güte abschließen möchte, der benötigt eine erhebliche Portion Verbindlichkeit und Verlässlichkeit. Dieses Eigenschaftenpaar führt aufseiten des Mietinteressenten zu einer stabilen Vertrauensbasis. Aussagen, egal ob mündlich oder schriftlich, müssen in der Realität zutreffen oder konsequent umgesetzt werden. Nur wer hier hundert Prozent liefert, kann im Gegenzug vom Mietinteressenten Verbindlichkeit und Verlässlichkeit einfordern.

6. **Ausdauer:** Der Vermietungsvertrieb benötigt bei der Bewältigung seiner täglichen Arbeit eine gehörige Portion Beharrlichkeit. Aufgeben ist dabei keine Option. Vielmehr gilt es, die operativen Herausforderungen im Wohnungsbestand beherzt anzu-

gehen. Die Ausdauer ist sowohl bei der Verbesserung und Optimierung des eigenen Produkts erforderlich als auch im Umgang mit dem Mietinteressenten.

7. **Gelassenheit:** Gelassenheit klingt im ersten Schritt wie ein Widerspruch zu den anderen Erfolgsfaktoren. Es ist aber de facto kein Widerspruch, sondern vielmehr ein Korrektiv. Permanenter Leistungsdruck und eine starke Fokussierung auf finale Ergebnisse bringen mitunter Stress und Belastung mit sich. Wer gelassen mit den sich bietenden Chancen und Herausforderungen umgeht, der lässt sich auch von stürmischen Zeiten nicht negativ beeindrucken. Eine gesunde Gelassenheit geht mit einer gehörigen Portion Geduld einher.

8. **Lebenslanges Lernen und Wachsen:** Der Wohnungsmarkt unterliegt einem ständigen Wandel. Nahezu jede gesellschaftliche Entwicklung treibt auch auf dem Wohnungsmarkt Blüten und zeigt dort ihre Auswirkung. Der Vermietungsvertrieb ist auf diese Weise tagtäglich neuen Eindrücken ausgesetzt. Eine erfolgreiche Anpassung an neue Gegebenheiten kann nur durch ein stetiges Verlassen der eigenen Komfortzone gelingen. Ein offenes Auge und Ohr helfen dabei, neue Trends und Strömungen aufzuspüren. Gleichzeitig trifft der Vermietungsvertrieb immer wieder auf neue Menschen mit unterschiedlichen Hintergründen und Erwartungen. Wer als Unternehmen oder einzelner Vermieter lernt, offen für Neues zu bleiben und dennoch die eigenen Werteprinzipien zu pflegen, wird unweigerlich langfristigen Vermietungserfolg haben.

9. **Persönliche Beziehungen:** Außergewöhnlicher Erfolg ist dauerhaft nur möglich, wenn die berufliche Tätigkeit auch im Gesamtkontext gelebt wird. Dies bedeutet bei einer gesunden Work-Life-Balance die Nutzung von Freiräumen und Freizeit zur Zielerreichung. Dies soll ausdrücklich nicht dazu führen, 24/7 die Mailbox zu bearbeiten. Es geht vielmehr darum, bewusst private Überschneidungen zuzulassen und sich mit seinen beruflichen Facetten zu identifizieren. In der Praxis sind Mitarbeiterinnen und Mitarbeiter bekannt, die aus ihrem eigenen Freundes- oder Bekanntenkreis noch nie einen neuen Mieter gewonnen haben. Für jemanden, der am gesellschaftlichen Leben in Vereinen oder Gruppen teilnimmt, ist dies nach Jahren der Geselligkeit im Prinzip eine Unmöglichkeit. Es herrscht im Privatleben keine berufliche Schweigepflicht. Ein Vollblutvermieter sorgt dafür, dass er auch nach den offiziellen Öffnungszeiten von seinem persönlichen Umfeld als solcher wahrgenommen wird.

10. **Eigenmotivation:** Die persönliche Fähigkeit der Eigenmotivation ist die letzte, aber genauso wichtige Komponente für dauerhaften Vermietungserfolg wie alle anderen. Wer es versteht, die eigene Leistungsfähigkeit nicht von den Umständen, Mitarbeitern, Kollegen oder der Laune der Mietinteressenten abhängig zu machen, der wird unweigerlich dazu in der Lage sein, sich selbst zur persönlichen Bestleistung zu motivieren. Dauerhafte intrinsische Motivation lässt einen die erforderlichen Schritte und manchmal auch Extrameilen gehen, um den Markt »auszuperformen«.

7 Ausblick

Die zukünftige Entwicklung des Mietwohnungsmarkts in Deutschland unterliegt vielen Einflüssen. Fraglich ist, wie sich zukünftig das Nachfrageverhalten auf Mieterseite entwickeln wird. Externe Ereignisse wie die Corona-Krise werden ebenfalls Auswirkungen auf den Mietwohnungsmarkt haben.

VIVAWEST-Geschäftsführer Haluk Serhat[179] sieht in diesem Zusammenhang beispielsweise eine wachsende Bedeutung des Wohnumfelds und der Außenanlagen. Die Menschen blieben länger und häufiger zu Hause und würden daher auch in urbanen Lagen eine hohe Aufenthaltsqualität außerhalb der eigenen vier Wände zu schätzen wissen. Das bereits heute vielerorts praktizierte Urban Gardening sei ein Beispiel für diese Entwicklung.

Die Corona-Pandemie hat zudem die Akzeptanz für das Homeoffice in Deutschland erhöht. Viele Arbeitnehmerinnen und Arbeitnehmer arbeiten mittlerweile dauerhaft aus dem Homeoffice heraus. Die Arbeitgeber werden auch nach Überwindung der Pandemie diese flexiblen Modelle weiter fortführen, da die Verringerung von Büroflächen erhebliche Kosteneinsparungen ermöglicht. Je mehr Menschen im Homeoffice tätig sind, desto stärker werden sich ihre Anforderungen am Mietwohnungsmarkt manifestieren. In diesem Zuge werden Wohnungen mit einem zusätzlichen Arbeitsraum für viele Bewohnergruppen attraktiv. Ein ruhiger, separater Arbeitsraum in der eigenen Wohnung ersetzt damit den Schreibtisch im Unternehmen. Die fortschreitende Digitalisierung wird zu einer immer stärkeren Vernetzung der Büro- und Wohnebene führen.

Allerdings wird die Pandemie rückblickend wohl auch nur ein einzelnes, wenn auch lehrreiches Kapitel der Wohnungswirtschaft bleiben. Der Klimawandel hingegen wird bis Mitte des 21. Jahrhunderts sicherlich viel deutlicher das ökonomische Handeln beeinflussen. Das Ziel, die Netto-Emission von Treibhausgasen in Deutschland und Europa bis 2050 auf null zu reduzieren und damit klimaneutral zu sein, wird auch die heimische Wohnungswirtschaft vor Herausforderungen stellen (European Green Deal). Ökologischer Fortschritt wird nur mit entsprechend sinnvollen Investitionen in den Wohnungsbestand möglich sein.

Der Vermietungsvertrieb wird an dieser Stelle wieder eine vermittelnde Rolle zwischen den am Markt agierenden Mietinteressenten und den Bestandshaltern einnehmen. Die Mietinteressenten werden höhere ökologische Anforderungen stellen und gleichzeitig niedrige Mietzinsen erwarten, damit Wohnraum erschwinglich bleibt. Smart Energy, Ladestationen für Elektrofahrzeuge und viele weitere neue Bausteine werden allmählich

---

[179] Experteninterview mit Haluk Serhat, Geschäftsführer Vivawest vom 05.08.2020.

zum Vermietungsalltag gehören. Die Zukunft bleibt spannend und für den Vermietungserfolg wird mehr denn je zählen, dass nicht der Stärkere den Schwächeren dominiert, sondern vielmehr der Schnelle und Vorausschauende den Langsamen. Insofern sei jedem Akteur Mut zugesprochen, die künftigen Anforderungen mit Selbstbewusstsein und Elan mit hochgekrempelten Ärmeln anzugehen. Packen wir es an!

Literaturverzeichnis

Analyse&Konzepte/InWIS (2008): GdW Wohntrends 2020. Wohnkonzepte, Struktur und Wohnkaufkraft der Haushalte in Deutschland – ein Modell für die Praxis, Berlin: GdW – Branchenbericht 3.

Analyse&Konzepte/InWIS (2013): GdW Wohntrends 2030 – Studie. Berlin: GdW – Branchenbericht 6.

Analyse&Konzepte/InWIS (2018): GdW Wohntrends 2035 – Studie. Berlin: GdW – Branchenbericht 7.

Arnold, Daniel/Rottke, Nico B./Winter, Ralph: Wohnimmobilien. Lebenszyklus, Strategie, Transaktion, Wiesbaden 2017.

Bach, Stefan/Popien, Philip/Thiemann, Andreas: Renditen von Immobilieninvestitionen privater Anleger, DIW Berlin, Politikberatung kompakt 89 (im Auftrag der Wertgrund Immobilien AG) 2014.

Battis, Ulrich/Krautzberger, Michael/Löhr, Rolf-Peter (Hrsg.): Baugesetzbuch – Kommentar, 14. Auflage, München 2019.

BBSR (Bundesinstitut für Bau-, Stadt- und Raumforschung) (Hrsg.): Lokale Bündnisse für bezahlbares Wohnen und Bauen. Erarbeitet von Krings-Heckemeir, Marie-Therese; Heckenroth, Meike; Heyn, Timo (alle Empirica ag). Bonn/Berlin 2016.

BBSR (Bundesinstitut für Bau-, Stadt- und Raumforschung) (Hrsg.): Zwischenevaluierung des Städtebauförderungsprogramms Soziale Stadt, bearbeitet von Altrock, U.; Gerlach, S.; Günther, Ch.; Haller, H.; Pietschmann, R. (alle Plan und Praxis, Berlin); Aehnelt, K.; Schwarze, K. (beide IfS) und Helfen, Th. (Stadtkümmerei Berlin). Berlin 2017.

BBSR (Bundesinstitut für Bau-, Stadt- und Raumforschung) (Hrsg.): Börsennotierte Wohnungsunternehmen als neue Akteure auf dem Wohnungsmarkt – Börsengänge und ihre Auswirkungen. BBSR-Online-Publikation 01/2017, Bonn 2017.

Bielinski, Rainer: Das Magellan-Prinzip – Abenteuer Führung, Offenbach 2009.

Birg, Herwig: Die demographische Zeitenwende. Der Bevölkerungsrückgang in Deutschland und Europa, 4. Auflage, München 2005.

BMBF (Bundesministerium für Bildung und Forschung) (Hrsg.): Die wirtschaftliche und soziale Lage der Studierenden in Deutschland 2016. 21. Sozialerhebung des Deutschen Studentenwerks durchgeführt vom Deutschen Zentrum für Hochschul- und Wissenschaftsforschung, bearbeitet von Middendorff et al., Berlin 2017.

BMUB (Bundesministerium für Umwelt, Naturschutz, Bau und Reaktorsicherheit) und BBSR (Hrsg.): Bündnis für bezahlbares Wohnen und Bauen – Kernempfehlungen und Maßnahmen, 2015. Verfügbar unter: https://www.bmi.bund.de/DE/themen/bauen-wohnen/stadt-wohnen/wohnungswirtschaft/bezahlbares-wohnen/bezahlbares-wohnen-node.html

Bogumil, Jörg/Heinze, Rolf G./Lehner, Franz/Strohmeier, Klaus Peter: Viel erreicht, wenig gewonnen. Ein realistischer Blick auf das Ruhrgebiet, Essen 2012.

Borchard, Sonja: Kommunale Wohnungspolitik als Urban Governance. Der Dortmunder Weg – ein Modell mit Transferpotenzial? Dissertation, Ruhr Universität Bochum, 2011.

Literaturverzeichnis

Bourdieu, Pierre: Die feinen Unterschiede. Kritik der gesellschaftlichen Urteilskraft, Frankfurt a. M. 1982.

Brauer, Kerry: Wohnen, Wohnformen, Wohnbedürfnisse. Soziologische und psychologische Aspekte in der Planung und Vermarktung von Wohnimmobilien, Wiesbaden 2008.

Bucher, Hansjörg/Schlömer, Claus/Lackmann, Gregor: Die Bevölkerungsentwicklung in den Kreisen der Bundesrepublik Deutschland zwischen 1990 und 2020. IfR – Informationen zur Raumentwicklung Nr. 3/4, 2004, S. 107–126, 2004.

Buck, Hansjörg: Mit hohem Anspruch gescheitert – Die Wohnungspolitik der DDR, Münster 2004.

Buhr, Andreas: Führung im Vertrieb, Legden 2014.

Cumley, Eric: The 7 secrets to successful apartment leasing, New York 2006.

Dahrendorf, Ralf: Homo Sociologicus. Ein Versuch zur Geschichte, Bedeutung und Kritik der Kategorie der sozialen Rolle, 16. Auflage, Opladen 2008.

Dietrich, Peter: Führung und Steuerung von Wohnungsunternehmen, 2. Auflage, Hamburg 2009.

Dostal, Werner: Von der Industriegesellschaft zur Informationsgesellschaft. Qualifikationen, Techniken, Märkte. In: Schader-Stiftung (Hrsg.): wohn:wandel. Szenarien, Prognosen, Optionen zur Zukunft des Wohnens, Darmstadt 2001.

Durkheim, Émile: Die Regeln der soziologischen Methode, hrsg. und eingeleitet von René König, Original von 1894, Frankfurt a. M. 1984.

Faller, Bernhard/Wilmsmeier, Nora/Beyer, Colin/Steinbach, Franziska/Ritter, Jennifer: Soziale Wohnungspolitik auf kommunaler Ebene, Entwurf des Endberichts der Quaestio Forschung & Beratung GmbH, Bonn 2020.

Feigl, Patricia: Zielgruppenbestimmung von Mietern. Eine Analyse der Wohnbedürfnisse auf Basis von Nutzenerwartungen, Köln 2008.

Fieseler, Matthias: Vermietung in schwierigen Märkten. Erfolg durch vertriebliche Strukturierung, Köln 2010.

GdW (Bundesverband deutscher Wohnungs- und Immobilienunternehmen e. V.): Kommentar zum Kontenrahmen der Wohnungswirtschaft, 9. Auflage, Freiburg 2016.

Glatzer, Wolfgang: Neue Wohnformen für Junge und Alte. Haushaltstechnisierung in der Generationenperspektive, in: Schader-Stiftung (Hrsg.): wohn:wandel. Szenarien, Prognosen, Optionen zur Zukunft des Wohnens, Darmstadt 2001.

Gleich, Ronald/Hartje, Sabine/Lips, Thorsten/Schulze, Mike: Sales Performance Excellence. Lösungsansätze für eine wirksame Vertriebssteuerung, München 2016.

Gregorius, Anett/Niemeyer, Matthias: Kompendium des temporären Wohnens, Wiesbaden 2017.

Hafner, Thomas: Vom Montagehaus zur Wohnscheibe. Entwicklungslinien im deutschen Wohnungsbau 1945–1970, Basel/Berlin/Boston 1993.

Hain, Mathias: Die Performance von öffentlichen Unternehmen am Beispiel von Wohnungsunternehmen in Deutschland, Wiesbaden 2008.

Häußermann, Hartmut/Siebel, Walter: Stadtsoziologie. Eine Einführung, Frankfurt a. M. 2004.

Heinze, Rolf G.: Gesellschaftsgestaltung durch Neujustierung von Zivilgesellschaft, Staat und Markt. Wiesbaden 2020.

Henger, Ralph/Voigtländer, Michael: Ist der Wohnungsbau auf dem richtigen Weg? Aktuelle Ergebnisse des IW-Wohnungsbedarfsmodells, IW-Report 28/2019, Köln 2019.

Heuer, Jürgen (Hrsg.): Wohnungsmarkt und Wohnungsbedarf, Schriften für Sozialökologie, Bd. 13, Bochum 1975.

Hoppe, Werner/Uechtritz, Michael/Reck, Hans-Joachim: Handbuch Kommunale Unternehmen, 3. Auflage, Köln 2012.

Horváth, Astrid: Das Ziel – mehr vermieten, 2. Auflage, Hamburg 2009.

Jenkis, Helmut Walter: Grundlagen der Wohnungswirtschaftspolitik, München/Berlin 2004.

Kamis, Alcay: Digitalisierung in der Wohnungs- und Immobilienwirtschaft, Freiburg 2019.

Keupp, Heiner: Jeder nach seiner Façon. Lebensformen und Identitäten im Wandel, in: Schader-Stiftung (Hrsg.): wohn:wandel. Szenarien, Prognosen, Optionen zur Zukunft des Wohnens, Darmstadt 2001.

Kippes, Stephan: Professionelles Immobilienmarketing, 2. Auflage, München 2020.

Kleiber, Wolfgang: Verkehrswertermittlung von Grundstücken. Kommentar und Handbuch zur Ermittlung von Marktwerten (Verkehrswerten) und Beleihungswerten sowie zur steuerlichen Bewertung unter Berücksichtigung der ImmoWertV, 9. Auflage, Köln 2020.

Kofner, Stefan/Kook, Heiner/Sydow, Manfred: Die strategische Bedeutung des Portfolios in der Unternehmenspraxis. In: Die Wohnungswirtschaft, 2001, Nr. 10, S. 75 ff.

Kofner, Stefan: Wohnungsmarkt und Wohnungswirtschaft, München 2004.

Kook, Heiner/Sydow, Manfred: Strategisches Portfoliomanagement in der Immobilienwirtschaft, 2. Auflage, Hamburg 2010.

Kramper, Peter: Neue Heimat. Unternehmenspolitik und Unternehmensentwicklung im gewerkschaftlichen Wohnungs- und Städtebau 1950–1982, Vierteljahrschrift für Sozial- und Wirtschaftsgeschichte, Beihefte Bd. 200. Stuttgart 2008.

Kühne-Büning, Lidwina/Nordalm, Volker/Steveling, Lieselotte: Grundlagen der Wohnungs- und Immobilienwirtschaft, 4. Auflage, Frankfurt 2005.

Lohse, Moritz: Kundenorientierte Unternehmensführung von Wohnungsunternehmen. Konzeptualisierung und Umsetzung mithilfe von Customer Relationship Management, Köln 2011.

Lorenz-Hennig, Karin/Held, Tobias: Transaktion großer Wohnungsbestände 2011. Dynamik im Markt für Mietwohnungsportfolios, Hrsg. V. BBSR, Bonn 2011.

Meffert, Heribert/Burmann, Christoph/Kirchgeorg, Manfred: Marketing, Grundlagen marktorientierter Unternehmensführung, Konzepte – Instrumente – Praxisbeispiele, Wiesbaden 1998.

Michelsen, Claus/Mense, Andreas: Evaluierung der Mietpreisbremse. Studie im Auftrag des BMJV am DIW Berlin 2018.

Murfeld, Egon: Spezielle Betriebswirtschaftslehre der Immobilienwirtschaft, 8. Auflage, Freiburg 2018.

Neitzel, Michael/Klöppel, Sebastian/Dylewski, Christoph: Wirkungsanalyse der Mietrechtsänderungen. Teil 1: Mietpreisbremse. In: WIS-Gutachten im Auftrag der BID – Bundesarbeitsgemeinschaft der Immobilienwirtschaft Deutschland 2014.

Parsons, Talcott: Aktor, Situation und normative Muster: ein Essay zur Theorie sozialen Handelns (ursprünglich 1939 erschienen), Frankfurt a. M. 1994.

Patalas, Thomas: Guerilla-Marketing – Ideen schlagen Budget, Berlin 2006.

Pinczolits, Karl: Rosinenpicker, Diven, Regenmacher. Verkäufer klassifizieren und zu optimaler Leistung führen, Frankfurt 2013.

Richter, Peter: Der Plattenbau als Krisengebiet. Die architektonische und politische Transformation industriell errichteter Wohngebäude aus der DDR am Beispiel der Stadt Leinefelde, Dissertation, Universität Hamburg 2006.

Rink, Dieter/Wolff, Manuel: Wohnungsleerstand in Deutschland. Zur Qualifizierung der Leerstandsquote am Beispiel der GWZ 2011, in: BBSR (Hrsg.): Lücken in der Leerstandsforschung. Wie Leerstände besser erhoben werden können, BBSR-Berichte Kompakt 02/2017, Bonn 2017.

Rock, Verena/Schumacher, Christoph/Pfeffer, Tobias/Bäumer, Hubertus: Praxishandbuch Immobilien-Fondsmanagement und -Investment, 2. Auflage, Wiesbaden 2019.

Rottke, Nico (Hrsg.): Immobilienwirtschaftslehre, Bd. 1., Köln 2011.

Schäfer, Jürgen/Conzen, Georg: Praxishandbuch Immobilien-Investitionen, 4. Auflage, München 2020.

Schäfers, Bernhard/Hradil, Stefan: Gesellschaftlicher Wandel in Deutschland. Ein Studienbuch zur Sozialstruktur und Sozialgeschichte, Stuttgart 1995.

Schimank, Uwe: Handeln und Strukturen: Einführung in die akteurtheoretische Soziologie, Weinheim/München 2000.

Schlüter, Thomas/Luserke, Mirjam/Roth, Stefan: Handbuch Wohnungsgenossenschaften, 2. Auflage, Freiburg 2019.

Schneider, Nicole; Spellerberg, Annette: Lebensstile, Wohnbedürfnisse und räumliche Mobilität, Opladen 1999.

Schumann, Jochen/Meyer, Ulrich/Ströbele, Wolfgang: Grundzüge der mikroökonomischen Theorie, Berlin/Heidelberg 2011.

Simmel, Georg: Über soziale Differenzierung. Soziologische und psychologische Untersuchungen, Leipzig 1890.

Sinus-Institut (Hrsg.): Informationen zu den Sinus-Milieus® 2020 unter: https://www.sinus-institut.de/sinus-loesungen/sinus-milieus-deutschland bzw. als Download Stand 09/2018 online verfügbar unter: https://www.sinus-institut.de/veroeffentlichungen/downloads/download/informationen-zu-den-sinus-milieusR/download-file/2875/download-a/download/download-c/Category/

Spellerberg, Annette: Lebensstile und Wohnprofile: Trends. Einige empirische Befunde, in: Schader-Stiftung (Hrsg.): wohn:wandel. Szenarien, Prognosen, Optionen zur Zukunft des Wohnens, Darmstadt 2001.

Statistisches Bundesamt: Entwicklung der Privathaushalte bis 2040. Ergebnisse der Haushaltsvorausberechnung 2020 (auf der Grundlage der 14. Koordinierten Bevölkerungsvorausberechnung der Bundesländer), Wiesbaden 2020.

Staubach, Rainer: Durchführung von Paired Ethnic Testing zum Nachweis der Diskriminierung auf dem Wohnungsmarkt, in: Senatsverwaltung für Arbeit, Integration und Frauen (Berlin): Diskriminierung sichtbar machen, Schriften der Landesstelle für Gleichbehandlung – gegen Diskriminierung Nr. 19, Berlin 2012.

Steinert, Jürgen (Hrsg.): Kommunale Wohnungsunternehmen – Tafelsilber oder Saatkartoffeln? Positionen des Arbeitskreises Stadtentwicklung, Bau und Wohnen der Friedrich-Ebert-Stiftung, Berlin 2007.

Stroisch, Jörg/Garthe, Thomas: Barrierefrei bauen und altersgerecht modernisieren, Freiburg 2016.

Stürzer, Rudolf/Koch, Michael/Noack, Birgit/Westner, Martina: Das Vermieter-Praxishandbuch, 10. Auflage, Freiburg 2019.

Ueltzhöffer, Jörg/Flaig, Berthold: Lebensweltanalyse: Explorationen zum Alltagsbewusstsein und Alltagshandeln, Heidelberg/München 1980.

Urban, Michael/Weiser, Ulrich: Kleinräumige Sozialraumanalyse. Theoretische Grundlagen und praktische Durchführung, Dresden 2006.

Vester, Michael/Hofmann, Michael/Zierke, Irene: Soziale Milieus in Ostdeutschland. Gesellschaftliche Strukturen zwischen Zerfall und Neubildung, Köln 1995.

Vester, Michael/van Oertzen, Peter/Geiling; Heiko/Herman, Thomas/Müller, Dagmar: Soziale Milieus im gesellschaftlichen Strukturwandel. Zwischen Integration und Ausgrenzung, Frankfurt a. M. 2001.

Vogelsang, Silke: Der Einfluss der Kultur auf die Produktgestaltung, Fördergesellschaft für Produkt-Marketing, zugl. Dissertation, Universität zu Köln 1999.

Wenzel, Dirk: Kennzahlenorientiertes Berichtswesen in der Wohnungswirtschaft, Hamburg 2009.

Willingham, Ron: The Best Seller! The new psychology of selling and persuading people, New Jersey 1984.

Wirtz, Matthias/Bölting, Torsten/Borchard, Sonja/Krüger, Carolin: Grundrisse für bezahlbaren Wohnraum. Eine Studie zur Wohnungswirtschaftlichen Initiative 2010 für die Stadt/Region München im Auftrag des DGB Region München und des Mieterverein München e. V. 2010.

Wüstefeld, Hermann (Hrsg.): Wohnimmobilien als Asset-Klasse, Köln 2011.

Ziglar, Zig: Der totale Verkaufserfolg, 7. Auflage, Zürich 1999.

Stichwortverzeichnis

360-Grad-Rundgang 215

A

Absage
- feedbackorientierte 264
- pragmatische 263

After-Rent-Service 265
- Mieter-Care 267
- Mietinkasso 268
- Wohnungsübergabe 266

Ambient Assistant Living 77
Asset-Manager 286
- Funding 286
- Personal 287
- Sourcing 286

Augmented Reality 176, 178

B

Barrierearmut 52
Besichtigungsarten
- 360-Grad-Rundgang 215
- Besichtigung mit dem Vormieter 211
- Einzelbesichtigung 207
- Open House 210
- Sammelbesichtigung 209
- Schlüsselabholung 214
- Self-Showing 214
- Videobesichtigung 215
- virtuelle Besichtigung 215
- virtuelle Live-Besichtigung 215

Bestellerprinzip 294
betreutes Wohnen 55

C

Checklisten
- Besichtigung mit dem Vormieter 213
- Exposé 153
- Exposé-Finish 158
- Fotos im Exposé 157
- Grundrisse im Exposé 157
- Headline im Exposé 154
- Interviewleitfaden Kandidatengespräch 118
- Lagequalität 44
- Makrolage im Exposé 154
- Mietkonditionen im Exposé 156
- Mikrolage im Exposé 155
- Objektbeschreibung im Exposé 156
- Produktreport 328
- Self-Showing 214
- Social-Media-Management 175
- Vermietungsreport 329
- Vertretungsübergabe 204
- Videos für digitale Inserate 167
- Vorbereitung einer Wohnungsbesichtigung 217
- Wohnungsmängel 239

Concierge-Service 79
Controlling 323
- Erfolgsfaktoren der Planung 324
- Soll- und Ist-Planung 323

D

Digital Advertising 175
digitale Community 75
digitale Inserate
- 360-Grad-Besichtigung 167
- Fotos 166
- Header 165
- Videos 166

E

Einkaufsservice 78
Einwandbehandlung 229
- Feel/Felt/Found-Technik 231
- fehlende Produkteignung 229
- Mietpreishöhe 234
- Misstrauen 233

Stichwortverzeichnis

- Prokrastination 232
- sonstige Einwände 237
- Sorge vor Fehlentscheidung 235

Einzelbesichtigung 207

Exposé 152
- Aufbau 154
- Ausstattungsbeschreibung 155
- Fotos 156
- Gliederung 154
- Grundrisse 157
- Headline 154
- Leitmotive 158
- Makrolage 154
- Mietkonditionen 156
- Mikrolage 154
- Objektbeschreibung 155
- Titelfoto 154
- Werkzeuge 152

F

Family Offices
- Vermietungssteuerung 284

Ferienwohnung 60
- rechtliche Rahmenbedingungen 61
- Steuerrecht 63
- WEG-Recht 63
- Zweckentfremdungsverbot 61

Flatsharing
- Online-Portale 60

Führung
- Entscheidungen 127
- Feedback 129
- Kommunikation 129
- Kontrolle 129
- Strategien 127
- Vision 125
- Zieldefinition 126

G

Gemeinschaftsräume 79
Gentrifizierung 313
- inverse 308, 314

Guerilla-Marketing 181

H

Haustiere 80, 249
Homestaging 179

I

Imagination Gap 177

Immobilienkaufmann/-frau 111
- Ausbildungsordnung 112

Immobilienmakler
- Bestellerprinzip 294
- professionelle Strukturen 294
- Vermietungssteuerung 294

Instandhaltungsplanung 132
- Modernisierung 132

Internetgeschwindigkeit 65

Internetportale
- Wohnungsvermarktung 162

K

Kundenanalyse
- Lebensstile 84
- Mietertypen 97
- Milieus 84
- SIGMA-Milieus 85
- Sinus-Milieus 85
- Wohnkonzepte 87, 97, 103
- Wohnmatrix 98
- Wohnungsnachfrage 81
- Wohnungstypen 98
- Zielgruppen 97
- Zielgruppenkriterien 97

L

Lage 34
- B-Standorte 36
- Gebäudeposition 43
- institutionalisierte Vorteile 34
- Makrolage 34
- Metropolen 34
- Mikrolage 38
- Schwarmstädte 37
- Shrinking Cities 37
- Shrinking Regions 37
- Wohnungsposition 43

Leerstände
- Fluktuation 304
- friktionelle 304
- strukturelle 305

M
Maklergalgen 161
Makrolage
- Top-7-Standorte 34

Mängel
- Kommunikation 237

Marketing 144
- Anzeigenwerbung 147
- Augmented Reality 176
- Außenwerbung 147
- Digital Advertising 175
- digitale Vermarktung 161
- Events 148
- Guerilla-Marketing 181
- Homestaging 179
- Imagewerbemittel 147
- Imagewerbung 144
- Imagination Gap 177
- Kooperationen 148
- Medienauswahl 151
- Mieter werben Mieter 186
- Murals 182
- Objektwerbung 160
- Online-Präsenz des Vermietungsvertriebs 172
- Radio- und TV-Werbung 148
- Search Engine Advertising 176
- Search Engine Optimization 175
- Social Media 167
- Sponsoring 149
- Street Art 182
- Urban Art 182
- USP 145
- Virtual Reality 176
- Werbung auf Fahrzeugen 148

Marktsituation 131
Mehrgenerationenwohnen 55

Mieterselektion 244
- Altersstruktur der Nachbarschaft 249
- Angestellte 246
- befristetes Arbeitsverhältnis 246
- Freizeitverhalten 250
- Haustiere 249
- Integration in Nachbarschaft 248
- Leistungsempfänger 248
- Matching 244
- Mietnomaden 252
- schwierige Interessenten 251
- Selbstständige 247
- Sympathie 250
- Vier-Augen-Prinzip 251
- wirtschaftliche Leistungsfähigkeit 245

Mietinkasso 268
Mietnomaden 244
- Besichtigungsgeschwindigkeit 252
- Bonitätscheck 253
- Merkmale 252
- Übernahmezeitraum 253

Mietpreisbremse 31
Mietpreisentwicklung
- A-Städte 29
- Metropolen 28

Mietspiegel 136
Mietvertragsabschluss 255
- Nachfassen 260
- Netzwerken 260
- positive Beeinflussung 256
- Reservierungsvereinbarung 260
- Techniken 255
- Unsicherheit des Interessenten 257
- Unterzeichnung 261

Mikroappartement 59
- Merkmale 59
- Zielgruppe 59

Mikrolage 38
- Daseinsvorsorge 40
- Gastronomie 40
- Gesundheit 41
- Kultur 41

- Mobilität 42
- Naherholung 42
- Sport 43

Mitarbeiterrekrutierung 115
Mobilitätsangebote 76
Murals 182

N

Neubau
- Ausstattung 316
- Bauweise 316
- Bauzeit 318
- befristeter Mietvertrag 320
- Besonderheiten 321
- energetische Eigenschaften 317
- Fachkenntnis des Vermieters 316
- Grundriss 316
- Kontakt zur Bauleitung 322
- Mieterwünsche 319
- Mindestmietzeit 321
- Musterwohnung 322
- Projektbeteiligte 318
- Stellplätze 317
- Vermietung 315
- Vermietungsabschlüsse 320

O

Open House 210
- Benefits 210
- Events 210
- Organisation 210

ortsübliche Vergleichsmiete 136
Outsourcing des Vermietungsvertriebs
- Auswahlkriterien 299
- Vorteile 300

P

Paketannahme 78
Performance-Report 330
- Conversion Rate 337
- Digitalisierung 335, 336
- KPIs 333, 335, 337
- Objektaufnahme 331

- Sprechstunden 335
- Vermarktungsphase 333

Personalakquisition
- Auswahlprozess 117
- extern 116
- intern 115
- psychologische Fragebögen 118
- Rollenspiel 119

Problembestände
- Desinvestition 307
- Repositionierung 306, 309
- Strukturwandel 307

Produktanalyse 33
- empirische Grundlagen 33
- Lage 34

Produktkonzeption 131
Produktreport 326
Property-Manager
- Optimierungspotenziale 292

R

Rabattangebote 79
Reinigungsdienste 78
Reporting 323, 326
- Benchmarks 339
- Performance-Report 330
- Produktreport 326
- Vermietungsreport 329

Reservierungsvereinbarung 260

S

Sammelbesichtigung 209
Schwarmstädte 37
Search Engine Advertising 176
Search Engine Optimization 175
Self-Showing 214
Seniorenresidenz 55
Senioren-WG 54
Shrinking Cities 37
Shrinking Regions 37
Signing 255
Smart Assistance 77
Smart Home 76

Social Media 167
- Facebook 169
- Instagram 168
- LinkedIn 169
- Pinterest 170
- Snapchat 171
- TikTok 171
- Twitter 171
- Xing 171

Streamingdienste 75
Street Art 182
Strukturwandel 307
studentisches Wohnen 57
- Bedürfnisse 58
- Budget 58
- Lage 57
- Wohnformen 58

T
Top-7-Standorte 34

U
Up-Renting 239, 306
Urban Art 182
Urbanisierung 307

V
Vermieter
- Aufgaben 109
- Berufsbild 110
- fachliche Voraussetzungen 111
- Formen 107
- Fort-/Weiterbildung 122
- Führung 125
- Gehalt 120
- Incentivierung 120
- Kenntnisse 113
- Kernaufgabe 108
- persönliche Eigenschaften 114
- Profil 107
- Rekrutierung 115
- Sachleistungen 121
- variabler Gehaltsbestandteil 120

- variable Vergütung 121
- Vertriebscoaching 123

Vermietungserfolg
- Ausdauer 344
- Eigenmotivation 345
- Ergebnisorientierung 344
- Fachwissen 344
- Gelassenheit 345
- Kundenorientierung 344
- lebenslanges Lernen 345
- Leistungsorientierung 344
- persönliche Beziehungen 345
- Produkt-Markt-Relation 344
- Verbindlichkeit 344
- Verlässlichkeit 344
- zehn Komponenten 343

Vermietungsreport 329
Vermietungssteuerung
- Asset-Manager 286, 297
- externe 295
- Family Offices 284
- hybride 301
- Immobilienmakler 294, 300
- interne 269
- kommunale Wohnungsgesellschaften 275
- Mietverwalter 293, 300
- Outsourcing 299
- privatwirtschaftliche Wohnungskonzerne 281
- Property-Manager 289, 297
- Unternehmen 269
- Vermietungscluster 297
- Vermietungseffizienz 298
- WEG-Verwalter 293, 300
- Wohnungsgenossenschaften 278
- Wohnungsgesellschaften 272
- Wohnungsunternehmen 297

Vermietungsstrategien 304
- ESG-Kriterien 317
- Fluktuation 304
- friktionelle Leerstände 304
- Mieterwünsche 319

- Neubau 315
- Privatisierung 313
- projektierte Wohnungen 315
- Repositionierung 306
- strukturelle Leerstände 305
- Up-Renting 306

Vermietungsvertrieb
- Absage 262
- Ausblick 347
- Belegungswunsch 199
- Besichtigungsarten 207
- Besichtigungszeiten 202
- Bezugswunsch 199
- Chatbots 189
- Einkommenssituation 199
- Endgeräte für Mitarbeiter 192
- Entscheidungskompetenz 200
- Erstkontakt 192
- Flexibilität 203
- Imagewerbemittel 147
- Imagewerbung 144
- Interview 193
- Interviewtechnik 197
- IT 188
- künstliche Intelligenz 190
- Lagepräferenz 194
- Messenger 189
- persönliche Verbindung 200
- Routenplanung 203
- serielle Terminierung 208
- Software 188
- Taskforce 206
- Terminanbahnung 192
- Terminvereinbarung für Besichtigung 201
- Umzugsgründe 198
- USP 145
- Verifizierung 193
- Vertrauen 200
- Vormerkung 262
- Wohnwünsche 195

Vertriebscoaching 123

Verwalter
- Miet-Verwalter 293
- Vermietungssteuerung 293
- WEG-Verwalter 293

Virtual Reality 176, 178
- Besichtigung 180

Vorstellungslücke 177

W

Wäschedienste 78

WLAN 75

Wohnen für Senioren 46
- Ambient Assistant Living 77
- ambulante Wohnformen 50
- außerklinische Intensivpflege 56
- Ausstattung 47
- Barrierearmut 52
- Barrierefreiheit 53
- behindertengerechtes Wohnen 54
- betreutes Wohnen 55
- Dienstleistungsbedürfnisse 48
- Grundbedürfnisse 47
- Kurzzeitpflege 56
- Lage 47
- Mehrgenerationenwohnen 55
- Mietpreissensitivität 49
- Nachtpflege 56
- Pflegeheim 56
- rollstuhlgerechtes Wohnen 54
- seniorengerechtes Wohnen 51
- Seniorenresidenz 55
- Senioren-WG 54
- Smart Assistance 77
- stationäre Wohnformen 55
- Tagespflege 56
- Verhinderungspflege 56

Wohnformen 45
- Ferienwohnungen 60
- Flatsharing 60
- für Senioren 46
- Mietwohnung 46
- studentisches Wohnen 57

- teilmöbliertes Wohnen 63
- vollmöbliertes Wohnen 63

Wohnkonzepte 87, 103
- Anspruchsvolle 92
- Bescheidene 95
- Funktionale 96
- Häusliche 93
- Kommunikative 91
- Konventionelle 94

Wohnmatrix 98

Wohnraumförderung 138
- Belegungsrecht 139
- Bundesregelung 138
- Einkommensgrenzen 141
- Freistellung 142
- Landesgesetze 138
- Mietpreisbindung 138

Wohnungsausstattung
- Arbeitszimmer 71
- Außenbereich 72
- Bad 69
- Balkon 72
- Bodenbeläge 67
- Eingangsbereich 69
- Elektroinstallation 64
- Fenster 64
- Heizungsart 65
- Heizungsinstallation 65
- Internetgeschwindigkeit 65
- Kinderzimmer 71
- Küche 71
- Malerarbeiten 66
- räumliche Aufteilung 68
- Sanitärinstallation 65
- Schlafzimmer 71
- Terrasse 72
- Türen 64
- WC 69
- Wohnzimmer 70

Wohnungsbesichtigung
- Ablauf 221
- Anmietungsbereitschaft 240
- Begrüßung 221
- Bestätigung 219
- bewohnte Wohnung 218
- Dresscode 219
- Einwandbehandlung 229
- Erfolgsfaktoren 216
- Finalisierung 242
- Gesprächsführung 224
- Mängel 237
- Mieterwünsche 239
- Präsentation 222
- Terminierung 219
- Up-Renting 239
- Vorbereitung 216

Wohnungseigentumsquote 19

Wohnungsgenossenschaften
- Optimierungsbedarf 280
- Vermietungssteuerung 278

Wohnungsgesellschaften
- Family Offices 284
- Genossenschaften 278
- kommunale 275
- Optimierungspotenziale 278
- Vermietungssteuerung 272
- Wohnungskonzerne 281

Wohnungskonzerne
- Vermietungscluster 282
- Vermietungssteuerung 281

Wohnungsmarkt
- Bevölkerungsentwicklung 25
- Diversifikation 22
- Geschichte 23
- Situation 19
- Trends 22

Wohnungsnachfrage
- demografische Entwicklung 82
- Ermittlung 82
- Pluralisierung von Lebensformen 84
- Singularisierung 83

Wohnungspolitik
- DDR 23
- Gemeinnützigkeit der WBGs 24

- Geschichte 23
- Mietpreisbremse 31
- nach Mauerfall 24
- Privatisierungswelle 25
- Wohnraumoffensive 31

Wohnungsqualität 45
- Additional Services 74
- Wohnformen 45
- Wohnungsausstattung 64
- Wohnungszustand 73

Wohnungsübergabe 266

Wohnungsvermarktung
- Anzeige 150
- Basiswert 136
- Bauschilder 161
- Betriebskosten 143
- Bilanzkennzahlen 137
- digitale 161
- digitale Inserate 164
- Displays 160
- Exposé 152
- frei finanzierter Wohnraum 136
- Imagewerbemittel 147
- Imagewerbung 144
- Inserat 150
- Instandhaltungsplanung 132
- Internetportale 162
- klassische 150
- lokale Kooperationen 188
- Maklergalgen 161

- Marketing 144
- Marktsituation 131
- Mediadaten 152
- Medienauswahl 151
- Mieter werben Mieter 186
- Miethöhe 136
- Mietspiegel 136
- Nachmieter-Prämie 187
- Nutzungsdauer 135
- öffentlich geförderter Wohnraum 138
- optimale Miethöhe 143
- ortsübliche Vergleichsmiete 136
- Portfoliostrategie 133
- Pricing 136
- Printmedien 151
- Produktkonzeption 131
- renditeorientierte 134
- Renditeprüfung 134
- Schilder 160
- Social Media 167
- Tippgeber-Provision 187
- USP 145
- vertriebsorientierte 130
- Wettbewerbsanalyse 131

Wohnungszustand 73
- Neubau 74
- renovierungsbedürftig 73
- teilrenoviert 73
- vollmodernisiert 74

Die Autoren

Dr. Marco Boksteen (Gesamtverantwortung)
Dr. jur. Marco Boksteen ist Founder und Vorsitzender des Aufsichtsrats der RUHRWERT Immobilien und Beteiligungs GmbH mit Sitz in Oberhausen. Seit 2012 ist er zudem Geschäftsführer der kommunalen Hagener Gemeinnützigen Wohnungsgesellschaft mbH. Er ist seit 2006 zugelassener Rechtsanwalt und verbunden mit der auf Bau- und Immobilienrecht spezialisierten Kanzlei GTW in Düsseldorf. Marco Boksteen engagiert sich im VdW-Arbeitskreis Personal und im Vorstand von WIR – Wohnen im Revier e. V. Er war lange Jahre Syndikus und stellvertretender Vorsitzender des Ring Deutscher Makler (RDM), Bezirksverband Essen. Er ist zudem Mitglied verschiedener Verbände der Immobilienwirtschaft und veröffentlicht regelmäßig Fachbeiträge.

Prof. Dr. Torsten Bölting
Studium der Raumplanung an der TU Dortmund (Dipl.-Ing., 2006), 2017 Promotion zum Dr. rer. pol. an der TU Dortmund mit einer Arbeit über die Kooperation kommunaler Wohnungsunternehmen.
Seit 2007 bei der InWIS Forschung & Beratung GmbH tätig, zunächst als wissenschaftlicher Mitarbeiter (Markt- und Standortanalysen), seit 2009 in verschiedenen Führungsfunktionen, 2012 zunächst Prokurist und seit 2013 Geschäftsführer der InWIS Forschung & Beratung GmbH. Seit Oktober 2018 Professor für Sozialwissenschaften, insbes. Wohn- und Raumsoziologie an der EBZ Business School Bochum.

Seit vielen Jahren diverse Lehraufträge an der EBZ Business School, der TU Dortmund und der RWTH Aachen zu wohnsoziologischen oder wohnungsmarktbezogenen Themen. Im Rahmen der o. g. Tätigkeit bei InWIS 2007–2019 Geschäftsführung für den Verein WIR – Wohnen im Revier e. V. (Kooperation kommunaler Wohnungsunternehmen im Ruhrgebiet); 2009 bis 2013 zudem Geschäftsbesorgung für den Verein »Qualitätssiegel Betreutes Wohnen für Ältere in NRW«. Seit 2012 Leitung des »Landesbüros altengerechte Quartiere.NRW« im Auftrag der Landesregierung NRW. 2014 bis 2016 Geschäftsführung für das »Bündnis für Wohnen.NRW« der Landesregierung NRW. Seit 2020 wiss. Sachverständiger in der Enquetekommission zur Bekämpfung sozialer Isolation des Landtags NRW.

Torsten Bölting lebt mit Frau und drei Kindern in Recklinghausen.

Die Autoren

Dr. Andreas Kohne

Dr.-Ing. Dipl.-Inform. Andreas Kohne arbeitet als Leiter Business Development und Vertrieb bei dem Dortmunder Unternehmen Materna TMT GmbH. Zuvor war er als Business und Corporate Development Manager bei der Materna Information & Communications SE tätig. Nebenberuflich arbeitet er als Fachbuchautor und verantwortet für den Bitkom – Bundesverband Informationswirtschaft, Telekommunikation und neue Medien e.V. den Arbeitskreis für Augmented und Virtual Reality.

Dipl.-Psych. Thomas Körzel

Thomas Körzel ist Diplom-Psychologe mit den Schwerpunkten Arbeits- und Organisationspsychologie und Eignungsdiagnostik. Seit 1999 ist er Berater/Trainer/Coach in der Immobilienwirtschaft mit folgenden Schwerpunkten:

Durchführung von über 1.500 Interviews zur Rekrutierung von Fach- und Führungskräften der Branche, Begleitung von über 400 Einstellungsverfahren, Entwicklung und Durchführung von Assessmentcentern und Management-Audits zur Auswahl und Entwicklung von Fach- und Führungskräften.

Trainings und Moderation von Workshops in den Bereichen Personal, Kommunikation, Führung und Organisation. Unter anderem Seminare zum Thema Mitarbeitergespräche führen bei der BBA Akademie für Immobilienwirtschaft e.V. Berlin, Tagesveranstaltungen beim Arbeitgeberverband Südwestfalen zu den Themen Mitarbeiterrekrutierung und Mitarbeiterbindung.

Beratung von Immobilienunternehmen zur Erarbeitung von Personalentwicklungskonzepten.

Mit digitalen Extras:

Exklusiv für Buchkäufer!

Ihre Arbeitshilfen zum Download:

▶ http://mybook.haufe.de/

▶ Buchcode: VST-4955

HAUFE.

Werden Sie uns weiterempfehlen?

www.haufe.de/feedback-buch